타자철학

타자철학

현대 사상과 함께
타자를 생각하기

서동욱 지음

반비

감사와 사랑을 담아

아버지 어머니께

일러두기

1. 주로 인용되는 저서는 약어표와 같이 표기한다. 인용은 제시된 번역본에 따르고, 필요할 경우 원서에 따라 수정한다. 약어표에 제시된 문헌의 경우 인용문 뒤 괄호 안에 약어와 쪽수를 써준다. 약어표 외의 문헌에서의 인용은 미주를 통해 서지 사항을 밝힌다.

2. 원래 판본의 쪽수 인용이 관례화된 문헌(예를 들면, 고대 철학 문헌이나 칸트의 『순수이성비판』 등)을 인용할 경우 인용하는 판본의 쪽수 뒤 괄호 안에 원래 판본의 쪽수를 써준다.

3. 모든 인용에서 원저자의 강조는 작은따옴표로, 인용자의 강조는 굵은 글씨로 표시한다. 인용문에서 대괄호 안의 말은 뜻을 분명히 밝히기 위해 인용자가 집어넣은 말 또는 대체 가능한 번역어이다. 대괄호가 인용된 원문 자체에 속할 경우엔 인용문 뒤에 '대괄호는 옮긴이'라 표기해서 구별해준다.

4. 인명 등 고유명사는 외래어표기법을 따르고, 서지사항의 경우 출판된 표기를 그대로 따른다.

약어표

마르틴 하이데거(Martin Heidegger)
『기여』
『철학에의 기여』, 이선일 옮김, 새물결, 2015.(*Beiträge zur Philosophie (Vom Ereignis)* *(Gesamtausgabe, Band. 65)*, Frankfurt am Main: Vittorio Klostermann, 2003.(초판: 1989))

『존재와 시간』
『존재와 시간』, 이기상 옮김, 까치, 1998.(*Sein und Zeit*, Tübingen: Max Niemeyer, 1993. (초판: 1927))

『형이상학 입문』
『형이상학 입문』, 박휘근 옮김, 문예출판사, 1994.(*Einführung in die Metaphysik*, Frankfurt am Main: Vittorio Klostermann, 1983.(초판: 1953))

모리스 메를로퐁티(Maurice Merleau-Ponty)
『보이는 것과 보이지 않는 것』
『보이는 것과 보이지 않는 것』, 남수인 옮김, 동문선, 2004.(*Le visible et l'invisible*, Paris: Gallimard, 1988.(초판: 1964))

『지각』
『지각의 현상학』, 류의근 옮김, 문학과지성사, 2002.(*Phénoménologie de la perception*, Paris: Gallimard, 1996.(초판: 1945))

에드문트 후설(Edmund Husserl)
『성찰』
『데카르트적 성찰』, 이종훈 옮김, 한길사, 2016.(*Cartesianische Meditationen und Pariser Vortrage(Gesammelte Werke 1)*, Dordrecht: Kluwer Academic Publishers, 1988.(프랑스어 초판: 1931))

에마뉘엘 레비나스(Emmanuel Levinas)

『전체성과 무한』

『전체성과 무한』, 김도형, 문성원, 손영창 옮김, 그린비, 2018.(*Totalité et infini*, La haye: Martinus Nijhoff, 1961.)

『존재에서 존재자로』

『존재에서 존재자로』, 서동욱 옮김, 민음사, 2003.(*De l'existence a l'existant*, Paris: J. Vrin, 1990.(초판: 1947))

『존재와 다르게』

Autrement qu'être ou au-delà de l'essence, La haye: Martinus Nijhoff, 1974.

자크 데리다(Jacques Derrida)

『그라마톨로지』

『그라마톨로지에 대하여』, 김웅권 옮김, 동문선, 2004.(*De la grammatologie*, Paris: Éd. de Minuit, 1967.)

『유령들』

『마르크스의 유령들』, 진태원 옮김, 이제이북스, 2007.(*Spectres de Marx*, Paris: Galilée, 1993.)

자크 라캉(Jacques Lacan)

『세미나』

『자크라캉 세미나 11』, 맹정현·이수련 옮김, 새물결, 2008.(*Le séminaire, Livre XI*, Paris: Seuil, 1973.)

장폴 사르트르(Jean-Paul Sartre)

『닫힌 방』

『닫힌 방·악마와 선한 신』, 지영래 옮김, 민음사, 2013.(*Théâtre complet*, Paris:

Gallimard(Bibliothèque de la Pléiade), 2005.(초판: *Huis clos*(1944), *Le diable et le bon dieu*(1951)))

『말』

『말』, 정명환 옮김, 민음사, 2008.(*Les mots*, Paris: Gallimard, 1964.)

『문학』

『문학이란 무엇인가』, 정명환 옮김, 민음사, 1998.(*Situations*, Paris: Gallimard, Tome. Ⅱ, 1948.)

『존재와 무』

『존재와 무』, 정소성 옮김, 동서문화사, 2009.(*L'être et le néant*, Paris: Gallimard, 1995.(초판: 1943))

조르조 아감벤(Giorgio Agamben)
『도래』

『도래하는 공동체』, 이경진 옮김, 꾸리에, 2014.(*La comunità che viene*, Torino: Giulio Einaudi editore, 1990.)

질 들뢰즈(Gilles Deleuze)
『의미의 논리』

『의미의 논리』, 이정우 옮김, 한길사, 1999.(*Logique du sens*, Paris: Éd. de Minuit, 1969.)

『주름』

『주름』, 이찬웅 옮김, 문학과지성사, 2004.(*Le pli: Leibniz et le Baroque*, Paris: Éd. de Minuit, 1988.)

『차이와 반복』

『차이와 반복』, 김상환 옮김, 민음사, 2004.(*Différence et répétition*, Paris: PUF, 1968.)

차례

책을 펴내며

우리는 나에 대해 근심하고, 나를 사랑하며, 그렇게 나를 위해 산다. 내 팔 안에는 귀중한 아기처럼 나 자신이 안겨 있다. 그런데 이렇게 품 안에 안긴 나 자신이 늙고 사라질 때까지 애지중지 돌보는 것이 나의 삶인가?

우리는 무엇인가를 독점하고 나 자신에게만 제공하는 즐거움을 누리기도 한다. 한마디로 내 것을 가지는 기쁨을 누린다. 그런데 '내 것'이란 무엇인가? '타자(他者)의 것이 아닌 것'이다. 울타리를 친 내 집을 가지고 있다면 그리고 그 안에서 행복하다면, 울타리 밖의 불행, 내 것이 아닌 타자의 자리가 이미 내 생각 안으로 침투했다는 뜻이다. 나에 대한 몰두 속에는 실은 언제나 타자가 들어와 있다. 집주인의 내면이곧 도둑이었던 것처럼 말이다.

우리는 울타리 안에 있으면서 늘 울타리 밖을 궁금해한다. 태양을 따라 고개를 움직이는 식물처럼 자기 바깥을 지나가는 자를 사랑이나 기대 또는 아픈 마음을 가지고 바라본다. 마치 자기 밖으로 나가는 길을 찾을 수밖에 없는 운명을 지녔다는 듯이, 또는 누군가를 내 안으로 영접할 수밖에 없는 운명을 지녔다는 듯이. 타자에 대해 생각하는 일은 바로 이 운명을 알아내는 일이다.

그런데 사람들은 타자를 사랑할 뿐 아니라 미워하고 지배하려고도 한다. 욕심을 채우기 위해 타자의 것을 빼앗고 전쟁을 일으키며, 자신의 가치에 맞추어 타자가 살아갈 것을 강요하기도 한다. 타자를 열등함의 정도에 따라 줄 세우기도 한다. 식민주의, 인종주의, 지역주의, 성차별 등은 타자에 대한 그런 폭력이 가정에서 국가에 이르기까지 구체적인 색깔을 입고 나타나는 방식이다. 타자에 대해 생각하는 것은 바로 저 폭력의 근원을 알아내고 그것을 근절할 길을 찾는 일이다.

타자를 생각하는 것은 오늘날 철학이 떠맡은 가장 중요한 과제 가운데 하나이다. 근대 이래 자아는 유례없이 핵심적인 자리를 가지게 되었다. 사회 안에서 개인이 가지는 위상의 강화와 더불어 자아는 존재론에서도 중요한 위치를 차지하게 되었다. 데카르트 이래 만물의 원리인 로고스는 인간이 소유한 이성이 되었고, 인간은 이성을 통해 모든 것을 계산 가능한 대상으로 지배할 줄 알게 되었다. 이 인간은 누구인가? 홀로 있는 자아이다. 이 주체는 고립된 자로서 완성된 채 출발한다고 믿기에, 자아 자체가 타자의 개입을 통해 이루어지는 것을 알지 못한다. 이 주체의 제국은 타자를 지배할 뿐이며, 타자의 눈물을 흘리게 하는 문제들은 세상을 뒤덮는다.

그렇게 현대가 끌어안고 있는 문제들의 근원에는 타자의 상처가 있다. 따라서 시대의 자식인 철학은 저 상처에 몰두하는 '타자철학'일 수밖에 없다. 이 책이 다루는 이야기들을 위해 우리가 주요한 거점으로

삼는 현대 철학의 핵심적인 인물들, 후설, 하이데거, 사르트르, 메를로
퐁티, 레비나스, 아감벤, 데리다, 들뢰즈 등의 사유는 모두 타자 문제에
깊이 관여하고 있다. 이들 철학을 움직이는 근본에는 타자를 마주하
는 자의 놀라움이 자리 잡고 있다.

타자 문제가 꽃망울처럼 터지면서 펼쳐지는 성찰의 맥락 역시 다양
하며, 모두 우리 시대 삶의 근본적인 국면을 가리켜 보인다. 이런 물음
들 속에서 말이다. 어떻게 홀로 있는 자는 자신의 고립을 넘어서 타자
와 함께 공동체를 이루는가? 타자는 나와 하나의 전체 집단을 이루는
구성원인가, 또는 대립하고 반목하는 투쟁의 대상인가, 아니면 무엇으
로도 대체할 수 없는 유일무이한 자인가? 타자는 사랑하는 자가 앞에
나타났을 때 모든 어둠을 삭이는 빛이 함께 오듯, 그렇게 구원의 길을
열어주는가? 그리고 타자와 더불어 사는 지혜로운 방식을 고심한 결과
가 민주주의라면, 타자에 대한 사유는 곧 민주주의의 정체에 관한 사
유이지 않은가? 또한 타자는 말 그대로 '다른' 자, 모든 것에 대해서 '오
로지 다르기에' 공통의 척도로 가늠할 수 없고 하나의 정체성 속에 가
두어둘 수도 없는 자이다. 그렇다면 타자는 그 이질성으로 인하여 기
존의 체제가 정체를 부여하고 관리하는 삶을 깨트릴 힘의 원천이 되지
않는가? 그리고 타자는 오로지 타인인가? 인간 개념 안에 타자 개념
을 가두어 두어야 하는가? 그렇지 않다면 우리에겐 타자라는 말의 통
로를 가로질러 동물들 역시 찾아오지 않겠는가? 이 책은 우리 삶이 피
할 수 없는 이러한 물음들을 묻고 답을 얻으려 한다.

나는 생각의 길을 걸어오며 오래도록 이 문제들을 부여잡고 있었
다. 2002년 봄 유럽에서 돌아와 한국에서 처음 강의를 시작했다. 강의

첫날 아침, 3월인데도 눈이 뿌려진 대지는 차가운 햇살과 뒤섞여 공중에 떠 있는 은빛 강물처럼 빛나고 있었다. 그런 아침을 보는 행운이 인생에 몇 번 있을까? 그 학기에 했던 강의가 유학 시절, 아니 유학을 떠나기 전부터 오래도록 생각해온 타자철학이다.

종강하던 날은 이미 따스한 기운이 방심한 마음처럼 유쾌하게 된 유월이라, 내가 환상처럼 보았던 그 차가운 은빛 강물은 다 사라졌을 때인데, 소크라테스의 말을 읽으며 강의를 끝냈다. 이 책의 결론에서도 그 말을 찾을 수 있다. 이 다층적인 인물은 하나의 한계 안에 있는 것처럼 '바르바로이', 즉 이민족을 혐오한 그리스의 일원이기도 하지만, 다른 한편 '타자성'의 현시이기도 하다. 나이 칠십에 낯선 법정에 처음 선 소크라테스에겐 모든 말이 알아듣기 어려운 '외국말'처럼 들렸고, 그 자신이 이 낯선 곳에서 '외국인'의 처지라는 것을 깨닫는다. 그래서 그는 부적당한 말과 눌변으로 말하더라도 용서해달라고 청한다. 냉대의 기운이 지배하는 낯선 곳에서, 타자가 형식에 맞지 않는 잘 전달되지 않는 말로 용서부터 구하며 억울함을 쏟아내고, 자신을 받아들여줄 것을 호소하고 있다. 그 낯선 곳은 국경일 수도, 누군가의 집 앞일 수도, 또 그야말로 법정일 수도 있다. 그리고 우리가 알게 되는 것은, 말을 다루는 영리한 기술이 문제가 아니라 바로 정의(正義)가 문제라는 것이다. 세상의 비참한 일들은 갈 곳을 몰라 우리 자신을 찾아와 말을 건넨다. 타자의 말은 이성이 포획하기 전에 울음과 떨림으로 몸 안에 스며들어온다. 그런 떨림이 없다면 철학은 아무런 할 일을 찾지 못할 것이다. 철학이 에게해의 파도가 모래를 쓸고 가는 어느 해안에서 태어난 이래 철학을 양육하던 수많은 언어와 수많은 제국이 사라졌지만,

저 떨림은 철학에 숨결을 불어넣으며 살아남았다.

그 후에도 타자 문제는 무궁한 수원(水原)을 숨긴 물줄기처럼 내 생각의 그릇에 고여들었고, 이 주제를 처음 취급한 10년 뒤인 2012년 2학기, 그리고 2016년 1학기, 2018년 1학기와 2학기, 2021년 1학기에 타자철학에 대해 강의했다. 계속 이어진 생각은 밀랍이 결국 형태를 만들듯 이렇게 책이 되었다. 이 책을 집필할 때는 2016년 수업에 참여했던 이태균 연구자와 2018년 수업을 들었고 현재는 미국에서 박사 학위를 준비 중인 황수현 연구자가 만든 강의 녹취록들을 참조했다. 이 성실한 연구자들의 도움에 감사드린다. 그리고 홍우람 교수님과 강선형 박사님은 이 책의 각 장을 완성할 때마다 꼼꼼히 읽고 귀중한 조언을 주었다. 책을 교정하는 과정에서는 생각과 말의 법칙에 관한 예리한 눈과 귀를 가진 두 분 이솔 박사님과 강선형 박사님으로부터 많은 도움을 받았다. 잘 짜인 색인에는 이솔 박사님의 노고가 스며들었다. 훌륭한 능력으로 도움을 주신 이 학자들께 감사드린다. 아울러 정성으로 책을 만들어주신 반비 출판사에도 감사의 뜻을 전한다.

나에게 강의는 매우 중요한 시간이다. 그것은 아침 일찍 깨워 책상 앞에 앉도록 하는 훈육 교사이며, 매번의 구두시험이다. 저 강의, 즉 시간의 독촉과 시험이 없었다면 이 책을 완성하기 어려웠을 것이다. 강의란 학생들의 관심, 의문, 열정 등의 바람이 힘이 되어 나타날 수 있도록 돛을 이리저리 돌려보는 일 같다. 돛이 저 바람을 제대로 끌어안을 수 있다면 배는 바다를 가장 매끄럽게 쟁기질하며 가보고 싶은 곳까지 가보리라. 이런 점에서 타자철학 수업의 학생들과 만난 것은 기쁜 일이다. 철학은 혼자 하는 몽상이 아니며 오로지 바람처럼 찾아오는 타자와의 관계 속에만 자리한다.

　강의한다는 것 또는 생각한다는 것은, 한밤중 가속도가 정신을 점점 가볍게 하는 도로 위에 헤드라이트로 환한 책상을 열어놓고서 앞머리에 부딪혀 오는 어둠이 얼마나 잘게 부서져 나가는지 응시하는 일과 같다. 그러나 글을 쓴다는 것은 머리카락에 붙은 껌을 떼내는 일과 다를 게 없다. 아주 한심하고 더뎌서, 아예 머리카락을 싹둑 잘라버리고 하얀 두피를 보고 싶은데 그러면 아무 일도 해결되지 않는다. 어쨌든 그런 껌 떼기를 끝내고, 팔랑거리는 날개를 가지고 어디로든 달아나려는 생각의 나비들을 책이라는 작은 우리 속에 가두어둘 수 있게 되었다. 생각은 변신을 멈추지 않으니 이 책은 나비가 또 다른 나비가 되기 위해 잠시 숨는 한 계절의 번데기일 것이다. 독자들이 건드리면 속에서부터 소리를 알아듣고 미지의 날개를 준비하며 진동하는 번데기 말이다. 그러니 책이란 독자들에겐 뽑기 기계에서 나오는 구슬 같은 게 아닐까? 정신을 몰두해 손잡이를 돌리면 굴러 나와 플라스틱 구슬 속에서 움칫거리는 나비 날개. 이런 깜짝 놀라는 뽑기의 사건이 없다면 누구도 책을 읽지 않으리라.

　그런데 나는 왜 이토록 타자 문제에 몰두했을까?

　우리가 삶에서 겪는 어려움은 타자와의 관계에서 생기며, 나 자신 또한 그렇다. 그렇다면 이 책은 나 자신을 치료하기 위한 시도였을까? 철학은 생각의 병을 치료할 수 있고 그때 철학은 삶이다.

2022년 초여름
서동욱

1장
서론:
타자의 시대

1) 왜 지금인가?

왜 지금 타자(他者)에 대해 생각하는 것이 중요한가? 이 질문의 무게를 가늠해보기 위해서 역사상의 어떤 시기를 둘러보거나 별세계로 떠날 필요는 없다. 그저 우리가 사는 세상 앞에서 눈을 떠보는 것으로도 충분하다.

인종주의라는 모습으로 타자에 대한 전례 없는 폭력을 행사했던 나치즘을 이미 폐기된 광란으로 여기는 사람도 있을지 모르겠지만, 21세기가 시작되고서 줄곧 세계적 문제의 중심에 있었던 것 중 하나는 이런 나치즘의 불길한 그림자를 베일 뒤의 유령처럼 내비치며 서구 세계에 불어닥친 보수화의 물결이다. 유럽의 많은 국가에서 국수주의적인 정당들이 꾸준히 약진했고, 9·11 이후 이슬람 등 서구의 타자들을 향해 강화된 경계 역시 견실하다. 극우 정당들이 힘을 얻어 의회에 진출하고 지속적으로 세력을 넓혀가는 근본적인 원인은 무엇인가? 한마디로 타자의 도래에 대한 근심, 친이민정책 등에 대한 불안감이다. 외국인, 타자가 자신의 고장에 출현하는 데 대한 위기감의 증폭은 또한 국수주의를 부채질한다. 물론 우리는 한국에서의 이방인, 그리고 이질적인 삶들에 대한 혐오 역시 생각해야 할 것이다. 한국은 서구 제국주의로부터 불이익을 받을 때는 보편적인 반인종주의를 표방하지만 대체로 그것은 추상적인 가치에 머무는 듯 보인다. 구체적인 이익 관계가 관건이 될 때는, 서구의 배타적 대응 방식, 인종적 편견을 그대로 또는 한층 강화된 형태로 복사해서 내면화하고, 이방인 혐오를 실현하기도 한다. 그뿐 아니라 특정한 지역이나 특정한 성적 정체성 자체를 이방인화하는 고질적인 방식 역시 늘 살아 있다.

이런 것이 오늘날 우리의 삶이 담긴 그릇이다. 전쟁과 인종청소 역시 낫을 든 사신처럼 수시로 출몰한다. 이런 상황은 잠재적일 때는 잊히고 현실적일 때는 사람들을 놀라게 하지만, 어쨌든 늘 항존하고 있다. 식민지 착취와 백인 우월주의를 통해 부의 근간을 마련하고 인종적 위계를 의식의 심층에 간직한 유럽과 미국이 이민자의 도래에 대해 가지는 불안감, 특정 종교와 문화의 고립이 초래하는 테러, 전쟁과 학살, 코로나 시대에 목격했듯 전염병만큼이나 쉽게 확산되는 아시아인에 대한 혐오, 희생양 만들기, 서구의 인종주의를 자신들의 맥락에 그대로 복사한 동아시아 등의 상황에서 '타자의 출현'을 어떻게 사유해야 할 것인가? 저 모든 고통의 명칭 아래 들어선 타자를 사유가 보호할 수 있을까? 낯선 이와 마주친다는 것은 무엇인가? 전적으로 이질적인 자의 도래로부터 어떤 일이 벌어지는가? 우리는 이런 질문을 던져보고 대답의 책임을 사유에 지우려 한다.

2) 타자에 대한 성찰, 그리스인과 유대인의 환대

'타자(l'autre)' 또는 '타인(l'autrui)'은 무엇인가? 많은 경우 서로 바꾸어 써도 좋은, 그러나 이 책의 논의들(가령 데리다나 들뢰즈의 경우) 속에서 후에 확인하게 되듯, 때로 엄밀한 사유의 요구에 따라 서로 구별되어야 하기도 하는 이 개념들에 대한 성찰은 어떤 과제를 겨냥하는가? 한마디로 '이타성(altérité, alterity, 異他性)에 대한 사유'라고 할 수 있다. 그것은 '타자가 타자로서 출현하는 일의 가능성을 가늠해보는 일'이다. 놀랍게도 타자에 대한 성찰은 아주 간소하고, 타자를 타자로서 사유한다는 동어 반복적 과제 이상으로 확장되지 않는다. '타자가 세계 안에서 다른 특정한 기능이나 수단으로 출현하는 것이 아니라, 오로지 그의 타자성 속에서만 출현하는 일이 어떻게 가능한지'를 가늠하는, 단순해 보이는 문제 하나만이 궁극적으로 타자 문제이다. 언뜻 별로 어려워 보이지 않을 수도 있는 이 문제는 사실 답변의 진전을 허락하는 데 매우 인색하다. 우리는 인내심을 가지고 수전노에게 졸라 동전 몇 개를 얻듯 저 문제의 지갑을 열게 해 대답을 얻어내는 길을 가게 될 것이다.

타자에 대한 성찰은 레비나스 같은 철학자를 통해 현대 철학의 주요한 철학적 발견물인 듯 다소 과장되게 여겨진 측면도 없지 않다. 그러나 정말로 이는 사상의 역사 안에서 생각되어본 적이 없는가? 타자에 대한 성찰은 사람들이 더불어 산 순간부터, 학문적 요구 이전에 삶 자체가 요구하기 때문에 이루어질 수밖에 없었던 것이다. 우리는 그 예들을 우리가 가지고 있는 가장 오래된 상속물에 속하는 그리스 신화와 『성서』에서 발견할 수 있다.

　『성서』는 타자에 대한 성찰을 '환대'라는 관점에서 수행한다. 아브라함에게 세 천사가 찾아왔을 때, 그들이 누구인지, 그들에게 무엇을 기대하는지와 무관하게, 어떤 조건도 없는 환대가 이루어지는 모습을 우리는 목격한다. "그는 그들을 보자마자 천막 문에서 뛰어나가 맞으며 땅에 엎드려 청을 드렸다. '손님네들, 괜찮으시다면 소인 곁을 그냥 지나쳐 가지 마십시오. 물을 길어 올 터이니 발을 씻으시고 나무 밑에서 좀 쉬십시오.'"(「창세기」, 18:2~4(공동번역 성서)) 그러고는 아브라함은 생면부지의 손님들에게 음식을 대접한다. 이 이야기는 인류 정신의 한 뿌리를 이루는 유대인의 경전이 타자와의 마주침, 타자와 더불어 있음을 어떻게 받아들이고 있는지를 잘 알려준다.

　타자와의 이런 만남은 유대인만의 전유물이 아니었다. 그리스인의 『오뒷세이아』에는 아브라함이 세 명의 천사를 영접하는 모습과 같은 장면이 나온다. 오뒷세우스는 반갑지 않은 구혼자들에게 자신의 집이 점령당했을 때 변장을 하고서 돼지치기 에우마이오스에게로 간다. 이때 돼지치기는 아브라함처럼, 또는 그 이상으로 오뒷세우스를 환대한다. "모든 나그네와 걸인은 제우스에게서 온다니까요. …… 축복받은 신들께서는 손님에 대한 가혹한 행위를 좋아하시지 않고, 오히려 정의와 인간들의 도리에 맞는 행동을 존중하시지요."[1] 유대인들이 타자에 대한 환대를 생각하고 있었던 것처럼, 이렇게 그리스인들도 타자에 대한 환대라는 생각에 깊이 빠져들어 있었다. 달리 말하면, '더불어 있음이란 무엇인가, 타자와의 마주침이란 무엇인가'라는 물음에 대한 답변은 인류의 가장 오래된 사유에서부터 준비되고 있었던 것이다. 이른바

타자에 대한 사상은 결코 새로운 분야도 아니며 현대 철학 고유의 것
도 아니다.

3) 전체주의를 숨기고 있는 고대 신화

그럼에도 타자이론은 왜 현대의 절실한 과제인가? 가령 오늘날 타
자이론의 어떤 형태는, 타자를 동일자로 환원하는 전체주의적인 사고
방식에 대항해서 '타자가 타자로서 출현할 수 있는 길'을 모색하는 것,
즉 이타성에 대해 사유하는 것을 과제로 삼는다. 왜 이런 사유의 과제
가 등장하는가? 서구 정신 속에는 『성서』나 『오뒷세이아』를 예로 든 것
처럼 타자와의 관계를 환대성 속에서 표현하는 것과는 또 다른 길로,
'전체주의적 사고방식과 연관된 타자에 대한 성찰' 역시 자리한다. 따
라서 서구의 전체주의적 사고방식의 흔적들을 살펴봐야만 오늘날 타
자이론의 정당한 위치를 확보할 수 있을 것이다. 물론 그것이 근현대
정치를 황폐하게 했던 전체주의 자체는 아니지만 말이다.

가령 에로스의 문제에 관한 이론들이 백화점처럼 진열된 플라톤의
『향연』은 전체성의 이념을 매개로 타자에 접근하는 사고방식도 보여
주고 있다. 아리스토파네스의 신화가 그렇다. 아리스토파네스는 에로
스의 차원에서 타자를 조망하면서 원형적인 인간, 최초의 인간에 관한
신화를 소개한다. 인간은 원래 어떠했는가?

각 인간의 형태는 등과 옆구리가 둥글어 전체가 구형이었네. 네 개

의 팔, 그리고 팔과 같은 수의 다리, 그리고 원통형의 목 위에 모든 면에서 비슷한 두 개의 얼굴을 가지고 있었네. 서로 반대 방향을 향해 있는 두 얼굴 위에 한 개의 머리, 그리고 네 개의 귀, 두 개의 치부, 그리고 다른 것들도 전부 이것들로부터 누구라도 미루어 짐작할 만한 방식으로 가지고 있었네. 지금처럼 곧추서서 두 방향 중 어느 쪽으로든 원하는 대로 걸어 다녔고, 빨리 달리기 시작할 때는 마치 공중제비하는 사람들이 다리를 곧게 뻗은 채 빙글빙글 돌아가며 재주를 넘는 것처럼 그때는 여덟 개였던 팔다리로 바닥을 디뎌 가면서 재빨리 빙글빙글 굴러다녔네.[2]

그런데 이들은 제우스에 의해서 두 동강이로 잘려버리게 된다. 왜 잘렸는가? "그것들은 힘이나 활력이 엄청났고 자신들에 대해 대단한 생각을 가지고 있었으며, 신들을 공격하게 되었네."[3] 원형적 인간은 너무 강력할 뿐 아니라 신들을 공격하려는 의도까지 가지고 있었기 때문에 신은 그들의 위협을 차단할 목적으로 몸을 두 동강이 내버린 것이다. 따라서 지금의 인간은 원형적인 인간이 가지고 있던 원래의 힘을 '상실한' 형태로 살고 있다. 그렇다면 에로스를 통해 파악된 타자와의 관계는 무엇인가? "이제 그들의 본성이 둘로 잘렸기 때문에 반쪽 각각은 나머지 반쪽을 그리워하면서 줄곧 만나려 들었네."[4] 바로 이런 까닭에 인간들 사이의 관계에 잃어버린 전체의 반쪽으로서 상대방을 그리워하는 사랑이라는 것이 끼어든다. 이 이야기가 알려주는 바는 무엇인가? 바로 타자와의 관계 배후에는 '상실된 전체성'이 자리 잡고 있다는 것이다. 신화는 상실된 전체성이 사람들 사이의 관계를 비로소 가능하게 한다고 이야기하고 있다. 타자와의 관계에서 궁극적인 지향점은 출발점에서 잃어버리고 도착점에서 되찾아야 하는 '전체성'이다. 그렇다면 '전체'에 매개되는 한에서만 타자는 타자로서 내 앞에 등장하는 것이 아닌가? 전체성에 부합하는지를 척도 삼아 타자는 평가되고 받아들여지거나 배척되는 것이 아닌가? 그 전체가 후에 출현한 서구의 역사에서 보듯 우월한 인종이나 우월한 성으로서의 남성 같은 것이 된다면? 서구인들이 간직한 가장 오래된 이야기, 그들 마음 안의 가장 오래된 지층에서 발견되는 이야기 가운데 하나인 아리스토파네스의 신화는 이렇게 전체주의적 사유의 자장 안에 들어 있다.

4) 근대적 사유와 타자

그렇다면 전체주의적 면모를 지닌 사고는 어떤 방식으로 이론적으로 정교해진 모습을 획득하는가? 전체주의적인 사고방식이 서구의 사고 바탕에 면면히 흘렀다면, 그것은 어떤 사상의 성과물 속에서 모습을 드러내게 되는가? 사상사적 흐름 속의 중요한 지점을 먼저 염두에 두자면, '근대'라는 성과물을 이야기해야만 할 것이다.

근대를 여러 가지 관점에서 기술할 수 있겠지만, 한마디로 하자면 이는 인간 또는 인간의 의식이 비로소 주체로서 일어선 시대라고 할 수 있다. 이런 주체의 등장 역시 여러 가지 방식으로 기술할 수 있는데, 가령 하이데거의 「세계상의 시대」에서부터 이야기를 시작해보자. 그의 논문집 『숲길』에 수록된 이 글은 학문, 종교, 예술, 산업 등 사회 전반에 걸쳐 근대라는 시대가 어떤 근본적인 변화를 초래했는가를 성찰하고 있다.

변화를 겪은 모든 영역 가운데 가장 중요하다고 할 수 있는 것은 근대의 학문이다. 그렇다면 근대 학문의 본성은 무엇인가? '미리 알려진 것을 선행적으로 진입시켜서 연구 영역을 열어놓는 것'이다. 그리고 이 연구 영역 안에 들어온 것이 근대 학문의 연구 대상이 된다. 근대인들에게 미리 알려진 것 가운데 대표적인 것은 '수(數)'이다. 근대 학문의 본성이란 수로 이루어진 연구 영역을 미리 열고, 이 영역 안에 들어선 것을 수리물리학적 대상으로 다루는 것이다.[5] 이런 학문의 전범은 아마도 데카르트에게서 발견할 수 있을 것이다. '본유관념(innate idea)'으로서 수와 그에 기반한 수학적 질서를 미리 진입시켜 열어놓은 연구 영역에 들어온 대상이란 무엇인가? 바로 기하학적으로 파악되는 대상으로서 연장(extension)이다. 연장이란 그저 공간을 차지하는 것이 아니라, 수학적 질서 속에서 파악되는 대상인 것이다.

칸트에서도 우리는 주체가 미리 가지고 있는 것을 적용한 결과 열리는 연구 영역을 발견한다. 그는 『순수이성비판』에서 말한다. "우리가 '자연'이라고 부르는 현상들에서 그 질서와 규칙성을 우리는 스스로 집어넣는다."[6] 주체는 자연 안에 자신이 집어넣은, 수학과 물리학의 바탕이 되는 질서 속에서 자연을 비로소 경험한다.

사물이 이런 식으로 경험된다는 것은 그 사물이 근대의 테크놀로지가 이용할 수 있는 대상으로 준비된다는 뜻이다. 근대 테크놀로지의 바탕에는 근대의 수리물리학이 있다. 강물은 발전소에 필요한 수량으로 계산되고 산에 있는 나무는 집을 지을 수 있는 목재의 총량으로 계산된다. 근대에는 강물의 본질이 관건이 아니고, 수력발전소의 본질에 맞추어 강물이 출현할 수 있느냐가 관건이다. 즉 대상은 자기 자신의 고유성을 가지고 출현하는 것이 아니라, '주체가 열어놓은 연구 영역 또는 주체의 계산하는 능력에 매개됨으로써 주체의 지배 아래 포섭되는 것'으로서 출현하게 되었다. 그러므로 근대의 성과란 이질적인 것을 주체라는 동일자로 환원하는 작업의 성공에서 찾을 수 있다.

근대의 주체는 자신의 개념 체계 또는 자신의 계산에 포섭하지 못한 미지의 것을 자신 밖에 남겨두는 것을 참지 못한다. 다니엘 켈만의 소설 『세계를 재다』를 보자. 이 책은 근대인답게 세계를 측량하는 두 사람을 주인공으로 한다. 수학을 통해 세계를 재는 수학자 가우스와 탐험을 통해 세계를 측량하는 모험가 훔볼트가 그 둘이다. 훔볼트는 모험의 와중에 잠시도 쉬지 않고 미친 듯이 수집하고 측량한다. 그의 측량하는 모습이 이렇게 기록되어 있다.

> 훔볼트는 잠시 생각에 잠겼다. 그러더니 이렇게 말했다. 안 돼요. 유감스럽지만 그럴 수는 없습니다. 높이를 알지 못하는 언덕은 이성에 굴욕감을 주며 나를 불안하게 합니다. 나 자신이 어디에 있는 건지도 모른 채 계속 앞으로 나아갈 수만은 없습니다. 아무리 사소한 것일지라도 모르는 것을 그냥 두어서는 안 됩니다.[7]

'모르는 것을 그냥 놔두고는 못 견디는 것', 이것이 바로 근대 학문의 정신이다. "높이를 알지 못하는" 것, 즉 주체가 스스로 미리 알고 있는 학문적 장치(객관적 측량을 위한 수)를 통해 계산되지 않는 것, 알려지지 않고 밖에 남아 있는 것을 두고 보지 못하는 것이 근대적 주체다.

모든 것을 측량하고 지도를 만들고 지구상 어느 한 곳도 '이질적으로' 남겨두지 않고자 하는 것이 근대의 정신이다. 이와 관련하여 근대적 주체의 강박관념을 보여주는, 이 소설의 다음 문장은 인상 깊다. "정확하게 측량해서 무질서가 우리에게 아무 해도 끼칠 수 없도록 만들어야 해."[8] 근대적 주체는 모든 것을 자신의 인식적 자산으로 만드는 방식으로 자신의 지배 아래 두고자 한다. 이런 소유 속에서 모든 것은 주체와 다른 자신의 이타성(異他性)을 상실하고 주체에게 필요한 용도에 맞추어 동화된다. 서구의 학문이 파악하고 서구의 테크놀로지가 그 학문의 지도에 따라 모든 것을 착취한 근대의 식민지들이 알려주듯이 말이다.

5) 식민주의와 종교

근대 서구의 학자들은 인종적 열등성의 편차에 대한 확고한 편견을 가져왔다. 심지어 세계시민적 관점을 피력하고, 『영원한 평화』(1795)에서 서구의 제국주의적 착취를 비난했으며, 이 착취와 기만적으로 조화를 이룬 서구인의 신앙을 고발했던 칸트 역시 그런 편견에서 자유롭지 못했다. 칸트의 아래 구절을 통해 우리는 칸트뿐 아니라 데이비드 흄 또한 인종주의의 이름으로 고발할 수 있다.

아프리카의 '흑인'에게는 본래 어리석음을 넘어서는 그 어떤 감정도 없다. 흄은 모두에게 흑인이 재능을 보여주었다는 한 가지 실례를 들어

보라고 요구하면서 다음과 같이 주장했다. 자기 나라에서 다른 곳으로 끌려온 흑인 수십만 명 중에서, 비록 그 가운데 많은 수가 자유를 얻었지만, 그럼에도 예술이나 학문에서 혹은 다른 찬양할 만한 특성에서 어떤 위대함을 보여준 자를 아직 한 명도 발견하지 못했다고 말이다. 백인 가운데는 계속 가장 천하고 낮은 하층민에서 입신하고 빼어난 재능으로 세상의 명망을 얻는 사람이 있는데도 말이다. 이렇게 두 인종의 차이는 본질적이며, 그 차이는 피부색에서와 마찬가지로 마음의 능력에서도 아주 큰 듯이 보인다. 흑인에게 아주 널리 퍼져 있는 물신숭배 종교는 대략 일종의 우상숭배인데, 이는 인간 본성에 비추어 언제나 가능해 보이는 것만큼이나 깊이 어리석음에 빠진다. …… 흑인들은 그들 방식으로 아주 허영심이 강하고 너무 수다스러워서 그들을 매질로 서로 떨어뜨려 놓아야만 한다.[9]

칸트의 「아름다움과 숭고에 관한 고찰」(1764)에 나오는 구절이다. 일급 철학자의 이런 인종주의를 시대의 한계 탓으로 돌릴 수는 없을 것이다. 왜냐하면 인종주의는 문화상의 변덕이나 유행 같은 것이 아니라, 칸트 자신의 철학과 마찬가지로 인간 본성에 관한 칸트의 인식의 소산이기 때문이다. 문화의 지엽성과 상관없이 보편적인 인간 이성을 탐구한 자, 그리고 세계시민을 탐구한 자는 인종적 편견을 지닌 이와 완전히 동일인인 것이다.

철학자까지 철저히 감염시킨 서구의 저 인종주의의 원천은 다양하게 파악될 수 있다. 물론 그 원천에는 '서구의 종교'가 속한다. 최근 캐나다의 옛 성당 기숙학교 자리에서 인종청소로 희생된 1000여 구가 넘는 원주민 어린이들의 시신이 발견되었다. 그것은 서구 정신의 뿌리에 자리한 서구인들의 종교와 더불어 타자의 피를 먹이로 삼아 비대해진 인종주의의 무서운 얼굴이다. 그 얼굴에 대해 이야기해보자. 칸트의 『영원한 평화』가 아래와 같이 비난하듯이 서구인의 신앙은 노예제, 식민착취와 조화를 이루었다.

> 여기서 가장 잘못된 것은 …… 가장 잔인한 노예제의 본거지인 사탕군도가 아무런 진짜 수익을 가져다주지 못한 채, 단지 간접적으로, 그것도 바람직하지 못한 의도로, 곧 전함의 수병들을 양성하여, 그러므로 다시금 유럽에서의 전쟁 수행에 봉사한다는 사실이다. 그리고 신앙심을 가지고서 법석을 떨고, 불법을 물 마시듯이 하면서 전통신앙에서 선민으로 여겨지기를 의욕하는 것이 이런 열강들이라는 사실이다.[10]

신앙과 인종적 편견의 은밀한 결합에 관해, 들뢰즈가 『천 개의 고원』의 여덟 번째 글에서 다루는 '그리스도의 얼굴'과 더불어 이야기를 시작하는 것이 좋겠다. 서구인들이 이해한 그리스도의 얼굴은 무엇인가? 그리스도는 신이며 인간으로서도 유럽의 백인과 상관없는 혈통이지만, 그 얼굴은 유럽의 셀 수 없이 많은 성화(聖畵)가 알려주듯 서른세 살의 백인 모습으로 나타난다. 그리스도란 백인들 자신을 이상적인 모습으로 비추어주고 있는 거울일 뿐이지만, 백인들은 그리스도에게서 자신의 모습을 보는 것이 아니라 절대자를 본다. 그리스도의 얼굴은 거울이라는 사실이 은폐된 거울, 마리옹의 용어를 빌어 표현하자면 '보이지 않는 거울'인 까닭이다.[11] 이 백인이자 신인 자의 얼굴은 종교적 권위 속에서 절대적 척도가 되며, 이 척도에 비추어 다른 인종들 간의 열등적 편차가 생겨난다. "만약 얼굴이 크리스트, 즉 어떤 보통의 '백색인[백인]'이라면 최초의 일탈, 최초의 유형별 격차는 인종적이다. 황인종, 흑인종, 두 번째나 세 번째 범주의 인종들. …… 인종주의는 …… '백색인'의 얼굴에 의해 일탈의 격차들을 결정함으로써 진행되었다."[12] 이런 일은 단순히 백인의 얼굴이라는 이미지 차원에서만 일어나는 일이 아니라, 더 중요하게는 백인이 지닌 다양한 가치의 차원에서 일어난다. 비유럽 세계의 타자는 신적 지위를 가지게 된 유럽인이라는 가치 안으로 흡수된다. 이제 유럽 및 유럽 백인에 대한 타자가 있는 것이 아니라 백인 신을 척도로 삼은 내재적 질서만이 있다. 이 질서란 백인 신을 기준으로 끊임없이 열등해져가는 위계적 편차의 질서이고, 이 편차 속에 인종들의 정체성이 배열된다.

종교화라는 시각적 이미지를 실마리 삼아 설명해본, 유럽 종교를 통한 타자성의 파괴는 근대의 구체적인 역사적 현장에서 목격할 수 있는 것이기도 하다. 유럽인에게 이익이 되는 가치가 서구 종교와 일체가 되어 그 가치를 척도 삼아 '유럽인이 이용 가능한 것'으로 타자를 규정하는 모습을 우리는 유럽의 식민 사업에서 흔히 목격할 수 있다. 볼테르의 『캉디드 혹은 낙관주의』(1759)는 유럽의 식민주의가 유럽의 타자, 다른 인종을 잔혹하게 파괴하면서 그 참상을 유럽의 종교를 이용해 기만적으로 은폐하는 모습을 잘 보여준다. 캉디드는 어느 날 옷을 제대로 입지도 못하고, 오른팔과 왼쪽 다리가 잘린 채 누워 네덜란드인 주인을 기다리고 있는 아프리카 흑인을 보게 된다. 네덜란드인 주인이 자네를 그렇게 만들었느냐는 캉디드의 물음에 흑인은 이렇게 답한다.

네, 나리, 그게 관습입죠. 의복이라고는 1년에 두 번 무명 속바지 하나씩을 주는 게 고작입죠. 설탕 공장에서 일하다 잘못해 맷돌에 손가락이 딸려 들어가면 손을 자르고, 도망을 치다 잡히면 다리를 자르지요. 저는 그 두 가지를 다 겪었습죠. 당신네 유럽인들이 설탕을 먹는 건 바로 그 덕입죠. 예전에 우리 어머니가 기니의 해안에서 돈 열 냥을 받고 저를 팔았을 때 어머니는 기뻐하며 말하셨죠. '사랑하는 아들아, 신령님께 감사드려라. 항상 그들을 경배하여라. 그들이 너를 행복하게 지켜주실 거야. 영광스럽게도 너는 백인님의 노예가 되었고, 그 덕에 네 어머니, 아버지는 운이 피게 되었어.' 맙소사! 우리 어머니, 아버지가 진짜로 운이 피었는지 어땠는지는 모르지만 어쨌든 제 운은 전혀 아니었습죠. 개나 원숭이나 닭도 우리 처지보다는 훨씬 나아요. 저를 개종시킨 네덜란드 무당들은 일요일마다 흑인이나 백인이나 다 같이 모두 아담의 자식이라고 하더군요. 저는 족보 같은 건 모르지만 그 무당들 말이 맞다면 우리는 모두 친척입죠. 그런데 어찌 친척에게 이렇게 지독하게 굴 수 있을까요?[13]

백인 무당들은 흑인이나 백인이나 모두 하느님의 자식이라고, 아담의 후손이라고, 평등하다고 말한다. 이 이데올로기 아래에서는 팔과 다리가 잘려나가는 강제 노동의 지옥이 들끓고 있고, 이 노동이 만들어낸 하얀 설탕은 하얀 백인의 입을 달콤하게 한다.

서구 종교와 서구 식민주의의 공모 속에서 어떻게 비유럽 세계의 타자가 유럽인을 위한 자산으로 흡수되는지를 잘 보여주는 작품이 있다. 19세기 네덜란드 작가 멀타툴리의 『막스 하빌라르』(1860)가 그것이다. 이 작품은 네덜란드 식민지인 인도네시아 자바섬의 농장에서 일어난

타자철학

수탈을 고발하고 있다. 소설은 서구의 종교가 식민지에서의 수탈, 즉 타자를 자기가 이용할 수 있는 수단으로 흡수하는 장치를 제공한다는 것을 폭로한다. 성직자가 교회에서 설교하고 있는 한 장면을 보자.

인도네시아 해양에 떠 있는 섬들에 시선을 집중해보도록 합시다. 그곳에는 하나님의 총애를 받던 고결한 노아의 저주받은 아들—저주받아 마땅한 그 아들—의 수백만 자손들이 살고 있습니다. 그곳의 그들은 이교도인들의 무지함의 볼썽사나운 뱀굴 주위를 기어다니고 있습니다. …… 하나님은 사랑의 하나님이십니다. 하나님은 죄인들이 파멸의 길로 드는 것을 원치 않으시며, 신앙심을 통해 예수님 안에서 은혜를 입어 구원되기를 바라셨습니다. 그에 임하여, 저 비참한 자들을 구원할 수 있는 데까지 구원해보라는 계시와 함께 우리 네덜란드가 선택되었습니다.[14]

그러면 자바인들을 구원하라는 하느님의 명령은 네덜란드인들에게 어떤 형태로 주어졌을까? "자바인은 노동을 통해서 신에게 귀화하라는 명을 공식적으로 발급할 것."[15] 그러니까 자바인들의 죄를 씻어주기 위해서 하나님이 네덜란드인들을 보냈고, 자바인들은 네덜란드인들의 농장에서 노동함으로써 죄를 씻으라고 했다는 것이다. 타자를 수탈하는 일과, 자신에게 이득이 되는 가치를 종교를 통해 절대적이고 보편적인 가치로 만드는 일이 동시에 일어나고 있다. 종교 속에서 서른세 살 백인의 얼굴을 척도로 삼아 열등성의 편차라는 질서 속에 타자를 포섭하는 일이, 식민지의 착취에서 동일한 방식으로 일어나고 있는 것이다. 서구인의 종교 체계 안에서 열등한 위치를 부여받는 방식으로,

타자는 타자로서 존립하지 못하고 서구라는 동일자에 흡수된다.

멀타툴리의 『막스 하벨라르』가 그저 소설일 뿐이라고 말하며 거기에 기록된 서구 종교가 저지른 죄를 외면할 사람은 없겠지만, 역사적 기록 안에서도 유럽인들이 그들의 종교를 이용해 타자를 억압하고 자신의 이익을 위해 설계된 가치 체계 안에 타자를 귀속시키는 정황을 찾아볼 수 있다. 콩고에 식민지를 건설하고 원주민들을 착취해 자국의 부의 근간을 마련한 벨기에 국왕 레오폴드 2세는 그 극악함으로 유명하다. 공영방송에서 가끔 다큐를 만들어 소개하는 천국 같은 유럽의 놀라운 복지와 많은 휴일들, 축구 경기를 보기 위해 해가 중천에 떠 있는데도 서슴없이 사업장의 셔터를 내려버리는 경제적 여유는 어디에서 온 것인가? 왜 유럽은 이렇게 놀면서도, 죽도록 일하는, 식민지를 체험한 국가들에 비해 더할 나위 없이 풍요로운가? 벨기에와 유럽의 악행을 고발해온 제발트는 『토성의 고리』에서 이렇게 쓰고 있다. **"18세기와 19세기에 다양한 형태의 노예경제를 통해 축적된 자본은 지금도 여전히 회전되면서 이자를 낳고 이자는 또 이자를 낳고, 늘어나고 몇 배로 불어나면서 자신의 동력을 얻어 계속해서 새로운 열매를 맺고 있다고 더용은 말했다."**[16] 이보다 간단하고 투명한 답변은 없다. 저 문장은 식민지를 통해 축적된 자본과 그 돈을 세대를 이어가며 굴리고 굴리는 놀이가 오늘날의 유럽을 만들었다고 말하고 있는 것이다. 그 가운데 벨기에가 있다. 식민지 회사를 내세워 서유럽만 한 크기의 콩고를 사유지로 소유한 벨기에 왕 레오폴드 2세는 홀로코스트에서 나치가 죽인 600만 명의 유대인보다 훨씬 많은 1000만 명의 콩고인을 죽이고서 벨기에의 부를 이룩했다. 제발트는 벨기에의 콩고 사업에 참여했던 한 실존 작가의 심정을 이렇게 기록하고 있다. "브뤼셀로 떠난 코르제니오 프스키는 이제 날이 갈수록 건물들이 거창해져 가는 벨기에 왕국의 수도를 검은 시신 더미 위에 솟아오른 묘비처럼 느낀다."[17] 우리가 여 행하는 아름다운 관광지의 대리석 레스토랑들은 기실 피식민지인들 의 무덤이었다. 폴란드인 코르제니오프스키는 후에 영국 선원이 되어 영어를 배운 뒤 콘래드라는 필명으로 영국 문학사에 불멸의 흔적을 남기는 소설들을 쓰는데 그 가운데 하나가 『암흑의 핵심』(1899)이다. 19세기라는 한계 때문에, 또는 소설이 취한 방향의 한계 때문에 반제 국주의적 통찰에 명확히 이르고 있지는 못하지만, 이 작품은 벨기에인 들의 콩고인 학살에 대한 충실한 기록을 담고 있다. "나는 그곳에서 3 마일쯤 더 가다가 이마에 총을 맞고 죽은 한 중년 검둥이의 시신을 잘 못 디뎌 넘어질 뻔했지."[18] 제3세계에 대한 착취의 표본을 제시하고 있 는 다음 구절 역시 읽어야만 한다. "그들은 천천히 죽어가고 있었음이 분명했다네. 그들은 우리의 적이 아니었고 죄수들도 아니었지만 이미 이 세상 사람다운 데는 없이 질병이나 기아로 인해 죽어가는 검은 형 상들에 불과했으며 그 침침한 녹음 속에 어지럽게 누워 있었을 뿐이 야. 일정 기간의 고용 계약이라는 합법적 수단으로 해안 각처에서 끌 려온 후 자기네 체질에 맞지 않은 환경에 내던져진 채 입에 맞지 않는 음식을 먹다가 지금은 병이 들어 비능률적인 노동자로 전락하니까 작 업장에서 기어나가 그늘에서 쉬도록 허락되었던 거야."[19]

오늘날 유명한 사진 한 장, 도저히 눈을 떠 응시할 수 없는 사진 한 장만 여기 기록하자. 사진 속의 콩고인 남자는 그날의 할당량을 못 채 워 벨기에인들에 의해 잘려나간 자기 딸의 손과 발을 물끄러미 바라보고 있다. 인간뿐 아니라 그 어떤 생명도 이런 처지에 놓여서는 안 된다. 그런데 유서 깊은 가톨릭 국가 벨기에의 국민은 저런 식으로 어린이들을 죽였다. 한편으로 15세기부터 유명한 대학을 세우고서 보편적 가르침을 설파한 벨기에는 다른 한편에서 자신의 탐욕은 인류의 보편애 및 진리와는 별개라는 듯, 오른손이 한 일을 왼손은 모른다는 듯 콩고 어린이들의 손발을 싹둑 잘랐다. 피가 뿜어져 나오고 아이들의 몸에선 탄식하며 생명이 빠져나가 그냥 사라져버렸다.

악행이 풍요의 뿌리에 있다. 레오폴드 2세의 수만 가지 악행 가운데 깃털처럼 가벼운 것 한 가지만 이야기하자면, 그는 학살한 원주민의 아이들을 가톨릭 선교사들이 건설한 집단촌에 보냈다. 영양 부족인 아이들은 집단촌으로 무리하게 행군하면서 대부분 죽어갔다. 이 죽어간 아이들의 영혼은 죽음을 통해 참혹한 현세와 작별하고 최소한의 안식을 얻게 된 것이 아니라, 유럽 종교의 손아귀에 들어가 국왕의 소유가 된다.

여자아이를 수용하는 흑인 집단촌의 원장 수녀는 1895년 콩고국의 고위 관리에게 이런 글을 써 보냈다. "몇몇 여아는 여기에 도착했을 때 중병의 상태였습니다. …… 우리 수녀들은 그들을 살려내지 못했습니다. 하지만 모든 여아가 성스러운 세례를 받았습니다. 그들은 이제 천국에 들어간 어린 천사로서 우리의 위대한 국왕을 위해 기도할 것입니다."[20]

이토록 몽매하면서도 악랄하기 짝이 없는 편지를 나는 읽어본 적이 없다. 어떤 호러 영화도 저 편지만큼 나를 두렵게 할 수 없고, 내 영

타자철학

혼이 육신의 죽음 뒤 살아남기보다는 육체가 소멸할 때 함께 사라지기를 간절히 바라게 할 수 없을 것이다. 이승은 유한한 생명이 사랑하고 아이를 낳고 함께 뛰노는 삶을 어떻게든 지켜갈 수도 있는 곳이지만, 하느님의 나라는 영혼이 살 만한 곳이 아니다. 저 수녀의 편지 구절구절에서 무섭고도 뻔뻔한 악마의 목소리가 인류 전체를 조롱하듯이 들려오고 있다. 식민지 경영자의 손에 부모를 학살당한 아이들은 죽어서도 자유롭지 못하다. 삶의 터전을 황폐하게 만들고 부모를 죽이고 아이들 자신을 죽음에 이르게 한 벨기에 국왕을 위해 기도하는 유럽 종교의 천사라는 직무를 위해 또 영혼이 착취당하고 있는 것이다. 유럽 종교는 죽은 이의 영혼까지도 유럽인의 소유로 흡수해야만 직성이 풀리는 탐욕으로 자신을 키워왔다.

타자는 결코 새로운 성찰의 대상이 아니다. 우리 삶이 처음에서 끝에 이르기까지 공동체 속에 있다면, 타자는 철학 이전에 생활 속에서 함께하는 이다. 그럼에도 우리가 세상의 여러 장면들을 통해 살펴본 것처럼, 오늘날 우리는 타자가 타자로서 출현할 수 있는 길에 관한 성찰이 절실히 요구되는 삶을 살고 있다. 우리는 타자가 타자로서 출현하는 일이 결코 선물처럼 주어져 있지는 않은 시대 속에 있다. 타자가 출현할 수 있는 길이 가로막혔을 때, 이 가로막힘은 근원적인 차원에서는 물리적인 것이 아니므로 사유의 힘이 그 막힌 길을 다시 열어줄 수 있다. 그리고 이런 사유의 힘을 시험해보는 과제는 철학이 떠맡는다.

6) 이타성의 체험

그래서 무엇을 탐색해야 하는가? 우리는 플라톤의 작품에 채록된 신화부터 근대적 주체와 식민주의에 이르기까지 기록된 것과는 전적으로 다른 차원에서, 이타성을 담지한 타자와 조우하는 국면들을 생각한다. 타자와의 그런 마주침을 도대체 어떻게 이해해야 하는지 그 실마리를 제공하는 한두 장면을 살펴보려고 한다. 가령 쿤데라의 소설『불멸』을 보자. 사고로 죽은 아내 아네스 앞으로 다가가 폴은 생각에 빠진다.

> 일생의 부부 생활을 통해서, 한 번도 그녀가 진정으로 그의 것이었던 적이 없는 것 같았다. 한 번도 그녀를 가진 적이 없는 것 같았다. …… 창백하고 아름다운, 그러나 완전히 다른 얼굴이었다. 두 입술은 여전히 평화로웠으나 그가 지금까지 한 번도 본 적 없는 선을 하나 그리고 있었다. 그는 그 표정을 **이해하지 못했다.**[21]

여기서 폴은 '이질적인 것과의 조우'를 체험하고 있다. 아네스는 일생 동안 폴이 가져본 적이 없는 자, 소유에 저항하는 자이다. 그리고 그녀가 폴에게 마지막 남기고 있는 것도 이해할 수 없는 것, 즉 '이해의 실패' 속에서 출현하고 있는 표정이다. 주체가 타자를 지배하는 하나의 방식이 될 수 있는 '이해'로부터 아네스는 달아나고 있는 것이다.

> 그는 눈꺼풀이 감긴 그 얼굴을 바라보았다. 그가 한 번도 본 적 없는

그 이상한 미소는 폴에게 보내는 것이 아니었다. 그 미소는 폴이 모르는 어떤 이에게 보내는 거였다. 그는 그 미소를 이해할 수 없었다.[22]

죽은 아내는 남편을 향해서가 아니라 다른 곳을 보며 미소를 띠고 있으며, 그 미소는 남편의 이해를 벗어나 있다. 이것은 하나의 실패 또는 비극일까? 주체의 소유라는 관점에서는 그러하다. 이질적인 자는 영원히 누구의 소유도 될 수 없다. 성격이나 가치관이 달라서 서로 잘 맞지 않는다는 식의 문제가 아니라, 오로지 서로 다른 자라는 이타성 하나 때문에 타자는 주체와 합치될 수도 없고 이해될 수도 없는 고유한 영역을 가진다. 다시 말해 폴과 아네스의 사이가 좋았으면 폴은 아내를 이해할 수 있었을, 그런 종류의 문제와 이 상황은 상관이 없다. 폴의 실패는 타자와의 관계 안에 어디에나 스며 있는 근본적인 것이다. 이 실패의 기원은 다른 무엇도 아닌 이타성 그 자체다.

또 다른 예로 미셸 투르니에의 『동방박사』(원제는 『가스파르, 멜쉬오르 그리고 발타자르』)의 몇 구절을 읽어볼 수 있다. 동방박사 가운데 하나인 가스파르왕은 어느 날 금발의 여자 노예를 샀는데 이 여자로부터 마음의 상처를 입게 된다. 사랑에 빠진 이는 무장 해제된 자이며 사랑은 왕의 지위를 무용지물로 만드는 까닭이다. "나는 그 금발 머리 여자가 이미 나의 삶 속으로 깊이 침입해 들어왔다는 것, 그리고 그녀가 나의 삶을 황폐하게 만들겠다며 나를 위협하고 있다는 것을 분명히 알고 있었다."[23] 이 마주침은 침입이다. 그것은 개념을 통해서든 실용적인 방식으로든 타자를 자신의 세계 안에 위치시킬 준비가 된 주체가 타자를 흡수하는 것이 아니라, 주체에 대한 타자의 돌연한 침입이며 주체의 삶을 황폐하게 만드는 일이다. 레비나스는 「타자의 흔적」에서 타자의 도래를 '내재성의 교란'이라고 묘사한다. "[타자의] 얼굴의 추상성은 내재성을 교란한다."[24] 주체가 자신의 손익을 셈할 수 있고, 인식할 수 있는 대상의 크기나 깊이를 계산할 수 있으며, 자신의 정원처럼 꾸밀 수 있는 영역, 담장을 쌓고 자신의 것으로 영위할 수 있는 영역이 주체의 내재성이다. 바로 그 내재성을 교란하는 것이 타자의 도래다. 이 교란과 같은 맥락에서 가스파르왕은 "그녀가 나의 삶을 황폐하게 만들겠다며 나를 위협하고 있다는 것을 분명히 알고 있었다"라고 말한 것이다. 왕은 또 다음과 같이 말한다. "그렇다! 백인 여자가 내 삶 속으로 뛰어든 것이다! 마치 어느 봄날 아침에 바루크의 노예 시장을 돌아다니다가 얻어걸렸던 **전염병**처럼."[25] 이질적인 것이 나의 내재성을 교란하는 방식으로 도래하는 사건은 "전염병"에 감염되는 일과도 같다. 여기에 왕이 인식할 수 있거나 예측할 수 있거나 타협을 볼 수 있는 인간관계란 없다. 오로지 전염병의 감염 같은, 방어하지도 기대하지도 준비하지도 못하는 침입만이 있을 뿐이다. 내가 준비할 수 있는 관계들 속에서가 아니라, 내가 준비할 수 있는 관계들의 전적인 실패 속에서 타자는 출현한다. 그의 이타성이 그 외에 다른 길을 허락하지 않는 까닭이다.

7) 타자에 대한 생각을 시작하며

분명 지금껏 우리가 이야기한 바는 타자가 출현하는 유력한 길일 것이다. 그러나 타자에 대한 모든 이야기는 아니다. 우리는 이 책 전체를 통해서 훨씬 다채로운 길들을 살펴볼 것이다. 이 책은 타자를 둘러싼 핵심적인 쟁점들을 하나씩 디딤돌로 삼아 사유를 전개해 나간다. 그 주요한 쟁점들에 간단히 이름을 붙여보면 이렇다. 유아론을 넘어서 타자와 공동체를 이루는 문제(2장), 존재함과 타자의 문제(3장), 근본적으로 싸움의 형식 속에서 만나는 나와 타자의 문제(4장), 신체와 타자의 문제(5장), 타자와의 만남 속에서 이루어지는 초월과 구원의 문제(6장), 어떤 일반성에도 매개되지 않고 정체성 없이 존재하는 타자가 가지는 정치적 의미의 문제(7장), 민주정 자체의 근거로서 타자의 문제, 동물로서의 타자의 문제(8장), 타인 개념 자체를 벗어나는 문제(9장) 등. 물론 이렇게 간단히 요약될 수 없는 더 다양한 쟁점들이 파도처럼 와서 부딪칠 것이다. 우리의 궁극적 관심은 이러한 쟁점들에 대한 검토를 통해, 모든 종류의 이론적·실천적 폭력 앞에서 휘발되어 사라져버리기 일쑤인 타자가 타자로서 출현하는 길을 여는 것이다.

세계는 저절로 자라지도 않으며 저절로 유지되지도 않는다. 그것은 금방 시들어버리는 꽃이나 금방 상하는 한 잔의 우유처럼 위태롭게 태양 아래 놓여 있다. 그래서 생각함이 세계 안에서 인공호흡을 하듯 끊임없이 숨을 불어넣어 세계가 살아 숨 쉬도록 해야 한다. 사유의 노동이란 이미 완성되어 있고 저 혼자 잘 움직이는 세상을 멀리서 흘깃 훔쳐보는 일이 아니라, 세상의 가슴 속에서 멈추지 않고 생명을 길어 내는 허파의 운동과도 같다. 지금 모든 다양한 길들이 우리의 성찰 앞에 놓여 있다. 이제 생각의 운동을 시작해보자.

2장
고립을 극복하고 서로 함께하는 주체들:
후설

1) 왜 후설인가?

우리는 타자 문제를 둘러싼 이론적 탐구를 후설로부터 시작하려한다. 왜 후설인가? 후설의 타자이론은 데카르트의 코기토 이래 유럽의식 철학의 역사에서 중요한 한 순간으로 기록된다. 그 이유는 이 철학이 그간 보편적인 것으로 받아들여온 의식이 어떻게 보편적일 수 있는지, 즉 어떻게 이웃하는 또 다른 의식과 동류의 것일 수 있는지를 해명하려는 시도를 담은 까닭이다. 이런 시도를 탐색하는 일은 데카르트의 코기토 이후의 주체에 대한 심도 깊은 이해로 우리를 인도해줄 것이다.

이런 후설 타자이론 내재적인 요인 때문만 아니라, 보다 중요하게는 타자이론의 역사적 흐름과 관련하여 후설 철학이 가지는 위치 때문에 그것은 주요한 공부거리가 된다. 우리가 앞서 1장에서 개괄한 타자를 둘러싼 문제들은 (직접적으로 후설의 타자이론 속에서 모두 사유되고 있기보다는) 후설의 이론을 매개로 이후 현대의 다른 중요한 타자이론들 속에서 다루어지고 있다. 후설로부터 직접 배운 하이데거나 레비나스뿐 아니라, 사르트르의 사상 등 타자에 관한 중요한 철학적 성찰 역시 후설에 대한 '비판적 거리 가늠'과 더불어 전개되고 있는 것이다. 이런 까닭에 후설에 대한 이해는 현대 타자이론과 관련해서 주요한 자리를 차지한다.

이와 같은 맥락에서 우리가 집중적으로 다룰 후설의 작품은 『데카르트적 성찰』이다. 이 책은 어떤 위치를 차지하는가? 후설은 은퇴한 이듬해인 1929년에 프랑스 학술원 주관으로 파리에서 강연을 하게 되는데, 그 강연이 『데카르트적 성찰』의 모체다. 후설은 독일어로 강연했고, 강연 원고는 학생 시절의 레비나스와 파이퍼(G. Peiffer)가 프랑스어로 번역하고 코이레(A. Koyré)가 감수한 후 청중들에게 공개되었다. 이 원고가 1931년 프랑스에서 『데카르트적 성찰』이라는 제목으로 출판된다.

이 책의 내용 및 이것이 프랑스에서 가졌던 영향력은 레비나스의 다음과 같은 말 속에서 짐작해볼 수 있다. 레비나스는 1930년 스트라스부르 대학에서 후설 연구로 박사 학위를 받고 같은 해 학위 논문을 출간하는데, 그것이 『후설 현상학에서의 직관 이론』이다. 여기서 레비나스는 말한다.

우리는 이러한 상호주관적 환원과 이로부터 야기되는 모든 문제에 대해서도 후설이 열과 성을 다했다고 믿는다. 이 '감정이입', 우리를 상호주관성에 접근할 수 있게 해주는 직관에 대한 연구는 우리의 신체에 대한 지각 및 타자의 신체와의 유비에서 일어나는 역할을 기술한다. 그는 다른 신체에서 나의 신체와의 유비적인 현존의 형태가 현시되는 삶에 대해 분석했으며, 결국에는 상호주관성—그것이 없이는 조금도 현존을 생각할 수 없는 그러한 의식의 실재성—의 모든 요점들을 검토함으로써 상호주관성이 갖는 고유한 구성의 성격을 분석했다. 비록 미출간 작품이 매우 큰 영향력을 발휘하기는 하지만, 우리는 출간되지 않은 작품에는 별다른 권위를 부여하지 않았다.[1]

저 인용에서 레비나스가 활용하지 않았다고 하는, 그러나 (아마도 파리 강연을 통해서) 큰 영향력을 행사하고 있는 미출간 작품은 바로 그 자신이 번역했고 다음 해에 출간될 『데카르트적 성찰』일 것이다. 미출간 작품을 언급하는 일을 자제하고 있지만, 저 문장들은 이제 우리가 확인하게 될 『데카르트적 성찰』의 내용을 충실히 요약하고 있다고 해도 좋다. 그런 점에서 후설 타자이론의 낯섦을 덜어내고 싶은 이가 있다면, 저 요약을 얼마간 잔상으로 눈에 남겨두고서 후설의 사상을 들여다보는 것도 좋을 것이다. 참고로, 세월이 흘러 독자적인 책을 펴내게 되었을 때 레비나스는 자신이 요약한 후설의 저 타자이론과 큰 거리를 두고서 타자에 대한 성찰을 전개하게 된다. 그런데 후에 레비나스를 다루는 장에서 확인하게 되겠지만, 재미있게도 데리다는 젊은 시절의 공부거리인 후설로부터 아주 멀리 떨어져 나온 레비나스의 원숙기 모습과 『데카르트적 성찰』이 여전히 가지고 있는 모종의 긴밀한 관계를 발견한다.

문헌에 대한 설명을 마무리 짓도록 하자. 간략한 마무리가 우리에 겐 적절할 텐데, 앞서 언급한 파리에서의 강연 원고를 거듭 수정하고 완성하고자 했던 후설 자신의 작업은(그의 다른 수고들의 운명과 마찬가지로) 후설 문헌 정보를 채록하는 일을 목적으로 삼지 않는 연구가 다 기록하기에는 그리 절실하게 필요치 않은, 끝이 없는 다양한 형태로 가지치기를 해나간 까닭이다. 파리 강연은 강연 직후부터 다시 여러 차례 수정이 이루어졌으나 저자가 보기에 만족스럽지 못했고, 그 수정 내용은 유작으로서 1973년에 『상호주관성』의 일부로 출판된다. 이와 같은 끊임없는 보완의 과정이 알려주듯 후설의 타자이론은 어떤 의미 에서는 완결된 지점을 명시할 수 없는, 생성 중에 놓여 있는 사상이라고 할 수 있다.

우리가 다루는 타자이론 문헌은 후에 후설 전집 1권으로 편집되어 출간된 『데카르트적 성찰』의 「제5성찰」인데, 여기서 타자에 대한 후설 이론의 주요한 뼈대가 제공된다. 후설의 타자이론이 직접적으로 문제 삼는 바는 무엇인가? 후설은 아주 전통적인 인식론적 문제를 현대적 인 형태로 상속받아 해결하고자 한다. 그 문제란 바로 철학사를 통해 수시로 출몰해 왔던 '유아론(독아론)'이라는 망령이다. 요컨대 유아론 이 현상학을 위협할 수 있다는 것을 깨닫고서 그 위협을 제거하려는 것이 후설 타자이론의 목표 가운데 하나이다.

한마디로 후설이 직면한 문제는 이렇다. 의식은 대상 구성의 활동 을 하는데, 이런 대상 구성적인 의식은 유아론적인 것이 아닌가? 의식 은 홀로 있는 자가 아닌가? 이것이 후설이 해결해야 할 문제다. 그렇다 면 현상학은 어떻게 이런 문제에 직면하게 된 것일까? 이에 답하려면 먼저, 우리의 주 목적은 아니더라도 후설의 현상학에 대한 이해가 간략하게라도 필요하다.

2) 후설의 현상학

현상학은 어떤 학문인가? 후설이 보기에 근대 유럽 학문의 중심에 자리 잡은 과학적 객관주의를 추구하는 학문들은 외면적으로 화려한 성과를 보여주었음에도 근본적으로 허약한 기반 위에 놓여 있었다. 실증적인 방식으로 또는 객관적인 방식으로 인식을 설명하려는 시도는 지식의 보편타당함을 보증해주기보다는 그것을 위태롭게 만든다는 위기의식에서 후설의 탐구는 시작된다. 가령 당시 유행하던 심리주의는 모순율 같은 논리적 법칙마저 인간의 경험적이고 심리적인 사실로 보려고 했다. 논리학의 법칙이 경험적으로 접근할 수 있는 인간 심리상에서 일어나는 '사실'이라면, 그 법칙은 경험적으로 관찰할 수 있는 사실의 변화에 따라 좌지우지 될 수 있는 '상대적인' 것에 불과할 것이다. 그러나 논리 법칙은 심리상으로 체험한 사실과 무관한 보편 필연적인 것이 아닌가? 예컨대 모순율은 인간 심리상의 경험과 상관없이 그 자체 진리가 아닌가? 모든 경험적 사실을 넘어서 있으며 영원히 부동하는 그 진리의 지위는 아마도 플라톤적 이념, 이데아의 지위에 비견될 수 있을 것이다.

그런데 후설이 보기에 이런 이념 차원의 진리는 심리적 사실에 영향을 받지 않는 보편적 진리이지만, 그럼에도 인간의 의식에 주어진 것으로서만 의미를 지닌다. 의식이란 무엇인가가 의미를 지니고 또 진리로서 나타날 수 있기 위한 한계이며, 의식이라는 한계 너머에 대해서 우리는 어떤 의미 있는 탐구도 할 수 없다. 한마디로 '의식을 넘어서는 것은 무(無)'이다.[2] 이런 관점에서 후설은 실증적 절차를 통해 확인된 경험적 사실에 좌우지되지 않는 보편적인 이념적 진리가 우리 의식과 어떻게 관계 맺는지를 탐구해야 한다고 생각했다.

이런 학문적 동기를 추동력으로 삼아 현상학은, 여러 학문들 안에서 보편성이 훼손되는 국면을 교정하고 타개해 나갈 길을 열어주는 안내자 역할을 자처한다. 그러므로 현상학은 실제적인 내용을 가진 분과 학문들 가운데 하나가 아니라, 각 학문들이 지식 추구를 위해 보편적으로 따라야 하는 학문적 방법론의 성격을 가지게 되는 것이다.

물론 이런 보편학의 이념은 근대 철학이 집요하게 추구했던 보편학과는 다르다. 데카르트는 모든 외부 대상을 기하학적 공간을 차지하는 연장(extension)이라는 보편적 개념 아래에서 파악했다. 이 말은 대상 모두를 수리물리학적 방식을 통해 보편적으로 파악한다는 뜻이다. 후설의 관점에서 볼 때 이런 식의 보편성에 대한 추구를 통해서는 결코 '엄밀한' 학문을 이룰 수 없다. 서로 이질적인 대상들의 고유한 본성을 무시하고 수리물리학적 방식에 따라 무차별적으로 대상들을 파악하는 까닭이다. 각각의 대상이 의식에 주어지는 고유한 방식이 있으며, 의식에 주어지는 이 고유한 방식에 따라 대상을 기술할 때 그것을 엄밀하다고 한다.

보편성과 엄밀성(Strengheit)에 입각해 지식에 도달하기 위해 현상학이 과제로 삼는 바는 바로 우리 의식이 대상과 관계 맺고 있는 '지향적 단서'를 밝혀내는 것이다. 곧 의식의 '지향성(Intentionalität)'이 탐구 대상이 된다. 왜냐하면 모든 사태는 형이상학적 대상처럼 즉자적으로 있는 것이 아니라 의식 상관적으로 있기 때문이다. 후설 현상학은 우리 의식과 상관없이 있는 실재물에 대해 관심을 두지 않는다. 대상은 늘 우리 의식에 주어지는 것으로서의 대상이다. 의식상관적인 이 대상을 '사태 자체(Sachen selbst)'라고 한다. 의식은 언제나 이 사태 자체를 향하고 있다. 다시 말해 의식은 날아가는 화살처럼 대상을 향해 가는 중에 존립한다. 대상에 대한 의식의 이 상관성이 지향성이다. 마음의 활동성으로서 지향적 의식의 사유작용을 노에시스(Noesis)라고 하며 그에 상응하는 지향적 대상을 노에마(Noema)라 일컫는다. 노에마는 이데아처럼 본질적인 것이지만, 의식과 동떨어진 형이상학적 실재나 자연과학이 말하는 객관적 법칙의 대상이 아니다. 그것은 늘 사유 작용의 상관항이다.

지향적 의식의 특성은 데카르트의 코기토 같은 근대적 의식과 비교해볼 때 더욱 잘 드러난다. 데카르트는 의식을 생각하는 사물(res cogitans)로서 이해했다. 사물(res)이란 표현이 알려주듯 데카르트는 의식을 그 자체 고립된 채로 있는 실재물로서 다루고 있다. 그 결과 데카르트에게서는 방법적 회의의 대상이 되었던, 그 실재성이 의심스러운 외부 대상들과 존재함의 확실성이 확보된 의식(생각하는 사물) 사이에 어떻게 다리를 놓아야 할 것인가와 같은 부담스러운 문제가 출현한다. 결국 데카르트는 '선한 신'이라는 신학적 원리를 끌어들임으로써 외부 세계와 외부 세계에 대해 의식이 가지고 있는 관념 사이의 일치를 보증한다. 빛나는 합리성을 통해 근대 철학을 열어놓은 데카르트의 사상은 이렇게 이성의 두 발로 서지 못하고, 이성에게 제 밥벌이를 혼자 못한다는 부끄러움을 남기며, 신학의 목발을 짚고야 말았다.

그러나 사실 의식은 이런 일을 겪지 않아도 된다. 의식은 데카르트의 코기토와 같이 고립되어 있을 수는 없기 때문이다. 혹시 잠 같은 것은 의식이 고립되는 방식이 아닌가? 그렇지 않다. 우리는 잠을 통해서도 의식을 고립시킬 수는 없다. 다만 의식을 사라져버리게 만들 수는 있다. 그것도 잠시 사라지게 할 뿐이다. 죽음이 아닌 잠은 피할 수 없는 실패인 깨어남을 통해 고래 배 속에 들어 있던 요나를 뱉어내듯 의식을 소생시키고야 만다. 깨어 있는 의식은 결코 사물처럼 고립 속에 가두어둘 수 없다. 우리 의식 자체가 외부 대상과의 관계 외에 다른 것이 아니기 때문이다. 즉 의식은 늘 '~에 대한 의식'인 것이다. 따라서 사태 자체를 탐구한다는 것은 대상이 의식과 맺고 있는 관계를 탐구한다는 것이 된다. 달리 말하면 대상이 의식에 주어지는 방식을 '기술'한다는 것이다. 대상들은 각각의 고유성에 따라 다르게 출현한다. 즉 사태 자체가 의식에 주어지는 양상은 획일적이지 않고 풍부한 다양성을 가진다.

그런데 우리는 사태 자체에 접근하기 이전에 여러 선입견에 젖어 있다. 사태 자체에 대한 근본적인 체험은 이 선입견에서 벗어나는 것으로부터 출발한다. 플라톤의 비유 속에서 죄수가 동굴로부터 기어나온 이래 철학은 선입견을 벗어나려는 싸움이었고, 현상학 역시 같은 싸움에 몰두한다. 현상학적 환원(Reduktion)은 선입견으로부터 벗어나 사태 자체, 근본 현상에 접근하기 위한 방법이다. 이는 세계에 대한 선입견으로 이루어진 자연적 태도를 가지고 생각하던 행위와 결별하는 일이기에, 선입견의 지배를 받는 태도에 입각해 이런저런 판단을 하는 행위를 그만두는 판단중지(에포케, Epoche)의 의미를 지닌다. '복귀시키다(lead back)'라는 뜻을 가진 라틴어 reducere를 어원으로 하는 이 환원이라는 단어는 선입견으로 가득 찬 세계로부터 뒤로 물러나 사태 자체가 의식에 순수하게 주어지는 방식을 기술하는 것이다. 여기서 '기술'이란 '학문적 설명' 같은 것과는 거리가 멀다. 이와 관련해 메를로퐁티는 『지각의 현상학』에서 이렇게 말한다. "기술하는 것이 문제이지 설명하는 것과 분석하는 것이 문제인 것은 아니다. …… 그것[후설의 작업]은 학문의 부인(否認)이다. …… 우리는 우선 학문이 이차적 표현이 되는 세계의 경험을 일깨우지 않을 수 없다."(『지각』, 15쪽) 현상학은 학문을 부정한다. 가령 학문의 부정이란, 근본적인 경험의 다양성을 추상화하여 일면적인 인과 관계로 현상에 대한 설명을 제공하는 식의 작업에 대한 거부를 뜻한다. 이런 추상적 학문에서의 설명이란 사태 자체에 근거하지 않는 이론일 뿐이며, 근본적인 경험에 대한 기술에 비해 이차적일 뿐이다.

후설은 이렇게 발견된 의식이 대상을 '구성(Konstitution)'하는 활동이기까지 하다고 자신의 생각을 발전시킨다. 어떤 의미에서 그런가? 후설 철학의 발전 과정과 관련해 이야기를 시작해보자. 후설은 처음엔 '기술적 현상학'을, 이후엔 '초월적 현상학'을 전개한다.(용어에 대해 잠시 얘기하면, 이 책에서는 transzendental의 번역어로 '초월적'이라는 용어를 채택하고 있는데, 이 개념의 번역 원칙에 대해서는 미주 4를 참조하기 바란다.) 기술적 현상학은 우리의 의식이 근본적으로 지향적이라는 사실을 기존의 과학적 심리학에 대비해 보여주고자 한다. 초월적 현상학은 우리 의식이 일반적인 경험적 의식보다 더 근본적인 차원에서 대상 구성적 활동을 수행한다는 것을 보여주려 한다.

후설 이전의 과학적 심리학이 가진 문제란 무엇인가? 그것은 우리 마음을 과학적 인과율의 대상으로서 파악할 수 있다고 주장한다. 즉 물리학의 인과율이 마음 외부의 물리적 경험 대상에 대해 유효한 만큼, 동일한 종류의 인과율이 우리 마음에도 유효하게 적용된다는 것이다. 우리 마음의 요소들이 물리적 사물들과 같은 질서(물리적 인과율)를 가진다는 말이다. 이는 서로 전혀 다른 것인 물리적 세계와 마음의 세계를 무차별적인 것으로 간주하는 것이다. 이와 달리 우리가 느끼는 공포나 수치심은 마음 안에 들어와 있는 일종의 사물이 아니라, 어떤 대상에 대한 마음의 지향적 활동 자체이다. 예컨대 외부로부터 주어진 물리적인 폭력 때문에 마음에 고통이 생겼고, 이 고통이 나로 하여금 무엇인가를 수행하도록 했다고 해보자. 이때 고통은 내 의식이 대상을 지향하는 활동이지, 결코 물리적 대상들처럼 인과적으로 작용하는, 마음 안의 어떤 사물이 아니다.

초월적 현상학이란 무엇인가? 이미 주어져 있는 자아와 이미 주어져 있는 세계 안에서 우리는 이러저러한 의식 활동을 하며 살아간다. 자아는 경험되고 대상들은 내 밖에 실재하는 것으로 여겨진다. 초월적 현상학은 이런 세계가 어떻게 건설되었는지 해명하기 위해 근원적인 국면으로 되돌아가보는 작업이다. 우리가, 각종 선입견으로부터 자유롭지 못한 자연적 태도를 지닌 의식으로부터 판단중지와 환원을 통해 도달한 의식은 초월적 의식이라 일컬어진다. 왜냐하면 이 의식은 소여(所與)된 것에 머물러 있는 것이 아니라 그 소여된 것을 초월하여, 대상을 구성하는 의식이기 때문이다.

초월적 현상학은 우리의 지향적 의식이 근본적으로 대상 구성의 활동을 수행한다는 점을 매우 다양한 방식으로, 다양한 차원에서 규명한다. 대상 구성이란 존재하는 것들을 산출하는 활동이 아니다. 의식하는 주체는 낡은 실재론에서처럼 세계를 단순히 반영하는 것이 아닐 뿐 아니라, 낡은 관념론에서처럼 세계에 앞선 구성자로서 있지도 않다. 세계라는 배경 또는 한계, 즉 세계라는 '지평(Horizont)' 위에서 구성활동은 이루어지며, 구성이란 어떤 존재자가 주체의 의식 상관적인 실재로서 나타나도록 하는 일이다. 실재성이란 의식과 동떨어진 어떤 것이 아니라 의식과의 연관 속에서 성립한 의미의 통일체다. "의미의 통일체들은 '의미를 부여하는 의식'을 전제한다. …… 실재성과 세계는 …… 의미를 부여하고 의미의 타당성을 증명하는 절대적 의식인 순수 의식의 어떤 연관들과 관계된 '의미'의 통일체들에 대한 명칭이다."[3] 이 구성하는 의식이 없다면 의미를 부여하는 자가 없는 것이고 따라서 의미 있는 것으로서 실재도 없다. 그리고 의식 상관적인 실재성 속에서 존재자가 나타나도록 구성하는 일은 동시에 그 존재자와 연관을 지니는 자아 자신의 구성 역시 포함한다.

그런데 구성하는 이 주체는 누구인가? 홀로 있는 어떤 자인가? 홀로 있는 어떤 자가 대상들을 구성하는가? 만일 이런 일을 생각할 수 없다면, 즉 '유아론을 용인하기를 원치 않는다면' 이 주체는 구성의 활동 속에서 타자와 함께하는 주체, 즉 상호주관적인 주체임이 밝혀져야 한다. 그래서 후설은 '타자 문제'에 관심을 쏟게 되는 것이다. 이제 우리는 후설 철학의 전체 기획으로부터 왜 우리의 본격적인 탐구 대상인 상호주관으로서의 타자가 해명의 과제로 떠오를 수밖에 없는지 이해하게 되었다.

후설의 타자이론으로 들어서기에 앞서 그의 철학에 대한 개괄을 마무리하며 후설의 철학사적 위치를 가늠해보자. 후설의 현상학은 의식을 원천의 자리에 두고서 철학을 설계하려 한 데카르트적 전통의 흐름 안에 있으며, 대상 구성의 역할을 하는 의식의 활동을 밝히되 추상적인 차원에 머무르며 그 작업을 수행한 칸트의 작업을 가장 구체적인 경험의 차원에 이르기까지 쇄신하고 있다. 이런 유의 철학의 반대편에서 전개된 철학의 전통은 의식에게 원천의 자리가 아니라 결과물의 자리를 배당한다. 대표적으로 스피노자가 그렇다. 의식은 자연의 과정의 결과물일 뿐인데 우리의 상상력은 한낱 결과일 뿐인 의식이 원인인 줄로 착각하게 한다. 현대에 와서는 구조주의적인 철학들이 유사한 발견을 하고 있다. 이 입장에서 의식은, 언어 구조가 되었든 사회 구조가 되었든, 의식되지 않는 심층 구조로부터 나온 결과물일 뿐이다.

3) 다른 자아

후설은 자신이 과제로 삼고 있는 바를 단적으로 "독아론이라는 반론에 대립해 타자경험의 문제를 제시하는 일"(『성찰』, 169쪽)이라고 명료하게 제시하고 있다. 그는 이렇게 문제를 던진다.

만약 성찰하는 자아인 내가 현상학적 판단중지를 통해 나 자신을 나의 절대적인 초월적⁴ 자아(transzendentale ego)로 환원할 때, 나는 이 경우 고립된 자아(solus ipse)가 되는 것은 아닌가? 그리고 내가 현상학이라는 명칭으로 일관되게 자기 해명을 추진하는 한, 나는 고립된 자아로 남아 있는 것은 아닌가?(『성찰』, 169쪽)

대상 구성적인 지위를 가지는 의식이 홀로 있는 의식이라면, 이 세계 전체는 그저 나 하나의 구성물에 지나지 않는 것이 아닌가? 나 말고 또 다른 의식, 즉 타인도 이 세계에 참여하고 있다는 것은 어떻게 알 수 있는가? "현상학은 '초월적 독아론(Solipsismus)'이라는 낙인이 찍히는 것은 아닌가?"(『성찰』, 170쪽) 후설은 직면한 문제를 다음과 같이 보다 구체적으로 확인한다.

내 속에 있는 단순한 표상도 표상된 것도 아니며, 내 속에서 가능한 확증의 종합적 통일체가 아니라, 그 의미에 적합하게 곧 타자(Andere)인 다른 자아(anderes ego)는 어떠한가? 따라서 우리는 초월적 실재론(transzendentales Realismus)을 부당하게 실행해왔던 것은 아닌가?(『성찰』, 170쪽)

여기서 후설이 해명을 시도하려는 타자가 어떤 타자인지 구체적으로 명시된다. 그것은 '다른 자아(alter-ego)'이다. 이는 하나의 제한된 주제라 할 수 있는데, 모든 타자이론이 '다른 자아'라는 관점에서 타자 문제에 접근하는 것은 아닌 까닭이다. 타자이론들은 매우 다면적이다. 뒤에 보게 되겠지만, 예를 들어 레비나스는 나와 동류로서의 타자(다른 자아)라는 관점에서 타자에 접근하지 않고 '무한의 흔적'으로서 접근하며, 들뢰즈는 '지각장의 구조'로서 타자를 조명한다.

저 구절에서 후설은 '다른 자아'를 내 바깥에 실재하는 것이라고 부당하게 전제해왔던 것은 아닌지 의심하며, 타자는 "아무튼 내 속에 있는 단순한 표상도 표상된 것도 아니며, 내 속에서 가능한 확증의 종합적 통일체가 아니라"는 것을 강조한다. 내가 가진 관념 또는 관념의 종합물로서가 아닌, 내 바깥에 있는 실재로서의 타자 존재를 입증하는 것이 관건이다. 타자는 단순히 의식이 종합한 표상의 통일체가 아니다. 왜냐하면 내 의식에 타자가 통일적으로 주어질지언정 그 통일의 원천은 나 자신이 아니라 타자 자신에게 있어야 하기 때문이다.

내 외부에 있는 타자에 대한 경험을 해명하는 일은 외부 대상에 대한 경험을 해명하는 일과 다르다. "이것은 …… 단순한 자연의 사물(Naturding)로 경험하는 것은 아니다. 타자는 실로 그에게 항상 속한 자연적 신체(Naturleib) 속에 심리적으로 지배하는 것으로도 경험된다."(『성찰』, 172쪽) 앞서 이야기했던 것처럼 근대 철학의 보편성은 모든 대상에 무차별적으로 해당되는 보편성이다(가령 보편적 기하학). 현상학은 다양한 사태들 각각이 어떻게 고유하게 의식에 주어지는가를 탐색한다. 즉 모든 대상을 보편적인 수리물리학적 대상으로서 일반화하는 것을 지양한다. 이런 맥락에서 타인에 대한 경험은 다른 대상에 대한 체험들과 무차별적으로 같은 것으로 취급할 수 없고 고유하게 해명해야 하는 것이다. 그런데 '다른 자아'로서의 타자는 구체적으로 어떤 자인가? 이 타자는 나와 마찬가지로 그의 신체가 그의 심리에 의해서 지배받는 '심리물리적인 자아'이다.

4) 후설의 타자이론과 칸트의 감성론

지금까지 이야기한 타자이론의 기획을 철학사적 문맥 속에서 조명해보자. 후설은 「제5성찰」에서 부분적으로 두 가지 사상사적 좌표와 자신의 타자이론을 관련시키는데, 그것이 '칸트의 감성론'과 '라이프니츠의 모나드론'이다. 이런 역사적 이론을 좌표로 삼을 때 우리는 후설 타자이론의 사상사적 의미를 보다 잘 이해할 수 있을 것이다. 칸트와 관련하여 후설은 감성론을 개선하고자 한다. 그는 자신의 연구 분야를 칸트의 개념 그대로 '초월적 감성론'이라고 부르면서 이렇게 말한다.

> 원초적 세계와 관련된 매우 큰 연구의 복합체(이것은 하나의 완전한 분과를 형성한다.)를 매우 넓은 의미에서 '초월적 감성론(transzendentale Ästhetik)'이라고 부를 수도 있다. 여기서 우리가 '칸트'의 [용어]명칭을 받아들이는 것은, 이성비판에서 시간과 공간에 관한 논증이, 비록 극단적으로 제한되고 명료하지 않은 방식으로 이루어졌더라도, 분명히 감성적 직관의 인식대상적 아프리오리를 목표로 삼았기 때문이다. 이 아프리오리는, 순수하게 감성적으로 직관할 수 있는 자연(게다가 원초적 자연)의 구체적 아프리오리로 확장되기 위해서는, 구성의 문제제기 속으로 편입됨으로써 초월적-현상학적 보충을 받을 필요가 있다.(『성찰』, 246쪽; 대괄호는 옮긴이)

여기서 후설은 자신이 제한적이며 불명료하다고 평가하는 칸트의 초월적 감성론을 보완하여 수용하고자 한다. 그것은 초월적 감성론을

'구체적 아프리오리(선험적(先驗的, a priori)인 것)로 확장'함으로써 가능하다. 칸트가 『순수이성비판』의 과제로 삼고 있는 것은 대상 일반의 가능 조건이다. 여기서 '일반'이라는 표현을 강조하고 싶다. '일반'은 무엇을 의미하는가? 대상의 구체성에 대해서는 눈감겠다는 뜻이다. 그렇다면 칸트의 감성론은 어떤 의미에서 현상학이 충족시키고자 하는 엄밀성을 결여하고 있다고 할 수 있다. 의식에 주어진 대상의 구체적인 고유성을 존중하는 것이 아니라 무차별적인 일반성을 다루는 까닭이다.

후설 이후 등장한, 경험의 '초월적 조건'을 명시하고자 하는 많은 시도들 역시 후설과 같은 방식으로 칸트를 비판한다. 가령 들뢰즈의 『차이와 반복』에 나오는 문장을 읽어보자. "재현[표상]의 요소 개념들은 가능한 경험의 조건들로 정의되는 범주들이다. 그러나 범주들은 실재에 비해 너무 일반적이고 너무 크다. 그물은 너무 성겨서 대단히 큰 물고기도 빠져나가 버린다."(『차이와 반복』, 165쪽) 조건 지어진 것보다 크지 않은 것, 가능한 경험 일반이 아니라 구체적인 실제 경험의 조건이 마련되어야 한다. 후설의 표현을 빌어 다시 말하자면 '구체적 아프리오리'가 제시되어야 한다.

그렇다면 타자경험이 관건일 때, 무엇이 칸트의 초월적 감성론을 보완할 수 있는 구체적 아프리오리를 만족시키는가? "'초월적 감성론'을 넘어서는 첫 번째 층에는 이른바 '감정이입'이라는 타자경험의 이론이 속한다."(『성찰』, 247쪽) 자연 속의 대상 일반이 아니라, 아주 특수한 대상(심리물리적인 다른 자아), 즉 타자라는 고유한 대상에 어떻게 접근해야 하는가? 다시 말해, 무차별적 대상 일반에 접근하는 방식이 아니라 대상의 고유성을 존중하면서 어떻게 접근해야 하는가? 그 접근 방식이 '감정이입'이고 이것이 앞서 이야기한 '구체적 아프리오리'를 구현하는 하나의 길이다. 감정이입이 어떻게 타자경험을 가능케 하는지는 뒤에서 살피기로 하고, 후설 타자이론의 철학사적 좌표를 계속 추적해보도록 하자.

5) 후설의 타자이론과 라이프니츠의 모나드론

칸트의 감성론과 더불어 후설이 자신의 타자이론과 관련하여 주요하게 다루는 사상은 라이프니츠의 모나드론이다. 라이프니츠 모나드론의 후설식 변형이 어떻게 이루어지는지 살피기 위해, 먼저 후설이 '다른 자아'의 존재를 해명할 때 자신의 현상학 안에서 반드시 견지하고자 하는 것이 무엇인지 보자.

> 나는 다음과 같은 점을 확고하게 견지해야 한다. 그것은 그 어떤 존재자가 그것의 '본질(Was)'에 대해서뿐 아니라 '그것이 존재하고 실제로 존재함'에 대해서도 나에 대해 갖고, 가질 수 있는 모든 의미는 나의 지향적삶 '속에서' 또는 지향적 삶에 '근거해', 즉 지향적 삶의 구성적 종합에 근거해 의미로 존재한다는 점, 그 모든 의미는 일치하는 확증의 체계 속에 나에 대해 해명되고 밝혀진다는 점을 확고하게 견지해야 한다.(『성찰』, 172~173쪽)

여기서 후설은 타자를 해명하는 데 있어서 현상학의 일반적인 이론적 전제가 견지되어야 한다고 강조하는데, 그 전제란 바로 지향성이다. 어떤 것의 본질과 존재함은 내 의식의 지향성에 근거하며, 타자 존재 역시 예외 없이 그렇다. 현상학은 어떤 존재자의 '본질'뿐 아니라 그것이 실제로 '존재함' 역시 나의 의식과의 지향적 상관성 속에서 조명하고자 한다. 현상학은 의식 체험과 동떨어진 일체의 형이상학적 주제나 이론에 대한 관심을 접어둔다. 모든 것은 그것의 본질이 되었건 그것의 현존이 되었건 오로지 지향성과 관계된 한에서 의미 있게 다루어질 수 있다. 타자 역시 지향적 상관자로서 밝혀져야 하는 것이다.

위와 같은 구절들을 배경으로 후설이 타자이론의 전개를 위해 언급하고 있는 철학사적 배경인 모나드론에 대해 이야기해보자. 후설은 그 자신에 대한 비판을 담은 입장을 소개하는데, 이에 따르면 타자경험에 대한 해명은 라이프니츠를 통해서만 가능하다는 것이다.

> 그 반론은 다음과 같이 진행된다. 즉 현상학은 현상학적 환원을 통해 획득된 초월적 자아에서 출발해, 그런 다음에는 이 초월적 자아에 구속되어 더 이상 객관적 인식의 가능성이라는 문제를 해결할 자격이 없다. 현상학은 이러한 점을 자인하려고 하지 않고, 초월적 독아론(transzendentales Solipsismus) 속으로 빠져들었다. 그리고 타자의 주관성과 진정한 객관성으로 나아가는 모든 발걸음은 승인되지 않은 하나의 형이상학(Metaphysik)을 통해서만, 즉 '라이프니츠'의 전통을 은밀히 받아들임으로써만 가능하다는 반론이다.(『성찰』, 249쪽)

후설이 여러 방면에서 라이프니츠를 긍정적으로 참조하고 있고, 또 그 자신의 철학적 관점에서 라이프니츠의 모나드론을 새롭게 보완하려고 하는 만큼 그가 라이프니츠와 가지는 관계는 풍성하며 일면적이지 않다. 그런데 여기 등장하는 "승인되지 않은 하나의 형이상학"이라는 표현에서 우리는 후설이 라이프니츠에 대해 설정하는 비판적 거리를 쉽게 읽을 수 있다.

후설에 대한 위의 반론, 즉 독아론 극복이 "라이프니츠의 전통을 은밀히 받아들임으로써만 가능하다"는 입장은 타자가 존재한다는 언명이 현상학 속에서 불가능하고 형이상학 속에서 가능하다고 말한다. 이때 형이상학이란 '모나드들 상호 간의 일치'라는 논제로서, 후설이 거부했던, 의식하는 주관이 배제된 채 고안된 '설명' 속에서 가능한 이론이다. '모나드들은 (교류를 위한) 창이 없지만, 모두 서로 일치하도록 예정 조화되어 있다.' 이런 형이상학의 목소리에 맞서서 후설은 자신의 타자이론의 목적을 다음과 같이 명확히 한다.

이러한 반론은 우리가 [이제까지] 수행한 해명을 통해 그것이 지탱할 수 없는 상태로 용해된다. 무엇보다 우리는 다음과 같은 점에 주의해야 한다. 그것은 어떤 경우이든 초월적 태도, 즉 초월적 '판단중지'의 태도가 포기되지 않았다는 점이며, 타자경험, 즉 '타인'에 대한 경험에서 우리의 '이론'은 타자경험을 구성하는 작업수행(Leistung)에 입각해 타자경험이 지닌 '타인'이라는 의미를 해명하고, 타자경험이 일치하는 상응하는 종합에 입각해 '참으로 존재하는 타인'이라는 한계를 해명하는 것만 의도했을 뿐이며, 다른 것일 필요도 없다는 점이다. 내가 [경험의] 일치를 통해 '타인'으로 입증하고, 따라서 이 경우 자의(恣意)가 아니라 앞으로 인

　　　　　　　　　　　　　　　　　　　　　　　타자철학

식할 수 있는 실제성(Wirklichkeit)으로서 필연적으로 부여한 것은, 그 자체로 초월적 태도에서 존재하는 타인이며, 나의 자아가 경험하는 지향성 안에서 곧바로 입증된 다른 자아이다.(『성찰』, 249~250쪽; 대괄호는 옮긴이)

한마디로 타자 문제와 관련해 현상학이 의도하는 바는 형이상학의 그것과 다르다. 후설은 판단중지를 통해 의식이 어떻게 근본적인 층위에서 타자를 경험하는지 기술하는 것이 포기할 수 없는 자신의 과제라고 말한다. 후설에게서는 '의식 체험으로서 타인', 즉 "나의 자아가 경험하는 지향성 안에서 곧바로 입증된 다른 자아" 외에는 다른 어떤 타인도 해명의 과제로서 설정되지 않는 것이다.

그렇다면 라이프니츠의 모나드론은 어떤 이론이 되어야 하는가? 칸트의 초월적 감성론이 구체적 아프리오리, 즉 구체적인 선험적 요소에 대한 이론이 되어야 한다는 요구를 받았다면, 라이프니츠의 모나드론은 궁극적으로 현상학이 될 것을 요구받는다. "이 현상학적-초월적 관념론은 모나드론(Monadologie)으로 나타났다. 그 모나드론은 아무리 그것이 의도적으로 라이프니츠의 형이상학에 유사한 것이더라도, 그 내실은 순수하게 초월적 환원을 통해 발굴된 초월적 경험을 현상학적으로 해명하는 것에서 길어낸다."(『성찰』, 252쪽) 라이프니츠의 모나드론과 외관이 유사할지라도, 해명의 대상으로서 관건이 되는 것은 '지향성 상관적인 타자'이며, 이 지향성 상관적인 타자는 '판단중지' 또는 '환원'이라는 현상학적 작업을 통해 해명된다. 다시 말해 모나드들 간의 공존과 일치라는 모나드론의 주장은 형이상학으로서가 아니라 의식의 경험을 기술하는 현상학을 통해서 달성되어야 하는 것이다. 이런 방식으로 후설은 라이프니츠의 모나드론이라는, 철학사적인 중요성을 지니는 거점과 자신의 철학을 연결 짓고 있다. 칸트를 교정했던 것처럼 라이프니츠를 교정하는 방식으로 말이다.

6) 상호주관적 공동체, 후설 이후 현대철학과의 비교

후설이 해명하고자 하는 타자는 '다른 자아'이다. 그는 말한다. "'타인', 즉 다른 자아라는 말의 의미는 우리에게 최초의 길잡이를 제공해줄 수 있다. 타인(Anderer)이란 다른 자아(anderes Ich), 즉 다른-자아(alter-ego)를 뜻한다."(『성찰』, 197쪽) 타자를 '다른 자아'로서 조망한다는 것은 무슨 뜻일까?

> 이 세계[타자를 포함하는 세계]는 그 경험의 의미에 따라 나의, 즉 사적인 종합적 형성물로서가 아니라, 나에게는 생소한, 즉 모든 사람에 대해 현존해 있어 그 속에 있는 객체들을 통해 모든 사람이 접근할 수 있는 '상호주관적(intersubjektiv)' 세계로서의 세계이다.(『성찰』, 172쪽)

일단 강조되는 점은 이 세계가 "사적인 종합적 형성물"이 아니라는 점이다. 그리고 이 세계는 '모든 사람에 대해 현존해 있어서 그 속에 있는 객체들, 사람들이 공통적으로 동일하게 인지하는 객체들을 통해 사람들이 서로 접근할 수 있는 상호주관적 세계'다. 요컨대 이 세계는 모든 사람이 공통으로 접근할 수 있는 것으로서의 세계다. 따라서 이런 식의 세계의 상관물은 나와 동류의 '다른 자아'일 수밖에 없다.

이런 타자이론 속에서 출현하는 세계란 어떤 종류의 세계인가? 바로 유럽 사상의 원형적인 형태에서부터 강조되어온 '공통성을 기반으로 한 공동체'다. 이런 공동체는 가령 플라톤의 대화록에서 목격할 수 있다. 플라톤의 대화록에서 대화 상대자, 즉 타자는 '다른 자아'로서 출현한다고 할 수 있는데, 이 다른 자아란 진리에 대해서 나와 동일한 조건을 가지고 경쟁할 수 있는 자이다. 동일한 조건이란 공통의 로고스다. 나와 타자는 오로지 공통의 로고스라는 조건 속에 놓여 있기에 로고스의 실행인 논쟁을 통해 서로 진리의 친구가 되려고 경쟁할 수 있다. 이러한 '상호 주체(inter-subject)'의 세계에서 말이 사용되는 방식은 전제국가에서의 말의 사용법과는 전혀 다르다. 전제국가에서 말의 사용 방식은 진리를 독점한 자인 제사장의 명령과 그에 대한 복종밖에 없다. 즉 명령과 복종이 말이 운영되는 방식이다. 그러나 그리스적 삶이란 공통적인 로고스를 가진 사람들이 평등한 조건 안에서 서로 진리의 친구가 되려 경쟁하는 삶이다. 공통의 로고스가 나와 타자를 플라톤의 대화의 장과 같은 하나의 공동체로 출현하게 한다. 데카르트가 학문이 가능하기 위한 기반으로 『방법서설』의 1부 첫 문장에서 제시하는 바도 이런 공통의 로고스다. "양식(bon sens)은 세상에서 가장 공평하게 분배되어 있는 것이다. 누구나 그것을 충분히 지니고 있다고 생각하므로, 다른 모든 일에 있어서는 만족할 줄 모르는 사람이라도 자기가 가지고 있는 이상으로 양식을 갖고 싶어 하지는 않는다."[5] 여기서 양식이란 이성을 말한다. 이 문장을 통해, 이성이 모든 이들의 공통적 지반임을, 공통적 이성을 지닌 이들이 공동체를 이루고 있음을 전제하고서야 『방법서설』의 여러 주제들을 다루는 데카르트의 사유는 한낱 사적인 고립에 처한 것이 아닐 수 있게 된다. 후설이 해명해내려는 '상호주관적 공동체'는, 그 성격의 기원을 찾자면, 바로 서구 철학이 오래전부터 사유의 환경으로 삼아오고 옹호해온 공통성을 기반으로 한 공동체다.

이런 공동체를 근거 짓는 일은 서구 문명의 근간을 근거 짓는 일이지만, 이 작업은 공통의 로고스를 가지지 않는 자, 말이 통하지 않는 자, 나아가 '이해의 대상이 아닌 한에서' 동물 등을 타자의 이름으로부터 제외하는 사유다. 그렇다면 공통성을 근거 짓는 일이란 동시에 공통성 바깥에 있는 자를 배제하는 일이 아닌가? 이와 달리 오늘날 타자에 관한 사유는 타자를 '또 다른 자아'로, 즉 공통성을 매개로 나와 동류가 되는 자로 사유하지 않는 길로 나아간다(레비나스). 또한 인간 종을 넘어 동물의 타자성까지 사유해보려고 한다(데리다). "동물은 나에 대한 자기의 관점을 가지고 있습니다. 절대적 타자의 관점을 말이죠."[6] 이런 사유는 타자의 '다름[他]' 자체(즉 로고스와도, 그 무엇과도 다르다는 점)에 충실하려고 한 결과인데 뒤에서 다시 살펴보게 될 것이다.

다시 본론으로 돌아가 말하자면, 상호주관적인 것으로서의 세계를 구원하는 것이 후설 타자이론의 목표라고 할 수 있다. 후설은 상호주관적 공동체를 다음과 같이 기술한다.

이러한 종합을 통해 나의 자아(그리고 나의 구체적 자아 일반)와 타자의 자아의 **공존**(Koexistenz), 나와 타자의 지향적 삶의 공존, 나와 타자의 '실재성'의 공존, 요컨대 하나의 **공통적 시간의 형식**이 근원적으로 건설된다.

이 경우 모든 원초적 시간성은 객관적 시간성이 개별적 주관에 원본으로 나타나는 방식이라는 단순한 의미를 저절로 획득한다. 우리는 여기서, 구성적으로 서로 관련된 모나드의 **시간적 공동체**(zeitliche Gemeinschaft)가 분리될 수 없다는 점을 알게 된다. 왜냐하면 그 모나드의 시간적 공동체는 하나의 세계와 하나의 세계의 시간의 구성과 본질적으로 연관을 맺기 때문이다.(『성찰』, 221쪽)

이 공동체는 "공존"으로 표현된다. 이는 무슨 뜻인가? 후설이 말하는 대로 나와 타자 사이에 "하나의 공통적 시간의 형식이 근원적으로 건설"되는 것이다. 그리고 하나의 공통적 시간을 가진 것은 "시간적 공동체"라고 표현된다. 공동체의 구성원들은 다른 무엇보다 바로 시간적으로 일치하는 것이다.

그리고 이 '시간적 일치'라는 논제는 근대적 사고방식을 상속받고 있는 것이라 할 수 있다. 예를 들어 헤겔은 『정신현상학』 초두에서 경험적 인식을 검토하는데, 그가 여기서 인식이 가능하기 위한 근본 전제로 여기고 그 근원을 해명하려는 것이 바로 '지금'과 '여기'이다. 어떤 경험이 되었건 반드시 지금과 여기를 통해 주어질 때만 경험이 될 수 있다. '지금'이라는 것은 바로 주관과 그 주관이 대면하고 있는 대상의 '시간적 일치'이다. 위에서 후설이 '시간적 공동체'를 말할 때 요구되는 바 역시, 경험할 수 있고 함께 공동체를 이루는 타자가 가능하기 위한 조건으로서 나와 타자 사이의 시간적 일치이다. 한마디로 후설에게서 나와 타자는 공동체의 구성원이기 위해 시간적으로 서로 일치해야 한다. 그리고 후설의 다음과 같은 문장이 알려주듯 타자와의 그 공통적 시간이란 '현재'이다. "모나드의 구체적 현재는 다른 모나드의 구체적 '함께 있는 현재(Mitgegenwart)'를 어떻게 정립할 수 있는가?"[7]

이런 사유를 후설 이후 전개된 현대 철학의 몇몇 타자이론과 비교해봐야 한다. 공동체의 조건으로 시간적 일치를 요구하는 것은 당연한 일인가? 현대 철학은 오히려 이와 정반대되는 사유의 전개를 보여준다. 현대 철학의 성격으로 흔히 말하는 '현전(présence)의 부정'이란 것 자체가, 현전의 조건으로서 '지금'과 '여기'를 부정한다는 것을 뜻한다. 타자 문제와 관련해서도 그렇다. 뒤에 보겠지만, 레비나스는 타자의 출현 양식을 "극복할 수 없는 지각(retard irrécupérable)"(『존재와 다르게』, 112쪽)이라고 표현한다. 지금이 아니라 뒤늦음, 지연, 연기 속에서 타자는 나타난다. 이 '지연'은 언젠가 현재, 즉 '지금'이 될 수 있는 지연이 아니라 만회될 수 없는 지연, 극복할 수 없는 뒤늦음이다.(그런 의미에서 타자의 '출현'이나 '나타남'에서 일어나는 사태란 타자의 '사라짐'이다.) 데리다 역시 타자가 도래함에 있어서 '지금'이라는 좌표를 부정한다. 타자의 도래와 관련된 데리다의 『마르크스의 유령들』의 한 구절을 읽어보자.

> 발생하는 것은 시대 그 자체에 대해 발생하며, 그것은 역사의 목적론적 질서에 타격을 가한다. 때맞지 않는 비시간적인 것이 출현하는 장소인 도래하는 것은 시간에 대해 발생하는 것이지, 시간 속에서 발생하는 것이 아니다. 시대를 거스르기(contretemps). 시간이 이음매에서 어긋나 있다.(『유령들』, 159쪽)

타자는 언제 도래하는가? 시간 속에서 도래하는 것이 아니라, '시간 밖에서, 시간을 거슬러서 도래'한다. 즉 타자와 관련해서는 '시간적 일치'가 없고, 햄릿의 말대로 "시간이 이음매에서 어긋나 있다.(Time is out of joint.)" 레비나스와 데리다의 이런 생각은 시간적 공동체의 일원으로서 '다른 자아'를 사유하는 방식과는 전혀 다르게 타자에게 접근하는 길의 가능성을 시사한다. 후에 다시 살펴보게 될 것이다.

7) 간접적으로 제시되는 타자

타자는 어떤 방식으로 지향성 상관적인 자로 해명되는가? "나는 내 '속에서' 타인을 경험하며, 타인은 내 속에서 구성된다. 즉 원본의 것으로서가 아니고, **간접적 제시**로 반영되어 구성된다."(『성찰』, 250쪽) 타자는 '내 속에서' 체험되는데, '간접적'인 방식으로 제시된다고 후설은 말한다. 이는 타자란 "나의 자아가 경험하는 지향성 안에서 곧바로 입증된 다른 자아이다"(『성찰』, 250쪽)와 같은 말이다. 이런 기술은 일견 모순되어 보일 수 있다. 왜냐하면 한편으로 타자는 원본적으로가 아니라 간접적으로 제시된다고 하면서, 다른 한편으로 나의 지향성 안에서 '곧바로' 입증된다고 말하고 있기 때문이다. 그런데 이때 '곧바로'의 의미는 나의 지향적 체험 자체가 나에게 '곧바로' 인식된다는 말이다. 그러나 지향적 체험 안에 출현한 타자는 간접적으로 제시된 타자다.

이런 국면을 어떻게 이해해야 할까? 이런저런 사물들은 내 지향적 체험 속에서 직접적으로 제시되는 대상이다. 그런데 타자는 내 지향적 체험 속에서 나에게 알려지지만, 그것이 제시되는 방식은 간접적이다.

우리에게 직접적으로 제시되는 것은 다른 사물과 마찬가지인 타자의 외관뿐이다. 그러나 우리는 타자가 우리와 같은 '심리적인 내면'을 가지고 있다는 것을 안다. 바로 이 심리적 내면을 가진 타자는 간접적으로 제시되는 것이다. 지향적 체험은 나에게 직접적이나, 그 안에서 타자는 간접적으로 제시된다. 여기서 관건은 '나의 지향적 체험의 대상이 타자'라는 것이다. 바꾸어 쓰면 타자는 나의 지향적 의식의 구성 활동의 소산이라는 것이다.

> 자아는 단적으로 거기에 존재하고 본래 그 자체가 주어진 것이 아니라, 다른 자아로 구성된 것이며, 이 경우 '다른 자아'라는 표현을 계기로 시사된 자아는 나의 고유한 영역 속에 있는 '나-자신'이다. 타인은 그것이 구성된 의미상 나 자신을 지시한다. 타인은 '나 자신의 반영(Spiegelung)'이다. 하지만 그것은 본래의 반영이 아니라, 나 자신의 유사물(Analogon)이다. 더구나 이것은 일상적 의미에서 유사물은 아니다.(『성찰』, 176쪽)

지향성은 우리에게 직접 체험되는 것이다. 당연하게도 지향성은 외부 대상에 대한 우리 의식과 그에 대한 우리 의식 자신의 관계로서 성립하기 때문이다. 그런데 그 안에서 타자는 다른 사물들과 달리 원본적으로 제시되는 것이 아니라 간접적으로 제시된다. 즉 다른 자아로 간접적으로 구성된다는 말이다. 타자는 직접적으로 주어지는 것이 아니라, 구성되는 한에서 다른 자아로서 출현한다. 이렇게 구성된 타인은 "나 자신의 반영", "나 자신의 유사물"이다. 우리가 타인을 보고서 저 사람도 '나와 똑같은' 심리물리적인 자아라고 생각할 때 드러나듯 말이다. 이러한 나 자신의 유사물의 구성이 어떤 성격을 가지는지 좀 더 보도록 하자.

> 그것은 유사하게 만드는 통각(Apperzeption)일 것이다. 그러나 그것은 결코 유비추리가 아니다. 통각은 결코 추리도 아니며, 사유작용도 아니다. 우리는 앞에 주어진 대상, 가령 미리 주어진 일상세계를 첫눈에 파악하고 확증하면서 파악하고, 즉시 그 의미를 그것의 지평과 함께 이해하게 되는 모든 통각은 유사한 의미를 지닌 어떤 대상이 최초에 구성되었던 '근원적 건설(Urstiftung)'을 지향적으로 소급해 지시한다.(『성찰』, 198쪽)

이 구절에서는 타자를 나 자신의 유사물로 구성하는 일을 하는 "유사하게 만드는 통각"이 부각되고 있다. 어떤 것이 주어졌을 때 그것을 우리와 유사한 다른 자아로 파악하는 이 통각의 활동은 '추리'가 아니다. 즉 전제로부터 결론을 도출해내듯이 어떤 대상을 타자로 파악하는 활동이 아니다. 오히려 통각의 이 작업은 '근원적 건설'이라 불린다. 통각의 이 작용은 현금에 경험되는 것이 어떻게 이루어졌는지를 소급해서 파악해볼 때, 즉 현금에 진행되는 경험적 의식 뒤로 넘어가서 파악해볼 때 드러난다. 그러니 통각의 근원적 건설이란 자연적 의식에 속하는 것이 아니라, 자연적 의식의 삶이 가능하도록 해주는 것이다.

8) 나의 신체와 운동감각

그런데 '간접적 제시'는 구체적으로 어떻게 이루어지는가? 바로 '감정이입'을 통해서 가능하다. 후설은 말한다. "문제는 처음에 곧 타자가 '나에 대해 거기에 있음(Für-mich-da)'과 같은 특수한 문제로, 따라서 이른바 '감정이입(Einfühlung)'이라는 '타자경험에 관한 초월적 이론'의 주제로 제기된다."(『성찰』, 173쪽) 여기 간접적 제시를 가능케 해주는 것이 무엇인지가 명시되고 있다. 바로 '감정이입'이다. 감정이입이라는 표현은, 타자라는 특수한 대상과 관련해서는 감성론이 구체적으로 선험적인 것(아프리오리)을 해명하는 과제를 떠맡는다고 했을 때, 후설이 제시하고 있었던 바다. "이러한 초월적 감성론[기존의 감성론]을 넘어서는 첫 번째 층에는 이른바 '감정이입'이라는 타자경험의 이론이 속한다."(『성찰』, 247쪽)

간접적 제시는 감정이입을 통해 이루어진다. 문학적 체험, 예술적 체험을 이야기할 때 감정이입을 이야기하기도 하지만 지금 말하는 것은 그런 일상적 경험의 층위가 아니라, 경험의 장 자체를 건설해 나가는 층위에서 작동하는 원초적인 감정이입이다. 그것은 소급적으로, 그리고 회고적으로 일상적 세계가 생겨나기 전으로 돌아가 파악하는 것이라는 점에서 일종의 '철학적 창세기'와 같다. 감정이입의 과정은 어떻게 이루어지는가? 먼저 주체는 '나의 신체'를 발견한다.

나의 고유한 영역으로 환원된 신체를 드러내 밝히는 것은 이미 '이러한 인간으로서의 나'라는 객관적 현상의 '고유한 본질'을 드러내 밝히는

것의 한 부분이라는 것을 뜻한다.(『성찰』, 180쪽)

나는 나의 고유한 영역에 속하는 것으로 파악된 이러한 '자연'의 물체 가운데 유일하게 부각시켜 '나의 신체'를 발견한다. 즉 나의 신체는 단순한 물체가 아니라, 곧 '신체'로서 유일한 물체[몸]이다.(『성찰』, 179쪽)

위와 같은 단계에서 타자는 아직 등장하지 않는다. 관건은 '나 자신의 신체'를 발견해내는 것이다. 그리고 지향적 의식의 활동은 늘 '대상의 고유성'을 파악하려는 노력으로 표현된다. 데카르트는 고유한 대상을 파악할 수 없는데, 그는 나의 신체를 지각하지만 그것을 일반적인 연장으로, 기하학적 대상으로 지각하기 때문이다. 이 기하학적 대상은 그것과 전혀 다른 성격을 가지는 또 다른 실체인 코기토와 어떻게 연관될 수 있을까? 데카르트는 이 질문에 답하기 위해 가설적인 신체기관인 송과선을 내세웠다. 그러나 후설에게선 기하학적 대상인 연장과 이에 이질적인 의식을 연관시키는 것이 관건이 아니라, 신체라는 특수한 대상이 의식 활동과 관련하여 나 자신에게 주어지는 고유한 방식을 드러내는 것이 관건이다. 신체라는 특수한 대상은 다른 모든 사물들로부터 차별화되어서 나의 지향적 의식에 나의 신체로 주어진다. 이를 우리는 '운동감각들'에서 발견할 수 있다.

나는 경험에 따라 감각의 영역을, 비록 서로 다르게 속한 방식(촉각의 영역·차고 더움의 영역 등)에서이지만, 그 유일한 객체에 귀속시킨다. 이 유일한 객체 '속에서' 나는 직접 '처리하고 지배하며', 특히 그것의 모든 '기관(Organe)' 속에 지배한다. 나는 손을 '갖고' 운동감각으로 만지며, 마찬가지로 눈을 갖고 보는 등 항상 이렇게 지각할 수 있다. 이 경우 기관들의 이러한 운동감각들(Kinästhesen)은 '내가 행한다(Ich tue)' 속에 경과하며, 나의 '나는 할 수 있다(Ich kann)'에 종속된다. 게다가 나는 이 운동감각들을 작용시킴으로써 [물체를] 찌르고 미는 등의 일을 할 수 있다. 이렇게 함으로써 나는 처음에는 직접, 그런 다음 간접적이고 신체적으로 '행동할' 수 있다. 활동적으로 지각하면서 나는 모든 자연을, 이 가운데 포함된 나 자신의 신체성을 경험한다.(또는 나는 경험할 수 있다.) 이러한 경험속에 나 자신의 신체성은 자기 자신으로 소급해 관계된다. 이러한 일은내가 그때그때 한 손을 '써서' 다른 손을, 손을 써서 눈 등을 지각'할 수있다'는 사실로 가능해진다. 이 경우 기능하는 기관이 객체이자, 객체가기능하는 기관이 되어야 한다. 그리고 이러한 일은 신체성(Leiblichkeit)을통해 일반적으로 '자연'과 신체성 자체가 가능해지게 근원적으로 다루는 경우에도 마찬가지다. 따라서 **신체성은 실천적으로는 자기 자신과 관련된다.**(『성찰』, 179~180쪽; 대괄호는 옮긴이)

　　강조되어야 할 것은 "신체성은 실천적으로는 자기 자신과 관련된다"는 표현이다. 신체는 가장 먼저 이론적 성찰의 대상으로 있는 것이아니라, 이렇게 저렇게 움직여볼 수 있는 '실천적' 성격의 것이다. 이런신체의 실천적 면모를 표현하는 말이 '나는 할 수 있다(Ich kann)'이다.이 말은 이론적 반성 이전의 근본적 층위에서 실천 내지 행위를 발견하는 하이데거와 메를로퐁티에게서도 중요하게 자리 잡는다. 하이데거는 세계 안에서 대상들과 이론적으로 만나기 이전에 실천적으로 만나는 양식을 현존재의 '존재가능(Seinkönnen)'이라 불렀는데, 이 존재가능이 바로 '나는 할 수 있다'의 또 다른 표현이다. 메를로퐁티는 선의식적, 선반성적 층위에서 신체적 행동을 발견하는데, 이 행동을 '나는 할 수 있다'라고 부른다. 레비나스는 자신의 철학의 독자적 면모를 구성하려 할 때, 바로 '나는 할 수 있다'에 맞서서 '할 수 없음'이라는 '주체의 수동성'을 강조한다. 그러나 레비나스 역시 '나는 할 수 있다'와의 거리 늠 속에서 자신의 철학의 독자적 위치를 찾고 있다는 점에서, '나는 할 수 있다'의 철학사적 중요성이 반증된다.

　다시 '나는 할 수 있다'와 관련하여 후설로 돌아가보자. 운동감각에서 확인할 수 있는 지향적 의식은 무엇인가? 이론적이고 지식에 관여하는 지향적 의식이 아니라 '실천적인 지향적 의식'이다. 가령 이 실천적 의식은 운동감각을 통해서 손을 움직이는 행위를 할 수 있는 특수한 대상이 있음을 발견한다. 그 대상이 바로 나의 신체다. 여기서 손이라는 신체는 데카르트의 기하학적 대상처럼 의식을 통해 이론적으로 반성되는 대상이 아니라, 오로지 '움직인다'라는 실천적 행위 속에서 나의 신체로서 구성되는 것이다.

　무엇인가를 잡기 위해 손을 움직이거나 보기 위해 눈을 움직이는 것과 같은 운동감각 속에서, 또는 '나는 할 수 있다'로 표현되는 행동 속에서 나 자신에게 귀속된 것으로 이해되는 이 신체는 선객관적인 것이라 할 수 있다. 이론적 탐구의 대상 이전적인 것이라는 점에서 말이다. 이 선객관성에 관해 더 잘 알기 위해서 우리는 메를로퐁티의 몇 구절을 참고해볼 수도 있다. 『지각의 현상학』은 신체가 이론적으로 기술되는 객관적 대상이 아니라는 점에 관해 다음과 같이 말한다. "우리는 기술자가 자기 스스로 부분부분 구축한 기계를 아는 것처럼, 우리의 신체, 우리 기관의 힘, 무게, 범위를 알지 못한다."(『지각』, 471쪽) 객관적인 것으로서의 신체 출현 이전에 '나는 할 수 있다'의 방식으로, 행동의 방식으로 출현하는 신체가 있다. "상이한 기관들의 작용들이 등가로 나타나는 것은 '나는 할 수 있다'의 통일성에서이다."(『지각』, 472쪽)

우리는 오로지 반성적인 차원에서 나의 신체를 객체로서 구성하는 한에서만 신체 기관들을 마치 분리된 부속품처럼 여길 수 있다. 그러나 그러한 객관적인 차원 이전에, 심층적인 근본적 차원에서 우리 신체(기관)는 통일성 속에서 출현한다. 그 통일성의 자리는 어디인가? 바로 '나는 할 수 있다'가 통일성의 자리이다. 당연히 이때 '나는 할 수 있다'는 나 자신의 능력에 대한 반성적 확인이 아니다. 그것은 신체를 통해 대상과 만나는 경험이 대상 인식 이전에 행위 속에서 이루어진다는 사실의 표현이다.

9) 타자 신체의 발견과 다른 자아, 공동체

이렇게 내가 신체를 통해 실천적 의지를 구현하는 심리물리적인 자아임을 '나는 할 수 있다'라는 차원에서 발견한다면, 타자의 신체는 어떠한가?

경험된 타자의 신체는 항상 변화하면서도 항상 일치하는 그 신체의 '거동'에서만 실제로 신체로 계속 정립되어 알려진다. 이러한 신체의 거동은 심리적인 것을 간접적으로 제시하면서 지시하는 자신의 물리적 측면을 가지며, 이 심리적인 것을 이제 원본의 경험 속에 충족시키면서 나타나야 한다. 그리고 이렇게 해서 타자의 신체는 그 거동이 국면에서 국면(Phase)으로 부단히 변화하면서 신체로 알려진다.(『성찰』, 203쪽)

타자의 신체가 보여주는 부단한 변화를 통해, 그의 물리적 활동 배후에 있는 심리적인 것은 간접적으로 제시된다. 우리에게 특별하게 주어지는 타자의 신체는 "항상 변화하면서도 항상 일치하는 그 신체의 거동"을 지니고 있다. 즉 우리는 타자의 신체가 운동하면서 그 자신의 동일성을 유지한다는 것을 알 수 있다. 이때 확보되는 동일성은 단지 물리적 사물로서의 동일성이 아니라, 그 배후의 통일적인 심리적 삶을 간접적으로 제시하는 것으로서의 동일성이다. 다음으로, 우리는 타자의 신체를 발견한 후 어떻게 '다른 자아'에 접근하는가?

존재하는 '타자'의 성격은 원본으로 접근할 수 없지만, 이러한 방식으로 확증할 수 있는 '접근할 수 있음'에 근거한다. **항상 원본으로 직접 제시할 수 있으며 입증할 수 있는 것은 나 자신뿐이거나, 나에게 고유한 것으로서 나 자신에 속하는 것이다.** 그러나 타자는 원초적으로는 충족될 수 없는 경험, 즉 원본으로 스스로를 부여하지는 않지만, 지시된 것을 일관되게 확증하는 경험의 기초 놓인 방식으로 경험된 존재이다. **따라서 타자는 나 자신의 고유한 것의 유사물로서만 생각할 수 있다.** 필연적으로 타자는 그것이 의미를 구성한 것이므로, 최초에 객관화하는 나의 자아의, 즉 **나의 원초적인 세계가 지향적으로 변양된 것**(intentionale Modifikation)으로 나

타난다. **타인은 현상학적으로는 나 자신이 변양된 것으로 나타난다.**(『성찰』, 203~204쪽)

위 인용은 타자 존재가 어떻게 구성되는지를 보여주는 가장 핵심적인 문단이라 할 수 있다. 오로지 나 자신만이 나 자신에게 직접적으로 접근할 수 있으며, 타자는 늘 간접적으로 접근된다. 왜냐하면 타자의 심리적 자아와 '나' 사이에는 양자 간의 직접적 관계를 불가능하게 하는 타자의 신체가 가로막고 있는 까닭이다. 그런데 타자의 이 신체는 단순한 사물로서 나에게 인지되는 것이 아니라 "지시된 것을 일관되게 확증하는 경험"으로서 주어진다. 이 말은 앞서 나온 표현, "항상 변화하면서도 항상 일치하는 그 신체의 거동"으로 바꾸어 써도 좋을 것이다. 타자의 신체는 항상 변화하면서도 그 모든 변화를 통일하는 일치성을 가지고 있다. 타자의 신체의 변화는 일관되게 어떤 하나를 지시한다. 어떻게 타자의 신체는 변화 중에도 통일적인 것으로 경험되는가? 바로 그 신체적 변화의 배후에 변화와 연결되어 있는 일관된 심리적 자아가 도사리고 있다는 점을, 나는 나 자신의 신체적 변화와 나의 심리적 자아 사이의 관계에 입각해 인지하기 때문이다. 이런 식으로 타자는 단지 사물과 같은 연장이 아니라, 나와 같은 심리물리적 자아로 인식된다.

한 물리적 대상이 심리적 자아와 더불어 행위하는 특정한 대상, 즉 타자의 신체로서 우리의 지향적 의식에 주어질 수 있는 까닭은 나의 원초적 영역(심리물리적인 자아)이 타자로 변양되어 지향될 수 있기 때문이다. 나는 운동감각 속에서 나의 신체를 나의 심리적 자아와 연결된 것으로 인지한다. 즉 '나의 신체에 관해 나의 의식이 가지는 특별한 지향성'이란 운동감각 속에서 직접적으로 나 자신의 신체와 '나'가 연결되어 있음을 인지하는 것이다. 여기서의 지향적 의식이 변양되었을 때, 나는 나 자신의 신체와 나의 심리가 연결되어 있는 것과 마찬가지로 어떤 심리적 자아와 연결되어 있는 것으로서 타자의 신체를 지각한다. 타자의 신체는 움직이는 기계가 아니라, 나 자신과 마찬가지로 심리적 자아와 연결된 방식으로 운동을 수행하는 것이라는 사실이 나의 지향적 의식에 알려진다. 이런 뜻에서 위 인용에서 말하듯 "타인은 현상학적으로는 나 자신이 변양된 것"이다.

후설은 "타인은 현상학적으로는 나 자신이 변양된 것"이란 이 논제를 라이프니츠의 '모나드' 개념을 사용해 다음과 같이 표현하기도 한다. "타인의 모나드는 나의 모나드 속에 간접적으로 제시된 것으로 구성된다."(『성찰』, 204쪽) "구성"이란 말을 통해 우리는 타자가 현상학적으로 의식의 지향적 활동 속에 구성된 산물임을 이해할 수 있다. 모나드 사이의 관계(타자와의 관계)는 형이상학에서처럼 난데없이 주장되는 것이 아니라 의식의 구성하는 노고를 통해서 생겨나는 것이다.

> 이 현상학적-초월적 관념론은 모나드론(Monadologie)으로 나타났다. 그 모나드론은 아무리 그것이 의도적으로 라이프니츠의 형이상학에 유사한 것이더라도, 그 내실은 순수하게 초월적 환원을 통해 발굴된 초월적 경험을 현상학적으로 해명하는 것에서 길어낸다.(『성찰』, 252쪽)

참고로 후설은 라이프니츠의 형이상학과 거리를 두면서도, 「제5성찰」의 끝에 이르기까지도 타인과의 관계를 표현하는 데 '모나드'라는 용어를 사용한다. 후설이 타자이론을 구성하면서 견지했던 목적 가운데 하나가 어떤 의미에선, 현상학을 통해 (라이프니츠의 형이상학이 결여한) 타당한 과정을 구축하면서 형이상학이 내놓았던 모나드들 사이의 조화라는 결론에 이르고자 하는 것이라는 점을 생각해보면 모나드론에 대한 이런 지속적 참조 역시 이해된다. 이제 결론적인 구절을 보자.

새롭게 변양된 모습(Modifikat)을 상관자로 갖는 새로운 유형의 현전화를 통해 **나의 자아 속에 타자의 자아가 구성될 수 있다.** 물론 내가 그 현전화를 나의 고유한 영역 속에 고찰하는 한, 그 현전화에 속한 중심을 이루는 자아는 동일한 '나-자신(Ich-selbst)'이다. 그러나 모든 타자는, 그것이 필연적으로 함께 속한 간접적으로 제시된 구체적 지평을 간직하는 한, 간접적으로 제시된 자아에 속한다. 이 자아는 나 자신이 아니라, 나의 변양된 모습, 즉 다른 자아이다.(『성찰』, 205쪽)

타자는 나와 동류의 '다른 자아'인 것이다. 그런데 이렇게 구성된 다른 자아는 한 개인만을 의미하는 것이 아니라, 나아가 공동체를 가리킨다. 타자 구성을 통해 공동체적 지평 자체가 출현한다는 점은 아래 구절이 잘 보여준다. "이 공동체는 타자경험으로 즉시 나의 원초적 신체 속에 그리고 이 신체가 지배하는 원초적인 심리물리적 자아인 나와 간접적으로 제시되어 경험된 타자 사이에 세워지며, 그런 다음 더 구체적이고 철저하게 고찰하면, 나의 모나드적 자아와 타자의 모나드적 자아 사이에 세워진다."(『성찰』, 211쪽) 나와 타자 사이에 세워지는 이 공동체는 어떤 성격의 것인가? "세계에 속한 모든 객체성(Objektivität)에 선행하고, 이 객체성을 지니는 그 자체로 최초의 존재(an sich erste Sein)는 초월적 상호주관성(transzendentale Intersubjectivität)이며, 서로 다른 형식으로 공동체화된 모나드들의 전체(das sich vergemeinscha-ftende All der Monaden)이다."(『성찰』, 261쪽) 상호주관적 공동체를 이루는 나와 타인들이란, 이미 있는 세계 안의 이런저런 대상(객체)이 아니라, 세계 안의 모든 객체성에 앞서 있는 것, 이렇게 말해도 좋다면 객체들이 주어지기 위한 지평을 이루는 것이다. 상호주관적인 공동체의 지평이 있고 나서 이 공동체의 자산으로서 객체뿐 아니라 죽음, 운명 같은 것 역시 출현한다.

10) 타자와 감정이입

우리는 앞서 타자, 즉 나와 동류의 다른 자아를 구성하는 의식의 특별한 활동을 '감정이입'이라는 말로 표현한 바 있다. 이 용어 자체에 대한 집중적인 해명을 하지 않을 수 없다. 감정이입은 구체적으로 어떤 것인가?

내가 타자의 신체를 나의 신체처럼 인지하는 능력, 즉 나의 신체에 대한 고유한 지향성이 타자의 신체에 대한 지향성으로 변화될 수 있도록 해주는 것, 그러한 지향성의 변양은 '감정이입'이라는 말로 표현될 수 있다. 그러니 감정이입은 말 그대로 사물들 가운데서 타자의 신체를 발견할 수 있도록 해주는 의식인 것이다. 지금까지의 논의에 대한 일종의 보완적 설명으로서, 타자의 구성을 가능케 하는 지향적 의식의 활동을 감정이입의 관점에서 살펴보자.

우리는 나의 구체적인 고유한 영역에 우리가 이전에 타자의 의미를 이루는 요소들을 배제함으로써 환원한 세계 전체가 속한다는 점, 따라서 그 세계는 자아의 고유한 것으로서 적극적으로 규정된 자아의 구체적 존립요소로 정당하게 고려될 수 있다는 점을 즉시 파악한다. 타자에 대한 경험인 '감정이입(Einfühlung)'의 지향적 작업수행을 고려하지 않는 한, 우리는 자연(Natur)과 신체성(Leiblichkeit)을 갖는다. 이것은 공간적 대상의 통일체로 그리고 체험 흐름에 대립한 '초월적' 통일체로 구성된다. 하지만 가능한 경험의 단지 다양한 대상성으로 구성된다. 이 경우 그 경험은 순수하게 나 자신의 삶이며, 이 삶 속에 경험된 것은 이러한 삶과 그 잠재성에서 분리될 수 없는 종합적 통일체일 뿐이다.(『성찰』, 189쪽)

만약 감정이입이 없다면, 거기에는 오로지 나 자신만이 있다. 감정이입이 없다면 세계는 전적으로 자아에 귀속될 뿐이다. 그리고 그때 남아 있는 것은 공간적 대상의 통일체와 초월적 통일체, 즉 외부 대상의 통일성과 그에 대응하는 내 의식의 통일성뿐이다. 이 경우 세계에 대한 경험은 "순수하게 나 자신의 삶"일 뿐이다. 요컨대 타자를 지향하는 고유한 방식인 감정이입이 고려되지 않는다면, 그때 남는 것은 나와 대상 세계밖에 없는 것이다. 대상 세계 가운데서 타자의 신체를 발견하는 일은 대상과의 특별한 지향적 관계를 고찰하는 일로부터 가능하며, 그 관계가 바로 감정이입이다. 타자 신체의 고유한 면모들, 가령 화를 내는 것, 웃는 것, 슬퍼하는 것 등은 여타의 다른 대상과 맺는 지향적 관계 속에서는 드러날 수 없고 오로지 감정이입을 통해서만 드러날 수 있다.

나아가 '높은 단계의 심리적 영역'의 일정한 내실에 관한 '감정이입'도 잘 이해할 수 있게 된다. 그러한 내실도 신체적으로 그리고 신체성의 세계외부의 행동 속에, 예를 들어 화를 내거나 기뻐하는 등의 외적 행동 속에 지시된다. 이러한 행동은 유사한 상황 아래 나의 고유한 행동에서 잘 이해된다.(『성찰』, 210쪽)

나아가 감정이입은 한 타자의 심리를 인지하는 영역 그 이상에서 작동할 수 있다. 다른 문화, 즉 다른 공동체에 속하는 타자와의 마주침은 어떻게 가능한가? "나와 나의 문화권에 속하는 사람들은 …… 타자의 문화권에 속한 인간성과 이들의 문화 속으로 일종의 '감정이입(Einfühlung)'을 통해서만 타자의 문화에 접근할 수 있다. 그리고 이러한 감정이입도 그 지향적 연구를 요구한다."(『성찰』, 229쪽) 내가 속한 문화의 공동체적 삶의 방식과 차이 나는 타자의 문화와 마주할 때에도 관용, 용인 등의 다양한 형태로 타자를 이해할 수 있는 까닭은 감정이입이라는 특별한 지향적 의식 때문인 것이다.

11) 후설 타자이론의 의의: 근대적 주체에 접근하는 두 가지 길의 종합

　지금까지 타자에 관한 후설 사유의 핵심 면모들을 살펴보았다. 후설의 타자론이 유아론의 위협을 해결하는 데서 출발했음을 인지하고 후설이 규명하고자 하는 타자가 나와 동류의 또 다른 자아임을 확인했다. 그리고 감정이입의 과정을 통해서 어떻게 상호주관적 공동체(이미 있는 객관적 세계에 속하는 것이 아니라, 그런 객관적 세계 자체를 가능케 하는 지평으로서 공동체)가 가능한지 이야기했다.

　그런데 이런 내용적 측면과 별도로 상호주관적인 의식을 해명하는 후설 타자이론은 어떤 사상사적 의의를 가지는가? 근대 이래 주체 개념에 대한 접근은 대체로 두 가지 큰 흐름을 이루어왔는데, 후설의 타자이론은 바로 이 두 흐름이 종합되는 지점을 보여준다는 데서 사상사적 의의를 지닌다. 무엇이 근대적 주체에 접근하는 두 가지 길인가? 첫 번째 길은 주로 인식론적·존재론적 영역에 속하며, 두 번째 길은 주로 도덕적·실천적 영역에 속한다.

　첫째, 근대 사상은 인식론적 차원에서 '보편적 코기토'에 근거하며 근거로서의 이 코기토를 해명하고자 한다. 보편적 코기토는 모든 인식론적 문제를 의미 있는 것으로 만들고 가능하게 해주는 조건이다. 가령 칸트에서 현상에 적용되는 범주적 사고는 이성적 존재자라면 누구에게나 보편적인 것으로서 고찰되는데, 이는 코기토의 보편성을 당연한 것으로 전제한 결과이다. 이미 언급했던 데카르트의『방법서설』역시 첫 구절부터 코기토의 능력인 '양식'이 보편적이라는 것을 대뜸 전제하고서 사유를 전개한다.

둘째, 근대 사상은 주체를 각각의 독자적인 '개인'으로서 고찰한다. 오늘날 실정법상의 권리와 책임이 전제하는 주체 개념을 생각해보라. 그것은 오로지 개별자이다. 법적 과실에 대한 책임은 보편적 인간에게 묻지 않고 개인에게 물으며, 권리 또한 개개인이 누리지 인간 일반이 누리지 않는다. 혹자는 권리와 책임에 대한 규정 자체가 인간 보편을 대상으로 한다고 말할지 모른다. 그런데 인간 보편 개념의 전제 아래 권리와 책임 개념이 현실적으로 적용될 때, 이 적용은 독자적인 각각의 개별자를 매개로 삼지 않고서는 실패한다.

주체를 파악하는 이 두 가지 길은 여러 가지 방식으로 서로 마주친다. 가령 이런 마주침은 칸트에서는 '초월적 의식'과 이 의식의 반성 활동의 결과물로서의 '경험적 자아' 사이에서 출현한다. 칸트의 '나는 생각한다'는 보편적인 것이다. 그런데 반성을 통해서 산출되는 감성계적 자아, 경험되는 자아는 개별자이다. '나는 생각한다'라는 초월적 통각은 보편적인 것이지만 감성을 통해 소여되는 것으로서의 자아는 개별적인 것이다. 이렇게 한 인간 안에 보편적 코기토와 개별자가 '양자 사이의 연관관계가 뚜렷이 규명되지 않은 채' 중첩되어 있다.(사실 칸트는 이런 난제에 큰 관심은 없었던 것으로 보인다. 『판단력비판』에 와서, 주체의 판단이 어떻게 타자들에게 보편적으로 '전달 가능한' 것이 되는지와 같은 문제에 직면하기 전까지는 말이다. 이 문제는 이 책의 결론에서 살피게 될 것이다.) 도덕의 영역에서도 보편자와 개별자의 마주침이 발견된다. '실천이성의 사실'로서 정언명법은 보편적인 것으로 제시되고, 준칙은 의욕의 주관적 원리로 제시된다. 도덕적 숙고란 보편적인 정언명법을 시금석 삼아 개인적 의욕의 원리가 보편성과 양립할 수 있는 것인지를 가늠해

보는 일이다. 실천하는 자로서 인간은 정언명법을 담지하는 보편적 주체와 준칙에 따라 주관적으로 의욕하는 주체가 겹쳐진 자리에 있다.

이렇게 근대적 주체는 보편적 코기토와 개별자라는 두 관점에서 조명된다. 『데카르트적 성찰』에서 전개된 후설 타자이론의 중요성이란 무엇인가? 바로 보편적 코기토와 각각의 개별자는 결코 물과 기름이 겉돌듯 서로 상관없이 각각의 논의 속에 머무를 수 없으며, 서로 불화할 수도 없고, 어떤 식으로든 서로의 관계가 적극적으로 정립되어야 한다는 자각을 보여주었다는 점이다. 이런 맥락에서 들뢰즈는 「주체에 관한 물음에 대한 대답」에서 『데카르트적 성찰』의 의의를 다음과 같이 부각한다. "주체의 이 두 양상, 보편적 '자아'와 개별적인 '나'는 필연적으로 연관되는가? 만약 그렇다면, 즉 둘 사이에 아무런 불화가 없다면 어떻게 이 필연적 연관의 문제는 해결되는가? …… 이후 후설과 더불어서 『데카르트적 성찰』의 마지막 부분에서 비슷한 질문들이 다시 제기되게 된다."[8] 어떻게 주체는 개별적 의식이면서도 유아론적 고립 속에 머물지 않고, 상호주관적 관계를 수립해 보편적 코기토의 지위를 가지는가의 문제가 『데카르트적 성찰』에서 제기되고 또 답을 찾아 나간다.

사실 후설 타자이론의 이와 같은 의의는 메를로퐁티의 문장을 염두에 두고 생각해보았을 때 잘 드러난다. 보편적 코기토는 주체의 개별성을 무시한 채 대뜸 보편적 주체로 행세할 수 없으며, 보편적 코기토와 개별자 사이에 어떤 불화도 있어서는 안된다는 것, 주체의 보편성과 개별성의 화해라는 과제가 근대 철학이 남겨놓은 중요한 쟁점이라는 것을 정확히 간파한 이는 메를로퐁티이다. 『지각의 현상학』에는

타자철학

근대 철학과 구별을 두면서 자신의 철학 또는 현대 철학이 가지는 의의를 드러내는 구절이 있는데, 이것이 바로 보편적 코기토와 개별적 주체의 관계 문제와 관련되어 있다. 메를로퐁티는 근대적 주체에 관한 사유, 특히 칸트의 생각을 다음과 같이 비판한다.

> 초월적 자아는 '존재'가 아니라 '통일'이나 '가치'이다. 이것이 칸트 철학에서 타자의 인식의 문제가 제기되지 않는 이유이다. 칸트 철학이 말하는 초월적 자아는 나의 것과 마찬가지로 타인의 것이고, 분석은 대뜸 나의 밖에 놓으며, 세계가 자아에 대하여—나 자신이나 또는 마찬가지로 너에 대하여—가능하게 되는 일반적 조건을 적출하는 것 이외의 아무것도 해서는 안 되고 **누가 성찰하는가 하는 문제와 부딪히지 않는다.** 이와 반대로, 현대 철학은 그러한 사태를 주요 주제로 삼고 타인이 현대 철학의 문제로 된다면, 그것은 현대 철학이 더욱 철저한 의식의 파악을 이행하고자 바라기 때문이다.(『지각』, 118쪽)

칸트에 이르도록 근대 철학은 코기토가 '나의 존재' 안에 고립되어 있다는 사실을 무시하고서 대뜸 나를 보편적 코기토로 내세우면서 출발한다. 근대 철학은 개별자를 제거하고 보편자로부터 시작하므로, 보편 코기토에 대해서 어떻게 대상 일반이 출현하는지 그 조건을 명시하는 데 몰두한다. 여기서 도대체 '누가 성찰하는가?'라는 문제, 즉 물음을 던지고 성찰을 진행하는 자는 익명의 보편자가 아니라 각각으로 존재하는 개별자라는 문제는 생략되어 있다.

이러한 메를로퐁티의 문제 제기("누가 성찰하는가?")는 들뢰즈의 『니체와 철학』을 통해 유명해진 니체의 물음, '누가 묻는가?'라는 물음과 공명한다. "우리는 '누가?'라는 의문에 의해서만 본질로 인도된다."[9] 서양 철학의 근본 물음, '참다운 존재는 무엇인가?'라는 질문에 대한 답으로 보편적 이데아를 내놓은 플라톤식 문답은 이데아를 직관하는 능력인 '보편적' 노에시스에 의존한다. 그러나 이 문답의 과정에서 '누가' '어떤 관심 속에서' 질문을 제기하는지의 문제는 사장되어버렸다. 여기서도 근대적 주체를 비판적으로 문제 삼는 메를로퐁티가 지적한 바와 사정은 비슷하다. 대뜸 보편 코기토에서 출발하므로 도대체 어느 개별자가 문제를 제기하는지는 잊히고 있다. 물론 정도상의 차이를 말하자면 메를로퐁티에게서 의혹의 초점은 사변적 성찰이 지니는 보편적 지위에, 니체에게서 의혹의 초점은 가치의 보편적 지위에 맞추어져 있지만 말이다.

메를로퐁티는 위 인용 말미에서 근대적 주체 개념에 맞서서 현대 철학의 의의 역시 내세운다. "이와 반대로, 현대 철학은 그러한 사태를 주요 주제[보편이 아니라 개별적 의식이 출발점이라는 논제]로 삼고 타인이 현대 철학의 문제로 된다면, 그것은 현대 철학이 더욱 철저한 의식의 파악을 이행하고자 바라기 때문이다." 여기서 현대 철학이라는 익명의 간판 아래 있는 것은 의심할 나위 없이 후설의 철학이다. 이 구절에서 메를로퐁티는 후설이 애써서 한 작업이 무엇인지 그 의의를 정확하게 파악하고 있다. 후설은 '결국 보편적 코기토를 실제로는 누가 성찰하고 있는가? 성찰하는 개별자, 너 혼자 하는 것이 아닌가?'라는 유아론의 위협을 피하지 않고 응시한 것이다. 이 회의적인 문제제기를 해소하는 길은 나 자신이 애초부터 보편적 코기토의 담지자인 듯이 계속 행세하는 것이 아니라, 타자를 경유하여 보편적 코기토에 도달하는 것이다. 바로 이렇기에 메를로퐁티는 위에서 "타인이 현대 철학의 문제로된다"라고 말하는 것이다.

또한 타자를 경유해 보편적 코기토에 도달하는 작업은 위에서 인용되었듯 "더욱 철저한 의식의 파악"이라 불리기도 한다. 대뜸 '나는 생각한다, 고로 나는 존재한다'라는 식의 코기토를 보편적인 것으로 내세우면서 시작해서는 안 되며 의식의 본성을 보다 심층적으로 탐색해야 한다는 말이다. 인식의 객관성이라는 차원에서 보편적 코기토가 작동하지만, 그 이전에 이러한 코기토가 보편적인 것이기 위해 어떻게 상호주관적 의식으로 탄생했는지를 먼저 해명해야 한다. 즉 철학은 칸트가 보여주었듯 경험이라 통칭해 부르는 객관적인 물리학적 인식 등의 가능 조건을 의식의 보편성 속에서 해명하지만, 그런 의식 작용을 해명하는 데 만족할 것이 아니라 이 의식이 어떻게 모두의 공통적인 의식으로서 보편성을 획득했는지, 어떻게 상호주관적인 공동체적 의식으로 탄생했는지 해명해야 한다는 것이다. 요컨대 보편적 코기토는 전제되어서는 안 되고, 먼저 그 발생이 어떻게 이루어졌는지가 기술되어야 한다.

하나 덧붙이자면, 후설의 의의를 부각하는 가운데 우리가 다소 부정적으로 평가했던 저 근대 철학에 헤겔은 속하지 않는다. 우리는 근대 철학의 주요 특징을 부각하고자 했지만, 그것을 단 하나의 사유 방식으로 일반화할 생각은 없다. 헤겔은 유명한 주인과 노예의 변증법을 다루는 페이지들을 통해 '자기의식은 곧 사회적 의식(타자와 대면한 의식)'임을 보임으로써 코기토가 타자와의 관계를 경유해서 성립한다는 것을 알려주었다. 이로써 헤겔은 우리가 나중에 주요하게 다룰 사르트르 같은 이의 타자이론에 대해 선구적 지위를 가지게 된다.

12) 후설 타자이론에 대한 비판적 평가

후설 타자이론에 대한 비판들을 살펴보는 일은 향후 이 비판들을 매개로 전개되는 타자이론들의 다양한 향방을 가늠할 수 있다는 점에서 간과할 수 없다. 후설 후기의 '발생적 현상학'에 관한 유고들 속에서 후설의 비판자들이 준비한 타자론의 착상과 얼마간 친화적인 사유를 발견할 수 있더라도 말이다. 일단 후설 현상학의 일반적 사유 방식을 알려주는 한 구절을 읽어보자. "델포이 신전의 신탁 '너 자신을 알라(gnothi thouton)'는 말은 [이렇게 해서] 새로운 의미를 획득했다. …… 우리는 보편적 자기 성찰을 통해 세계를 다시 획득하기 위해, 우선 '판단중지'를 통해 세계를 상실해야만 한다. 아우구스티누스는 '밖으로 나가지 말고, 너 자신으로 들어가라. 진리는 인간의 마음속에 깃들어 있다(Noli foras ire, in te redi, in interiore homine habitat veritas)'고 말하고 있다."(『성찰』, 263쪽; 대괄호는 옮긴이) 이 구절이 알려주는 후설의 철학함의 기본적인 방식은 바로 의식 자신을 탐구의 대상으로 삼는 것이다.

이런 철학함의 방식은 타자를 연구 대상으로 삼을 때 어떻게 나타나는가? 모나드들 사이의 상호주관성이 어떻게 이루어졌는지 탐색하기 위해 모나드의 자기 인식에서 출발하는 방식으로 나타난다. "'독아론'이라는 가상은, 비록 나에 대해 존재하는 모든 것은 그 존재 의미를 오직 나 자신에게서만, 즉 나의 의식의 영역에서만 길어낼 수 있다는 명제가 근본적 타당성을 지니더라도 해소된다."(『성찰』, 252쪽) 과연 타자를 포함하여, 나에 대해 존재하는 모든 것은 오로지 나의 의식의 영역에서 길어낼 수 있는가? 이런 방식으로 독아론은 극복되는가? 후설 철학의 근본적인 출발점은 늘 자기의식에 대한 반성적 탐구이다. "최고의 의미에서 궁극적으로 정초된 인식, 또는 동일한 말이지만, 철학적 인식에 이르는 필연적인 길은 보편적 자기 인식(universale Selbsterkenntnis)의 길이다. 그것은 우선 '모나드적 자기 인식'의 길이며, 그런 다음 '상호 모나드적(inermonadisch) 자기 인식'의 길이다."(『성찰』, 262~263쪽) 그러나 정말로 이렇게 모나드적 자기 인식에서 출발하여 상호모나드적 인식에 도달할 수 있는가?

이런 질문들에 답하기 위해 몇 가지 텍스트를 살펴보려 한다. 출발점이 자기의식에 대한 탐구가 되는 이상, 그리고 자기의식이 어떻게 구성적인 작업을 수행하느냐가 관건이 되는 이상, 나는 또 다른 구성자, 즉 타자에 도달할 수 없고 나의 구성물에 만족할 수밖에 없다. 그런 맥락에서 레비나스 같은 경우는 이렇게 비판하기도 한다. "현상학으로서 그것은 빛의 세계, 타인으로서의 타인이 없는 홀로 있는 자아의 세계에 안주하고 만다."(『존재에서 존재자로』, 144쪽) 또한 레비나스는 이렇게 말한다. "후설에게서 이런 소통을 가능케 하는 '타인'은 무엇보다 모나드적인 사유를 위해 구성된다. 객관성의 기초는 순수하게 주관적 과정 속에서 구성된다. 이렇듯 '타인'으로부터 절대적으로 독립적인 방식으로 정립되는 코기토에서 철학을 시작한다면 …… 피할 수 없는 난점이 있다."(『전체성과 무한』, 312쪽) 내가 구성자일 때 타자는 구성자가 아니라 나의 구성물에 속하게 된다는 것이다. 구성을 수행하는 자가 나일 때 내가 진정으로 구성할 수 없는 한 가지가 남을 수밖에 없는데, 그것이 바로 또 다른 구성자로서의 타자이다. 나의 구성이 실패하는 한에서만 '구성자로서의' 타자 자체가 등장할 가능성이 열릴 것이다. 『진리와 방법』(1960)에서 가다머 역시 비슷한 맥락에서 후설의 감정이입 개념을 회의적으로 평가한다.

> 타자의식의 대상이 되는 모든 타자는 다른 자아(alter ego)이다. …… 후설은 자아와 타자의 유비(Analogie)를 자아와 타자가 공유하는 세계의 상호주관성을 통해 밝혀내고자 줄기차게 탐구했다. 그러면서 후설은 초월적 주관성의 인식론적 우위를 추호도 제한하지 않을 만큼 일관된 입장을 견지했다. …… 우선 타자는 지각 대상으로 파악되고, 그런 다음 지각대상은 감정이입을 통해 '너(Du)'가 된다. …… 그렇지만 감정이입 개념은 자기의식의 내향성에 초점을 맞추기(orientieren) 때문에 의식의 접근범위를 훨씬 넘어서 기능하는 폭넓은 삶의 영역에 초점을 맞추긴 어렵다…….[10]

가다머의 이 구절은 후설의 타자이론의 핵심을 잘 요약하는 동시에 그 한계 역시 지적하고 있다. 자아와의 "유비" 속에서, 감정이입을 통해 타자는 이해된다. 그러나 감정이입은 자기의식의 활동이며, 자기의식 자체를 넘어서 있는 "삶의 영역"에 가닿기는 어렵다는 것이다.

이어서 우리는 '무의미'의 관점에서 생각해 보려 한다. 아래 텍스트는 리오타르의 『쟁론』으로부터 온 것인데, 여기서 리오타르는 후설의

타자철학

「제5성찰」과 비교하며 레비나스 타자론의 '무의미' 개념을 서술한다. 리오타르는 레비나스에 대해 비판적 거리를 두고 있는 사상가이지만, 적어도 아래 텍스트 자체에 제한해서 보자면 '무의미' 개념의 의의를 충실히 드러내고 있다. 그렇기에 레비나스에 대한 리오타르의 입장을 떠나 이 텍스트를 '무의미'에 대한 하나의 좋은 요약으로 제시할 수 있겠다.

레비나스는 『데카르트적 성찰』 5장의 실패에서 출발한다. 곧 초월적 동일자는 타자로서의 타인을 구성하지 못한다는 것이 그것이다. 자아가 자신의 경험 영역, 곧 자신의 존재 및 소유의 향유 속에 갇혀 있는 것처럼, **나라는 것은 자신의 구성 영역 안에 닫힌 채 머물러 있다.** …… 따라서 **타자는 자아에게 오직 침입 속에서만 하나의 드러남으로 도래할 수 있다.** 만약 의미가 자기의 변증법에 속한다면, 타자의 사건은 여기에서 **무의미** (non-sens)를 이루는 것이다. **어떻게 타자가 도래하는 일 자체가 일어날 수 있는가? 자아 자신은 이를 이해할 만한 충분한 능력을 갖고 있다. 자아는 이를 자신의 구성 및 경험 영역의 형성으로 설명하려는 유혹을 느낀다. 그는 지식의, 그리고 지식에 의한 유혹을 느낀다. 하지만 타자는 지식의 불충분함을 알리고, 자아 안에 자신의 근거를 갖고 있지 않은 외재성을 알린다.** 타자는 어떠한 의미도 알리지 않으며, 그가 바로 알림, 곧 **무의미다.**[11]

의식의 본성이 구성하는 활동이라면 타자는 의식의 구성에 매개된 것으로서만 출현하고, 또 구성적 의식의 경험 밖에서는 출현할 수 없을 것이다. 타자성이 손상되지 않은 타자란 바로 나의 의식의 구성 활동 자체에 대해 이질적인[他] 자여야 한다. "너 자신으로 들어가라"는 아우구스티누스의 말처럼 후설은 타자를 성찰하기 위하여 자기의식을 먼저 탐구했다. 만약 주체의 의식 활동이 타자가 출현하기 위한 지평이라면, 타자는 그 활동에 매개되어 타자성을 상실하게 된다. 타자가 타자성을 유지하지 못하고 의식의 구성하는 활동 상관적인 지식의 대상, 이해의 대상, 즉 의미가 되는 것이다. '지향성 상관적인 것'으로서 타자를 해명하는 후설의 작업은 타자에 대한 인식, 타자의 '의미'를 해명하는 데 초점을 맞추고 있다. 이 점은 다음에서 명확히 확인할 수 있다.

> 우리의 초월적 자아의 토대 위에서 **다른 자아가 알려지고** 확증되는 명백하고 함축적인 지향성에 대한 통찰을 마련해야 한다. 우리는 '**다른 자아'라는 의미**가 어떻게, 어떠한 지향성을 통해, 어떠한 종합에서, 어떠한 동기부여 때문에 내 속에서 형태가 만들어지고, 일치하는 타자경험이라는 명칭 아래 존재하는 것으로 게다가 그 자신의 방식으로 '거기에 있는 그 자체'로 확증되는지를 밝혀내야 한다.(『성찰』, 171쪽)

'지향성 상관적인 것'으로서 타자를 해명하는 작업의 특성은 위 인용의 "다른 자아가 알려지고", "다른 자아라는 의미"라는 두 구절 속에서 잘 드러난다. '알려진다'라는 말이 알려주듯 후설은 '인식론적' 차원에서 타자에 접근하고 있는 것이다. 아울러 이때 인식의 대상이 되는 것은 다른 자아라는 '의미'이다. 후설의 과제는 언제나 "'타인'이라는 **의미**를 해명"(『성찰』, 250쪽)하는 것을 목표로 한다. 이후의 어떤 타자이론들은 바로 타자에 대한 이와 같은 접근 방식을 거부하는 데서 출발한다. 후설에게는 의식 너머엔 무가 있다는 점에서 의식이 모든 것의 한계이다. 이와 달리 레비나스 같은 이는 의식이 타자에 의해 사로 잡히고(obsession, 마비되고, 지배되고, 빙의되고), 의미가 아니라 '무의미'와 마주하게 되는 국면을 기술하고자 한다. "타자를 위한 자(l'un-pour-l'autre)로서의 의미작용(signification)은 …… 그 의미작용을 침범하고 위협하는 순수한 **무의미**의 가능성을 전제한다."(『존재와 다르게』, 64쪽) 타자의 출현은 문화의 계승이나 형성 등 의미 있는 사건에 개입하는 것이 아니다. 또한 타자는 본래적인 존재함으로 가는 길에 동참하는 자도 아니다. 어떻게 보면 오히려 이런 것들을 중단시키는 무의미 자체가 타자이다. 주체는 자기의식에 매개조차 되지 않는 타자라는 무의미와 더불어서 주체가 되는 것이다. 후에 레비나스를 다루는 장에서 이런 무의미의 문제는 더 논의될 것이다.

의식의 구성하는 활동에 매개되지 않는 한에서 타자가 타자로서 출현한다면, 그 출현의 장은 의식 상관적인 의미 너머일 것이고, 의미를 넘어선다는 뜻에서 타자는 '무의미'로서 출현한다고 할 수 있을 것이다. 나의 지향적 활동 상관물인 의미 너머에서, 주체의 의식 상관적인 그 의미를 초과하는 것으로서만 타자는 출현한다. 그러니까 타자는 의미라는 메시지를 가지고 오는 자가 아니며, '타자가 출현했다'라는 사실 외의 다른 메시지는 가지지 않는다. 우리는 이런 사태를 타자는 '나의 인식적 자산이 되지 않는다' 또는 '나의 인식을 초과한다' 등의 말로 표현할 수 있을 것이다.

앞서도 잠깐 이야기했지만, 데리다 같은 경우는 후설과 레비나스의 타자론 사이의 보다 친화적인 관계를 확인하기도 한다. 지금까지 후설과 관련하여 비판적으로 성찰해온 내용에 대해 관점을 바꿔보자. 타자가 직접 현시하지 못하고 주체의 지향적 의식을 통해 간접적으로 구성될 수밖에 없다는 것은 궁극적으로 타자 자체에 대한 인식의 실패를 표시하며, 오히려 지향적 의식은 자신의 이 실패를 통해 자신의 손아귀로부터 달아나는 자로서 타자 자체를 증언한다. 이렇게 본다면 후설은 결코 스스로 의도치 않았을지라도 오히려 레비나스의 타자이론을 멀리서 준비하고 있는 셈인데, 이런 데리다의 생각에 대해서는 레비나스를 본격적으로 다루는 6장에서 자세히 살피게 될 것이다.

사르트르와 하이데거의 후설 비판 역시 타자에 어떻게 접근해야 하는지와 관련하여 중요한 참조점이 될 것이다. 이 둘은 유아론과 같은 타자 문제는 인식론적 관점에서 해결하려 할 경우 실패할 수밖에 없으므로 존재론적으로 접근해야 한다고 제안한다. 물론 뒤에 확인하게 되겠지만 이 존재론적 접근이라는 것은 양자에게서 서로 전혀 다른 의미를 가진다.

사르트르의 후설 비판은 어떤 것인가? 타자 문제가 타자를 인식하는 문제가 된다면, 또는 타자가 근본적으로 인식해야 하는 대상임에도 타자의 신체가 직접적으로 그와 마주하는 일을 방해하기 때문에 그가 오로지 '간접적으로 제시'될 수밖에 없다면, 이 인식은 영원히 개연적인 지식이 될 수밖에 없다. 사르트르의 표현을 빌려 말하면, '내가 보고 있는 저 거리를 지나가는 사람의 내면은 어째서 기계가 아닐 것인가?'라는 의구심이 타자에 대한 인식을 회의적인 것으로 만들 것이기 때문이다. 그렇다면 타자에 대한 인식론적 접근은 영원히 유아론을 벗어나지 못할 것이다.

혹자는 이렇게 반론을 제기할지 모른다. 일상적으로 타자의 마음이라 불리는 것을 포함하는, 타자의 내면을 구성하는 내용에 대해 우리는 개연적 지식밖에 가지지 못하는 것이 당연하다고. 따라서 타자라는 특별한 대상이 의식에 주어지는 방식을 기술하는 것을 관건으로하는 철학은, 타자에 대한 인식의 본성적 특성인 개연성을 그대로 기술할 수밖에 없다고. 그러나 타자의 내면에 대한 앎이 개연적인 것과, 타자의 존재 자체가 개연적인 채로 남겨지는 것은 다른 문제다. 유아론의 위협은 오로지 타자의 존재 자체가 필연적임을 보일 수 있을 때 극복될 수 있을 것이다. 그래서 사르트르는 존재론적 관점에서, 자아는 타자를 경유해서 존재할 수밖에 없고, 따라서 자아의 존재가 확실한 만큼 타자 존재 역시 확실하다는 것을 보이는 방식으로 유아론을 이겨내고자 한다. 이에 대해서는 후에 사르트르를 다루는 4장에서 자세히 살피게 될 것이다.

하이데거는 『존재와 시간』에서 후설을 염두에 두고서 감정이입을 통해서는 하나의 구성하는 의식으로부터 또 다른 구성자인 타자에 도달할 수 없다고 비판한다. "'감정이입'이라는 좋다고는 할 수 없는 명칭의 이 현상이 그 다음 존재론적으로 흡사, 우선 유일하게 주어져 있는 고유한 주체에서부터 우선은 도대체 닫혀 있는 다른 주체들로 가는 다리를 비로소 놓아야 하는 것이다."(『존재와 시간』, 173쪽) 감정이입은 하나의 고립된 주체에서 다른 주체로 가는 다리처럼 기술된다.

이 경우 타인들에 대한 존재관계는 자기 자신에 대한 고유한 존재를

'타인 안으로' 투사하는 것이 된다. 타인은 자기 자신의 복사인 셈이다. 그러나 얼핏 자명한 듯이 보이는 이러한 숙고는 약한 기반 위에 서 있다는 것을 쉽게 알아볼 수 있다. 현존재의 그 자신에 대한 존재가 곧 타인에 대한 존재라는 이 논증이 요구하고 있는 전제는 들어맞지 않는다. 이러한 전제가 그것의 합당성에서 명증적인 것으로 입증되지 않은 한, 그 전제가 어떻게 현존재의 그 자신에 대한 관계를 타인으로서의 타인에게 열어 밝혀야 할지가 수수께끼로 남아 있다.(『존재와 시간』, 174쪽)

감정이입의 기능은 하나의 고립된 주체에서 다른 고립된 주체로 건너가는 것이다. 이 건너가는 방식은 나 자신을 타인에게 투사하는 것이다. 그러나 이러한 투사는 약한 기반을 가지는데, '나'의 존재가 나 자신의 신체적 표현과 맺고 있는 관계를 타인도 타인 자신의 신체적 표현과 맺고 있는지 근본적으로 확증할 방법이 없기 때문이다. 이러한 하이데거의 비판은 앞서 살펴본, 그러나 역사상으로는 하이데거 이후에 출현한 사르트르의 비판과 넓게는 같은 종류의 것으로 분류할 수 있다. 타인의 신체 배후에도 나와 동일한 심리적 자아가 있다는 것은 개연적인 문제이다. 그렇기에 현존재가 그 자신과 맺고 있는 관계를 타인도 그 자신과 동일한 방식으로 맺고 있음을 보이는 일은 수수께끼인 것이다.

하이데거에 따르면 이러한 문제가 발생하는 까닭은 애초에 타자에 접근하기 위한 설정 자체가 잘못되어 있기 때문이다. 후설의 기획에서와 같이 나 자신의 자기의식으로부터 출발하면 실패를 모면할 수 없다. 왜 그런가? "'감정이입'이 비로소 더불어 있음을 구성하는 것이 아

타자철학

니라, 오히려 더불어 있음에 근거해서 비로소 감정이입이 가능한 것이며 더불어 있음의 우세한 결손된 양태들에 의해서 감정이입의 불가피함이 동기부여받고 있는 것이다."(『존재와 시간』, 174쪽) 만약에 감정이입이 가능하다면, 고립된 나의 자아가 있고 이 자아가 다른 고립된 자아를 향해 다리를 놓는 방식으로 이루어지는 것이 아니다. 만약 우리가 감정이입을 수행할 수 있다면, 그것은 애초에 우리 존재 양식 자체가 '더불어 존재함', 즉 '공동존재(Mit-Sein)'이기 때문이다.

우리는 타인이 슬퍼하거나 기뻐하는 듯 보일 때 우리 자신의 체험에 입각해 그의 감정을 이해해보려 한다. 일종의 감정이입을 수행하는 것이다. 어떻게 이런 감정이입은 가능한가? 우리가 애초에 타인과 더불어 존재하는 공동존재이기 때문이다. 공동존재가 결손된 양식으로 표현될 때, 즉 타인이 마치 저 혼자 고립된 모나드인 듯 타인에 대한 이해가 가로막힐 때 우리는 감정이입을 수행한다. 애초에 우리가 공동존재가 아니라면 공동존재의 결손된 양식도 없을 것이기 때문에, 가령 '울고 있는 저 사람은 나와 비슷한 이유로 슬퍼하는 것이 아닐까?'와 같은 관심조차 가질 수 없다. 요컨대 '타인과 더불어 있음이 나의 존재양식'이기에 이를 바탕으로 타인의 내면을 인식해보려는 시도 역시 출현할 수 있는 것이다. 즉 근본적으로 인식론적 측면이 아니라 존재론적 측면(더불어 있음)에서 타인과의 관계는 확보된다.

이렇게 후설의 타자이론을 비판적 발판으로 삼아서 하이데거, 사르트르 등은 각기 나름의 방식으로 존재론적 관점에서 타자와의 관계를 해명하고자 한다. 물론 타자와의 관계를 해명하는 데 인식론적 관점이나 존재론적 관점만 있는 것은 아니다. 이들 이후에 비교적 늦게 형성된 레비나스의 사상은 타자와의 관계를 성찰하기 위해 '인식의 실패', '존재와 다르게'라는 관점을 내세운다.

3장
존재한다는 것은 타자와 함께 있다는 것: 하이데거

1) 의식 철학에 대한 비판: 존재 망각

타자에 대한 하이데거의 사유를 이해하려면 먼저 그의 존재론 일반에 대한 이해가 와야 한다. 하이데거는 철학을 어떤 새로운 사유의 지평 위에 올려두었는가? 후설이 의식의 활동을 근본의 자리에 두었다면, 하이데거는 의식을 이차적인 것으로 만드는 성향을 보여준다. 하이데거 철학으로 들어서는 유력한 문 가운데 하나는 바로 의식 철학에 대한 비판이다. 데카르트의 코기토로부터 후설의 지향적 의식에 이르기까지 의식의 정체를 밝혀내기 위한 접근은 다양한 방식으로 전개되어왔지만, 언제든 공통적으로 의식은 가장 심층적인 심급의 지위를 차지했다. 예컨대 데카르트 철학을 요약하는 표현 가운데 하나인 '토대주의(foundationalism)'라는 말에서, '토대'란 다름 아니라 의식이다.

반면 하이데거의 『존재와 시간』의 기본적인 주장이란, 의식보다 더 심층적인 영역이 있으나 이것이 망각되어왔다는 것이다. 망각된 것은 바로 '존재'이다. 하이데거가 말하는 '존재 망각'이란 존재자만을 다루면서 존재자를 있게 한 존재 자체는 철학의 시야에서 잊혔다는 것을 의미한다. '존재자의 의식이 아니라 의식의 존재함이 관건'인데, 철학사는 의식에 관해서는 탐구해왔지만 의식의 존재함에 관해서는 관심을 가져보지 못한 것이다.

'나는 생각한다'라는 의식은 어떤 의식인가? 데카르트는 의식의 활동과 의식의 삶을 여러 방식으로 규명했으나(가령 본유관념의 원천으로서 의식), 그 의식의 '존재함'은 규명하지 못했다.

> 사람들이 코기토 숨을 근세의 철학적 물음의 출발 토대로서 발견한 인물로 보고 있는 데카르트는 자아의 코기타레[사유함]는 어떤 한계 내에서 탐구했다. 그에 비해서 숨[나는 존재한다]은 그것이 코기토[나는 사유한다]와 똑같이 근원적으로 단초로 설정되었음에도 불구하고, 전혀 논의 안 된 채로 놔두었다.(『존재와 시간』, 71~72쪽; 대괄호는 옮긴이)

데카르트에게 근본적 층위에 놓여 있는 것은 의식이고, 의식을 통해 외부 대상이 근거 지어진다. 가령 대상은 공간을 차지하는 연장이고, 대상이 연장이라는 것은 그것이 기하학을 통해 기술될 수 있다는 뜻이다. 그리고 대상의 본성이 연장이라는 것은 경험으로서가 아니라 의식 내재적인 본유관념으로서 알려진다. 이렇게 '외부 대상이 존재하고 알려지는 방식이 인간 의식에 내재하는 관념에 근거'하게 되었으므로, 근대에 일어난 새로운 사건은 바로 '인간 의식이 주체가 된 것'이라고 할 수 있다. 고대 그리스인들이 사용한 '휘포케이메논

타자철학

(ὑποκείμενον)'이라는 말은 '근거로서 모든 것을 떠받쳐주는 자'라는 뜻을 담고 있다. 그리스인들은 '만물의 원천은 무엇인가?'라고 아르케 (arche, 원천, 원리)에 대해 물음으로써 만물을 한데 모아 떠받치고 있는 휘포케이메논에 대해 사색했다. 그리스인들은 그 사색 속에서 휘포케이메논 또는 만물의 원천을 때로 물, 공기, 불 등으로 불리는 것, 한마디로 '피시스(φύσις)'로 발견했다. 그런데 이제 데카르트의 등장으로 떠받쳐주는 자, 휘포케이메논의 자리에 코기토가 자리 잡은 것이다. 휘포케이메논의 라틴어 번역어가 subjectum(수브옉툼)이고, 이 말이 오늘날 우리가 잘 아는 서양 말의 형태 subject(주체)가 된 것이다. 데카르트와 더불어 탄생한 '인간의 의식이 주체이다'라는 근대 철학의 근본 명제는 인간 의식이 만물을 떠받쳐주는 자가 되었다는 뜻이다.

그러나 이러한 의식은 근본적인 것이 아니며 그 심층에는 해명되지 않은 영역, 즉 의식의 '존재함'의 영역이 은폐되어 있다. 의식이 존재하는 방식은 한 번도 규명되지 않았다. 따라서 탐구의 대상은 의식의 활동보다 심층적인 '의식의 존재함'이어야 한다.

그렇다면 '나는 생각한다'라는 차원이 아니라 '나는 존재한다'라는, 존재함의 차원에서 탐구가 이루어졌을 때 사물들은 어떻게 나타나는가? 이것이 하이데거가 새롭게 열어 보이는 층위이다. '의식'이 '존재함'에 대해 이차적인 차원이라면, 기하학적 질서를 가진 연장 등 본유관념을 통해 의식이 대상을 파악하는 방식은 세계를 이차적·추상적 차원에서 파악하는 방식이 될 것이다. 그렇다면 보다 심층적인 차원인 존재함의 관점에서 사물들은 어떻게 출현할 것인가?

2) 의식의 현상학에서 존재론으로의 전환

『존재와 시간』은 존재함의 의미를 탐구하는 것을 과제로 삼는다. 우리가 앞 장을 통해 다루었던 후설의 현상학과의 연장선상에서 어떻게 하이데거의 작업이 존재물음이라는 새로운 탐색의 선을 그려나가는지 살펴볼 필요가 있다. 『존재와 시간』 7절 제목은 「탐구의 현상학적 방법」으로, 어떻게 『존재와 시간』이 현상학적 탐구로서 진행되는지를 보여준다. 여기서 그는 "다음의 연구는 에드문트 후설이 놓은 토대 위에서만 가능할 수 있었다"(『존재와 시간』, 62쪽)라고 말하며, 『존재와 시간』에 현상학적 연구로서의 위상을 부여한다.

후설에서 '현상'이란 앞서 살펴보았듯 '의식의 지향적 상관자'로 출현하는 것이다. 그러면 하이데거에게서 '현상'이란 무엇인가? "'현상'이라는 표현의 뜻으로서 '확정할' 수 있는 것은 '자신을 그 자체에서 내보여주는 것', '드러나는 것'이다."(『존재와 시간』, 49쪽) 현상이라는 말의 이러한 뜻은 그것의 그리스적 어원으로부터 이해되어야 한다.

> '현상(現像)'이라는 용어가 소급해 올라가는 그리스의 표현 파이노메논(φαινόμενον)은, '자신을 내보여준다'를 의미하는 동사 파이네스타이(φαινεσθαι)에서 나왔다. 따라서 파이노메논은 '자신을 내보여주고 있는 그것', '스스로를 내보여주는 것', '드러나는 것'을 말한다.(『존재와 시간』, 48~49쪽)

현상의 어원은 '자신을 내보여준다'라는 뜻을 지니며, 현상이란

'자신을 그 자체에서 내보여주는 것'이다. 즉 근본적으로 현상은 스스로 내보이는 것이지, 의식에 의해 구성되는 것이 아니다. 현상이 스스로를 내보이면, 그 뒤에 이차적으로 의식은 그 내보인 것에 대해 구성하는 활동을 수행할 수 있을 것이다. 그런데 스스로 내보여주는 이 근본적인 현상은 도대체 무엇인가? '자신을 그 자체로 내보여주는 것', 즉 하이데거 현상학의 탐구 대상으로서 '근본 현상'은 '존재자의 존재'이다. 어떻게 존재자의 존재를 현상으로서 이해할 수 있는지 칸트의 예를 들어 설명해보자. 단 이 예는 일종의 비유로서의 예라는 것을 전제해야 한다.

> 칸트의 문제 틀의 지평 내에서는, 현상학적으로 현상 아래 개념 파악된 그것이, 여러 다른 차이들을 유보한다면, 이렇게 설명될 수 있다. 즉 나타남에서, 즉 통속적인 현상에서 그때마다 각기 이미 앞서가며 함께 가며—비록 주제적이 아니긴 하지만—자신을 내보여주고 있는 그것은 주제적으로 자신을 내보이도록 만들 수 있는데, 이러한 그것 자체에서 자신을 내보여주는 것('직관의 형식들')이 곧 현상학의 현상이다.(『존재와 시간』, 53쪽)

여기서 '통속적인 현상'이란 주관의 관심사에 따라서 이러저러하게 나타나는 것이다. '주제적인 것'은 이성의 관심에 따라 대상을 파악하는 방식이다. 예를 들어 금속의 객관적 성질을 '전도체'로서 표현하는 것은 금속을 이성의 관심에 따라 주제화한 것이다. 그런데 어떤 대상을 주제화해서 다룰 때, 스스로는 주제적이지 않지만 주제화된 대상과 함께 나타나는 것이 있다. 예를 들어 'A는 B보다 크다' 또는 'A는 B보다 더 빠르다'라는 방식으로 대상 A, B가 주제화되어 다루어질 때, 직관 형식으로서 시간과 공간은 주제화되지 않으면서 이 대상 A, B와 함께 나타난다. 공간을 전제하지 않는 '크다'라는 표상, 시간을 전제하지 않는 '빠르다'라는 표상은 생각할 수 없기 때문이다. 시간과 공간은 그 자체로는 나타나지 않지만, 늘 우리가 경험하는 모든 존재자와 함께 출현한다. 시간과 공간이라는 지평이 없다면 우리가 주제화할 수 있는 대상은 출현할 수 없다. 그러므로 그 자체로 나타나지 않지만, 대상들과 함께 나타나는 시간과 공간이라는 직관 형식이 칸트에서는 '근본 현상'이라고 이야기할 수 있다.

이렇게 칸트 철학을 비유 삼아 '존재자의 존재'가 가지는 '근본 현상'으로서의 지위 역시 이해할 수 있다. 칸트의 시간과 공간이 그 자체로는 출현할 수 없고 존재자와 함께 출현하는 것처럼, 존재 역시 그 자체로 현전할 수는 없다. 존재는 늘 '존재자의 존재'이다. 그렇지만 이 '존재함' 없이는 존재자는 우리 앞에 현상할 수 없다. 잘못된 방식으로든 가상의 방식으로든 '존재함' 없이 존재자가 출현할 수는 없다. 따라서 모든 출현하는 것들의 심층에서 나타나는 가장 근본적인 현상은 '존재'이다. 우리 의식에 주어지는 것들을 가능하게 해주는 가장 근본적인 현상은 '존재'인 것이다. 그런데 존재는 주체의 능동적 의식의 활동에 의해 보이게 되는 것이 아니라, '자신을 그 스스로 내보여주는 것'이다. 하이데거를 통하여, '자신을 스스로 내보여주는' 근본 현상이 바로 '존재'라는 것이 드러남으로써, 근본현상에 관한 학문인 현상학은 순식간에 존재론으로 전환된다. 구성적·지향적 활동을 하는 의식

타자철학

을 포함한 모든 존재자를 존재자로 가능하게 해주는 '존재함' 자체가 가장 심층적인 자리에 놓인 사유 대상이 된다. 즉 모든 '존재자'의 기초에 놓인 '존재'의 의미를 묻는 '기초존재론'이 현상학의 연장선 속에서 출현하게 되는 것이다.

후설 현상학을 존재론으로 전환시킨 하이데거 철학의 의의는 그 철학이 출현하면서 곧바로 주목을 끌었다. 가령 『존재와 시간』이 등장하고 나서 3년 뒤 출간된 레비나스의 『후설 현상학에서의 직관 이론』(1930)과 같은 작품은 하이데거를 염두에 두고 다음과 같이 기록하고 있다. "의식의 현상학이 갖는 탁월한 철학적 역할을 해명하려는 이 해석은 우리가 후설 자신이 해명한 것 이상을 밝혀내는 측면에서 이루어진다."[1] 여기서 후설 자신이 해명한 것 이상을 밝혀내는 시도란 바로 의식보다 심층적인 존재에 관한 탐구를 말한다.

우리가 이 점을 보여 주었다는 것에는 의심의 여지가 없다. 「대상성이란 무엇을 의미하는가?」라는 《로고스》지에 수록된 논문에 의하면, 본질적인 문제는 의식의 현상을 통해 정립된다. 마르틴 하이데거만이 모든 전통 철학을 통해 불가능한 것으로 간주된 이 문제에 의도적으로 부딪혀 보려고 했다. 이 문제는 대상에 있어서의 **존재의 현존의 의미**에 관한 것[이다.] …… 우리가 후설 철학의 결과로 강조했던 것은, 한편으로 존재의 현존과 '삶을 마주하는' 존재 방식의 동일시, 그리고 그것이 하는 역할, 대상 구성에서 가시적으로 드러나는 역할이다. 이것은 하이데거가 주목했던 결과, 또는 그에게 큰 영향을 미친 것으로 간주될 수 있는 결과이다.[2]

하이데거는 대상이 우리에게 출현하는 일의 비밀을 의식 활동의 차원에서 기술하려 하지 않고, 더 심층적인 "삶을 마주하는' 존재 방식"으로부터 찾으려 했다. 다시 말해 대상이 의식의 상관자로 출현하기 이전에 우리의 존재 방식 속에서 출현한다는 것을 밝혀내려 했다.

3) 현존재와 실존

그렇다면 모든 존재자의 출현을 가능케 하는 저 '존재'에 어떻게 접근할 수 있을까? 하이데거가 탐구하는 존재의 의미는 어떤 특정인의 존재나 나 자신의 존재 또는 특정 사물의 존재가 아니라 '존재 일반'을 의미한다. 이 '존재 일반'의 의미에 접근하는 길은 무엇인가?

우리는 일상 속에서 다음과 같은 질문들을 던져볼 수 있다. 책상은 왜 존재하는가? 컴퓨터는 왜 존재하는가? 책의 존재 의미는 무엇인가? 등. 이 질문들은 특정 사물의 존재 의미에 대해 묻고 있다. 그런데 이 사물들의 존재함의 의미는 그 사물들을 사용하는 자가 부여하는 용도성 외에 다른 것이 아니다. 가령 책상의 존재 의미는 책상을 사용하는 사람에게 달려 있다. 어떤 있는 것(존재자)의 존재 의미는 사용하는 사람이 부여하는 것이다. 그렇다면 결국 모든 존재자의 의미는 사용하는 자의 존재 의미가 무엇인지로 환원된다. 즉 '나는 왜 존재하는가?'라고 스스로의 존재 의미에 관해 묻는 자에 의해서만 존재 의미는 비로소 탐색의 대상이 된다. 이렇게 처음에 겨냥한 것은 존재 일반의 의미이지만, 존재 일반의 의미는 오로지 나의 존재 의미가 무엇이냐에 관심을 가지는 자의 질문 속에서만 해명될 수 있다. 여기서 '자신의 존재함에 대해 그 의미를 묻는 자'가 현존재(Dasein)이다.

> 이러한 존재자, 즉 우리들 자신이 각기 그것이며 여러 다른 것들 중 물음이라는 존재가능성을 가지고 있는 그런 존재자를 우리는 '현존재(現存在)'라는 용어로 파악하기로 하자.(『존재와 시간』, 22쪽)

존재 일반의 의미는 그 의미에 대해 물음을 던지는 자의 존재 의미로 향한다. 다시 말해 모든 존재자의 의미는 '이것은 왜 존재하는가?'라고 묻는 자의 존재함의 의미로 환원된다. 이렇게 물음이라는 방식으로 존재의 의미와 관계 맺는 자를 '현존재'라고 한다.

그렇다면 하이데거의 또 다른 주요 개념인 '실존'은 무엇인가? "현존재가 그것과 이렇게 또는 저렇게 관계를 맺을 수 있고 또 언제나 어떻게든 관계 맺고 있는 존재 자체를 우리는 '실존'이라고 이름한다."(『존재와 시간』, 28쪽) 존재 물음을 던지는 자가 그 자신의 존재함과 이러저러하게 관계 맺는 방식을 '실존'이라고 한다. 그리고 실존 및 실존하는 자가 관계하는 대상은 '실존범주'를 통해 기술된다.

4) 실존범주: 존재자의 주제화를 거부한다

실존범주가 무엇인지 해명하기 전에 이와 대비되는 위치에 있는 '주제적'이라는 말을 먼저 살펴보자. 하이데거는 존재자의 존재함의 차원이 아니라 코기토와 같은 이차적인 차원에서 파악된 대상을 주제화된 대상이라고 일컫는다. 예를 들어 과학 이론을 바탕으로 대상의 법칙을 규명하는 것이나 형이상학적 관심에 이끌려 대상에 대한 이론을 만드는 일은 모두 대상을 주제화하는 것이다.

주제화된 대상들을 이론적 차원에서 기술하는 방식이 '범주'이다. 예를 들어 생물학적 분류(동물, 식물 등) 또는 수학적 차원의 분류(A는 B의 두 배 등)에 따라서 대상을 기술하는 것은 이론적으로 대상을 주제화하는 것이고, 이때 동원되는 것이 범주이다.

이와 달리 과거 철학사에서 주체라고 불리던 것이 존재자의 존재함의 차원에서 이해될 때, 즉 새로이 현존재가 관건이 될 때, 그리고 현존재의 존재함 상관적인 것으로 대상이 출현할 때는 범주를 통해 파악된 대상들을 기술하는 것과는 다른 방식이 필요하다. 이 방식을 표현하는 것이 '실존범주'이다. 『존재와 시간』에서 등장하는 세계-내-존재, 불안 등의 표현들은 모두 다 존재함의 차원에서 이해된 존재자를 기술하기 위해 고안된 실존범주이다.

하이데거는 말한다. "현존재의 분석론은 존재에 대한 물음에서 첫 번째 관심거리가 되어야 한다."(『존재와 시간』, 34쪽) 왜냐하면 존재 일반에 대해 묻는 것은 현존재의 존재함에 대해 묻는 일로 환원되기 때문이다. 이와 관련하여 하이데거는 기존의 범주를 비판하며 다음과 같이 쓴다.

그럴 경우 현존재로 이끄는 주도적인 접근양식을 획득하여 확보하는 것이 더욱 시급한 일이 될 것이다. 소극적으로 말한다면, 어떠한 임의의 존재와 현실의 이념―그것이 아무리 '자명하다'고 하더라도―도 이 존재자에게 구성적으로 독단적으로 갖다 붙여서는 안 되며, 그러한 이념에 의해서 윤곽 잡힌 '범주들'은 어떤 것도 현존재에 존재론적으로 조사하지도 않고 강제로 덮어씌워서는 안 된다.(『존재와 시간』, 34쪽)

현존재에 접근할 때 어떤 임의의 방식으로, 독단적으로 범주를 가져다 쓰면 안 된다. 현존재에 독단적으로 범주를 가져다 씌운 경우가 무엇인가? '나는 생각한다'로부터 도출되는 '나는 존재한다'를 보자. 데카르트에 따르면 '나는 생각한다, 고로 존재한다'에서 도출되는 것은 '생각하는 사물(res cogitans)'로서의 나의 존재이다. 여기서 난데없이 독단적으로 부여된 범주(개념)가 사물(res)이다(또는 실체라는 '범주'를 통해 규정된 사물). 생각함에서 존재함을 해명하는 경로에서, 왜 갑자기 존재함이 더는 해명되지 않고 사물이라는 특정한 존재자에 의해 막히게 되는가? '생각함'은 왜 갑자기 '사물'로서 발견되어버리고 마는가? 이 사물의 '존재함'이란 무엇인가에 대한 사색은 왜 진행되지 않는가? 독단적으로 범주가 등장해 사유의 길을 가로막았기 때문이다.

이처럼 현존재의 존재함을 해명하는 데 있어서는 어떤 독단적인 미리 고안된 범주가 개입해서는 안 된다. 독단적 범주 개입의 위험을 피해 현존재의 존재를 규명하려는 시도 속에서 하이데거가 내놓은 것이 '실존범주'이다. 우리가 아래서 다룰 '일상성' 역시 그런 실존범주의 일종이다.

5) 현존재 탐구의 출발점: 일상성

독단적인 개념을 임의적으로 현존재에 부과하지 않는다면, 현존재를 어디서부터 보여주어야 하는가? 현존재 탐구의 출발점이 되는 지점이자 임의적이지 않은 지점은 학문적 설명이나 반성을 통해 추상화되거나 굴절되기에 앞서서 '우선 대개(zunächst und zumeist)' 현존재가 놓여 있는 지점, 즉 평균적인 일상성(Alltäglichkeit)이다.

> 분명히 그 양식은 존재자를 그것이 '우선 대개' 존재하고 있는 그대로, 즉 그것의 평균적인 일상성에서 제시해주어야 한다. 이러한 일상성에서 임의의 우연적인 구조들이 아니라, 현사실적인 현존재의 모든 존재양식 속에서 존재를 규정하고 있는 구조로 관철되고 있는 그런 본질적인 구조들이 산출되어야 한다. 그럴 경우 **현존재의 일상성**의 근본구성틀에 대한 관점 안에서 이 존재자의 존재를 예비적으로 부각시키는 일이 자라나게 된다.(『존재와 시간』, 34쪽)

평균적인 일상성에서 존재자의 존재를 '예비적으로' 부각해 나가는 작업이 가능하다. 왜 '예비적으로' 부각해 나가는 일인가? 현존재가 '우선 대개' 있는 곳은 일상성이지만, 일상성 자체는 현존재의 본래적인 모습을 보여주는 장소가 아니기 때문이다. 일상성 속에서 우리는 근본 문제를 잊어버리기도 하고, 질문을 던지지 못하기도 하고, 질문을 잘못 던지기도 한다. 즉 일상성은 먼저 '비진리의 자리'이다. 우리는 존재자이므로 이미 존재함의 사건을 통해 출현해 있지만, 우리가 존재하는 의미에 대해 제대로 모르는 상태이다. 즉 우리는 존재의 의미가 은폐된 자리에 존재한다. 현존재에게 우선 대개 존재의 의미는 은폐되어 있다. 일상성은 호기심이나 잡담이나 애매함 등으로 존재의 의미를 가리고 있다. 하이데거의 탐구 방향은 존재함의 의미가 은폐된 일상성에서 출발하여 존재함의 본질적 구조를 이해하는 것이다. 다시 말해 『존재와 시간』의 사색은 비본래적인 것으로부터 본래적인 것을 향한 운동에 의해 지탱된다.

하이데거는 비진리로서의 일상성에 대해 다음과 같이 말한다. "비본래성은 오히려 현존재를 그의 가장 완전한 구체성에 맞추어 그의 분주함[일처리], 흥분, 관심, 향락력에서 규정할 수 있다."(『존재와 시간』, 68쪽; 대괄호는 옮긴이) 이렇게 현존재는 일상성 속에서 여러 가지 양상을 무차별적으로 취한다.

> 현존재의 이러한 일상성의 무차별성은 '아무것도 아닌 것이 아니며' 오히려 이 존재자의 한 긍정적인 현상적 특징이다. 모든 실존함은, 그것이 존재하는 것을 볼 때, 이러한 존재양식에서부터 그리고 그 안으로 되돌아가서 존재한다. 우리는 이러한 현존재의 일상의 무차별성을 '평균성'이라고 이름한다.(『존재와 시간』, 68~69쪽)

'평균성(Durchschnittlichkeit)'이라는 이름을 가진, 일상성의 무차별성은 왜 긍정적인가? 평균성 또는 일상의 무차별성은 비본래적인 것일지라도 죄나 타락 같은 부정적인 것이 아니다. 그것은 윤리적 가치 같은 것과는 상관이 없으며, 현존재의 피할 수 없는 존재양식이다. 현존재라면 빠져들 수밖에 없는 존재양식이기에 그것은 부정적이 아니라 긍정적이라 일컬어진다. '긍정적'이라는 표현에 대해선 뒤에 또 이야기할 기회가 있을 것이다.

이렇게 정리해볼 수 있겠다. 학문적으로 주제화하기 이전의 출발점은 현존재가 '우선 대개' 놓여 있는 '일상성'이다. 현존재를 기술하는 데 있어서는 주제화를 위해서 사용되었던, 객관성을 표명하는 기존의 학문적 범주들은 사용될 수 없다. 왜냐하면 그 범주들은 가공되지 않은 근본적 현상을 기술하고자 하는 현상학 일반이 거부하는 학문적 '설명' 속에서나 통용되는 것이기 때문이다. 범주 대신 현존재의 존재함의 차원을 기술할 새로운 용어가 '실존범주'이다.

6) 세계-내-존재와 탈-자태, 그리고 몇 가지 기본 개념들

현존재를 기술하는 실존범주 중에서 내-존재(In-sein) 또는 세계-내-존재(In-der-Welt-sein)는 가장 기본적인 것이라 해도 좋을 것이다. 우리는 세계 안에 있다. '세계 안에 있다'는 무슨 말인가? 역으로 세계 안에 있지 않은 것은 무엇일까? 예를 들어 데카르트의 코기토는 세계 안에 있지 않다. 코기토는 세계를 회의 속에 완전히 던져버리고서 고립된 섬처럼 혼자서 자신의 현존에 도달한다. 세계를 되찾으려는 시도가 이루어지는 것은 그 다음이다. 데카르트는 자신이 세계에 대해 가지고 있는 관념과 세계가 동일하게 존재한다는 것을 보증하기 위해 매우 취약한 방식을 취하는데, 바로 선한 신의 가설에 의존하는 것이다.

요컨대 데카르트에게서는 먼저 세계로부터 고립된 코기토가 있고, 이후 선한 신을 통해 세계로 건너가는 다리를 억지로 놓는 지난한 작업이 뒤따른다.

이와 달리 세계-내-존재는 '애초에 이미' 세계 안의 다른 사물들 및 타자들과 더불어 있다. 즉 한 존재자가 있고 나서, 이차적으로 다른 존재자나 타자와의 관계가 생기는 것이 아니다. 데카르트의 코기토는, 외부 세계의 존재를 완전히 의심에 던진 채 자기 내부에서 존립하는 존재, 즉 자기-안-존재이다. 이와 달리 세계-내-존재는 자기-밖-존재로서 이미 다른 것들과의 관계 속에 있다. 현존재를 '초월'이라고 표현한다면, 이는 현존재가 이미 자기 바깥으로 나와 시간적 지평을 지니는 세계 안의 사물들 및 타자들과 함께 있다는 말이다. 그리고 자기 바깥에 있음을 탈-자태(Ekstase)라는 말로 칭한다. 바깥(ex-)에 서 있다(stare)는 뜻이다.

우리가 주제화된 영역 또는 학문화된 영역 안에서, 가령 수학적 좌표에서 어떤 점에 대해 위다, 아래다 또는 내부다, 외부다 등의 설명을 할 수 있는 것은, 세계 안에서 현존재의 존재양식이 이미 머리 위, 발 아래 또는 문 안에, 문 밖에 등이기에 가능한 것이다. 이렇게 현존재는 이미 '세계 안에' 있다. 데카르트로 대표되는 근대 철학은 모든 선입견을 버리고 가장 참된 것을 찾기 위해서 관념의 질서와 기하학적인 질서를 근본에 둔다. 하이데거는 이러한 근대적 질서가 임의적이고 특정한 방식으로 주제화된 것이라고 평가한다. 근본적인 자리는 세계-내-존재의 평균적 일상성이다. 세계 내에서 현존재는 두 가지 대상을 가지는데, 하나는 손안에 있는 것(용재자(用在者), Zuhandenes), 도구로서 사용하는 대상이며, 다른 하나는 눈앞에 있는 것(전재자(前在者), Vorhandenes), 이론적·범주적으로 파악하는 대상이다.(『존재와 시간』, 81~82쪽 참조)

두 가지 중 근본적 자리에 있는 것은 손안에 있는 것이다. 왜 그런가? 예를 들어 책의 면들에 글씨를 많이 넣을 수 있다는 이유로 가로세로 1미터 크기의 큰 책을 만들지는 않는다. 사용하기 불편하기 때문이다. '책을 제작하는 기법'이라는 이론적 문제는 '책의 사용'이라는 용도를 전제하고서만 가능하다. 책은 책을 펴고 보는 사람들의 존재양식에 맞추어서 이론적으로 제작되는 것이다. 그러니까 늘 사용의 관점의 대상, 손안에 있는 것, 즉 도구가 눈앞에 있는 것, 이론적 대상보다근본적인 자리를 차지한다. 손안의 도구가 사라졌을 때 비로소 현존재는 이 도구를 눈앞에 두고 파악하려 한다. 가령 늘 손에 들고 사용하던 망치가 사라졌을 때, '내게 적합한 망치는 얼마 정도의 무게와 얼마정도의 크기를 지닌 것이야'라는 망치에 대한 이론을 반성 속에서 가지게 된다. 이 두 가지의 선후 관계를 우리는 다음 글을 통해 요약해볼수 있다. "1. 우선 만나게 되는 세계내부적인 존재자의 존재(손안에 있음), 2. 우선 만나게 되는 존재자들을 거치는, 독자적으로 발견하는 통과에서 발견되고 규정될 수 있는 그런 존재자의 존재(눈앞에 있음)."(『존재와 시간』, 126쪽)

아울러 현존재가 세계 안에 있는 것들을 만나는 방식은 다음 세가지로 정리될 수 있다. 사물에 대한 관심을 나타내는 '배려(Besorge)', 타인과의 관계를 나타내는 '심려(Fürsorge)', 자신에 대한 관심을 표현하는 '염려(Sorge)'가 그것이다. 이 세 가지 역시 실존범주에 해당한다.

타자철학

이상의 기본 개념들을 바탕으로 이제 타자에 관한 하이데거의 사유를 본격적으로 다루어보자.

7) 공동존재, 그들, 민족

앞서 현존재는 대상의 차원에서 손안에 있는 것(도구적 사물)과 눈앞에 있는 것(이론적 사물)을 만난다고 했다. 그러면 세계-내-존재하는 현존재는 '누구'와 더불어 있는가? 그는 타자, '다른 이들'과 더불어 있다. 현존재가 존재하되 다른 이들과 더불어 존재함을 표현하는 실존범주가 바로 '공동존재(Mit-Sein)' 또는 '공동현존재(Mit-dasein)'이다. 현존재는 코기토처럼 하나의 고립된 존재자로 출현한 다음에 이차적으로 다른 존재자들과 관계 맺는 것이 아니며, 모나드처럼 애초에 창이 없는 채로 창조된 것도 아니다. 다른 것들과 더불어 있음이 현존재의 근본 양식이다. 다시 말해 현존재의 존재함이 있고 이차적으로 현존재의 존재함이 공동존재의 양식을 가지는 것이 아니라, 현존재의 존재 방식 자체가 공동존재이다.

앞서 보았듯이 현존재가 '우선 대개' 놓여 있는 일상성은 비본래적인 자리이며, 비진리의 자리이다. 우리 자신의 경우를 보자. 우리는 모두 존재사건을 통해서 존재자로 출현한 자이나 존재의 의미는 우리에게 은폐되어 있다. 이 점은 우리가 스스로에게 자신의 존재 의미가 무엇인지 물어도 답변을 얻을 수 없다는 점에서 잘 알 수 있다. 존재하는 우리에게 존재의 의미는 숨겨져 있는 것이고, 그런 뜻에서 우리는 존재함이라는 진리 사건에 들어가자마자 비진리 안에 있는 것이다. 즉 진리와 비진리는 함께 있다. 또는 비진리는 진리로부터 유래한다. "진리의 비본질도 인간의 단순한 무능력과 태만으로부터 비로소 추가로 발원할 수 없다. 비진리는 오히려 진리의 본질로부터 유래해야 한다. 진리와 비진리는 '본질적으로' 서로에게 무관계하지 않고 오히려 공속[한다]."(「진리의 본질에 관하여」)[3] 그리고 우리가 어쩔 수 없이 '우선 대개' 놓여 있는 비진리의 자리가 바로 일상성이다. 그렇다면 "일상성 속에서 존재하고 있는 현존재 그는 '누구'인가?"(『존재와 시간』, 159쪽) 그것이 바로 타인, '그들'로 특성 지어진다.

> 누구인가라는 물음에 대답할 수 있는 현상의 방향에 대한 탐문은 현존재의 구조로 우리를 인도할 것인데, 그 구조는 세계-내-존재와 동일하게 근원적인 것으로서 '더불어 있음'과 '공동현존재[함께 거기에 있음]'이다. 이 존재양식 안에 일상적인 자기 자신으로 있음의 양태가 근거하고 있으니, 그 양태에 대한 설명은 우리가 **일상성의 '주체'라고 이름해도 될 그것, 즉 '그들'**을 드러내 보일 것이다.(『존재와 시간』, 160쪽; 대괄호는 옮긴이)

공동존재는 무엇인가? "세계-내-존재와 동일하게 근원적인 것으로서 더불어 있음"이다. 세계-내-존재가 있고 이차적으로 있는 것이 공동존재가 아니라, 공동존재가 세계-내-존재 자체이다. 다시 말해 현존재의 구조 자체가 '함께 있음'인 것이다. 그런데 일상성 속의 현존재가 공동존재의 양식으로 있을 때의 주체는 '그들(세인, das Man)'이라 일컬어진다. 현존재는 일상성 속에서 무차별적인 그들(세인) 사이에 있다.

현존재가 그들과 함께 있는 것은 비진리의 자리에 있는 것이다. 비진리의 자리에 있던 현존재가 존재의 참다운 목소리를 듣고서 '결단'을 통해 그들을 본래적인 존재의 자리 안에 놓여 있는 공동체로 전환하는 것이 『존재와 시간』이 가지고 있는 방향성이다. 본래적인 존재의 자리에 놓였을 때 '그들'은 이제 '공동체(Gemeinschaft)' 또는 '민족(Volk)'이 된다.(『존재와 시간』, 503쪽 참조) 우리는 뒤에 이러한 '그들로부터 민족으로의 전환'에 대해 자세히 살필 것이다. 그전에 일단 하이데거가 타자론을 통해 말하려는 바들을 차근차근 살펴보자.

8) 유아론의 극복

후설의 상호주관적 공동체 건설 프로그램이 목표로 했던 것은 유아론의 극복이다. 하이데거의 타자이론 역시 유아론 극복의 해결책을 제시하며, 후설보다 더 심층적인 차원에서 이 문제에 접근하고자 한다. 하이데거는 다음과 같은 방식으로 유아론의 문제를 확인한다.

세계-내-존재에 대한 해명은 이미 우선적으로 세계 없는 순전한 주체가 '존재하거나' 주어져 있는 것이 결코 아니라는 것을 보여주었다. 그리고 또한 그와 마찬가지로 결국에는 타자 없는 고립된 자아가 우선 존재하는 것도 아니다. 그런데 '타자들'이 각기 이미 세계-내-존재에 '함께 거기 존재한다'고 하더라도, 이러한 현상적 확인이 그렇게 '주어진 것'의 '존재론적인' 구조를 자명한 것으로 여겨 탐구가 필요 없는 것으로 간주

하도록 오도해서는 안 된다.(『존재와 시간』, 163쪽)

우리는 세계 내에서 타자들과 함께 존재한다는 사실을 현상적으로 확인할 수 있다. 그러나 그것이 타자에 대한 존재론적 탐구를 그만둘 수 있는 구실이 되지는 못한다. 그렇다면 어떤 방식으로 유아론의 문제를 해결할 수 있는가?

유아론은 사변적 차원에 위치하는 이차적인 것이다. 왜냐하면 유아론이라는 의심이 생겨나는 까닭은 우리가 애초에 이미 공동존재로 있기 때문이다. 공동존재의 양식을 가지지 않는 자는 도무지 이 공동존재의 결손적인 형태, 즉 오로지 한 사람이 홀로 존재하는 세계를 생각해낼 수 없다. 그러니까 학문적 사변으로서의 유아론은 오히려 우리가 세계 안에 타인과 더불어 존재한다는 것을 알려준다.

이론적 반성의 차원보다 앞서는 실천적인 차원을 살펴보면, 즉 눈앞에 있는 존재 이전에 손안에 있는 존재의 차원을 살펴보면, 우리가 대상(도구)을 다루는 가운데 근본적으로 타자와 마주치고 있다는 점을 확인할 수 있다.

가장 가까운 주위세계—예를 들면 수공업자의 작업세계—에 대한 '기술'에서 드러나는 것은 **작업 중에 놓여 있는 도구와 더불어 그 '작품'이 그를 위해서 행해지고 있는 그 타자도 '함께 만나게' 된다는 사실이다.**(『존재와 시간』, 164쪽)

우리가 유아론의 문제를 떠올리는지 그렇지 않은지를 떠나서, 우리는 일상적으로 존재하는 차원에서 우리가 공동존재임을 발견한다. 예를 들어 수공업적 작업 속에서 무엇을 만들고 있다면 이미 그것은 대개 우리가 '함께 있는 존재'임을 보여준다. 책을 만드는 편집자는 책을 읽는 사람을 전제한다. 4인승 자동차를 디자인하는 일은 가족과 같은 더불어 존재하는 다른 타자의 탑승을 전제한다. 2인용 게임패드의 생산은 함께 대전격투게임을 즐길 친구와 같은 타자의 존재를 알려준다. 이런 식으로 제작자가 제작물을 만든다는 사실, 도구를 다룬다는 사실 자체가 타인을 가리켜 보인다. 즉 우리는 도구(손안의 것)의 사용 속에서 이미 타자와 마주친다.

이러한 손안의 것의 존재양식에는, 다시 말해서 그것의 사용사태 안에는 본질적으로 그것을 사용할 착용(소유)자가 지시되어 놓여 있다. 그 손안의 것은 이 착용자의 '몸에 맞게 재단되어야' 하는 것이다. 같은 방식으로 사용되고 있는 재료에서 그 재료의 생산자나 '제공자'가 잘 또는 나쁘게 '이용하는' 사람으로서 만나게 된다. 예를 들면 우리가 '밖에서' 그 언저리를 따라 걷는 밭은 누구 누구에게 속한 것으로, 그에 의해서 잘 가꾸어지고 있는 것으로 제시되며, 사용하고 있는 책은 '누구' 집에서 산 것이거나 '누구'에게서 선물 받은 것이거나 하는 등이다. 해변에 정박해 있는 보트는 그것을 타고 항해를 나가는 어떤 친지를 그 자체 존재에 있어 지시하며 '낯선 보트'도 타인을 가리킨다. 이렇게 손안에 있는 주위세계적인 도구연관에서 '만나게 되는' 타인들은 이를테면 어떤 처음에 단지 눈앞에 있기만 한 사물에 추가로 생각되는 것이 아니고 오히려 이러한 '사물들'이 그것들이 그 안에서 타인들을 위하여 손안에 있는 그런 세계에서부터 만나지는 것이며, 그 세계는 또한 이미 언제나 애초부터 나의 세계이기도 하다.(『존재와 시간』, 164~165쪽)

눈앞에 있는 사물에 추가적으로 타인이 덧붙여지는 것이 아니다. 나, 타인, 사물, 이 세 가지는 모두 동시적으로 함께 있다. 사물은 고립된 대상으로 있지 않다. 그리고 사물(손안의 것)은 그것을 사용하는 타인과 나 자신을 동시에 가리켜 보인다. 나, 타인, 사물이 동시적으로 존재하는 것이 현존재의 세계이다. 예를 들어 울타리를 생각해보자. 울타리라는 '사물'은 밖에서 침입해 들어올 '타인'의 존재와 울타리 안에 거주하는 '나' 자신의 존재함을 동시에 가리켜 보인다. 이렇게 동시에 나와 타인의 존재함을 가리켜 보이는 방식으로만 울타리라는 사물은 자신의 존재함을 드러내 보인다. 세 가지가 함께 있는 것이고, 이런 식으로 현존재는 공동존재이다.

9) 공동존재 대 존재의 바깥: 하이데거와 레비나스

여기서 잠깐 거의 모든 면에서 하이데거와 대립하는 레비나스의 타자이론의 위치를 가늠해보자. 이후 6장에서 본격적으로 레비나스의 타자이론을 시험해보겠지만, 바로 지금 하이데거와의 차이를 명확히 할 좋은 지점에 이른 것 같다.

레비나스에서는 타인과의 만남이 어떻게 무한과의 만남, 미래의 출현, 전적으로 이질적인 것의 도래가 될 수 있는가? 하이데거에게서 보듯 우리의 존재가 공동존재라면 이는 우리가 이미 타인과 더불어 있다는 것이므로, 이 존재의 영역에서는 이질적인 자(타자)를 통해 새로운 것, 무한이 도래하는 사건, 내재성이 파괴되는 사건은 출현할 수 없다. 그러나 타자가 타자라 일컬어지는 까닭은 말 그대로 그가 이질적인(다른, 他) 자인 까닭이 아니겠는가? 하이데거에서는 현존재의 존재함 자체가 곧 타자와 함께 존재함이므로 오히려 타자는 이질적인 자가 아니라 공동으로 존재함 속에서 친숙한 자이다. 이와 달리 레비나스에게 타자가 위치하는 곳은 '존재와 다르게'로 표현되는 곳이다. 존재 안에서 다른 사람들과 사물들이 모두 현존재에게 친숙한 것이라면, 즉 사물은 손안의 것이고 다른 사람들은 애초에 집단과 같은 공동존재라면, 이질적인 자, 곧 타자는 존재와 다른 것으로서만 현현할 것이다. 앞 문장에서는 통상적인 어투대로 '곳'이나 '다른 것'이라는 표현을 사용했지만, 사실 타자는 존재자와 같이 명사로 불리는 대상이 아니므로 '곳'이나 '것' 같이 명사를 통해 불리기에 적합하지 않다. 존재와 존재자는 동사와 명사로 나타나기에, 존재의 타자(사실 이것도 명사다) 내지 존재의 바깥은 '다르게(autrement)'라는 부사(副詞)를 통해 가리켜 보여진다. 레비나스에게서는 타자를 사유하기 위해 '존재와 다르게(autrement qu'être)'라는 부사의 철학이 출현하는 것이다.

10) 실존적 및 실존론적, 그리고 실존주의와 존재 사유의 차이

다시 하이데거의 타자론으로 돌아와 핵심적인 구절들을 읽어보자.

"타인은 사람들이 대개는 그것과 자기 자신을 구별하지 않고 그 속에 같이 속해 있는 그런 사람들이다."(『존재와 시간』, 166쪽) 타인은 일단 대체불능의 어떤 한 사람으로서의 타인이 아닌 구분되지 않는 성원들의 공동체를 의미한다. 그리고 타인과 더불어 있음은 '실존론적' 차원에서 이해된다.

> 현존재의 존재이해에는 이미―그의 존재가 더불어 있음이기에― 타인에 대한 이해가 놓여 있다. 이러한 이해는 이해 일반과 마찬가지로 인식에서 자라나온 지식이 아니라 인식함과 지식을 비로소 처음으로 가능케 하는 그러한 일종의 근원적인 **실존론적** 존재양식이다.(『존재와 시간』, 172~173쪽)

이해는 주체가 대상으로서의 존재자에게서 얻는 것과 같은 인식에서 유래하는 것이 아니다. 오히려 이해는 인식을 가능하게 하는 근원이 되는 것으로서 타자와 더불어 존재함에 대한 이해이다. 현존재는 곧 공동존재이기에 저 이해는 또한 현존재 자신의 존재이해이기도 하다. 저 근원적인 '더불어 있음'은 '실존론적'이라는 지위를 가진다. '실존론적'이란 무엇인가? 우리는 실존론적(Existenzial)과 실존적(Existenzielle) 그리고 실존성(Existenzialität)을 구분해야 한다.

실존은 오직 그때마다의 현존재에 의해서 장악하거나 놓치는 방식으로 결정된다. 실존의 문제는 언제나 오직 실존함 자체에 의해서만 처리될 수 있다. '이때의' 주도적인 자기 자신에 대한 이해를 우리는 **'실존적'** 이해라고 이름한다. 실존의 물음은 현존재의 **존재적** '용건'이다. 그것을 위해서 실존의 **존재론적** 구조가 이론적으로 투명해야 할 필요는 없는 것이다. 이러한 존재론적인 구조에 대한 물음은 실존을 구성하고 있는 그것을 풀어헤쳐 보이는 것을 목표로 한다. 이러한 구조의 연관을 우리는 '**실존성**'이라고 이름한다. 실존성의 분석학은 실존적 이해의 성격을 띠고 있지 않고 '**실존론적**' 이해의 성격을 띠고 있다. 현존재의 실존론적 분석학의 과제는 그 가능성과 필연성을 고려하여볼 때 현존재의 존재적 구성틀에서 앞서 윤곽지어져 있다.(『존재와 시간』, 29쪽)

실존적과 실존론적은 무엇인가? '실존적'은 존재적 용건이며, 존재론적인 근본적인 구조를 파헤치는 일은 '실존론적' 용건이다. 그리고 실존론적 이해의 대상인 실존의 존재론적 구조 자체를 '실존성'이라고 말한다.

존재적 용건인 '실존적'과, 존재론적인 근본 구조를 가리키는 '실존론적'을 구별하는 것이 중요하다. 예를 들어, 내 존재함이 좌지우지될 위기일발의 상황에서 '나는 초조하다'라고 느끼는 것 자체는 실존적인 것이다. 내가 초조함을 느낄 때 도대체 나의 존재론적 구조가 무엇인가와 같은 문제는 나에게 이해될 리 없거니와 심지어 몰라도 되는 것이다. 존재자의 존재함의 양식을 탐구하지 않고도 존재적 차원에서 우리는 늘 실존적 느낌을 가지고 실존적 선택을 한다. '초조하니까 어떻게든 이 상황에서 벗어나야겠다' 또는 '초조하니까 뭔가를 해봐야겠다' 등으로 살아가는 방식 자체가 실존적이다. 그런데 왜 실존적 차원에서 초조함, 두려움 등이 생겨날까? 근본적인 차원에서 존재의 구조 자체에서 원인을 찾을 수 있다. 즉 나는 존재론적으로, 실존론적인 차원에서 나 자신의 존재함에 대해 '염려'하고 있기 때문이다. 이 염려가 내가 살아나가는 차원에서 실존적으로는 초조함, 무서움 등의 방식으로 표현된다. 따라서 현존재의 존재함을 파악하는 일은 실존론적인 구조를 파악하는 일이다. 타자와 함께 있음 역시 실존적 상황에서 그때그때 가변적으로 일어나는 것이 아니라 존재 구조에 속한 것이며, 따라서 실존론적으로 이해되어야 하는 것이다.

더불어 잠깐 다루자면, 같은 맥락에서 우리는 하이데거의 철학이 왜 '실존주의'로 오해되어서는 안 되는지 역시 이해할 수 있다. 하이데거는 자신의 철학이 실존주의가 아니라는 점을 명시하는데 게으른 적이 없다.(『존재와 시간』, 29쪽 참조. 「휴머니즘 서간」에서는 특히 사르트르의 실존주의와 자신의 존재론의 차이를 명시한다.[4]) 일반적으로 실존주의는 존재자가 정해진 법칙(예를 들면 목적론)이나 미리 있는 본질(예를 들면 신을 따라 만들어진 인간 본성) 등 보편적 원리에 의존하지 않은 채 빠져 있는 실존적 상황들(가령 오로지 혼자서만 떠맡아야 하는 선택의 상황)을 분석하는 데 초점을 맞춘다. 사르트르에서 보듯 실존적 정황에서의 선택은 존재적 층위에서 '이것이냐 저것이냐'의 고민 속에 이루어지는 어떤 존재자에 대한 선택이다. 실존론적 층위는 존재적 층위가 아니므로 특정 존재자를 두고 선택의 고민에 빠지는 일과는 거리가 멀다. 대신 본래적인 존재의 자리에 위치하려는 '결단'이 있다.('결단성'에 대해서는 뒤에 다루게 될 것이다.) 그럼에도 하이데거 철학은 심심찮게 이런 식의 실존주의로 오해되기도 했다. 왜냐하면 그의 철학은 현존재의 존재함의 양식을 우선 대개 있는 일상성의 차원에서부터 추적하므로 마치 그때그때의 실존적 상황에 관한 기술을 목적으로 하는 것처럼 보일 수도 있기 때문이다. 그러나 하이데거 철학이 궁극적으로 겨냥하는 바는 일상성 속에서 기술되는 현존재를 통해 '존재 일반'의 의미에 접근하는 것이다. 그래서 하이데거의 목표는 실존주의가 아니라 존재론을 구성하는 것이다. 즉 하이데거는 실존적 정황의 기술에 머무는 것이 아니라 존재 구조라는 실존론적 차원을 겨냥한다.

11) 심려: 실존론적 구조로서의 공동존재, 민족과 타문화

이야기했듯 타인과 더불어 있음을 뜻하는 '공동존재'는 현존재의 실존론적 구조 자체이다. "'현존재는 본질적으로 공동존재이다'라는 현상학적인 발언은 하나의 실존론적-존재론적 의미를 지니고 있다."(『존재와 시간』, 168쪽) 그런데 우리가 근본적으로 공동존재라면 우리는 왜 고독과 같은 체험을 하게 될까? '나는 혼자이다, 그래서 나는 고독하다' 등의 실존적 체험 또한 공동존재라는 실존론적 구조를 전제하고서만 가능하다.

공동존재[더불어 있음]는, 타인이 한 사람도 현사실적으로 눈앞에 없고 지각되지 않을 때라도, 현존재를 실존론적으로 규정하고 있다. 현존재의 혼자 있음도 세계 안에 더불어 있음인 것이다. 타인은 오직 더불어 있음 '안에서만' 그리고 더불어 있음에 '대해서만 결여될' 수도 있는 것이다. **혼자 있음은 더불어 있음의 결여적 양태**의 하나이며, 그 가능성은 더불

어 있음에 대한 증명이다.(『존재와 시간』, 168~169쪽; 대괄호는 옮긴이)

혼자 있음도 결국 타인과 더불어 있음이다. '혼자 있어서 좋다'거나 '혼자 있어서 나쁘다' 등의 혼자 있음에 대한 가치평가는 오로지 더불어 있음에 비추어서만 가능한 것이며, 이는 '더불어 있음'이 현존재의 근본 구조이기 때문에 출현할 수 있는 것이다. 요컨대 앞서 살펴본 사변적 차원의 유아론이라는 문제와 마찬가지로, 더불어 있음의 결손된 양태로서만 '혼자 있음'은 출현하는 것이다. 이제 '심려' 및 '배려'와 함께 '더불어 있음'을 구체적으로 살펴보자.

더불어 있음으로서의 현존재가 그것과 관계를 맺고 있는 그 존재자는 손안에 있는 도구의 존재양식을 가지고 있지 않다. 그 존재자 또한 현존재이다. 이러한 존재자는 배려되는 것이 아니라 오히려 '심려'의 대상이 된다. 음식과 의복의 '배려'도, 병든 몸의 간호도 심려이다. 그러나 우리는 이 표현을 배려라는 용어의 사용과 마찬가지로 실존범주의 하나를 지칭하는 용어로 이해한다. 예를 들면 실제적인 사회복지 시설로서의 '심려'는 더불어 있음으로서의 현존재의 존재구성틀에 근거하고 있다.(『존재와 시간』, 169~170쪽)

음식과 의복에 대한 배려는 심려이다. 왜냐하면, 음식과 의복에 대한 배려 역시 근본적으로는 타인에 대한 심려를 전제하기 때문이다. 다른 예로, 수공을 하는 것은 물건을 취급하는 것이므로 배려이다. 그러나 이 배려는 근본적으로 타인에 대한 심려에 기반을 둔다. '이렇게 만들면 사람들이 더 편리하게 사용할 수 있지 않을까?'라고 생각하며 사물을 만든다면, 사물에 대한 이 배려는 근본적으로 타인에 대한 심려로부터 기인하는 것이다.

소위 타인과의 윤리적 관계라는 것은 심려의 한 양태이다. 왜냐하면 사회복지 시설도 심려이고, 타인을 위해 음식과 의복을 배려하는 것도 심려이기 때문이다. 이렇듯 통상 말하는 윤리적인 것은 심려의 한 양태이다. 그런데 심려는 궁극적으로 현존재의 존재구성틀인 공동존재에 속한다. 따라서 하이데거에게 존재에 관한 사유는 그 자체로 윤리학을 포함하거나, 분과 학문으로서 윤리학보다 근원적이다.

그런데 심려는 적어도 두 가지 양태를 가지고 있다. 심려는 존재구성틀에 속하므로 본래적인 모습을 가질 수도 있고 비본래적인 모습을 가질 수도 있다. "심려는 그것의 긍정적인 양태를 고려해볼 때 두 가지 극단적인 가능성을 지니고 있다."(『존재와 시간』, 170쪽) 먼저 이 문장에서 긍정적이라는 말부터 조심스럽게 이해해보자. 하이데거는 가령 '잡담은 현존재의 존재양식을 구성하고 있는 한 긍정적인 현상을 의미한다'(『존재와 시간』, 230쪽 참조)라는 문장에서 보듯 '긍정적'이라는 표현을 자주 사용한다. 잡담은 현존재가 일상성 속에 빠져 있는 비본래적인 존재양식에 속하는데도 말이다. 여기서 '긍정'은 불량의 반대로서 건전하고 좋은 것을 가리키지 않는다. 이때 긍정은 '가장 근본적인 존재양식에 속한다'는 뜻의 긍정이다. 부정적인 것은 근원적인 것이 될 수 없다. 어떤 것은 근원적인 차원에서 출현하고 나서야 부정(negation) 될 수 있다.(다르게 표현하면, P가 있고 나서야 −P가 성립한다.) 즉 부정은 늘 이차적인 것이다. 이런 식의 사고는 헤겔적 부정성에 맞서는 스피노자, 니체, 하이데거, 들뢰즈 등에게서 공통적으로 발견되는 것이다.(하이데거의 헤겔 부정성에 대한 비판은 『존재와 시간』, 82절 참조) 그렇다면 심려의 두 가지 가능성이란 무엇인가?

심려는 그것의 긍정적인 양태를 고려해볼 때 두 가지 극단적인 가능성을 지니고 있다. 심려는 **다른 사람의 '염려'를 흡사 빼앗아버려** 배려함 속에서 그의 대신 나서서, 그를 위하여 뛰어들 수 있다. 이러한 심려는 배려해야 할 것을 타인을 위해서 [자기가] 떠맡는다. 이때 **타인은 그의 자리에서 쫓겨나서 뒤로 물러앉아** 나중에 배려된 것을 완성되어 마음대로 다룰 수 있는 것으로 떠맡게 되거나 또는 거기에서 완전히 해방되거나 한다. **이러한 심려에서 타인은 의존하며 지배받는 사람이 되는데**, 이때 그 지배가 암묵적이어서 피지배자에게 은닉된 채 남아 있더라도 마찬가지이다. 이러한 대신 뛰어드는, '염려'를 빼앗아버리는 심려가 서로 함께 있음을 광범위하게 규정하고 있으며, 이러한 심려는 대개 손안의 것의 배려에 관계된다.(『존재와 시간』, 170쪽; 대괄호는 옮긴이)

첫 번째는 다른 사람의 염려를 빼앗아버리는 심려이다. 과잉보호를 통해 자녀의 염려를 대신 짊어지는 부모의 심려를 예로 들 수 있을 것이다. 이런 경우 자신의 염려를 빼앗긴 자는 지배받는 줄도 모르는 채 타자에게 지배받는다. 두 번째로 가능한 심려는 다음과 같다.

이와는 다르게 타인을 위하여 그렇게 대신 뛰어들기보다는 그의 실존적인 존재가능[Seinkönnen]에서 타인에 앞서 먼저 뛰어드는 그런 심려

의 가능성도 존립한다. 이 경우 **타인에게서 '염려'를 빼앗아버리는 것이 아**
니라 오히려 이제 비로소 본래적으로 염려로서 되돌려준다. 이러한 심려는
본질적으로 본래적인 염려로서―다시 말해서 타인의 실존에 관계되지,
그가 배려하는 어떤 무엇에 관계되지 않는다―**타인으로 하여금 그 자신**
이 그의 염려 '안에서' 투명해지고 그의 염려'에 대해서 자유롭게' 되도록 도
와준다. 심려는 현존재의 존재구성틀의 하나로서 입증되는데, 이 존재구
성틀은 그것의 상이한 가능성에 따라서 그 자신에 대한 본래적인 존재
와 마찬가지로 배려되고 있는 세계에 대한 존재와도 얽혀 있다.(『존재와 시
간』, 170~171쪽)

여기서는 타인에 대한 심려가 그 타인이 자신의 본래적인 염려를
가질 수 있도록 해준다. 어떻게 본래적인 염려에 도달할 수 있게 해주
는지 예를 들어보자.

　동일한 일에 고용되어 있는 사람들의 서로 함께 있음은 흔히 오직 **불**
신에 의해서만 지배되고 있다. 반대로 **동일한 일을 위해서 공동으로 투신**
함은 각기 고유하게 장악한 현존재에서부터 규정되고 있다. 이러한 '**본래**
적인' 결속성이 비로소, 타인을 그의 자유에서 그 자신으로 자유롭게 내
어주는 그런 올바른 사태성을 가능케 한다.(『존재와 시간』, 171쪽)

사람들이 어떤 일에 함께 고용되어 수동적으로 일할 때, 서로 믿지
못하는 방식으로 심려가 출현할 수 있다. 이와 반대로 타인을 자유롭
게 하고 그에게 본래적인 염려를 돌려주는 심려는 남의 일을 위해 이

해도 못한 채 고용되는 류의 것이 아니라 '동일한 일을 위해서 자발적으로 공동으로 투신'하는 것을 가능하게 한다. 타인이 자신의 본래적인 자리를 스스로 발견할 수 있도록 해주는 이런 심려가 "본래적인 결속성"을 비로소 발견하게 해준다. 나중에 우리는 타인들이 이루는 저 본래적인 결속성의 소산인 '민족'을 발견하게 될 텐데, 앞질러 그와 관련된 구절을 미리 읽어보자. "운명적인 현존재가 세계-내-존재로서 본질적으로 타인들과 함께 더불어 있으면서 실존할 때, 그의 생기는 공동생기이고 '역운'으로 규정된다. 이로써 우리는 공동체, **민족**의 생기를 지칭하고 있는 셈이다."(『존재와 시간』, 503쪽) 서로 결속되어 있지 않고 서로 불신하며 익명적인 대중을 형성하는 것이 '그들'이라면, 하나의 통일적인 운명 속에 결속된 자들은 '민족'을 이룬다. 이 민족의 정치적 의미에 대해서는 후에 다루게 될 것이다.

하나 덧붙이자면, 하이데거는 본래적인 존재의 자리에 있는 자들을 하나의 민족으로 성격 지으면서 대조적으로 존재의 본래적 의미를 찾는 일이 타문화에 대한 관심에서 얻어질 수는 없다고 강조한다. "전통은 현존재의 역사성을 뿌리째 뽑아버려, 현존재는 그저 철학함의 가능한 유형, 방향, 입장들의 다양한 형태에 대한 관심에서 가장 멀리 떨어져 있는 **가장 낯선 문화 속을 움직이고 다니며 이러한 관심으로써 그 자신의 지반 없음을 감추려고 든다.**"(『존재와 시간』, 40쪽) 모든 것이 유래하는 참다운 존재함의 자리를 망각한 채, 현존재는 뭔가 의미 있는 것을 낯선 문화 속에서 찾을 수 있다는 듯이 행세하지만 이는 자신의 지반 없음을 감추는 일에 지나지 않는다. 낯선 문화 속에서 근본적인 것을 발견할 수 있다고 생각하는 것은 착각에 불과하다. 하이데거에서 타인들에 대한 심려를 통해 타인들이 스스로 가서 서게 되는 본래적인 존재의 자리는 하나의 '동질적인' 민족의 자리이지, '낯선' 문화들이 공존하는 세계시민적인 것과는 무관하다. 놀랍게도 낯선 문화, '타' 문화 속에서는 진정한 타자를 발견할 수 없다는 것이다. 한 민족, 가령 1930년대 "유럽의 심장을 이루고 있는 우리 민족의 역사적 사명"(『형이상학 입문』, 89쪽)을 떠맡길 열망하는 이 독일 철학자에게는 낯선 문화에 대한 혐오감이 있는 것이다.

우리는 집게의 가운데 놓여 있다. 많은 이웃 민족들과 인접해 있고, 그렇기 때문에 늘 위험 속에 처해 있는, 그리고 또 다른 그 무엇에 앞서 형이상학적 민족인 우리 민족은, 그 중심부에 놓여 있다는 사실로 말미암아 가장 뼈저린 집게질을 경험하고 있는 것이다. 우리가 깊이 인식하고 있는 이와 같은 자각으로부터 …… 자신의 전통을 창조적으로 재인식함으로써만 그들의 운명을 스스로 개척해 나갈 수 있을 것이다.(『형이상학 입문』, 74~75쪽)

히틀러가 총통이 된 이듬해인 1935년 강의 내용이다.

12) 그들 속에 있을 때 일어나는 일: 존재부담의 면제

앞서 살폈듯 공동존재는 일상성 속에서 '그들'과 더불어 있음이라는 방식으로 나타난다. 그들에 대해서 보다 구체적으로 살펴보자.

현존재는 일상적인 서로 함께 있음으로서 타인의 '통치' 안에 서 있다. 현존재 자신이 '존재하고' 있는 것이 아니라 타인들이 그에게서 존재를 빼앗아버렸다. …… 결정적인 것은 오직 더불어 있음으로서의 현존재가 뜻하지 않게 떠넘겨받은 눈에 띄지 않는 타인들의 지배일 뿐이다. …… '남들'이 곧 일상적인 서로 함께 있음에 우선 대개 '거기에 있는' 그들인 것이다. 그 '누구'는 이 사람도 저 사람도 아니고, 사람들 자신도 아니며, 몇몇 사람들도 아니고, 모든 사람의 총계도 아니다. 그 '누구'는 중성자[불특정 다수]로서 '그들[세인]'이다.(『존재와 시간』, 176쪽; 대괄호는 옮긴이)

여기서 익명적 다수, 대중이라는 말로 우리에게 더 익숙한 일상의 타인들은 현존재를 통치하는 자로 그려진다. 이 통치는 현존재의 존재를 빼앗는 통치이다. 현존재는 스스로 자신이 본래 존재하는 양식을 잃어버리고 그들이라는 타인이 가진 가치에 맞추어 타인의 시선이 보는 대로 존재한다. 보다 구체적으로 다음과 같이 말이다.

'그들'은 그들의 본래적인 독재를 펼친다. 우리는 남들이 즐기는 것처럼 즐기며 좋아한다. 우리는 '남들'이 보고 판단하는 것처럼 읽고 보며 문학과 예술에 대해서 판단한다. 우리는 또한 '남들'이 그렇게 하듯이 '군중'으로부터 물러서기도 한다. '남들'이 격분하는 것에는 우리도 '격분한다.' '그들'은 어떤 특정한 사람들이 아니고, 비록 총계로서는 아니더라도, 모두인데, 이 '그들'이 일상성의 존재양식을 지정해주고 있다.(『존재와 시간』, 176~177쪽)

타자철학

우리는 일상성 속에서, '그들' 속에서 자신의 존재 방식을 상실하고 있다. 남들이 하는 대로 판단하거나 남들이 좋아하는 것을 좋아한다. 제한적인 비교가 되겠으나 이런 국면을 라캉식으로 '욕망은 타인의 욕망이다'라는 말로 표현해보아도 좋겠다. 우리는 독자적으로 욕망하지 못하고 타인이 욕망하는 것을 욕망한다. 그래서 유행을 따르고, 타인이 좋아하는 연예인을 좋아하고, 사람들이 몰려드는 인기 직종을 선호한다. 하이데거는 이를 '그들' 속에서 존재하는 방식이라 표현한다.

아울러 잠시 살피자면, 타인에게 지배받는 모습을 기술한 하이데거의 위 인용에서 "남들이 격분하는 것에는 우리도 격분한다"와 같은 구절은 스피노자의 독특한 이론인 '정서 모방'에 관한 사유와 유사하다. 내가 가진 기쁨 같은 긍정적 정서나 슬픔 같은 부정적 정서 역시 타인의 정서를 모방한 결과라는 것이 스피노자의 생각이다(예컨대 엄마의 웃는 얼굴을 따라하는 유아, 타인이 겪은 슬픈 사건을 보고 함께 슬퍼하는 사람들). 즉 스피노자 역시도 하이데거와 마찬가지로 타인에 의한 정서적 지배의 가능성을 통찰했던 것이다. 가령 타인의 기쁨을 모방해 나의 기쁨으로 여길 때 우리는 타인의 마음에 들도록 행동하려고 노력한다. 타인의 격분을 모방해 나의 격분으로 삼을 때 우리는 타인이 분노하는 대상에 대해서 타인과 마찬가지로 분노한다. 물론 이러한 단면적인 유사성은 주목할 만하긴 하지만, 당연히 스피노자의 정서 모방 이론에 하이데거가 완전히 포개진다고 할 수는 없다. 단적으로 스피노자의 정서 모방에서는 타인에 의한 지배만 있는 것이 아니다. 내 정서를 타인이 모방하게끔 하는 능동적인 일 역시 이 이론은 포괄한다.

다시 하이데거의 '그들'이라는 주제로 돌아와보자. 일상적인 그들 속에 있을 때 일어나는 일은 무엇인가?

> '그들'은 어디에나 그 자리에 있기는 하지만 현존재가 결단을 촉구할 때에는 언제나 이미 몰래 그 자리를 빠져나가버린 뒤이다. 그렇지만 '그들'이 모든 판단함과 결정함을 지시하고 있기 때문에, '그들'은 그때마다의 현존재에게서 책임감을 빼앗아버리는 셈이다. …… '그들'은 아주 쉽게 모든 것을 책임질 수 있는데, 그것은 어떤 것을 책임질 필요가 있는 사람이 아무도 없기 때문이다. 언제나 '그들'이었지만 그럼에도 '아무도' 아니었다고 말해질 수 있는 것이다. 현존재의 일상성에서는 대개의 일들이 우리가 '아무도 아니었어'라고 말할 수 있는 것에 의해서 일어난다. 이렇게 '그들'은 그때마다의 현존재가 짊어진 존재부담을 그의 일상성에서 '면제해준다.'(『존재와 시간』, 178쪽)

일상에서 '그들'이 판단과 결정의 심급을 구성하면서, 현존재는 자신의 존재함과 관련해서 지는 부담을 면제받는다. '그들'이 판단과 결정의 심급을 이루는 예는 판단과 주장의 진실성 및 권위를 빌려오기 위해 흔히 사용하는 '이런저런 책에 따르면' 또는 '누구누구가 말하길' 등의 어법 또는 진술 방식에서 찾아볼 수 있다. 이는 현존재의 판단과 결정의 심급에 '그들'이 자리 잡는 형태를 단적으로 보여준다. 저와 같은 어법은 내 입을 통해서 나오는 진술의 책임을 내가 아닌 타인에게서 찾는 것이다. 이렇게 짊어져야 할 존재 부담을 면제해주는 일은 "일상적인 '그들' 속으로의 자기 상실"(『존재와 시간』, 258쪽)이라는 말로 요약할 수 있을 것이다. 현존재가 자신의 존재 부담을 면제받는 일

타자철학

에 대해서 좀 더 자세히 읽어보자. "'그들'은 이러한 존재부담 면제로써 현존재를 환대하는 셈이다. 그리고 '그들'이 존재부담 면제로써 그때마다의 현존재를 항시 환대하고 있기 때문에, '그들'은 그들의 검질긴 지배를 유지하며 공고히 할 수 있는 것이다."(『존재와 시간』, 178쪽) 그들 속에서 "사람들은 비자립성과 비본래성의 방식으로 존재하고 있다."(『존재와 시간』, 178쪽) 그런데 그들이 야기하는 비자립성과 비본래성의 존재 방식은 존재적 차원에서 바꿀 수 있는 것이 아닌데, 그들이 근본적인 존재 구성틀에 속하는 까닭이다. "'그들'은 실존범주의 하나이며 근원적인 현상으로서 현존재의 긍정적인 구성틀에 속한다."(『존재와 시간』, 179쪽) 그러므로 존재적 차원에서 '나쁜 친구를 사귀지 마'라는 식으로 타인과 결별하듯 '그들'과 분리될 수는 없다.

13) 본래적인 실존: 일상성의 변양된 장악

그들과 분리될 수 없다면 우리는 비본래적 존재함에서 벗어날 수 없는 것인가? 그렇지 않을 것이다. 그들에 의한 지배에 대해 아직 더 살펴보아야 하지만, 잠깐 앞질러 그들에 의한 장악을 변화시키는 방법이 무엇인지 살펴보자. 하나의 과제가 제시된다. "일상적 현존재의 자기는, 우리가 **본래적인 자기**, 다시 말해서 **고유하게 장악한 자기와 구별하고 있는 '그들-자기'**이다. 그들-자기로서 그때마다의 현존재는 '그들' 속에 '흩어져' 있어서 이제 비로소 **자기 자신을 발견해야 한다.**"(『존재와 시간』, 180쪽) 현존재의 자기는 본래적인 자기를 상실한 채 일상성 속에서 그들 가운데 묻혀 있는 상태이다. 그래서 현존재는 고유한 자기 자신을 발견해야 하는 과제와 마주한다.

> 우선 '나'는 고유한 자기의 의미에서 '존재하지' 않고 오히려 '그들'의 방식으로 타인으로 존재한다. 이러한 '그들'에서부터 그리고 이러한 '그들'로서 내가 나 '자신'에게 우선 '주어지게' 된다. 우선 현존재는 '그들'이고 대개 그렇게 머물러 있다. 현존재가 세계를 고유하게 발견하고 자기에게 가까이 가져올 경우, 현존재가 그 자신에게 자기의 본래적인 존재를 열어 밝히는 경우, 이때 이러한 '세계'의 발견과 현존재의 열어 밝힘은 언제나 은폐와 암흑의 제거로서, 현존재가 그것으로써 자기 자신에 대해서 빗장을 걸어 잠그고 있는 그런 위장의 분쇄로서 수행된다.(『존재와 시간』, 180쪽)

'그들' 때문에 나는 나 자신에게 위장되어 있다. '그들'이 원하는 방식으로 나를 바라보고 그들이 원하는 방식으로 나 자신을 만난다. 여기서 현존재는 '그들' 때문에 은폐된 자기 자신의 고유한 존재함을 장악해야 하는 과제를 맞는다. 그렇다면 '본래적인 자기를 발견함'은 무슨 뜻인가? "'본래적인 자기 자신의 존재는' '그들'에서부터 분리된, 주체의 예외적 상태에 기인하는 것이 아니라, 오히려 '본질적인 실존범주의 하나로서의 '그들'의 실존적인 변양태[Modifikation]의 하나이다."(『존재와 시간』, 181쪽) 레비나스의 주체에게 타자로 인한 새로운 국면은 '존재와 다르게'의 차원이다. 반면 이미 존재 안에 있고 계속 존재 안에 있는 하이데거의 현존재에게 새로운 국면은 타자와의 관계 그 자체인 실존을 변양시키는 것이다. 다시 말해 타자와의 새로운 마주침은 '공동현존재가 변양된 방식'으로서 일어난다. "**'본래적인' 실존이라는 것도 빠져 있는 일상성 위를 떠다니는 어떤 것이 결코 아니고, 오히려 실존론적으로 단지 이 일상성의 변양된 장악일 따름이다.**"(『존재와 시간』, 245쪽) 본래적 실존의 획득은 그들이 지배하는 일상에서 일상 아닌 것으로 넘어가는 것, 전혀 이질적인 영역으로의 초월 같은 것이 아니다. 여기서 본래성을 위한 '변양된 장악'이란 일상의 모든 것이 그 자리에 있되 관계 맺는 방식이 달라지는 것이라 해도 좋을 것이다. 무엇이 이런 변양(Modifikation)의 예가 될까? 우리는 이에 대한 예로 사도 바울이 「고린토인들에게 보내는 첫 번째 편지」에서 크레시스(소명, 부르심, κλῆσις)를 받은 사람이 어떻게 해야 하는지 말하는 내용을 제시할 수 있을 것이다. "이제부터는 아내가 있는 사람은 아내가 없는 사람처럼 살고 슬픔이 있는 사람은 슬픔이 없는 사람처럼 지내고 기쁜 일이 있는 사람은 기쁜 일이 없는 사람처럼 살고 물건을 산 사람은 그 물건이 자기 것이 아닌 것처럼 생각하고 세상과 거래를 하는 사람은 세상과 거래를 하지 않는 사람처럼 살아야 합니다."(「고린도전서」, 7:29~32) 여기서는 일상의 요소들 자체를 초월해 다른 세계로 나아가는 일은 일어나지 않는다. 단지 타자와 관계 맺는 방식의 변화, 즉 일상의 '변양된 장악'이 있을 뿐이다. 아감벤 같은 이가 적절히 파악하듯 일상에서의 관계들의 변양을 통해 본래성을 구하는 일은 바로 바울의 저 크레시스처럼 예화될 수도 있을 것이다.[5] 물론 하이데거에서 일상성의 이 변양된 장악이 직접적으로 종교적 삶이나 신앙과는 관계가 없는 사안이라는 것을 조건으로 하고서 말이다. 하나 덧붙이면, 소명에 관한 바울의 저 구절은 단지 하이데거적으로가 아니라 하이데거를 넘어 다양하게 이해될 수 있는 가능성을 지닌다. 우리는 뒤에 레비나스를 다루는 장에서 레비나스와의 관련 아래 저 구절을 다른 방향에서도 접근해볼 것이다.

14) 빠져 있음: 잡담, 호기심, 애매함

다시 '그들의 지배'라는 주제로 돌아와 더 구체적으로 '그들'과의 관계를 조명해 보자. 일상성의 존재의 근본양식을 현존재의 '빠져 있음(퇴락, Verfallen)'이라 한다.(『존재와 시간』, 240쪽 참조) 여기서 '빠져 있음'이란 윤리적으로 나쁜 의미를 가지며 또 그렇기에 제거해야만 하는 '타락' 같은 것이 아니다. '그들과 더불어 있음'인 '빠져 있음'은 근본적으로 실존론적인 존재 구조에 속하는 것으로 완전히 피하거나 제거할 수는 없다. '빠져 있음'의 양식은 구체적으로 세 가지인데 잡담, 호기심, 애매함이 그것이다. 다시 말해 타인들, 즉 그들과의 관계를 구체적으로 표현하고 있는 것이 잡담, 호기심, 애매함이라고 할 수 있다.

먼저 '잡담(Gerede)'에 대해서 살펴보자. "'잡담'이라는 표현은 여기서 깎아내리는 뜻으로 사용되고 있는 것이 아니다. 이 표현은 용어상 일상적 현존재의 해석과 이해의 존재양식을 구성하고 있는 긍정적인 현상을 의미한다."(『존재와 시간』, 230쪽) 즉 잡담은 일상적 현존재의 근본적인 존재양식에 속한다. 그렇다면 잡담은 무엇인가?

이때 듣는 이는 말의 '그것에 대해서'를 근원적으로 이해하려는 존재에 참여하지 않아도 된다. 사람들은 이야기되고 있는 존재자를 그리 잘 이해하지 못한 채, 이미 단지 이야기된 것 그 자체만을 들을 뿐이다. 이야기된 것 그 자체는 이해되지만 '그것에 대해서'는 그저 대충 피상적으로 이해된다. 어쨌거나 사람들은 '동일한 것'을 의미하는데, 그것은 사람들이 말해진 것을 공통적으로 '동일한' 평균성에서 이해하고 있기 때문이다. (『존재와 시간』, 231쪽)

잡담은 존재자를 그 원천으로부터 이해하지 않는다. 잡담에서는 오히려 어떤 존재자에 대해 말해진 것이 그 존재자의 원천인 것처럼 이해된다. 잡담은 명료해지기를 꿈꾸는 각종 학설, 정리된 참고서, 요약적 학원 강의 등 각양각색의 모습을 띤다. 존재자에 대한 근원적 이해는 저 잡담의 담화 속에서 요약 가능하고 쉽게 정리할 수 있는 사안이 된다. "모든 근원적인 것은 하룻밤 사이에 이미 오래전에 잘 알고 있는 것으로 다듬어진다. 모든 쟁취품들은 다루기 쉬운 것이 된다."(『존재와 시간』, 177쪽) 잡담이 구성되는 방식을 좀 더 상세히 살펴보자.

말함은 그 존재자를 근원적으로 자기 것으로 만드는 식으로 함께 나누지 못하고 그저 '퍼뜨려 말하고 뒤따라 말하는' 방법으로 나눌 뿐이다. 이야기된 것 그 자체가 범위를 넓혀가며 권위의 성격을 떠맡는다. '사실이 그렇다. 왜냐하면 사람들이 그렇게 말했으니까.' 그러한 뒤따라 말함과 퍼뜨려 말함에 의해서 이미 시초부터 결여되었던 지반이 완전히 무지반으로 치닫는데, 이러한 뒤따라 말함과 퍼뜨려 말함이 잡담을 구성한

다.(『존재와 시간』, 231~232쪽)

"뒤따라 말함"이란 '누구에 의하면', '누가 누가 말했듯이'라는 방식으로 언급하는 것이다. 기존의 권위에 의존해서 주장하는 방식이 여기에 포함되며, 말하는 자 자신이 전혀 책임을 지지 않아도 되는 말함이다. 그리고 "퍼뜨려 말함"에는 가령 저널리즘과 같은 것이 포함된다. 하이데거는 『존재와 시간』에서는 직접 저널리즘을 다루지 않지만 다른 저작에선 플라톤의 동굴의 비유에서 죄수들의 삶을 저널리즘에 지배받는 삶으로 해석하기도 한다. 저널리즘은 동굴에서의 명예이다.[6] 저널리즘은 제대로 알지 못하고 대충 알면서 모든 것을 평균적인 앎의 수준으로 만들어버린다. 그리고 그 앎을 널리 퍼뜨려 말한다. 다루어지는 내용은 극단적으로 단순화되고, 명료화할 수 없는 것은 분명해진 채 널리 퍼진다. 그리고 그것을 읽는 사람들은 기사에 나온 내용 그 이상을 알려고 하지 않는다. 이러는 와중에 알려져야만 하고 체험되어야 하는 근본적인 것들은 은폐되어버린다.

잡담은 현존재의 존재함에 대해서 어떤 근거도 되어주지 못하지만, 현존재는 잡담에 해당하는 각종 이론, 교리 등에 자기 존재함의 근거가 있는 줄로 믿는다. 즉 잡담은 현존재의 지반 없음을 숨겨버린다. "현존재를 증대하는 무지반성으로 몰고 갈 그러한 둥둥 떠 있음의 **섬뜩함**이 그때그때의 현존재 자신에게는 은닉된 채 남아 있다."(『존재와 시간』, 234쪽) 은닉되어 있던 무지반성은 어떻게 드러나는가? 바로 섬뜩함을 통해서 드러난다. 섬뜩함이 현존재에게 찾아올 때 현존재는 잡담이 마련해준 지반이란 결국 무지반임을 깨닫는다. "잡담은 뿌리가 뽑힌 현존재 이해의 존재양식이다."(『존재와 시간』, 233쪽) '섬뜩함 (Unheimlichkeit)'은 집(heim)이 없다는 것을, 곧 내 바탕이 되어줄 지반이 없다는 것을 뜻한다. '내가 디디고 있는 것이 아무것도 없다'라는 사실이 은폐되어 있다가 섬뜩함 속에서 알려지고, 비로소 현존재는 실존을 본래적으로 장악해보려는 준비를 하게 되는 셈이다.

이제 '빠져 있음'의 또 다른 양식인 '호기심(Neugier)'을 살펴보자.

봄의 근본구성틀은 '보는 것'에 대해서 일상성이 가지고 있는 독특한 존재경향에서 드러난다. 우리는 그것을 '호기심'이라는 용어로 지칭하도록 한다. 그런데 호기심이라는 용어는 그 특징상 보는 것에 제한되어 있지 않고 세계를 독특하게 감지하며 만나게 하는 경향을 표현한다.(『존재와 시간』, 234쪽)

호기심이란 일상성 속에서 '보는 방식'이라 할 수 있다. 또는 호기심은 일상성 속에서의 '봄'을 지배한다고 말할 수 있다. 그러나 본다는 것 그 자체가 일상의 비본래성 속에 매몰되어 있는 것은 아니다. 하이데거는 '본다'라는 것이 지닌 근본성을 철학사적인 차원에서 확인하기 위해 아리스토텔레스의 『형이상학』 첫 문장(A1, 980a21)을 읽는다. "모든 인간은 본성상 보려는 욕망을 가지고 있다."(『존재와 시간』, 234쪽에서 재인용) 본성상 모든 인간은 보려는 욕망을 가지고 있으므로 '본다는 것'은 근본적인 존재양식이다. 아리스토텔레스에서부터 근본적 의미가 부여된 '본다'는 존재구성틀 자체에 속하는 것이다. '본다'는 것이 본래적인 방식으로 나타난 형태는 존재자를 '경탄(타우마체인

(θαυμάζειν))'하면서 고찰하는 것으로서, 철학을 가능하게 하는 바탕을 이룬다.

이와 달리 '본다는 것'의 뿌리 뽑힌 존재양식, 비본래적 존재양식이 호기심이다. "호기심은 존재자를 경탄하면서 고찰하는 것, 즉 타우마체인과는 아무 상관이 없다. 호기심의 관심 사항은 경이에 의해서 이해하지 못함에 인도되는 것이 아니다. 호기심은 앎을 배려하는데, 순전히 안 것으로 간주하기 위해서이다."(『존재와 시간』, 236쪽) 이때 호기심은 존재자를 경탄하면서 고찰하는 일, 즉 철학을 하게끔 하는 원동력이 아니라, 앎을 순전히 '안 것으로 간주'하는데 머문다. '안 것으로 간주'한다는 것은 무엇인가?

> 자유롭게 된 호기심은 본 것을 이해하기 위하여, 다시 말해서 그것에 대한 존재에 이르기 위하여 보려고 애쓰는 것이 아니라 '그저' 보기 위해서 보려고 애쓴다. 호기심이 새로운 것을 찾는 이유는 그 새것에서 다시금 새로운 새것으로 뛰어들기 위해서이다. 이러한 봄의 염려에서 중요한 것은, 파악하여 알면서 진리 속에 존재하는 것이 아니라 자기를 세계에 맡겨버릴 수 있는 가능성이다. 그러기 때문에 호기심은 특이하게 가까운 것에는 '머물지 않는' 특성을 띠고 있다. 그러므로 호기심은 또한 고찰하며 머무는 여가도 추구하지 않으며, 언제나 새것과 만나는 것을 계속 바꿈으로써 생기는 동요와 흥분을 찾는다.(『존재와 시간』, 236쪽)

호기심은 그저 계속 새로운 것을 보기 위해 애쓴다. 예를 들어 웹 서핑으로 시간을 보내는 현대인의 모습은 호기심에 인도받는 삶의 초상을 잘 보여준다. 새로운 것 다음에 또 새로운 것을 찾는 호기심을 만족시켜주는 것이 인터넷이라면, 홈페이지 업데이트와 같은 것은 새로운 것이 계속해서 살아남는 삶의 방식이 된다. 요컨대 호기심의 존재 양식은 '새것에서 새것으로만 이동하고 진짜 알지는 못하는 것'이다. 현대인이 수많은 정보를 접함에도 불구하고 실질적인 지식의 확장은 이루지 못하는 데에서 알 수 있듯이 말이다.

이런 호기심을 하나의 시대를 배경으로 이해해볼 수 있을까? 하이데거는 호기심에 관한 논의 속에서 '새것 다음에 또 다른 새것으로 나가는' 한 시대를 통틀어 겨냥하고 있는데, 그것이 바로 '근대'이다. 하이데거가 비본래적인 것으로 기술한 것은 근대라는 특정한 시대의 삶의 양식 속에서 두드러지게 발견되는 것이다. 근대는 새것에서 새것으로 옮겨 다니는 데서 생기는 동요와 흥분을 찾는데, 이런 바쁜 근대의 모습을 그는 이렇게 표현한다. "비본래적인 존재 속에서의 이러한 안정이 정지 상태나 무행위로 유혹해가는 것이 아니라 오히려 억제를 모르는 '사업' 속으로 몰아넣는다. '세계'에 빠져 있음은 이제 휴식을 모르게 된다."(『존재와 시간』, 243쪽) '억제를 모르는 사업'이란 구문에서 '사업(Betrieb)'은 후기 저작에서는 '닦달(Gestell)'이라는 개념으로 나타난다. 근대 테크놀로지가 존재자를 이용 가능한 것으로 계속 가공 생산해내는 일이 곧 '억제를 모르는 사업'인 것이다.

또한 호기심은 무정주성(無定住性)을 특징으로 한다. "우리는 그것을 '무정주성'이라고 이름한다. 호기심은 도처에 있으면서 어디에도 없다."(『존재와 시간』, 236쪽) 뿌리 뽑힌 것, 무지반, 무정주성은 모두 같은 말이다. 호기심에 이끌려 다닐 때 웹서핑하는 자가 그러하듯 어디든

갈 수 있지만 정주할 지반은 없다. 그야말로 호기심은 우리를 도처에 있으면서 어디에도 없게 만든다. 이제 '애매함(Zweideutigkeit)'에 대해 살펴보도록 하자.

일상적으로 서로 함께 있으면서 누구에게나 접근 가능하고 거기에 대해서 누구든지 무슨 말이라도 할 수 있는 그런 어떤 것을 만나게 되면, 거기에서 무엇이 진정한 이해 속에 열어밝혀진 것이고, 무엇이 그렇지 않은 것인지가 더 이상 금세 결정될 수 없게 된다. 이러한 애매함은 단지 세계에만 퍼져 있는 것이 아니고 마찬가지로 서로 함께 있음 거기에도, 심지어는 현존재의 자기 자신에 대한 존재에까지 퍼져 있다. …… 잡담과 호기심은 그것들의 애매함에서, 진짜 새롭게 성취된 것도 그것이 공적으로 출현하는 순간 낡은 것이 되도록 손을 써놓는다.(『존재와 시간』, 237~238쪽)

진정한 존재가능성을 잘못 보고 있는 것이 비본래적인 존재양식으로서의 잡담, 호기심이다. 그런 잡담, 호기심 안에서는 '애매함'이 작동하고 있다. '애매함'은 새롭게 성취된 것도 낡은 것으로 만든다. 애매함은 '이것도 좋고, 저것도 좋고'와 같은 식으로 무엇이 더 중요한 것인지 모르게 만들어버린다. 결국 존재함에 대한 진정한 이해와 존재함의 의미에 대한 무지가 애매함 속에서는 구별되지 않은 채로 나타난다.

우리는 잡담, 호기심, 애매함을 통틀어 '빠져 있음'이라는 개념 아래서 이해할 수 있다. 빠져 있음과 관련된 구절을 읽어보도록 하자.

이 명칭[빠져 있음]은 어떤 부정적인 평가를 표현하는 것이 아니라, 현존재가 우선 대개 배려된 '세계' '곁에' 존재함을 의미한다. 이러한 '……곁에 몰입해 있음'은 대개 **'그들'의 공공성 속에 상실되어 있음**이라는 성격을 띠고 있다. 현존재는 우선 언제나 이미 본래적인 자기존재가능에서부터 떨어져 나와 '세계'에 빠져 있다. **'세계'에 빠져 있음은, 서로 함께 있음이 잡담, 호기심 그리고 애매함에 의해서 이끌리고 있는 이상, 그 서로 함께 있음에 몰입해 있음을 의미한다.** 우리가 앞에서 현존재의 비본래성이라고 이름했던 그것이 이제 빠져 있음에 대한 해석으로 인해서 보다 정확한 규정을 얻게 된다.(『존재와 시간』, 240쪽)

빠져 있음은 타인과 함께 있음이 잡담, 호기심, 애매함의 양식을 지닐 경우 타자와의 관계를 통칭하는 명칭으로 보아도 좋을 것이다. 그리고 빠져 있음은 "소외적"(『존재와 시간』, 243쪽)인 것이다. 즉 빠져 있음으로서 타인과의 관계란 공공 속에서 자신을 상실하고 있음의 양태이며, 이런 점에서 참된 존재의 자리에서 소외돼 있는 것, 즉 비본래적인 것이라고 성격지을 수 있다. 물론 여기서 비본래적이란 제거할 수 있는 오류 같은 것이 아니며, 오히려 비본래적인 성격을 지니는 빠져 있음은 모면할 수 없는, 현존재의 존재론적 구조에 속하는 것이다. "빠져 있음의 존재론적 실존론적 구조에다, 아마도 인류 문화의 진보된 단계에서는 제거될 수도 있는 그런 어떤 나쁜 원망할 만한 존재적 속성을 부과하려고 한다면 그것도 그 구조를 오해하는 것이 될 것이다."(『존재와 시간』, 241쪽) 이 문장은 빠져 있음과 같은 실존범주를 어떻게 이해해야 하는가에 대한 매우 적절한 설명을 제공하고 있다. 빠져 있음의 양식들인 잡담, 호기심, 애매함 등은 존재적 사안이 아니라 존재론적인 구조에 속한다. 따라서 빠져 있음은 인류 문화의 진보된 단계에서 사라지거나 제거될 수 있는 악습 같은 것이 아니다. 결국 비유컨대 명증한 의식이 한편으로는 필연적으로 잠을 자는 의식이기도 한 것처럼, 현존재가 본래적 실존을 달성했을 때도 현존재에게는 잡담, 호기심, 애매함이 늘 따라붙을 것이다. 가령 본래적인 말이란 비본래적인 일상생활의 잡담의 완전한 근절 뒤에 가능한 것이 아니다. 본래성과 비본래성은 현존재에게 공존한다. 한 현존재가 본래적 실존을 장악했을 때 그의 말은 본래적인 것이 될 것이며, 반대로 그것을 놓쳤을 때 그의 말은 잡담 속에 있을 것이다. 수시로 그렇다.

15) 불안, 섬뜩함 속에서 제시되는 존재가능

지금까지의 이야기를 정리해보자. 하이데거는 현존재가 '우선 대개' 있는 일상성 속에서 타자를 파악한다. '우선 대개' 있는 일상성에서 현존재의 존재양식은 타자와 더불어 있는 '공동존재'이다. 학문을 시작할 때 흔히 찾는 무전제의 자리는 사실 임의적으로 설정된 자리이고, 어떤 임의적 방식에 의해서도 가공되지 않은 자리를 찾자면 그것은 '우선 대개' 있는 일상성의 자리이다. 그런데 일상성의 자리는 비진리의 자리이고, 이러한 비진리의 자리에 있는 현존재의 공동존재로서의 존재양식은 실존범주 가운데 하나인 '빠져 있음'을 통해서 조명된다. 빠져 있음을 구체적으로 기술하는 방식이 잡담, 호기심, 애매함이다. 현존재는 잡담, 호기심, 애매함을 통해 타인들, 즉 '그들' 속에 '빠져 있다.' 현존재가 그들 속에 빠져 있음은 '뿌리 뽑힌 존재양식'이라 할 만한데, 그들이 현존재를 그의 본래적인 존재함으로부터 소외시키는 까닭에 그렇다. 뿌리 뽑힌 존재양식, 그들 속에 빠져 있음이 본래적인 존재함은 아니라는 사실, 존재함의 지반이 없다는 사실은 현존재에게 어떻게 알려지는가? 앞서 이야기했듯 바로 '섬뜩함(Unheimlichkeit)'을 통해 알려진다.

섬뜩함은 '불안'이라는 기분(Stimmung)의 핵심을 이루는 것이다. "불안 속에서는 사람이 '섬뜩해진다.'"(『존재와 시간』, 257쪽) 다시 한번 말하자면 섬뜩함이란 그 어원적 의미 그대로 집(heim)이 없다(unheimlich)는 뜻을 지닌다. 다시 말해 떠받쳐줄 굳건한 지반이 부재한다는 뜻이다. 굳건한 지반을 가진 줄 알았던 현존재에게 실은 지반이 없고, 이 지반 없음이 현존재에게 알려질 때의 느낌이 바로 섬뜩함이다. 그러나 "현존재를 증대하는 무지반성으로 몰고 갈 그러한 등등 떠있음의 섬뜩함이 그때그때의 현존재 자신에게는 은닉된 채 남아 있다."(『존재와 시간』, 234쪽) 반대로 은닉되어 있던 섬뜩함이 드러나는 순간 우리가 무지반적이라는 것이 알려진다.

섬뜩함의 기분은 실존범주 중 하나이다. 실존범주는 존재적 차원에서 존재자를 기술하기 위한 것이 아니라 존재자의 존재함을 드러내기 위한 것이다. '기분'은 철학사가 '존재자에 대한 기술'에 몰입하는 동안 잊힌 '존재함'을 드러내기 위한 길이다. 하이데거는 존재함에 접근하는 길로 어떻게 기분을 발견하게 되었는가? 전통적으로 우리에게 대상은 두 가지 길을 통해 알려진다. '감각적인 것을 통해 주어짐', 즉 아이스테시스(αἴσθησις)와 '사유함', 즉 디아노에인(διανοεῖν)이 그것이다. 이런 전통 속에서 칸트는 인식을 가능하게 하는 주요한 두 능력으로서 감성과 지성을 꼽았다. 외부의 감각적인 것이 감성을 통해 주어지고, 이에 대해 지성의 범주가 적용됨으로써 '대상 인식'이 가능해진다. 요컨대 감성과 지성이라는 인식의 두 원천은 존재자에 대한 접근을 가능하게 해준다. 그러나 존재자에 대한 지식이 아니라 존재자의 '존재'에 접근하고자 한다면, 존재자에 이르는 통로로서 감성도 지성도 아닌 제3의 길이 필요하다. 하이데거는 제3의 길을 '기분'에서 발견하고 있는 것이다.

섬뜩함은 존재자의 존재함이 어떤 것인지 고지해준다. 그것은 바로 '지반 없이 존재함'이다. 우리 존재자가 의존했던 어떤 이론이나 종교적 교리도 그저 누구누구가 한 이야기로서 잡담의 지위를 가질 뿐 존재자를 근거 지워줄 굳건한 지반이 되어주지 못한다는 것, 존재함은 지반이 없다는 것이 그런 섬뜩함 속에서 고지된다. 하이데거는 섬뜩함으로부터의 이런 고지를 '부름'이라는 말과 더불어 이렇게 이야기한다. "부름은 이야기되어야 할 만한 것은 '아무것도' '말하지' 않으며 일어난 일에 대해서는 아무런 정보도 주지 않는다. **부름은 현존재 '앞에' 그의 존재가능을 제시해주는데, 섬뜩함'에서부터' 부르는 식으로 그렇게 한다.**"(『존재와 시간』, 374쪽) 섬뜩함으로부터 부름이 들려오는데 그 부름은 현존재의 '존재가능'을 제시해준다. "현존재는 부름을 이해하면서 가장 고유한 자기 자신이 자신의 선택된 존재가능에서부터 '자신 안에서 행위하도록' 한다."(『존재와 시간』, 385쪽)

섬뜩함은 무지반성을 알려주고, 무지반성은 우리에게 고유한 존재가능(할 수 있음)을 알려준다. '할 수 있음'은 텅 빈 형식적 개념이다. 다시 말해, '할 수 있음'은 '너는 이 상황을 극복할 수 있어', '너는 이 책을 일주일 동안 다 볼 능력이 있어'와 같은 구체적인 내용에 대한 지시가 아니다. 존재자의 차원에서 할 수 있음의 이러저러한 내용적 맥락이 주어지는 것이 아니라, 존재함의 차원에서 '~할 수 있음'이 마련되는 것이다. 존재한다는 것은 모든 구체적인 실행들의 전제가 되는 '근원적인 가능성'이다. 얼마간 의외로 들릴지 모르겠으나, 이는 '죽음'이라는 주제와 함께 이해된다.

16) 죽음

죽음은 존재가능을 가장 잘 드러나게 만든다. 이제 죽음과 더불어서 존재가능에 대해서 살펴보자. "결단성은 현존재를 그의 가장 고유한 자기존재가능에로 되돌려준다. 고유한 존재가능은 '가장 고유한' 가능성으로서의 이해하는 죽음을 향한 존재에서 본래적으로 그리고 전체적으로 투명하게 된다."(『존재와 시간』, 408쪽) 결단성은 우리를 가장 고유한 자기존재가능 속에 서게 해준다. 그렇다면 언제 현존재는 결단성을 통해서 가장 고유한 존재가능을 돌려받는가? 바로 '죽음을 향한 존재'일 때 그러하다. "그 자신의 종말을 향한 존재에서 현존재는, '죽음에 내던져진 채' 존재할 수 있는 그런 존재자로서, 본래적으로 전체적으로 실존한다. 현존재는 그가 거기에서 끝나버리는 그런 종말을 가지고 있는 것이 아니라 '유한하게 실존한다.'"(『존재와 시간』, 437쪽)

현존재가 죽음을 향한 존재일 때 그 순간 그의 고유한 존재가능이 투명해진다. "죽음이라는 극한의 가능성은 현존재의 존재 방식인데, 그 방식 속에서 현존재는 '즉시 그 자신에게로 되던져진다.'"[7] 그리고 그때 현존재는 결단성을 통해서 고유한 존재가능에 서게 된다. 즉 죽음이 우리의 고유한 존재가능을 돌려준다. 물론 단지 죽음이 우리에게 자동적으로 존재가능을 넘겨주는 것은 아니다. 죽음을 통해서 존재가능이 투명해졌을 때, 현존재는 '결단'을 통해서 비로소 고유한 존재가능에 서게 된다. 그때 현존재는 죽음 때문에 끝나버리는 것이 아니라 '유한하게 실존'한다.

'죽음이 우리의 가장 고유한 존재가능을 투명하게 해준다'는 말은 무엇인가? 죽음이 없다면 우리의 존재란 '나는 할 수 있다'가 아닌 '나는 할 수 없다'가 된다. 가령 우리는 죽음이 우리의 존재함을 한계 지어주기 때문에 이런저런 일들을 인생에서 계획할 수 있다. 인생에서 20대, 30대, 40대 등 나이에 따라 특정한 삶의 과제를 기획해야 하고 수행해야하는 시점이 생길 수 있는 것은 바로 존재함의 경계로서 죽음이 있기 때문이다. 죽음이 없다면 젊음도 노년도 없는 것이고, 우리는 바다에서 표류하는 것처럼, 사막에서 길을 잃어버리는 것처럼 무엇을 해야 할지 알지 못한다. 젊음이 없으니 젊은 시절의 목표를 '달성'할 수 '없고', 노년이 없으니 말년을 정리하고 준비'할 수 없다.' 한마디로 죽음이라는 경계가 없는 존재함이란 '할 수 없음'이다.

하이데거는 '할 수 있음(존재가능)'을 조명하되, 존재자의 능력이 아니라 존재함 자체가 지닌 '할 수 있음'을 조명하고 있다. '할 수 있음'을 존재자의 능력으로 조명했을 때 나타나는 것은 가령 자유의지와 같은 것이다. '인간에게 자유의지의 능력이 있는가, 없는가? 인간은 본성적으로 이성적 능력을 가지는가, 아닌가?'처럼 '할 수 있음'을 존재자의 성질로 다루는 것이다. 그러나 존재가능은 (존재자가 가진 성격으로서의 의지와 같이) 이차적인 것이 아니라 존재함 자체에 속하는 가능성이다. 요약하자면 죽음은 '불가능성의 가능성(Möglichkeit der Unmöglichkeit)'이다. 죽음은 무엇을 하지 못하게 하므로 불가능성이나, 바로 그 불가능성 때문에 존재의 모든 일이 가능해진다.(후에 우리는 레비나스가 죽음에 대한 하이데거의 생각에 반대해 죽음을 '가능성의 불가능성(impossibilité de la possibilité)'으로 조명하는 모습을 보게 될 것이다.)

잠깐 위에서 계속 우리가 언급한 하이데거의 주요 개념 '결단(Entscheidung)' 또는 '결단성(Entschlossenheit)'에 대해 간략한 이해를 구하면서 이 절을 맺도록 하자.(이 두 표현은 서로 교환 가능하다. 하이데거는 『철학에의 기여』에서 말한다. "Entscheidung은 Entschlossenheit이다."(『기여』, 157쪽)) 앞서 우리는 결단성을 통해 현존재는 고유한 존재가능에 서게 된다고 하였다. 또는 결단을 통해 본래적인 존재함의 자리에 서게 된다고 표현해도 좋을 것이다. 그런 맥락에서 결단에 대해 이렇게 기술할 수 있을 것이다. "결단은 존재의 진리에 관련된다. …… 결단은 단지 존재의 진리에 관련될 뿐만 아니라 오히려 단지 존재의 진리에 의해서만 규정된다."(『기여』, 157쪽) 결단은 존재의 본래 자리에서 존재자를 규정하는 일이다. "결-단은 '존재'의 본질에 입각한 존재자 그 자체에 대한 근원적 규정이다."(『기여』, 142~143쪽) 이렇게 결단이란 본래적인 존재함의 자리에 서는 것이기에 존재자를 '선택'하는 문제와는 상관이 없다. "결-단이라 명명된 것은 '존재' 자체의 가장 내적인 본질적

중앙에로 옮겨간다. 또한 그렇다면 그것은 우리가 선택함 등이라 부르는 것과는 아무런 공통점도 갖지 않는다."(『기여』, 140쪽) 선택은 존재자들 사이에서 하나를 고르거나 버리거나 하는 일이다. "결단이란 무엇일까? '선택'일까, 아니다. 선택행위는 항상 단지, '앞서 주어져 있는 것', '받아들여질 수 있는 것', '내버려질 수 있는 것'에만 관계한다."(『기여』, 156쪽) 결단은 참다운 존재함의 자리에 결단한 현존재를 포함한 존재자들을 서게 하는 것이라는 점에서, '이것'이나 '저것' 같은 존재자들을 선택하는 일이 아니다. 이런 맥락에서 결단은, '이것 또는 저것이라는 존재자들을 선택'하는 문제에 있어서 어떤 보편적인, 상위 원리의 도움도 얻지 못하고 오로지 스스로 선택할 수밖에 없는 상황에 주목하는 (가령 사르트르의) 실존주의와 거리를 가진다.

17) 하이데거의 '죽음'과 그리스의 '경계', 레비나스의 '무한'

앞서 살핀 하이데거의 죽음론은 철학사적 기원을 갖는다. 그리스 철학이 바로 그것이다. "그 자신의 종말을 향한 존재에서 현존재는, '죽음에 내던져진 채' 존재할 수 있는 그런 존재자로서, 본래적으로 전체적으로 실존한다. 현존재는 그가 거기에서 끝나버리는 그런 종말을 가지고 있는 것이 아니라 **유한하게 실존**한다.'"(『존재와 시간』, 437쪽) 종말은 끝이 아니라 현존재를 "유한하게 실존"하는 자로 완성한다. 유한하게 실존한다는 것은 무엇인가? 이 문제는 철학사적으로 살펴볼 것을 요구하는 것으로서, 우리는 유한성을 가능하게 해주는 그리스인의 경계 개념에 주목해야 한다. 하나의 경계로서 죽음은 그리스인들이 사유했던 '페라스(πέρας, 경계)'로 이해되어야 하는 것이다. 하이데거는 경계(끝)에 대해 이렇게 말한다. "끝(das Ende)이라는 것은 완성(Vollendung)이라는 의미에서의 끝마침을 의미하는 것이다. 한계(Grenze)와 끝(Ende)은 이들에 의해서 있는 것이 '있기(zu sein)'를 시작하는 그와 같은 것이다."(『형이상학 입문』, 104쪽) 즉 한계란 존재함의 조건(있기를 시작할 수 있는 조건)이다. 하이데거는 또 죽음이라는 한계(끝)를 통해 현존재의 존재함이 제한됨으로써 현존재가 실존하기 위한 규정을 획득한다고도 말한다. "세계-내-존재의 '종말'은 죽음이다. 존재가능, 다시 말해서 실존에 속하는 이 종말은 각기 그때마다 가능한 현존재의 전체성을 제한하며 규정한다."(『존재와 시간』, 314쪽) 한계 때문에 '있는 것이 있을 수 있기 시작'한다. 즉 죽음 때문에 존재가능이 생기는 것이다.

그렇다면 고대 그리스인들에게 경계, 페라스란 무엇인가? 이에 대한 이해를 제공해줄 아리스토텔레스의 『자연학』의 중요한 구절은 일자(一者)로서의 존재에 대한 파르메니데스와 멜리소스의 논의를 배경으로 한다. 파르메니데스는 존재를 둥근 것, '구체(球體)'라고 주장한다. 그런데 멜리소스의 의견은 이와 반대로 다음과 같다. 존재가 '유한한 형태'의 구체라면, 이는 그것이 다른 것에 의해 제한되어 있다는 뜻이다. 그런데 다른 것에 의해 제한되는 것은 유일무이한 일자가 아니다. 따라서 존재가 일자라면, 존재는 구체가 아니라 무한해야 한다. "그것이 언제나 있듯이 그 크기도 언제나 무한해야 한다."[8]

아리스토텔레스는 『자연학』에서 이러한 멜리소스의 주장을 반박한다. 그리스적 사유는 경계를 설정하는 사유이다. 여기에 예외가 있다면 위와 같이 무한성을 긍정하는 멜리소스의 입장과 아낙시만드로스의 아페이론(apeiron, 경계 없는 것, 무한정자(無限定者))을 들 수 있을 것이다.(아페이론은 부정을 뜻하는 'a'를 페라스, 경계에 붙인 말이다. 말 그대로 '무한(infinite)'을 뜻한다.) 어떤 점에서 그리스적 사유는 경계 설정을 긍정하는 사유인가? 그리고 아리스토텔레스는 왜 멜리소스를 반박하는가? 아리스토텔레스는 말한다.

전체와 완전한 것은 전적으로 동일하거나 아니면 본성이 아주 가깝다. 끝을 갖고 있지 않은 그 어떤 것도 완전하지 않다. 그런데 끝은 한계이다. 그러므로 우리는 파르메니데스가 멜리소스보다 더 잘 말했다고 생각해야 한다. 왜냐하면 후자는 무한한 것이 전체라고 말한 반면, 전자는 전체가 한계 지워져 있다고, 즉 '중앙으로부터 모든 곳으로 똑같이 뻗어나와 있다'[단편8.44]고 말했으니까.(대괄호는 옮긴이) **9**

무엇이 완전하다면, 그것은 전체성을 갖추어야만 한다. 불완전한 것은 전체성을 이루지 못한 것이다. 그것은 제한되어야만, 끝을 가져야만 전체가 된다. 예를 들어 시청률이 저조하여 끝을 맺지 못하고 중도하차 하는 TV 드라마를 보라. 한계 지어지지 못함으로써 전체 줄거리를 완성하지 못하고 미완으로 남는 경우이다. 그래서 파르메니데스는 일자가 전체라면 존재는 중앙으로부터 모든 곳으로 똑같이 뻗어 있는 구체의 형태를 가져야만 한다고, 유한하게 제한되어야만 한다고 생각한 것이다. 또한 어떤 것은 한계 지어짐으로써 완전하게 존재할 뿐만 아니라 '가능성'을 갖추고 존재하게 된다. 가령 토지는 한정 지어져야만 어떤 건물을 지을 수 있는 가능성을 얻게 된다. 요컨대 '제한됨'은 '전체성'을 이루어 '완전성'을 얻게 만들며, 이때 '할 수 있음(가능성)'을 갖추게 된다.

그렇다면 어떤 점에서 하이데거의 죽음에 관한 논의는 그리스적 사유에 가닿고 있는가? 현존재의 존재함을 한계지어 완전한 전체로 만들어주는 것이 바로 죽음이라는 울타리, 페라스다. 죽음이 존재함을 제한해주는 한에서만 현존재의 존재함은 완전해질 수 있고 존재가능을 가질 수 있다. 하이데거 존재론의 배후에 도사리고 있는 것은 바로 그리스 철학인 것이다. 하이데거는 「예술작품의 근원」에서도 예술작품, 즉 그리스 신전(神殿)을 다루며 신의 도래를 신전 경내의 '경계' 지어짐 자체로서 이해한다. "신전을 통해 신은 신전 속에 …… 현존하고 있다. 신의 이러한 현존(Anwesen)은 그 자체 성스러운 영역으로서의 경내를 확정하는 동시에 그것을 **경계** 짓는다."[10] 신전을 통해 신이 현존한다. 죽음이라는 경계 없이는 현존재의 존재함의 가능성이 없듯, 신전이라는 영역의 경계 지어짐 없이는 신의 도래 가능성 역시 없다.

우리가 보았듯 현존재는 공동존재이다. 즉 현존재는 다른 현존재, 즉 타자와 늘 함께 묶여 있다. 따라서 현존재가 한계 지어짐(죽음)을 통해서 본래적인 고유한 존재가능을 가지게 되는 것은 타인도 본래적으로 존재하게 된다는 것을 뜻한다.

잠깐만 다루자면, 레비나스 같은 이는 『전체성과 무한』에서 이와 정반대의 생각을 전개한다. 이 책의 제목에도 나타나 있는 개념 '전체성'은 '유한하게 제한됨으로써 존재가 전체가 되는 것'을 뜻한다. 그런데 타자란 말 그대로 '다른' 자, '이질적인' 자이다. 공동으로 존재하는

(공동존재) 현존재들은 이질적인 자들이 아니라 말 그대로 공동성 속에 있는 자들이다. 전체성 속에서 공동으로 존재하는 자들이 아니라 전체성 자체에 대해 이질적인 자, 전체성과 다른 자가 바로 타자이다. 이 타자는 유한한 '한계(페라스)' 바깥에서, '무한'으로부터 찾아온다. 그리고 이 무한과의 관계가 바로 유한성의 극복으로서 무한한 시간을 주체에게 허락해준다는 의미에서 초월을 가능하게 해준다. 반면 지금껏 보았듯 하이데거에게서 근본적인 것은 유한이며, 무한은 이차적인 것, 파생적인 것이다. "오직 근원적인 시간이 '유한하기' 때문에만, '파생된' 시간이 '무-한한' 것으로서 시간화될 수 있는 것이다."(『존재와 시간』, 438쪽)

18) 민족

뿌리 뽑힌 존재양식(비본래적 존재양식)에서는 '그들' 속으로 우리의 존재함이 상실되어 있다. 본래적 존재양식으로 돌아가는 것은 결단성을 통해서 우리를 장악하고 있던 '그들'로부터 우리의 존재가능을 되찾는 것이다. 그런 식으로 본래적인 공동존재에 이르게 된다. 다음 구절을 읽어보며 이러한 논의를 진행해보자.

'그들' 속에 배려하며 '상실되어 있음'이 가장 가까운 현사실적인 기획투사를 주도했다. 이 상실되어 있음이 각기 그때마다 고유한 현존재에 의해서 불러내어질 수 있으며, 이 불러냄이 결단성의 방식으로 이해될 수 있는 것이다. 그런데 **이러한 '본래적인' 열어 밝혀져 있음은 이 경우 똑같이 근원적으로 그것 안에 기초를 두고 있는 '세계'의 발견되어 있음 및 남들과의 공동현존재(함께 거기에 있음)의 열어 밝혀져 있음을 변양시킨다.** 그렇다고 손안의 '세계'가 '내용적으로' 다른 세계가 되는 것도 아니고, 타인의 범위가 교체되어버리는 것도 아니지만, 손안의 것을 향한 이해하며 배려하는 존재 및 타인과 함께 심려하며 더불어 있음이 이제는 타인의 가장 고유한 자기존재가능에서부터 규정되고 있다.(『존재와 시간』, 396~397쪽; 대괄호는 옮긴이)

'그들' 속에 빠져 상실되었던 나의 고유한 존재가능은 결단성을 통해 되찾아진다. 나의 존재함은 곧 더불어 존재함(현존재는 공동존재)이므로, 이때 타인의 가장 고유한 존재가능성도 규정된다. 이것은 앞서 이미 설명했던 '변양'이며, 따라서 여기서 "타인의 범위가 교체되어버리는 것"은 아니다. 존재의 부름을 듣고 결단을 내려 본래적인 자리로 가는 것은 개인적인 삶의 태도 변화가 아니라, 공동현존재 전체가 변화하는 문제이다. 이런 맥락에서 하이데거 철학은 '전체주의'의 성격을 가진다는 점을 부정할 수 없다.

우리는 이제 아래 인용할 주요한 두 구절을 더 잘 이해할 수 있다. 아래 인용에 나오는, 일상어에 비추어 다소 낯선 낱말인 '역운(歷運, 역사적 운명)'에 대해서부터 미리 설명해두는 것이 좋겠다. 이 말은 하이데거 연구자들 사이에서 '운명'이라고 번역되어 쓰이기도 하고, 일반적으로 운명, 숙명, 섭리 등으로 이해되는 Geschick의 번역어이다. '공동생기(Mitgeschehen, 함께 생겨나다, 일어나다)'와 같은 뜻인 이 말은, 개별적인 각자의 운명을 지닌 자들의 나타남이 아니라, 민족 공동체 같은 공동의 운명을 지닌 자들의 출현(존재함)을 가리킨다.

운명적인 현존재가 세계-내-존재로서 본질적으로 타인들과 함께 더불어 있으면서 실존할 때, 그의 생기는 공동생기이고 '역운'으로 규정된다. **이로써 우리는 공동체, 민족의 생기를 지칭하고 있는 셈이다.** 역운은 개별적인 운명들이 모여 결합된 것이 아니며, 서로 함께 있음도 여러 주체들이 함께 모여 있음으로 개념 파악될 수는 없다.(『존재와 시간』, 503쪽)

결단성 속에 놓여 있는, 앞질러 달려가보며 자신을 순간의 '거기에'로 전수함을 우리는 운명이라고 이름한다. 이 운명 안에 역운도 함께 근거하고 있는데, 우리는 이 역운 아래 타인과의 더불어 있음에서 일어나는 현존재의 생기를 이해한다.(『존재와 시간』, 505쪽)

결단성을 통해 본래적인 존재의 자리로 가는 일은 타인도 본래적인 존재함 속에 서게 되는 일이다. 그렇게 해서 집단 전체(민족)가 하나의 운명 공동체로 존재하게 된다. 하이데거는 『철학에의 기여』에서 다음과 같이 이야기한다.

민족의 본질은 그 민족의 '목소리'이다. 이러한 '목소리'는 공통적인 자연스런, 모양이 망가지지 않은, 교양 없는 '세인[그들]'의 소위 직접적인 장광설의 방식으로는 실로 이야기하지 '않는다.' 왜냐하면 이런 방식으로 불려온 이러한 증인은 이미 꽤나 '모양이 망가졌고' 또한 오래전부터 존재자와의 근원적인 관련들 안에서는 더 이상 움직이고 있지 않기 때문이다. 민족의 '목소리'는 드물게 이야기하고, 또한 단지 소수자 안에서만 이야기한다.(『기여』, 455~456쪽)

여기서 우리는 다소 의외의 조합을 목격하는데, 바로 '민족'은 '소수자' 안에서만 이야기한다는 것이다. 한 민족이 다수이고 민족에 대해 이질적인 자가 소수인 것이 아니라, 민족이 소수 속에 있다. '세인 (그들)의 장광설로는 이 민족의 목소리가 들리지 않는다'는 구절은 민족의 목소리가 대다수의 사람(세인)이 동의하는 목소리가 아닐 수도 있음을 알려준다.(그런데 대다수의 동의 자체에 대한 존중이 바로 민주주의의 기본이 아닌가?) 여기서 하이데거는 다수의 의견을 '세인의 장광설'이라고 표현하고 있는데, 이는 의견의 다수성이 존재자를 그의 근원인 존재 속에서 이해하는 것과는 상관없다는 것을 뜻한다.

그렇다면 소수자 안에서만 이야기하는 민족의 목소리는 누가 듣는가? 또는 누가 소수로서 민족의 목소리의 반향을 이끌어내는가? 하이데거에 따르면 바로 시인, 정치가, 사상가이다. 이들과 더불어 형성된 공동존재(민족)는 고유한 공동의 존재가능을 가지게 된다. 이를 염두에 두고 다음의 구절을 보자. 하이데거가 헤라클레이토스의 폴레모스(투쟁)를 다루는 맥락이다. 여기서 폴레모스는 존재자들의 원리로서 본래적 존재로 다루어지고 있다. 지금 우리는 존재자들에게 '할 수 있음(가능성)'을 부여하는 원리로서의 존재가 어떤 것인지 이해하기 위해 헤라클레이토스의 저 폴레모스를 예로 삼고 있는 것이다. "여기서 말해지고 있는 πόλεμος(폴레모스)는 다른 무엇에 앞서, 신적(神的), 인간적 다스림을 위한 투쟁을 말하는 것이며, 인간들이 행하는 양상의 전쟁을 말하는 것이 아닌 것이다."(『형이상학 입문』, 107쪽) '인간들이 행하는 양상의 전쟁'은 투쟁을 존재적 차원에서 이해하는 것이다. 그러나 폴레모스는 출현해 있는 존재자들의 차원이 아니라 원리(아르케)의 차원에 있는 투쟁이다. 투쟁이라는 원리의 모습을 지닌 존재 때문에 이 원리에 따르는 존재자들의 투쟁도 있을 수 있는 것이다. 원리로서의 투쟁 때문에 존재자들은 투쟁'할 수 있다.' 요컨대 여기서 투쟁은 존재가 능(존재함으로부터 유래하는 '할 수 있음') 자체이다.

그렇다면 민족의 목소리를 대표하며 이끄는 사람들, 존재의 목소리를 본래적으로 듣는 사람들(시인, 사상가, 정치가)의 역할은 무엇인가?

이 투쟁은 창조적인 사람들로부터, 시인(詩人)들로부터, 사색하는 사람들로부터, 그리고 위대한 정치가들로부터 이끌어지는 것이다. 그들은 이 압도적인 다스림의 면전에 그들 일의 웅대함을 마주 세우는 것이며, 이렇게 하는 속에서 그들은 한 세계를 열어 펼치는 것이다. …… 이와 같은 세계의 생성(Weltwerden)이야말로 그 진정한 의미에서의 역사(歷史, Geschichte)인 것이다.(『형이상학 입문』, 108쪽)

위 인용에서 "압도적인 다스림"이란 존재자로서 인간이 수행하는 다스림이 아니라 원리로서 존재의 다스림이다. 가령 태어나고 죽는 것은 존재의 다스림에 속하는 것이지 존재자로서 인간이 꾸미는 다스림이 아니다. 본래적인 존재의 자리에서 울려 퍼지는 민족의 목소리를 듣는 사람들은 "이 압도적인 다스림의 면전"에서 자신들이 계획하는 일을 펼친다. 그들은 존재의 다스림에 협력하는 방식으로만 자신들의 계획을 실현할 수 있다. 본래적인 존재가능에 서는 것은 뿌리 뽑힌 방식으로 존재하는 것이 아니라 원천의 자리에 서는 것이다. 원천의 자리에 서는 것은 다스림의 원천인 폴레모스의 면전에 서는 것이다. 민족의 목소리를 듣는 소수자들은 그 원천을 근거로 원천에 협력하여 자신들의 일을 펼친다. 그때 그들이 펼치는 일은 역사가 되며, 타인들을 공동의 운명 아래 서도록 만든다.

19) 하이데거 타자론의 요약

이제 타자에 대한 하이데거의 사유를 아주 간략한 형태로 정리해보자. 하이데거는 타자를 현존재의 존재 구조에서부터 이해한다. 현존재의 존재 구조 자체가 공동존재인 것이지, 한 존재자가 또 다른 한 존재자를 확인하는 일로부터 공동성 내지 공동체가 생겨나는 것이 아니다. 존재함이란 애초에 함께 존재함(공동존재)이다.

이 공동존재(함께 존재함)는 우선 대개 비본래적이다. '그들'이 공동존재의 양식을 지배한다. 즉 그들 속의 현존재는 존재함의 본래 의미를 모른 채로 잡담을 진정한 진리를 담은 이론인 듯 좇거나 호기심에 따라서 새로운 것을 찾아다닌다. 현존재가 존재의 본래적인 자리에 있게 되었을 때 본래적으로 함께 존재하는 타인들은 민족이라는 이름으로 불린다. 간단히 말해 하이데거의 타자이론은 '비본래적인 그들'로부터 출발해 '본래적인 민족'에 이르는 운동을 그리고 있다. 그들이 되었건 민족이 되었건, 여기서 관건이 되는 것은 유일무이한 독자성 속에서 출현하는 하나의 타자가 아니라, 함께 존재하는 '집단'으로서 타자이다.

20) 사르트르와 레비나스의 비판: 하이데거는 정말 타자에 대해 사유하고 있는가?

이제 하이데거에게 쏟아질 수 있는 주요한 비판으로는 무엇이 가능한지 살펴보자. 그리스인들은 아르케(공통적인 원리, principle)를 존재로 이해했다. 하이데거에게 타자는 이런 존재, 즉 하나의 공통적인 원리 아래 있는 집단이다. 원리 안에 종속된 집단이라는 점에서 집단의 구성원들은 원리라는 제3의 것이자 공통의 것을 매개로 하여 만나는 사람들이다. 그렇다면 하이데거의 타자론은 타자라는 말이 그 뜻의 근본에 가지고 있는 'other', 'autre', '他', '다름'을 규명하기에 충분한 논의인가? 하이데거가 '다름'이 아니라 '공통적 원리'에 입각해 타자를 규명한다면, 그는 진정으로 타자를 사유하고 있는 것인가? 이런 문제와 관련해 사르트르와 레비나스의 비판을 살펴보자. 사르트르는 『존재와 무』(1943)에서, 레비나스는 『시간과 타자』(1947)를 포함한 여러 저작에서 하이데거의 이런 사유를 비판한다. 비판의 성격을 미리 평가하자면, 사르트르와 레비나스 양자의 비판에는 큰 차이가 없으며, 레비나스가 사르트르의 비판을 답습하는 것으로 보인다. 사르트르는 다음과 같이 말한다.

우리들의 관계는 정면으로 마주 대하는 것이 아니고, 오히려 옆으로부터의(par côté) 상호 의존이다. …… 타인과 나의 의식의 근원적인 관계는 '너'와 '나'가 아니라 '우리'이다. 하이데거가 말하는 '함께 있는 존재(l'être-avec, Mitsein)'는 어떤 개별자와 다른 하나의 개별자의 얼굴을 마주한(en face de) 명확하고 뚜렷한 위치가 아니고, '인식'도 아니다. 그것은 자신의 동료와 팀워크를 이루는 막연한 공동존재이다.(『존재와 무』, 425~426쪽; 번역 수정)

하이데거에서 나와 타자의 관계는 제3항(아르케, 원리)을 매개로 한 관계이고 따라서 그 관계는 팀워크를 같이 하는 익명적 전체를 형성한다. 여기서 타자는 결코 한 타자를 타자이게끔 해주는, 즉 타자를 다른 모든 것으로부터 분리해주는 고유성을 지니고 있지 않다. 즉 이 타자는 실은 타자가 아니다. 사르트르처럼 레비나스는 다음과 같이 하이데거에 대해 말한다. "중립의 부각은 나[개별자]보다 우리[전체]에 우월성을 두는 것이다."(『전체성과 무한』, 275쪽) 여기서 부각되고 있는 '중립'이란 모든 개별자들을 주관하는 원리로서의 존재이다. 하이데거에게선 존재 아래 모든 개별자가 공통적으로 지배되고 있다는 것이 근본적인 것이며 '타자로서의 타자'는 사유되지 않는다. 왜냐하면 상위원리에 매개되지 않고, 그래서 스스로가 스스로를 동어반복적으로 나타낼 수밖에 없는 '타자로서의 타자(또는 다르니까 다른 자)'는 오로지 이타성(異他性, 다름)을 통해 독자적인 개별성을 획득하는 자이며, 이 이타성은 공통의 원리 자체에 대한 이질성을 통해 얻어지는 까닭이다. 그리고 하이데거는 이타성이 아니라 공통의 원리에 따라 출현한 타자들 사이의 관계를 앞서 보았듯 '민족'이라 부른 것이다.

21) 나의 죽음과 타인의 죽음

죽음에 대한 성찰은 하이데거 철학의 중심에 놓여 있다. 부가적인 논의로서, 이 죽음에 대한 성찰이 타자를 사유하는 데 있어서 충분한 것인지 레비나스와 더불어 살펴보자. 앞서 보았듯 하이데거에서는 나의 고유한 존재가능이 드러나고 결단성을 통해 그 존재가능에 서게 되는 과정에서 '경계(페라스)로서의 죽음'이 근본적인 역할을 한다. 그리스적 사유와의 관계 속에서 확인했던 것처럼 '죽음을 통한 경계 지음'은 하이데거에서 근본적인 자리를 차지한다. 이러한 죽음은 누구에게도 양도할 수 없는 '나의 죽음'이다.

> 존재가능의 대리가 문제가 될 경우에는, 이러한 대리가능성은 완전히 부서지고 만다. '어느 누구도 타인에게서 그의 죽음을 빼앗을 수는 없다.' 물론 누군가가 '타인을 위해서 죽을' 수는 있다. 그렇지만 이것은 언제나 '어떤 특정한 일에서' 타인을 위하여 자기를 희생함을 말한다. 그러나 그러한 누구를 위하여 죽음은 결코, 그로써 타인에게서 그의 죽음을 조금이라도 덜어주었음을 의미하지 않는다. 모든 현존재는 각기 죽음을 그때마다 스스로 자기 위에 받아들이지 않으면 안 된다. **죽음은, 그것이 '있는' 한, 본질적으로 각기 그때마다 나의 죽음이다.**(『존재와 시간』, 322쪽)

존재가능이 문제가 될 경우, 본래적인 존재를 고유하게 드러내주는 것은 오로지 나의 죽음뿐이다. 죽음은 늘 나의 죽음이고, 여기서 나의 고유한 존재함이 드러나고 결단성을 통해서 그 존재가능성에 들어갈 때 타인들의 모든 존재가능도 본래적인 자리를 찾게 된다. 결과적으로 나의 고유한 죽음이 타인과의 고유한 관계를 달성하게 해준다.

이와 달리 레비나스는 '타자와의 고유한 관계를 가능하게 해주는 것은 과연 나의 죽음인가?'라는 물음을 던진다. 이 문제를 다루기 위해 나의 죽음이 아닌 '타자의 죽음'과 대면한 그리스인의 한 구절로부터 실마리를 얻을 수 있을 것이다.『파이돈』이 그리는 소크라테스가 죽는 장면에서, 울음이라는 파토스보다는 이성에 훨씬 친숙한 이가 그리스인이라는 통념을 무색하게 하며, 울음을 통제하지 못하는 자들이 등장한다.

크리톤은 저보다 훨씬 먼저, 눈물을 억제할 수 없었기 때문에 일어나나가 버렸습니다. 아폴로도로스는 그 전에도 눈물을 그치지 않고 있었지만, 특히 그때는 슬픔과 괴로움으로 울부짖어서, 함께 있던 사람들 중 가슴을 무너지게 하지 않은 사람이 없었습니다. 소크라테스 본인을 제외하고는요.[11]

아폴로도로스가 타인의 죽음 앞에서 자신을 주체하지 못하고 그 죽음과 강제로 종속적인 관계를 맺게 되는 것처럼, '나'는 타인의 죽음 때문에 타인과 관계를 맺는다. 그런데 나를 타인과 관계 맺게 하는 타자의 죽음에 대한 근심은 어떤 성격의 것인가? 레비나스는『신, 죽음 그리고 시간』에서 말한다. "타인은 이웃으로 나와 관련을 맺는다. 모든 죽음 가운데서 이웃의 근접성이, 살아남은 자의 책임이 부각된다."[12] 타인의 죽음은 책임의 형태로 나를 타인과 관계 맺게 한다. 이런 식의 타인의 죽음과 내가 맺는 관계는, 가령 프루스트의『잃어버린 시간을 찾아서』에서 주인공이 죽은 애인 알베르틴과 맺는 관계 속에서도 발견된다. 레비나스는 「프루스트에서의 타자」(1947)에서 아무리 붙잡으려 해도 달아나는 타인, 알베르틴의 죽음에 대해 사유한다.

> 알베르틴의 무[죽음]는 그녀의 전체 이타성을 발견한다. [여기서] 죽음
> 은 타인의 죽음이다. 이는 자아의 고독한 죽음과 결부된 현대 철학[하이
> 데거를 말함]과는 상반되는 것이다. …… 타자를 계속 숨게끔 하는 모든
> 순간들에 계속되는 타인의 죽음은 존재들을 소통 불능의 고독으로 던져
> 넣지 않는다. [왜냐하면] 분명히 이 죽음은 사랑을 키워내기 때문이다.[13]

나의 고독한 죽음과 나의 관계보다, 타인의 죽음과 나의 관계가 근본적인 것이다. 타인의 이타성(타자성)은 그의 '죽을 수 있는 가능성'에서 가장 잘 드러난다. 왜냐하면 그의 죽음은 전적으로 나의 손아귀 바깥에, 나의 능력의 바깥에 있는 까닭이다. 이런 의미에서 죽음을 앞둔 타인은 나(또는 나의 능력)에 대해 전적으로 이질적인 자, 타자이다.

타인이 죽을까에 대한 걱정을 떨쳐버릴 수 없고, 아폴로도로스처럼 이성의 힘을 통해 스스로를 절제 속에 머무르게끔 하지 못한 채 흐느끼는 것은 자아가 타인과 피할 수 없는 관계 속에 놓여 있다는 것을 뜻한다. 요컨대 나의 죽음이 타인과의 불가결한 관계를 만들어주는 것

이 아니라 타인의 죽음이 타인과의 고유한 불가결한 관계를 만들어준다. 이러한 점들은 6장에서 이루어지는 레비나스에 대한 본격적인 분석을 배경으로 할 때 보다 분명한 조망을 얻을 것이다.

그러나 먼저 사르트르를 살펴보아야 한다. 앞서 보았듯 사르트르는 누구보다 먼저 하이데거에게서 타자란 그를 타자이게끔 하는 단독의 고유함을 지닌 자가 아니라 공통 원리의 지배를 받는 집단의 일원임을 비판적으로 성찰한 사람이다. 타자의 타자로서의 독자성을 사유하는 사르트르의 철학은 그 자체 타자론의 역사에서 한 중요한 국면을 이루며, 이후 메를로퐁티나 레비나스 등의 논의가 가능하기 위한 비판적 거점이 되어준다.

4장
타자와의 투쟁:
사르트르

1) 타자론의 일반적 성격

후설이 타자에 관심을 쏟았을 때 과제로 직면했던 것은 유아론 극복의 문제였다는 것을 잊어서는 안 된다. 사르트르의 타자이론은 여러 풍부한 내용을 가지고 있지만, 그를 타자 문제의 입구로 들어서게 한 것은 전통적으로 사람들이 몰두했던 유아론 극복의 과제였다. 사르트르는 기존의 철학에서 다루어진 유아론의 문제들을 비판적으로 재음미하는 가운데 그 자신의 타자이론을 형성한다.

후설은 인식론적 차원에서 감정이입을 통해 유아론 극복을 시도했다. 하이데거는 인식론적인 접근을 비판하고 존재론적 차원에서 유아론의 문제를 원천적으로 봉쇄한다. 하이데거에 따르면 현존재는 곧 공동현존재이고 그의 존재함은 공동으로 존재함이기에, 타자는 이미 현존재의 존재 자체 안에 자리 잡고 있다. 그 결과 우리가 앞 장의 마지막 부분에서 비판적으로 살펴본 대로, 역설적이게도 나와 근본적으로

'다르다'는 사실로부터 얻어지는 타자의 타자성은 상실된다. 하이데거에게서 타자는 나와 공동 운명 속에서 함께 존재하는 자이다. 하이데거의 사유는 타자의 고유성 대신에 '전체란 무엇인가?'라는 문제에 대해 골몰하고 있는 것이다.

사르트르는 하이데거와 마찬가지로 인식론이 아니라 존재론적 차원에서 유아론의 문제를 다루어야 한다고 믿는다. 존재론적 지평에서 타자 문제에 다가간다는 점에서 사르트르와 하이데거는 얼마간 공통적인 면모를 가진다. 그러나 타자 문제에 있어서 사르트르가 가지는 존재론적 관심은 하이데거와 달리 전체를 가능케 하는 공동존재 같은 것이 전혀 아니다. 사르트르에게서 타자는 나와 전적으로 이질적이고 나에게 동화되는 것에 결단코 저항하는 자, 그렇기에 나와 '투쟁' 관계에 들어서는 자이다.

2) 거울 놀이

사르트르 타자론의 성격을 빠르고 쉽게 이해하기 위한 방법 가운데 하나는 그의 희곡 『닫힌 방』을 펼쳐보는 것이다. 『닫힌 방』에는 그의 타자이론의 성격을 요약적으로 보여주는 유명한 표현이 등장한다. "지옥은 바로 타인들이야." 이 표현 자체가 사르트르가 생각하는 타인과의 관계가 무엇인지 짐작하도록 한다. "당신들도 생각나지, 유황불, 장작불, 석쇠 …… 아! 정말 웃기는군. 석쇠도 필요 없어, 지옥은 바로 타인들이야."(『닫힌 방』, 82쪽)

작품의 배경은 지옥이다. 우리가 일반적으로 기대하는 참혹한 시적 이미지들로 가득 찬 지옥이 아니라, 타인들이 서로 지옥의 역할을 하는 곳이다. "지옥은 바로 타인들이야"는 "나를 잡아먹는 이 모든 시선들"(『닫힌 방』, 82쪽)이라는 표현과 연관된다. 타인을 지옥으로 만드는 것은 바로 그 타인의 시선(regard, gaze, 눈초리)인 것이다. 사르트르의 이 지옥에는 '책'과 '거울'이 없으며 오로지 타인의 시선만이 있다. 지옥에 책과 거울이 없다는 사실은 무엇을 의미하는 것일까?

먼저, 책과 거울이 등장하는 구절을 보도록 하자. 가르생(남자), 에스텔(여자), 이네스(여자) 세 사람이 지옥에 떨어진 자들로 출현한 뒤, 지옥의 급사가 등장한다. 가르생이 묻는다.

> 가르생: 책이 있습니까, 여기에?
> 급사: 아니오.(『닫힌 방』, 18쪽)

거울에 대해서도 다루어진다.

> (…… 에스텔은 분을 바르고 초조한 기색으로 주변에서 거울을 찾는다. ……)
> 에스텔: 저기요, 거울 있으세요? …… 아무 거울이나요, 손거울이든, 뭐든요?
> …… 날 혼자 내버려두려면 적어도 거울 하나는 마련해줘요.
> ……
> 이네스: …… 내 가방에 거울이 하나 있어요. …… 없어졌네요. 서무과에서 빼 간 거야.

에스텔: 아, 참 답답하네.

......

에스텔: …… 나는 내 모습을 못 보면 나를 만져 봐도 소용이 없어
요.(『닫힌 방』, 38~39쪽)

지옥에서 노골적으로 허용되지 않는 것이 바로 거울이다.

가르생: …… 거울에 내 얼굴을 비춰볼 수만 있으면 뭐든 다 하겠
어.(『닫힌 방』, 54쪽)

지옥에는 책과 거울이 없고 오로지 타인의 시선만이 있다. 사르트
르에게 책과 거울은 매우 중요한데, 우리는 그의 자서전 『말』에서 이
를 확인할 수 있다. 『말』에는 다음과 같이 『닫힌 방』의 지옥에서 금지
된 책과 거울이 등장한다. "나는 글쓰기를 통해서 다시 태어났다. 글
을 쓰기 전에는 거울 놀이밖에는 없었다."(『말』, 166쪽) 책(글쓰기) 또는
거울이 없으면 타자가 내게 침입해 들어오는 것이다. "나의 진실, 나의
성격 그리고 나의 이름도 어른들[타자들]의 손아귀에 쥐여 있었다. 나
는 그들의 눈을 통해서 나 자신을 보는 법을 배웠다."(『말』, 92쪽) 이 구
절은 소설 『구토』의 아래 구절과 짝을 이룬다. 『말』에서 타자의 지배를
받는 자가 어린이였다면, 여기서 타자의 지배를 받는 것은 지리멸렬한
집단이다. "여럿이 몰려 사는 사람들은 그들의 친구에게 보이는 것 같
은 얼굴로, 자신을 거울에 비추어 보는 것을 배운다."[1] 어른이 되었건
친구가 되었건, 거울로서의 타자가 나 자신의 모습을 결정하고 지배한

다. 책(글쓰기)과 거울이 타인의 지배로부터 나를 어떻게 구원해주는지는 잠시 뒤에 살펴보고, 먼저 타인의 시선을 통한 지배에 대해서부터 이야기해보자. 어린 시절 '나'는 '너 참 착한 애구나' 또는 '그런 행동을 하면 나빠' 등의 판정을 통해 타인의 지배를 받는다. 이는 내가 나 스스로를 보는 것이 아니라 타인의 시선을 통해서 나를 바라보는 계기가 된다. 타인이 은연중 내가 필요로 하는 거울을 대신하며 침입해 들어오는 장면을 우리는 『닫힌 방』에서 다음과 같이 목격할 수 있다. 동성애 성향을 지닌 이네스가 에스텔을 유혹하는 장면이다.

> 이네스: 내가 거울이 되어줄까요? 이리와요, 우리 집에 초대합니다.(『닫힌 방』, 40쪽)

또한 이네스가 자신의 과거를 회상하면서 한 사람을 지배했던 일을 다음과 같이 말한다.

> 이네스: 내가 그녀 속으로 스르르 들어가서 그녀가 내 눈을 통해서 그를 봤어요.(『닫힌 방』, 50쪽)

'그녀'는 이네스의 눈을 통해 자신의 남자를 보게 되었고, '그녀'와 남자는 완전히 갈라서게 된다. 어린 시절을 회상하며 사르트르가 "나는 그들[어른들]의 눈을 통해서 나 자신을 보는 법을 배웠다"라고 말한 것은 『닫힌 방』에서, 자신을 비추어볼 거울이 없을 때 타자가 거울을 대신하며 침입해 들어오는 모습으로 변주되고 있는 것이다.

거울을 대단히 갖고 싶어 하는 에스텔에게 거울은 어떤 의미를 지니는가? "내가 말을 할 때는, 거울을 하나 둬서 내가 나를 쳐다볼 수 있도록 했었지요. 말을 했고, 말하는 나를 바라봤어요, 그게 나를 깨어 있게 했죠."(『닫힌 방』, 39쪽) 거울은 타인의 시선을 통해서가 아니라 자신의 눈으로 자기 자신을 바라볼 수 있도록 함으로써, 스스로의 힘으로 자기를 깨어 있게끔 한다. 자기 자신을 스스로 그 자신이게끔 하는 근대인들의 코기토, 바로 자기의식이 거울을 통해 표현되고 있다. 이것이 에스텔이 보여준 거울의 중요성이다. 사르트르 역시 자서전에서 비슷한 거울 체험을 기록하고 있다. 그는 어린 시절 말썽을 부려 동네 아주머니들한테서 핀잔을 들은 뒤, 혼자 거울을 바라보았던 장면을 이렇게 묘사하고 있다.

나는 그 자리에서 달아나, 거울 앞으로 가서 상을 찌푸렸다. 지금 그 찌푸린 얼굴을 회상해보건대 그것은 자기 방위의 구실을 했다. 벼락같은 수치심이 공격해오자 나는 근육을 방패삼아 자신을 지킨 것이다. 그 뿐 아니라 찌푸린 얼굴은 내 불운을 극단으로까지 몰고 감으로써 도리어 나를 해방시켜주었다.(『말』, 119쪽)

여기서 '거울 보기'는 나에게 자유를 주는 사건이다. 타인의 눈을 통해서 나를 바라보고 판정하고 속죄하는 일을 하는 대신에, 거울을 통해서 '나는 말썽꾸러기야. 난 이 찌푸린 얼굴이 좋아. 이게 나야'라는 식으로 스스로에 대해 판정을 내리고 스스로를 자유롭게 규정하는 일이 가능해진다. 거울은 타인의 시선 또는 타인의 판단에 사로잡히는 일을 피하게 해줌으로써 해방을 이루어낸다. 타인이 지옥이라면, 타인의 시선에서 벗어나는 가장 간단한 방법은 타인의 의식이 나를 비추기 전에 나 혼자서 거울을 보는 것이다. 남이 나를 어떻게 생각하든 내가 나 스스로를 규정할 수 있으면 자유로운 주체가 되기 때문에 거울은 가장 코기토다운 물건이라고 할 수 있다. '자기 관계성' 속에서 다른 무엇에도 의존하지 않는 실체로 서는 것이 코기토라면, 거울은 바로 코기토를 구현하는 물건이다. 이제 우리는 지옥에 거울이 없는 이유를 알 수 있다. 거울을 통해서 달성할 수 있는 해방, 즉 자유가 없는 곳이 지옥인 까닭이다. 그런데 지옥에는 왜 거울뿐 아니라 책(글쓰기)이 없는 걸까?

3) 글쓰기

앞서 읽었던 자서전의 구절을 다시 보자. "나는 글쓰기를 통해서 다시 태어났다. 글을 쓰기 전에는 거울 놀이밖에는 없었다." 이 구절은 글쓰기가 거울 놀이의 완성된 형태임을 암시하고 있다. 글쓰기는 무엇이기에 어린 시절의 거울 놀이를 대체할 만한 성취를 가능하게 해주는 것일까? 이에 답하기 위해서는 먼저 사르트르가 글쓰기에 대해 기본적으로 어떤 생각을 가지고 있는지 살펴야 할 것이다. 다음은 지향적 의식의 구성작업으로서의 글쓰기가 무엇인지, 그리고 널리 알려진 참여문학의 성격이 무엇인지 보여주는 『문학이란 무엇인가』의 구절이다.

말한다는 것은 행동하는 것이다. 모든 사물은 이름이 붙여지자마자 이미 그 이전의 것과는 완전히 똑같은 것이 아니며, 그 순결성을 상실하게 된다. 만일 당신이 어떤 사람의 행위에 대해서 무엇이라고 이름 붙인다면, 당신은 그에게 그의 행위를 드러내 보이는 것이다. 그러자 그는 자기 자신을 보게 된다. 그리고 당신은 다른 모든 사람들의 면전에서 그의 행위에 이름을 붙이기 때문에, 그는 자기 자신을 '보는' 동시에 남들에게 '보여진다'는 것을 안다. 이리하여 그가 무의식중에 했던 사소한 몸짓이 엄청난 의미를 띠며 존재하고 만인 앞에 존재하게 된다. 그것은 객관성을 띠고 새로운 규모로 발전하고 반성의 대상이 되는 것이다. 그렇게 된 이상, 그가 어떻게 이전과 똑같은 방식으로 행동할 수가 있겠는가? 그는 고집스럽게 그리고 의식적으로 그의 과거의 행위를 되풀이하거나 또는 그것을 포기하는 두 가지 중의 하나를 선택할 것이다. 이렇듯 나는 말을 함으로써, 상황을 바꾸려는 내 기도 그 자체를 통하여 상황을 드러낸다. 나는 상황을 바꾸기 '위하여' 나 자신과 남들에게 상황을 드러낸다. 나는 상황의 핵심을 찌르고 그것을 관통하고 만인의 안전(眼前)에 고정시켜 놓는다. 이제 나는 스스로 상황을 다룬다. 한마디 말을 할 때마다, 나는 좀 더 깊이 세계 속으로 들어가고, 또 이와 동시에 조금씩 더 세계로부터 솟아오른다. 미래를 향해서 세계를 초월하기 때문이다.(『문학』, 30~31쪽)

여기서도 일단 눈에 띄는 것은 시선의 문제, '보는 문제'이다. 글쓰기는 남의 시선이 포착한 대로 나 자신을 받아들이는 종속의 사건, 지옥의 사건과 정반대로 나의 자유가 실현되는 사건이다. 나는 나의 자유의 실현인 글쓰기를 통해 그 글의 대상이 된 타자를 만인 앞에 '보이는 대상'으로 만든다. 보다 구체적으로 글쓰기를 통해 성취되는 바를 살펴보자.

사물은 명명되는 순간 순결을 상실하고 이름 붙인 모습대로 드러난다. 명명 행위는 상황을 드러내는 동시에 상황을 바꾼다. 어떻게 그러한가? 지향적 의식 상관적인 대상은 'S is P'라는 평서문의 형태로 주관에게 드러난다. 의식의 구성적 작업 상관적인 대상은 문장의 형태로 나타내질 수 있는 것이다. 세계는 항상 의식 상관적 대상으로서의 세계로, 이를테면 '이 세계는 불행하다'라는 평서문의 형태로 표현된다. 즉 여기서 세계는 평서문의 형태 속에서 의미된 것으로서 의식에 의미를 드러낸다.

그런데 세계를 묘사하는 저 문장 또는 글쓰기(세계를 파악하는 의식)는 단지 중립적인 차원에 머무르지 않는다. '이 세계는 불행하다'라는 평서문에서는 '이 세계는 행복하지 않다'는 고발이 이루어지고 있는 것이다. 즉 저 문장은 단지 중립적으로 세계를 기술하고 있는 것이 아니라 '이 세계에는 행복이 없어'라는, 심판을 내리는 주관의 의식을 표현하고 있다. '이 세계에는 행복이 없어'라는, 의식이 내리는 심판과 함께 상황은 드러나는 동시에 변화되기를 종용받는다. 세계는 불행한 세계로 드러나며 동시에 행복이 없다는 판정 속에 비난받으며, 행복한 세계가 되도록 변화하길 종용받는 것이다. 이것이 바로 글을 통해서 세계에 참여하는 것, 사르트르의 '앙가주망(engagement)'의 원리이다. 요컨대 대상 구성적인 의식의 지향적 활동을 글쓰기로 표현하는 것이 '참여문학'이다. 또한 글쓰기는 나의 지향적 의식의 자발성에 근거해서 세상을 규정하는 것이라는 점에서 나의 지향적 의식의 자유가 실현되는 방식이다. 사르트르에게 근본적 의미의 자유는 자유의지가 아니라 저 '의식의 자발성'을 뜻한다.

앞서의 거울 놀이 속에서 나의 지향적 의식의 자유가 실현되는 대상은 오로지 나 자신이었다. 거울 놀이 속에서 자아의 의식은 오로지 거울에 비친 자기 자신만을 자유롭게 규정한다는 점에서 그렇다. 거울 놀이를 통해 의식이 타인의 눈이 아니라 자신의 눈으로 스스로를 규정하는 것에 성공할지라도, 이것은 오로지 나 자신에게만 행사되는 자유이다. 그러나 글쓰기에서는 지향적 의식의 자유가 행사되는 대상이 세계 전체로 확장된다. 동네 아주머니들에 맞서 자신을 지키려던 어린이의 거울 놀이는 글쓰기 속에서 비로소 세계 전체를 바라보는 의식의 완전한 자유를 구현하는 행위로 성장하게 된다. 거울을 거쳐서 글쓰기로 나아가는 과정은 모두 자유를 실현하는 길인 것이다. 사르트르 소설의 제목을 빌려서 표현한다면 그야말로 '자유의 길'이다.

글쓰기에서 이루어지는 것은 지향적 의식의 구성 활동이다. 이와 관련된 구절을 『문학이란 무엇인가』에서 읽어보자. "의미의 세계 속으로 들어서면 누구도 거기에서 벗어날 길이 없는 법이다. …… 문장 하나하나는 언어활동 전체를 내포하고 세계 전체로 지향(指向)할 것이다."(『문학』, 34쪽) 이 구절은 지향적 의식의 구현 도구가 글쓰기라는 것을 명시하고 있다. 지향적 의식에 상관적인 대상은 문장 속에서 출현하는 것이다. 따라서 사르트르에게서 문장 하나하나가 '세계 전체를 향해 지향한다는 것'은 곧 '언어를 거쳐서 세계에 가닿는 의식의 활동' 자체에 대한 기술이라 할 수 있다.

앞서 말한 대로 자유란 의식의 자발성이므로, 의식이 파악한 바대로 문장(글쓰기)을 통해서 세계를 규정하는 것이 곧 자유의 실현이다. 그런데 『닫힌 방』의 지옥에는 바로 글쓰기의 또 다른 이름이자 글쓰기의 소산인 '책'이 없다. 이는 지옥에는 '자유'가 없다는 것, 보다 정확히는 자유의 실현이 불가능하다는 것을 뜻한다.

지금 우리는 글을 쓰는 자유, 즉 작가의 자유라는 관점에서 이야기를 하는 중이다. 그렇다면 독자의 관점은 어떠한가? 책은 작가가 완결지었을 때 완성되는 것이 아니라 독자가 읽었을 때 완성된다. "모든 것은 결코 미리부터 주어져 있는 것이 아니라, 독자 스스로가 씌여진 것을 부단히 초월하면서 발명해 나가야 하는 것이다."(『문학』, 66쪽) 물론 작품이 창작자에 의해서만이 아니라 향유자(독자)에 의해서 완성된다는 이러한 생각은 사르트르에게 순수하게 귀속되는 것은 아니고, 연원을 거슬러 올라가면 하이데거에게서도 발견된다. 「예술작품의 근원」에 나오는 구절이다. "작품의 창작된 존재에는 본질적으로 창작하는 자만이 아니라 보존하는 자도 또한 속해 있다."[2] 여기서 보존하는 자에는 (전통적인 명칭들을 빌려 말하면) 독자, 감상자, 향유자 등이 속한다. 작품은 창작을 통해 완성되는 것이 아니라 이런 보존자를 통해 완성되는 것이다.

다시 사르트르로 돌아와서 이야기해보자. 독자가 책을 읽는 활동도 지향적 의식의 활동이다. 독자의 이 지향적 의식의 활동이 비로소 책을 완성시킨다. "이렇듯 작가는 독자의 자유에 호소하여 그의 작품의 산출에 협력하기를 바라는 것이다."(『문학』, 68쪽) 작품은 독자의 자유 앞에 놓일 때 완성된다. 독자의 의식의 자발성은 작가가 쓴 것을 부단히 초월해서 나름의 의미를 구성한다. 따라서 책을 읽는 독자의 활

타자철학

동 역시 자유의 구현이다. 『닫힌 방』의 지옥엔 책이 없으므로 독자의 자유 역시 실현될 기회를 잃고 만다. 한마디로 지옥엔 누구의 자유도 없다.

이제 우리는 『닫힌 방』의 지옥에 왜 책과 거울이 없는지 이해할 수 있다. 책과 거울은 나의 자유를 실현할 수 있게 하는 요소이기 때문이다. 그렇다면 책과 거울의 대척지에 놓인 타인은 누구인가? 이네스처럼 거울을 자처하며, 주체의 의식이 스스로 자신의 거울이 될 기회를 강탈하려는 이 자는 누구인가? 타인이 지옥이라고 했을 때 그 의미는 무엇인가? 타인의 시선은 책이나 거울과는 달리 나의 자유를 증발시켜버린다. 나의 의식의 자유로운 판단이 있어야할 자리를 타인의 시선이 수행하는 판단이 빼앗는다. 요컨대 타인은 나의 자유를 반대하는 자인 것이다.

4) 잠

『닫힌 방』과 관련된 마지막 논의로 '잠'에 대해서 잠깐 살펴보자. '책'과 '거울' 이외에 타인이라는 지옥을 피할 수 있는 방법은 '잠'을 자는 것이다. 그러나 살아서와 달리 지옥에서는 잠을 잘 수 없다. "저 위에선 밤이 있었거든요. 나는 잤지요. 포근한 잠을 잤어요. 보상으로 말이죠."(『닫힌 방』, 16쪽) 잠은 의식의 깨어 있음에 대한 보상으로서 주어진다. 보상, 휴식과도 같은 잠의 긍정적 의미는 『닫힌 방』뿐 아니라 서구 문학 일반에서 늘 강조된다.(이와 별도로 흔히 동양에서는 『장자』나 『구운몽』의 꿈이 보여주듯 잠은 꿈의 동기이고, 이것은 사상적 성장, 즉 깨달음의 계기로 역할하는 듯하다.) 가령 맥베스가 던컨 왕을 죽이고 죄의식이라는 감시자에게 평생 시달려야 할 때, 그는 다음과 같이 한탄한다.

> 내 생각에 누가 외치는 목소리를
> 들은 것 같소. '더 이상 잠들지 못하리라!
> 맥베스는 잠을 죽여버렸다'라고.
> 저 순진한 잠. 엉클어진 근심의
> 실타래를 풀어주며, 나날의 삶을
> 소멸시키고, 우리의 쓰라린 노고를
> 씻어주며, 상처입은 마음의 진정제요
> 대자연의 정찬이며, 삶의 향연에서
> 최고 영양식인 잠—[3]

보상으로서의 잠의 의미를 이토록 잘 표현하지는 못할 것이다.『오뒷세이아』에서도 보상으로서의 잠에 대한 인상 깊은 구절들이 등장한다. "그리고 아테네가 그의 두 눈에 잠을 쏟았으니, 이는 잠이 그의 눈꺼풀을 에워싸며 그간 너무 힘겨웠던 노고에서 그를 재빨리 구해주게 하려는 것이었다."[4] 이렇게 셰익스피어, 호메로스, 그리고 사르트르의 저 구절들에서 휴식과 보상으로서 잠은 의식 자체로부터 자유롭게 되는 일이다. 그런데 지옥은 어떠한가? "자는 일도 없을 테니까 …… 잠이 안 오는데 왜 자겠어요? …… 그게 왜 고통스럽지?"(『닫힌 방』, 14~15쪽) 지옥에는 잠이 존재하지 않는다. 그리고 무엇보다도 지옥에서 타인

타자철학

들은 서로의 잠을 빼앗는다. "사랑이 좋지, 가르생, 응? 단잠같이 푸근하고 깊숙하지, 하지만 내가 당신 자는 꼴은 못 봐."(『닫힌 방』, 81쪽) 잠을 통해 의식 자체로부터 자유롭게 되지 못하고, 의식 자체가 타인의 시선에 종속되는 일이 벌어지는 곳이 지옥인 것이다.

잠과 관련해 사르트르가 『존재와 무』에서는 정반대의 접근을 하고 있다는 점 역시 간단히 덧붙여야겠다. 『존재와 무』에서 잠에 대한 논의는 프루스트의 텍스트를 배경으로 이루어진다. 프루스트의 『잃어버린 시간을 찾아서』에서 주인공은 애인 알베르틴을 가두어놓다시피 하고도 그녀를 완전히 소유하지 못해 전전긍긍한다.

> 예를 들면 프루스트의 주인공은 정부(情婦)를 자신의 집에서 살게 하며, 하루 중 어느 때고 그녀를 만나고 그녀를 소유할 수 있었고, 물질적으로도 그녀를 전적으로 자신에게 의존하게 만들었으므로, 그는 당연히 불안에서 벗어나 있었어야 한다. 그런데도 오히려 그는 근심에 사로잡힌다. 마르셀이 알베르틴 옆에 있을 때도 알베르틴은 그녀 자신의 의식에 의해 마르셀로부터 탈출한다. 그래서 마르셀은 알베르틴이 잠들어 있는 것을 바라보고 있을 때 외에는 휴식을 얻지 못한다.(『존재와 무』, 609쪽)

마르셀은 알베르틴이 잠들어서 물건처럼 되어야만 완벽하게 안심할 수 있다. 앞서 『닫힌 방』에서 잠이 타인의 시선이라는 지옥을 피해 의식의 자유를 구현하는 하나의 방식으로 이해되었던 것과 달리, 여기에서 잠을 자는 것은 타자의 시선 앞에 사로잡히는 일로 기술되고 있는 것이다. 이렇게 사르트르에게서 의식의 사라짐(잠)은 이중적으로 이해된다.

5) 타자와의 내적 관계

『닫힌 방』의 지옥에서 보듯 타자의 시선은 주체를 종속시킬 수 있다. 즉 거울을 통해 나 스스로 나 자신을 규정하지 못하고, 글쓰기를 통해 세계를 내가 판단하는 대로 규정하지도 못하고, 타자의 시선의 판단 아래 내가 종속되는 일이 타자와의 관계에서 벌어진다. 그러니 타자와의 관계에서 관건은 타자의 시선 아래 종속되거나, 반대로 나의 시선을 통해 타자를 제압해 내 시선의 판단 아래 타자를 두거나 하는 투쟁인 것이다. 사르트르의 주저 『존재와 무』의 가장 흥미로운 페이지들을 채우고 있는 것이 바로 이러한 타자론이다.

그러나 이러한 핵심적인 주제를 건드리기에 앞서, 사르트르가 타자 문제에 접근하는 노정을 따라 그가 타자 문제의 입구에서 직면하는 '유아론 극복'의 과제부터 살펴보도록 하자. 유아론의 문제는 타자와 관련된 현대적 논의들이 촉발된 지점이라 해도 과언이 아닐 것이다. 앞서 살펴본 대로 후설의 타자이론은 유아론 극복을 목표로 삼아 구성되었으며, 하이데거 또한 유아론의 허위성을 드러내는 동시에 이 문제를 무효화하는 '공동존재'라는 개념을 밝혀냄으로써 타자에 관한 생각을 전개하였다. 사르트르의 경우 역시 유아론 극복의 문제가 타자에 대한 사유의 불을 켜기 위한 부싯돌 역할을 하고 있다.

이 장을 시작하며 이야기한 대로 사르트르는 타자에 대해 인식론적 관점이 아니라 존재론적 관점에서 접근한다. "인식에 의한 것과는 다른 방법으로 타자가 나타날 때"(『존재와 무』, 431쪽)를 기술하는 것이 관건이다. 인식과는 다른 방식으로, 즉 존재의 차원에서 타자를 규정하기 위해서 타자와의 '외적 관계'와 '내적 관계'를 구별해야 한다.

외적 관계란 무엇인가? 외적 관계는 "어떤 실체와 다른 실체를 분리하는 식으로, 타자와 나 자신을 분리한다."(『존재와 무』, 430쪽) 즉 하나의 완성되어 있는 실체와 또 다른 완성되어 있는 실체를 구별하는 식으로 타자와 나를 분리하는 것이 외적 관계이다. 내적 관계는 무엇인가? 내적 관계란, 나를 타자를 통해서 규정함으로써만 나와 타자를 구별하는 방식을 말한다. 즉 여기서 관건이 되는 것은 나의 나 됨 자체를 가능케 하는 자로서의 타자이고, 이때 타자와의 관계 이전에 이미 구성된 '나'란 없는 것이다.(『존재와 무』, 401~402쪽 참조) 사르트르에게서 타자의 존재는 이런 내적 관계 속에서 규명되며, 따라서 당연히 그의 타자론에서 중요한 것은 내적 관계이다.

타자와의 내적 관계는 나의 나 됨에 타자가 필연적인 계기로 개입한다는 것을 함축한다. 즉 타자는 이미 성립되어 있는 나 자신이 외부 사물을 마주하는 것처럼 나와 관계하는 것이 아니라, 나 자신의 성립 자체의 내적 계기가 된다. '내적 관계'라는 명칭은 이런 맥락에서 이해된다. 또한 이 내적 관계는 사르트르가 견지하는 '존재론적 관점'을 반영하고 있다. 왜냐하면 타자가 나의 나 됨에 내적으로 개입한다는 것은 그가 나의 존재의 정립에 개입한다는 것 외에 다른 것이 아니기 때문이다. 즉 내적 관계에서 타자는, 타자를 내가 제대로 인식하고 있는가 아닌가와 같은 인식론적 관점과는 상관없이 조명된다. 그리고 나의 나 됨, 즉 내가 나 자신으로 정립되는 것(코기토)을 위한 필연적인 계기로서 타자가 존재한다면, 코기토가 확실한 만큼 타자 존재도 확실할 수밖에 없다. 이것이 사르트르가 유아론을 극복하기 위해 그리고 있는 기본적인 생각이다.

6) 지금까지의 타자이론에 대한 비판

사르트르는 기존의 타자이론들이 지닌 난점들을 비판적으로 검토하면서 자신의 타자이론을 구축해 나간다. 실재론에 대한 비판, 관념론에 대한 비판, 그리고 후설, 하이데거, 헤겔의 타자이론에 대한 비판이 이어진다. 이 가운데 하이데거의 타자론에 대한 사르트르의 비판은 이미 앞 장의 끝자락에서 비중 있게 살펴본 바 있다.

사르트르에 따르면 하이데거를 제외한 실재론, 관념론, 후설, 헤겔 등은 모두 인식론적 관점에서 타자 문제에 접근하기 때문에 유아론을 극복하지 못한다. 그렇다고 하이데거의 이론에서 뭔가 타자에 대해 견고하게 접근할 수 있는 길을 발견할 수 있는 것도 아니다. 이미 앞 장의 끝부분에서 보았듯 하이데거의 타자이론은 얼굴과 얼굴을 마주하고 나와 개별적이고 독자적인 관계를 맺는 타자에 대한 사유가 아니라 무차별적인 전체에 대한 사유인 까닭이다.

미리 얼마간 소개하자면, 아마도 사르트르가 타자이론과 관련하여 다루고 있는 철학자 가운데 가장 흥미로운 이는 헤겔일 것이다. 헤겔의 타자이론 역시 인식론적인 관점을 유지했기 때문에 심각한 결함을 가질 수밖에 없었다는 것이 사르트르의 기본적인 입장이지만, 많은 점에서 헤겔은 사르트르에 대해 선구적인 지위를 가진다. 그 선구적인 영향력은 단지 타자이론에 국한되는 것이 아니라 『존재와 무』 전체에 걸쳐 있다. 어떤 점에서 사르트르 철학 일반은 후설로부터 받은 '의식의 지향성'과 헤겔로부터 받은 '부정성' 위에 축조되어 있다고 할 수 있다. 사르트르가 파리에서 철학을 공부하던 시절(1930년대 절정을 이루는)은 후설의 현상학이 프랑스 학자들에게 매력을 끌기 시작하던 시기이기도 했지만, 알렉상드르 코제브의 헤겔 강의나 장 이폴리트의 『정신현상학』 번역(1941년 출간) 등으로 헤겔이 관심을 받은 시기이기도 했다. 사르트르의 흥미로운 헤겔 비판은 그의 타자이론에 대한 이야기를 모두 마친 다음에 살펴볼 것이다. 또한 우리는 메를로퐁티가 어떻게 사르트르의 타자이론을 비판하는지 역시 살펴볼 것인데, 이를 통해 역설적이게도 사르트르가 헤겔을 비판한 논지가 사르트르 본인에게 적용된다는 사실을 확인하게 될 것이다.

7) 실재론과 관념론에 대한 비판

사르트르는 실재론의 입장에서 접근했을 때의 타자에 대해 이렇게 말한다. "실재론자가 '모든 것을 주어진 것으로서 받아들이는' 한에서, 실재론자에게 있어서는 …… 타자도 주어지고 있는 것처럼 보인다."(『존재와 무』, 387쪽) 그렇다면 실재론의 문제는 무엇인가? "실재론이, 나의 의식에 대해 시간과 공간 속의 사물이 '스스로 직접' 현전한다는 점에 그 확실성의 근거를 둔다면, 실재론은 타자의 영혼의 실재에 관해서는 똑같은 명증을 요구할 수 없을 것이다."(『존재와 무』, 388쪽) 오로지 타자의 신체만이 실재적인 것으로 직접 주어질 뿐이고 그의 영혼의 실재성 여부는 직접 체험되지 않는다. 왜냐하면 타자(의 영혼)와 나의 지각 사이를 타자의 신체가 가로막고 있기 때문이다. 신체 배후로 숨은 타자의 실재성은 오로지 간접적 추정의 대상이 될 뿐이다. 따라서 다음과 같은 의구심이 발생한다. "만일 동물이 기계라고 한다면, 내가 보고 있는 저 거리에 지나가는 사람은 어째서 기계의 하나가 아닐 것인가?"(『존재와 무』, 389~390쪽) 심리적인 존재로서의 타자는 직접적으로 주어지지 않기 때문에 실재론은 이런 의혹에 빠질 수밖에 없다.

그렇다면 관념론은 어떻게 비판되는가? 사르트르가 관념론과 관련하여 주로 염두에 두고 있는 것은 칸트의 철학으로 보인다. 사르트르는 관념론의 핵심적인 정신을 다음과 같이 기술한다. "사물 안에서 우리는 오로지 우리가 이미 사물 안에 놓은 것만을 발견한다."(『존재와 무』, 392쪽; 번역 수정) 위 구절은 칸트뿐만 아니라 데카르트와 같은 관념론 일반을 떠올리게 한다. 물론 칸트의 『순수이성비판』에서는 이 구절과 직접 상응하는 다음과 같은 구절을 읽을 수 있다. "우리가 '자연'이라고 부르는 현상들에서 그 질서와 규칙성을 우리는 스스로 집어넣는다."[5] 여기서 우리가 집어넣는 것이란 범주들(가령 인과율)과 범주들에 기반한 원칙들이다. 가령 우리가 자연 안의 어떤 인과적 현상을 이해할 때 우리는 우리가 집어넣은 것(인과율)을 통해 그것을 규칙으로 인식한다. 또 데카르트의 경우 외부 사물에 대한 근본적 규정, 즉 연장이라는 규정은 경험에서 얻어지는 것이 아니라 이성 내재적인 본유관념

타자철학

으로서 주어진다. 수학적 진리는 본유관념에 속하는 것이고 연장이라는 외부 대상은 본유관념에 따라 수학적 대상으로서 규정된다. 이처럼 관념론은 외부 대상의 질서와 규칙성이 주체의 의식에 뿌리를 두고 있다는 입장을 지닌다.(물론 칸트의 비판 철학과 데카르트의 합리론 사이의 차이를 보여주는 것은 철학 교과서의 기본적인 의무일 테지만, 우리 논의의 맥락에는 속하지 않으므로 생략한다.)

그런데 이런 관념론적인 관점에서는 타자 문제를 해명할 수 없다. 왜냐하면, 타자와 같은 특수한 대상의 표상은 그 표상의 통일의 원천이 나의 의식이 아니라 타자 자신에게 있어야만 하기 때문이다. 타자 경험에 관한 한, 타자 경험을 구성하는 표상은 그 질서와 통일성의 원천이 타자 자신에게 있어야 한다. 즉 타자의 표상이 관건일 경우 표상의 통일성을 주체의 의식에서 찾으려는 관념론의 입장은 원리적으로 부당하다. "타자라는 개념은 단순히 도구적인 개념이 아니다. 그것은 여러 현상의 통일에 이바지하기 '위해' 존재하기는커녕 오히려 그 반대로 어떤 종류의 현상들은 타자라는 개념을 '위해서'만 존재하는 것으로 보인다고 해야 할 것이다."(『존재와 무』, 394~395쪽)

그런데 『순수이성비판』의 「변증론」의 개념을 빌어 타자를 '규제적 이념'으로 생각해볼 수는 없는가? 규제적 이념은 이성에서 유래하는 것으로, 그 자체로 인식되거나 경험되는 것은 아니지만 우리가 인식하는 개별적 표상들을 통일해주는 역할을 한다. 다시 말해 이성은 경험된 낱낱의 것들을 이념을 통해서 통일된 형태로 생각할 수 있다. 이때 우리는 규제적 이념의 도움을 받아 낱낱의 경험들을 통일된 형태로 경험하는 것이 아니라, 통일된 형태로 '사유'하는 것이다. 예를 들어 우리의 인생 자체도 일종의 규제적 이념 같은 역할을 한다. 우리는 인생 안에서 낱낱의 것들을 경험하지만, 전체로서의 인생 자체를 경험하지는 못한다. 그렇지만 우리는 인생이라는 이념을 초점 삼아서 나날의 개개 경험들을 통일적으로 생각한다. 그렇다면 타자도 이와 같은 방식으로 외부의 표상들을 통일적으로 생각할 수 있도록 해주는 '규제적 이념'일 수 있는가? 예를 들어 화난 표정의 부모, 걱정스러운 표정의 형제들 등을 통일적으로 이해하는 하나의 규제적 이념으로서의 '말썽꾸러기 동생'을 생각해볼 수 있다. 그러나 타자는 규제적 이념으로 이해될 수 없다. 왜냐하면 앞서의 경우와 동일하게, 타자와 관련된 표상들의 통일성의 원천은 타자 자신에게 있어야지 나의 이성에 뿌리를 두고 있는 이념에 있을 수 없기 때문이다.

8) 후설에 대한 비판

실재론과 관념론에 대한 비판에 이어 사르트르는 후설에 대한 비판으로 나아간다. 앞서 후설을 다루는 장에서 후설에 대한 사르트르의 비판이 어떤 것인지 미리 살짝 엿본 바 있다. 사르트르는 후설이 인식론적 관점에서 타자의 문제를 해명하려 한다는 점, 즉 후설이 "타자에 대한 나의 근본적인 연관은 '인식'을 통해서 실현된다고 하는 주장"(『존재와 무』, 402쪽; 번역 수정)을 기본으로 한다는 점을 지적한다. 후설이 인식론적 관점에서 타자에 접근하고 있다는 것은 앞서 읽은 『데카르트적 성찰』에 나오는 "우리의 **초월적 자아의 토대 위에서 다른 자아**

가 알려지고 확증되는 명백하고 함축적인 지향성"(『성찰』, 171쪽)과 같은 구절에서 잘 확인할 수 있다.

사르트르에 따르면 후설에서 타자 인식은 "우리들 각자가 내면성으로 존재한다는 사실"(『존재와 무』, 404쪽)로 인해 개연적인 지식에 머문다. 영혼으로서의 타자 또는 심리적인 자아로서의 타자는 늘 간접적으로만 체험되는 까닭이다.(이러한 지적은 앞서 살펴본 실재론에 대한 비판과 유사한 형태를 지니고 있다.) "[후설에서] 타자는 공허한 지향의 대상이다. [이때 주관에 대해서] 타자는 원리상 자기를 거부하고 도망친다. 그러므로 뒤에 남는 유일한 실재는 '나의' 지향의 실재이다."(『존재와 무』, 404쪽; 번역 수정) 즉 타자와의 관계 속에서 확인되는 것은 실은 주체의 지향적 의식의 구성하는 활동일 뿐이지, 또 다른 구성하는 의식으로서 타자 자신이 아니다. 구성하는 활동의 상관자는 구성된 자인 까닭이다. 앞서 후설을 다루는 장에서 우리는 이러한 취지의 비판을 레비나스에게서도 발견한 바 있다. 사르트르의 이런 비판은 레비나스에서는 다음과 같이 변형된 형태로 자리를 잡는다. "타자는 인식 속에서 자아의 소유물이 된다."[6] "지식, 지향성, 이해 가능성은 타자를 동일자로 환원시킨다."[7] 인식론적 차원에서 타자에 접근하려는 시도에 관한 레비나스의 이런 비판은 사르트르가 수행한 비판의 변주라고 할 수 있겠다.(그런데 '지향성'에 관한 레비나스의 사유는 이와 같은 일면적인 비판에만 머무르는 것은 아니다. 타자와의 관계에서 지향성은 긍정적인 의미로도 조명이 되는데, 이에 대해서는 레비나스를 다루는 6장에서 살펴보게 될 것이다.)

물론 후설의 타자이론을 다음과 같이 해석할 여지도 있다. 우리 의식의 지향적 관계 속에서 타자 체험이 늘 개연적이라는 것은 오히려 타자 체험의 진실이 아닌가? 다시 말해 우리는 일상적 체험을 통해 타자의 내면에 대해 늘 개연적인 판단만을 할 수 있으므로 타자에 대한 체험이 개연적인 형태로 분석되는 것은 지극히 당연하지 않은가? 그러나 이러한 입장은 '타자의 현존의 양태들이 의심스러운 것'과 '타자의 현존 자체가 의심스러운 것'을 혼동하는 것이다. 실재적인 내용이 관건인 존재(Was-sein)와 오로지 그것의 현존(existence)이 관건인 존재(Da-Sein)가 있다. 타자의 내면에 대해서 개연적인 판단을 내릴 수밖에 없는 것은 '실재적 내용'에 관한 문제이다. 타자에 대한 해명에서 양보할 수 없는 것은 '타자의 현존'이다. 즉 사르트르가 비판하는 지점은 타자 체험의 실재적 내용이 개연적이라는 것이 아니라, 타자의 현존 자체에 대해서 개연적인 인식밖에 얻지 못한다는 것이다. 타자에 대한 인식론적인 접근은 타자의 현존에 대해 개연적인 지식을 줄 뿐이다. 그렇다면 사르트르는 어떤 방식으로 타자의 '필연적인 현존'을 주장하는가? 타자 문제에 대해 존재론적 차원에서 접근한다는 것은 도대체 어떤 것인가? 물론 그것은 존재론적 차원의 접근이더라도 앞서 살펴본 하이데거의 경우와는 사뭇 다를 것이다.

9) 의식과 무

사르트르의 타자이론을 이해하기 위해서 먼저 그의 사상의 핵심적인 면모들을 살펴보자. 사르트르는 후설의 '의식의 지향성' 개념을 받아들이고 이를 발판으로 삼아 사유를 진행한다. 의식의 지향성은 의식이 늘 '~에 대한 의식'이라는 것이다. 이것이 뜻하는 바는 의식은 자신의 내면에 머무르지 않고, 또는 데카르트가 의식을 '생각하는 사물'이라 파악한 바와 달리 고립된 사물 역시 아니고, 뭔가를 향해 늘 자체 바깥으로 넘어가는 활동이라는 것이다. 요컨대 의식의 근본 구조는 '초월(밖으로 넘어감)'이다.

그런데 의식이 초월적이라는 것, 즉 의식은 늘 바깥으로 나간다는 것은 곧 의식은 내면이 없으며, 따라서 그 내면에 담길 내용(가령 자아, 자아의 인격 내지 성격 등)도 전혀 없다는 뜻이다. 이는 결국 의식은 무(無)임을 뜻한다. 의식은 특정한 내용을 본질로 삼는 것이 아니라 아무런 내용도 없음, '무'를 본질로 삼는다. 이제 우리는 사르트르의 주저인 『존재와 무』에서 '무'가 곧 의식을 가리키는 표현임을 알 수 있다.

이때 '무'는 구체적으로 어떤 의미에서의 '무'인가? 철학사적으로 '무'는 크게 두 가지 의미로 생각할 수 있다. 첫째, 파르메니데스의 경우에서 보듯 전적인 무, 언어와 사유의 대상 자체로 떠오를 수 없는 무가 있다. 둘째, 헤겔의 경우에서 보듯 '~아님'이라는 부정성으로서의 무가 있다. 사르트르가 말하는 '무로서의 의식'은 두 번째 경우, 부정성으로서의 무에 속한다고 할 수 있다. 의식의 근본적인 활동성은 부정성을 통해서 기술될 수 있다. 의식 자체를 포착하려고 해보자. 이 포착은 의식이 의식 스스로를 대상으로 삼는 반성의 형태를 가진다. 가령 내가 물병을 바라보고 있는 자신의 의식을 반성적으로 포착해본다고 하자. 나의 의식을 대상화하려는 순간, 실제 대상화된 나의 의식을 의식하고 있는 의식은 '지금 물병을 의식하는 의식이 아니다'라는 식의 부정성을 통해서만 기술될 수 있다. '~이다'라는 긍정을 통해서는 의식을 기술할 수 없다. 의식은 그것을 대상으로 포착했을 때 이미 이 포착된 대상의 자리에서 벗어나서 포착하는 활동의 자리에 가 있는 까닭이다. 따라서 의식은 '반성 속에서 대상화된 의식이 아님'이라는 부정을 통해서만 기술 가능하다. 요컨대 의식의 활동성은 '~가 아니다'라는 부정성을 통해서만 표현된다. 즉 의식은 무엇인가로 확언될 수 없는 것, 무엇이 아닌 것, 바로 '무'이다. 사르트르가 『악마와 선한 신』의 한 등장인물을 통해 "인간은 무(無)야"(『닫힌 방』, 308쪽)라고 말할 때, 그는 특정한 본질을 통해 규정될 수 없는 이 무로서의 의식을 가진 자를 인간이라는 말로 이해했던 것이다.

10) 의식의 근본적 익명성, 자아의 이차적 발생

'무'라는 의식의 구조를 살펴보자. 무로서의 의식은 익명적 의식으로 특징지어진다. 사르트르의 논의와 별도로 데카르트의 코기토를 비판적으로 살피면서 의식의 익명성에 대해 한번 생각해보자. 데카르트는 모든 것을 의심에 던져놓고도 '나는 생각한다'는 의심하지 않는다. 우리가 진정으로 의심할 수 없는 사실은 무엇인가? '생각하고 있다'라는 사실이다. 그런데 이 생각을 "나'가 하고 있다'라고 여길 수 있는가? 오로지 누구의 것도 아닌 생각이 있을 뿐이다. '생각함'으로부터 '내가 생각함'을 도출하는 것은 비약으로 보인다. 그 누구에게도 귀속되지 않는 익명적인 '생각한다'라는 활동만이 있을 뿐이다. 요컨대 사유는 '자아(ego)'의 사유로 단정될 수 없다. 이러한 점은 데카르트 이후 철학에서 여러 맥락에서 폭넓게 검토되어왔다. 가령 피히테의 자아 개념으로부터 반성적 사유(자기의식)를 독립시키려는 기획으로서, 슐레겔 형제와 노발리스 등 초기 낭만주의를 조명했던 베냐민은 『독일 낭만주의의 예술비평 개념』에서 이렇게 말한다. "피히테에게 의식이란 자아(Ich)이지만 낭만주의자들에서는 '자기(Selbst)'이다. 또는 달리 말하면 피히테에게는 반성은 자아에 관계하고 있는 데 반해, 낭만주의자들에게는 단순한 사유에 관계하고 있다."[8] 반성적 의식이 자아가 아니라 "단순히 사유"에 관계하고 있다는 것은, 자기의식은 자아 없는 익명이라는 것 외에 무엇이겠는가?(참고로, 현대 철학의 특질들을 앞서 간직한 니체에게서도 자기(Selbst)는 자아(Ich)보다 근원적이다. 니체에서 자아(코기토)보다 앞서는 자기는 육체이다. 이 육체는 단지 고깃덩어리가 아니라 사유, 즉 니체가 『차라투스트라는 이렇게 말했다』에서 "신체의 커다란 이성"이라고 부르는 것이다. "너희들은 '자아(Ich)' 운운하고는 그 말에 긍지를 느낀다. 믿기지 않겠지만 그보다 더 큰 것이 있으니 너의 신체와 그 신체의 커다란 이성이 바로 그것이다. …… 감각과 정신은 한낱 도구이자 놀잇감이다. 그것들 뒤에는 자기(das Selbst)라는 것이 버티고 있다."[9])

사르트르는 초기작 『자아의 초월성』(1934)에서부터 의식의 익명성을 탐색하는 데 몰두해왔다. 의식의 익명성은 '의식은 대상 지향적이다'라는 단순한 사실로부터 도출된다. 우리가 무엇을 의식할 때, 즉 의식이 지향적으로 활동할 때, 의식은 대상에 대해 정립적(thétique)이다. '정립적'이란 대상을 객관적인 의미를 지니는 것으로 구성한다는 말이다. 정립적 의식은 대상을 인식의 대상으로 수립한다. 정립적 의식을 통해 대상은 가령 '이 펜은 빨갛다'처럼 평서문의 방식으로 규정된다.(의식의 지향성은 이와 같은 평서문(S is P)의 형식으로 표현되는 객관적인 지식의 형태가 아니라, 예를 들면 '아!'라는 감탄사의 방식이 될 수도 있다. 그러나 사르트르는 철저하게 주지주의적인 관점에서 대상을 객관적 지식으로 규정하는 정립적 의식에 초점을 맞추어 지향성을 해명한다.)

핵심은 의식이 대상에 대해 정립적일 때 '자아'는 없다는 것이다. 예를 들어 '나는 책을 읽고 있다'라는 표현에서 보듯 의식은 책에 대해 지향적 활동을 하며 지식을 획득한다. 그런데 이런 지향적 활동에서 의식 안에 거주하는 의식의 주인인 나, 자아는 없다. 의식은 익명적이며 오로지 의식의 활동과 의식이 정립하고 있는 대상(책의 내용)만 있을 뿐이다. 즉 익명적 의식의 지향적 활동과 그 활동의 대상만이 있는 것이다. 내가 책을 읽을 때나 막 떠나려는 지하철을 쫓아갈 때, 책에 대한 의식과 지하철에 대한 의식만 있을 뿐 의식 안에 자아는 없다. 이런 점에서 의식은 내면에 '나'를 가지지 않고 텅 비어 있으며, 늘 바깥을 향해서, 대상을 향해서 초월해 있다.

사르트르만큼 문학작품과 철학이 서로를 정직하게 비추는 투명한 관계를 맺고 있는 사상가도 드물 것이다. 앞서 살펴본 『닫힌 방』 같은 작품이 보여주듯 그의 문예물에 쓰인 구절들은 매우 솔직하고 직접적으로 그의 철학을 드러낸다. 지금 우리가 살펴보고 있는 의식의 비인격적 익명성에 대한 사상 역시 소설 『구토』의 끝부분에서 직접적으로 표현되고 있다.

아무도 더 이상 의식 속에 살지 않는다. 조금 전까지만 해도 누군가가 '나'라고 말했고, '나의' 의식이라고 말했다. 누가? …… 지금은 **이름 없**

는 벽들과, 이름 없는[익명적인] 의식만이 남아있다. 여기 있는 것은 ……
비인칭의 투명뿐이다. …… 그것은 사람이 아니므로[비인격적이므로] 괴물
같다.[10]

사르트르의 문학 작품들은 대체로 예술이 일반적으로 가진 특유
의 모호함이 없다.『구토』의 이 구절 역시 사르트르 철학의 바탕을 이
루는 의식의 비인격적 익명성이라는 사상을 직접적으로 표현하고 있
다. 익명적 의식은 위의 "비인칭의 투명"이라는 표현이 알려주듯 스스
로에게 투명하다. 곧 스스로에게 투명하지 않은 심급, 즉 무의식 같은
것을 배후에 숨기고 있지 않다. 뒤에 보겠지만, 스스로에게 투명한 의
식, 자기의식이 '최종심급'인 것이다.

그렇다면 자아는 어떻게 생겨나는가? 그 위상은 무엇인가? 자아는
익명적인 지향적 의식이 '과거지향'(파지(把持), retention)을 할 때 그 의
식의 '대상'으로서 출현한다. 예를 들어 독서를 하고 있을 때 익명적 의
식의 지향적 활동과 의식의 대상으로서의 책만이 있지, 책을 읽고 있
는 '자아'란 어디에도 없다. 그런데 이 의식이 '나는 조금 전에 무엇을
하고 있었지?'와 같이 과거를 지향할 때, '나는 책을 읽고 있었다'라는
방식으로 반성적 의식의 대상인 '자아'가 출현한다. 이때 '자아'는 마치
의식의 주인처럼 의식 안에 거주하는 자로서의 '자아'가 아니라, 의식
이 지향하는 '의식 바깥의 대상'으로서 자아이다. 이것이 사르트르의
작품 제목이기도 한 '자아의 초월성'(의식을 초월해 있는, 즉 의식 바깥의
대상인 자아)의 의미이다.

이런 방식으로 의식은 저 혼자 있을 때 반성을 통해 대상으로서의

자아를 얻는다. 미리 이야기하자면, 사르트르의 타자이론의 핵심 가운데 하나는, 위의 경우와 달리 의식이 홀로 반성하지 않을 때 타자의 개입을 통해서 자아가 출현하는 방식을 보여주는 것이다. 요컨대 사르트르에게 자아가 출현하는 경로는 직접적 반성을 통한 방식 또는 타자를 경유하는 방식, 이렇게 두 가지이다. 타자의 개입을 통한 자아의 출현이라는 주제가 가지는 의미는 뒤에 살피게 될 것이다.

11) 자기원인으로서의 의식

계속해서 익명적 의식의 구조에 대해 살펴보자. 다음과 같은 예를 통해 의식의 구조를 명확히 할 수 있을 것이다. 가령 담뱃갑 안에 담배가 몇 개 있는지 세어본다고 하자. 담배들이 대상으로 있고, 이들의 수에 대한 지향적 의식이 있다. 반면 의식 안에 내재하는 자아는 없다. 그렇다면 자아는 없고 대상에 대한 지향적 의식의 정립적 활동만 있으므로 의식은 대상에 대한 인식만을 가지며 자신이 하는 일은 모르고 있다고 해야 할까? 즉 이 의식 이론에서는 자기의식이라는 근대 철학의 오랜 유산이 사라졌는가? 그러나 담뱃갑의 담배를 세든, 아니면 대상에 대해 여타의 다른 의식적 활동을 하든 의식은 스스로가 하는 일을 의식하고 있다. 물론 의식 안에는 자아를 비롯한 어떤 내용도 없으므로(즉 의식은 외면만을 향할 뿐이므로), 아니 의식의 '안' 자체가 없으므로, 의식이 자신의 내면을 정립적 지식의 대상으로 삼는 일은 불가능하다. 의식은 의식 외부의 대상을 정립적으로 '인식'할 뿐이며, 스

타자철학

스로의 활동에 대해선 '의식'할 뿐이다. 비슷한 생각을 칸트에게서 먼저 찾아볼 수 있다. 칸트는 『순수이성비판』의 「초월적 연역」 뒷부분에서 의식 자신은 인식의 대상이 아니라는 점을 명시하며 이렇게 말한다. 의식 자신에 대한 "이 '표상'은 '사고'이지 '직관'이 아니다."[11] 이 말을 '스스로는 의식될 뿐 인식되지는 않는다'라고 바꾸어 써도 좋으리라. 칸트에서도 자기의식은 자기인식이 될 수 없는 것이다. 칸트에게선 대상에 대한 인식과 경험적 자아에 대한 인식은 있지만 의식의 자기인식은 없다. 의식은 자기'의식'일 뿐이다. 요컨대 의식이 지향적 활동 속에서 대상을 '정립적으로 인식'할 때, 의식은 그 자신에 대해서 '비정립적으로 의식'한다. "대상에 대한 모든 정립적 의식은 동시에 그 자신에 대한 비정립적인 의식이다."(『존재와 무』, 22쪽) 의식은 대상을 인식할 때 자신이 무엇을 하고 있는지 스스로에 대해 의식하고 있다. 이와 같은 사유는 자기의식을 모범적으로 정식화하고 있는 헤겔『정신현상학』의 다음과 같은 언명의 연장선에 있다. "의식은 한편으로는 대상을 의식하는 동시에 다른 한편으로는 자기 자신도 의식하고 있으니, 의식은 진리의 의식인 동시에 또한 진리의 지의 의식[진리의 지식(Wissen)에 대한 의식]이기도 하[다]."[12] 사르트르는 자기의식이 스스로에 대해서는 '인식적' 관계를 가지지 않는다는 의미에서 '자기(에 대한(de))의식', 즉 'conscience (de) soi'라고, de에 괄호를 쳐서 표시한다. 'de(~에 대한)'는 '정립적이지 않다'는 것을 표현하는 표기법이다. 그러므로 대상에 대한 정립적 의식은 그 자신에 대한 비정립적 의식이고, 양자는 지향적 의식의 활동을 가능케 하는 분할 불가능한 하나를 이룬다.("분할할 수도 분해할 수도 없는 하나의 존재"(『존재와 무』, 25쪽))

사르트르에게서 이러한 의식의 위상은 어떤 것인가? 의식 상위에는 아무것도 없다. 모든 것은 의식의 지평 위에 놓이지 않고는 출현할 수 없는 까닭이다. 의식이 있고 나서야 모든 것은 우리에게 주어질 수 있다. 그러므로 의식이 가장 근원적인 것, 최종심급이다. 사르트르는 『자아의 초월성』에서 말한다. "의식은 자기 원인이기 때문에 어떤 것도 의식에 영향을 미칠 수는 없다."[13] 의식 자신 외에는 그 무엇도 의식을 활동하게 할 수 없다. 의식은 스스로의 원인, 자기원인이다. 이로부터 우리는 왜 사르트르가 『존재와 무』에서 무의식 개념을 비판하는지 알 수 있다. 정신분석에서는 무의식이 상위 심급이며 의식은 그로부터 유래하는 결과에 해당하는 까닭이다. 이와 달리 사르트르에서 의식은 무의식이라는 불투명한 벽에 매개되는 것이 아니라 직접 스스로에게 드러나 있다. 이것이 앞서 『구토』의 인용에서 의식에 대해 "투명"이라는 표현이 사용된 까닭이다.("비인칭의 투명") '자기원인'이라는 개념은 아리스토텔레스 이래로, 그리고 기독교 세계를 거치면서 신을 일컫는 개념이었다. 신은 다른 것을 원인으로 삼아 결과하지 않으며, 스스로가 자신의 원인이 된다. 신이 차지했던 이런 자기원인의 자리를 사르트르는 이제 의식에게 주고 있는 것이다. 이것은 사르트르의 무신론적 실존주의의 핵심이며 또 한계이기도 하다. 신이 차지했던 자리를 이제 의식이 빼앗았다는 점에서 신 대신 의식이 세계의 주인이 되었다. 그러나 동시에 이 무신론이 가지는 형식 자체(자기원인이라는 자리)는 어떤 의미에서 고전적인 신학으로부터 빌려오고 있는 것이다.

의식이 최종심급의 자리에 있다는 것은 의식이 대상에 대해 판단할 과제를 떠맡는다는 것을 의미한다. 의식은 최종심급을 차지하고 있으므로 판단을 위해 그보다 상위의 무엇에 도움을 요청할 수 없고, 오로지 스스로 판단의 과제를 떠맡는다. 사르트르가 『실존주의는 휴머니즘이다』에서 드는, 키르케고르의 작품에 나오는 이야기는 이 사안의 중요성을 명료하게 드러내 보여준다. 키르케고르는 「구약」의 가장 극적인 장면 가운데 하나를 성찰하고 있다. 아브라함은 아들 이사악을 제물로 바치라는 천사의 명령을 들었을 때 고민에 빠진다. 정말로 천사가 찾아온 것인가? 악마가 천사로 변장한 것은 아닌가? 신의 진정한 명령이 아니라 잘못 전달된 소식이 아닌가? 환청이 아닌가? 이 모든 의문이 아브라함의 머릿속에 떠오른다. 그런데 이 모든 의문들에 대해 대답을 결정할 수 있는 자는 누구인가? 오직 아브라함 그 자신뿐이지 않은가? 환청이라는 결론을 내리든 신의 명령으로 결론을 내리든 간에 오로지 아브라함의 의식만이 판정의 최종심급이다. 이 어려운 문제 앞에서 아브라함은 판정을 포기하고 판정을 다른 이에게 양도하거나 다른 이의 조언을 구할 수도 있을 것이다. 그러나 그런 양도나 조언 구하기의 결정은 누가 하는가? 바로 아브라함 자신의 의식이 할 수밖에 없다. 어떤 경우건 의식은 판단의 최종 근거, 유일한 근거이다.

12) 자기기만

의식 자신이 판단의 최종심급이라는 점을 외면하려는 것이 바로 '자기기만(나쁜 믿음, mauvaise foi)'이다. 의식이 최종심급이라는 말은 곧 의식이 세계에 대한 유일한 판정 주체라는 뜻이다. 의식이 A를 B로 인식하는 것은 곧 A를 B로 판정하는 것과 다르지 않다. 예를 들어 어떤 펜 하나를 검은색으로 인지하는 것은 의식이 그 펜을 검은색으로 판정하는 것과 구분되지 않는다. '이 세계는 불행한 세계이다'라고 인식하는 것은 곧 이 세계에는 행복이 없다고 의식이 심판을 내리는 일이다. 그런데 판정을 내리는 최종 심급인 이 의식이 마치 복종해야 할 자기 위의 심급이 있는 것처럼 스스로 여기는 일, 즉 나쁜 믿음을 가지는 일이 바로 자기기만이다.

자기기만의 대표적인 방식은 '의식 안에 자아가 주인으로 거주하고 있는 것처럼' 믿는 것이다. 예를 들어, '나는 타고나길 성격이 우유부단해서 결정 같은 것은 잘 못해. 부모나 선생의 말을 듣고 결정할 수밖에 없어'와 같은 식으로 결정을 요구하는 사안을 회피하는 경우를 생각해보자. 여기서 의식의 상위에 있는 것으로 상정되는 것은 '우유부단한 성격을 타고난 자아'이다. 의식은 자유롭지만 스스로 의식 상위의 타고난 조건인 자아에 의해 지배되고 있다고 믿는다. 자유로운 선택 및 판정을 하지 못하는 까닭을 타고난 자아의 성격에 돌리고 어려운 판정의 자리를 '모면'하려 한다. 이런 것이 바로 나쁜 믿음, 자기기만이다. 사실 의식은 이런저런 성격을 지닌 자아를 비롯해 모든 것의 상위에 있다. 다시 위의 예를 보자. 자신의 자아가 원래 우유부단한 성격을 지니고 있어서 결정을 잘 내리지 못한다고 호소하는 사람의 의식은 이미 근본적인 층위에서 단호하게 결정의 자유를 행사하고 있다. 바로 자기 자신을 우유부단한 성격을 지닌 자로 규정하고 있는 것이다. 주어진 자아의 성격을 핑계로 의식이 결정을 내려야 하는 사안에 대한 책임을 회피하려 하지만, 저 자아의 성격을 근본적인 것으로 확정짓는 판결을 내리는 것은 바로 의식이다. 결국 의식은 최종심급으로서 판정을 내리며 상위의 그 어떤 것에게도 지배받지 않는다는 점에서 자유롭다. 이러한 점을 잘 보여주는 다른 예를 우리는 『실존주의는 휴머니즘이다』에서 찾아볼 수 있다.

> 환각에 사로잡힌 미친 여인이 있었습니다. 누군가가 그녀에게 전화를 걸어서 명령을 내린다는 것이었습니다. 의사가 그녀에게 물었습니다. '당신에게 말하는 자가 누굽니까?' 그녀가 대답했습니다. '그가 대답하기를 자기가 신이래요.' 이 경우 사실 무엇이 그녀에게 그가 신이라고 증명한 걸까요? 가령 어떤 천사가 나에게 왔다고 합시다. 이때 그가 천사라는 것을 무엇이 증명할까요? …… 만약 어떤 음성이 나에게 전해진다면, 이때 그 음성이 천사의 목소리라고 결정할 사람은 언제나 나 자신입니다.[14]

자신에게 어떤 초월적 존재자가 명령을 내렸을 때 그것을 신적인 초월자의 명령으로 판단하는 것은 오로지 의식의 소관이다. 이런 점에서 의식 상위에 있는 자란 없으며 의식은 어떤 경우에도 수동적이거나 지배받을 수 없다. 단지 기만 속에서 지배받는 척할 수 있을 뿐이다. 위 인용이 알려주는 흥미로운 사실은, 정신병도 자기기만일 수 있다는 점이다. 사르트르에게선 적어도 정신병이 자기기만인 한에서 그것은 진정한 병이 아닐 것이다. 정신병 속에서 의식은 선택을 선택이 아닌 것처럼 위장한다. 사르트르는 상상력의 문제를 다루는 초기 작품 『상상계』에서 이렇게 말한다. "신경쇠약환자는 단 한순간도 의식의 자발성에 대한 생각을 잃지 않[는다]. …… 그는 단 한순간도 이미지로서의 대상들을 실재 대상으로 착각하지 않는다. 어떤 이들이 자신들의 강박 관념이 환각적인 성격을 가지고 있다고 주장한다면, 그것은 자네가 분명하게 추적해냈던 거짓말[자기기만]이다."[15]

자기기만(나쁜 믿음)은 그 용어에서 받는 인상과 달리, 의외로 긍정적인 면모를 지니기도 한다. 엉뚱하게 들릴지 모르겠으나, 바로 '시(詩)의 사회적 참여'가 그것이다. 시는 앞서 살펴본 글쓰기(산문)의 경우와 전혀 다른 방식으로 사회적 현실에 참여한다.

> 만일 구태여 시인의 참여를 들먹여야 한다면, 시인이란 패배를 향하여 참여하는 사람이라고 말해두자. 시인이 항상 내세우는 액운(厄運)과 저주(詛呪)의 깊은 뜻이 바로 여기에 있다. …… 그것[액운]은 그의 시의 결과가 아니라 원천이다. 시인은 인간의 기도의 전체적 좌절을 확인한다. 그리고 자기의 개인적인 패배를 통해서 인간 모두의 패배를 증언(證言)하기 위해서 **자신의 삶이 좌절을 겪도록 처신**하는 것이다. 따라서 그는 …… 산문가와 마찬가지로 이의(異議)를 제기한다.(『문학』, 54쪽)

시인은 자신의 패배를 통해 사회에 이의를 제기하며, 이것이 시가 참여하는 방식이다. 그런 까닭에 "시에 있어서는 패자(敗者)가 곧 승자이다."(『문학』, 54쪽) 시인의 패배는 그가 겪는 액운을 통해 이루어진다. 이 액운은 외부적 요인에 의한 것일까? 그렇지 않다. "시인은 늘 그런 액운을 외부의 간섭의 탓으로 돌리지만, 사실은 그의 **가장 심오한 선택에서 유래하는 것**이다."(『문학』, 54쪽) 사르트르에 따르면 시인의 액운이란 시인 자신의 의식이 '자발적으로 선택'한 것이다. 그런데 시인의 의식이 자발적으로 선택한 것임에도 이것은 '액운'으로, 즉 자발적 선택의 결과가 아니라 외부로부터 엄습한 것으로 불린다. 의식이 이 액운을 자신의 자발적 선택이 아닌 것처럼, 의식이 어쩌지 못하는 외부적 요인 때문에 생겨난 것처럼 여기도록 스스로를 '기만'하는 까닭이다. 예를 들면 보들레르의 경우가 그렇다. 사르트르는 보들레르를 분석하는 작품 『보들레르』에서 이렇게 말한다. "보들레르의 그 특이한 영혼은 **자기기만** 속에서 살고 있다. …… 그 자신으로부터 물러나 버리는 그의 **심오한 자유가 외부로부터 기성의 원칙들을 빌려온다.**"[16] 여기서 말하는 '외부로부터 빌려오는 기성의 원칙들'이란 '외부의 간섭'을 말한다. 시인의 의식을 수동적으로 만들어버리는 외부의 간섭인 액운과 저주는 실상 그의 자발적 의식의 자유가 '선택'한 것이다. "한마디로 그 원초적 선택(choix originel)은 원초적으로 자기기만에서 나온 것이다."[17] 요컨대 사회적인 이의 제기로 이어지는, 시인이 수동적으로 겪는 것으로 보이는 액운과 저주는, 시인이 마치 자신이 선택한 것이 아닌 운명인 듯 가장(자기기만)하지만 시인의 의식의 심오한 자발적 결정(원초적 선택)의 소산이다. 이렇게 시인의 참여의 경우에서 보듯, 자기기만은 사회의 기존 윤리에 비추어 교정되어야 할 부도덕이라기보다는 의식이 살아나가는 근본적인 한 가지 방식인 것이다.

물론 우리는 시인의 원초적 선택에 관한 사르트르의 사상에서 문제를 발견할 수도 있다. 시작(詩作)에서 의식의 자유가 근본적인가? 우리는 고대에서 현대에 이르기까지 시의 창조에 개입하는 수동성에 대해 잘 알고 있다. 이 수동성은 뮤즈, 신들림, 사로잡힘, 영감, 정념 등으로 불려왔다. 아울러 액운과 저주 역시 그 말이 지닌 함축 그대로 수동적으로 닥치는 것이다. 그런데 사르트르는 이 모든 것의 정체가 의식이 '비밀리에 행하는 자유로운 선택', 원초적 선택이라고 말하고 있다. '비밀'이라고 말하는 까닭은 이것이, 의식이 스스로에게도 자유로운 선택이 아닌 척 숨긴 채 수행하는 자유로운 선택인 까닭이다. 이 비밀을 일컫기 위한 개념이 바로 '자기기만'이며 그것의 정체는 기묘한 형태의 '의식의 자유'이다.

13) 자유

의식의 자유에 대한 지금까지의 논의로 짐작할 수 있듯, 사르트르의 실존주의는 '의식은 근본적으로 자유롭다', '모든 것은 의식의 선택에 달렸다'라는 점을 강조한다. 의식의 자유가 최종심급에 있으므로 의식은 스스로 모든 것을 결정해야 한다. 의식은 내적 속성 같은 내용을 전혀 가지지 않으므로 '의식의 실존(existence)은 본질(essence)에 선행한다.'

이와 달리 의식보다 상위에 어떤 심급이 있는 것처럼 말하는 대표적인 예가 기독교이다. '우리 자신은 어떤 본질도 미리 가지고 있지 않은, 의식의 지향성 외에 다른 것이 아니다'라는 사르트르의 생각과 달리 기독교는 우리가 본질적으로 신의 '모상'으로 만들어졌다고 말한다. 따라서 실존의 목적은 모상이 지닌 신적 성질의 완전한 실현이다. 당연하게도 이러한 사고방식은 사르트르의 입장에서 보자면 자기기만이다. 의식이 자신의 자유 자체를 회피하고 의식의 자유가 지닌 근본 지위를 신의 모상이라는 개념에 내어주는 기만 말이다. 의식이 이런 자기기만을 벌인다는 사실은 자유가 의식에게 달갑지 않은 것이라는 점을 암시하고 있다. 의식은 스스로 외에 그 무엇에도 의존할 수 없이 판정을 수행해야 하므로, 판정을 통해 대상을 규정하는 이 지향적 의식의 자발성은 의식에게 하나의 '부담'이 아닐 수 없는 것이다. 요컨대 자유는 '무거운 자유'이며 의식은 여러 자기기만의 양상들이 알려주듯 자신의 자유를 달갑지 않아 한다.

앞서 한 번 언급했듯 사르트르에게 자유는 자유의지 같은 것이 아니라 바로 의식의 이 '기계적' 자발성을 뜻한다. 이때 '의식의 기계적 자발성'이란 의식의 지향이 의지에 따라 임의적으로 이루어질 수 없다는 것을 뜻한다. 우리의 최종 심급인 의식은 언제나 필연적으로 무엇을 지향하고 있고 무엇에 대한 판단을 내린다. 이런 점에서 양자 사이의 큰 차이점에도 불구하고 비교해보자면, 사르트르의 자유는 스피노자의 자유와 얼마간 닮았다. 스피노자에게 자유는 자유의지를 발현하는 데서 찾아지는 것이 아니라 자연의 필연적 법칙 안에 있을 때 구현된다. 사르트르의 지향적 의식 역시 자연법칙처럼 필연적으로 자발적인 것이며, 이 자발성의 구현이 곧 자유이다. 물론 양자의 근본적 차이점을 잊어서는 안 되는데, 스피노자에게 의식이란 자연적 질서의 한 결과물이지, 사르트르에서처럼 자기원인으로서 근본 지위를 가지지 않는다는 점이다.

14) 눈과 시선

이제 사르트르에게서 타자와의 마주침이 어떤 모습으로 나타날지 살펴볼 때다. 우리가 보았듯 의식은 지향적이며, 이것이 뜻하는 바는 의식이 필연적으로 대상을 정립(규정)한다는 것이다. 즉 의식은 대상을 규정하는 방식으로 자신의 자유를 실현한다. 지향적 의식의 자발성(자유)이란 곧 대상을 의식 자신이 규정한 대상, 의식 자신이 정체성을 부여한 대상으로 만드는 데서 실현된다. 그렇다면 하나의 지향적 의식이 다른 지향적 의식과 마주하게 되면 어떤 일이 일어날까? 바로 의식들이 서로 상대방을 정립(규정)하려 드는 '투쟁'이 일어난다. 의식들 상호 간의 이 투쟁은 앞서 『닫힌 방』에서 '타인은 지옥이다'라는 명제로 표현되었던 것이다. 사르트르는 말한다. "이 존재[타자]는 반대로 내 자유의 한계이며, '카드의 이면(裏面)'이라고 사람들이 말하는 의미에서 내 자유의 '이면'이다."(『존재와 무』, 445쪽) 한 자발적 의식이 다른 자발적 의식과 마주칠 때, 그 다른 자발적 의식, 즉 타인의 의식은 방해물이 된다. 왜냐하면 타인의 의식 역시 나의 의식과 마찬가지로, 특정한 성격을 지닌(또는 특정한 정체성을 지닌) 대상으로 규정되려 하지 않고 본성상 대상을 자유롭게 정립하려는 지향적 의식이기 때문이다.

타자와의 이러한 관계는 기본적으로 눈(œil, eye)과 시선(regard, gaze)이라는 서로 구별되는 두 개념을 통해서 설명될 수 있다. 한마디로 '눈'은 대상화된 자를, '시선'은 자발적 의식을 표현한다. "나에게 향해진 하나의 시선을 파악하는 것은 '나에게 시선을 향하고 있는' 눈의 파괴를 바탕으로 한다. 내가 시선을 파악할 때는 나는 눈을 지각하는 것을 그만둔다."(『존재와 무』, 439쪽; 번역 수정) 사르트르에게 익숙한 독자라면 그가 양립 불가능한 대립적 개념들 사이에서 사유하기를 좋아한다는 것을 알 것이다. 눈과 시선의 경우도 마찬가지다. 주체로서 타인은 나에게 던져지는 시선으로서 존재한다. 반면 타인의 주체성이 사라질 때, 즉 타인이 나의 시선에 포착된 대상이 될 때 타인의 시선은 사라지고 그는 내가 파악하는 하나의 대상으로서 눈이 된다. "어떤 방식으로도 타자는 대상으로서 우리에게 주어지는 일이 없다. 타자를 대상화한다면 그 '시선-존재'는 붕괴될 것이다."(『존재와 무』, 455쪽) 타인의 눈이란 내가 주체로서 정립하는 여타의 대상과 동일한 것이다. 그것의 정체성은 특정한 속성을 통해 규정되며, 객관적 지식의 대상이 된다. 가령 타인이 눈이라는 대상이 될 때 그 대상은 갈색 눈이라든가, 푸른 눈이라든가 하는 식으로 객관적 정체를 지닌 것으로 파악된다. 내가 타자의 눈을 지각할 때 타자는 대상이 되고, 자발적인 의식적 주체를 표현하는 타자의 시선은 파괴된다. 반대로 내가 주체인 타자의 시선을 받고 있을 때 나는 더 이상 타자를 내가 규정할 수 있는 대상으로 인식하지 못한다. "내가 타자의 시선에 나의 주의를 돌리면 그와 동시에 나의 지각은 해체되어버린다."(『존재와 무』, 439쪽; 번역 수정)

결국 나의 자발적 의식이 또 다른 자발적 의식, 타인을 만났을 때는 '타인의 의식을 대상으로 규정하는가' 아니면 반대로 '나의 의식이 자발적 본성을 상실하고 타인의 시선(의식) 아래 대상으로 규정되는가' 라는 두 가지 선택지만이 가능하다. 타인의 자발적 의식과 마주하는 일은 나의 의식이 타인의 의식 아래 놓인 대상이 되느냐 아니면 타인을 대상으로 포착하는 주체로 남느냐 하는 내기를 건 싸움인 것이다.

눈과 시선의 관계를 좀 더 구체적으로 살펴보자. 눈이 인식 가능한 대상이라면, 시선은 인식 가능한 대상의 와해와 더불어 출현하는 타자를 뜻한다. 타자가 대상화된 것이 '눈'이고 타자의 주체성을 표현하는 것이 '시선'이라면, 타자가 나에게 출현할 때 인식 가능한 대상적 요소인 눈은 완전히 사라져버리는가? 만일 눈이 인식적 대상이고 시선은 인식을 벗어나는 것이라면, 어떻게 인식되지 않는 시선이 출현할 수 있는가? 시선의 출현에 눈의 역할이 있다. 한마디로 시선을 통해 표현되는 타자는 눈의 후원을 받고서 출현한다고 할 수 있다. 이때 눈에 해당하는 것이 무엇인가? "나를 향하고 있는 시선은 우리의 지각 영역에서의 하나의 감각적인 형태의 나타남과 연관하여 나타난다."(『존재와 무』, 438쪽) 타자의 시선은 감각적인 형태와 결부되어서 나타난다. 예를 들어 밤에 혼자 조용한 공원을 걷는 중 어두운 수풀에서 나는 부스럭거리는 소리를 듣고 누군가 나를 보고 있다는 것을 느끼는 경우를 보자. 이때 나뭇가지가 부스럭거리는 소리나 발자국 소리 등은 모두 '시선'이 출현하도록 해주는 '후원자(support)'인 '눈'에 해당한다. 시선은 보이지 않지만, 보이는 눈은 어떤 시선이 나를 보고 있음을 암시하고 있는 것이다. 이렇게 감각적인 형태를 '후원자' 삼아 시선은 출현한다. 타자의 시선의 출현을 후원해주는 감각적인 것들을 통틀어 사르트르는 '눈'이라 일컫는다.(『존재와 무』, 438~439쪽 참조)

15) 유아론 극복: 타자의 시선을 통해 존재하는 '자아'

그렇다면 타자의 출현과 더불어 어떻게 유아론이 극복될 수 있을까? 후설에서부터 타자에 대한 사유를 추동했던 것은 유아론이라는 장애물을 극복하고자 하는 노력이었다는 점을 잊어서는 안 된다.

앞서 우리는 자기 자신에 대해 비정립적 의식이 반성을 할 때, 즉 과거지향을 할 때 '자아'가 반성의 대상으로 출현한다는 것을 이야기했다. 자아의 발생은 반성 속에서 이루어지는 것이다.

> 우리가 대자(對自)를 그 고독에 있어서 [즉 타인의 존재를 고려하지 않고] 고찰하는 한에서, 반성되지 않은 의식 속에 나(moi)는 거주할 수는 없으며, 나는 대상으로서는 반성적 의식에 대해서밖에 주어지지 않는다고 주장할 수 있었다.(『존재와 무』, 442쪽; 번역 수정)

그런데 사르트르는 『자아의 초월성』에서 이렇게 이야기하고 있다. "'나'가 반성되지 않은 층위에서[도] 나타난다는 것은 명백하다."[18] 반성 말고 자아를 발생시키는 층위는 어떤 것일까? 반성되지 않은 층위에서 자아의 출현을 가능하게 하는 것이 바로 '타자의 시선'이다.

> 그런데 '나'의 현전화라고 하는 반성적 의식에만 맡겨졌던 이 역할이, 지금은 반성되지 않은 의식에 속한다. 단 반성적 의식은 나를 직접 대상으로 세운다. 반성되지 않은 의식은 '인격'을 직접 '자기의' 대상으로서 포착하지는 않는다. 즉 '인격은 그것이 타자에 대해서 대상인 한에 있어서'

의식에 현전한다.(『존재와 무』, 442~443쪽; 번역 수정)

나의 반성적 의식에 직접 대상으로서 자아가 주어지는 것이 아니라 타자의 의식에 대한 대상으로 주어지는 한에서 '자아'가 출현한다는 것이다. 이것이 위에서 언급된 '자아'가 '출현하는 직접적이지 않은 방식', 곧 '반성적이지 않은 의식에서 자아가 출현하는 방식'이다. 사르트르는 이 방식을 『존재와 무』에서 엿보는 자의 유명한 예와 더불어 설명한다.

내가 열쇠 구멍으로 [누군가를] 엿보고 있는 장면을 생각해보자. [이 경우] 나는 단 혼자이며, 나에 (대한) 비정립적인(non-thétique) 의식의 차원에 있다. 이것이 뜻하는 바는 우선 내가 존재하고, 그 뒤에 그 나가 나의 의식에 거주하는 것은 아니라는 점이다.(『존재와 무』, 440쪽; 번역 수정)

여기서 엿보는 자의 경우 자아는 없고 엿보고 있는 대상에 대한 의식만이 있다.

그런데 갑자기 복도에서 발자국 소리가 들렸다. 누가 나에게 시선을 던지고 있다. …… 나가 불시에 나의 존재 안에서 달성된다. 본질적인 변화가 나의 구조 안에서 일어난다. …… 여기서 나는 나인 한에 있어서 반성되지 않은 나의 의식에 대해 존재한다.(『존재와 무』, 442쪽; 번역 수정)

엿보는 자는 갑자기 복도에서 타인의 시선을 받게 된다. 타인의 시선은 보이지 않으나 '발자국 소리', 즉 눈에 해당하는 것의 후원을 받으면서 엿보는 자에게 도래한다. 그런데 타인의 시선을 받는다고 해서 어떻게 익명적 의식은 '자아'를 가지게 되는 것일까?

엿보다 들켰을 때 사람들은 보통 수치심을 느낀다. 즉 엿보는 자가 시선을 받을 때 엿보는 의식은 수치를 느끼는 의식이 된다. 수치(honte)란 어떤 것인가? "수치의 구조는 지향적이다."(『존재와 무』, 385쪽; 번역 수정) "수치는 그 근본 구조에 있어서 '누구인가 앞에서' 느끼는 수치이다."(『존재와 무』, 385쪽; 번역 수정) 수치란 그야말로 지향적 의식으로서 언제나 '~에 대한 수치'라는 구조를 지닌다. 그렇다면 엿보던 자의 의식은 '무엇에 대해' 수치를 느끼는 것일까? 바로 복도에서 바라보고 있는 타인의 시선 앞에 노출된 대상, 즉 '자아'에 대해 수치를 느낀다. 타자의 시선의 등장과 더불어 수치라는 지향적 의식이 생겨나고 이 지향적 의식의 대상으로서 불시에 '자아'가 출현한 것이다. 즉 의식이 홀로 고독 속에서 자신을 반추하는 반성을 통하지 않고도 타자의 시선을 경유하여 생긴 수치라는 지향적 의식의 대상으로서 자아가 출현한다.

이때 수치라는 지향적 의식의 대상으로 생겨난 '자아'라는 이 새로운 존재의 책임자는 바로 수치를 느끼고 있는 지향적 의식 자신이다. 당연하게도 수치는 늘 자기 자신에 대한 수치인 까닭이다. 이 자아는 앞서 말했듯 타자의 시선을 받으면서 존재하게 된 것이다. 결국 수치의 대상인 이 자아 존재가 확실한 그 정도만큼, 자아에게 시선을 던지는 타자의 존재 역시 확실하다. 즉 타자의 시선을 통해 자아의 존재가 달성되었을 때, 자아의 존재 달성은 곧 타자 존재의 확실성을 반드시 수반한다.

이와 같이 확보되는 타자 존재의 확실성은 앞서 사르트르의 비판적 노정 속에서 등장했던 인식론적 관점과는 전혀 상관이 없다. 타자의 시선은 결코 인식론적 관점에서 해명되지 않는다. 시선으로서 타자는 인식하는 주관이지 나에 의해 인식되는 대상이 아니다. 타자의 주관에 '나'가 대상이 되는 한에서 타자가 등장하는 것이지, 내 주관이 타자를 대상으로 인식하는 한에서 타자가 등장하는 것이 아닌 것이다. 요컨대 타자의 시선은 나의 인식의 영역에서 출현하지 않는다.

오로지 타자의 시선의 존재함과 자아의 존재함을 필연적으로 연결 짓는 방식으로만 유아론은 해결될 수 있다. 수치스러운 자아가 존재한다면 필연적으로 그 자아를 존재하게 한 타자의 시선 역시 존재하는 것이다. 이것이 타자에 대한 인식이라는 곤란한 문제를 피하면서 유아론을 해결하는 존재론적 관점이다.

16) 부재의 문제

그런데 타자의 시선의 출현에 대해 우리는 의혹을 제기할 수 있을 것이다. 엿보던 자는 복도에서 발걸음 소리를 듣는다. 그리고 타자의 시선이 도래하며 수치심에 빠져든다. 그러나 다시 복도를 살펴보니, 거긴 아무도 없었다. 이렇게 타자의 시선은 존재하지 않고 단지 착각이었다면 어쩔 것인가? 타자의 시선이 착각에서 비롯된 '무산된 경험'으로 밝혀지면 어쩔 것인가? 결국 수치스러운 자아의 존재의 탄생이란 존재하지 않는 타자의 시선에서 비롯될 수 있는 것이 아니겠는가? 그러나

타자철학

이처럼 타자의 시선이 있는 줄 알았는데 부재하는 경우에서 우리는 '부재한다'는 것이 어떤 의미인지를 생각해보아야 할 것이다.

> 부재란 인간 존재가 스스로 자기의 현전을 통해 규정한 장소나 위치와의 관계에 있어서 인간 존재의 한 존재 양식으로서 정의된다. 부재란 하나의 위치와의 관계의 무(néant, 無)는 아니다. 반대로 나는, 피에르가 부재한다고 선언함으로써, 어떤 규정된 위치와의 관계에 있어서 그를 규정하는 것이다.(『존재와 무』, 470~471쪽; 번역 수정)

'부재'는 어떤 존재자의 '무', '없음'을 뜻하지 않는다. 오히려 부재는 존재자의 위치를 표시하는 하나의 방법이다. '피에르가 이 복도에 부재한다'라고 말할 때, 이때 부재란 그의 존재 자체를 부정하는 것이 아니라 바로 그 위치에서 파악된 피에르의 존재의 위치를 표시한다. 즉 피에르가 부재한다는 표현은 피에르가 존재하지 않는다는 것이 아니라, 피에르는 지금 여기 이 복도에 위치하지 않는다는 것을 뜻한다.

> 한마디로 확실한 것, 그것은 '내가 시선을 받고 있다'는 것이며, 또 단순히 개연적인 것, 그것은 그 시선이 세계 내부의 이런저런 현전(présence)과 연결되어 있다는 것이다.(『존재와 무』, 469쪽; 번역 수정)

확실한 것은 타자의 시선을 받고 있다는 사실이다. 개연적인 것은 시선과 눈(감각적 지각 대상 일반)이 연결되는 방식이다. '발자국 소리가 들렸다. 뒤를 돌아보았다. 피에르는 없었다'라고 할 때 무산된 경험으로 드러나는 것은 피에르의 시선의 존재함과 발자국 소리와의 관계일 뿐이다. 이 무산된 경험, 부재의 경험은 결코 피에르의 시선이 존재하지 않는다는 것을 뜻하지 않는다. 피에르의 시선이 단지 발자국 소리 또는 복도와 관계를 가지지 않았음이 드러날 뿐이다.

17) 신이라는 타자

물론 현존과 상관없는 공허한 시선을 고안하는 경우도 있다. 그것이 바로 '하느님의 시선'이다. "숨은 일도 보시는 네 아버지"(「마태오」, 6:6)라는 표현이 알려주듯 기독교의 신은 모든 것을 보는 '시선'이다. 그러나 그는 다음 구절이 알려주듯이 결코 다른 이의 시선의 대상이 되지 않는다. "나를 보고 나서 사는 사람이 없다."(「출애굽기」, 33:20) 하느님은 결코 대상으로 포착되지 않고 늘 절대적으로 나를 대상으로 바라보는 시선이다. 인간들의 시선은 역전 가능성(내가 타자의 시선의 대상이 되든가, 타자가 나의 시선의 대상이 되든가)의 관계를 가지지만, 신의 시선은 역전 불가능하다. 신은 늘 시선이 될 뿐 내가 대상으로 거머쥘 수 있는 대상이 되지 않는다. 이러한 신의 시선은 어떻게 탄생하는가?

만일 내가 구체적인 체험의 계기로서의 시선으로부터 방향을 돌려 인간적인 현전의 무한한 무차별성을 '공허하게' 생각하고자 한다면, 그리하여 결코 대상이 되지 않는 무한한 주관의 개념 밑에 이러한 무차별성을 통일하고자 한다면, 나는 타자의 현전에 대한 일련의 무한한 신비적인 체험을 가리키는 하나의 순수하게 형식적인 관념을 얻으리라. 어디든 현전하는(omniprésent) 무한한 주관으로서의 신의 관념이 바로 그것이다. 그리고 나는 그러한 주관에 '대해서' 존재하게 된다.(『존재와 무』, 476쪽; 번역 수정)

구체적인 체험을 가능케 하는 타자의 시선을 무차별적인 보편적인 시선으로 사유(상상)할 때, 그리고 무차별적인 보편적인 시선을 결코 대상이 되지 않는 무한한 주관으로 생각할 때, 늘 나를 대상으로 포착하는 '신의 시선'이라는 관념이 출현한다. 시선 간의 투쟁에서 사람들은 타자를 대상으로 규정하는 주관이 되기도 하고 타자에게 규정받는 대상이 되기도 한다. 이와 달리 기독교적 신이란 개별적으로 나뉘지 않는 무차별적인 공허한 시선이자 결코 대상이 되지 않는 주관이며, 이에 대하여 '자아'는 늘 그 주관 아래 있는 대상이다. 요컨대 늘 절대적 타자의 시선 아래 포착된 대상으로 있는 자가 계시종교의 신을 믿는 자이다. 그 반대편에 있는 자는? 나를 바라보는 보편적인 시선이 한낱 망상의 소산임을 깨닫고 『악마와 선한 신』의 주인공처럼 이렇게 말하는 자이리라. "침묵, 이게 '신'이야. 부재, 이게 신이지. '신'이란 인간들의 고독이야. 나밖에 없었던 거지. …… 사실 '신'은 존재하지 않아."(『닫힌 방』, 309~310쪽)

사르트르의 이러한 '신론(神論)'을 살펴보는 일은 그의 사상의 가장 핵심적인 면모를 들여다보게 해준다는 점에서 좀 더 자세히 해볼 필요가 있다. 『구토』의 다음과 같은 문장을 보자.

본질적인 것, 그것은 우연성이다. 원래, 존재는 필연이 아니란 말이다. 존재한다는 것, 그것은 단순히 '거기 있다'는 것이다. …… 내가 생각하기에 그 사실을 이해한 사람들은 있었다. 다만 그들은 **자신이 그 원인**[자기원인]이 되는 필연적인 하나의 존재를 발명함으로써, 이 우연성을 극복하려고 애썼던 것이다. 그러나 어떠한 필연적인 존재도 존재를 설명할 수 없다. 우연성이란 가장(假葬)이나, 지워버릴 수 있는 외관이 아니다. 그것은 절대이다. 그러므로 완전한 **무상(無償)**이다. 모든 것은 무상이다. …… 그것을 이해하게 될 때가 오면, 그것은 당신을 메스껍게 하고, 모든 것은 떠돌기 시작한다. …… 그것이 바로 '**구토**'이다. 바로 그것이 '더러운 자식들' …… 이 그들의 권리에 대한 관념으로 감춰 버리려고 애쓰는 바로 그것이다. 그러나 얼마나 가엾은 거짓인가? …… 그들은 자신이 **여분의 존재**라는 것을 느끼지 않을 수 없다. …… 그들은 '여분'인 것이다.[19]

이 구절은 사르트르의 무신론적 실존주의의 핵심 사상을 압축적으로 잘 보여주고 있다. '자기원인이 되는 필연적인 하나의 존재'란 아리스토텔레스 이래 고전적인 신 관념이다. 이것은 인간이 "발명"해낸 허구인 것이다. 인간은 필연적인 존재가 필연적인 목적에 따라 창조한 것이 아니라 '우연히' 존재할 뿐이다. 고전철학이 탐구해온, 모든 존재자는 존재 이유를 가진다는 '충족이유율' 대신 존재의 우연성을 제시한다는 데 사르트르의 새로움이 있다. "단순히 '거기 있다.'" 이 문장은 하이데거의 'Da-Sein(거기 있음, 현존재)' 개념으로부터 얻은 것이다. 창조 시에 부여된, 구현해야 할 필연적 본질(가령 신의 모상)이 없으므로, 이 우연적 존재에게는 '실존이 본질에 선행한다.' 이 우연적 존재는

타자철학

따라야 할 필연적 본성이 없다는 점에서 전적으로 자유롭다. 이는 무상(gratuité), 즉 여분으로 거저 주어진 것, '공짜'라는 말의 영어 표현인 'free'를 떠올려보면 보다 명확히 드러난다. 자신의 존재가 필연성 없는 여분임을, 즉 존재함의 근거가 없음을 깨달을 때 밀어닥치는 것이 바로 '구토(nausée)'이다. 사르트르는 부르주아들을 '더러운 자식들'이라는 자신의 관용구로 불렀는데, 이들은 바로 이 존재함의 근거 없음을 감추려는 자들이다. 부르주아들은 그들이 가진 문화적 가치, 종교적 신념 등을 내세우며, 우리의 존재함에 창조자라는 필연적 근거가 있는 것처럼 떠들어댄다. 그러나 신은 고독한 인간이 자신을 늘 바라보는 보편적 시선이 있다고 망상한 결과일 뿐이다.

18) 역전 가능성, 초상화 속의 시선

주체와 타자는 서로를 대상으로 규정하고자 하는 영원한 투쟁적 관계 속에 놓여 있다. 말 그대로 서로에게 지옥이다. 타자의 근본은 자발적 의식이므로 내가 타자를 대상으로 규정했더라도 그는 대상으로 규정된 채로 머무르지는 않는다. 타자는 지금 대상으로 규정될지라도 의식의 자발성이라는 그의 근본에 따라 언제든 거꾸로 나를 대상으로 규정할 수 있다. 따라서 "대상으로서 타자는 내가 두려워하며 다루는 폭발물과도 같다."(『존재와 무』, 499쪽; 번역 수정) 타자는 늘 얌전한 하나의 대상으로 내 손 안에 쥐여 있는 것이 아니라 폭발을 일으키며 관계를 '역전'시켜 나를 자기 손아귀의 대상으로 만들어버릴 수 있는 것이다. 이런 뜻에서 타자와의 관계는 '역전 가능성(réversibilité)'으로 특징 지어진다.

여러모로 사르트르의 철학에 대해 흥미로운 친화성과 대립을 동시에 보여주는 레비나스와 잠깐 비교해보자면, 레비나스의 타자이론에서 가장 본질적인 부분은 타자와의 관계가 역전 가능성으로 성격 지어지지 않는다는 점이다. 레비나스는 사르트르와 정확히 반대되는 입장을 제시한다. "타자에 대한 관계는 역전시킬 수 없는(irréversible) 관계이다."(『존재에서 존재자로』, 12쪽) 레비나스는 타자와의 관계란 '비대칭적'이라고도 강조한다. 어떤 의미에서 사르트르에게서 타자와의 관계는 '대칭적'이라고 해도 좋을 것이다. 주체와 타자가 상대방을 대상으로 규정하고 스스로 규정하는 주체로 남기 위해서 동등한 싸움, 역전 가능한 싸움을 벌이니 말이다. 반면 레비나스에게서 타자는 '무한의 흔적'으로서 주체가 결코 대상으로 규정하지 못하는 자이고, 비대칭적으로 늘 주체 상위에 있다. 이에 대해서는 레비나스를 다루는 자리에서 보다 자세히 살펴보게 될 것이다.

다시 사르트르로 돌아가보자. 역전 가능성을 구체적인 맥락에서 어떻게 이해해야 할까? 사르트르의 『구토』에 등장하는 '시립미술관 장면'은 타자와의 관계에서 역전 가능성이 무엇인지 잘 보여준다. 이 소설의 주인공 로캉탱이 자신이 머무르고 있는 소도시 부빌의 시립미술관에서 부르주아들의 초상화를 구경하는 장면은 부르주아들의 시선에 대한 인상 깊은 기술로 꾸며져 있다. 시립미술관에는 예술 작품으로서의 회화도 걸려 있으나, 여기서 중요한 것은 그 도시에서 권력을 행사해온 부르주아들의 공식 초상화 역시 걸려 있다는 점이다. 초상화의 주인들은 바로 자신들의 초상화를 걸기 위해 시립미술관을 후원한 자들일 것이다.

부빌의 명사 가운데 한 사람인 장 파로탱의 초상화에 대한 묘사를 보자. "그의 시선은 경이로왔다. 그것은 추상적인 것 같으면서도 순수한 권리로 빛나고 있었다."[20] 로캉탱은 장 파로탱의 초상화 앞에서 그의 시선에 사로잡힌 대상이 된다. 그러나 대상으로 멈추어 있는 것이 아니라 이 시선과 싸움을 벌인다.

> 내가 경탄하며 응시하고 있는 그의 눈이 나에게 떠나라는 암시를 했다. 나는 떠나지 않았다. 나는 마음껏 불손해졌다. …… 권세로 빛나는 얼굴을 정면에서 보고 있노라면 그 광채는 사라지고 재투성이의 찌꺼기만이 남는다는 사실을 알게 되었다. …… 파로탱은 대단한 저항을 보였다. 그러다가 갑자기 그의 시선이 캄캄해지면서 그림이 희미해졌다. …… 장님처럼 먼 눈과, 죽은 뱀같이 엷은 입과 뺨만이 있었다.[21]

시선의 투쟁 속에서, 나를 대상화하려는 타자의 시선을 이기고 내가 그 시선을 보잘것없는 눈으로, 대상으로 만든 것이다. 주체와 대상의 관계가 역전되는 이런 정황이 바로 사르트르가 '역전 가능성'이라는 말로 표현하고자 하는 바다. 시선의 투쟁은 부르주아들의 초상화에 대한 혐오를 담은 위 구절이 알려주듯 계급적 맥락에 자리 잡을 뿐 아니라 다양한 문맥 속에 뿌리 내린다. 가령 사디즘은 주체로서 내가 타자를 대상으로 삼는 방식이며, 마조히즘은 내가 타자라는 주체 앞에서 대상이 되는 방식이다.

덧붙이면, 로캉탱이 미술관에서 시선과의 투쟁을 벌이는 장면은 우리에게 하나의 흥미로운 문제를 던진다. 앞서 말했던 것처럼 눈은 보이는 대상이고 시선은 보이지 않는 것이다. 그리고 그림(초상화)은 보이는 것이다. 시선은 보이지 않는 것인데, 보이는 초상화 속에서 시선은 작동하고 있다. 어떻게 보이는 대상인 그림으로부터 보이지 않는 시선이 출현할 수 있는가? 시선은 눈이라는 후원자를 통해 출현하므로 초상화의 후원을 받아서 부르주아의 시선이 출현하는 것이라고 우리는 대답할 수 있을 것이다.

그러나 그림 또는 사진 속의 시선이라는 문제와 관련하여 제기할 수 있는 다음 문제는 보다 심각해 보인다. 살아 있는 인간이 아니라 이미 죽은 자들의 초상화 역시 시선을 던지고 있다. 앞서 본 장 파로탱의 경우도 여기 속한다. 그런데 타자가 죽어서도 그림의 후원을 받아 시선을 계속 던질 수 있다면 타자 존재의 소멸은 이루어지지 않는다. 결국 초상화 속에서 시선을 던지는 타자 존재는 죽지 않는 존재, 무를 모르는 존재인 것이다. 이는 또한 살아 있는 존재로서 소멸하는 타자와 시선으로서의 타자가 일치하지 않는다는 것을 의미한다. 그렇다면 도대체 우리가 시선이라는 개념 아래 밝혀내고자 한 타자 존재란 무엇인가? 그것은 살아 있는 존재의 소멸을 비웃는 유령 같은 존재인가? 만약 초상화와 같은 기념물 속에서도 영원한 시선이 출현한다면 시선은 인간적 현존과 상관없는 것이 되어버린다. 현상학은 형이상학이 아니며 구체적 체험을 다루는 것임을 상기한다면, 시선을 구체적 인간의 현존과 상관없는 어떤 영원한 것처럼 만들어버리는 사르트르의 현상학은 스스로를 배신하고 있는 셈인가? 그리고 살아 있는 자의 현존과 무관한 시선(초상화의 시선)을 포함한 모든 시선이 인간의 시선이라면, 어떤 점에서 이미 인간은 신의 시선을 가지고 있는 것이리라.

19) 사르트르와 헤겔

이제 사르트르 타자론의 철학사적 배경을 이루는 인물에 대해 살펴보자. 앞서 말한 대로 사르트르의 사상은 헤겔로부터 큰 영감을 얻고 있으며, 타자론 역시 그렇다. 헤겔의 '주인과 노예의 변증법'은 사르트르 타자론에 지대한 영향을 주었다. '주인과 노예의 변증법'에서 헤겔의 획기적인 면모는 '자기의식이 곧 사회적 의식'임을 보여준 것이다. 자기의식이란 모든 것을 의심 속에 던져둔 채 고립되어 있는 데카르트의 코기토 같은 것이 아니다. 칸트는 『순수이성비판』의 「관념론논박」에서 종합하는 활동을 하는 의식은 경험적 대상을 경유해서 자신의 정체성에 도달할 수 있음을 보여주었다. 하지만 여기서 종합하는 의식의 정체성(자기의식)은 경험 대상을 경유해서 얻어지는 것이지, 또 다른 의식, 즉 타자를 경유해서 얻어지는 것은 아니다. 여기에는 자기의 자기 됨이 타자의 의식을 경유하여 가능하다는 성찰이 전무하다.

이와 달리 헤겔에서 자기의식은 곧 사회적 의식, 즉 타자와의 관계를 통해 성립하는 의식이다. 자기의식이 곧 사회적 의식이라는 헤겔의 사상은, 어떤 사물이 정체성을 얻는 일반적인 국면을 기술하는 『정신현상학』의 다음 구절로부터도 쉽게 짐작해볼 수 있다.

타자에 대해 존재하는 한에서 독자적으로 존재하고 독자적으로 존재하는 한에서 타자에 대해서도 존재하는 것이다. …… 사물의 순수한 성질은 그대로 사물의 본질을 표현하는 듯이 보이지만 실로 그의 본질은 타자에 대한 존재와 한데 어우러져 있는 자립성에 있다.[22]

사물의 본질은 고립된 한 사물 자체에 주어지는 것이 아니라 타자와의 관계 속에서 주어진다. 이런 점에서는 의식 역시 마찬가지이다. "자기의식은 오직 다른 자기의식 속에서만 스스로 만족에 도달할 수 있는 것이다"[23]라고 헤겔은 말한다. 가령 의식이 스스로를 신민의 왕으로 여기거나 다른 이의 주인으로 여기며 만족하는 일은 타자의 의식이 그를 왕이나 주인으로 인식하는 한에서 가능하다. 이런 점에서 자기의식은 타인을 경유해서 형성된다.

자기의식은 또 하나의 자기의식과 대치해 있다. 이것이야말로 자기의식의 실태라고 하겠으니, 이제야 비로소 자기의식은 스스로가 타자화되는 가운데서의 자기통일이 성립되는 것을 알아차릴 수 있게 된다.[24]

헤겔의 이런 말은 사르트르의 철학에도 그대로 적용된다. 헤겔에서 자기의식이 타자의 자기의식과 대치하는 것과 마찬가지로, 사르트르에서 자발성을 가진 지향적 의식은 다른 자발적 의식과 늘 투쟁 상태에 있다. 그렇다면 어떻게 주체의 자기의식은 타자의 자기의식과의 대치를 통해 성립하는 것일까? 헤겔은 말한다.

각자마다가 자기와 타자에 대하여 직접 독자적인 위치에 있는 존재로 나타나긴 하지만 이러한 독자성은 동시에 타자를 매개로 하여 비로소 얻어진다. 두 개의 자기의식은 교호적인 인정 상태에 있는 의식으로서, 서로가 서로를 인정하고 있는 것이다.[25]

자기의식은 다른 의식의 인정을 경유해서만 자기의식으로 성립한다. 이 인정이라는 주제는 루소, 피히테, 헤겔을 거쳐 최근의 호네트에 이르기까지 자기성의 근본을 탐색하는 도정에서 끊임없이 중대하게 숙고되고 있다. 물론 이러한 인정은 사르트르에게선 타자와의 투쟁적 관계 속에서 얻어지는데, 이 투쟁적 관계 역시 헤겔이 이미 발견하고 있었던 것이다. 『정신현상학』에 나오는 아래 구절은 그야말로 시선끼리의 싸움이라는 사르트르 타자론의 청사진이라고 평가할 만하다.

두 개의 자기의식의 관계는 생사를 건 투쟁을 통해 각자마다 서로의 존재를 실증하는 것으로 규정된다. 쌍방이 이러한 투쟁에 뛰어들 수밖에 없는 이유는 자기가 독자적인 존재라고 하는 자기 확신을 쌍방 모두가 진리로까지 고양시켜야만 하기 때문이다. 말하자면 자유를 확증하는 데는 오직 생명을 걸고 나서는 길만이 있을 수 있으니, 자기의식에게는 단지 주어진 대로의 삶을 살아가는 것 그리고 삶의 나날 속에서 덧없는 세월을 보내는 것이 본질적인 것이 아니라, 무상함을 되씹으며 살아갈 수밖에 없는 처지에서도 결코 놓칠 수 없는 순수한 독자성을 확보하는 것이 본질적이라는 것마저도 생명을 걸고 나서지 않고서는 확증될 수가 없게 되어 있는 것이다.[26]

여기서 타자와의 관계 속에서 생명을 걸고 확증하는 자유라 일컬어진 것, 한 존재자의 독자성의 핵심에 놓여 있는 것은 후에 사르트르에게서는 지향적 의식이 지닌 양도불능의 자발성으로 이해된다. 상대방을 제압하려고 할 수밖에 없는 이런 자유, 자발성으로 인한 타자와의 투쟁, 시선들끼리의 싸움으로 표현되는 투쟁은 '인정'으로 귀결된다. 주인과 노예 사이의 인정을 기술하는 헤겔의 다음 구절을 보자.

주인은 노예에게서 그의 존재를 인정받는다. …… 어느 경우에도 노예는 비본질적인 존재로서, 한편으로는 사물을 가공해야만 하고 다른 한편으로는 특정한 물건에 종속될 수밖에 없다. 요컨대 노예로서는 그 어느 경우에도 사물을 지배하고 이를 절대적으로 부정할 수가 없는 것이다. 따라서 주인 쪽에서 보면 노예라는 타자의 의식이 스스로의 자립성을 포기하고 주인인 자기가 상대방인 노예에게 할 일을 노예 자신이 행한다는 의미에서 인정의 관계가 성립되어 있다. 그런가 하면 또 노예가 행하는 것은 본래는 주인이 행해야 하는 것이므로 노예의 행위는 곧 주인 그 자신의 행위라는 의미에서도 인정관계가 성립되어 있다.[27]

주인이 주인이 되고 노예가 노예가 되는 것은 '나는 주인이다' 또는 '나는 노예이다'라는 자기의식의 고립적 선언만으로는 불가능하다. 주인은 노예로부터 주인임을 인정받아야 하며, 노예 역시 주인과의 관계 속에서 주인을 대신해 주인의 노동을 수행한다는 점이 인정될 때 노예로서의 정체성을 가진다.

그러나 노예는 영원히 노예로 머무르는 것이 아니다. 주인과 노예의 관계는 '역전'될 수 있으며, 앞서 보았듯 사르트르는 이 역전 가능성을 "대상으로서 타자는 내가 두려워하며 다루는 폭발물과도 같다"라는 말로 표현했다. 노예는 순식간에 나의 주인이 되고, 나를 그의 노예로 만들 수 있는 폭탄인 것이다. 노예가 노예로 머물지 않고 자기 자신을 주인으로 자각하는 일은 어떻게 발생하는가? 헤겔은 현대 사회철학 전반에 엄청난 영감을 불어넣은 통찰을 제시하는데, 바로 '노동'을 통해서 노예의 의식이 변모를 겪는다는 것이다. "[노예의] 의식은 여전히 대상에 얽매인 채 독자성을 갖추고 있지는 않다. 결국 의식이 자기에게로 되돌아오는 데는 노동이 개재해야만 하는 것이다."[28] 노예가 자기 자신에 대한 새로운 의식에 도달하기 위해서는 노동이 개입해야 한다. 주인의 '욕망'과 노예의 '노동'은 다음과 같은 국면에 놓여 있다. "주인의 의식에서 욕망에 해당하는 것이 노예의 의식에서는 노동이 되는 셈인데, 어쨌든 노동에서 사물의 자립성이 유지되는 이상 노예는 사물에 대해서 종속적인 위치에 있는 듯이 보인다."[29] 주인에게 욕망인 것은, 노예에게는 그 욕망을 위한 노동으로 나타난다. 주인에게 노예가 노동을 통해 만든 사물(가령 주인을 위한 음식)은 주인의 욕망으로 곧바로 흡수되지만, 노예에게 그 사물은 노예의 의지와 욕망에 동화될 수 없는 자립적인 것으로 남는다. 그러니 여기서 사물의 자립성이란 곧 노예가 자신이 수행한 노동으로부터 소외되어 있다는 것을 뜻한다. 노예는 자신의 노동이 만들었으나 오직 주인에게만 동화되는 저 사물로부터 소외되는 것이다. 그렇다면 노예의 자기의식의 변화는 어떻게 일어나는가?

주인에게 봉사할 때 독자적인 존재는 타자로서 자기와 맞서 있다. 말하자면 주인에 대한 공포 속에서 스스로 독자적인 존재임이 몸소 깨우쳐지는 것이다. 사물을 형성하는 가운데 스스로가 독자적 존재라는 것을 깨우치면서 마침내 그는 완전무결한 독자존재임을 의식하기에 이른다. …… 그리하여 의식은 타율적으로밖에는 느껴지지 않는 노동 속에서 오히려 자력으로 자기를 재발견하는 주체적인 의미를 이끌어내는 것이다.[30]

주인에게 봉사할 때의 노예는 주인을 위한 사물에 종속되어 있기 때문에, 자율적인 자기와 맞서 있는 상태이다. 그런데 노예는 자율적인 힘으로 사물을 생산해내는 노동의 과정을 통해 자신이 다른 것에 종속되어 있지 않으며, 생산의 주체가 자기 자신임을 깨닫는다. 노예가 자신이 주체임을 깨닫는 것은, 그가 더 이상 노예의 자리에 있지 않고 주인의 자리로 이동하는 위치의 전환이 일어난다는 것을 뜻한다. 따라서 영원히 고정되어 있는 주인과 노예의 관계란 있을 수 없다. 양자 사이의 관계에는 역전이 일어나는 것이다. 헤겔이 생각하는 이러한 타자와의 관계, 주인과 노예의 투쟁이 사르트르가 말하는 타자와의 관계, 즉 시선들끼리의 싸움, '나'가 대상이 되고 다시 역전을 통해 주관이 되어서 상대방을 대상화하는 그런 관계의 청사진이 되고 있다는 점은 분명하다. 그러므로 우리는 왜 사르트르가 타자론에 있어서 헤겔을 후설보다 높이 평가하는지 잘 이해할 수 있다.

연대적인 순서의 규칙을 도외시하고, 일종의 무시간적 변증법의 규칙

을 따른다면, 헤겔의 『정신현상학』 제1권에서 이 문제에 제안한 해결책
은, 우리에게 있어서 후설이 제공하는 해결책 위에 중요한 한 걸음을 전
진한 것처럼 생각될 것이다.(『존재와 무』, 405쪽)

20) 헤겔에 대한 비판

이제껏 살펴본 것처럼 사르트르의 타자론은 헤겔이 만들어놓은 설
계도 위에 구축되어 있다. 그럼에도 사르트르에게서 가장 흥미로운 부
분 가운데 하나는 헤겔의 타자론에 대한 비판이다. 왜 헤겔은 비판의
대상이 될 수밖에 없는가? 헤겔은 주인이 스스로를 주인으로 인식하
려면 노예의 의식을 경유해야 한다고 하였다. 주인은 자신을 주인으로
인식하는 노예를 인식하는 한에서, 스스로를 주인으로 인식할 수 있
다. 여기에도 역시 앞서의 타자이론들에서 반복되었던 문제, 즉 '인식'
이라는 걸림돌이 끼어들고 있는 것이다. 하나의 대상은 어떻게 '노예
로 인식'되는가? 어떻게 모든 의심을 봉쇄하고 확실히 저 사람이 노예
임을 인식할 수 있는가? 주인이 노예의 의식을 경유하기 위해서는 이
처럼 노예를 노예로 인식하는 일이 선행적으로 요구된다. 그리고 '인식'
의 차원에서 타자는 결코 개연적인 것 이상이 될 수 없다. 결국 헤겔에
서 노예는 상대방을 주인으로 '존재'하게 해주고, 주인은 상대방을 노
예로 '존재'하게 해주지만, 양자의 관계를 통해 가능하게 되는 이 '존
재함'이란 결국 개연적 인식에 의존하는 것이다. "여기서 **존재의 척도
가 되는 것은 또한 인식**이다."(『존재와 무』, 409쪽) 내가 주인으로 존재하

는 일은 먼저 내가 노예를 인식하는 것을 조건으로 가능하다. 결국 척도는 '인식'이다. "헤겔은 궁극적으로 '대상-존재'로 환원될 수 없는, 하나의 대타존재가 있을 수 있다는 것은 생각해보지도 않는다."(『존재와 무』, 409쪽) 인식적 대상이 아닌 타자 존재가 가능하다는 것을 헤겔은 생각해보지 않았다.

> 그러므로 이런 모든 변증법적 단계를 통해 자기를 해방시키려고 애쓰는 보편적인 자기의식은, 그 자신이 인정하고 있듯이, '나는 나다'라는 하나의 단순하고 공허한 형식으로 환원될 수 있다.(『존재와 무』, 409쪽)

헤겔은 여전히 인식론적인 관심을 벗어나지 못했다. '그는 노예이다'라는 인식은 '나는, 그가 노예라는 것을 내가 알고 있다는 것을 안다'는 것이고, 이는 '그는 노예이다'라는 표상이 나의 자기의식에 매개되어 있다는 것을 뜻한다. 이것이 뭔가를 '안다'고 했을 때의 의식의 구조이다. '인식'이란 당연히 내가 그것이 무엇인지 모르는 채 내 안에 있는 표상일 수 없으므로 반드시 '나는 나를 생각한다'라는 자기의식에 매개되어야 한다. 그런데 유아론의 모든 도전이 강력히 알려주듯 저 인식('그는 노예이다')은 개연적인 것일 수밖에 없다고 우리는 계속해서 확인해왔다. 그렇다면 결국 '나는 나다'(가령 '나는 주인이다')라는 형식을 지닌 나의 존재는 타인의 존재(노예의 존재)를 통해 달성되는 것이 아니라, '그는 노예이다'라는 한낱 개연적인 관념을 통해 달성되는 것이다. 따라서 노예라는 타인의 표상이 개연적인 만큼 나의 존재도 개연적이며, 타인의 현존에 앞서 이미 정립되어 있는 '나는 나다'라는 나의 존재의 형식은 공허한 것으로 머문다.

21) 사르트르에서도 타자의 시선은 인식 대상이 아닌가?

그런데 여기에서 흥미로우면서도 심각한 쟁점이 발생하는데, 이는 헤겔에 대한 사르트르의 비판이 바로 사르트르 자신에게도 적용된다는 점이다. 사르트르 타자론에서 관건은 타자에 대한 인식적 관점을 피하는 것이다. 타자의 내면은 그의 외관 때문에 가로막혀 있으므로, 타자에 대한 직접적 인식은 불가능하고 따라서 간접적 인식만이 가능하며, 이 간접성은 타자 존재에 대한 개연성을 초래한다는 것이 사르트르가 견지하는 기본적인 입장이다. 그런데 바로 사르트르의 타자론 역시 이런 인식적 관점을 벗어나지 못하고 있다면? 이에 대한 확인을 위해 우리는 다음 장에서 살펴볼 메를로퐁티의 타자론을 잠시 앞질러 참조할 필요가 있다. 메를로퐁티는 『지각의 현상학』(1945)의 몇몇 구절에서 비록 직접적으로 사르트르의 이름을 언급하고 있지는 않지만, 은연중 그에 관한 흥미로운 비판을 보여주고 있다. 타자론의 경우 역시 마찬가지다. 우리가 보았던 것처럼 사르트르는 타자와의 인식적 관계가 아닌 존재론적 관계의 가능성을 '타인으로부터 시선 받음'이라는 주제로부터 읽어내려 했는데, 『지각의 현상학』의 아래 구절은 바로 이 '시선 받음'이 지닌 인식론적 측면을 조명해주고 있다.

사람들은 타인과 나를 택일해야 한다고 말한다. …… 타인은 나를 대상으로 변형시키고 나를 부정하며, 나는 타인을 대상으로 변형시키고 타인을 부정한다고 말한다. 사실상, 타인의 시선이 나를 대상으로 변형시키고 나의 시선이 타인을 대상으로 변형시키는 것은 …… 곤충의 행동들처럼 관찰된 것으로 느끼는 한에서이다. 이것은 예를 들면 내가 낯선 사람의 시선을 받을 때 일어난다. …… 타인의 시선에 의한 개개인의 객관화[대상화]는 그것이 가능적 의사소통을 대신한다는 까닭으로 인해서만 참기 어려운 것으로 느껴진다. **나를 향한 개의 시선은 결코 나를 거북하게 만들지 않는다.** 의사소통을 거부하는 것은 여전히 의사소통의 방식이다.(『지각』, 540~541쪽)

별다른 설명을 붙이지 않더라도 우리는 위 구절이 시선끼리의 투쟁이라는 사르트르의 타자론을 염두에 두고 쓰인 것이라는 것을 알 수 있다. 타인과의 의사소통은 타인에 대한 인식을 전제한다. 나와 마주하고 있는 타인이 누구인지 모르고서 의사소통을 할 수는 없는 까닭이다. 그렇다면 타인의 시선을 받을 때 나는 타인을 인식 대상으로 삼지 못하므로 의사소통은 불가능할 것이다. 타자와의 투쟁적 관계 속에는 상호 인식을 바탕으로 한 의사소통이란 불가능해 보인다. 그런데 왜 메를로퐁티는 위에서 "의사소통을 거부하는 것은 여전히 의사소통의 방식이다"라고 쓰고 있는 걸까? 저 말은 타인에게 시선 받음(타인의 시선이 포착한 대상이 됨), 즉 의사소통이 될 수 없는 것 역시 여전히 의사소통이라는 것을 뜻한다. 그리고 앞서 말했듯 의사소통은 타인에 대한 인식을 전제한다. 그렇다면 타인의 시선 아래 놓일 때도, 나는 그냥 그 시선에 '인식된 대상으로 머무는 것이 아니라' 타인을 '주체의 자

타자철학

격을 가지고서' 인식하는 것이 아닌가? 바로 그렇다.

메를로퐁티는 위에서 말하고 있다. "나를 향한 개의 시선은 결코 나를 거북하게 만들지 않는다." 다시 말해, 내가 열쇠 구멍을 엿보고 있을 때 개의 시선이 등장한다면 그것은 나를 수치스럽게 하지 않는다.(지금 우리가 다루는 맥락과는 별도이지만 잠깐 덧붙이자면, 메를로퐁티의 이런 생각 역시 의심될 수 있다. 부버, 데리다 등은 동물(가령 고양이)이라는 타자 앞에서 벌거벗었을 때 생기는 수치에 대해 사유한다. 이 점에 대해서는 데리다를 다루는 8장에서 보게 될 것이다.) 저 구절은 오로지 사람의 시선이 내게 던져질 때만 수치라는 지향적 의식이 발생한다고 말하고 있다. 이것이 뜻하는 바는 주관은 스스로에게 던져지고 있는 시선이 누구의 것인지, 사람의 것인지 동물의 것인지 '인식'하고 있다는 것이다. 결국 타자의 시선 앞에서 주관은 인식 주관으로서의 지위를 잃고 대상이 되는 것이 아니라, 여전히 인식 주관으로서 타자를 대상(가령 개 아니면 사람)으로서 인식하고 식별하고 있는 것이다. 요컨대 타인의 시선 앞에 던져진 자는 여전히 '인식 주관'이다. 나는 시선을 받는 자인 동시에 보는 자인 것이다. 즉 보는 주체가 되거나 아니면 보여지는 대상으로만 머무는 사르트르식의 양자택일이란 없다. 이런 맥락에서 메를로퐁티는 의사소통의 거부(타인의 시선 앞에 대상이 됨)는 여전히 의사소통의 한 방식(타인의 시선이 누구의 시선인지 '인식'하는 것)이라고 말했던 것이다. 이러한 메를로퐁티의 비판이 드러내주고 있는 것은 사르트르 역시 타자와의 관계를 사유함에 있어서 인식론적 관점에서 벗어나지 못하고 있다는 점이다. 그렇다면 결국 사르트르가 헤겔에 가한 비판, 즉 헤겔이 타인에 대한 인식론적 관점에 근본적으로 의존하고 있다는 비판은 사르트르 그 자신에게 동일하게 적용되지 않겠는가? 바로 그렇다. 시선이 인간의 시선이라는 점이 알려진다면 그 시선은 인식의 대상이고, 인식의 대상이라면, 시선을 던지고 있는 타자의 존재는 주체에게 개연적이다.

22) 메를로퐁티와 라캉: 우리는 이미 '보여진 자'이기에 볼 수 있다

사르트르의 타자론, 즉 시선 이론에 대한 비판적 성찰을 계속 진행해보자. 메를로퐁티, 그리고 시선의 문제와 관련해 메를로퐁티와 친화적인 입장을 지닌 라캉의 관점은 사르트르의 타자론에 근본적인 문제를 제기한다. 쟁점을 잠깐 요약하면, 사르트르의 타자론에서는 타자가 시선(주체)인 한에서 나는 대상이고, 내가 시선(주체)인 한에서 타자는 대상이다. 여기엔 주체 아니면 대상이라는 양자택일이 있지, 주체가 동시에 대상일 수는 없다. 반면 메를로퐁티나 라캉의 생각은 타인에 의해 보여지는 것과 내가 타인을 보는 일은 양자택일의 문제가 아니라, 서로 얽혀서 함께 일어나는 일이라는 것이다. 메를로퐁티는 『지각의 현상학』에서 이렇게 쓰고 있다.

> 타인의 '코기토'는 나 자신의 '코기토'에서 모든 가치를 빼앗고 …… 나에 의해 겨냥되고 구성되는 그런 존재에 접근할 수 있다는, 내가 홀로 가진 확신을 잃어버리게 한다. 그러나 우리는 개인적 지각에서 우리의 조망적 봄들을 상호 분리해서 실현하지 않는다는 것을 배웠다.(『지각』, 528쪽)

내가 '본다'는 것은 단지 타인을 봄의 대상으로 삼는 일이 아니고, 타인이 나를 본다는 것 역시 보는 능력으로 대표되는 나 자신의 주체성을 말살하고 나를 그저 대상으로 삼는 일이 아니다. "우리는 개인적 지각에서 우리의 조망적 봄들을 상호 분리해서 실현하지 않는다." 즉 내가 보는 일은 타인이 나를 보는 일과 분리되어서 별개로 실현되지 않는다. 내가 보는 일은 타인이 나를 보는 일을 필연적 조건으로 삼고서만 실현된다. 이러한 점을 보다 심도 깊게 살피기 위해서는 라캉의 『세미나 11』의 몇몇 구절을 읽어보아야 한다. 라캉은 메를로퐁티를 다음과 같이 해설하고 있다.

> 이제 메를로퐁티는 이러한 현상학 자체의 한계를 헤치고 다음 발걸음을 뗍니다. …… **우리 눈에 보이는 것은 누군가의 눈이 우리를 보고 있다는 점에 의존한다는 사실**을 재확인하는 쪽으로 나 있으니 말입니다. …… 나는 단 한 지점에서 볼 뿐이지만, 나의 실존 속에서 나는 사방에서 응시되고 있다는 겁니다.(『세미나』, 114쪽)

우리의 눈에 보이는 것은 누군가의 눈이 우리를 보고 있다는 점에 의존한다. 예를 들어 강의 중에 교수가 학생들을 보는 시선은 분명 학생들이 교수를 바라보는 시선을 조건으로 한다. 교수는 그의 직장 동료들을 보는 식으로 학생들을 바라보지 않는다. 왜냐하면 학생들의 시선에 포착된 그의 모습이, 그가 학생들을 바라보는 위치를 결정하기 때문이다. 타인을 바라보는 특정한 방식과 위치가 있다. 이 방식과 위치는 타인이 나를 보는 시선에 의해 정해진다.

요컨대 우리는 무엇인가를 보기 이전에 이미 근본적으로 '보여진 자'이다. '보여진 자'는 특정 위치에서 정체성이 정해진 자임을 뜻한다. '나'는 이미 보여지고 있고, 보여짐으로써 위치를 가지게 되며, 그 위치에서 바라보게 된다. 즉 본다는 것(인식한다는 것)은 자기의식을 기원으로 해서 이루어지는 일이 아니다. 보는 일을 수행하는 지향적 의식 역시 사르트르의 생각과 달리 자기원인이 아니다. 메를로퐁티가 깨닫고 있는 점은, 자기의식은 근원의 자리에 있지 않고 이차적인 것이라는 점이다. "우리는 발원적 지각이 비정립적·선객관적·선의식적 경험이라는 것을 보았다."(『지각』, 368쪽) 우리는 선(先)의식적 층위에서 시선을 받고 있으며, 선의식적 층위에 던져지는 그 시선에 따라 우리의 의식적 위치, 자기의식의 위치가 결정된다. 그리고 우리는 바로 그렇게 탄생한 위치에서 대상을 바라본다. 이 과정을 상징적으로 잘 보여주는 예가 자연 안의 '의태(擬態)'(가령 카멜레온 같은 생물이 주변 환경과 동일한 색이나 동일한 무늬를 만드는 것)이다.

보통 우리는 생물들의 의태가 환경에 대한 적응, 생존 가능성을 높이는 일과 관련이 있다고 생각한다. 그러나 의태는 생존을 위한 적응이라는 생물학적 과정과는 별로 상관이 없어 보인다. 라캉은 다음 구절에서 의태를 생존을 위한 적응으로 이해하는 관점을 비판한다.

거기서는 적응이라는 준거가 아주 예리하게 비판되고 있지요. 한편으로 가령 곤충에게서 의태의 결정적인 변이가 제 효과를 발휘하려면 그것은 단번에, 그리고 즉시 일어나야 한다는 겁니다. 다른 한편, 그러한 변이에 소위 적자생존적 효과가 존재한다는 주장은 모종의 의태를 통해 스스로를 보호한다고 하는 곤충도 그렇지 않은 곤충만큼이나 새들, 특히 포식성 조류들에게 잡아먹힌다는 사실을 보면 전혀 설득력이 없다는 겁니다.(『세미나』, 116쪽)

의태를 사용하는 곤충도 그렇지 않은 곤충만큼 새들에게 잡아먹힌다는 데서 알 수 있듯이 의태는 환경에 대한 적응의 차원에서 파악될 수 없다. 그렇다면 의태에서 읽어낼 수 있는 것은 무엇인가? 의태를 사용하는 곤충들이나 물고기들은 자신이 환경과 같은 색깔이나 형태를 지녔음을 의식하지 않는다. 의식하지 않았음에도 그들이 환경과 같은 색 또는 형태를 이루고 있다는 것은 '의식 이전에 보여짐'이 이루어졌다는 것 외에 무엇이겠는가? 타자에 의해 보이지 않았다면 왜 환경과 같은 색으로 몸 색깔을 꾸몄겠는가?

우리 역시 스스로 의식하기 이전에 '보여지고 있다.' 우리는 선의식적 경험의 차원에서 '보여지고 있다.' "스스로를 의식[자기원인으로서 자기의식]이라고 상상하며 자족하는 시각 형태로는 절대로 포착될 수 없는 것"(『세미나』, 117쪽)이 이 보여짐의 문제이다.

핵심적인 사안들을 요약해보자. '본다'는 것은 사르트르에게서처럼 기원적인 것이 아니다. '본다'가 기원적이지 않다는 말은 곧 자기의식이 기원적이지 않음을 뜻한다. 사르트르에게서는 완벽한 지향적 의식의 자발성(더 이상 근거를 물을 수 없는 자발성)이 자유이고 이러한 자유를 바탕으로 시선이 작동한다. 그러나 의식의 자발성은 근본에 있는 것이 아니다. 우리는 먼저 다른 시선에 의해 보여진 위치에서 자기 정체성을 찾고 그 자리에서만 볼 수 있다. 사르트르가 기원적인 의식의 자유를 무라고 하였다면, 메를로퐁티에서 의식은 완벽한 무에서 출발하는 것이 아니라 규정되어 있는 내용(타자에 의해 보여진 바)을 가진 자리에서 출발한다. 마치 생물들이 다른 시선에 의해 모습이 원초적으로 결정되어 있는 의태의 자리에서 본다는 것을 시작하듯 말이다.

물론 사르트르가 이와 반대되는 입장에 설 수밖에 없는 이유 역시 잊어서는 안 된다. 앞서 읽었던 『닫힌 방』에 나오는 이네스의 대사들을 상기하라. "내가 거울이 되어줄까요? 이리와요, 우리 집에 초대합니다." "내가 그녀 속으로 스르르 들어가서 그녀가 내 눈을 통해서 그를 봤어요." 이 구절들은 타자의 시선이 바라보는 자리에서 탄생하는 시선이란, 타자의 시선의 지배를 받는 일의 구현 외에 다른 것이 아니라는 사실을 말해주고 있다.

23) 시각은 어떻게 생겨났나?: 서구 사상의 전통에서 '보여짐'과 '봄'

우리는 무전제의 자발성 속에서 출발해서 보는 것이 아니라, 먼저 타자의 시선에 보여지는 한에서 '본다'라는 생각을 살펴보았다. 이것은 메를로퐁티나 라캉에 국한되는 하나의 현대적 사상의 표명인가? 그렇지 않을 것이다. '보여짐으로써 비로소 보게 된다'는 것은 매우 오랜 사상적 배경을 가지고 있다. 이 전통을 잠시 구성해보고자 한다. 단지 사상사에 대한 탐구가 아니라 '그 탐구사의 고고학'이라 일컬어도 좋을 만큼 '보여짐으로써 본다'라는 것은 이런저런 오랜 문명들의 배후에 흔적을 가지고 있다.

타자철학

이 주제와 관련된 가장 어린 문헌, 가장 최근의 책이라 해도 좋을 들뢰즈의 『차이와 반복』에서 한 구절을 읽어보자.

동물이 스스로 눈을 형성해낸다면, 이는 분산되고 흩어져 있는 빛의 자극들을 자기 신체의 특권적인 한 표면 위에서 재생되도록 규정하기 때문이다. 눈은 빛을 묶는다. 눈은 그 자체가 어떤 묶인 빛이다.(『차이와 반복』, 222쪽)

분산되고 흩어져 있는 빛이 반복적으로 피부에 자극을 줄 때, 그 빛에 응하는 기관으로서 점차 눈이 생긴다는 것이다. 이러한 주장이 어떻게 형성되었는지를 과학을 통해서보다는 사상사적 전통 속에서 살피는 것이 우리의 관건이다. 이런 맥락에서 우리는 『차이와 반복』의 저 인용과 매우 유사한 괴테의 『색채론』의 다음 구절을 읽어야 한다.

눈의 존재는 빛으로 인해 생겨난 것이다. 빛은 동물의 둔감한 보조기관들로부터 자신과 유사한 하나의 기관을 생성시킨다. 그리하여 눈은 빛과 만나면서 빛을 위한 기관으로 형성되며, 이로써 내부의 빛과 외부의 빛은 서로 감응하게 되는 것이다.[31]

빛이 비추어지고, 빛과 유사한 하나의 기관인 눈이 생성된다. 그러니까 눈은 빛이 먼저 바라본 이후에 그 빛에 의해 정체성이 결정된 형태로, 즉 빛에 반응하는 기관으로 탄생한다. 이는 '우리는 누군가 우리를 보는 한에서 위치 지어지고 그 위치에서 바라본다'라는 메를로퐁티의 주제가 생물학적 차원의 기관의 발생이란 맥락 속에서 표현된 것이다. 눈은 언제 보는가? 요컨대 먼저 빛에 의해 보여져야만, 눈이 그 보여진 자리에서 본다. 좀 더 시대를 거슬러 올라가보면, 동일한 사유가 라이프니츠의 「단자론」에서도 등장한다.

다량의 광선이나 공기 진동을 집중함으로써 그들이 결합하여 작용할 수 있도록 하기 위하여 자연이 동물에게 감각기관을 부여했다는 사실로부터 우리는 또한 자연이 동물에게 어떤 탁월한 지각들을 부여했다는 사실을 알 수 있다.[32]

여기서 광선의 집중으로부터 태어난 동물 기관은 눈이며, 공기 진동의 집중을 통해 태어난 기관은 귀이다. 역시 광선에 의해 보여짐을 통해 눈이 보게 된다는 사상이 반복되고 있다. 그런데 이러한 사고방식의 역사는 들뢰즈, 괴테, 라이프니츠를 훨씬 넘어선다. 이집트의 파라오 아케나톤과 관련된 텍스트가 있다. 프로이트의 『인간 모세와 일신교』, 토마스 만의 『요셉과 그 형제들』에서 중요한 성찰의 대상이 될 뿐 아니라 필립 글래스의 오페라 「아켄아텐」에서 탐구되기도 했던, 너무도 흥미로운 이 파라오에 대해서 여러 가지 이야기를 하고 싶은 욕심을 이 책에서는 참아야겠지만, 그가 기원전 14세기의 인물이며 다신교를 마감하고 세계 최초로 일신교를 실험해보려던 자라는 사실만은 먼저 이야기해야겠다.

파라오 아케나톤의 신학적 사색을 담은 노래 「위대한 찬가」라는 파피루스에 우리가 지금 다루고 있는 주제와 관련된 아주 재미있는 내용이 있다. **"당신의 빛은 당신이 창조한 모든 것을 위한 눈을 만든다."**[33]
이 구절은 앞서 우리가 살펴본 근현대 텍스트의 모든 구절을 기원적으로 압축하고 있다. 과학적 설명, 즉 피부에 빛의 자극이 반복되는 부분에 눈이 형성된다는 주장은 파라오의 저 신학적 주장, "당신의 빛은 당신이 창조한 모든 것을 위한 눈을 만든다" 안에 이미 쓰여 있었던 셈이다. 900년 뒤인 기원전 5세기, 이집트 파라오의 저 찬가는 그대로 그리스인 플라톤 사상의 핵심에 자리 잡는다. 플라톤은 『국가』에서 이데아의 지위를 설명하기 위해 태양을 비유로 들며 이렇게 말한다.

> 눈은 감관과 관련되는 기관(organon)들 중에서는 어쨌든 태양을 가장 많이 닮은 것일세. …… 눈은 자기가 갖는 이 힘 또한 태양에서, 마치 넘쳐흐르는 것을 받듯, 분배받아 갖지 않겠는가? …… 태양도 시각이 아니고, 이 (시각)의 원인이 되는 것[이네].[34]

여기서 플라톤은 태양이 시각(눈)의 원인이라고 말한다. 눈은 태양에 응해서 생겨난 것이다. "눈은 자기가 갖는 이 힘 또한 태양에서, 마치 넘쳐흐르는 것을 받듯, 분배받아 갖지 않겠는가?" 이를 다음과 같이 바꾸어 쓸 수도 있을 것이다. 눈의 정체성은 태양의 시선에 의해 결정된다고. 아케나톤의 「위대한 찬가」에서 본 태양(신성한 원반)의 시선에 의한 눈의 탄생 이야기는, 900년 뒤 이 종교적 찬가를 그리스적 사고방식, 즉 철학 안으로 끌어들인 플라톤의 『국가』를 거쳐 라이프니츠, 괴테, 들뢰즈에 이르기까지 때로는 철학의, 때로는 과학의 외관을 쓰면서 계승되고 있다. 물론 이러한 전통의 현대적 끝자락에 놓여 있는 메를로퐁티에서도 그렇다. 메를로퐁티는 『눈과 마음』에서 화가 앙드레 마르샹의 말을 인용하며 '본다'의 문제를 다루는데, 마르샹의 문장은 다음과 같다.

숲에서 나는 여러 번에 걸쳐 이런 느낌을 받았다. 내가 숲을 바라보는 것이 아니었다. 나무가 나를 바라보았고 나무가 나에게 말을 했다. ……화가는 우주에 관통돼야 하지 우주를 관통하길 원해서는 안 된다.[35]

'본다'라는 화가의 시선의 정체성은 능동적으로 바라보는 행위를 통해 생겨나는 것이 아니다. 내가 숲을 바라보는 것이 아니라 나무가 나를 바라보며, 이런 타자의 시선을 통해 비로소 숲을 그리는 자, 화가의 시선은 정체성을 얻게 된다. 나무의 시선이 보는 자로서 화가의 위치를 결정짓는 것이다.

우리는 '타자의 바라봄을 통해 보는 자의 정체성이 생긴다'는 사상의 오랜 역사적 연원을 살폈다. 우리 논의의 맥락에서는 약간 벗어난 것이지만, 철학사적 중요성을 고려하여 이 흥미로운 주제와 관련하여 좀 더 살펴보고 싶은 것이 있다. 교류(가령 눈과 빛 사이의 교류)는 배타적으로 이루어진다. 즉 눈은 소리나 맛이 아닌 빛에 대해서만 응답한다. 이런 식의 교류가 가능한 것은 양자 사이에 모종의 동종성이 있어서인가? 이 친화성이 고대 이래 여러 사상의 바탕에 자리한다. 눈은 태양을 가장 많이 닮은 것이며, 이는 괴테에게서는 빛이 '자신과 유사한 하나의 기관을 생성'시켰다는 말로 표현된다. 괴테는 『색채론』에서 다음과 같이 말한다.

타자철학

여기에서 우리는 고대의 이오니아학파를 기억하게 된다. 그들은 동일한 것으로부터만 동일한 것이 인식될 수 있노라고 아주 의미심장하게 반복해서 말했던 것이다. 그런 의도를 잘 드러내고 있는 고대의 한 신비주의자[플로티누스]의 말을 독일어 시구로 다음과 같이 번역해보기로 하자.

눈이 태양과 같지 않다면,

우리는 빛을 어떻게 볼 수 있겠는가?

우리들 속에 신 자신의 힘이 살아 있지 않다면,

신성이 우리를 어떻게 매혹시키겠는가?

빛과 눈 사이의 이러한 직접적인 친근성은 그 누구도 부인할 수 없다.[36]

빛은 눈을 자신과 동질적인 것으로 창조했다. 이런 생각에는 엠페도클레스 이래 서구 사상의 근본 전제, 즉 '같은 것은 같은 것을 통해 인지된다'라는 생각이 깔려 있다. 아리스토텔레스의 제자 테오프라스토스는 엠페도클레스의 이 사상을 다음과 같이 표현하고 있다. "[감각들] 각각의 통로에 [방출물들이] 꼭 들어맞기 때문에 감각이 성립한다고 말한다. 이 때문에 감각은 다른 감각에 속하는 것을 서로 식별할 수 없다."(대괄호는 옮긴이)[37] 즉 각각의 감각(색, 소리 등)은 각각의 감관(시각, 청각 등)에만 맞게 되어 있다. 감각의 생김새와 그것이 들어올 수 있는 감관의 통로 모양이 서로 '동일하기' 때문이다. 같은 맥락에서 엠페도클레스에 관한 플라톤 『메논』의 다음 구절을 읽을 수 있다. "[감각적] 유출물들 중 일부는 어떤 통로들에 맞지만, 다른 것들은 통로들보다 더 작거나 더 크다. …… 색깔이란 시각에 들어맞고 지각될 수 있는,

형태들의 유출물[이다.]"³⁸ 같은 것은 같은 것을 통해서만 인식된다는 사상(가령 색은 시각을 통해서만 인식된다는 것)은 근대의 칸트 철학에서는 서로 이질적인 감성과 지성을 매개해주는, 감성적인 동시에 지성적인 상상력의 '도식' 개념에 흔적을 남기고 있다. 스피노자의 병행론의 내용은, 인과성은 동종적인 것 사이에서만 가능하다는 것이다. 즉 인과성은 관념과 관념 사이 또는 물질과 물질 사이에서만 성립하지, 관념과 물질 사이에서 성립하지는 않는다는 것인데, 이 바탕에도 같은 것은 같은 것과만 교류한다는 생각이 자리 잡고 있다. '눈은 태양을 가장 많이 닮았다'는 플라톤의『국가』의 구절도 그렇고, 서로 교류하는 빛과 눈 사이의 동종성을 이야기하는 괴테의 위 구절 역시 '같은 것은 같은 것을 통해 교류한다'는 오래된 사상의 흔적이다.

24) 사르트르에 대한 라캉의 비판

사르트르의 시선 이론에 대한 라캉의 비판은 우리가 살펴본 메를로퐁티의 비판과 같은 맥락에 위치한다. 이제 사르트르에 대한 라캉의 비판을 중심에 놓고 다루어보자. 라캉은 시선에 대한 메를로퐁티의 생각을 다음과 같은 방식으로 수용한다. 아래 인용에서 '응시'라는 단어는 모두 'regard(gaze)'의 번역어로서 우리가 지금껏 채택했던 '시선'이라는 번역어에 대응하는 것이다.

메를로퐁티의 지적처럼, 저는 우리가 세계의 광경 속에서 응시되고

[시선을 받고] 있는 존재들이라고 생각합니다. 우리를 의식하는 존재로 만드는 것은 동시에 우리를 speculum mundi(세계의 거울)로 위치시킵니다. 제가 조금 전에 메를로퐁티를 따라서 이야기한 우리를 에워싸는 응시[시선], 자기 모습을 드러내지 않은 채 무엇보다 우리를 응시되는[시선을 받는] 존재로 만들어버리는 응시[시선], 바로 그러한 응시[시선]에 의해 우리는 응시되는[시선을 받는] 것에서 만족을 느끼는 게 아닐까요? 이런 의미에서 세계의 광경은 모든 것을 훔쳐보는 자(omnivoyeur)처럼 보입니다.(『세미나』, 118쪽)

여기서 "모든 것을 훔쳐보는 자"는 '자기 모습을 드러내지 않은 채 우리를 응시'한다. 자기 모습을 드러내지 않는 까닭은, 메를로퐁티에서 보았듯 시선이 선객관적·선의식적인 차원에서 주어지기 때문이다. 즉 시선은 우리의 자기의식에 매개되는 것이 아니기 때문에 우리에게 알려지지 않는 것이고, 따라서 우리 의식에게 모습을 드러내지 않는다.

그렇다면 라캉에게 선의식적인 차원에서 주어지는 시선은 어떤 의미를 지니는가? 세계 자체가 우리를 보고 있는 시선이다. '자기 자신은 보이지 않은 채 엿보는 자처럼 우리를 보는 것'이 곧 세계이다. "나는 단 한 지점에서 볼 뿐이지만, 나의 실존 속에서 나는 사방에서 응시되고" 있다. 모든 것을 훔쳐보고 있는 세계에 의해 나는 사방에서 응시되고 있다.

이러한 라캉의 시선 이론을 이해하기 위해선 아주 간략하게나마 그의 '충동(pulsion) 이론'에 대한 이해가 필요하다. 라캉은 인간이 엄마의 자궁에서 빠져나왔을 때를 hommelette이라는 말로 표현한다. 프랑스어에서 homme는 '인간'을 뜻한다. 이 단어에서 h는 소리가 없는 묵음이다. 따라서 이 단어는 깨진 달걀로 만든 요리 '오믈렛'이라고 발음된다. 말장난을 즐기는 라캉은 이 단어 '오믈렛(homme-lette)'을 통해 '인간 계란'을 표현하고 싶었을 것이다. 계란껍질 같던 자궁에서 빠져나온 최초의 인간은 깨어진 계란껍질 속에서 나온 액체처럼 이리저리 흘러 다닌다. 그러다 이 흘러 다니는 액체 인간은 인간 가죽 표면의 눈, 코, 입, 귀 등의 구멍을 중심으로 고착된다. 이 구멍들은 인간의 성감대를 이루는 것들이다. 오믈렛이 이 구멍들을 중심으로 고착된 형태가 바로 '충동들'이다. 네 개의 구멍에 해당하는 네 충동, 즉 시각적 충동, 후각적 충동, 구강 충동, 청각적 충동 말이다. 이 충동들은 그 충동의 대상들을 지닌다. 시각적 충동의 대상인 시선, 후각적 충동의 대상인 배설물, 구강 충동의 대상인 유두, 청각적 충동의 대상인 목소리가 그것이다. 중요한 것은 충동들은 '주체'가 형성되기 이전의 것이므로 충동의 대상들 역시 주체와 독립해 있는, 주체의 대응항으로서의 대상이 아니라는 점이다. 주객관계가 형성되어 있지 않으므로 충동의 대상은 일상적인 주객관계에서와 달리 충동 자체와 분리되어 있지 않다. 이런 충동의 대상을 '대상a'라 일컫는다.

그러면 우리가 일상에서 체험하는 바와 같은 주체와 객체 관계는 언제 가능한가? 이른바 '상징계(상징적 질서)' 속에서 가능하다. 상징계는 주체에게 금지되는 것과 허용되는 것의 정체성을 마련해주는 아버지라는 법을 통해 도래한다. 주체와 객체가 분리되어 있지 않은 세계, 금지되는 것과 허용되는 것을 인지하는 인격이 없는 세계 속의 '충동'이 저 상징계 안에 들어섰을 때 대상a를 잃어버리게 되고, 대상a는 상징계 안의 '빈자리'로 남는다. 상징계 안에는 대상a의 상실이나 결여 자체를 추동력으로 삼는 '욕망(désir)'이 자리한다. 욕망은 상실된 대상, 즉 대상a를 찾으려 하나 실제로 욕망이 할 수 있는 일이란 대상a의 빈 자리를 메우려고 끊임없이 그 대체물들을 찾는 것뿐이다. 퍼즐의 빈 자리에 맞는 조각을 계속 찾아 헤매듯, 상실된 대상a의 자리를 메우려 는 행위가 욕망이 살아나가는 방식이다. 구체적으로 시각적 충동은 자 기와 연결되어있던 대상인 시선(regard)을 잃어버렸으므로, 우리는 상 징적 질서 안에서 지각할 때 잃어버린 시선을 되찾으려고 한다. 그러 나 상징적 질서 안에 상징적 질서 이전의 대상이 출현할 수는 없다. 왜 냐하면 이 대상은 본성상 상징이 아니며, 상징에 대해 이질적인 까닭 이다. 그러므로 상징계 안에서 이 대상이 출현하는 방식은 오로지 '부 재'일 뿐이며, 이 대상에 대한 욕망은 그 대체물만을 대상으로 삼을 수 있다.

따라서 상징적 질서 안에서 세계를 지각할 때, 잃어버린 대상으로 서의 시선은 보이지 않는 것, 인식되지 않는 것으로 있다. 그런데 시선 이 보이지 않고 인식되지 않으면서도 '있다'는 것은 무슨 뜻인가? 그것 은 인식되지 않은 채 보는 시선, 즉 '엿보는 자'라는 것 아니겠는가? 그 래서 라캉은 앞서의 인용에서 '세계의 광경은 모든 것을 훔쳐보는 자처 럼 보인다'라고 말했던 것이다. 우리가 세계를 볼 때 세계는 훔쳐보는 자, 우리에게 인식되지 않은 채 어디선가 엿보는 시선처럼 있다. 그리 고 메를로퐁티에게 이 시선은 선객관적·선의식적인 차원의 시선으로 표현된다. 이렇게 우리는 메를로퐁티와 라캉이 말하듯 시선을 받는 한 에서 볼 수 있다. 우리가 세계를 바라볼 때 그 조건으로서 일어나고 있는 일이란, 세계의 시선이 우리를 엿보는 것이다.

이제 라캉이 사르트르를 비판하는 핵심이 무엇인지 살펴볼 준비가 되었다. 라캉은 말한다. "내가 만나게 되는 이 응시[시선]는—사르트르의 텍스트 자체에서 볼 수 있듯이—내가 보고 있는 응시가 아니라 내가 '타자'의 장에서 상상해낸 응시[시선]입니다."(『세미나』, 133쪽) 사르트르에서 타자의 시선은 언제 시선으로 도래할 수 있었던가? 바로 시선을 받는 자가 대상이 되었을 때이다. 그렇다면 우리는 이런 의구심을 가지게 된다. 대상은 인지할 수 있는 능력이 없는데 어떻게 타자의 시선을 시선으로 받아들이는가? 그것은 내가 실은 '대상'이 아니라, 타자의 시선을 보기를 원하는 욕망의 '주체'이기 때문이 아닌가?

> 여기에 응시가 개입하는 것은 자신이 [응시하다] 들켰다고 느끼는 주체가 대상성의 세계의 상관항인 무화의 주체가 아니라 욕망의 기능 속에서 유지되는 주체이기 때문임이 분명하지 않나요?(『세미나』, 133~134쪽; 대괄호는 옮긴이)

사르트르에게서 타자의 시선은 주체가 대상이 되었을 때 나타난다. 반면 라캉에게서 타자의 시선은 욕망하는 자로서 주체가 상상해낸 것이다. 즉 내가 주체(욕망하는 주체)여야만 타자의 시선과의 조우가 가능한 것이지, 내가 대상일 때 타자의 시선과 조우하는 것이 아니다.

정리해보자. 라캉에게서 충동과 얽혀 있는 대상a로서의 시선은 상징적 질서 안에서는 그야말로 잃어버린 대상이다. 즉 상징적 질서 안에서 이 잃어버린 대상은 바로 상실 자체, 텅 빈 구멍으로만 있다. 이 텅 빈 결핍의 자리는 결핍을 만회할 대상을 찾는 욕망을 발생시킨다. 그래서 욕망은 그 빈자리를 메울 대체물을 끊임없이 찾게 된다. 시선과 관련해 말하자면, 잃어버린 대상a로서의 시선의 빈자리를 욕망하는 주체는 어떻게든 채우려 하는데, 그는 바로 상상 속에서 하나의 시선을 그 빈자리에 채워 넣는다. 눈이 있어야 할 자리에 구멍이 뚫려 있는 가면을 예로 들어보자. "화가들은 이러한 응시[시선] 자체를 가면 속에서 포착해내는 데 탁월함을 보였지요."(『세미나』, 133쪽) 어떤 가면이든 생각해보라. 가면의 눈은 텅 비어 있고 가면에는 시선이 없다. 그런데 우리는 가면의 시선에 대해 무섭다, 기분 나쁘다, 엿보고 있는 것 같다는 식으로 불편함을 토로한다. 시선이 없는데도 왜 그럴까? 바로 우리가 상상 속에서 빈 구멍을 시선으로 채우고 있기 때문이다. 요컨대 타자의 시선은 사르트르의 생각과 달리 '대상'으로서의 나에게 출현하는 것이 아니라, 그 시선을 욕망하는 나라는 '주체'가 있고서만 가능한 것이다.

25) 레비나스와 사르트르

사르트르와 동시대인이며, 그와 마찬가지로 타자에 관한 성찰에 몰두한 레비나스와 사르트르의 사유를 비교해보는 것 역시 중요할 것이다. 사르트르에서 시선은 의식의 자발성의 표현이고 의식의 자발성은 곧 자유이다. 따라서 시선을 통해서 대상을 규정하는 것은 의식이 스스로의 자유를 실현함으로써 주체의 힘을 드러내는 일이다. 반면 레비나스에서 주체는 자신의 자유의 실현을 통해 주체가 되지 않는다. 주체는 타자와의 관계에서 그의 자유가 문제시되는 방식으로 진정한 주체가 된다. 레비나스는 『전체성과 무한』에서 다음과 같이 말한다. "타인을 맞아들이는 것은 나의 자유를 의문시하는 것이다."(『전체성과 무한』, 116쪽) 또 이렇게 말하기도 한다.

> 타자와의 만남은, 다른 자유의 시선 앞에서의 나의 자유의 박탈과 동치이다. 여기서 가장 강하게 시사되는 바는 아마도, 진정으로 외재적인 것과 존재는 양립 불가능하다는 것이리라. 그러나 여기서 오히려 우리가 볼 수 있는 것은 자유의 정당화 문제이다. 즉 타자의 현존은 자유의 타고난 합법성을 문제에 부치고 있는 것이 아닌가? 자유는 스스로에 대해 부끄러운 것으로 나타나고 있지 않은가?(『전체성과 무한』, 457쪽; 번역 수정)

레비나스에서는, 타자의 시선(타자의 얼굴)이 세계 바깥에서 도래하여 주체의 자유를 문제에 부친다. 그렇게 함으로써 주체의 자유의 정체성이 마련된다. 즉 자유는 애초에 주어지는 것이 아니라 타자의 등장을 통해, 타자 앞에서 문제시되는 것으로서 탄생하는 것이다.

또한 다음과 같은 관점에서도 사르트르와 레비나스를 대질시켜보아야 한다. 우리는 앞서 메를로퐁티의 문장을 통해 사람들은 타자의 시선에는 불편함을 느끼지만 개의 시선에는 불편함을 느끼지 않는다는 사실을 살펴보았다. 이와 관련하여 우리는, 사르트르가 그토록 피하고 싶었던 바이지만, 그의 이론에서도 다른 사상들에서처럼 타자가 인식의 관점에서 이미 주어진 것이기에 타자는 개연적 지식의 대상으로 머물 수밖에 없다는 점을 지적했다. 이와 달리 레비나스의 경우에 타자의 얼굴은 어떠한 정체성도 가지지 않는다. 레비나스에 따르면 타인의 얼굴이 출현했을 때 그 결과로서 출현하는 것은 도덕적 행위, 타자와의 윤리적 관계이다. 타자의 얼굴이 정체성을 가지지 않는데 결과의 관점에서 어떻게 윤리가 가능한가? 이는 레비나스에게서 타인의 출현이 '예언적 구조'를 가지기에 가능하다. '예언적 구조'란 무엇인가? 레비나스가 말하는 예언적 구조란 '주체는 스스로 예언하고 스스로 그 예언을 해독하는 자'라는 것이다. '예언의 해독'은 사후적(事後的)으로 일어난다. 타자는 정체성 없이 출현하므로 나는 나의 자기의식에 매개하는 방식으로 타자를 인식할 수 없다. 타자의 얼굴의 출현으로 인해 나의 행위(예언에 해당)가 이루어진 이후에 나는 '사후적으로' 타자에 대한 나의 행위의 해석자(예언의 의미에 대한 해석에 해당)가 된다. 이렇게 사후적인 차원에서만 타자의 정체성과 나의 행위의 의미가 출현한다면, 타자의 얼굴이 처음 출현했을 때 그것이 개의 시선인지 사람의 시선인지 구분하는 인식의 문제가 발생하는 것을 피할 수 있을 것이다.[39]

그러나 사르트르와 레비나스를 대질시키면서 우리가 논리적으로 얻어낸 저 결론과 별도로, 레비나스 그 자신이 정말로 완전히 인식의 문제를 벗어나고 있는지에 대해선 의구심이 든다. 레비나스는 어느 대담에서 "뱀이 얼굴을 가지고 있는지는 모르겠다"[40]라고 말한다. 이후 레비나스에 관한 장에서 또 다른 맥락과 더불어 다시 다루게 될 이 구절은, 인간과 뱀이 구별된다는 전제 속에서 얼굴이 출현한다는 것을 의미한다. 인간과 뱀은 어떻게 구별되는가? 인간과 뱀에 대한 인식을 통하지 않고는 구별되지 않는다. 그렇다면 레비나스에서도 타자의 출현은 인식을 전제하는 것이며 인식론적 관점에서 자유롭지 않다고 할 수 있다. 만일 인간과 뱀의 인식론적 차이가 종들 간의 차이라는 형이상학적 구별에 근거한다면, 타자의 출현은 그 자체로 이루어진다기보다 형이상학적 질서에 입각해 이루어진다고 할 수 있다. 이러한 문제들은 이 책에서 지속적인 숙고의 대상이 될 것이다. 특히 이 문제는 타자로부터 동물을 배제하는 것이 서양철학의 형이상학적 전통으로부터 유래한 선입견에 의한 것이 아닌가 하는 물음과 관련되어 있다.

사르트르의 대척지에 메를로퐁티, 라캉, 레비나스 등이 제각기 방식으로 서 있다. 서로 극명한 편차를 보이는 이 철학자들이 가지는 일반적인 함축을 얼마간 끄집어낸다면 무엇이 될까? 우리가 의식적으로 이런저런 활동을 하기 이전에 선의식적·선객관적으로 타자의 시선을 받은 곳에 우리의 자리가 확보된다. 이 자리는 사르트르에서와 달리 대상의 자리가 아니라 주체의 자리이다. 왜냐하면 타자의 시선에 의해 확보된 바로 그 자리에서 어떤 것을 볼 수 있는 우리의 능력이 탄생하기 때문이다. 메를로퐁티에 대해 사유하게 될 다음 장은 이러한 관점을 보다 진지하게 시험해보는 자리가 될 것이다.

5장
몸으로 이루어진 나와 너의 공동체:
메를로퐁티

1) 코기토는 전제가 아니라 타자와의 관계에서 얻어지는 결과

근대 철학은 의식의 보편성에 대해서 해명하는 것이 아니라 의식의 보편성을 전제로 시작한다. 앞서 후설을 다루는 장에서 인용하기도 했지만 가령 데카르트의 『방법서설』은 잘 판단하는 능력, 즉 참된 것을 거짓된 것으로부터 가려내는 양식(bon sens)이라는 능력이 모든 이에게 보편적으로 전제되어 있다는 말로 1부를 시작한다. 왜 이런 말로 책을 시작하는 것일까? 한 철학이 의식을 근본에 두고 설계될 때 이 의식이 아주 사적인(private) 것이라면? 그 철학은 한 내밀한 의식 안에서 고립된 채 밖으로 울려 퍼지지 않는 말소리에 불과하게 될 것이다. 고대인들은 이런 문제를 겪지 않았다. 최초의 철학자들이 '만물의 원천(아르케)은 무엇인가?'라고 물었을 때, 이 질문은 만물의 원천은 '나의 의식에 대해' 어떤 표상으로 나타나는가와 같은 물음이 전혀 아니었다. 인간 주체의 의식은 고대인들의 저 위대한 질문에는 전혀 끼어들지 못했고 탄생조차 하지 않았다. 그러나 모든 진리를 의식에 주어진 표상의 차원에서 다루게 된 근대인들은 의식을 근본에 둔 대가로 무서운 의혹에 휩싸인다. 저 의식이란 것이 고대인들의 피시스, 아르케와 같은 보편적 지평이 아니라 단지 내 머릿속에 머물러 있는 고립된 사적인 망상의 원천이라면? 따라서 보편적 진리를 다루는 철학은 무전제로부터 출발하는 학문답지 않은 하나의 전제를 선언하고서야 시작된다. 양식은 모든 이들이 공평하게 나누어 가지고 있다고. 철학은 양식의 이 보편성에서 출발한다고.

그러나 철학이 출발하기 위한 이 막무가내의 선언, 의식이 소유한 양식(이성)은 보편적이라는 이 선언은 어떻게 타당성을 얻을 수 있을까? 의식의 보편성은 철학의 기반으로서 전제될 수 있는 것이 아니라, 철학이 자신의 지난한 노력의 최종 결과물로 해명해내야 하는 것이 아닐까? 이런 질문과 더불어서 우리는 메를로퐁티의 철학이 가지는 의의를 가늠할 수 있다. 그는 의식의 보편성을 전제하고 출발하는 것이 아니라 보편적 코기토가 어떻게 가능한지를 발생적으로 보여주고자 하는 과제에 뛰어든다. 앞 장의 말미에서 살펴보았듯, 우리의 의식 활동은 타자의 시선에 의해 보이는 방식으로 정체성을 확보한다는 것이 메를로퐁티의 생각이다. 즉 서로가 타자의 시선에 의해 보이는 방식으로 마련된 선의식적·선객관적 공동체를 전제로 하고서 이차적으로 자기 의식의 활동이 시작된다. 코기토는 출발점에 놓여 있는 보편적 전제가 아니라 보고 또 보여지는 의식들 간의 관계 속에서 산출되는 최종 결과물인 것이다. 이러한 논점을 배경으로 우리는 지금 메를로퐁티의 타자론으로 들어선다.

2) 메를로퐁티와 사르트르의 관계

메를로퐁티는 개인사에 있어서뿐 아니라 사상의 형성에 있어서도 사르트르와 매우 밀접한 관계를 맺고 있는 만큼 사르트르와의 관계를 살펴보지 않을 수 없다. 메를로퐁티와 사르트르는 학창 시절부터 친구였을 뿐만 아니라, 1930~1940년대 프랑스에서 현상학이 유행할 때 현상학을 공부하고 현상학적인 테두리 안에서 사유를 전개했던 대표적인 사람들이다. 그리고《현대》를 창간하고 공동편집자로서 함께 당대의 정치·사회적 문제들과 대면하며 실존주의의 대표자로 활동하기도 했다.

그러나 사르트르와 메를로퐁티의 철학은 여러 면에서 매우 큰 차이를 가진다. 사르트르는 메를로퐁티가 사망했을 때 「길목에서」라는 추도사를 발표했는데, 여기서 우리는 두 사람의 사유의 공통적인 바탕과 더불어 주요한 차이점들을 읽어낼 수 있다. 아래는 철학 연구 시절의 두 사람의 관계를 추억하는 사르트르의 묘사들이다.

우리는 각자가 사용할 수 있는 수단으로 세상을 이해하려고 노력했다. 그리고 둘 다 같은 입장이었기 때문에, 동일한 수단들—당시에 후설, 하이데거라고 불리던—을 가지고 있었다.[1]

우리는 동등했고 친구였지만 동류(同類)는 아니었다. 우리는 그 점을 곧 깨우쳤고 처음엔 우리의 분쟁이 서로를 즐겁게 했다.[2]

공동연구를 하기에는 너무도 개인주의적이었던 우리는 서로 떨어진 채로 남아 있어야 했다. 혼자서도 각자 현상학의 이념을 이해할 수 있었다는 생각에 너무나 쉽게 설득당했다. 둘이 있으면 서로가 서로에게 모호함을 구체화시켰다. 타자 속에서 이루어진 낯선 작업, 때로는 적대적인 그 작업을 자신의 작업에 대한 예기치 못한 왜곡으로 포착했기 때문이다. 후설이 우리의 거리감과 우정을 동시에 발전시켰던 셈이다.[3]

이 구절들은 두 사람이 현상학 안에서 어떻게 차이점을 가질 수 있었는지를 잘 보여준다. 후설과 하이데거의 현상학은 두 사람의 공통적 공부거리였지만, 이에 대한 해석의 편차를 통해 곧 자신들이 동류가 아님을 깨닫는다. 젊은 시절의 이런 철학 놀이는 사실 즐거운 것이다. "처음엔 우리의 분쟁이 서로를 즐겁게 했다." 사르트르가 후설의 『순수현상학과 현상학적 철학의 이념들』 1권에 주로 근거하여 주지주의적인 입장·관념론적인 입장에서 철학을 전개했다면, 메를로퐁티는 '생활세계의 현상학'이 부각된 후기 후설의 유고들을 중심으로 그의 사유를 형성해나갔다. 양자는 동시대의 교류와 경쟁 속에서 사상을 키워갔기 때문에, 그리고 양자가 같은 시대의 지적 자장 속에 있었기 때문에 『지각의 현상학』에는 실존, 상황, 초월 등 사르트르에게서 가장 흔하게 발견되는 개념들이 주요하게 사용되는 모습을 볼 수 있다. 그렇기에 메를로퐁티와 사르트르의 철학은 얼핏 유사해 보일 수도 있으나, 표면적으로 그러할 뿐 근본적인 차원에서는 극명한 차이를 지닌다. 좀 더 덧붙이자면 그들의 차이는 비단 철학에 대한 입장에서만 발견되는 것이 아니다. 이후 두 사람은 스탈린을 평가하는 논점, 한국전쟁의 책임을 평가하는 문제 등을 논의하는 가운데 완전히 갈라선다. 철학에서 두 사람이 가지는 논점의 구체적인 차이와 그 의의는 이제 여러 구석에서 보게 될 것이다.

3) 의식에 앞서는 신체에 대한 사유

메를로퐁티는 『지각의 현상학』에서 "우리를 세계에 연결하는 지향적 단서들"(『지각』, 23쪽)을 추적하는 것을 핵심으로 삼는다. 이때 메를로퐁티가 말하는 '지향'이란 사르트르에게서 보았던 것 같은 자기의식 차원의 지향성이 아니다. 다음의 문장이 알려주듯 말이다. "우리는 발원적 지각이 비정립적·선객관적·선의식적 경험이라는 것을 보았다."(『지각』, 368쪽) 메를로퐁티에게서 지향성은 자기의식에 매개되기 이전의 지각, 자기의식에 앞서는 경험이다. 즉 메를로퐁티의 관건은 자기의식에 앞서는 지향적 체험으로서 지각을 부각하는 것이다. "실재는 기술해야 하는 것이지 구성하거나 구축해야 하는 것이 아니다. 이것이 말하고자 하는 바는 **내가 지각을 판단의, 행위의, 술어의 질서에 속하는 종합과 같은 것이게 할 수 없다는 점이다.**"(『지각』, 18쪽) 사르트르에게서 지향적 대상은 자기의식 상관적인 판단문의 형식, 술어의 질서(가령 'S is P'와 같은) 속에서 나타났다. 메를로퐁티에게서 지향성 상관적인 지각이란 이런 명제로 표현되는 객관적인 대상 이전적인 것이다.

선의식적 지각은 어디서 이루어지는가? 바로 '신체'가 지각이 이루어지는 지평이다. 그러므로 메를로퐁티에게서 관건이 되는 것은 이런 지각이 이루어지는 근본 지평으로서 신체에 대한 해명이다. '근본 지평으로서 몸의 존재함이란 어떤 것인가?'라는 물음이 그의 탐색을 이끈다.

메를로퐁티는 신체를 바탕으로 일어나는 지각에 대한 탐색 방향을 이렇게 제시한다. "세계의 경험을 세계가 우리에게 나타나는 대로 소생시키는 것이 필요할 것이다."(『지각』, 316쪽) "최초의 철학적 행위는 객관적 세계의 이면에 있는 체험된 세계로의 복귀일 것이다."(『지각』, 111쪽) 우리는 객관적 학문이라는 과학이 눈을 가리고 있어 세계를 있는 그대로 바라보지 못한다. 나타나는 대로 보여주는 것이 아니라 추상화된 이차적인 형태의 설명을 제공하는 것이 학문이라면, "그것[현상학]은 학문의 부인(否認)이다."(『지각』, 15쪽) 그리고 우리는 학문이 가리고 있는 시선을 열어서, 설명을 조작적으로 가공하고 있는 학문 배후의 근본적인 체험으로 들어가야 한다. 즉 "객관적 세계의 이면에 있는 체험된 세계로 복귀"해야 한다. 같은 맥락에서 또 다음과 같이 말한다. "과학들의 자연이 아니라 지각이 나에게 제시하는 자연이 있다."(『지각』, 645쪽) '지각들이 나에게 제시하는 자연'이란 추상적으로 객관화된 세계 이면, 과학적 설명 이면의 가공되지 않은 세계이다.

4) 실존: 시간과 공간에 거주하는 신체

우리가 잠깐 보았듯 메를로퐁티의 철학은 사르트르와 여러 면에서 근본적으로 다른 구도를 가지고 있다. 후설과 하이데거와 같은 공통

분모 위에서도 양자의 사유는 전혀 다른 방향으로 펼쳐지지만, 사르트르의 실존주의가 즐겨 채용하는 개념들인 실존, 상황, 초월 등도 메를로퐁티에게서는 전혀 다른 의미를 가지고 전개된다. 가령 메를로퐁티의 '실존(existence)' 개념을 보자.

실존은 실존의 근본 구조 때문에 그 자체로 미규정적인데, 그것은 실존의 근본 구조가, 의미를 갖지 않는 것에 의미를 실어주는 작용 자체인 한에서 [그렇다.] …… 우리는 실존이 사실적 상황을 회수하게 되고 변형시키게 되는 운동을 초월이라 부를 것이다. 바로 이러한 운동이 초월이기 때문에 실존은 어떠한 것도 확정적으로 초월하지 못한다. …… 실존은 자신 속에 어떤 순수 사실도 인정하지 않는데, 왜냐하면 실존은 사실들이 인수되는 운동이기 때문이다.(『지각』, 266~267쪽)

적어도 인용된 위 문장의 외적인 형태를 보자면, 메를로퐁티의 '실존이 미규정적이다'라는 표현은 사르트르가 '실존은 본질에 선행한다'는 말을 통해 의식의 '무(無)'를 말했던 것과 다르지 않다. 메를로퐁티가 사용하고 있는 "자신 속의 순수 사실도 인정하지 않는다"는 표현역시 사르트르의 '의식의 무'를 의미하는 것으로 얼핏 잘못 이해될 수도 있을 것이다. 우리는 어떤 사실적인 내용도 가지지 않는 텅 빈 무이다. 그래서 우리는 현금의 상황을 초월해서 사실적 상황을 회수해야한다. 사르트르 식으로 말하자면 우리는 끊임없이 '선택'을 통해서 스스로를 만들어나가야 한다. 그러나 메를로퐁티 철학의 전체 맥락 속에서 보자면 위 구절의 뜻은 사르트르의 실존주의가 담고 있는 것과 사뭇 다르다. 공간과 시간과 관련된 아래 구절을 보자.

> 나는 공간과 시간 안에(dans) 있지 않고 공간과 시간을 사고하지 않
> 는다. 나는 공간과 시간에(à) 속하고[공간과 시간과 관련하여 있고] 나의 신
> 체는 이들에게 적용되며 이들을 포함한다. 이러한 파악의 폭이 나의 실
> 존의 폭을 측정한다.(『지각』, 224쪽; 번역 수정)

위 인용에서처럼 '~안에 있다(être dans~)'와 '~에 속한다(être à~)'
를 구분하는 것은 메를로퐁티의 전형적인 표현 방식이다. '~안에 있다'
는 하나의 상자 안에 물건이 들어 있듯 있는 방식을 말한다. 이때 물건
은 물리적으로 상자 안에 들어 있지만 상자와 아무런 관계도 가지지
않는다. '~에 속한다'라는 뜻을 가진 'être à~'는 '~에 관여하는 방식
으로 있다'라고 풀어서 이해해도 좋을 것이다.(이런 쓰임과 관련하여, 우
리는 왜 하이데거의 핵심 개념 'In-der-Welt-sein(세계-내-존재)'이 프랑스어로
'l'être dans le monde'가 아니라, 'l'être au monde'로 번역되는지 역시 이해할 수
있다. 세계 안에 있는 것은 물리적 사물이 그것과 아무 상관없는 다른 물리적
사물(가령 상자) 안에 있듯이 있는 것이 아니라, 세계에 관여하는 방식으로 있
는 것이기 때문이다.)

위 구절이 말하듯 나의 신체는 시공간과 '관련을 가지며' 있다. 다
시 말해 신체는 공간과 시간에 적용된다. 신체는 공간과 시간 속에 고
립된 채 놓여 있는 어떤 물건이 아니라, 공간과 시간 자체와 얽혀 있는
것이다. 이 공간과 시간 속에서 나의 신체를 파악하는 방식이 나의 실
존의 폭을 측정한다. 즉 '실존'은 근본적으로 '신체'를 조건으로 하는 것

이다. 사르트르에게는 의식이 텅 빈 채로 있는 것이 실존이고, 신체는 의식 외재적인 것이다. 그러나 메를로퐁티에게서 실존은 신체를 통해 결정된다. "우리의 신체는 공간 '안에' 있다고, 더욱이 시간 '안에' 있다고 말해서는 안 된다. 그것은 공간과 시간에 '거주한다.'"(『지각』, 223쪽) 여기서 사용하는 '거주한다(habiter)'라는 표현은 앞서 사용한 '~에 속한다(être à)'와 교환 가능한 표현이다. '거주한다'는 것은 기하학적인 공간 안에 도형이 들어 있는 것처럼 있는 것이 아니라 세계 안에서 살고 세계 안에서 무엇인가를 향해 있는 것을 의미한다. 가령 '아늑한 기분이 들 정도로 방이 크다'는 말을 통해 가늠되는 크기는 그 공간과 얽혀 거주하는 자가 측정하는 방의 크기이지 객관적이고 기하학적인 공간의 크기가 아니다. '너무 즐겁게 노는 동안 해가 지는 줄도 몰랐다'는 말에서 드러나는 시간은 시간과 얽혀 거주하는 자가 측정하는 시간이지 객관적이고 물리적인 시간의 특성이 아니다. 이런 거주하는 자의 시간과 공간에 비하면 기하학적 공간과 물리적인 시간은 이차적·추상적·반성적인 차원에 속한다.

5) 거주함의 방식: 나는 할 수 있다

객관적이고 추상적인 시공간 이전에 우리는 어떤 근본적인 시공간 안에 있는 걸까? 어떻게 이 근본적인 영역을 표현할 수 있을까? 우리는 바로 다음과 같은 방식으로 선객관적인 근본적 세계 '속에' 자리 잡고 있다.

내가 집 안에서 움직일 때, 나는 욕실로 가는 것이 침실 가까이 지나가는 것을 의미하고, 창문을 바라보는 것이 좌측의 벽난로를 경험하는 것을 의미한다는 것을 단숨에 말없이 알고, 이 자그마한 세계에서 개개의 동작, 개개의 지각은 직접적으로 수많은 가상적 협조물과의 관계에 의해서 자리 잡힌다.(『지각』, 209쪽)

이와 같은 세계 안에 거주하는 의식은 '나는 생각한다'가 아니라 '나는 할 수 있다'로 표현된다. 메를로퐁티는 말한다. "의식은 발원적으로 '나는 ~을 생각한다'가 아니라 **'나는 ~을 할 수 있다'**이다."(『지각』, 220쪽) 앞서 후설을 다루면서 살펴보았지만, 후설이 『데카르트적 성찰』에서 파악하는 근본적 층위 역시 '생각함'이 아니라 '할 수 있음'이다. 이와 관련된 여러 맥락, 여러 구절이 있지만 간단히 다음 한 구절만 읽어보자.

나는 손을 '갖고' 운동감각으로 만지며, 마찬가지로 눈을 갖고 보는 등 항상 이렇게 지각할 수 있다. 이 경우 기관들의 이러한 운동감각들(Kinästhesen)은 '내가 행한다(Ich tue)' 속에 경과하며, 나의 **'나는 할 수 있다(Ich kann)'**에 종속된다.(『성찰』, 179쪽)

여기서 지각은 사변적 차원의 지각이 아니라 '나는 할 수 있다'라는 실천적 차원의 지각이다. 예를 들어 우리는 펜을 '필기하기에 좋다', '강조 표시하기에 좋다' 등으로 '할 수 있다'라는 차원에서 받아들인다. 이러한 방식으로 우리는 시간과 공간 속에 '거주한다.' 한마디 덧붙이면, 이러한 실천적 차원에서의 존재함은 하이데거 철학의 핵심 주제이기도 하다. 우리가 '존재가능(Seinkönnen)'이라는 개념과 더불어 살펴본 바처럼 말이다.

6) 기하학과 질병

『지각의 현상학』에 등장하는 예를 통해 어떤 의미에서 거주함이 근본적인 것인지 확인해보자. 위와 아래 또는 내부와 외부 같은 추상적인 기하학적 방향성은 우리가 거주하는 생활 세계에 근거한다. 가령 우리는 생활 세계에서 '햇빛이 따가우면 나무 그늘 밑으로 가라' 또는 '비가 오면 집 안으로 들어가라'라는 식으로 위와 아래, 내부와 외부의 개념을 먼저 '실천 속에서' 이해한다. 그런 이후 이차적으로 추상적인 기하학적 차원에서 그 개념들을 사용할 수 있다. 기하학적 차원에는 내부와 외부, 위와 아래 등의 개념을 통해 수행하는 수많은 작업들이 있다. '삼각형의 내각의 합을 구하라', '두 개의 원이 교차하는 면적을 구하라' 등 우리가 익히 아는 문제들 말이다. 이런 추상적 사유는 우리가 '거주하는 세계'에서 비로소 발원하는 것이다.

구성은 …… 삼각형이 공간을 차지하는 방식, '위에' '의해서' '꼭짓점' '연장'이라는 말에서 표현되는 관계들에 관계한다. 이러한 관계들이 일종의 삼각형의 질료적 본질을 구성하는가? **'위에' '의해서' 등등의 말이 의미를 간직한다면 …… 내가 적어도 잠재적으로 나의 지각장에 위치 지어져 있고**

'위'와 '아래', '좌'와 '우'에 관계해서 정위되어 있기 때문이다.(『지각』, 576쪽)

이 구절을 찬찬히 살펴보자. 여기서 기하학적 도형의 '질료적 본질'은 무엇인가? 기하학적 도형이 지닌 질료적 성격과 관련된 철학사적 조망부터 간략히 해보자. 칸트에 따르면 수학은 개념의 구성을 통한 인식이다. 수학적 인식은 추상적인 사고의 차원에서 얻어지는 것이 아니라 개념을 직관 가운데 구성해야만 얻어진다. '두 점의 최단거리는 직선이다'라는 명제는 두 점과 직선을 실제로 직관 중에 구성하지 않는 한 도출되지 않는다. 다시 말해 '두 점'과 '직선'은 개념적인 것이지만 '두 점 간의 최단거리는 직선이다'라는 명제는 개념이 순수 직관 중에 구성될 때만 진리로서 확인된다. 이때 이 직관이 수학적 개념의 질료적 본질이라 할 수 있다. 직관은 지성적인 것이 아니라 지성 개념의 내용을 채우는 것이다. 삼각형의 개념은 지성적인 것이지만 질료적 성격을 가져야 하는데, 그 질료적 성격이 직관이다. 그리고 수학적 개념과 명제는 직관 가운데 제시될 수 있는 한에서만 의미를 지니는 것이 된다.

이것이 철학사적으로 수학적 개념의 질료에 대해 이루어진 하나의 해명이라면, 메를로퐁티의 경우엔 수학적 개념이 기원하는 근본적 의미를 지각장이라는 구체적 장에서 찾는다. 원한다면 우리의 신체가 살고 있는 이 지각장을 지성적 개념과 대비되는 뜻에서 '질료적 본질'이라 일컬을 수도 있으리라. 물론 수학적 개념의 질료적 나타남(직관 중에 제시)을 탐색한 칸트와 달리 메를로퐁티는 수학적 개념의 질료적 기원, 보다 정확히는 지각적 기원을 탐색한다고 해야 하리라.

앞서 메를로퐁티는 다음처럼 말했다. "**'위에' '의해서' 등등의 말이
의미를 간직한다면** …… 내가 적어도 잠재적으로 나의 지각장에 위치
지어져 있고 '위'와 '아래', '좌'와 '우'에 관계해서 정위되어 있기 때문이
다." 즉 세계 속에 거주하는 나의 지각의 양식이 위와 아래, 좌와 우, 내
부와 외부 등이기 때문에 우리는 추상적인 기하학적 공간에 놓여 있
는 삼각형에 대해서도 위와 아래, 좌와 우, 내부와 외부 등을 의미 있
게 이야기할 수 있는 것이다. 가령 우리는 어떤 의미에서는 '차원을 착
각하는 오류'를 범하는 한에서만 도형 문제를 풀 수 있다. 우리는 2차
원에 그려진 도형을 마치 3차원처럼 취급하면서 문제를 푼다. 우리가
2차원적 세계의 거주자라고 생각해보자. 2차원의 평면적 세계에서 삼
각형이나 사각형 같은 도형은 직선으로 보일 뿐이다. 2차원에서는 그
려진 도형을 위에서 조망할 수 없는 까닭이다. 그런데도 2차원의 도형
을 내부와 외부 등의 개념을 통해 3차원의 도형처럼(가령 삼각형의 외부
와 내부) 다룰 수 있는 까닭은 우리가 3차원에서 거주하는 방식(내부와
외부 등)을 전제로 하여 2차원적인 공간에 접근하기 때문이다. 요컨대
우리 신체가 살아가는 3차원상의 지각을 근본에 두고서만 추상적 공
간에서의 도형에 대한 사고(수학 문제)는 가능하다.

이제 질병의 경우에 대해서도 잠시 생각해보자. 의식의 바탕에 신
체가 있다는 사실을 "사람들은 신체적 사건들이 하루 내내 자신의 사
건이 되는 질병에서 볼 수 있다."(『지각』, 148쪽) 고질적이고 만성적인 질
병 중 하나인 천식을 앓고 있다고 해보자. 이때 우리의 존재함은 천식
같은 신체적 조건과 별도로 생각될 수 없다. 호흡기 질환과 관련된 작
가들에 대한 연구, 가령 이상이나 프루스트 또는 카프카 같은 이들에

대한 연구는 병을 통해 드러나는 신체적 조건에 의해 의식이 어떻게 필연적으로 영향받는지에 대한 증거가 되어준다.

요컨대 의식의 모든 활동이 가능한 것은 질병으로 예화되는 신체적 지평 속에서이다. 천식 환자가 공기를 체험하는 방식은 환자의 의식 활동을 조건 짓는다. 환자의 의식은 천식이라는 신체 조건을 넘어서 마치 육체로부터 분리되는 영혼처럼 훨훨 날아다니며 자유롭게 활동할 수 없다. 결국 신체라는 지평 위에서야 모든 의식적 체험이 가능한 것이다.

7) 애매성과 교차

이러한 신체의 근본성에 대한 사색으로부터 우리는 다음과 같은 이해를 얻을 수 있다. "우리의 신체의 익명성은 불가분리하게 자유이면서 동시에 노예인 것이다. 이처럼 요약컨대, 세계-에로-존재[l'être au monde]의 애매성은 신체의 애매성으로 번역[된다.]"(『지각』, 148쪽) 여기서 '애매성(ambiguïté)'은 확정지을 수 없는 두 가지 이상의 의미를 지녀서 논리적 추론에서 건전치 못한 것으로 배제하는 단어의 스캔들을 일컫는 말이 아니다. 애매성의 핵심은 'ambi-'라는 접두사가 알려주듯 '양가성', '양면성'이다. 위 인용에서 신체에 대해 "자유이면서 동시에 노예"라고 한 것은 신체의 양가성을 표현한다. 예를 들어 천식이 우리의 신체를 고통에 종속된 노예 상태에 빠트릴 때, 그 상태에서 욕구하는 호흡의 실현은 바로 신체의 자유의 실현이다. 중력 때문에 수동적으로 고통 받는 역도 선수는 바로 그 중력을 이기고 역기를 들어 올리는 데서, 즉 의욕한 바를 가감 없이 구현하는 데서 자신의 자유를 실현한다. 또 다른 예로 포옹은 능동적으로 안는 일이면서 수동적으로 안기는 일이다. 악수는 능동적으로 손을 잡는 동시에 수동적으로 손이 잡히는 일이다. 요컨대 우리 신체에는 노예와 자유인이 공존하며, 우리는 수동적인 한에서 자유로울 수 있다.

이런 애매성을 통해 우리는 앞서 다룬 중요한 문제를 보다 더 잘 이해할 수 있다. 앞 장의 말미에서 '우리는 보이는 한에서 본다'라는 말로 대표되는 메를로퐁티의 시각 이론을 살핀 바 있다. 우리의 시선은 일방적으로 지향적 자발성(자유)을 구현하는 방식으로 실현되지 않는다. 우리는 수동적으로 보이는 한에서만 볼 수 있다. 이것이 눈이라는 신체가 애매성(또는 양면성)을 가지고 세계에서 살아나가는 방식이다. 또한 우리는 대화 속에서도 능동과 수동을 동시에 구현한다. 대화란 일방적인 말하기가 아니다. 듣고 말하는 양면성을 지니는 대화는 정보를 받아들이는 한에서 정보를 주는 일이다. 회의(會議) 같은 대화를 통해 생산되는 정보는 나에게도 상대방에게도 일방적으로 귀속시킬 수 없는 것이다. 그것은 서로의 말 내보내기와 말 받아들이기가 함께 만들어내는, 내가 능동적으로 주장한 내용과 내가 수동적으로 받아들인 내용이 구분할 수 없이 얽힌 공동 자산이다. 이렇게 우리가 존재하는 방식은 일방적으로 자유를 행사하는 방식이 아니라 영향을 받으면서 영향을 주는, 수동적인 동시에 능동적인 양면성 속에서 성립한다.

이런 양면성을 메를로퐁티는 '교차(chiasma)'라는 말로 표현했다. 근대적 주체의 자발성과 달리, 신체는 만져지고 만지는 식으로, 수동성과 자발성이 교차하는 식으로 존립한다.

교차는 단지 나와 타인 사이의 교환(즉 타인이 받는 전언들은 내게 전달
되며, 내가 받는 전언들은 타인에게 전달된다고 하는 관계)일 뿐만 아니라, 또한
그것은 나와 세계 사이의 교환, 현상적 신체와 '객관적' 신체 사이의 교
환, **지각하는 것과 지각된 것 사이의 교환**이기도 하다.(『보이는 것과 보이지
않는 것』, 311쪽)

교차는 "나와 타인 사이의 교환"이며 "지각하는 것과 지각된 것 사
이의 교환"이다. 즉 신체는 지각되면서 지각하고, 만져지면서 만지는
'교차'의 방식으로 있다. 세계 안에 거주하는 방식이 양가적이라는 사
실은 세계 안에서 살아가는 의식이 데카르트식의 코기토와 전혀 다르
다는 것을 보여준다. 데카르트의 코기토에서 근본적인 것은 능동적으
로 표상하는 활동이다. 데카르트적 주체는 자신에게 내재해 있는 본
유관념에 귀속된 형태로 대상을 인식한다. 여기서는 대상 자체에 내
재하는 질서가 있고 주체에게 이것이 수동적으로 주어지는 것이 아니
다. 주체가 가진 본유관념에 순응하는 방식으로만 대상의 정체성은 출
현한다. 예를 들어 본유관념인 연장은 능동적으로 투사되고 그 투사
된 영역 안에 대상이 들어와 기하학적 질서 안에 놓인다. 대상이 연장
의 관념 아래 파악된다는 것은 연장의 질서, 즉 기하학적 질서 속에서
파악된다는 뜻이다. 이렇게 주관이 자발적으로 자신에게 내재한 관념,
즉 연장 또는 기하학적 질서를 통해 대상의 정체성을 파악하는 것과
달리, 메를로퐁티가 이해하는 세계 안에 거주하는 의식은 능동적·자발

적으로 사물들의 기하학적 위치를 확정 짓지 않는다. 그 의식은 다른 대상들에게 영향을 받는 동시에 영향을 주는 능동과 수동의 양가적인 삶을 살아간다.

8) 메를로퐁티의 칸트 비판:
주체는 구성하는 자이기 전에 구성된 세계 안에 있다

메를로퐁티 철학의 성격을 명확히 드러내기 위해 칸트와 비교해보는 것은 매우 좋은 방법이다. 칸트 철학은 보통 사람들이 부르듯 초월적 관념론이다. 왜냐하면 의식하는 주체가 경험 가능성의 조건을 형성하고, 경험 가능성의 원천인 주체에 의해 구성된 차원에서 경험은 실재하는 것이 되기 때문이다. 따라서 경험 자체는 초월적 지위를 가질 수 없고 초월적 경험론 같은 것은 아예 성립불가능하다. 초월적 지위에 있는 것은 종합하는 의식, 그 의식에 뿌리를 두고서 의식의 종합을 표현하는 범주들, 그리고 범주에 기반한 원칙들이다. 이는 모두 주관에 뿌리를 두고 있는 관념이다. 이러한 관념들은 경험을 구성한다는 점에서 초월적 지위를 차지하며, 칸트 철학은 초월적 지위를 차지하는 경험 가능성의 조건을 명시한다는 점에서 초월적 관념론이다.(이와 달리 들뢰즈나 메를로퐁티는 경험적 의식의 조건으로서 선험적 요소들이 아니라, 선의식적 '경험'을 탐구한다. 그래서 들뢰즈의 철학은 '초월적 경험론'이라는 이름을 가진다.) 그렇다면 메를로퐁티는 왜 칸트식의 관념론적 기획을 비판하는가? 칸트와 관련된 몇 가지 핵심적인 구절들을 읽어보자. "칸트의 주체는 세계를 정립하나, 진리를 단정할 수 있기 위해 먼저 현실적 주체가 세계를 가져야 하거나 세계에 존재해야 한다."(『지각』, 209쪽) 칸트 철학(「초월적 분석론」)은 경험의 가능 조건은 곧 경험 대상의 가능 조건이라는 말로 특징지어진다. 이 가능 조건은 주관으로부터 유래하기 때문에 세계는 주관에 의해 구성되며 주관에 내재하는 것이 된다. 그런데 주관이 창조자처럼 세계가 출현하기 이전에 있는 자가 아니라면 주관은 이미 있는 세계 안에 있고 나서야 그의 구성하는 활동을 할 수 있다.

> 후설의 초월적인 것은 칸트의 그것이 아니며, 후설은 칸트의 철학을 '세속' 철학이라고 비난한다. 왜냐하면 칸트 철학은 초월적 연역의 원동력인 세계에 대한 우리의 관계를 '이용'하고 세계를 '경이로움으로 채우는' 대신, 주관을 세계를 향한 초월로서 인식하는 대신, **세계를 주관에 내재하는 것으로 만들어버렸기** 때문이다.(『지각』, 23쪽)

앞서 살폈듯 칸트의 종합하는 의식, 초월적 통각은 경험이라는 지평이 가능하기 위한 조건이다. 이 의식은 인식의 대상이 아니며 현상에 속하는 것이 아니므로 경험될 수 있는 세계 안에 속하지 않는다. 초월적 통각은 경험의 조건으로서만 의미를 가질 뿐 '실체'와 같은 형이상학적 지위를 가지는 것도 아니다. 따라서 초월적 통각에 대한 사상은 독단론을 피해간다. 왜냐하면 인식될 수 있는 것이란 시공간을 통해 주어진 다양한 경험적 자아들뿐이며, 그 배후에서 데카르트의 생각하는 사물 같은 실체로서의 자아는 인식되지 않는 까닭이다. 그러

타자철학

나 다른 관점에서 보자면 칸트가 독단론을 피하면서 제시한 초월적 통각은 세계 안에 그 어디에도 위치할 곳이 없다. 세계가 저 의식의 구성의 산물인 까닭이다. 다르게 말하면 세계가 담긴 공간은 의식 주관 안에 있으며, 그것이 위에서 "세계를 주관에 내재하는 것으로 만들어 버렸"다는 말이 뜻하는 바다. 칸트는 『순수이성비판』에서 "확실히 공간 자체는 그의 모든 현상들과 함께 표상들로서 **우리 안에만 있다**"[4]라고 말한다. 이런 생각과 더불어 칸트는 '구성하는 주체는 신이 아닌 이상 이미 구성된 세계 안에 있어야 한다'는 사실을 간과하고 있는 것이다. 세계가 의식 상관적으로 구성되는 것이라면 그 구성 활동 이전에 의식 자체는 어디에 자리하는 걸까? 오히려 의식은 세계 내 존재로서 다른 사물과 능동적이며 수동적인 상호적 관계 속에서 존립하고 있는 게 아닐까?

칸트에서는 구성하는 초월적 자아(초월적 통각)와 시간 속에서 구성된 경험적 자아의 분열이 있다. 내감의 대상으로서의 경험적 자아만이 시간 속에 있고 초월적 자아는 경험의 지평인 시간 속에서 나타나지 않는다. 물론 시간 속에서 출현하는 경험적 자아만이 세계 내의 존재이다. 이런 내용을 염두에 두고 다음 구절을 보자.

시간성이 주체성을 분명히 하는 것은 바로 여기서이다. 우리는 사고하는 주체 또는 구성하는 주체가 어떻게 시간에서 자신을 정립하거나 통각할 수 있는가를 이해하지 못할 것이다. '나'가 칸트의 초월적 '나'라면, 우리는, 그것이 내감(內感)에서의 자신의 지나간 흔적(sillage)과 어떠한 경우에도 합쳐질(confondre) 수 있다는 것, 경험적 '나'가 여전히 나라는

것을 이해하지 못할 것이다.(『지각』, 635쪽; 번역 수정)

경험적 자아는 세계 내의 시간 안에 있고 초월적 자아는 그 바깥
에 있다. 이런 식으로 경험적 자아와 초월적 자아 사이에는 분열이 있
으나, 이 둘은 결코 서로 모르는 다른 자아라고 할 수 없다. 그렇다면
어떻게 하나의 자아가 이렇게 분열되어 있을 수 있는가? 이 분열은 하
나의 자아 안에서 경험적 자아와 초월적 자아가 영원히 만나지 못하
는 술래잡기를 만들어낸다. 들뢰즈는 이와 같은 자아의 분열을 동일성
개념을 전제하지 않는 '근본적 차이'로 이해하기도 한다.

칸트는 …… '나는 생각한다'의 순수 자아 안에 일종의 불균형, 틈새
나 균열, 권리상 극복 불가능한 어떤 권리 소외를 도입한다. 즉 주체는 이
제 자신의 고유한 자발성을 오로지 어떤 타자의 자발성으로서밖에 표상
할 수 없다. …… 그것은 어떤 분열된 자아를 위한 코기토이다. …… 나
(JE)는 이미 타자이다[랭보의 말. "나는 타자이다(Je est un autre)"]. …… 순
식간에 우리는 어떤 권리적 차원의 분열증에 빠져들고 있는 셈이다. 이
분열증은 …… 모든 개념적 매개와 화해들에 반하여 차이 위에 존재를
직접적으로 개방하고 있다.(『차이와 반복』, 149쪽)

이처럼 들뢰즈는 차이가 가장 근본적인 개념이라는 것을 보여주는
예로서 칸트에서 초월적 자아와 경험적 자아의 분열을 제시하기도 한
다.(차이의 근본성을 표현하는 들뢰즈의 타자 개념, 위에서 인용된 랭보의 '나
는 타자이다'로부터 이끌려 나오는 타자 개념에 대해선 9장에서 살피게 될 것이

다.) 반면 들뢰즈와 달리 메를로퐁티는 궁극적으로 하나인 자아가 시간 안에 있는 경험적 자아와 시간 밖에 있는 초월적 자아로 극복 불가능한 분열을 겪는 것을 칸트의 난제로서 받아들인다.

이런 난제를 사르트르와 관련해서도 이야기해보자. 우리가 살펴본 의식에 관한 메를로퐁티의 생각은 다음과 같은 문장들로 요약될 수 있을 것이다. "세계가 의식에 의해 구성된다는 것이 아니라, 반대로, **의식은 언제나 이미 세계 안에서 활동하고 있는 것**으로 드러난다는 것이다."(『지각』, 645쪽) "나의 삶은 내가 구성하지 않는 의미를 가져야 [한다.]"(『지각』, 669쪽) 자아의 의식이 세계를 구성하기 이전에 자아는 이미 세계 안에 있다. 그러므로 자아의 삶의 의미는 자아의 자기의식이 구성하기 이전의 층위에서 시작되는 것이다. 그런데 사르트르는『자아의 초월성』에서 "자아는 [의식의] 바깥에, '세계 안에' 있다"(대괄호는 옮긴이)[5]라고 말한다. 자아를 '세계 내 존재'로 보면서 동시에 '의식 바깥에' 있다고 말하고 있는 것이다. 곧 사르트르 역시 세계 전체를 대상으로 삼는 의식 활동을 세계 바깥에 있는 것으로 이해하고 있다. 이런 점에서도 우리는 사르트르와 메를로퐁티 철학의 편차를 목격할 수 있다.

9) 환원 불가능성과 수동성

메를로퐁티의 주장처럼 세계가 주관의 의식이 구성하기 이전에 이미 구성된 것으로 있다면, 그래서 우리가 구성하기 이전에 우리는 이미 있는 세계에 속한 자라면 다음과 같은 결론에 도달할 수밖에 없다.

"환원의 가장 중요한 교훈은 완전한 환원의 불가능성이다."(『지각』, 23쪽) '환원'은 대상 출현을 가능하게 하는 의식의 근본적인 구성적 활동을 드러내는 작업이다. 즉 선입견으로 가득한 자연적 세계로부터 한발 물러서 거리를 두고 순수하게 의식이 대상들과 어떻게 관계를 맺고 있는지를 탐구하는 작업이다. 그런데 의식이 이미 구성된 세계 속에 있다면 완벽한 환원은 불가능하다. 의식이 기원의 자리에서 출발하는 것이 아니라 의식 이전에 이미 구성된 세계 속에서 출발하는 까닭이다.

가령 공간과 관련해서 우리는 이렇게 말할 수 있을 것이다. "'이미 구성되어 있음'은 공간에 본질적인 것이며, 우리는 세계 없는 지각으로 물러나면 그 점을 전혀 이해할 수 없다."(『지각』, 383쪽) "그것[공간]은 모든 관찰에 전제되어 있기 때문에 사람들은 관찰할 수도 없고, 이미 구성되어 있음이 그 본질이기 때문에 구성 작용에서 나오는 것이라고 볼 수도 없다."(『지각』, 386쪽) 공간은 '이미 구성되어 있는 것'이기 때문에 구성 작용에서 나오는 것이라고 할 수 없다. 오히려 의식은 공간을 전제하고서야 자발적인 구성 작업을 수행할 수 있으며, 따라서 경험에 주어지는 모든 것의 배후에 의식의 자발적 활동이 있는 것은 아니다. 우리가 이미 구성되어 있는 공간 안에 있다면 우리 의식의 구성 작용을 통해서 공간이 출현한다고 말할 수 없는 것이다. 경험을 의식으로 완벽히 환원하는 일은 불가능하다. 이러한 메를로퐁티의 생각은 다음과 같은 문장으로 요약된다. **"세계가 의식에 의해 구성된다는 것이 아니라, 반대로, 의식은 언제나 이미 세계 안에서 활동하고 있는 것으로 드러난다는 것이다."**(『지각』, 645쪽) 구성하는 의식이 기원에 있는 것이 아니라 그 이전에 이미 있는 세계, 의식이라는 원천으로 환원되지 않는 세계가 있다. 의식을 최종 지반으로 삼아 환원하는 작업이 불가능하다는 것을 밝힌 메를로퐁티의 통찰은 철학의 현대적 관심사에 비추어 보았을 때 매우 선구적이다. 현대 철학이 '기원의 신화'를 이야기할 때, 그것은 말 그대로 기원은 신화라는 것, 기원은 없다는 것을 뜻한다. 메를로퐁티가 의식이 결코 기원의 자리에 놓일 수 없다는 것을 말했을 때 그는 저 현대 철학의 발견에 앞질러 도달하고 있었던 것이다. 의식은 스스로를 기원으로 여기지만 의식의 구성하는 작업은 실은 의식이 다가가지 못하는 선의식적인 신체적 지평을 바탕으로 한다. 메를로퐁티는 스스로를 기원으로 여기는 의식이 알지 못하는, 의식되지 않는 배후에 대해 사유하고 있는 것이다.

메를로퐁티에서 강조되는 수동성이란 바로 자발적 의식보다 심층적인 선의식적 지평에서 유래한다. 앞서 보았듯 우리는 수동성과 능동성이 뒤섞여 있는 상태로 세계 안에 존재한다. 어째서 이런 수동성이 있는가?

> 사람들이 수동성이라 부르는 것은 우리가 낯선 실재성을 받아들임이나 외부가 우리에 대해 작용하는 인과성이 아니다. 그것은 **우리에 앞서 존재하는**, 우리가 끝없이 반복하는, 우리 자신을 구성하는 둘러싸임이고 상황 속에 있음이다.(『지각』, 638쪽)

수동성이란 우리의 자기의식에 앞서 존재하는 선의식적인 상황의 이름이다. 자발적 의식의 배후에는 의식 이전적인 근본 환경이 수동성의 요인으로 자리 잡고 있다. 그런데 저 선의식적 '상황'은 구체적으로 어떻게 그려질 수 있을까? '상황'이라는 사르트르적 용어는 메를로퐁티에게 어떤 모습으로 나타나는가?

10) 상황: 메를로퐁티와 사르트르의 차이

앞서 보았듯 우리는 구성하는 의식이기 이전에 이미 구성된 세계 안에 존재한다. 이때 구성되어 있는 세계 속에 우리가 존재하는 방식이 바로 '신체'이다. 의식 자체가 근본적인 것이 아니며, 의식은 의식의 타자(신체) 또는 선의식적이라고 이야기할 수 있는 것을 경유해서만 성립한다.

이를 전제로 하여 사르트르와의 차이점을 드러내는 몇몇 구절들을 먼저 보도록 하자. 사르트르에게서 근본적 지위를 가지는 의식은 곧 무(無)이다. 의식은 늘 스스로를 초월하기 때문이다. 그러나 메를로퐁티에 따르면 우리는 '결코 무를 전제로 삼아서 출발하지 않는다.' 그는 다음과 같이 단호하게 말한다. **"혁명가로 되는 지식인의 경우에서조차도 결심은 '무로부터' 탄생하지 않는다."**(『지각』, 666쪽) 우리는 무가 아니라 늘 어떤 전제된 지평에서 출발하는 것이다. 전제된 지평이란 구체적으로 무엇인가?

우리는 무 속에 정지한 채로 머물러 있지는 못하기 때문이다. 우리는 얼굴이 수면 시나 사망 시에도 언제나 어떤 것을 표현해야 하는 데(놀라운, 평화스러운, 신중한 죽음이 있다.) 선고되어 있듯이, 침묵이 여전히 음향

　　　　　　　　　　　　　　　　　　타자철학

세계의 양상이듯이, 언제나 충일 속에, 존재 속에 있다.(『지각』, 675쪽)

우리는 무(無)인 적이 없다. 심지어 잘 때나 죽었을 때조차도, 즉 의식이 사라졌을 때조차도 충만한 표정을 가지고 있다. 우리는 언제나 전제된 내용으로 충만해 있는 것이다. 표정은 단순히 한 인간 존재의 포장지가 아니라 그 사람이 겪은 것, 해온 것 등 모두를 집약하고 있다. 표정은 그 사람의 존재에 속하는 충만한 전제를 나타내고 있는 것이다. 따라서 우리는 무로부터가 아니라 충만한 전제 위에서 결단을 내린다. 사르트르에게서 전제 또는 주어진 상황이 자기기만의 핑곗거리에 불과했다면, 메를로퐁티에게서는 늘 충만하게 마련된 전제가 긍정된다. 메를로퐁티는 이렇게 전제되어 있는 것을 '상황'이라고 부른다. "상황의 관념 때문에 우리의 참여의 기원으로서 절대적 자유는 배제된다."(『지각』, 678쪽) 우리는 늘 상황을 전제하고 있기 때문에 무(無)로부터 출발하는, 자기원인으로서의 의식의 자발성은 근본적인 자리를 가지지 못한다.

그런데 '상황'은 사르트르의 근본 개념이지 않은가? 사르트르에게 '상황'은 무엇인가? 사르트르는 『상상계』에서 다음과 같이 상황을 정의하고 있다.

우리는 실재를 세계로 파악하는 즉각적인 여러 양태를 '상황(situation)'이라고 부를 것이다. …… 어떤 의미에서 실재의 파악은 언제나 세계의 자유로운 무화이[다]. …… 만일 의식이 자유롭다면, 그 자유의 노에마적 상관물은 자기 안에 부정의 가능성을 지니고 있는 '세계'여야

한다.[6]

위 구절과 더불어 『상상계』의 다음 구절 역시 읽어보자. 의식 활동 가운데 하나인 상상력과 관련하여 '상황'에 대해 말하고 있는 구절이다. "의식의 상황은 모든 상상적인 가능성의 순수하고 추상적인 조건으로서가 아니라, 특정한 상상적인 것의 출현에 대한 구체적이고 정확한 동기부여로 나타나야 한다."[7] 의식은 실재를 정립하면서 동시에 부정한다. '이 세계는 불행하다'라는 진술은 세계를 정립하는 동시에 세계에는 행복이 없다고 판정을 내림으로써 세계를 부정한다. 그 결과, 세계는 더 이상 불행이 자연스러운 것처럼 머물러 있을 수 없다. 이런 점에서 의식의 자발적인 활동인 판정을 내리고 정립하는 활동은 실재를 부정하는 활동이다. 그런데 도대체 '어느 관점에서' 부정할 것인가? 의식의 한 활동인 상상력을 예로 보자. 도대체 어느 관점에서 현금의 실재를 부정하고 새로운 세계를 상상할 것인가? 아무 맥락 없이 실재를 부정할 수 없다. 맥락 없는 부정은 추상적인 부정에 머물 것이며, 실제로 세계에 아무런 힘도 발휘하지 못한다. 실재를 정립하고 부정하기 위해서는 구체적인 맥락이 주어져야 하는데, 이것이 바로 '상황'이다. 의식의 자유로운 활동, 자유로운 실천이 가능하기 위한 "구체적이고 정확한 동기부여"를 해주는 것이 바로 상황인 것이다. 하나의 상황이라는 구체적인 맥락 속에서만 실재는 파악되고, 또 판결을 통해 부정될 수 있다. 아래는 역시 『상상계』에서 온 구절이다.

실재와의 관계에서 스스로를 자유롭게 정립하기 위해서는 실재를 종

타자철학

합적 총체로 정립하면 충분하고, 이러한 초월(dépassement)은 바로 자유 자체이다. 의식이 자유롭지 않다면 초월은 실행될 수 없기 때문이다. 그러므로 세계를 세계로 정립하거나 그것을 '무화하는 일'은 단 하나의 동일한 일이다.[8]

의식의 활동은 자유 자체의 실현이다. 왜냐하면 세계를 고착된 것으로 받아들이고 기술하는 데 그치는 것이 아니라, '이 세계는 불행하다'와 같은 능동적 판정을 통해 주어진 세계(상황)를 초월(부정)하기 때문이다. 사르트르에게 선택이란, 자기기만적인 전제를 마련해두고 타율의 소산인 듯 어쩔 수 없다는 듯 이루어지는 선택, 그리고 무로부터 출발하는 선택으로 구분된다. 물론 진정한 선택이란 두 번째 것이다. '무'로부터(즉 철저한 자유로부터) 출발하는 것은 어떠한 전제도 없이 '선택'하는 의식만으로 출발함을 의미한다. 이를 가능하게 해주는 조건이 상황이다. 상황이 있어야만 의식은 이 상황에 반발하는 선택을 할 수 있는 까닭이다. 따라서 사르트르에게 상황은 의식의 자유가 실현되기 위한 불가결한 조건인 것이다.

이와 달리 메를로퐁티에게 상황은 무엇인가? "상황의 관념 때문에 우리의 참여의 기원으로서 절대적 자유는 배제된다. 그것은 더욱이 우리의 참여의 종극에서도 똑같이 절대적 자유를 배제한다."(『지각』, 678쪽) 사르트르에게 상황이 의식의 절대적 자유가 실현되기 위한 조건이었다면, 메를로퐁티에게 상황은 우리가 절대적으로 자유롭지는 않다는 것을 보여준다. 그에게 상황은 수동적으로 어쩔 수 없이 전제할 수밖에 없는 조건을 일컫는다. 이때 상황은 '무화(無化)'의 가능성이 아니라 이미 전제된 가득 채워져 있는 내용이다. 사르트르에게 의식의 본성이란 어떤 내용도 없음, 즉 무(無)라면, 메를로퐁티에게 의식은 충만한 전제로 가득 차 있다.

11) 눈의 제한성: 의식 활동의 지평으로서 신체

'의식은 충만한 전제로부터 시작한다.' 이때 충만한 전제에 해당하는 것이 '신체'이다. 우리의 의식 활동이 '신체'를 조건으로 한다는 것은 무슨 뜻인가? 햄릿은 "난 호두알 속에 갇혀 있다 해도, 내 자신을 무한 공간의 왕이라고 생각할 수 있다네"[9]라고 말하는데, 이 구절은 신체와 의식의 관계에 대해 생각해볼 수 있도록 해준다. 의식은 단번에 전 세계를 바라보는 시선처럼 제한들을 넘어서 자신을 보편적인 것이라고 생각할 수 있다. 그러나 실제로 우리의 시야는 신체라는 호두알 속에 제한되어 있다. 가령 의식 그리고 의식의 감각적 표현이라고 할 수 있는 '시각(視覺)'은 전체를 관망할 수 있는 추상적인 한 지점에 놓여 있는 것이 아니라, 신체(우리의 '눈') 때문에 상대화된 국지적인 지점에 놓여 있을 뿐이다. 우리는 태생적으로 국지적인 지점에 놓여서 상대적인 관점, 제한된 관점에서 의식 활동을 하고 세계를 바라볼 수밖에 없다.

의식의 위치가 국지적이라는 사실을 어떻게 이해할 수 있을까? 여기서 의식의 표현이자 메를로퐁티가 세잔에 대한 미술론 등을 통해 주의 깊게 탐구했던 '보는 일'을 살펴볼 필요가 있다. 먼저 하나의 허구적인 시야를 구성하는 예로서 르네상스 시대의 기하학적 원근법을 살펴보자. 메를로퐁티는 『눈과 마음』에서 말한다.

> 르네상스 원근법은 회화의 모색과 역사를 마감한다고, 정확하고 오류 없는 회화의 기초를 놓는다고 자처했다. 그리고 그럴 때에 한해, 르네상스 원근법은 오류였다. 파놉스키(Panofsky)가 르네상스의 인간들에 대해 말하면서 밝혔듯이, 이와 같은 열광에는 기만이 없지 않았다. …… 화가들이 잘 알고 있었던 것처럼, 원근법의 테크닉 가운데 정확한 해답은 단 하나도 없다.[10]

르네상스 시대의 원근법은 기하학에 입각한 추상적인 공간의 원근법이라는 점에서 거짓된 것이다. 그림은 3차원적인 사물을 2차원적인 평면에 재현한다. 그런데 3차원을 2차원으로 완벽하게 나타내도록 하는 이상적인 해결책으로서의 기하학적 원근법이라는 과학은 없다. 사물은 보는 위치에 따라서 제한적이고 다양하게 나타나는 것이고, 사물을 가장 이상적으로 보여주는 원근법은 일종의 눈속임이다. 왜냐하면 우리 의식의 표현인 시선은 우리의 신체, 바로 안구(眼球)에 제한되어 있고, 안구는 하나의 고정된 지점에서 원근법적으로 단번에 사물의 전모를 보는 것이 아니라 끊임없이 움직이면서 비전을 구성하기 때문이다. 즉 비전은 결코 소실점 같은 원근법상의 하나의 지점에서 구성되지 않고, 눈의 운동에 따라 부분 부분이 종합되면서 구성될 수밖에 없다. 요컨대 비전은 철저히 신체에, 바로 눈의 움직임에 좌우된다.

그런 까닭에 비전은 원근법적 종합이 아니라 '전이(轉移)의 종합(synthèse de transition)'의 산물이다. "개개의 조망은 다른 조망'으로 넘어간다.' 사람들이 여전히 종합에 대해 말할 수 있다면 '전이의 종합'이 문제일 것이다."(『지각』, 495쪽) 전이의 종합은 눈의 운동을 통한 종합이다. 비전을 가능케 하는 눈이 수행하는 이러한 전이의 종합의 비밀을 누구보다도 잘 알았던 자들은 바로 시각에 대해서 민감했던 화가들이다. 가령 세잔의 작품을 보자. 세잔은 생빅투아르산을 수도 없이 그렸는데, 아래 작품도 그 가운데 하나이다.

폴 세잔, 「생빅투아르산」(1902~1904)

이 그림에서 산의 여러 국면들은 블록을 쌓아둔 듯 표현된다. 왜 그럴 수밖에 없는가? 전체 비전은 원근법 속에서 단번에 종합된 형태로 나타나는 것이 아니라 계속되는 눈의 운동을 통해서 최종적인 결과로

타자철학

나타나기 때문이다. 우리는 하나의 풍경을 단번에 보는 것처럼 생각하지만, 실은 눈이 운동하면서 본 부분과 부분을 부단히 종합해서 나오는 이차적인 결과가 하나의 풍경이다. 따라서 눈이 실제 보는 모습 또는 눈이 운동하면서 보는 모습에 따라 비전이 생성되는 과정을 그림이 보여준다면, 그 그림은 눈의 운동에 따른 여러 각도에서 보이는 면들의 수없는 중첩으로 나타날 것이다. 위의 그림처럼 말이다. 우리 눈은 사진기에 단번에 한 장면이 담기는 것과 같은 방식으로 비전을 가질 수는 없다. 오로지 눈의 운동을 통해서만, 그리고 눈의 운동을 종합하는 부단한 과정을 통해서만 비전은 얻어지는 것이다.

메를로퐁티가 세잔에게서 발견한 이러한 면모는 이미 큐비즘을 예고하고 있다. 한 사물의 모습이 그것을 다양한 관점에서 바라본 눈의 조망들을 종합함으로써 얻어지는 것이라면, 단일한 원근법적 구도 안에서 성취된 사물의 모습이란 허구적인 것이다. 따라서 사물의 실제 모습은 눈이 운동하면서 본 사물의 다양한 면들의 병치(倂置)일 것이다. 3차원의 사물을 해부해 2차원의 평면 위에 펼쳐놓은 듯한 큐비즘은, 이런 눈의 운동의 궤적에 따라 보여지는 사물의 모습에 충실하려는 시도의 결과물이라 할 수 있다.

또한 눈의 움직임에 따라 본 부분과 부분의 종합은, 눈의 움직임 자체가 정해진 궤도를 따르는 것도 아니고 어느 지점에 이르러 종결되는 것도 아니므로, 무한히 진행되는 것일 수밖에 없으며 그 결과로 출현하는 풍경 역시 각양각색의 무한한 모습을 가진다. 이런 까닭에 하나의 대상에 대한 마스터키로서의 이상적인 그림이란 없으며 회화의 생산과 역사 역시 종결되지 않는다. "온전히 실현된 회화 같은 개념들이 의미가 없어진다. 세계가 수백만 년 동안 계속된다 해도, 화가들은 …… 언제나 세계를 그려야 할 것이요, 세계는 미완성 상태로 끝나게 될 것이다."[11] 『눈과 마음』의 한 구절이다. 눈의 운동과 시선의 종합이 끝나지 않는 한 화가들에게 그림의 완성이란 없으며, 따라서 세계의 비전은 영원히 미완성으로 남는다. 그리고 비전의 숙명적 미완성이란 그림의 역사가 무한히 진행되리라는 약속 외에 다른 것이 아니다.

비전이 단일한 원근법적 관점 안에서 종합되기보다 눈의 운동에 따라 종합된다는 메를로퐁티의 생각은 후에 데이빗 호크니와 같은 화가에게서도 그대로 발견되는데, 그는 『그림의 역사』에서 다음과 같이 메를로퐁티처럼 말하고 있다.

눈은 항상 움직인다. 눈이 움직이지 않는다는 것은 죽었다는 뜻이다. 보는 방식에 따라 관점[perspective]도 달라진다. 그러므로 관점 역시 끊임없이 변화하는 것이다. 실제로 우리가 여섯 사람을 관찰한다고 가정해 보자. 거기에는 천 가지 관점이 존재할 수 있다. …… 정지된 픽처에도 움직임이 담길 수 있다. 눈이 움직이기 때문이다.[12]

호크니는 그가 즐겨 그렸던 '그랜드캐니언'을 '초점 없음(no focus)'이라는 말로 표현한 적이 있다. 하나의 종합적인 원근법적 구도를 가능케 하는 고정된 초점은 없으며 오로지 눈의 이동만이 있는 것이다. 풍경을 블록들로 해체한 듯한 호크니의 사진 콜라주들 역시 눈이 이동하며 대상의 부분 부분을 보고 종합한다는 사실을 표현하고 있다. 눈은 전체를 단번에 보는 것이 아니라 국지적인 지점들에 제한되어 있으

타자철학

므로 운동을 통해서만 이 제한을 벗어날 수 있다. 비전을 종합하려면 눈은 부분 부분을 이동하며 보고 모아야 하며, 사진 콜라주 한 장 한 장은 이런 눈의 운동의 궤적을 표현한다.

결국 눈이라는 신체를 통해 우리가 살펴본 바는 무엇을 말하고 있는가? 바로 세계에 대한 지각은 기하학과 같은 이성의 고안물을 통해서가 아니라 신체라는 지평 위에서만 이루어진다는 것이다.

> 우리가 우리의 신체에 의해서 세계에 존재하는 한, 우리의 신체로 세계를 지각하는 한, 세계의 경험을 세계가 우리에게 나타나는 대로 소생시키는 것이 필요할 것이다. …… 사람들이 자신의 신체를 가지고 지각한다면 신체는 자연적 자아이자 말하자면 지각의 주체이[다].(『지각』, 316쪽)

이제 주체로서 의식의 비밀을 탐색하는 것이 아니라, 진정으로 주체의 자리를 차지하고 있는 신체의 비밀을 찾는 것이 관건이다.

12) 신체의 환원 불가능성

최초의 순수 공간은 허구적이며 어디에도 최초의 위치는 없고, 우리는 이미 구성되어 있는 한 지점에 놓일 뿐이다. "따라서 그것[지각]은 우리가 이미 세계에서 활동하고 있다는 것을 발견하지 않으면 안 된다."(『지각』, 385쪽) 결국 우리는 무(無) 속에서 어떤 결정을 하는 것이 아니다. 우리는 이미 있는 한 시간적 지점에 놓여 있는데, 이는 우리가 특정한 과거를 가지고 있음을 뜻한다. "아무런 지[地, fond, 바탕]가 없는 최초의 지각이란 생각될 수 없다. 모든 지각은 지각하는 주체의 어떤 과거를 가정[한다]."(『지각』, 425쪽) 우리의 지각은 이미 전제되어 있는 공간, 이미 전제되어 있는 시간 속에서 이루어진다. "나는 내가 구성하지 않는 시간에 의해 개인적 실존으로 떠받쳐지기 때문에 나의 모든 지각은 자연을 지(地)로 해서 음영 지어진다."(『지각』, 520쪽) 나의 실존은 내가 구성하지 않은 시간에 의해서 떠받쳐지고 있다. 즉 실존은 무가 아니다. 우리는 늘 구성되어 있으므로 최초의 시간과 공간에 있을 수 없고, 우리의 지각은 기원에서부터 시작하는 것처럼 이루어질 수 없다. 우리의 지각은 상영 시간에 늦은 채 영화관에 중간에 들어온 사람의 것처럼 이루어진다. 최초의 첫 장면을 볼 수 없으며 전체 줄거리를 말하지 못한다. 자기의식에 기원을 두고서는 사물의 모든 면모를 설명하지 못하는 것이다. 즉 의식은 경험의 종합과 통일성의 원천이 되지 못한다.

우리는 세계의 경험을 가지되, 개개의 사건을 전적으로 규정하는 관계들의 체계라는 의미에서가 아니라, **종합의 완결될 수 없는 열린 전체성**이라는 의미에서 가진다. 우리는 '나'의 경험을 가지되, 절대적 주체성의 의미에서가 아니라, 시간의 흐름에 의해 분할 불가능하게 해체되고 재형성되는 의미에서 가진다. **주관의 통일성 또는 객관의 통일성은 실재적 통일성이 아니라, 경험의 지평에 있는 추정적[가정된, présomptive] 통일성**이다.(『지각』, 336쪽)

의식의 종합은 완결될 수 없고, 의식이 달성한 주관과 경험의 통일성이 있다면 그것은 가정된 것에 불과하다. 의식이 구성할 수 없는 의식 이전적인 지평이 늘 의식적 체험에 끼어들고 있는 것이다. "원초적 수준은 우리의 모든 지각의 지평, 그러나 원칙적으로 명시적 지각에서 도달될 수 없고 주제화될 수 없는 그런 지평에 속해 있다."(『지각』, 385쪽) 원초적 지평은 의식의 경험을 가능케 하는 것이지 의식이 구성할 수 있는 것이 아니다. 그런 점에서 완벽한 환원은 불가능하다.(그리고 앞서 잠시 이야기했지만, 의식적 체험은 의식으로 환원되지 않는 선의식적으로 구성된 조건에 의존한다는 것, 따라서 의식은 기원이 아니라는 메를로퐁티의 통찰은 후에 레비나스나 데리다 같은 현대 사상가들을 통해 '기원의 신화 비판'이라는 주제로 나타날 것이다.)

메를로퐁티에게서 체험이 가능하기 위해 의식에 앞서 개입하는 이 근본적인 조건은 무엇인가? 그것이 바로 신체이다.

> 그것이 세계를 보거나 만지는 한, 나의 신체는 그래서 보여질 수도 만져질 수도 없는 것이다. 그것이 어느 때이고 대상이기를, 어느 때이고 '완전하게 구성된' 것이기를 막는 것은 그것에 의해 대상들이 있게 된다는 바로 그 점이다. 그것은 보고 만지는 것이라고 하는 한에서 만질 수도 볼 수도 없다. 따라서 신체는 언제나 거기에 있다는 특수성을 제공할 뿐인 외부 대상들 중의 어느 하나가 아니다.(『지각』, 157쪽)

이 신체는 의식에 주어지는 대상이 아니라, 의식 활동이 가능하기 위한 지평이다. **"규정된 대상의 총합으로서가 아니라 규정된 모든 사고**

에 앞서 스스로 우리의 경험에 끊임없이 현존하는 잠재적 지평으로서의 신체"(『지각』, 158쪽)가 있는 것이다. 모든 규정된 대상에 앞서서 경험을 가능하게 하는 지평으로서 신체 말이다. 따라서 이 신체를 지향적 활동을 하는 의식이라는 기원으로 환원하는 일은 불가능하다. 이 신체는 의식의 구성 활동의 소산이 될 수 없다.

13) 살의 존재론: 나와 타인의 공통 기반으로서 익명의 신체

이제 우리는 타자 문제를 중심에 두고 사유할 지점으로 다가서고 있다. 이 장의 첫머리에서도 제시한 바이지만, 메를로퐁티가 설정한 핵심 과제는 '우리의 의식이 어떻게 공통적 의식이 될 수 있는가?'를 해명하는 것이다. 어떻게 나와 타인이 서로 구별되는 개별자들임에도 의식은 개별성에 머물지 않고 보편적일 수 있는가? 바로 의식 활동이 가능하기 위한 신체가 보편적 지평이기 때문이다.

여기서 우리는 메를로퐁티의 타자이론이 무엇을 과제로 삼고 있고 무엇을 해결해야 하는지 알 수 있다. '어떻게 나와 타자의 신체는 의식 활동의 선의식적 조건으로서 공통적 신체를 형성하는가?' 우리의 의식 활동이 보편적일 수 있는 까닭은 신체가 나와 타인의 공통적 지평이기 때문이다. 달리 말해 선의식적 차원에서 신체들끼리 이미 공통성을 달성한다. 또는 신체들끼리 이미 의식의 차원이 아닌 신체의 차원에서 소통한다. 예를 들어보자. 선의식적인 차원에 있는 유아의 경우, 엄마가 웃으면 따라 웃는다. 그 시기의 유아는 '웃는다'는 의미를 모를 뿐 아니라 자기 자신의 신체 기관(웃기 위한 입)이나 행위도 인지하지 못한다. 그럼에도 엄마가 웃었을 때 엄마와 똑같은 신체적 행위, 즉 웃는 행위를 한다는 것은 선의식적인 차원에서 신체가 엄마와 유아에게 공통적인 것으로 존재함을 뜻한다. 의식이 개별적이되 보편적일 수 있는 까닭은 선의식적인 익명의 신체가 개별자들 사이에서 공통적인 것으로 자리잡고 있기 때문이다. 신체는 개인적인 귀속물이 아니라 공통의 지평으로 고려될 수 있다는 점에서 '너의 것과 나의 것으로 구분할 수 없는 익명의 지평'이다. 이런 관점에서 우리는 다음과 같은 구절의 의미를 이해할 수 있다. "선재하는 유일한 로고스(Logos)란 세계 그 자체이[다.]"(『지각』, 32쪽) 세계를 너나 나의 것으로 귀속되지 않는 "유일한 로고스", 공통의 로고스로 만들어주는 것은 무엇인가? 그것이 바로 나와 타자 사이에서 분할되지 않는 신체라는 공통 지평이다. "이 세계는 아마도 나의 지각과 타인의 지각 사이에서 분할 불가능한 것으로 남아 있게 될 것[이다.]"(『지각』, 528쪽) 바로 타인과 나 사이에 공통적인 신체가 있기에 이럴 수 있다. 나의 지각과 타인의 지각이 교차하는 부분, 나와 타인이 공유하는 지평이 '세계'이며, 이 세계의 구체적인 내용이 익명의 공통적 신체이다.

메를로퐁티의 철학은 우리 의식이 세계와 맺고 있는 지향적 단서를 밝히는 현상학적 작업에서 출발하지만 점점 스스로의 정체를 존재론으로 발견해나간다. 『지각의 현상학』(1945) 이후 『보이는 것과 보이지 않는 것』(1964)의 등장을 우리는 현상학에서 존재론으로의 이행이라 표현해도 좋을 것이다. 앞서 메를로퐁티가 "유일한 로고스란 세계 그 자체"라고 했을 때 이미 이 구절은, 인간에게 속한 이성으로서 로고스를 이해한 근대인들과 달리 만물의 익명적 원천으로서 로고스를 발견한 고대인들의 존재론(헤라클레이토스)과 매우 친화적이다. 실제로 메를로퐁티는 『보이는 것과 보이지 않는 것』에서 명백히 고대 존재론으로 회귀하는 모습을 보인다. 이제 공통의 지평으로서의 신체는 '살(chair)'이라는 명칭으로 불린다. 이 살이란 무엇인가? "살은 물질이 아니고, 정신이 아니며, 실체(substance)가 아니다."(『보이는 것과 보이지 않는 것』, 200쪽) 살은 '실체'가 아니고 구성하는 의식의 대상인 '물질'도 아니다. 살을 이해할 때 실체나 물질 같은 근대 철학적 개념은 거부된다. 살은 무엇인가? **"살을 지칭하기 위해서는 '원소(élément)'〔요소〕라는 옛 용어를 써야 하지 않을까 싶다. 물·공기·흙·불을 말하며 사용했던 의미에서** [그러하다.]"(『보이는 것과 보이지 않는 것』, 200쪽) 여기서 '원소(요소)'란 근대 자연 과학에서의 원소 같은 것이 아니라 고대인들이라면 피시스라 불렀을 '환경(milieu)'을 뜻한다. 예컨대 물은 물고기가 존재하기 위한 환경이다. 존재하기 위한 환경이란 무엇인가? 바로 존재함의 원리 자체를 의미한다. 환경으로서의 물은 물고기의 운동과 호흡 등 모든 존재함의 방식을 주관하는 '원리(principle)'이다. 그리고 이 원리를 표현하는 고대인들의 말이 바로 '아르케'이다. 고대인들이 아르케라는 만물의 원천에 대해 사색했을 때, 그들은 만물을 지배하는 원리가 무엇인지 묻고 있었던 것이다. 위 인용에서 보듯 메를로퐁티는 '살'에 대해 아르케와 같은 지위, 요소적인 것의 지위를 부여하고 있다. 고대인들의 '요소'가 개별자들의 근저에 놓여 있는 공통의 것이듯, '살' 역시 한 개별자에 귀속되는 것이라기보다 개별자들, 즉 나와 타자 사이의 공통적인 환경이다.

나의 자발적인 의식적 삶은 바로 이 살에 의해 제한된다. 자발적 의식은 그보다 미리 있는 살이라는 지평 위에 자리하는 까닭이다. 결국 우리는 이렇게 말할 수 있을 것이다. "내가 이해하는 것은 나의 삶과 정확히 일치하지 않으며, 결국 나는 나 자신과 일체가 아니다."(『지각』, 519쪽) 신체는 의식에 앞서는 의식의 조건이기에, 의식은 이 신체 자체를 자신의 대상으로 삼을 수 없다. 따라서 자기의식을 통해 내가 이해하는 바와 이 의식으로 환원되지 않는 신체가 개입해 있는 나의 삶은 일치하지 않는 것이다. 신체가 주관하는 삶은 의식의 계산과 반성 안에 다 들어오지 않는다.

14) 행동을 통한 타자 존재에의 접근

이러한 논의를 배경으로 메를로퐁티가 어떻게 유아론의 극복, 상호주관성의 해명 등으로 표현되는 타자 문제를 다루는지 보자. 먼저 메를로퐁티는 객관적·과학적 사고는 타자 문제를 근본적으로 해결하지 못한다는 취지에서 다음과 같이 말한다.

문제는 바로 이것이다. 즉 '나'라는 말이 어떻게 복수로 되는가, 사람들은 '나'의 일반적 관념을 어떻게 형성하는가, 나는 어떻게 나의 것과 다른 '나'를 말할 수 있는가, 나는 어떻게 타인이 있다는 것을 알 수 있는가.(『지각』, 522쪽)

타인의 존재는 객관적 사고에 대하여 난제이고 수치이다.(『지각』, 522쪽)

타인의 신체는 나 자신의 신체처럼 거주되는 것이 아닐 것이며, 타인
의 신체는 이 신체를 사고하거나 구성하는 의식 앞의 대상일 것이다. 경
험적 존재로서의 사람들, 나 자신, 우리들은 용수철에 의해 움직이는 기
계에 불과할 것이고 …… 피가 흐르는 살 한 점에 숨어 있는 이러한 의식
은 비의적인 성질들 중에서 가장 불합리한 것이 될 것이다.(『지각』, 523쪽)

타인의 신체가 "이 신체를 사고하거나 구성하는 의식 앞의 대상"일
때, 타인은 객관적·과학적 관점에서 조명되는 대상이다. 그러나 객관적
대상으로 고려하는 방식으로는 타인의 존재는 해명되지 않는다. 타인
의 신체가 먼저 주어지고, 그 신체로부터 배후에 있는 심적인 타인의
존재를 인식하는 작업은 근본적인 한계를 가진다. 그것은 사르트르가
타자 문제에 대한 인식론적 관점을 비판할 때 살펴본 바이기도 하다.
그렇다면 타자는 어떤 방식으로 접근되어야 하는가?

신체, 그리고 타인의 신체에 관한 한, 우리는 이것이 생리학의 저서들
이 기술하는 바와 같은 객관적 신체로부터 구별된다는 것을 배워야 한
다. 의식에 의해 거주될 수 있는 것은 그런 객관적 신체가 아니다. 우리는
가시적 신체에 의존해서 거기서 소묘되고 나타나기는 해도 실재적으로
포함되지 않는 행동들을 다시 파악해야 한다.(『지각』, 525쪽)

타인, '의식'으로서가 아니라 한 몸의 주민으로서, 그리고 이 몸을 매

개로 한 세계 주민으로서의 타인. 타인은 내가 보고 있는 그 몸뚱이의 어디에 존재하는가? 타인은 (문장의 의미가 그러하듯) 이 몸에 내재하는데(그를 몸에서 분리하여 따로 떼어 놓을 수 없다), 그래도 타인은 기호들의 합이나, 의미들[significations]의 합 이상의 것이다. 타인은 그 의미들이 언제나 [자신의] 부분적이고 완전하지 못한 이미지가 되고 있는 그러한 것이다—불완전하지만 그래도 의미들 하나하나에서 전체적으로 자신을 증명하는 이미지. [그는] 언제나 미완의 화신(化身)의 과정에—객관적 신체의 저 너머에 있다.(『보이는 것과 보이지 않는 것』, 304쪽; 대괄호는 옮긴이; 번역 수정)

타인은 그의 신체와 독립해 있는 의식 또는 영혼 같은 것이 아니다. 타인의 의식은 문장과 그 의미가 서로 얽혀 있듯 그의 신체와 떼어서 생각할 수 없는 것이다. 그렇다면 타인의 신체는 어떤가? 이 신체는 생리학이 기술하는 것과 같은 과학적 대상, 객관적 인식의 대상이 아니다. 타인의 신체는 객관적 신체 너머에 자리하고 있는 것이다.

이런 타인의 존재에 어떻게 접근할 수 있을까? 타인의 '가시적인 신체에서 나타나기는 하지만, 생리학적인 방식으로 설명되지 않는 행동들'을 파악해야 한다. 즉 신체는 이론적 인식의 대상으로 의식에 주어지는 것이 아니라 근본적으로 실천적 차원의 '행동들'로 주어진다. 이러한 행동들은 무엇인가? 인식적인 것 이전의 '나는 할 수 있다'라는 차원에서 출현하는 행동들이다. 『행동의 구조』(1942)에서부터 메를로퐁티는 이런 행동들에 몰두했다. "영혼은 신체에 '영향을 미친다'고 사람들은 말한다. 사실 이 표현은 적절하지 못하다. ······ **행동이 생명적 변증법을 통해, 혹은 알려진 심리적 메커니즘을 통해 남김없이 이해된다**

면, 신체가 영혼에 영향을 미쳤다고 사람들은 말할 것이다."[13] 신체가 영혼에 영향을 미치고 있다는 사실은 바로 행동 속에서 드러난다.『지각의 현상학』에서도 같은 주제를 표현하고 있다. "과학적 주제화도 객관적 사고도 …… 신체적 하부 구조에 의지하지 않는 하나의 독자적인 '정신적' 행동을 발견할 수 없을 것이다."(『지각』, 643~644쪽) 행동은, 신체가 의식이 이론적으로 인식할 수 있는 의식 바깥의 객관적 대상이 아니라, 의식 활동이 가능하기 위한 하부 구조라는 것을 드러내준다.

15) 행동의 예: 상호주관성의 해명

이제 인식적 차원에 앞서는 '행동들'이 무엇인지 예를 통해 더 자세히 살펴보자. 가시적인 신체에 나타나는 행동의 예는 어떤 것인가? 심인성 질환을 앓는 환자가 있다. 이 환자는 "추상적' 운동을 수행할 수 없는데, 추상적 운동은 …… 어떤 실제적 상황에도 관계되지 않는 운동이다. 그는 자기 신체의 위치, 더욱이 자기 머리의 위치, 자기 다리의 수동적 운동도 기술할 수 없다. 결국 사람들이 그의 머리, 팔이나 다리에 손을 댈 때 그는 사람들이 자기 신체의 어느 지점에 손을 댔는지 말할 수 없다."(『지각』, 172쪽) 한마디로 이 환자는 '추상적 사유'를 하지 못하여, '개념으로서 신체의 부위'를 파악하지 못한다. 코나 눈을 손으로 짚으라면 그 개념을 사유하지 못하므로 해당 신체 부위를 짚지 못할 것이다. 그에게는 '추상적인 위치'에 대한 인식이 없다. 그런데 추상적 반성이 끼어들지 않는 생활에 필요한 행위들, 예를 들면 손수건을 꺼내 코를 풀거나 성냥으로 등을 밝히거나 하는 일들은 신체를 사용해 정확한 지점을 찾아 자연스럽고 민첩하게 수행한다. 행위는 추상적 사유보다 심층적인 신체라는 환경에 자리 잡는 까닭이다. 또 추상적인 사유를 하지 못하여 신체의 위치를 반성적으로 파악하지 못하는 '소뇌환자'의 경우도 있다. 이 환자에게 다음과 같은 행동이 발생한다.

> 모기에 물린 그 환자는 물린 지점을 찾을 필요도 없이 단번에 그곳을 발견한다. 왜냐하면 그에게는 그 지점을 객관적 공간에서 정돈되어 있는 축선(軸線)과의 관계에 의해서 위치 짓는 것이 문제가 아니라, 자신의 현상적 손으로 현상적 신체의 어떤 아픈 지점에 도달하는 것이 문제이기 때문이고, 긁는 능력으로서의 손과 긁는 지점으로서의 물린 지점 사이에서 체험된 관계는 고유한 신체의 자연적 체계에서 주어지기 때문이다.(『지각』, 176쪽)

인식적 차원에서 추상적으로 위치를 파악하지 못하는 환자도 자연스럽게 모기가 물린 지점에 손을 가져가 긁는 행동을 한다. 그 지점을 객관성을 보증하는 이론적 개념을 통해 가리켰을 때는 전혀 이해하지 못할지라도 말이다. 이 예는 추상화된 공간 이전에 자연적인 신체의 공간이 있으며, 추론적으로 파악되는 공간 이전에 신체가 행동하며 사는 공간이 있음을 알려준다. 그야말로 '행위 속에서 구현되는 공간'이 근본적인 자리에 있는 것이다. 메를로퐁티는 말한다. "구체적 운동에서 그 환자는 자극에 대한 정립적(thétique) 의식도 반응에 대한 정립적 의식도 갖지 않는다. 단순하게, 그는 그의 신체이고, 그의 신체는 어떤 세계의 능력이다."(『지각』, 177쪽; 번역 수정) 앞 장에서 우리는 사르트르와 관련하여 이미 '정립적(thétique)'이라는 말의 뜻을 살핀 바 있다. 그것은 대상을 객관적 의미를 지니는 것으로 구성한다는 뜻이다. 객관적 의미는 명제를 통해 표현되므로 'thétique'라는 말은 '명제적'이라고 이해할 수도 있다. 사르트르에게서는 대상을 객관적으로 구성하는 이 정립적 의식이 가장 근본적인 층위에 자리했다. 그러나 메를로퐁티에서는 정립적 의식의 활동 이전에 행동의 차원, '할 수 있다'의 차원이 있다. 이제 '타자와의 관계', 즉 상호주관성과 관련된 예로 나아가보자.

> 생후 15개월 된 영아는 내가 놀이 삼아 손가락을 하나 입에 넣어 무는 시늉을 하면 입을 열어 보인다. 그러나 영아는 결코 거울 속의 자기 얼굴을 본 적이 없고, 영아의 치아는 나의 것과 유사하지 않다. 영아가 내부에서 느끼는 대로 그 자신의 입과 치아는 즉시 그에게는 무는 장치이고, 영아가 외부에서 보는 대로 나의 턱은 즉시 그에게는 동일한 의도들을 능히 실행할 수 있는 것으로 여겨진다는 것은 사실이다. '무는 것'은 즉시 그에게는 **상호주관적 의미**를 가진다. 그는 자신의 의도들을 자신의 신체에서 지각하고, 자신의 신체로 나의 신체를 지각하며, 이로써 나의 의도를 그의 신체에서 지각한다.(『지각』, 526~527쪽)

이것이 바로 행위의 차원에서 이루어지는 '상호주관성'의 예이다. 이 예만큼 신체가 독립된 개별자들 각자에게 귀속되는 것이 아닌, 개별자들 사이의 '공통의 환경(milieu)', 고대 자연 철학자들의 의미에서 '요소(élément)'라는 점을 잘 보여주는 것도 없을 것이다. 자신과 타자의

타자철학

신체에 대한 반성을 통해서는 그 어떤 지식도 아직 형성하지 못한 생후 15개월의 영아가, 행위의 차원에서는 마치 신체에 대해 이미 잘 알고 있었다는 듯이 즉각적으로 상호주관성을 구현한다. 이 사례가 알려주는 바는 신체가 나와 타자 사이에서 분할되지 않는 익명적인 공통의 지평을 형성한다는 사실이며, 또한 행위(유아의 행위)란 반성적 의식의 계산을 통해 이루어지는 것이 아니라, 선의식적인 신체를 조건으로 이루어진다는 사실이다. 신체는 선의식적 차원에 있는 공통의 지평인 것이다. 이러한 견지에서 메를로퐁티는 사르트르를 겨냥하고서 다음과 같은 비판적인 문장을 쓰기도 한다.

> 타인의 신체가 나에 대한 대상도 아니고 나의 신체가 타인에 대한 대상도 아니라면, 이것들이 행동들이라면, 타인의 정립은 나를 타인의 장 속의 대상의 지위로 변형시키지 않고, 타인에 대한 나의 지각은 타인을 나의 장 속의 대상의 지위로 변형시키지 않는다.(『지각』, 527쪽)

우리는 이 문장에서 단번에 '시선들끼리의 싸움'이라는 사르트르 타자론의 근본 논제에 대한 비판을 읽어낼 수 있다. 타인의 시선 앞에 대상이 되느냐, 아니면 내 시선이 타인을 대상화하느냐가 관건이 아니다. 한 지향적 의식이 타인을 인식의 대상으로 포획하는 일이 문제가 아니다. 상호 양립할 수 없는 의식들이 상대방의 장 속에서 주체성을 잃고 대상으로 전락하지 않기 위해 투쟁하기 이전에, 상호 관계 자체가 가능하기 위해서는 선의식적인 익명의 공통적 지평으로서 신체가 있어야만 한다. 나와 타자는 서로 양립할 수 없는 의식들이 아니라, 그리고 하나가 의식이기 위해선 다른 하나는 의식의 등불을 끄고 대상이 되어야만 하는 것이 아니라, 먼저 신체라는 공통의 지평 위에서 양립하는 자들인 것이다. 메를로퐁티는 이렇게 말하기도 한다. "나는 사르트르가 도달점으로 삼은 곳, 즉 대자[의식]에 의해 재포착된 존재에게서 나의 출발점을 취한다."(『보이는 것과 보이지 않는 것』, 341쪽) 자기의식이 포착한 대상, 무로서의 의식이 정립한 것으로서의 존재가 사르트르에게서는 의식이 가닿은 최종 지점이다. 그러나 메를로퐁티에게서는 이 존재가 바로 출발점이다. 즉 의식 활동을 가능하게 하는 선의식적인 지평으로서의 '존재'가 출발점이라는 말이다.

세계는 분할 불가능하고 타인과 나 사이에 익명의 신체가 있다는 것과 관련해서 중요한 몇 구절을 읽어보도록 하자. 타인과 나의 신체가 떨어져 있는 것이 아니라 공통적 지평 자체라는 것을 어떻게 드러내 보일 수 있을까? 메를로퐁티는 색깔 감지, 대화, 언어 사용 등 여러 가지 차원에서 공통적 지평을 발견한다.

타인들이 감지하는 색깔들, 촉각적 특징들은 나에게 절대적인 신비이며, 나로서는 결코 도달할 수 없는 것들이라고 말하는 사람도 있다. 내가 그러한 점에 대해 어떤 관념이나 이미지, 또는 표상이 아니라 어떤 임박한 경험 같은 것을 갖기 위해서는 내가 어떤 풍경을 바라보고, 이 풍경에 대해 누군가와 말을 나누는 것으로 충분하다. 그러면 그의 몸과 나의 몸의 부합 작용에 의해, 내가 보는 광경은 그의 내면으로 넘어가고, 나의 눈 아래 펼쳐진, 나 개인에 속하는 초원의 초록은 나의 시각을 떠나지 않은 채 그의 시각을 점령하며, 나는 마치 세관원이 통관하는 한 사람에게서 적발해야 할 인상착의의 남자를 불현듯 알아보듯이 나의 초록 가운데서 그의 초록을 알아본다. **여기에 타아(다른 자아)(alter ego)의 문제는 없다. 왜냐하면 보고 있는 것은 '내'가 아니고, 보고 있는 것은 '그'가 아니며, 익명의 가시성이, 즉 일반적 시각이 우리 두 사람 모두에게 주재하기 때문이다.** 일반적 시각이 두 사람 모두에게 주재하는 것은 지금 여기 있기에 도처로 영구히 방사하는 그 원초적 특성, 개체이기에 차원이고 보편적인 것이기도 하는 그 원초적 특성, **살(chair)에게 속하는 그 원초적 특성 덕분이**다.(『보이는 것과 보이지 않는 것』, 204~205쪽)

볼 수 있는 까닭은 내가 볼 수 있거나 타인이 볼 수 있기 때문이 아니라 '본다'라는 것이 양자가 공유하는 살, 신체에 귀속하기 때문이다. '본다'라는 나의 경험과 타인의 경험은 그 경험들 배후에 있는 하나의 동일한 신체의 두 측면이다. 따라서 나라는 자아가 본 것과 타인이라는 또 다른 자아(alter ego)가 본 것이 어떻게 서로 일치할 수 있는가를 조율해야 하는 문제는 애초에 발생하지 않는다. 이런 까닭에 "여기에 타아(alter ego)의 문제는 없다." 보는 일은 자아나 타자의 개별성이 아니라 양자에게 공통적인 신체의 시각(視覺)에 뿌리를 둔다. 아울러 당연하게도 이 공통의 신체의 시각에 들어온 세계 역시 나와 타인에게 공통된 것이다.

타인은 우리들이 그렇듯, 그를 세계로 연결하는 회로 가운데 들어있으며 또한 그 점에 의해 그를 우리에게 연결하는 회로 가운데에도 들어 있다.—그리고 이 세계는 우리에게 '공통'적인 세계며, 상호 세계

(intermonde)이다.(『보이는 것과 보이지 않는 것』, 387쪽)

세계는 익명적인 공통적 지평, 나와 타자 사이에 있는 상호 세계이
다. 이런 세계 안에서 존재한다는 것이 무엇인지를 해명하는 작업에는
사르트르에서처럼 개별적 의식의 초월이 주요 과제로 떠오를 수가 없
다. 자기원인으로서의 개별적 의식은 그 고립성으로 인하여 초월을 통
해 다른 의식, 타자의 의식에게로 가서 공동체를 확보하려 하지만 메
를로퐁티에게선 그럴 필요가 없다. 의식의 배후에 이미 공통의 익명
적 존재, 신체가 있는 까닭이다. 아울러 잠깐 덧붙이면, 메를로퐁티의
이런 타자론은 레비나스의 그것과도 근본적으로 다르다. 레비나스에
게서 자아는 내면성 속에 존립하는데, 자아를 고유하게 해주는 이 내
면성을 일컫는 개념이 '심성(psychisme)'이다. 이 내면성을 벗어나 대화
(discours) 등을 통해 타자와의 관계 속에 들어서는 것이 바로 초월이
다. 내면성 바깥으로 초월해서 만나는 이 타자는 자아의 영역과 '전적
으로 이질적인 자'이지만, 메를로퐁티에게 타자는 이질적인 자라기보
다 자아와 공통의 지평 안에 서 있는 자이다. 이 점은 다음과 같은 문
장 속에서도 명확히 표현되고 있다. **"내 몸의 경험과 타인의 경험은 하나
의 동일 '존재'의 두 측면이다."**(『보이는 것과 보이지 않는 것』, 326쪽) 이와
동일한 주장이 『지각의 현상학』에서도 결론적으로 제시된다. **"타인의
신체와 나의 신체는 하나의 전체이고 하나의 현상의 안팎이며, 나의 신체
가 언제나 흔적이 되는 익명적 존재가 이제부터 그 두 신체에 동시에 거주
한다."**(『지각』, 529쪽) 나와 타인, 다수의 개체가 동시에 거주하는 하나
의 신체가 근본 지평이며, 나의 신체란 이 익명적 공통의 신체의 한 흔

적에 불과하다.

16) 타인과 말하기의 문제

앞서 인용했던 한 구절을 '타인과 말하기'의 관점에서 다시 살펴보
아야 한다.

> 타인들이 감지하는 색깔들, 촉각적 특징들은 나에게 절대적인 신비
> 이며, 나로서는 결코 도달할 수 없는 것들이라고 말하는 사람도 있다. 내
> 가 그러한 점에 대해 어떤 관념이나 이미지, 또는 표상이 아니라 어떤 임
> 박한 경험 같은 것을 갖기 위해서는 내가 어떤 풍경을 바라보고, 이 풍
> 경에 대해 **누군가와 말을 나누는 것으로 충분**하다.(『보이는 것과 보이지 않는
> 것』, 204쪽)

여기서 말하기, 의사소통은 어떤 점에서 중요성을 지니는가? 바로
서로 말하기, 즉 대화가 공통적 신체성을 현실화한다는 점에서 중요
성을 찾을 수 있다. '말(언사, parole)'은 그 자체로 이미 존재하는 생각
이나 의미를 이차적으로 전달하는 수단이 아니다. 오히려 '말(파롤)'로
부터 생각(의미)이 형성된다. 그것은 객관화할 수 있는 '언어 체계(랑그,
langue)'로 환원되지 않는 것이다. 말은 화용론적 쓰임 및 상황, 어조,
리듬, 목소리, 어감 등을 모두 포괄하는 것으로서 언어 체계의 관념성
과 다른 질료적 면모, 즉 신체적 면모를 가진다. 이 말을 통해서 타자

와 나는 공통적이 된다. "언사[말]를 통한, 타인의 생각의 복구가 있고, 타인에 비추어 보는 반성이 있으며, 우리 자신의 사고를 풍부하게 하는 바 **'타인을 따라서' 사고하는 능력**이 있다."(『지각』, 279쪽; 번역 수정) 우리는 말을 통해 타인을 따라서 사고하는 능력을 가지게 되며, 타인을 따라 사고한다는 것은 우리의 생각이 혼자만의 내면에 고립되어 있지 않고 공동체적이라는 것을 뜻한다.

위에서 읽은 『보이는 것과 보이지 않는 것』의 구절로 돌아가보자. 메를로퐁티는 타인과 말을 주고받음으로써 타인이 바라보고 있는 색이나 타인이 느끼는 촉각적 성질에 가닿을 수 있다고 말한다. 물론 색이나 촉감은 눈이나 피부 같은 신체적 지평 위에서 감지되는 것이다. 그런데 말은 관념적 차원이 아니라 이런 신체적 감지의 차원에서 나와 타인을 공통적으로 묶어준다. 다시 말해 신체의 공동체는 타인과 주고받는 말 속에서 구현된다. 그럴 수 있는 까닭은 추상적인 언어 체계(랑그)와 달리 말(파롤)은 신체적 활동이기 때문이다. 예컨대 목이 아플 때 어조가 변하고 그에 따라 대화의 분위기나 정서가 달라지는 것처럼, 신체적 상황은 말을 할 때의 더듬거나 명랑한 어조 속에서 그 자신을 드러낸다. 이 모든 사실은 말이 신체를 표상하는 방식이 아니라 신체와 뗄 수 없는 '신체의 행동'에 속한다는 것을 알려준다.

그런데 이러한 말하는 행위에 의하여 개념적 의미가 이차적으로 형성된다는 것에 주목해야 한다.

틀림없이, 여기서 **말의 의미는 최종적으로 말 자체에 의해서 인도**되지 않으면 안 되고, 오히려 정확하게 말하면, **말의 개념적 의미는 언사에 내재**

하는 바 '동작적 의미'에 의거한 선취에 의해서 형성되지 않으면 안 된다. 외국에서 내가 말의 의미를, 행동의 맥락에서 그 말이 차지하는 지위와 공동생활에의 동참을 통해서 이해하기 시작할 때[와 마찬가지로 그러하다.] (『지각』, 279쪽)

말은 마치 이데아처럼 용법을 떠나 이미 완성되어 있는 개념적 의미(초월적 시니피에)를 단지 경험 속에서 소리의 형태들을 통해 물질적으로 현존하게끔 하는 역할을 하는 것이 아니다. "말하는 자에게 있어 언사는 이미 형성된 사고를 번역하는 것이 아니라 그것을 완성한다."(『지각』, 278쪽) "언어는 사고를 전제하지 않고 사고를 완성한다."(『지각』, 276쪽) 즉 근본의 자리에 있는 의미가 그 자신이 잘 현시하도록 말을 인도하는 것이 아니라, 반대로 말의 의미가 "말 자체에 의해서 인도"된다. 데리다식으로 말하자면, 시니피에는 애초에 근원의 자리에 있는 것이 아니라 말(시니피앙)에 의해 대리보충되는 방식으로 뒤늦게 형성된다. 데리다에게서 말(음성언어)은 서구 형이상학의 로고스중심주의라는 이름 아래 비판받지만, 메를로퐁티에게 말은 오히려 육체적인 것으로서 데리다의 '문자(écriture, gramme)'와 유사한 역할을 하는 것이다.[14] 다음 구절은 이러한 점을 보다 분명히 보여준다.

사람들이 보통 그렇듯이 우리는 언사가, [사고 속에 존재하는 의미를] 고착(fixation)시키기 위한 단순한 수단 또는 그야말로 사고의 외피이고 의복이라는 것을 인정할 수 없다. 이른바 언어적 이미지들(images verbales)이 매번 재구성될 필요가 있다면 왜 낱말이나 문구를 떠올리는 것이 생

각을 떠올리는 것보다 더 용이한가?(『지각』, 283~284쪽; 번역 수정)

고정된 객관적 의미가 이미 있고 말은 그것에 육신을 입혀서 가시화해주는 일을 하는 것이 아니다. 다양한 방식의 말하는 '행위'가 '먼저' 있고, 이 행위에 따라서 의미가 형성되는 것이다. 저 구절은 우리가 말하기 위해서 생각을 참조하는 것이 아니라, '다른 낱말이나 문구를 떠올린다는 점'을 지적한다. 즉 우리는 말 안에 들어 있는 생각된 의미(시니피에)를 참조해서 말하는 것이 아니라, 다른 낱말이나 문구의 연쇄, (다시 데리다식으로 쓰자면) '시니피앙의 연쇄'를 만드는 방식으로 말한다. 관념적 의미는 이 연쇄를 통해 이차적으로 형성되는 것 또는 첨가되는 것이다. 이런 점에서 메를로퐁티의 언어론은 사르트르의 언어론과 대립적인 위치에 놓인다. 다분히 주지주의적 관점에서 사르트르는 말한다. "우리는 말들을 통해서 알게 된 어떤 관념을 간직하고 있으면서도, 그 관념을 전해준 말 자체는 한마디도 상기하지 못하는 일이 자주 일어난다."(『문학』, 28쪽) 그러나 말을 떼어버린 채 그 말이 전하는 관념만을 간직하는 일은 불가능하다. 우리가 관념이라고 떠올리는 것은 무엇인가? 결국 '말의 외관(시니피앙)' 아닌가? '볼펜'의 관념을 떠올릴 때 우리는 '볼펜'이라는 말의 형태를 피해서 이 일을 할 수 없다. 시니피에 또는 관념이 그 자체로 접근되는 일은 없고, 오로지 '낱말이나 문구의 떠올림', 즉 시니피앙의 연쇄가 있을 뿐이다.

메를로퐁티가 위에서 쓰고 있듯, 화용론적인 말하기의 실천(행동)을 통해 결과적으로 개념적 의미가 형성되는 예를 외국어 습득의 경우에서 발견할 수 있을 것이다. 하나의 말을 실제로 사용하는 공동체

내의 미세한 뉘앙스를 체득함으로써 한 외국인은 그 공동체를 떠받치는 지평 위에 비로소 발을 들여놓을 수 있다. 책상 앞에 앉아 규약적인 문법으로서의 언어 체계라는 추상적 구조물을 학습하는 방식으로도 한 언어 공동체의 공통 지평에 발을 들여놓을 수 있을까? 어려울 것이다. 마치 현대의 어느 고전 학자가 고대 그리스어나 라틴어 문법을 완벽히 연구했다고 하더라도 그 언어가 쓰인 고대 사회의 일원이 되지 못하는 것처럼 말이다.

말은 이론적 학습의 대상이 아니라 운전이나 수영처럼 행위에 속하며 행위 속에서 습득된다. "언사는 동작이고 그 의미는 세계이다."(『지각』, 287쪽) 그리고 세계는 공통의 것이다. 말(언사)은 신체 위에서 가시화되는 행동이고 그러한 말을 통해 나와 타인 사이의 분할 불가능한 공통적인 세계가 구현된다. 당연한 이야기지만 이때 말은 의사소통의 기능을 하는 '몸짓' 등의 신체 행동에 포함되는 것이다. "신체는 자연적 표현 능력이[다.]"(『지각』, 283쪽) 그렇다면 어떤 점에서 말을 하는 것은 머릿속에 관념을 떠올리는 지성적인 사안이기보다 신체의 행동인가?

> 나는 말을 알고 말하기 위하여 그 말을 표상할 필요가 없다. 나는 그 말의 분절적·음향적 본질을 나의 신체의 가능한 용도의 하나로서, 변조의 하나로서 소유하는 것으로 충분하다.(『지각』, 282쪽)

말하기는 관념을 표상하는 지성적 활동이 아니라 말의 분절적·음향적 본질을 나의 신체의 한 용도로서 구현하는 것이다. 즉 말을 한다는 것은 말의 분절적·음향적 본질을 나의 신체 행위의 하나로서 실현하는 것이다. 가령 우리가 말에 강조나 정서가 배어드는 음향적 효과를 주거나 말의 속도를 줄이거나 할 때, 이 행위는 우리의 신체적 제스처(몸짓)의 일부를 이루며 제스처와 구분되지 않는다. 그리고 어떤 형태든 제스처가 없는 말하기란 없다. 따라서 말하기는 그야말로 몸짓과 동일한 것으로 간주될 수 있다.

말하기라는 신체 행위가 공동체를 기초 짓는다. 다음 구절은 이 주제에 대한 결론을 담고 있다고 해도 좋을 것이다.

나는 타자의 동작을 지적 해석 활동에 의해서 이해하지 않는다. **의식들의 의사소통은 의식들의 경험들의 공통적 의미에 기초하는 것이 아니라 실로 그것을 기초 짓는 것이다.**(『지각』, 289쪽)

타인과 말하기, 즉 의사소통은 이미 형성되어 있는 공통적 의미를 바탕으로 그 의미를 전달하는 수단이 아니다. 공통 지반으로서 의사소통 행위 자체가 공통적 의미를 형성한다.

17) 코기토에 앞서는 상호주관성

객관적 개념 같은 인위적 고안물을 통해 사유하는 의식 배후의 심층적인 세계를 엿보고자 한다면, 어른들보다 아이들을 살펴보는 것이 보다 큰 소득을 줄지도 모르겠다. 메를로퐁티는 아이들에 대해서 이렇게 쓰고 있다.

> **타인의 지각과 상호주관적 세계는 오직 어른들에게만 문제로 된다.** 아동은 자신을 둘러싸고 있는 자신이 아는 모든 사람에게 즉각 접근될 수 있다고 믿는 세계에 살고 있으며, 사적 주체성들에 대해서와 같이 자기 자신을 하등 의식하지 않고, 더욱이, 타인들을 포함한 우리 모두가 존재한다는 것을 의심하지 않으며, 그 자신이 세계에 대한 어떤 관점에 제한되어 있다는 의심도 하지 않는다. …… 그에게 있어 사람들은 모든 것이 일어나는, 심지어 자기 방에 있다고 믿는 꿈들도 일어나고, 말과 구별되지 않기에 생각도 일어나는, **단 하나의 자명한 세계를 주시한 속 빈 머리들**이다.(『지각』, 531쪽)

어른들보다 자연적 세계에 더 가까이 있는 아이들에게서는 자명한 세계 그 자체와 구별되는 숨겨진 내면, 저 혼자서만 비밀리에 생각하는 머리란 없다. 아이들의 관점에서는 모든 인간이 그렇게 투명하다. 그러므로 아이들에게 타인이란 모두 "단 하나의 자명한 세계를 주시한 속 빈 머리들"과도 같은 것이다. 이와 달리 개별적인 코기토로서 어른들은 '비밀로 꽉 차 있는 자기만의 머리'를 통해 세계를 관찰한다. 그러면 머릿속이 비밀인 것처럼, 한 머리가 바라본 세계 역시 다른 머리가 바라본 세계와 동떨어진 채 고립된 것이 된다. 그렇게 하여 '내가 보고 있는 타인은 진짜 현존하는 자인가 아니면 나는 나만의 환시 속에 살고 있는가?', '나의 생각은 보편적인가, 즉 타인도 나와 동일한 방식으로 세계를 바라보는가?'와 같은 의심들, 철학 특유의 질병이라고 할 수 있는 문제들이 떠오른다.

> 어린 시절의 미숙한 생각들은 불가피한 획득물로서 성인 시절 아래
> 에 남아 있어야 한다. …… 헤겔이 말한 대로, 저마다 다른 의식의 죽음
> 을 추구하는 의식들의 투쟁은 '코기토'에서 시작된다. 그 **투쟁이 시작될 수**
> **있기 위해서, 개개의 의식이 자신이 부정하는 낯선 현전들을 의심할 수 있기**
> **위해서, 개개의 의식은 공통 지반을 가져야 하고, 자신들의 어린 시절의 세계**
> **에서 평화스럽게 공존하고 있음을 기억하지 않으면 안 된다.**(『지각』, 532쪽)

자아와 타인의 의식 사이의 투쟁은 헤겔에서는 주인과 노예의 변
증법을 통해 나타났고, 사르트르에게는 시선들 사이의 투쟁으로 나타
났다. 그러나 이런 철학사적 사실을 확인하는 것이 중요한 일은 아니
다. 코기토가 타자와 투쟁할 수 있기 위해서는 무엇이 필요한가? 그리
고 타인의 현전을 의심하기 위해서는 무엇이 필요한가? 그러려면 먼저
타자와의 공존이 전제되어야 한다. 투쟁 속에서 타자를 부정하려는 시
도는 물론이고, 타자 존재에 대해 회의를 품는 사변적 성찰 역시 타자
와의 공존을 전제하지 않고는 불가능하다. 가령 '지금 바라보는 타자
가 진짜 현존하는 자인가?'라는 질문이 가능하기 위해서는 의심할 수
있는 대상의 존재가 먼저 긍정되어야 하는 것이다. 하이데거와 관련해
서도 확인했던 바이지만, 타자와의 관계가 있지 않고서는 타자 존재를
의심하는 유아론도 있을 수 없다. 역설적이게도 유아론은 자신이 가
장 애써 부정하는 것의 현존으로부터 생명력을 얻고 있는 것이다.

정리하자면, 사변적인 차원에서 코기토가 이론적으로 제기하는 문

타자철학

제들(타자 존재에 대한 회의 등)은 선코기토적인 차원에서의 타자 경험을 전제로 한다. "내가 모든 자발적 '입장 결정'[가령 타인의 존재를 부정하는 회의]에 앞서 상호주관적 세계에 이미 '위치지어진 것'으로 되어 있"(『지각』, 532쪽)어야만 한다. 마치 어린들의 세계 속에서 의심되지 않는 상호주관성, 안이 훤히 들여다보이는 머리들을 목격할 수 있는 것처럼, 타자와의 관계의 체험은 추상적인 코기토를 가지기 이전에 미리 우리에게 와 있다.

> 고독과 의사소통은 양자택일의 두 항이 아니라, 단 하나의 현상의 두 계기들이어야 한다. …… 마찬가지로, 나의 경험은 나에게 어떤 방식으로든 타인을 제공하지 않으면 안 된다. 왜냐하면 그것이 타인을 허용하지 않는다면 나는 고독에 대해서조차도 말하지 못할 것이고 접근 불가한 타인을 선언할 수조차 없을 것이기 때문이다.(『지각』, 538쪽)

고독은 타인을 전제한다. '고독해서 슬프다', '혼자라서 좋다' 등의 방식으로 홀로 있음이 가치를 지닐 수 있는 것은 오로지 고독을 '더불어 있음'에 비추어 볼 수 있을 때뿐이다. 즉 고독의 정체성은 타자와의 관계를 전제하며, 이런 까닭에 고독과 의사소통은 동전의 양면과도 같은 것이다. 유아론이란 결국 고독을 사변적 차원에서 극단적으로 사유하는 것이라 할 수 있으며, 유아론을 고민하고 있다는 것은 역설적이게도 타인과 더불어 있음에 대한 증거이다. 데카르트의 고립된 의식의 활동인 방법적 회의의 과정에서 시험되는 모든 것은 타인과 함께하는 공통적인 삶을 전제로 한다. 타인과 함께하고 나서야, 타인과 함께한다는 그 사실이 의심의 먹이로 주어질 수 있다.

18) 역사와 사회계급을 가능하게 하는 상호주관성

마지막으로 역사학과 사회학의 가능성과 관련하여 몇 가지만 덧붙이자. 선의식적·선객관적으로 마련된 상호주관성은 우리의 역사적 탐구 역시 가능하게 한다. 역사적 탐구가 가능한 까닭은 자아가 선의식적 차원에서 통시적으로 타인들과 더불어 있는 공동체에 속하기 때문이다. 우리는 시간적으로 일치하는 공동체 안에서 상호주관적일 뿐만 아니라 과거나 미래의 개인들과도 통시적인 차원에서 상호주관적이다.

> 우리는 우리가 존재한다는 단순한 사실에서 접촉하게 되는 사회적인 것, 모든 객관화에 앞서 우리와 결합된 채로 우리가 운반하는 사회적인 것에로 복귀해야 한다. 과거와 문명에 대한 객관적·과학적 의식은 …… 아테네 공화국이나 로마 제국의 자리가 나 자신의 역사의 어느 가장자리 위에 표시된 것으로 발견되지 않았다면, 그것들이 인식되어야 할 미규정의 그러나 선재하는 많은 개인들로서 자리 잡지 않았다면, 내가 나의 삶에서 역사의 근본 구조들을 발견하지 않았다면 불가능할 것이다.(『지각』, 542~543쪽)

통시적 차원의 상호주관성이 바로 역사가 가능하기 위한 근본 조건이라고 해야 할 것이다. 통시적 차원의 상호주관성을 배경으로 해서

타자철학

만 우리는 아테네와 로마를 이해 저편에, 무관심 속에 던져두지 않고, 자아와 공통적 지반을 지니는 타인들의 삶의 터전으로 이해할 수 있다. 상호주관적 공동체가 통시적인 것이기에 나의 사회와 과거의 사회는 의사소통을 할 수 있다.

사회학적 성찰 역시 객관적이고 추상적이며 이론적인 의식에 앞서는 상호주관성을 전제하고서야 이루어질 수 있다. 가령 러시아 혁명 시기를 예로 들어보자.

> 문화, 도덕, 직업, 이데올로기의 차이들에도 불구하고 1917년의 러시아 농민들은 투쟁하고 있는 페트로그라드와 모스크바의 노동자들과 합류했다. 왜냐하면 그들은 자신들의 운명이 동일하다고 느꼈기 때문이다. **계급은 숙고된 의지의 대상이 되기에 앞서 구체적으로 체험된 것이다.**(『지각』, 543쪽)

문화, 도덕, 직업, 이데올로기 등 객관화할 수 있는 지표들의 차이에도 불구하고 1917년 러시아 농민들과 도시노동자들이 서로 합류한 것은, 추상적 지표에 의거하기 이전에 선객관적 차원에서 상호주관적 세계가 존재함을 알려주는 예이다. 공동체의 진정한 자리는 자기의식이 객관적 개념들과 더불어 반성적으로 숙고함을 통해 발견되는 것이 아니라, 자기의식과 추상적 개념 이전의 영역에서 찾아진다. 따라서 추상적 지표들을 통해 그려진 계급의 지형과 추상적 반성에 앞서는 영역에 놓인 계급의 지형은 서로 다르게 나타날 수 있는 것이다. 당연히 사회학적 통찰은 이 선객관적인 차원의 공동체적 지평으로부터 길어내져야 한다.

계급은 총 소득액이나 생산 라인의 직위에 기초하는가? 사람들은 이러한 기준들의 어느 것도 한 개인이 어떤 민족이나 계급에 속하는가를 인식하도록 허용하지 않는다는 것을 알고 있다. 모든 혁명에는 혁명적 계급과 합류하는 특권층들이 있고, 특권층에 헌신하는 억압받는 층들이 있다.(『지각』, 544~545쪽)

특권층이나 억압받는 계층의 구분 역시 객관적인 지표를 통해 이루어지지 않는다. 계급은 궁극적으로 선객관적인 차원에서 형성되는 공동체로부터 자라 나오는 것이다.

19) 전적으로 낯선 것에 대한 체험은?

메를로퐁티의 타자론이 결여하고 있는 것이 있다면 무엇일까? 메를로퐁티는 이론적·객관적인 자기의식 배후의 신체에 기반을 둔 상호주관적 공동체를 알게 해주었다. 그의 작업은 영혼의 우위성 아래서 신체를 지속적으로 폄하해온 서구 사상의 오랜 역사를 근본적인 차원에서 교정한다는 중요한 의의 역시 품고 있다. 소크라테스가 온갖 오류의 원천인 성가신 육체의 감옥을 벗어나 참된 형상들에로 가기 위해 '죽는 연습'으로서 철학을 기쁘게 맞아들였다면, 이제 철학은 '육체로서 사는 연습' 자체가 되었다.

그러나 그의 타자론에서 '전적으로 낯선 자와의 조우'에 대한 사색은 자리를 가지지 못한다. 전적으로 낯선 자로서의 타자에 대한 체험, 너무도 이질적이기에 자아가 몸담고 있는 세계에서는 그 의미를 전혀 찾을 수 없는 체험, 즉 '무의미'에 대한 체험 같은 것은 시야 안으로 들어서지 않는다.

메를로퐁티는 '경험'에 대해 다음과 같이 말한다. "우리의 경험은 세계의 경험이[다]."(『지각』, 339쪽) 세계 안에 있다는 것이 경험을 한계 짓는다. 세계는 경험의 한계이고, 메를로퐁티의 철학이 그려 보이는 것은 바로 세계 안에서의 경험으로 충만한 우리 존재이다. 이를 다른 사상가의 한 구절과 대질시켜보자. 레비나스는 『전체성과 무한』 첫머리에서 랭보의 시구를 인용하며 이렇게 말한다. "'진정한 삶은 부재한다.' 그러나 우리는 세계 안에 있다."(『전체성과 무한』, 26쪽) 메를로퐁티에 따르면 우리는 경험의 의미를 오로지 세계 안에서 찾을 수 있다. 세계 안에서 우리의 경험은 부족함 없이 충만하다. 그러나 세계 안에서 타인과의 만남은 그저 '무의미'일 수는 없는가? 우리는 어쩌다 인연을 갖게 된 타인이 가져온, 납득할 수도 받아들일 수도 없는 그저 액운과도 같은 실패에서 무의미를 마주하지 않는가? '왜 이런 일이 나에게 생겼지?'라고 이해할 수 없는 재앙에 당혹스러워하면서 말이다. 그리고 '세계 너머'란 없는 것일까? 레비나스가 말하듯 우리가 존재하는 세계가 진정한 것이 부재하는 세계라면? 그래서 우리는 세계 안에 살고 있지만 진정한 것을 찾아 세계 바깥으로 눈길을 돌리게 된다면? 이런 일은 처음이 아닌데, 이미 플라톤은 '존재 저편의 선(善)'을 내세움으로써 진정한 것은 이 존재함의 세계 안에 없다는 것을 알렸다. 우리는 다음 장에서 진정한 것을 찾는 눈길이 가닿는 세계 바깥에 대한 체험이 바로 타인과의 관계 속에서 구현되는 것은 아닌지 시험해볼 것이다. 만일 타인이 그렇다면, 타인은 나와 함께 세계의 구성원인 존재가 아니라 마치 메시아가 도래할 때처럼 밖에서부터 지금의 세계를 파괴하며 오는 자일 것이다.[15]

6장
타자와의 마주침이 여는 초월의 문:
레비나스

1) 레비나스 사상의 배경

지극히 정상적인 일이지만, 사람들은 윤리학의 일종으로서 레비나스 철학에 대해 관심을 갖는다. 물론 레비나스의 윤리학이 우리의 시야에 필연적으로 들어설 수밖에 없으나, 우리 관심사의 중심에 오는 것은 '타자의 개입을 통한 주체의 출현 문제'이다. 지금까지의 주체 개념과 구별되는 이 주체의 새로움은 무엇인가?

레비나스 사상을 이해하기 위해 잠시 그의 삶의 배경을 살펴보는 것은 유용할 것이다. 레비나스는 러시아 문화에 익숙한 동유럽 리투아니아의 유대인 공동체에서 태어났다. 이후 프랑스 스트라스부르에서 유학을 하면서 프랑스인으로 귀화하였고, 2차 대전에 참전해 프랑스 국민으로서 의무를 다하기도 했다. 또한 독일의 프라이부르크에서 공부하며 후설과 하이데거에게 직접 철학을 배웠다. 이 여정은 유대교 또는 구약성서의 전통, 러시아 문학에 대한 관심, 베르그손 등의 프랑스 사상에 대한 이해, 후설과 하이데거 현상학의 영향이라는 네 가지 요소로 요약된다. 레비나스를 이해하는 데 이러한 사상사적 배경보다 더 중요한 것은 홀로코스트로 대표되는 2차 대전의 체험일 것이다. 레비나스의 대표작 가운데 하나인 『존재와 다르게 또는 본질 저편』은 첫 페이지에 다음과 같은 말을 적고 있는데, 이 구절은 레비나스 철학이 어떤 문제에 대항하며 형성되었는지 단적으로 드러내준다. "국가사회주의자들이 살해한 600만 명 가운데 가장 가까웠던 사람들을 추모하면서, 그리고 타인에 대한 증오와 반유대주의에 희생된 모든 종파와 모든 민족에 속한 수백만의 희생자들을 추모하면서." 레비나스는 왜 서구가 홀로코스트와 같은 대량 학살의 방식으로 자신들의 문제를 해결하려고 했는가에 대한 의구심에 빠져들었다. 그는 학살과 같은 사건으로 드러나는 타자에 대한 증오가 단지 휴머니즘으로 치유될 수 있는 문제나 경제적 원인으로 발생한 문제가 아닌, 서구 존재론 자체에서 유래하는 문제라고 생각한다. 이러한 배경 아래서 레비나스가 바라보는, 그리고 극복하고자 하는 서구 철학이란 '전쟁의 존재론'이다. 레비나스의 이런 문제 구도 자체가 이미 그의 철학 전체가 서구 존재론과는 다른 사유를 전개하는 데 초점을 맞추고 있다는 점을 알려준다.

2) 전쟁의 존재론

레비나스가 서구 존재론을 문제 삼을 때 가장 먼저 고려하는 것 가운데 하나가 하이데거의 존재론인 만큼, 하이데거에 대한 레비나스의 견해로부터 이야기를 시작해야 할 것이다. 『전체성과 무한』의 머리에 나오는 다음 내용을, 하이데거의 『형이상학 입문』에 나오는 헤라클레이토스에 관한 구절과 대질시켜보자.

우리는 철학적 사유에서 존재는 전쟁으로 드러난다는 것을 증명하기 위해, 전쟁은 존재를 가장 명백한 사실로서 꾸밀 뿐 아니라, 실재하는 것에 대한 명백성 자체나 진리로 꾸민다는 것을 증명하기 위해 헤라클레이토스의 어려운 단편을 필요로 하지는 않는다. …… 전쟁은, 누구도 그로부터 거리를 유지할 수 없는 그런 질서를 세운다. 그렇게 질서가 세워졌을 때부터 외재적인 것이라고는 아무것도 없다. 전쟁은 외재성과 타자로서의 타자를 드러내지 못한다. 전쟁은 동일자의 정체성[동일성]을 부수어 뜨린다. 전쟁 가운데서 스스로를 드러내는 존재의 모습은 전체성의 개념 속에 고정되는데, 이 전체성의 개념이 서양 철학을 지배한다. …… 개별자들의 의미는 전체성으로부터 유래한다.(『전체성과 무한』, 7~8쪽; 번역 수정)

레비나스는 위에서 굳이 헤라클레이토스의 단편을 참조할 필요가 없다고 말하지만, 참조하기를 원치 않았다면 일부러 헤라클레이토스를 언급하지도 않았을 것이다. 헤라클레이토스와 더불어 저 글을 읽어본다면 쟁점은 보다 분명해진다. 헤라클레이토스는 말한다. "전쟁은 모든 것의 아버지이고, 모든 것의 왕이다." 그리고 "전쟁(polemos)은 공통된 것"이다.[1] 헤라클레이토스의 구질에 드러나 있듯이 폴레모스(선쟁)는 모든 존재자에게 공통된 존재의 원리(아르케)이다. 레비나스는 개별자들 모두를 자기 아래 복속하는 원리로서의 전쟁을 말하고 있다.

개별자들은 전체를 지배하는 공통적 원리 아래서만 의미를 가지고 정체성을 부여받는다. 결국 개별자는 전체에 귀속된 것으로서만 의미가 있으므로, 독자적인 것으로서 개별자의 동일성은 사라져버린다.

레비나스가 목적으로 하는 바는 전체성으로 흡수되어버렸던 주체의 동일성을 찾아주는 것이다. 그러나 레비나스가 궁극적으로 확보하고자 하는 주체의 동일성은 자기의식을 통해 표현되었던 것과 같은 '나는 자아다(A=A)'라는 식의 동일성이 아니다. 『존재와 다르게』에서 그는 다음과 같이 쓰고 있다. **"자기(soi)와 일치하는 자아(moi)의 동일성을 갖지 않는 유일성, 즉 본질로부터 떨어져 나온 유일성, 그것이 인간이다."**(『존재와 다르게』, 10쪽) '나는 곧 자아(I=self, A=A)'라는 동일성의 표현은 말 그대로 자기 스스로와 일치하는 동일성을 나타낸다. 이런 동일성의 형식이 근대 철학의 주체 개념, 즉 자기의식을 특징짓는다. 반면 레비나스가 위 인용에서 말하는 인간 주체는 "자기와 일치하는 자아의 동일성을 갖지 않는 유일성"으로 특징지어진다. 스스로와 일치하는 동일성을 갖지 않는다는 것은 '자기=자아'의 동일 관계(=)가 끊어진다는 것을 의미한다. 우리는 스스로와의 동일성을 갖지 않는 이런 주체가 어떻게 가능한지 살펴보게 될 것이다.

그렇다면 전쟁은 어떤 점에서 타자로서의 타자를 드러내지 못하는가? 왜 전쟁의 존재론에서 존재자는 전체성 속에 고정되는가? 전쟁의 존재론이 가지는 전체주의적 성격에 대한 레비나스의 비판이 겨냥하고 있는 바를 분명히 드러내기 위해서는, 위 구절과 함께 하이데거의 『형이상학 입문』에 나오는 다음 내용을 읽어보아야 한다. 우리는 앞서 하이데거를 다루는 장에서 이 구절의 일부를 읽은 바 있는데, 이번에는 레비나스의 관점에서 읽을 차례이다.

여기서 말해지고 있는 πόλεμος(폴레모스)는 다른 무엇에 앞서, 신적(神的), 인간적 다스림을 위한 투쟁을 말하는 것이며, 인간들이 행하는 양상의 전쟁을 말하는 것이 아닌 것이다. 헤라클레이토스에 의해서 사색된 투쟁은 있는 것들을 최초로 서로 구분 지어주며, 서로 부딪히게 하는 것이며, 그래서 그것들의 위치, 신분, 품위를 그 자리에 있음(im Anwesen)에 맞추어 있도록 해주는 것이다. 이와 같이 서로서로 구별되어지는 것 속에서, 갈라진 틈, 간격, 폭, 연결이 그 스스로를 열어보이는 것이다. ⋯⋯ 여기서 이렇게 의미된 투쟁은 원초적인 투쟁이다. 이 투쟁은 투쟁하는 사람들을 그와 같은 것으로써, 최초로 생성시키는 것이기 때문에, 이것은 단지 어떤 눈앞에 있는 것을 포위 공격하는 것이 아닌 것이다. 이 투쟁은 지금까지 사색되지 않은, 말해지지 않은, 엄청난 것을 최초로 초안하고 발전시키는 것이다. 그래서 이 투쟁은 창조적인 사람들로부터, 시인(詩人)들로부터, 사색하는 사람들로부터, 그리고 위대한 정치가들(Staatmänner)로부터 이끌어지는 것이다. 그들은 이 압도적인 다스림의 면전에 그들 일의 응대함을 마주 세우는 것이며, 이렇게 하는 속에서 그들은 한 세계를 열어 펼치는 것이다. 이와 같은 일들과 함께 처음으로 이 다스림(Walten)이라는 것이, φύσις(피시스)라는 것이 그 자리를 차지하게 되는 것이다. 있는 것은 이제 비로소 그 있는 그대로의 있는 것이 되는 것이다. 이와 같은 세계의 생성(Weltwerden)이야말로 그 진정한 의미에서의 역사(歷史, Geschichte)인 것이다.(『형이상학 입문』, 107~108쪽)

폴레모스, 즉 투쟁(전쟁)은 원리(아르케)이고, 폴레모스의 부름을 들은 자는 결단을 통해서 존재함의 본래적인 자리를 찾는다. 존재함의 본래적인 자리를 찾는 것은 단지 개인의 과제나 개인의 운명이 아니다. 존재는 사적인 것이 될 수 없으며 가장 일반적인 개념인 까닭이다. 따라서 본래적인 존재란 개별자들 전체를 지배하는 존재이다. 즉 폴레모스는 모든 개별자들이 존재의 목소리(존재의 원리) 안에 있도록 개별자들을 다스리는 투쟁이다. 그 결과 존재는 하나의 원리로서 '전체'를 주관한다. 또한 다스림을 받는 개별자의 존재는 보편적인 아르케(원리)에 매개된 것으로 정체성을 가지고 출현하는 것이지, 독자적인 유일무이함을 가지고 출현하는 것이 아니다. 따라서 개별자의 단독성(만일 그런 것이 있다면)은 보편 원리 속으로 흡수되어 사라진다.

앞서 읽은 대로 레비나스는 『전체성과 무한』에서 "전쟁은, 누구도 그로부터 거리를 유지할 수 없는 그런 질서를 세운다. 그렇게 질서가 세워졌을 때부터 외재적인 것이라고는 아무것도 없다"라고 말한다. 왜냐하면 모든 것은 하나의 원리(전쟁)가 지배하는 전체에 내재적으로 복속되어 있기 때문이다. 따라서 전체 속에서 타자는 타자 자체이지 못하고, 원리의 지배를 받는 자로서만 식별된다. '다르다[他]'라는 말에 충실하자면, '타자(他者)'는 동일한 원리 아래에 있는 한 집단에 속하는, 다른 자들과 동종의 자아가 아니라 '원리의 지배 바깥에 있는 자'이다. 즉 타자는 동류의 개별자로서 타자라기보다, 아르케(원리) 바깥에 있는, 아르케에 대한 타자인 것이다. 따라서 이러한 타자와의 관계를 기술하는 용어는 레비나스에게서 아나키(anarchie)가 된다. 무원리, 무질서라는 뜻을 담기도 한 이 말은 부정접두사에 중점을 두고 어원적인 차원에서 'an-arche'로, 즉 '아르케 없음'으로 이해되어야 한다. 이처럼 레비나스는 그리스 이래의 존재론(아르케에 대한 탐구)을 근본적으로 거부하는 데서 자신의 사상적 입지를 마련한다. 이런 점에서 레비나스는 메를로퐁티와 전혀 다른 기반에 서 있다. 메를로퐁티는 "세계라는 유일한 로고스"(『지각』, 32쪽)를 탐구하고자 하였으며, 이 세계는 "나와 너 사이의 분할 불가능한 것"(『지각』, 528쪽)이었다. 너와 나 사이의 분할 불가능한 세계는 신체 또는 살로 구현되고, 그는 이런 세계를 그리스인들처럼 요소적(élément)(『보이는 것과 보이지 않는 것』, 200쪽 참조)이라고 일컬었다. 그리스적인 '요소'란 아르케의 다른 이름이다. 메를로퐁티가 익명적인, 공통적인, 요소적인 세계를 찾고 있다면, 레비나스는 타자라는 개념 아래에서 원리 바깥, 원리에 대한 외재성, 무(無)아르케적인 것을 찾는다.

무아르케적인 것을 사유하는 것, 전체성과 다른 자로서 타자를 생각하는 것, 이것은 '아르케 자체인 존재'와 '다르게'를 사유하는 것이다. 레비나스가 찾고자 하는 것은 존재와 다르게 '있다'라든가 존재와 다른 '것'이라든가 하는 '동사'나 '명사'로 표현되는 바에 대한 사유가 아니다. '있다'와 같은 동사나 '것(있는 것)' 같은 명사는 모두 존재 사유의 표현인 까닭이다. 따라서 '존재(아르케)'와 다른 사유는 존재와 '다르게'라는 부사를 통해 표현될 수밖에 없다.

3) 본질 저편 또는 에페케이나 테스 우시아스

그런데 '존재와 다르게'는 또한 '본질(essence) 저편'이라는 말로도 표현된다. 레비나스의 주저의 제목(『존재와 다르게 또는 본질 저편』)에 나타나기도 한 이 말은 무슨 뜻인가? "'본질'이라는 용어와 그 파생어들을 전통적인 용법으로 사용하는 일은 철저하게 피할 것이다."(『존재와 다르게』, ix쪽) 레비나스의 이 말의 의미는 다음과 같은 문장을 통해서 설명될 것이다. "본질(essence)이라는 개념은 존재자(l'ens)와 구별되는 존재(l'esse), 즉 존재사건이나 존재과정을, 존재자(Seiendes)와 구별되는 존재(Sein)를 가리킨다."(『존재와 다르게』, 3쪽) 레비나스는 본질을 '존재사건'과 같은 말로 사용하고 있다. 분명 하이데거의 고유한 개념 가운데 하나인 이 존재사건을 어떻게 이해해야 할까?

가령 '잠'이란 명사에 해당하는 것은 '잠을 자다'라는 동사적 사건으로부터 가능하게 된다. '의식'이라는 명사에 해당하는 것은 '의식하다'라는 동사적 사건으로부터 가능하게 된다. 마찬가지로 존재자라는 명사로 불리는 것은 '존재하다'라는 동사적 사건을 통해서만 가능하게 된다. 그리스인들의, 스스로 열려 펼쳐지는 피시스를 통해서만 자연물, 피시스의 지배를 받는 존재자들이 있게 되는 것처럼 말이다. 요컨대 존재사건은 존재자가 존재자로 출현하게끔 하는 동사적 차원의 '존재(존재하다)'이다.

그렇다면, 존재사건이 왜 '본질'이라 불리는가? 이때 본질은 종래 철학이 다루었던 본질과는 다른 의미를 가지는 것이다. 종래의 본질 개념이 어떤 것인지는, 하이데거가 「휴머니즘 서간」에서 사르트르를 비판할 때 제시했던 비판의 근거를 살펴보면 잘 알 수 있다. 하이데거는 사르트르의 실존주의를 대표하는 명제 '실존은 본질에 선행한다'를 문제 삼으면서, 그가 여전히 고전 존재론이 그랬던 것처럼 실존과 본질을 동등한 층위에서 사유한다고 비판한다. 어떤 것의 '있음'에서 고려된 것이 '실존'이라면, 어떤 것의 '실재성(내용)'에서 고려된 것이 '본질'이다.(예를 들어, 인간을 '생각하는 동물'이라 정의했을 때, '생각함'은 인간을 인간이게끔 하는 실재성으로서 본질의 자격을 가진다.) '실존'과 '본질'은 어떤 것의 '있음'과 그 어떤 것이 '어떻게 이루어져 있는지(실재적 내용)'를 각각 고려하고 있는 것이다. 이렇게 실존과 본질은 형이상학이 존재자를 사유하기 위한 짝개념이다. 사르트르가 '실존은 본질에 앞선다'고 했을 때 그는 형이상학이 존재자를 사유하기 위해 마련한 같은 층위에 놓여 있는 두 개념 가운데 하나에, 즉 실존에 우위성을 주고 있다. 그러나 하이데거에게서 실존은 본질과 같은 층위에 놓인 개념이 아니라, 가장 근원적인 것으로서 '그 자체가 본질'이 된다. 그는 말한다. "현존재가 그것과 이렇게 또는 저렇게 관계를 맺을 수 있고 또 언제나 어떻게든 관계 맺고 있는 존재 자체를 우리는 '실존'이라고 이름한다."(『존재와 시간』, 28쪽) 실존은 현존재라는 존재자가 자신의 존재함과 맺고 있는 관계를 가리키는 개념이다. 그런데 이 실존이 존재자, 즉 현존재의 본질을 이룬다.

'현존재의 '본질'은 그의 실존에 있다.' 따라서 이 존재자에서 끄집어내올 수 있는 성격들은 어떤 이렇게 저렇게 '보이는' 눈앞의 존재자의 눈앞에 있는 '속성들'이 아니고 오히려 그때마다 각기 그에게 가능한 존재

함의 방식들이며 오직 이것일 뿐이다.(『존재와 시간』, 67쪽)

　현존재의 경우 실존이 곧 본질이다. 현존재에게 기존의 방식으로 부여되는 본질(존재자의 실재적 성격)은 그의 진정한 본질에 미치지 못한다. 가령 '이성을 가졌다'라는 실재 내용에 대한 기술이 현존재와 다른 존재자들을 구별해주는 '종차'라고 해보자. 현존재는 다른 종의 존재자들과 변별적으로 '이성을 지녔다'라는 종적 차이를 가진다고 해보자. 그럼에도 불구하고 이성을 지닌 자 또는 이성적 동물은 현존재에 대해 알려주는 바가 거의 없다. 왜냐하면 현존재는 그 자신의 존재함에 대해 끊임없이 의문을 던지고 자신의 본래적인 존재함이 무엇인지에 대해 관심을 가지는 것 자체를 그의 '본질'로 삼기 때문이다. 우리 자신을 돌아보라. '인간은 이성적 동물이다'라는 인간 본질에 대한 규정은 우리 자신에 대해 과연 무엇을 알려주는가? 내가 이성적 동물이라는 사실로부터 나는 나에 대한 본질적 인식을 얻는가? 결코 그렇지 않다. 오히려 우리 자신이 어떻게 본래적으로 존재할지 늘 관심을 쏟으면서 존재하는 것 자체가 우리의 본질을 이룬다.

　요컨대 본래적인 존재함(이에 대해서는 3장 참조)을 통해서 자기라는 존재자를 규정하는 것이 존재자의 본질이 구현되는 사건이다. 본래적인 존재함의 자리에 놓이는 것이 바로 존재자의 본질이 구현되는 길이다. 이런 의미에서 존재함, 즉 존재사건이 곧 본질이다. 레비나스가 '존재사건'과 '본질'이라는 개념을 같은 의미로 사용할 때는 이와 같은 하이데거적인 배경을 염두에 두어야 한다. 레비나스 철학을 대표하는 '존재와 다르게' 또는 '본질 저편'이란 말은, 바로 하이데거적인 존재사건

　　　　　　　　　　　　　　　　　　　타자철학

너머에서 도래하는 것, 즉 존재론이 사유하지 못하는 것을 사유해보 겠다는 뜻을 담고 있다.

이런 레비나스의 사유를 우리는 '무(無)아르케적인 것'이라고 성격 지을 수 있다. 하이데거의 '존재'는 고대 그리스인들이 피시스(자연)라 는 이름 아래 사유했던 것이다. 물론 이 피시스(자연)는 근대인들이 이 해했던 것 같은 수리물리학적 탐구 대상으로서의 존재자 같은 것이 아 니다. 그리스인들은 모든 존재자를 출현시키는 근본 원리, 즉 아르케로 서 피시스를 이해했다. 그러므로 레비나스가 '존재사건 너머'를 사유하 고자 한다는 것은, 모든 존재자를 주관하는 원리로서의 존재 너머, 즉 아르케 너머를 사유하고자 한다는 뜻이다. 데리다의 말을 빌면 "자연 에 앞서, 아르케의 원초성에 앞서"[2]는 것을 사유하는 것이 관건이다.

레비나스는 이 '존재 저편'의 철학사적 연원을 플라톤의 사유에 서 발견한다. 『국가』(VI, 509b)에 나오는 '에페케이나 테스 우시아스 (ἐπέκεινα τῆς οὐσίας)', 즉 '우시아들을 넘어서'란, '선(善)'의 자리를 가 리켜 보인다. "존재 저편의 선(Bien au delà de l'être)이라는 플라톤의 정 식"(『존재에서 존재자로』, 7쪽)이 레비나스의 사상을 이끌고 있다. 플라톤 은 말한다.

인식되는 것들의 '인식됨'이 가능하게 되는 것도 '좋음(善)'으로 인해 서일 뿐만 아니라, 그것들이 '존재하게(einai)' 되고 그 '본질(ousia)'을 갖게 되는 것도 그것에 의해서요, '좋음'은 [단순한] '존재(ousia)'가 아니라, 지위 와 힘에 있어서 **'존재'를 초월하여 있는 것**[에페케이나 테스 우시아스]이[다].[3]

이 구절을 레비나스적인 관점에서 읽어보자. '좋음'은 존재자들의 인식과 존재함 자체를 가능케 하는 것이다. 그러므로 '좋음' 자체는 존재의 상위에, 존재의 저편에 놓인다. 즉 '좋음'은 존재에 대해, 그러므로 아르케에 대해 외재적이다. 여기서 레비나스가 읽어내고자 하는 점은, 선이 아르케에 대해 외재적인 것, 아르케의 '타자'라는 것이다. 또는 '선은 타자와의 관계에서 찾을 수 있을 것'이라는 점이다. 이러한 레비나스 철학의 전체적인 방향성을 염두에 두고 이제 우리는 세부적인 면모들을 살펴볼 예정이다.

그전에 한마디 덧붙이자면, 플라톤이 말한 '우시아들을 넘어서'는 정말 아르케 저편, 존재(존재자의 존재, 존재사건) 저편을 가리키는 것일까? 우리는 이 장의 말미에서 '에페케이나 테스 우시아스'의 해석과 관련된 이 문제를 '비판적으로' 다루게 될 것이다.

또 하나 지적해두어야 할 것은, 선을 존재 저편에 놓는 저 플라톤의 사고는 서양 철학의 역사에서 절대적인 자리를 차지한다기보다는, 다음과 같은 서양 철학의 또 다른 근본적인 명제, 아퀴나스가 말하는 '존재와 선은 환치 가능하다(Ens et bonum convertuntur)'라는 명제와 대립한다는 것이다. 존재와 선이 교환 가능하다는 생각은, 하느님이 만드신, 즉 존재하게 하신 모든 것이 보기 좋았다, 즉 '선했다'라는 『성서』(「창세기」, 1:31 참조)의 구절로 거슬러 올라간다. 또한 존재와 선의 상호 공속적 관계는 『그리스도교 교양』에 나오는 아우구스티누스의 다음과 같은 구절에서도 표명된다. "우리는 존재하는 그만큼 선하다. …… 그리고 우리가 악한 그만큼 우리는 덜 존재한다."[4] 어째서 존재와 선은 교환 가능한가? 선은 욕망의 대상이다. 누구나 다 좋은 것(선)을 원한

326   타자철학

다.(잠깐 덧붙이면 후에 스피노자는 이 명제를, 우리는 좋은 것을 원하는 것이 아니라, '우리가 원하는 것이 좋은 것이다'라고 뒤집음으로써, 좋은 것을 향한 운동이라는 목적론적 사고 방식을 깨트린다.) 선이 욕망의 대상인 까닭은 선이 완전성을 가지고 있기 때문이다.(가령 좋은 신발이란 완전하게 만들어진 신발이다.) 그런데 무엇이 완전한가? 바로 현실적인 존재자가 완전하다.(가령 구두 장인의 머릿속에서 잠재적으로 구상된 신발보다 현실적으로 만들어진, 즉 존재하게 된 신발이 완전하다.) 그러므로 현실적으로 존재하는 것이 바로 '선하다(좋다).'

철학사적 흐름을 염두에 두자면, 레비나스가 계승하고자 하는 플라톤의 '존재 저편의 선'이라는 정식은 '존재와 선은 교환 가능하다'라는 정식의 반대편에 있다.

4) 익명적 존재, 악의 원천

만일 레비나스의 다양한 개념들 중 가장 먼저 다루어야 할 것을 정한다면, '익명적 존재'를 가리키는 '있음(il y a)'부터 숙고해야 할 것이다. 앞으로 이 글에서 '익명적 존재'라는 표현은 'il y a'를 가리키는 말로 사용한다. 레비나스 역시 하이데거나 메를로퐁티처럼 근대적 주체를 대표하는 코기토의 배후에 놓인 보다 심층적인 영역을 탐구하고자 한다. 레비나스는 자아, 코기토가 없는 '익명적 있음'으로부터 출발한다. 레비나스는 다음과 같이 하이데거의 생각, 즉 존재는 익명적인 것이 아니라 늘 어떤 '존재자의 존재'라는 점을 정리하고 이에 대한 비판을 준비한다.

> [존재한다(exister)라는] 이 동사는 오로지 그것이 분사적 형태[존재자,
> l'existant]를 띨 때만, 즉 존재하는 것(ce qui existe)을 통해서만 언급될 수
> 있고 이해할 수 있는 것이 된다. 그 외에 우리는 이 동사에 대해 아무것
> 도 말할 수 없고 이해할 수 없을 것만 같다.(『존재에서 존재자로』, 19쪽; 두 번
> 째 대괄호는 옮긴이)

존재는 언제나 '존재자'를 통해서만 언급될 수 있다. 하이데거에게
존재는 늘 존재자의 존재이다. 이와 달리 레비나스에게서 존재는 먼저
'존재자 없는 존재', 익명적 존재이다. '이것이 존재한다'라는 표현을 생
각해보자. 여기서 '존재한다'는 속사이다. 그러나 속사(屬辭, attribut)라
는 말이 지닌 뜻과 달리 존재함은 주어(명사)에 속하는 성질이 아니다.
이 속사(존재한다)는 주어에 아무것도 덧붙이고 있지 않으며, 주어가
지닌 어떤 내용도 풀이하고 있지 않다. '존재한다'는 속사를 통해서는
주어에 귀속하는 내용이 무엇인지 전혀 알 수 없다. 즉 '존재한다'는 술
어의 자리에 오기는 하지만 주어가 지닌 내용을 규정하는 '범주'가 아
니다. "그렇기에 우리는 존재를 '존재자'에 귀속되게끔 해주는 그런 범
주를 이해하기가 어렵다는 사실 자체 속에서 존재 일반의 비인격적[비
인칭적] 성격의 표식을 읽어내야만 하지 않을까?"(『존재에서 존재자로』,
23쪽) 존재를 존재자에게 귀속되게 만들어 주는 범주가 없다는 점에
서, 근본적으로 존재는 명사로 불리는 것, 주어 자리에 오는 것, 즉 존
재자에 귀속되지 않고 익명으로 있다.

또한 레비나스는 하이데거의 '던져져 있음(Geworfenheit, 피투성(被投性))'이라는 말의 분석을 통해 존재의 익명성을 드러내기도 한다. 『시간과 타자』의 한 구절이다.

'게보르펜하이트'는 존재 '속에 던져져 있는 사실(fait-d'être-jeté-dans)'로 번역해야 한다. 그래서 마치 존재자는 선행하는 존재에서만 나타나는 것처럼, 존재는 존재자로부터 독립적인 것처럼, 따라서 던져진 것으로 있는 존재자는 절대로 존재의 주인이 될 수 없는 것처럼 이해되어야 한다. …… 우리가 없이, 주체가 없이 있는 존재, 존재자 없는 존재의 관념이 이렇게 생겨난다.[5]

게보르펜하이트가 알려주는 바는, 존재자가 존재 안에 던져져 있다는 것이다. 이는 존재와 존재자는 별도의 것이고, 존재자는 선행하는 존재 안에서 출현한다는 것을 함축한다. 또한 이는 존재자와 별도의 존재, 명사에 상응하는 것과 별도인 익명적 존재가 가능하다는 것을 알려준다.

레비나스에게서 간과되지 말아야 할 것은 이런 익명적 존재가 단지 존재론에서가 아니라 윤리적 차원에서 접근되고 있다는 점이다. 익명적 존재는 그 존재를 장악할 주인, 즉 주체를 가지고 있지 않다. 주체에 의해 제한되지 않는 것, 통제되지 않는 것이라는 점에서 이것은 '악(惡)'의 원천이다. 레비나스에게 악이란 존재의 결여에서 생겨나는 것이 아니라, 존재가 주인을 가지지 않는다는 점, 즉 주체에 의해 제한되지 않는 존재의 방만함에서 생겨난다. 이런 점에서 레비나스는 악을 존재가 아니라 존재의 결여로서 사유했던 아우구스티누스 이래 서구 전통의 반대편에서 악을 바라보고 있다. 레비나스는 나치스가 총선에서 승리하고, 하이데거가 프라이부르크 대학 총장 취임 연설 「독일 대학의 자기 주장」을 발표한 직후, 그리고 히틀러가 총통으로 취임하기 직전에 쓴 「히틀러주의 철학에 대한 몇 가지 고찰」(1934)이란 짧은 글에서 히틀러의 배경에 있는 서구 존재론의 정체를 들추어내려고 한 적이 있다. 후에 첨가한 이 글의 후기(1990)에서 레비나스는 '존재'와 '악'의 연관성을 이렇게 명시한다. "국가 사회주의의 원천은 '근본 악'의 본질적 가능성에서 유래한다. …… 이 가능성은 존재(l'Être)의 존재론에 기입되어 있다."[6] 악의 가능성은 그 존재의 주인이 부재하는 데서 생겨나는 것이다. 가령 우리는 각종 '중독'에서 단적인 예를 찾아볼 수 있다. 나의 존재가 나 자신 아래 통제되고 장악되지 못하고, 사물(니코틴, 알코올, 마약 등)에 종속되는 일이 중독이다. 중독 환자가 각종 시설에 수용되는 까닭은 그가 더 이상 그의 존재를 장악하고 통제할 수 없기 때문에, 즉 더 이상 존재의 주인이 아니기 때문이다. 주체성은 사라지고 존재는 익명적이 된 까닭이다.

따라서 주체에 대한 레비나스의 성찰에서 핵심은 어떻게 이 익명적 존재를 장악하면서 주체가 출현할 수 있는가의 문제이다. 또 레비나스에서 늘 주체를 위협하는 것은 주체가 이 익명적 존재로 되돌아갈 가능성이다.

5) 자기정립: 실체로서 주체의 출현, 불면과 잠

익명적 존재를 장악하는 주체의 출현은 어떻게 가능한가? 하이데 거의 출발점은 '존재자의 존재'이다. 레비나스는 보다 심층적인 차원으로 들어가 '존재자가 출현하기 이전의 존재'로부터 출발해 주체, 즉 존재자의 출현을 기술하고자 한다. 이 주체는 어떤 주체인가? 바로 '실체'로서의 주체이다. 레비나스가 이 주체를 가리키는 표현으로서 사용하는 'hypostase(휘포스타시스, ὑπόστασις)'라는 그리스어 개념은, 실체를 가리키는 보다 익숙한 단어인 'substance'와 같은 함축을 지닌다.

익명적 존재로부터 주체(실체로서의 주체)가 출현하는 발생적인 면모를 강조하기 위해 사람들은 'hypostase(hypostasis)'를 '홀로서기'나 '자기정립'으로 번역해왔고, 나 역시 그 가운데 한 사람이다. 그런데 이럴 경우 놓치게 되는 것은 이 말의 액면 그대로의 뜻 '실체'가 가지는 함축이다. 레비나스는 현대 철학의 주요한 경향들에 비추어보자면 다소 시대착오적으로 보이는, 근대인들이 선호한 '실체'라는 개념을 의도적으로 사용하고 있다. 옛날 개념으로의 이런 퇴행은 어떤 맥락에서 이루어지는가? 하이데거에게서 현존재는 내면적으로 고립된 채 스스로 존재하는, 가령 데카르트에게서 볼 수 있는 실체가 아니라, 자기 바깥에 서 있는 자(탈자태(Ekstase))이다. 현존재는 자신의 내면에 고립되어 있는 실체가 아니라, 이미 세계 안의 다른 사물들이나 다른 현존재와의 관계성 속에 존재하는 자, '세계 내 존재'이다. 자기 바깥으로 나와 있어야만 세계 안에 있을 수 있다. 즉 '세계 내 존재는 곧 자기 밖 존재'인 것이다. 레비나스는 현존재라는 이 현대 철학의 개념으로부터 물러나 다시 실체 개념을 부여잡고 있다. 레비나스의 사유는 실체로서의 주체의 근본 구조인 '자아(moi)는 자기(soi)이다'라는 '자기 관계성'을 중심으로 전개된다. 자기 관계성을 통해 실체로서의 주체가 출현하고, 타자와의 관계를 통해 자기 관계성, 즉 '자아가 곧 자기'라는 두 항(자아와 자기)의 관계가 끊어지는 것이 레비나스 사상의 기본 얼개라고 해도 좋겠다.

익명적 존재로부터 어떻게 실체가 출현하는가를 보여주는 대표적인 체험은 '잠'이다. 반면 '불면'은 익명적 존재를 현실화한다. 주체성은 거리 두기를 할 수 있는 데서 성립한다. 내가 무엇인가에 종속되어 있지 않고 원하는 만큼 어떤 것과 거리 두기를 할 수 있는 것이 주체가 대상을 지배하는 방식이다. 내가 추울 때 화롯불을 가까이 끌어와 나를 이롭게 하는 것, 내가 너무 더울 때 화롯불을 꺼서 뜨거움의 고통을 모면하는 것, 이렇게 대상과 원하는 만큼 거리를 두는 것이 주체가 대상을 자기에게 속한 것으로 지배하는 방식이다.

내가 대상과 거리를 두지 못하고 대상에 수동적으로 종속될 때는 말 그대로 주체성(주인됨)이 사라진다. 앞서 예로 들었듯이 니코틴, 알코올, 마약 등으로 인한 각종 중독이 그러하다. 그렇다면 불면은 어떤 점에서 주체성이 사라진 상태인가? 불면 속에서 주체는 자기 자신의 의식에 대해 자유롭게 거리 두기를 하지 못한다. 자려 해도 잘 수 없는 불면 속에는, 자신의 깨어 있는 의식에 종속된 수인(囚人)이 있다. 단적으로 말해 내가 나의 의식과 거리를 두지 못하고 자신의 의식에 종속되어버리는 상태가 불면이다. 그래서 불면일 때 자발성 속에서 자신을 확인하는 주체는 없고, '주체가 없는 있음', 익명적 있음만이 있다. 이렇게 불면은 익명적 있음을 구현한다.

(잠깐 비판적인 한마디를 덧붙여서, 레비나스 철학을 시험해볼 수 있을 것이다. 불면 속에서 주체의 의식이 자기 자신에게 종속적인 까닭은, 의식이 자신과 거리를 유지하고 잠을 자려는 '의지'를 발현하기 때문이다. 그렇다면 익명적 존재가 아니라, 자신의 의식과 거리를 두고 의식 아닌 것(잠) 속으로 들어가려는 '의지의 주체'가 여전히 있다고 생각해야 한다.)

주체는 언제 성립하는가? 다소 이상한 이야기로 들릴지 모르겠지만, 주체는 바로 잠을 잘 때 성립한다. 잠을 통해 이루어지는 일은 무엇인가? 잠은 한 번도 약속을 어기지 않고, 내가 사라졌다가 다시 나 자신에게로 되돌아올 수 있도록 해준다. 내가 계속 나 자신이라는 사실을 알기 위해서는 나는 나로부터 떠났다가 나 자신으로 다시 귀환할 수 있어야 하는데, 잠이 바로 그것을 가능하게 해준다. 잠을 경유하여 나는 나 자신으로 회귀하여 내가 동일성을 지닌 나임을 확인한다. 즉 잠은 '나는 나이다(A=A)'라는 동일률을 발생적으로 생산한다.

레비나스는 초기작 『탈출에 관하여』에서 존재의 자기동일성에 대해 다음과 같이 말한다. "존재(existence)는 다른 어떤 것에 의지하지 않고 스스로를 긍정하는 어떤 절대적인 것이다. 그것은 동일성이다."[7] 존재한다는 것은 무엇인가? 그것은 바로 내가 나임을 긍정하는 동일성의 현실화이다. 존재한다는 것은 '나는 나다(A=A)'라는 동일성의 형식을 가지고 존재자가 출현하는 일이다. '나는 나'라는 구조 속에서 나의 존재함이 이루어진다. 이미 데카르트에서 주체의 존재함은 발생적으로 이루어졌다. 데카르트에서 의식은 단지 이미 존재하는 자아를 발견하는 것이 아니다. '나는 생각한다, 나는 생각하는 자이다'라는 자기의식의 노동, 생각하는 노동을 통해서 자아는 출현하는 것이다. 나에 대해 생각하는 노동을 통해서 자아가 생산되는 것이지 이미 존재하는 자아를 생각이 발견하는 것이 아니다. 이제 레비나스에게서는 '나'가 '나' 자신의 동일성을 획득할 수 있도록 해주는 역할을 의식의 노동이 아니라 잠이 담당한다. 그러나 생산된 주체의 근본구조는 데카르트에서처럼, 그리고 근대 철학의 일반적 사유에서처럼 '나는 나다'라는 자기관계성이다. 자아가 자기와 맺고 있는 주체의 근본적이고 배타적인 관계(자아와 자기 사이에 그 누구도 끼어들지 못한다는 점에서 배타적인 관계)는 그야말로 '실체'라는 개념을 충족시킨다. 그 어떤 것에도 종속되지 않은 채 '나 자신으로 있다'라는 것은 '그 자신에 의해 존재하는 것'이라는 고전적인 실체 개념에 상응한다. 그리고 이 실체는 세계 안에, 자기 바깥에 있는 하이데거의 탈자태나, 들뢰즈와 같은 현대 철학자에서 목격되는 주체 없는 익명적 사유와 전혀 다른 지점에 서 있다.

6) 권태

익명적 존재로부터 벗어난 존재자, 주체의 근본 구조는 '자아는 곧 자기이다'라는 것이다. 이런 구조, 내가 피할 수 없이 나 자신이라는 것을 잘 드러내는 기분이 '권태'이다. 레비나스는 주체의 근본 구조를 드러내주기 위한 현상학적 환원의 일환으로 권태에 대해 분석한다.

모든 것들과 모든 사람에 대한 권태가 존재한다(exister). 그러나 무엇보다도 자기 자신에 대한 권태가 존재한다(exister). …… 권태는 존재(existence) 자체를 겨냥하고 있다. …… 권태 속에서 우리는 더욱 아름다운 곳을 동경하면서, 존재(eixstence)의 [이런저런] 모습들 가운데 하나로부터가 아니라, 존재(existence) 자체로부터 도피하고자 한다. 여행 안내서도 없고 기한도 정해지지 않은 도피, 그것은 어느 곳엔가 정박하기 위한 것이 아니다. 이런 도피에서는 보들레르가 말하는 진정한 여행자처럼 오로지 떠나기 위한 떠남이 관건인 것이다. 그러나 권태 속에서의 운동을 통해서 존재자(existant)는 거부해 버리고 싶은 망설임 속에서 그의 존재(existence)를 획득한다.(『존재에서 존재자로』, 33~34쪽; 대괄호는 옮긴이)

권태 속에서 우리는 거부하고 싶은 자신의 존재를 획득한다. '자신의 존재를 획득한다'는 것은 무슨 뜻인가? 나의 존재는 내가 나일 때 성립한다. 내가 나이지 않고 나는 존재할 수 없다. 그래서 앞서 보아왔듯 나의 존재함은 자기동일성의 형식으로 표현된다. 권태는 무엇보다 나 자신을 떠나고 싶어함을 표시하는 기분이다. 가령 어떤 이들은 해오던 생업에 권태를 느낀다고 이야기하기도 하고, 결혼 생활에 권태를 느낀다고 말하기도 한다. 그런데 여기서 진정한 권태의 대상은 뭘까? 궁극적인 권태의 대상은 해오던 일도 결혼 생활도 아니다. 바로 해오던 생업에 종사하고 있는 나 자신, 결혼 생활을 영위하고 있는 나 자신이 권태의 대상인 것이다. 즉 권태는 근본적으로 자기 자신에 대한 권태이다.

권태는 근본적으로 자신에 대한 권태라는 것, 자기와의 대면이 권태의 근본구조라는 이런 생각의 원천은 레비나스가 아니라 17세기의 파스칼에게로 거슬러 올라간다. 그는 『팡세』에서 이렇게 말한다. "인간은 너무도 불행하기 때문에 **아무런 권태의 원인 없이도 그의 구조의 고유한 상태로 인해 권태를 느낄 것이다.** …… 비록 왕일지라도 자기를 생각하면 비참해지리라는 것을 그들은 안다. …… 인간의 마음이란 이 얼마나 공허하고 오물로 가득 차 있는가."[8] 파스칼과 동시대를 살았던 데카르트는 전통철학과 달리 외부가 아닌 그 자신의 내면에서 진리를 발견하고자 하는 근본적인 방향 전환을 이루어냈고, 그가 자신의 내면으로부터 발견한 것은 이성적 질서였다. 그러나 데카르트와 달리 파스칼은 '비참', '불행', '권태'로 가득 차 있는 내면을 발견한다. 무엇보다 이 기분들은 자신을 대면해야만 하는 인간 "구조의 고유한 상태로 인해" 생긴다. 우리가 읽은 "무엇보다도 자신에 대한 권태가 존재한다"라는 레비나스의 구절은 파스칼의 저 사상을 본받고 있는 것이다.

권태의 기분을 통해 발견되는 것은 무엇일까? 권태는 권태의 대상인 자기 자신을 벗어나고 싶다는 바람을 수반한다. 그런데 권태 속에서 진정 알려지는 바는, 나는 떠나고 싶은 나 자신을 결코 떠날 수 없다는 것, 나 자신에게 묶여 있다는 것이다. 권태가 알려오는 것은 나는 나를 떠날 수 있는 것이 아니라 나 자신과 동일하다는 것이다. 내가 나 자신이라는 사실을 어떻게 부정하겠는가? **"자아는 어떻게 모면해 볼 도리 없이 자기이다."**(『존재에서 존재자로』, 147쪽) 권태의 기분은 나를 비웃듯이 나와 나 자신이 불화한다는 것을 드러내 놓는다. 그러고는 이 불화를 해결하기 위해 내가 나 자신을 떠나는 일은 불가능하다는 것을 깔깔거리며 알려준다.

우리는 다른 것들과의 즐거운 관계를 통해 내가 나 자신과 피할 수 없는 관계를 맺고 있다는 사실을, 즉 '나는 나다'라는 사실을 얼마간 잊고 살 수도 있다. 내가 권태에 빠질 때, 나는 나를 권태롭게 하는 모든 것에서 떠나버릴 수 있다. 공부가 되었든 애인과의 관계가 되었든 권태로운 것은 모두 다 버릴 수 있다. 그러나 이렇게 해서 진정 권태를 벗어날 수 있는가? 그럼에도 도저히 떨쳐버릴 수 없는 것이 있는데, 그것이 바로 '나 자신'이다. 어떤 직업을 가지고서 일하고 있던 나 또는 어떤 애인을 만나고 있던 '나 자신 그 자체'는 아무리 싫어도 벗어날 수 없다. 나는 모면할 도리 없이 자기임을 확인해주는 것이 권태이다. 권태는 자신과의 관계라는 주체의 근본 구조를 드러내주는 것이다.

권태 외에도 내가 나로부터 도피할 수 없다는 것은 여러 방식으로 표현될 수 있다. 나와 나 자신의 관계는 여행자와 그가 떨쳐버릴 수 없는 그의 여행 가방의 관계이기도 하다. 또한 레비나스는 내가 피할 수 없이 나 자신이라는 것을 러시아의 한 우화를 통해 표현하기도 한다.

러시아의 유명한 이야기에 나오는 작은 바보 장, 단순하고 순진한 장은 [계속 구걸하며 따라오는] 자신의 그림자가 떨어져 나가길 바라고는 밭에서 일하는 아버지에게 심부름으로 가져가던 점심을 그림자에게 먹으라고 자꾸 던져주었다. 그림자는 마치 양도 불능의 최후의 소유물인 양 계속 그에게 붙어서 따라왔다.(『존재에서 존재자로』, 41쪽; 대괄호는 옮긴이)

우화 속의 장과 그의 그림자의 관계처럼, '나'는 모면할 수 없이 '자기'이다. 앞에서도 잠깐 다루었지만 레비나스 철학의 목표를 앞질러서 이야기하자면, '내가 나 자신'이라는 동일성의 관계를 깨뜨려볼 수 있는지 검토하는 것이다. '나는 나다'라고 했을 때, 존재의 운명은 세 가지 길로 나아갈 수 있을 것이다. '나는 나다'라는 관계 속에 존재를 나의 존재로서 계속 꼭 붙들어두는 길, 익명적 존재(il y a)로 되돌아가서 존재를 '나는 나다'의 관계에서 벗어나도록 하는 길, 익명적 존재로 돌아가지 않으면서도 '나는 나다'라는 동일성을 벗어나는 길. 레비나스가 힘 기울여 가능성을 모색하는 것은 바로 마지막 것, 세 번째 길이다. 익명적 존재도 아니고, '나는 나'라는 자기성의 구조도 아니라면, 어떤 가능성이 주체에게 남는가? 바로 이질적인 것, 타자와의 조우 속에서 '나'의 운명을 시험하는 길이 남는다.

7) 향유와 존재의 일반경제

그러나 타자와의 조우 속에서 출현하는 주체를 다루기 전에 지나야 하는 여정들이 있다. 초월의 관점을 다루기에 앞서 세계 안에 있는 주체부터 살펴보아야 한다.

존재함은 내가 나 자신이라는 주체성의 형식 속에서 구현된다. 존재는 '자아는 자기'라는 내재적 관계 속에 자리한다. 주체가 존재하는 영역은 '자아는 자기이다'라는 자기성의 형식이 존재를 장악하면서 마련된다. 초월이 있다면, 당연히 그것은 주체가 존재하는 이 내재성의 영역 바깥으로의 초월이다.

초월에 대해 살피기 전에 내재적 영역 안에서 주체의 삶이 어떠한 것인지를 먼저 이해해야 할 것이다. 레비나스는 세계 안에서의 삶을

'존재의 일반경제'라고 일컫는다. 주체가 세계 안에서 존재하는 방식이 바로 '향유(jouissance)'이다. 주체가 살아가는 방식으로서의 향유는, 주체의 구조, 즉 자아가 자기라는 자기성의 구조에 기반을 두고 있다.

우리가 세계와 조우하는 방식은 노동 같은 것이 아니라 무엇보다도 즐기는 것, 향유이다. 우리가 세계 안에서 살아가며 물을 마시거나 음식을 먹는 까닭은, 노동에 필요한 연료를 몸에 공급하기 위해서이기 이전에, 그렇게 하는 것이 즐겁기 때문이다. 몸을 건강하게 만들기 위해서 산책을 하는 것이 아니라 신선한 바람을 쐬며 걷는 것이 즐거우니까 그렇게 한다. 좋은 직장을 얻기 위한 수단이기에 공부하는 것이 아니라, 호기심을 만족시키는 일이 즐거우니까 한다. 세계는 주체에게 이렇게 향유의 터전으로 출현한다.

향유는 왜 주체의 자기성에 입각하는가? 가령 물을 마실 때 주체는 물 자체를 향유한다기보다, 물에 대한 자신의 감각 자체를 향유한다. 주체는 음식을 먹을 때 음식보다도 음식을 맛보는 자신의 미각 자체를 향유한다고 말하는 것이 정확하다. 요컨대 향유는 주체 자신의 감각을 대상으로 삼는다. 그러니까 결국 향유의 경험은 '나는 나다'라는 자기성의 구조로 환원된다. 감각을 즐기는 것은 내가 원하는 만큼 그것을 취한다는 것이기에 나의 자유를 실현하는 일과도 상관적이다. 따라서 향유는 내가 느끼는 감각과의 거리 두기(원하는 만큼 즐기고 필요 없으면 멀리하기)에서 가능하다. 후에 살펴볼 타자와의 마주침을 염두에 둔다면, 향유의 이 구조는 일종의 복선을 가지고 있다. 만약에 내가 통제할 수 없는, 즉 거리 두기를 할 수 없는 감각이 타인으로부터 주어진다면 어떨 것인가? 나가 나를 통제하는 자기성의 구조가 무너지면서 타인에게 종속될 것이다. 이때 감각은 내가 자유롭게 통제할 수 없는 상처, 즉 트라우마이며 자기성을 벗어나 타자와의 관계를 가능케 할 것이다. 이 문제는 뒤에 살펴보도록 하자.

우리는 모든 즐거움이 거저 주어지는 낙원에서 사는 것이 아니므로 향유는 필연적으로 노동을 포함하는 경제활동을 요구한다. 밖에 나가 노동을 하고 먹을거리를 벌어와서 내 입에 넣어주는 일이 필요하다. 존재하기 위한 일반경제의 구조가 요구되는 것이다. 세계에서 나는 나의 밖에 있는 먹을거리들, 놀거리들과 같은 나와 다른 것, 나와 다르다는 뜻에서 이질적인 것들과 만난다. 그런데 이것들은 단지 일시적으로만 타자성을 지닐 뿐 나에게 금방 동화되어버린다.

> 분명 욕구의 만족 속에서는 나를 정초하는 세계의 낯설음이 자신의 타자성을 잃어버린다. 포만 속에서는 내가 물어뜯는 실재가 [내게] 동화되며, 타자 속에 있었던 힘들은 '나의' 힘들이 되고 내가 된다(그리고 욕구의 모든 만족은 어떤 측면에서는 영양 섭취다). 노동과 소유를 통해서 먹을거리들의 타자성은 '동일자' 속으로 편입된다.(『전체성과 무한』, 185~186쪽; 대괄호는 옮긴이)

이렇게 나는 외부의 사물과 생명체들을 나의 노동을 통해 내 소유로 만들고 내 먹거리로 만드는 방식으로 나에게 동화되게 한다. 세계 안에 내가 존재한다는 것은 무엇인가? 바로 이렇게 사물을 내가 원하는 대로 다룰 수 있음이다. 즉 존재한다는 것은 곧 '할 수 있음'이다. 요컨대 세계 안에서의 주체는, 후설, 하이데거, 메를로퐁티에게서 공통적으로 확인되었던 것과 마찬가지로 '나는 할 수 있다'라는 방식으로 존재한다.

그런데 노동을 함으로써 내가 즐기고 먹을 수 있는 대상을 봉급으로서 확보해 나에게 동화시키는 일상적인 삶은, 노동과 향유가 반복되는 '천편일률적인 순간들의 나열'에 불과하다. 모든 것이 나에게 동화되기 때문에 홀로 있는 주체가 고독 속에서 존재의 일반경제를 영위하는 것 외에는 어떤 새로운 것도 출현하지 않는다. 마치 미다스 왕처럼 주체는 손대는 모든 것을 자신의 황금으로 만들 수 있다. 이것은 나와 나의 재산만으로 이루어진 세계, 즉 고독 속에 홀로 있는 세계이다. 이 세계에는 시간이 없다. 시간이란 무엇인가? 시간이 진행된다는 것은 새로운 순간이 출현한다는 것 외에 다른 것이 아니다. 그러나 노동을 통해 자신의 황금을 얻고 그 황금을 향유하고, 다시 노동하고 향유하는 주체에게는 동일한 순간들의 나열이 있을 뿐이지, 새로운 순간, 새로운 사건이란 없다. 즉 천편일률적인 순간들의 나열이 있지, 시간은 없는 것이다.

시간이 순간들의 나열이 아닌 까닭은 데카르트에 비추어 이해해야 한다. 칸트나 하이데거에게서 시간은 존재자가 존재하기 위한 근본 지평이다. 칸트에게서는 감성 형식이 시간이며 하이데거에게서는 존재함 자체의 의미가 시간성이다. 그러나 데카르트는 시간을 근본적인 것으로 제시한 칸트나 하이데거와 다른 생각을 가지고 있었는데, 그에게는 연속적인 계기성(繼起性, 잇달음, succession)으로서의 시간은 존재하지 않는다. 데카르트에게는 연속성이 없는 조각난 순간들만이 있다. 코기토를 보라. '나는 생각한다, 고로 존재한다'라는 의식 활동을 통해 얻어진 실체, 즉 '생각하는 사물'은 의식이 자신에 대해 수행하는 한 번의 활동, 한 번의 반성 이후에 '계속해서' 존재하는 것이 아니다. '나'는 나에 대해 생각하는 '순간'에 존재하는 것이다. 스스로에게 감추어진 의식은 없다는 점에서 의식은 곧 자기의식이고, 자기의식은 말 그대로 자기를 의식하는 순간에만 자기의식이다. 이 순간이란 시간의 '잇달음'과 상관없는 '조각난' 순간이다. 말 그대로 순간이란 고립된 한 조각이지, 시간의 연속적 흐름과는 상관이 없다. 데카르트에서 '나'는 바로 그런 조각난 순간 속에 존재한다. 그는 '나는 나다'라는 내면성의 형식을 지니는 순간(instant) 속에 서 있다(in-stare). 자기 바깥에(ex-) 서 있음 (stare), 하이데거의 탈자태(Ekstase)와 정반대로 말이다. 탈자태는 무시간적 순간 속이 아닌, 시간적 지평을 지니는 세계에 자리한다.

위와 같은 맥락에서라면 일면적으로 데카르트의 후예라 할 수 있는 레비나스에게서 일상적인 삶의 영위란 저런 조각난 순간들의 천편일률적인 나열이다. 죽음이 삶에 폭력을 행사하여 삶을 끝장낼 때까지 천편일률적인 순간 순간이 따분하게 계속될 뿐이다. 주체에게 초월이 있다면 바로 이런 천편일률적인 순간들의 나열을 깨트리는 이질적인 것, 새로운 사건을 통해 이루어질 수 있을 것이다. 아마도 주체가 욕망하는 이런 초월에 대해 푸시킨의 널리 알려진 시구가 이해를 도울 것이다. "마음은 미래에 살고 있고 / 현재에는 우울이 만연해 있는 것."(「삶이 그대를 속일지라도」) 천편일률적인 우울한 현재 순간들의 나열에 머무르기를 거부하고 새로운 순간, 즉 '미래'를 희구하는 것이 초월에의 욕망이다.

8) 시간의 출현과 메시아

천편일률적이며 따분한 존재의 일반경제를 무너뜨릴 이질적인 것의 도래를 이야기하는 레비나스의 존재론은 근본적으로 현세를 무의미하고 허무하게 여기는 유대 종말론의 연장선에 있다. 계속 보아왔듯 레비나스에게서 내재적인 세계는 '향유'가 이루어지는 세계로 기술되었다.

즐거움은 세계가 주어져 있다는 사실에서 생긴다. 세계는 우리의 지향들에다 세속적인 풍성한 먹을거리를 제공하는데, 여기에는 라블레(Rabelais) 류(類)의 먹을거리도 포함된다. 세계 안에서 젊음은 기쁨을 누리며 성급하게 욕망을 채우고자 한다. 이런 것이 세계이다.(『존재에서 존재자로』, 62쪽)

세상의 먹을거리들을 즐기는 라블레의 인물들은 향유가 무엇인지를 잘 보여준다. 레비나스가 라블레를 환기시키면서 서술하는 향유의 세계는 그 뿌리를 찾자면 바로 에피쿠로스의 세계이다.

우리는 숨 쉬기 위해 숨 쉬며, 먹고 마시기 위해 먹고 마시며, 거주하기 위해 거처를 마련하며, 호기심을 만족시키기 위해 공부하며, 산책하기 위해 산책한다. 이 모든 일은 살기 '위해서' 하는 일이 아니다. 이 모든 일이 삶이다. 삶은 하나의 솔직성이다. …… 그것은 가르강튀아와 팡타그뤼엘, 그리고 세계 최초의 문학 석사 가스터 나리[세속적 삶의 즐거움을 표현하는 라블레 소설의 주인공]의 세계이다. 그러나 그것은 또한 아브라함이 그의 가축 떼를 방목하고, 이삭이 우물을 파고, 야곱이 집을 짓던 세계이다. **또한 그 세계 안에서는 에피쿠로스가 정원을 가꾸고** '각각의 사람들이 그의 무화과나무와 포도나무 그늘 곁에 머문다.'(『존재에서 존재자로』, 70쪽)

레비나스가 라블레와 에피쿠로스의 세계를 이야기하는 까닭은 궁극적으로 즐거움의 충만함이 아닌 즐거움의 덧없음을 이야기하기 위해서이다. 니체의 『안티크리스트』에서 유대인 사도 바울이 메시아를 내세우며 에피쿠로스의 내세적 행복과 대립했던 것처럼, 레비나스는 에피쿠로스적인 향유의 세계의 덧없음과 맞선다. 향유의 세계는 궁극적으로 죽음에 의해 중단되고 불가능해진다. 따라서 향유의 즐거움은 메시아적인 사유에 의해 극복되기 위한 즐거움으로서만 기술될 수 있다. 향유의 세계를 극복하는 일은 **"세계와 대조를 이루는 사건들**, 즉 타인과의 만남 같은 사건들"(『존재에서 존재자로』, 62쪽)을 통해 가능한데, 여기서 타인과의 만남이 메시아적 사건을 열어준다.

수고와 여가의 교대 속에서 우리는 수고를 통해 얻은 수확을 향유한다. 이 교대는 세계의 시간 자체를 구성한다. 이 시간은 천편일률적으로 따분한 것(monotone)인데, 그 까닭은 이 시간의 순간들 간에 서로 우열이 없기 때문이다. …… 상황이나 존재(existence)에의 연루—이 연루가 수고이다—는, 현재 자체 속에서 회복되는 대신에, 억압되고 보상되고 사라져 버린다. 이런 것이 경제 활동이다. 그렇기에 경제적 세계는 물질적이라고 불리는 우리의 삶을 포괄할 뿐 아니라, 우리 존재(existence)의 모든 형식을 포괄한다. 여기서 구원을 향한 갈망은 팔려나간다. 여기서 에사오는 벌써 그의 장자권을 팔아넘겼다. 세계, 그것은 그 안에서 '나'가 봉급을 타는 범속한 세계이다. 종교적 삶 자체는, 이런 봉급의 범주 안에서 이해될 때 경제적인 것이다.(『존재에서 존재자로』, 152~153쪽)

경제 활동을 하는 현재 속에서 순간들은 회복되기보다도 소모되듯 사라져버린다. 그리고 여기서 구원의 욕구는 에사오가 팥죽 한 그릇을 받고 야곱에게 장자권을 팔듯 경제적 효용을 위해 팔려나가고, 봉급 받는 세계의 범주 안에서 종교는 존재하더라도 세계 안의 삶을 영위하는 데 도움을 주는 경제적인 것이 된다.

그러나 이 보상의 시간은 희망에 대해서는 충분한 것이 못 된다. 이 시간은 슬픔을 달래고 죽음을 극복하기에는 충분하지 않다. 어떤 슬픔도 사라지지 않으며 어떤 죽음도 부활 없이는 견디어내지 못한다. 그러므로 희망은 자아에게 주어진 분리된 순간들로 구성된 시간에는 만족하지 못한다. [이런 시간에서] 뒤에 오는 순간은 앞 순간과 똑같이 비인격적이며, 그런 순간[들의 나열] 속에서, 자아는 그가 겪는 아픔에 대한 봉급을 얻기 위해서 그 순간들을 가로지른다. 희망의 진정한 대상, 그것은 **메시아이며 구원**이다.(『존재에서 존재자로』, 153~154쪽; 대괄호는 옮긴이)

레비나스가 팡타그뤼엘의 세계, 먹고 즐기는 세계, 에피쿠로스의 정원에 해당하는 세계를 '향유'가 영위되는 세계로 기술할 때 그는 이 향유의 긍정성을 궁극적인 것으로 제시하고자 그렇게 하는 것이 아니다. 향유란 뒤에 오는 순간과 앞의 순간이 똑같은 천편일률적인 순간들의 나열 속에서 일어난다. 이런 순간들의 나열에 새로운 사건을 도래케 하는 것은, 위 인용이 말하듯 "메시아이며 구원"이다. "시간의 완성은 죽음이 아니라 메시아적 시간이다."(『전체성과 무한』, 432쪽)

순간들의 나열을 끊어내고 새로운 시간을 도래케 하는 것, 그것이 메시아적인 것이다. 메시아에 대한 주요한 성찰은 예를 들면 레비나스 이전엔 베냐민을 통해, 레비나스 이후엔 데리다를 통해 이루어졌다. 레비나스의 메시아론에선 베냐민에게서 목격할 수 있는 바를 다시 발견할 수 있으며, 그 사상은 『마르크스의 유령들』 등에서 전개된 데리다의 메시아적 시간관에 매우 큰 영향을 주었다. 메시아적인 시간관은, 헤겔에서 볼 수 있는 것과 같은, 이성의 주관 아래 전개되는 역사법칙과 대립한다. 역사법칙은 이성의 법칙으로서 이성의 자발성에 의해 현실화되지만, 메시아적 시간은 이성의 자발성과 대립하는, 이성 외재적인 것의 침입을 통해 시간이 단절되는 사건이다. 당연하게도 메시아는 이성의 법칙의 소산이 아니며 이성이 그 도래를 예측할 수 있는 것도 아니다. 따라서 메시아의 도래는 이성을 통해 이루어지는 주체의 계획, 예를 들면 존재의 일반경제와 같은 계획을 중지시킨다. 메시아는 그야말로 주체의 모든 능력의 무능을 확인해주면서, 즉 주체의 법칙과 예측을 벗어나면서 도래한다. 이런 메시아적인 것을 통해 가능해지는 시간을 레비나스는 타자 개념을 통해 사유한다.[9]

9) 죽음

죽음은 순간들의 단조로운 나열을 깨트리는 사건의 역할을 떠맡을 수 없을 것이다. 하이데거에게 죽음은 모든 것을 가능하게 만들어 주는 불가능성이지만, 레비나스에게 죽음은 모든 가능성을 불가능하게 만드는 사건이다. 하이데거에게 죽음은 존재함을 완성하는 경계, 무(無)이지만 레비나스에게 죽음은 삶에서 하고 있는 일들을 갑자기 중단시키는 '폭력'이다. "죽음 속에서 나는 절대적 폭력에, 암흑 속의 살해에 노출된다."(『전체성과 무한』, 351쪽) 죽음은 삶에 대한 폭력일 뿐인데, 그것이 무(無)로 이해될 때는 언제인가? 오로지 살해자가 살해하는 대상을 무로 만들려고 할 때뿐이다. "우리가 무로서의 죽음에 …… 접근하는 것은 살해의 열정 속에서다. 이 열정의 자발적 지향은 무화를 노린다. 카인이 아벨을 살해했을 때, 그는 죽음에 대하여 바로 이러한 앎을 가지고 있었음에 틀림없다."(『전체성과 무한』, 350쪽) 살해하는 자의 입장, 카인의 입장에서나 죽음은 무이고, 죽음을 존재함의 한계를 설정하는 무로 이해하는 철학은 카인의 철학인 것이다.

죽음은 그저 삶에 대한 폭력이며, 이 폭력은 천편일률적인 순간들의 나열인 삶에 찾아오는 새로운 순간이 아니라, 삶 자체를 불가능하게 만드는 일일 뿐이다. 따라서 죽음을 통해서 지금의 순간 바깥으로 나아가는 초월은 있을 수 없다.

그러나 죽음을 폭력 외에 다른 것으로 받아들일 수 있는 길은 없는가? 에피쿠로스처럼 '네가 있으면 죽음이 없고, 죽음이 있으면 네가 없으니 죽음을 두려워할 일이 없다'라고 말할 수는 없는가? 우리가 살아 있을 때 죽음은 우리와 같이 있지 않고, 죽음이 왔을 때 이미 우리는 없으니 죽음이 우리를 습격할 수 없지 않은가? 결국 죽음은 산 사람도 만날 수 없고 죽은 사람도 만날 수 없다. 숨바꼭질하듯 삶은 죽음을 피해 다니니, 죽음은 삶에 폭력을 행사할 기회를 갖지조차 못하지 않는가? 유대 메시아주의가 로마의 에피쿠로스주의와 맞섰듯 레비나스는 이런 에피쿠로스의 죽음론을 경쟁 상대처럼 다룬다. 아래는 『시간과 타자』의 구절이다.

> 죽음에 대한 공포를 없애기 위해 만들어진 '네가 있으면 그(죽음)는 없고, 그가 있으면 너는 없다'는 고대 격언은 죽음이 안고 있는 역설을 잘못 인식하고 있다. 왜냐하면 이 격언은 미래와의 독특한 관계인 죽음에 대한 우리의 관계를 지워버리기 때문이다.[10]

레비나스는 우리가 에피쿠로스가 말한 방식으로 죽음과 관계 맺지 않는다고 생각한다. 우리는 에피쿠로스가 제안하는 방식으로 죽음에 대한 공포를 없애버릴 수 없다. 왜냐하면 죽음은 그것에 대한 우리의 인식을 넘어서 효력을 발휘하기 때문이다. 또는 죽음은 전혀 인식의 대상이 되지 않는다고 말하는 편이 더 좋겠다. 레비나스는 죽음의 인식불능성에 대해 이렇게 말한다. "절대적으로 인식할 수 없다는 것은 어떠한 빛에 대해서도 낯선 것이어서 어떠한 **가능성의 채택이 불가능**하면서도 우리 자신이 그 안에 붙잡혀 있음을 뜻한다."[11] 이 구절은 죽음이 존재함의 '가능성'을 열어준다는 하이데거의 생각을 정면으로 반박하고 있다. 아울러 여기서 레비나스는 죽음에 대한 사변적 논의의 한계를 지적하고 있다. 삶이 있으면 죽음이 없고, 죽음이 있으면 더 이상 죽음이 공격할 삶이 없다고 죽음에 대해 사변적으로 인식하는 것은 죽음의 본질을 놓치고 있다. 아무리 삶과 죽음은 마주칠 일이 없으며 죽음은 삶을 고통스럽게 하지 못한다고 논리적으로 설득하고 또 수긍하더라도 여전히 우리는 죽음을 두려워한다. 죽음이 실제 위치하는 곳은 사변적 인식의 바깥인 까닭이다. 그러니 이렇게 말해야 할 것이다. "죽음은 수용되지 않는다. 죽음은 오는 것이다. …… 죽음의 영원한 위협은 그의 본질의 일부이다."[12] 죽음은 이성을 통해 수용되지도 않고 극복되지도 않는다. 죽음의 위협은 이성의 교정을 통해 죽음으로부터 제거될 수 있는 것이 아니라 죽음의 본질 그 자체를 이룬다.

죽음을 통한 내세로의 초월에 대해서 역시 생각해보아야 한다. 에피쿠로스처럼 죽음을 삶과 아무 상관없는 것으로 떨쳐버리는 것과 반대로, 죽음을 거쳐 내세로 초월하는 삶에 대한 사상은 여러 종교에서 익숙하게 찾아볼 수 있다. 기독교적인 전통뿐 아니라, 그 전통의 뿌리로 더 거슬러 올라가,『파이돈』편에서 볼 수 있는 것처럼 그리스적 정신에서도 우리는 죽음을 내세로의 초월로 바라보는 사상을 발견할 수 있다. 그러나 레비나스에게서 내재적인 세계의 유한성을 극복하는 초월의 길로서 죽음은 고려되지 않는다. 죽음을 통한 초월은 왜 문제적인가? 다음과 같은 의미에서 그러하다.

고전적 개념으로서의 초월[죽음을 통한 초월]의 이념은 자기모순적이다. 초월하는 주체는 자신의 초월 속에서 소멸해버린다. …… 초월이 주체의 동일성 자체와 결부된 것이라면, 우리는 주체의 실체의 죽음을 목격하게 될 것이다. 확실히 우리는 죽음이 초월 자체인지 아닌지 의심할 수 있을 것이다. …… 죽음은 변화함(化體, transsubstantiation)이라는 생성의 예외적인 사건을 나타내지 못한다. 여기서 변화함[화체]이란 무(無)로 귀착하지 않고 그리고 동일적인 것의 생존과는 다른 방식으로 연속성을 보증해주는 것을 말한다.(『전체성과 무한』, 416쪽; 번역 수정)

죽음은 주체의 연속성을 보증해주지 못한다. 주체가 죽은 다음에도 그의 동일성이 계속 유지되어야만 주체는 죽음 이후로 초월했다고 할 수 있을 것이다. 죽음 이후로의 이 초월을 어떤 종교들에서는 구원의 길로 이해하기도 한다. 그러나 주체가 죽음의 강을 건넌 뒤 계속해서 동일성을 가지고 유지되리라는 것을 보장해주는 것은 아무것도 없다. 따라서 죽음은 '초월의 개연적 개념'에 불과하다. 죽음은 초월과 아무런 필연적 관계도 없는 것이다.

10) 분리와 무신론

주체에게 초월이 가능하다면, 주체가 속한 세계를 넘어서고자 하는 욕망이 주체에게 있기 때문이다. 초월을 욕망하지 않고는 초월이 있을 수 없다는 것은 당연하다. 이 욕망은 주체가 거기에 종속되어 있는 것이지, 주체가 이성적으로 통제할 수 있는 것, 의지 같은 것이 아니다. 또한 초월은 주체가 속한 세계, 주체가 일반경제를 영위하기 위해 도구를 사용하고 사물과 사람을 소유하는 세계, 한마디로 주체의 '할 수 있음'이 지배하는 세계 바깥으로 나가는 사건이다. 따라서 초월은 주체가 지배할 수 없는 곳, 즉 자기가 원하는 대로 '한정 지을 수 없는' 곳으로 나아가는 것이다. 한정 지을 수 없는 것이 무엇이겠는가? 바로 '무한'이다. 초월은 바로 저 무한을 향한 욕망을 동력으로 삼는다.

　욕망이란 무엇인가? 1장에서 보았던 플라톤의 『향연』에서 아리스토파네스가 알려주는 신화에서부터 라캉에 이르기까지 많은 사상이 욕망을 '결여'의 소산으로 이해해왔지만, 무한에 대한 욕망은 '결여'와는 아무런 상관이 없다. 결여의 개념은 무한의 개념과 양립할 수 없기 때문이다. 주체와 주체의 욕망이 향하는 무한을 서로 마주하고 있는 두 개의 항이라고 해보자. 만일 주체가 자신이 가지지 못한 것, 자신에게 없는 것의 '결여'를 메우려고 무한을 욕망한다면, 이때 무한은 무한일 수가 없다. 오히려 '주체'와 '그가 욕망하는 바', 이 두 항은 함께 '전체'를 이룰 것이다. 왜냐하면 주체는 자신의 완전함을 부족하게 만드는, 잃어버린 한 조각의 퍼즐을 찾아 헤매듯 주체에게 결여된 바를 욕망하는 것이기 때문이다. 이때 욕망의 대상은 주체의 전체성을 채워줄 주체의 잃어버린 한 부분이지, 결코 한정 지을 수 없는 것, 무한이 아니다. "만약 '동일자'가 단순히 '타자에 대립'함으로써 자기를 동일화한다면, 그것은 이미 '동일자와 타자'를 포괄하는 전체성의 일부가 되는 셈이다."(『전체성과 무한』, 35쪽) 무한은 전체의 한 부분이 될 수 없다. 오히려 "무한은 전체성 너머에(au-dessus) 한 사회를 출발시킨다."(『전체성과 무한』, 147쪽) 이와 달리 서로 마주한 두 항이 전체를 이루는 면모는 아리스토파네스의 신화와 더불어, 헤겔이 대표적으로 보여주고 있다. 다음은 『정신현상학』의 구절이다. "이들은 서로가 배치되기는커녕 오히려 모두가 하나같이 필연적인 관계 속에서 비로소 **전체**의 생명을 이루게 되는 것이다.”[13] 요컨대 전체를 이루기 위해서 “대립과 갈등을 빚고 있는 양자 모두가 필연적인 구성요소라는 점”[14]이 헤겔에게서 핵심이다. 이처럼 대립하는 항들이 하나의 전체를 이룰 때 무한은 사라져버릴 것이다. 현세와 현세를 초월하는 것은 서로 상대방에 의해 규정되는 상대적인 두 항이 되어버리며, 현세 저편은 한정지을 수 없는 무한으로 남지 못하는 까닭이다.

> 전체성은 무한의 관념에 의해 표현되는 형이상학적 초월을 통합하는 가운데, 이 형이상학적 초월을 상대적인 것으로 만들어버린다. 절대적 초월은 통합할 수 없는 것으로서 생산되어야 한다. …… ‘상관 관계는 초월을 충족시키는 범주가 아니다.’ ‘자아’의 분리는 나에 대한 ‘타자’의 초월에 **상호적인 것이 아니다.**(『전체성과 무한』, 61~62쪽)

요컨대 주체와 주체를 초월해 있는 자, 즉 타자 사이엔 상호성 내지 대칭성이 아니라 ‘비대칭성’이 있는 것이다.

전체 속에 편입되기를 거부하는 무한에 대한 욕망은 결여에서 동력을 얻지 않는다. 이 욕망의 주체는 아무것도 결여하고 있지 않다. “그것은 아무것도 결여하지 않은 자의 욕구이며, 완전하게 자신의 존재를 소유하고 자신의 충만함 너머로 나아가며 ‘무한’의 관념을 가지는 자의 열망이다.”(『전체성과 무한』, 146쪽) 이렇게 무한에 대한 욕망을 지닌 주체가 아무것도 결여하고 있지 않다는 것, 즉 그 자체로 충만하다는 것은 무엇을 뜻하는가? 결여를 매개로 자신이 욕망하는 것에 종속되어 있지 않고, 욕망의 대상에 대해 '분리(séparation)'되어 있다는 것을 뜻한다. "형이상학적인 자[무한에 대한 욕망의 주체]와 '타자'는 '전체화'되지 않는다. 형이상학적인 자는 절대적으로 분리된다."(『전체성과 무한』, 31쪽) '분리'는 레비나스의 매우 중요한 개념이다. 이 개념을 '무신론'으로 바꾸어 써도 좋으리라. 무신론적 주체는 자신이 욕망하는 것의 결여를 통해 자신의 정체성을 얻는 것이 아니라, 자신이 욕망하는 것과 분리된 채 그 자신 자체로 정체성을 확립한다. "분리는 '존재자'가 스스로 자리를 잡고 자신의 운명을 스스로 취할 수 있을 가능성을 가리킨다."(『전체성과 무한』, 65쪽) 정체성을 확립하는 데 그 자신 외에 어떤 부족한 것도 없다면, 이 주체는 창조자를 전혀 필요로 하지 않는 무신론적 주체라 해야 할 것이다. "이 항[타자와 대면하고 있는 주체]의 본질은 …… 상대적으로가 아니라 절대적인 면에서 '동일자'로 존재하는 것이다. '이 한 항이 그 관계의 출발점에 절대적으로 머물 수 있는 것은 오직 나(Moi)[자아]로서다.'"(『전체성과 무한』, 31쪽) 그는 "아무런 부족함이 없고 어떤 운명으로도 통합되지 않는 무신론을 가진 무신론자인 자아"(『전체성과 무한』, 77쪽)이다. **우리는 이 완전한 분리를 무신론이라 부를 수 있다.** 그 완전함은 분리된 존재가 자신이 분리되어 나온 '존재'에 참여하지 않으면서 실존 속에서 스스로 자신을 유지하는 데 있다. …… 우리는 '신' 밖에서, 자기에게서 살아간다."(『전체성과 무한』, 70~71쪽)

그런데 만일 경이로움이 있다면, 무신론자가, 즉 존재함을 위해서 자신의 내재적 세계만으로 충분한 자가 무한에 대한 욕망을 가진다는 것, 내재적 세계 바깥의 무한에 귀 기울인다는 것이다. 결여된 것이 아무것도 없는 내재적 세계에 있으면서, 그 세계 바깥을 욕망한다는 것은 경이로움 또는 기적이라는 말로 불려야 좋을 것이다. "창조의 경이로움은 …… 계시를 받아들일 수 있는 존재 …… 에 이르른다는 데, 그리고 스스로를 의문시한다는 데 있다. …… 이것은 다름 아닌 무신론을 전제한다."(『전체성과 무한』, 121쪽) 무신론에 대한 레비나스의 이러한 사상은 매우 독특한 면모를 지닌다고 평가할 수 있다. 무신론자들은 존재자가 내재적 세계 바깥의 초월적인 것에 의존하지 않고 자기충족적이라는 점에서 무신론을 주장한다. 레비나스 역시 이런 무신론을 긍정한다. 그러나 이런 무신론은 내재적 세계 바깥의 초월적인 것이 겪는 수모가 아니라 영광이다. "무신론을 취할 수 있는 존재를 세웠다는 점이 창조자에게 커다란 영광임은 분명하다."(『전체성과 무한』, 71쪽) 왜 그럴까? 존재자가 자신의 본질적 결여 때문에 자기 세계 바깥의 초월적인 것에 의존한다면, 이는 자동적인 것이다. 그러나 존재자가 자신의 내재적인 세계 안에서 아무런 결여 없이 충족적임에도 초월적인 것을 희구한다면 이는 초월적인 것에게는 영광이다. 요컨대 무신론은 초월적인 것이 영광스럽기 위한 불가결한 조건이다.

　한마디 덧붙이면, 레비나스의 이 모든 종교 친화적인 용어법에도 불구하고, 레비나스로부터 신 '존재'에 대한 긍정 같은 것을 도출할 수는 없을 것이다. 왜냐하면 초월적인 것은 '존재와 다르다'라는 점에서, 즉 존재의 타자라는 점에서 초월적인 것인 까닭이다. 신이 존재자라면, 그는 초월과 상관없이 '존재함 내재적인 세계의 일원'이 되고 말 것이다. 아울러 레비나스의 사유 구도로부터는 모든 종교의 근본적인 요소인 '의례'의 필연성 역시 도출할 수 없을 것이다. 내재적인 존재함의 방식에 속하는 의례는, 욕망의 대상인 무한과 어떤 필연적인 관계도 갖지 못한다. 의례는 무한에 대해 그저 임의적일 뿐이다. 또한 개개 '특정 종교에 필수적인 공동체' 역시 무한에 대한 욕망으로부터 정초되지 못할 것이다. 무한에 대한 욕망을 지닌 자들이 내재적 세계에서 교회 공동체를 이루며 함께 모여 있을 필연적 이유가 없는 까닭이다. 요컨대 레비나스에서 초월적인 것 내지 무한은, 신 존재, 종교 의례, 종교 공동체의 정초를 포기한 채 영광을 누린다. 그렇다면 저 무한은 그야말로 신학과 교회를 버린 무신론자를 위한 신일 것이다.

11) 무한에 대한 욕망과 데카르트

그런데 결여 없이 생겨나는 욕망, 무한에 대한 욕망은 어떻게 가능한 것일까? 욕망은 무엇인가가 부족해야만 생기는 것이 아닐까? 결여 없이 스스로 충족적인 존재자에게서 자라나오는 이 욕망은 마치 연료를 다른 곳에서 얻지 않고도 계속 불타오르는 한 그루 떨기나무 같다. 스스로 발전(發電)해 욕망의 전구가 계속 필라멘트를 태우며 빛나게 하는 무한한 건전지 말이다. "분리된 존재는 충족되어 있고 자율적이다. 그럼에도 타자[내재적 세계 바깥의 무한]를 추구한다. 그 추구는 욕구에 속한 **결여에 의해 추동되는 것이 아니며**, 잃어버린 재화에 대한 기억에 의해 추동되는 것도 아니다."(『전체성과 무한』, 77쪽) 욕망에 대한 레비나스의 이와 같은 사유가 준비될 수 있도록 큰 영감을 불어넣어 준 역사적인 작품이 있는데, 바로 데카르트의 『성찰』(「세 번째 성찰」)이다. 여기서 데카르트는 내가 가진 하나의 생각, 즉 무한의 이념(관념)이 그저 내 머리 속에서 나온 것이 아니라 어떻게 필연적으로 그 무한한 관념의 실체와 관련 맺고 있는지를 보여준다.

　　이제 남아 있는 것은 신의 관념뿐이며, 이 관념이 나 자신에서 나올 수 있는(proficisci)지를 고찰해보자. 신이라는 이름으로 내가 이해하고 있는 바는, 무한하고 비의존적이며, 전지전능하며, 나 자신을 창조했고, 또 다른 것이 존재한다면 그 모든 것을 창조한 실체이다. 실로 이런 것은 내가 곰곰이 생각하면 할수록 나 자신에서 나온다고는 할 수 없는 것이다. 그러므로 앞에서 말했던 것으로부터 신은 필연적으로 현존한다고 결론 짓지 않으면 안 된다. 왜냐하면 나 자신이 실체인 한 나는 실체의 관념을 갖고 있지만, 나는 유한하기 때문에 그 관념은 무한 실체의 관념일 수 없으며, 따라서 무한 실체의 관념은 실제로 무한한 실체로부터 유래해야 하기 때문이다.[15]

　　원인은 결과보다 작을 수 없다. 주체는 유한자이다. 그러므로 유한자인 주체가 가지고 있는 무한의 이념은 유한자인 주체로부터 나올 수 없다. 그것은 무한 자체로부터 나와야만 한다. 이것이 무한의 이념은 필연적으로 무한 자체를 가리켜보일 수밖에 없다는 데카르트의 생각인데, 레비나스의 무한의 이념에 대한 사상은 전적으로 이로부터 영향을 받고 있다. 레비나스는 말한다. "'무한'의 관념이라는 데카르트의 생각은 한 존재와 맺는 관계를 가리키는데, 그 존재는 그 존재를 사유하는 자에 대해 그 자신의 모든 외재성을 보존한다."(『전체성과 무한』, 55

쪽) 무한의 이념을 가지고 있는 자는 필연적으로 그 이념 바깥의 무한 자체를 사유할 수밖에 없다. 무한의 관념은 유한자인 주체로부터 나온 것이 아니라, 다시 말해 그저 주체의 머리 속을 맴돌고 있는 상념이 아니라, 주체 바깥, 그리고 그 무한의 관념 바깥을 가리켜 보인다. 즉 무한의 관념을 사유하는 일은 관념 바깥의 외재성에 대한 증언이다. 외재성이라는 말이 알려주듯, 무한의 관념에 대해 외재적인 무한 자체는 우리의 사유를 초과한다. 다시 말해 사유의 도구, 가령 범주 같은 것을 초과하는 방식으로 무한은 사유와 마주한다. 무한의 관념에 대한 사유는 필연적으로 무한 자체를 사유하지만, 그 사유 자체를 초월하는 것으로만 사유할 뿐이다.

그런데 이러한 일은 '욕망의 문제'로 이해되어야 한다. "무한은 '욕망'을 일으키는 것이다. 말하자면 매 순간 '자신이 생각하는 것보다 더 생각하는' 사유에 의해 접근 가능한 것이다."(『전체성과 무한』, 76쪽) 무한의 이념을 사유하는 일은 필연적으로 그 이념 바깥의 무한에 대해 몰두하게 만든다. 이는 곧 주어진 것인 무한의 이념 이상의 것, 즉 무한 자체를 욕망하는 일인 것이다.

12) 차이에 대한 욕망과 타자

중요한 것은 이런 무한에 대한 욕망은 어떤 '대상'에 대한 욕망이 아니라는 점이다. 이는 무한이라는 말 자체만 생각해보아도 쉽게 알 수 있다. 무한이란 '한정 지을 수 없음'을 뜻한다. 그러나 대상이란 그 대상을 대상이게끔 규정하는 범주에 의해 한정 지어지는 것이다. 무한의 이념은 무한을 가리켜 보이지만, 이 이념은 무한의 내용(내용은 늘 범주적 규정에 따라 얻어진다)에 대해 알려주는 바가 없다. 당연하게도 무한은 인식 가능한 내용을 지닌 대상이 아니기 때문이다. 따라서 무한의 이념은 오로지 무한 자체와의 '거리(차이)'만을 나타낸다. 무한의 이념이 표시하는 무한의 내용이 있다면, 무한의 이념은 무한 자체와 메울수 없는 거리를 가진다는 사실 뿐이다. 내 머릿속에 있는 생각인 무한의 이념과 무한 사이의 이 극복 불가능한 거리란 무엇이겠는가? 바로 무한은 늘 '외재적'이라는 점, 늘 주체와 그의 생각 속에 있는 이념을 '초월'하고 있다는 점이다. 무한이 내용을 규정할 수 있는 대상이 아니고, 주체와 범주적 규정을 수행할 수 있는 능력인 그의 생각을 초월한다는 것은, 결국 무한이란 주체가 범주를 동원해 파악할 수 있는 정체성을 지니는 대상이 아닌 자, 낯선 자, 즉 '타자'라는 것이다. 데카르트는 무한의 이념으로부터 신이라는 무한한 실체가 필연적으로 있다는 것을 깨달았다. 레비나스는 데카르트의 사유의 궤적을 따라가지만, 그의 사유는 무한한 실체의 존재에 대한 주장으로 귀착되지 않고, 낯선자, 타자라는 개념으로 귀결된다. '무한에 대한 사유는 오로지 타자에 대한 사유인 것이다.' 다음과 같이 요약해볼 수 있겠다.

'관념의 대상'과 관념을 분리하는 거리는 여기서 그 '관념의 대상' 자체의 내용을 구성한다. 무한은 초월적인 것으로서 초월적인 존재의 특성이다. 무한은 절대적 타자다. 초월적인 것은 그것에 대하여 우리 안의 한 관념만이 있을 수 있는 유일한 '관념의 대상'이다. 초월적인 것은 그것의 관념에서 무한히 멀다. 즉 외재적이다. 왜냐하면 그것은 무한하기 때문이다. 그러므로 **무한, 초월적인 것, '낯선 이'를 사유하는 것**은 대상을 사유하는 것이 아니다.(『전체성과 무한』, 54쪽)

무한의 관념은 무한에 대한 내용을 담고 있지 않다. 내용이 있다면 그것은, '무한의 관념은 무한이 아니다'라는 것, 따라서 무한의 관념과 무한 사이에는 메울 수 없는 '거리(차이)'가 있다는 것이다. 레비나스와 데리다를 통해 현대 사상에서 매우 중요해진 개념, 헤겔의 '지금, 여기'를 대체하는 현대적 개념을 통해 다시 표현하면, 무한의 관념 뒤로 무한 자체의 도래는 무한히 '연기(延期, différer)'된다.(또는 무한히 '차이'가 난다.) 그리고 이 연기가 무한의 관념과 무한이 맺는 관계, 또는 무한의 관념이 담고 있는 '내용'이다.(이 연기됨의 시간성에 대해선 뒤에서 자세히 보게 될 것이다.) 주체가 거머쥘 수 없이 주체에게 그 도래가 무한히 연기되어 있다는 점에서 무한은 외재적인 것, 초월적인 것, 낯선 것이다. 당연히 낯선 것은, 주체가 사물을 거머쥐는 방식인 범주에 귀속시켜 그 정체성을 사유할 수 있는 대상이 아니다. 즉 낯선 것은 인식할 수 있는 대상이 아니다. "우리가 내놓는 모든 제안의 의미는 타인이 영원히 앎에서 벗어난다는 점을 확언하는 데 있지 않고, 여기서 인식이나 무지에 대해 말하는 것이 어떤 의미도 없다는 점을 확인하는 데 있다."(『전체성과 무한』, 123쪽) 무한의 이념에 대한 사유가 필연적으로 그 이념 외재적인 낯선 것, 즉 무한을 가리켜 보인다는 사실을 말하는 것으로는 충분치 않다. 그 충분치 않은 지점까지만 데카르트와 함께 올 수 있다. 나아가 레비나스가 말하고 싶은 것은 이 낯선 것에 대한 사유는 그야말로 '낯선 이'에 대한 사유일 수밖에, 즉 타자에 대한 사유일 수밖에 없다는 것이다. 초월적인 것을 사유하는 일은 낯선 이, 타자에 대한 사유일 수밖에 없는 것이다.

부가적으로 이렇게 설명을 보충해볼 수도 있겠다. 타자는 내가 그를 범주를 통해 규정하는 모든 방식에 대해 외재적이다. 나는 한 타인의 눈 색깔이나 얼굴 형태를 인식할 수 있고, 그에 대해 말하고 판단하며 분류할 수 있다. 그러나 궁극적으로 타인은 그런 모든 분류를 벗어난다. 눈의 색깔이나 얼굴 형태가 알려주는 인종적 지표가 한 타인의 모든 것인가? 그렇지 않다. 눈 색깔이나 얼굴의 형태와 차이(거리)를 가지는 곳이 그의 위치이다. 즉 타인은 내가 한정할 수 없는 자, 무한으로서만 출현한다. 이러한 정황이 알려주는 바는, 우리는 무한에 대한 욕망을 타자에 대한 욕망으로 바꾸어 써야 한다는 것이다. 무한을 언급하는 일은 곧 타자를 언급하는 일이다.

13) 환대로서의 지향성

주체의 내재적 세계를 초월하는 무한에서 우리는 어떤 규정도 허용하지 않고 낯선 자로 남은 자, 즉 대상이 아닌 자, 타자를 읽어냈다. 당연히 이 타자는 의식의 지향적 활동이 실패하는 곳에 서 있지 않은가? 왜냐하면 의식의 지향적 활동은 대상을 의식 상관적인 자로, 인식의 대상으로 삼을 수 있는 까닭이다. 반면 "이제 문제가 되는 것은 여전히 알려지고 주체화되는[즉 인식의 대상이 되는] '무한한 대상'이 아니라, 위엄(majesté)이다."(『전체성과 무한』, 315쪽) 그러나 지향성에 대한 평가를 이렇게 간단히 정리하기는 어려운데, 지향성 개념에 대한 레비나스의 취급 방식이 다양하기 때문이다. 그는 결코 일관된 방식으로 지향성에 대해 언급하지 않으며 상반된 용법 속에 이 개념을 배치한다.

지향성에 대한 레비나스의 주된 비판은 다음과 같은 구절들에서 발견할 수 있다. "후설적인 그 용어[지향성]는 결국 대상과의 관계를, 정립된 것과의 관계를, '주제적인' 것과의 관계를 일깨우지만, 형이상학적 관계는 주체를 대상과 관련시키지 않는다."(『전체성과 무한』, 152쪽) 여기서 레비나스는 지향성이란 어떤 대상에 의미를 부여하고 그것을 인식하는 의식의 활동이지만, 형이상학, 즉 초월은 지향적 의식의 의미 부여 활동을 넘어서는 것과 관계한다는 것을 이야기하고 있다. "지향성은 언제나 내용을 가지며 그 사유는 언제나 자신의 척도에 따른다."[16] 지향적 의식에 대해서는 타자 그 자체의 출현이 이루어지지 않고, 주체의 지향적 의식을 척도 삼아 타자를 파악하는 일이 일어난다. 따라서 타자는 지향적 의식과는 다른 차원에서 출현한다. 『윤리와 무한』의 한 구절이다. "타자와의 관계는 지향성으로 환원되지 않는다."[17] 레비나스는 『우리 사이』에서도 이렇게 쓰고 있다. "지식, 지향성, 이해 가능성은 타자를 동일자로 환원시킨다."[18] 인식 불가능한 타자를 인식의 대상으로, 즉 주체의 의식이 파악하고 다룰 수 있는 대상으로 삼으려 한다는 점에서 지향성은 비판받는다.

그렇다면 레비나스는 타자와의 조우를 기술하기 위해 지향성과 다른 것을 제시하는 것일까? 그가 일관되게 지향성 개념을 비판의 대상으로 삼는 것은 아니다. 오히려 레비나스는 지향성이라는 개념에 새로운 관점을 부여하고자 한다. 대상에 대한 인식에는 관심 없는 지향성을 레비나스는 **"초월의 '지향성'"**(『전체성과 무한』, 54쪽)이라 부른다. 레비나스는 지향성을 다음과 같이 새로운 방식으로, 바로 '환대 (hospitalité)'로 이해한다. **"~에 대한 의식 …… 지향성은 환대이지 주제화가 아니다."**(『전체성과 무한』, 450쪽; 번역 수정) 타자에 대한 환대로서의 지향성이 가능한 것이다. 어떻게 그럴 수 있을까? 데리다의 『아듀 레비나스』에 나오는 한 해명을 볼 필요가 있다. 그는 위의 구절과 관련하여 '주제화의 한계로서 환대'를 부각시킨다. 그 방식은 흥미롭게도 후설의 『데카르트적 성찰』의 연장선에서 레비나스의 타자론을 이해해보려는 시도이다.

현상학이 그-자신에 의해 **중지**된 특정한 경우를 이미 후설에게서 발견할 수 있습니다. 후설은 사실 그것이 윤리적으로 필연적이라고 인정하지는 않았지만요. 이런 경우는 근원적 직관의 원칙들의 원칙이나 직접, 즉 '몸소' 현시함의 원칙들의 원칙을 **포기**해야 했을 때 일어나죠. 『데카르트적 성찰』에서 타자의 주체, 다른 자아(alter ego)의 주체에 관해서 그렇게 해야 했을 때 말입니다. 이런 주체는 간접현시의 유비에 의해서가 아니면 다루어질 수 없고, 그래서 근본적으로 분리된 것으로 머물며, **본래의 지각에는 접근할 수 없으니까요.** 이것은 후설의 현상학에 대해서나, 타인의 초월성에 관한 레비나스의 담론에 대해서나, 전혀 사소한 부분이 아닙니다. 레비나스의 담론은 나름의 방식으로 **이 중지를 또한 물려받고 있는 것이죠.**[19]

데리다는 후설의 책에서 타자가 지향적 의식에 직접 현시하지 못한다는 것, 즉 직접 현시의 원칙이 타자에 대해선 '포기'될 수 밖에 없다는 것을 부각시키고 있다. 레비나스는 이 포기 또는 현상학의 '중지'를 이어받고 있다. 레비나스에게서 타자는 주체의 의식에 포획되지 않고 달아나버리기에, 지향적 의식의 의미 부여로부터 사라져버리기에 그렇다. 즉 지향적 의식은 그 의식에 대하여 타자가 직접 현시될 수 없다는 것을 증언하는 방식으로만 타자와 조우한다는 레비나스의 생각은 이미 '아주 멀게나마' 『데카르트적 성찰』에서 예고되고 있는 것이다. 지향성이 환대가 될 수 있는 까닭은 지향성의 활동이 그 활동 자신과 일치하지 않는 타자를 증언하기 때문인 것이다. 데리다의 이런 생각은 『글쓰기와 차이』에 수록된 레비나스에 관한 논문 「폭력과 형이상학」에까지 거슬러 올라간다. "레비나스가 후설과 어떻게 구별되는지 우리는 판단이 잘 서지 않는 것이다. 지향성이란 존중 자체가 아닐까? 타자가 동일자에게 환원됨이 영구히 불가능함이 아닐까? …… 이런 의미에서 현상학은 존중 자체요, 존중 자체의 전개[이다]."[20] (물론 『글쓰기와 차이』에서는 후설의 지향성이 타자를 동일자로 환원시키려는 시도를 보여준다는 점 역시 빈번히 부각되는데, 이 점은 뒤에 유아론의 문제와 관련해 잠시 살펴보게 될 것이다.) 저 인용과 같은 생각을 발전시키고 있는 『아듀 레비나스』의 구절을 읽어보자.

한 인터뷰에서 레비나스는 이렇게 말했어요. 아무리 못된 사형집행인이라도 자신이 파괴하는 바로 그것을 증언한다고요. 그것을 구해내지는 못할지라도, 자신에게서든 타자에게서든 그가 파괴하는 것을, 이를

테면 얼굴을 증언하는 것이지요. 원하든 원치 않든, 사람들이 알든 모르든, 적대는 여전히 환대를 입증합니다. '근본적 분리'를, '타자와의 관계'를, '지향성'을, '~에 대한 의식'을, '말에 대한 주의나 얼굴의 맞아들임'을 입증하지요. 달리 말해, 환대라 불리는 얼굴의 이 맞아들임 이전에는, 또 이 맞아들임 없이는, 지향성이란 존재하지 않습니다.[21]

여기서 의식의 지향성은 사형집행인에 비유된다. 자발적인 지향적 의식은 타자를 그 의식의 활동이 의미 부여하는 대상으로 삼는다. 그러나 이 사형집행인이 본인의 자발성을 실현하면서 타자를 지배할 때, 그 지배는 '내가 죽이는 것이 타자라는 것'을 증언한다. 지향성은 타자를 지배하지만 자신이 죽인 자로 지배한다. 이것이 뜻하는 바는 살아 있는 타자 자체는 의식의 지향성으로부터 방면되었다는 것이다. 즉 지향성은 타자가 자신으로부터 방면되었다는 것, 즉 타자 자체와 조우했고 이 타자는 지향성이 손댈 수 없이 그 자체일 수 밖에 없다는 것, 즉 그를 그 자체로 출현하도록 하는 환대 외에는 지향성에게는 길이 없다는 것을 보여준다. 이것이 지향적 의식이 타자를 자신의 의미 부여 대상으로 삼을 때 함께 일어나는 일이다. 물론 의미 부여하는 지향적 의식 상관적인 타자는 사형집행인의 손아귀에 들어선 죽은 자이며, 동시에 이는 살아 있는 타자는 지향적 의식의 손아귀 바깥에 있음을 뜻한다. 요컨대 지향적 의식은 대상을 자신의 영향 아래 두는 활동이 실패할 때 타자와 조우하게 된다.

지향적 의식이 가닿지 못하는 이 타자를 가리키는 표현이 바로 '얼굴'이다. "얼굴은 포함되기를 거부하는 가운데 현전한다. 이런 점에서

타자철학

얼굴은 파악될 수 없다. …… 보여질 수도 만져질 수도 없다."(『전체성과 무한』, 285쪽) 그리고 이렇게도 말해야 할 것이다. "얼굴의 의미 작용은 '의미 부여(Sinngebung)'에 선행한다. …… 우리는 얼굴을 설명할 수 없다. 왜냐하면 모든 설명은 얼굴로부터 시작되기 때문이다."(『전체성과 무한』, 395쪽) 지향적 의식은 이런 타자를 인식하는데 실패하는 데에서 타자와 조우한다는 점을 레비나스는 『전체성과 무한』 서문에서부터 다음과 같이 기록한다.

> 환대 속에서 무한의 이념은 완성된다. 지향성 안에서 사유는 대상에 대한 **일치**(adéquation)로 존립한다. 그러므로 지향성은 근본적인 층위에서 의식을 규명하고 있는 것이 아니다. 지향성으로서의 모든 앎은 이미 무한의 이념을, 그 말의 가장 모범적인 의미에서 **불일치**(inadéquation)를 전제한다.(『전체성과 무한』, 16쪽; 번역 수정)

이 구절에서 레비나스는 위에서 데리다가 말하려 한 바를 스스로 증언하고 있다. 지향성은 고전적인 진리설인 '사유와 대상의 일치'를 확보하고자 한다. 그러나 타자가 관건이 되었을 때 이 일치는 표면적인 것에 불과하고, 근본적인 것은 일치의 배후에 있는 불일치, 지향성의 실패이다. 의식의 지향적 광선이 대상과의 일치라는 인식의 과업을 달성하고자 한다면, 그 작업은 먼저 일치하지 않음을 전제한다. 즉 내가 획득한 인식과 일치하지 않고 다른 것으로 머무는 타자를 먼저 증언하지 않고는 일치는 자리를 가질 수 없다. 그런 의미에서 지향성은 표면적으로 대상을 지배하지만, 근본적인 차원에서는 지배의 실패를 통해 대상이 그 자체로 출현하는 국면을 가리키고 있는 것이다. 대상의 출현에 대해 의식이 전적으로 수동적인 이 국면이 대상에 대한 무조건적 환대라고 불린다. 레비나스가 지향성이라는 용어를 유지하고자 한다면, 바로 이런 '실패하는 지향성'이라는 의미에서이다.

> 윤리는 시각적인 것이다. 그러나 그것은 이미지 없는 비전, 비전의 전체화하고 객관화하는 통관적인 덕목이 제거된 비전이다. 그것은 전적으로 다른 종류의, 관계나 지향성이다. 이 책이 분명하게 기술하려는 바가 바로 이것이다.(『전체성과 무한』, 11~12쪽: 번역 수정)

이때 '지향성'은 대상을 보이도록 하는, 대상의 의미를 발견하는 지향성이 아니라, 보이지 않는 것을 향한 지향성이다. 이런 지향성은 대상을 보여주는 일에 실패한 '이미지 없는 비전'과 관계한다. 이미지 없는 비전, 그것은 다르게 표현하면 바로 '현상 없는 지향성'이다.

> 이웃의 얼굴은 표상을 벗어난다. 그것은 바로 **현상성의 결여 자체**이다. 출현함에 있어서 너무 거칠기 때문이 아니라, 어떤 의미에서 **너무 연약한(faible) 비현상이기 때문에, 현상보다 더 '적기' 때문에** 그렇다.(『존재와 다르게』, 112쪽)

타자는 현상성을 결여함으로써 의식의 지향적 광선을 빗겨나간다. 위 구절이 흥미로운 까닭은 현상성의 결여를 타자의 연약함으로부터 읽어내고 있기 때문이다. 이 연약함을 레비나스는 '헐벗음(nudité)'이라는 말로 일컫기도 한다. 타자는 너무 약하고 헐벗어 보여줄 것이 없기에 그야말로 현상이 아니다. 따라서 이미지 없는 비전, 현상 아닌 비전의 출현은 연약한 것 앞에 선 인간을, '윤리'를 준비한다.(물론 우리는 레비나스에게 불만을 표명할 수 있다. 인식론적 차원에서의 현상성의 결여로부터, '너무 연약해서' 현상보다 더 적다는 윤리적 논의를 이끌어내는 것은 비약이 아닌가?)

덧붙이면 레비나스에게서 타자는 이렇게 현상보다 적은 연약함으로 기술되는 동시에, 반대로 감성에 다 들어오지 않는 '초과'라는 개념을 통해 일컬어지기도 한다. 감성을 초과하는 것과의 조우를 발견한 이는 칸트였다. 칸트에서 '숭고(Erhabene)'의 정서는 자연 안의 대상이 물리적 힘이나 수학적 크기에서 감성을 초과하는 데서 발생한다. 즉 감성을 초과하는 것은 '너무 큰 것'이다. 반면 레비나스에게서는 너무 연약해서 현상 자체로 성립하지 않는 것이 감성을 벗어난다. 너무 작기 때문에 감성을 초과하는 일이 벌어지는 것이다. 사상사적 의의를 살피자면, 감성을 초과하는 서로 상반되는 것, 너무 큰 것과 너무 작은 것을 칸트와 레비나스는 각각 사유하고 있다.

14) 불면에 빠진 의식

결론짓자면, 지향적 의식은 자신의 고유한 활동의 실패 속에서 타자와 조우한다. 이제 타자와의 조우 문제를 보다 적극적으로 살펴보자. 앞서 우리는 존재 안에 머무는 것을 '존재의 일반경제'로 기술하였

다. 이와 반대되는 "신성한 경제(économie divine)"(『존재와 다르게』, 195쪽)
라는 개념이 있다. 이를 다른 말로 신에 의한 경영, 무한에 의한 경영이
라고 할 수 있겠다. 그렇다면 세계 내재적인 주체에 의한 경영이 아닌
외재적인 무한에 의한 경영은 어떤 것인가?

이에 대해 이야기하기 위해 '불면의 긍정성'이라는 지점에서부터 시
작해 볼 수 있겠다. 불면의 긍정성이라는 표현은 다소 의아하게 여겨
질 것이다. 앞서 우리는 불면을 주체성을 와해하고 익명적 있음을 도
래케 하는 것으로 다루었기 때문이다. 주체를 와해시키는 이런 불면이
신성한 경제에서, 타자와의 조우에서 긍정적으로 역할하는 바가 있을
까? 레비나스는 초기의 『존재에서 존재자로』에서 불면이 주체를 익명
적 존재로 이끈다는 사실을 보였다. 반면 후기에는 불면과 익명적 있
음이 타자와의 만남에서 긍정적인 자리를 차지한다는 것을 보인다. 초
기에서 후기로 오면 "불면에 대한 분석이 마치 장갑처럼 뒤집어진다는
점에 주목해야 할 것이다."[22] 앞서 우리가 비판적으로 살폈듯 지향성
이 타자를 지향성 상관적인 대상으로 삼았다면, 불면은 의식의 비지
향적인 상태를 달성한다. 레비나스는 『신, 죽음 그리고 시간』에서 이렇
게 말한다.

지향성에 앞선 열림을, 회피불가능성인 근원적 열림을 사유해야 한
다. 소환, 자기 속으로 회피할 수 없음, 즉 '불면'('불면'이라는 단어는 적절하
다. 왜냐하면 우리는 '~에 대한 불면'이라고 말하는 것을 결코 생각할 수 없기 때
문이다!). 의식이 ~에 대한 의식인 것은 …… 이미 불면의 깨어 있음의 양
상이나 변형으로서다.[23]

타자철학

레비나스가 불면이라는 의식을 다루고 있는 까닭은, 지향적 의식보다 심층에 비지향적 의식이 자리 잡고 있음을 보이기 위해서이다. 불면은 대상을 주체의 표상으로 환원하지 않는다는 점에서, 의식이 타자를 타자로서 조우할 수 있는지 시험해볼 수 있는 예를 제공해 준다. 따라서 관건이 되는 것은 밤에 겪는 불면 그 자체보다도, 이 불면을 통해 드러나는 의식의 모습이다. 즉 자신의 의도를 관철시키지 못하는, 그런 점에서 지향성을 비롯한 주체성이 사라진 의식의 모습 말이다. 의식이 자려 해도 잠들 수 없는 불면은 우리가 주체로서 능동성을 지닌 자가 아니라 수동적인 자라는 것을 알려준다. "불면의 범주적 특성은 '동일자'의 동어반복적 주장으로 환원되지 않는다."[24] 즉 불면 안에서 의식은 '나는 자아이다'라는 동일성을 가지지 않는다. 주체의 지배가 무력해지는 의식의 모습이 불면인 까닭이다. 불면에 시달리는 자가 침대에서 뒤척이며 '나는 나다'라는 의식의 동일성을 실현하는 상념에 빠질 수도 있다. 그러나 이는 불면이라는 원치 않는 조건이 마련된 뒤에야 부차적으로 이루어질 수 있는 생각이다. 불면을 통해 모습을 엿보게 된, 주체의 능동성이 사라진 수동적 의식은 무엇을 이루어내는가?

신의 관념은 '우리 속에 놓인다.' 이러한 '놓임'에는 비길 데 없는 수동성이 있다. 왜냐하면 그것은 떠맡을 수 없는 것이 우리 속에 놓이는 것이기 때문이다. **우리가 '깨어남'을 확인해야 하는 것은 아마 떠맡을 수 있는 모든 수동성 너머의 이 수동성에서일 것이다. 그리고 '불면'을 받아들여야 하는 것도 여기에서일 것이다.**[25]

여기서 '신'이라 일컬어진 나보다 큰 것의 관념, 즉 무한의 관념은 불면의 형식을 지닌 의식과 조우한다. 왜냐하면 불면은 주체에 의해서 통제되기보다도 주체가 완전히 수동적이 된 상태의 의식이기 때문이다. 이것이 뜻하는 바는 불면의 모습을 지닌 의식은 자기가 통제할 수 없는 것이 도래할 때 그것에게 자리를 내줄 수 밖에 없다는 것이다. "무한의 관념 속에서 수동성이 그려진다. …… 그것은 모든 열림보다 더 열려 있다."[26] 불면의 모습을 지닌 의식이 모든 것들보다 더 열려 있다는 것은 무슨 뜻인가? 열림은 '연다'라는 능동적 행위, 주체의 행위를 필요로 한다. 이런 모든 열림보다 더 열려 있다는 것은, '연다'라는 주체의 행위 이전에 열려 있다는 것, 대상에 대해 주체가 자신을 연다는 능동적 결정 이전에 열려 있다는 것이다. 따라서 이런 열림에 들어서는 무한의 관념은 주체의 능동적 활동에 매개되지 않는다. 매개라는 것은 일종의 한정이므로 매개 속에서 무한은 무한일 수 없다. 그저 무한의 관념은 열린 의식과 조우하고, 여기서 주체가 하는 일이라곤 없는 것이다. 의식은 주체 없는 의식, 익명적 의식이다.

우리는 이러한 국면을 레비나스가 의존하고 있는, 앞서 우리가 살펴본 데카르트의 「세 번째 성찰」과 관련해서도 이야기할 수 있을 것이다. 데카르트는 무한의 관념이 우리의 의식에 놓여 있지만, 우리 의식으로부터 나온 것이 아니라 무한 자체로부터 유래한 것임을 보였다. '자유(自由)'란 '자기로부터 말미암음'이란 뜻이고, 이는 자유란 어떤 것의 '원인'이라는 뜻이다. '자발성' 역시 자기를 원인 삼아 무엇인가를 발생하게 한다는 뜻이다. 그런데 의식은 무한의 이념에 대해 이런 원인이 되지 못한다. 즉 의식은 무한의 이념과 관련해 원인이 될 수 있는 능력,

자유와 자발성의 능력을 가지지 못한다. 그것은 주체로서 가지는 자유를 상실한 수동적 의식, 주체 없는 의식이다.

불면의 모습으로 표현되는 이 익명적 의식을 우리는 앞서 '익명적 존재'라는 개념을 통해 다루었다. 주체성이 부재하는 익명적 존재가 어떻게 주체의 자기 정립을 통해 주체의 장악 아래 놓이는가를 앞서 보였다면, 이제 이 익명적 존재가 무한과의 조우에서 할 수 있는 역할이 적극적으로 탐색되고 있는 것이다. 어떻게 익명적 존재가 타자를 통해 무한을 영접하는 지평이 되는가? 레비나스는 익명적 있음이 그저 주체성을 와해시키는 것이 아니라, 무한의 흔적인 타자와의 조우를 위해 필요한 것이라고까지 말한다. 『윤리와 무한』의 구절이다. "'익명적 있음'과 무의미의 그림자는 여전히 필요한 것으로 보였다."²⁷ 이런 맥락에서 레비나스 초중기의 철학과는 달리 말년의 작품 『존재와 다르게』(1974)에서는 익명적 있음에 새로운 의의가 부여된다. "'익명적 있음'의 부조리는, 타자를 위한 자의 양태로서 …… '의미를 지닌다.'"(『존재와 다르게』, 208~209쪽) 어떻게 주체의 주체성을 와해하는 익명적 있음이 주체와 다른 자, 주체 바깥의 무한을 환대하는 데 도움을 준다는 말인가? 만약 주체가 전적으로 수동적이지 않고 자기성을 유지한다면, 타자가 그 자체로 출현할 수 있는 문턱을 주체가 최대한 낮출 수는 있을지언정 완전히 없애지는 못할 것이기에 그렇다. 자기성을 지키기 위한 마지막 문턱을 남겨두려고 주체는 타자의 도래를 막아버릴 수 있다. 타자를 환대하기 위한 준비가 되지 않았다는 변명과 함께 주체의 자발성은 타자가 들어설 문턱을 높여버릴 수 있다. 이는 타자가 그 자체로 출현하는 것이 아니라 주체의 능동성에 의해 타자의 출현이 조절되는 일이다. 바로 이런 맥락에서 주체성이 와해되었기에 전적으로 수동적이 된 의식이 의의를 가지게 된다. '익명적 존재'의 새로운 의의 말이다.

15) 트라우마, 상처받을 수 있음, 무의미

앞서의 논의는 무한의 흔적인 타자 그 자체와 마주하는 의식이 수동적임을 알려준다. 주체의 능동성은 타자를 주체의 방식으로 의미화할 것이기 때문이다. 주체의 어떤 자발성도 개입하지 못하는 이 익명적이 된 의식의 극단적인 수동성을 일컫기 위해 레비나스는 "지반 없는 수동성(passivité sans fond)"(『존재와 다르게』, 209쪽), "절대적 수동성"(『존재와 다르게』, 155쪽)이라는 표현을 사용한다. 앞서 보았듯, 후설, 하이데거, 사르트르, 메를로퐁티에게서 주체는 '나는 할 수 있다(je peux)'라는 말로 대표된다면, 반대로 레비나스에게서 주체는 '나는 할 수 없다(je ne peux pas)'라는 말로 대표된다. '타인에게 나는 힘을 행사할 수 없다(je ne peux pas pouvoir).'(『전체성과 무한』, 113~114쪽 참조)

이 수동성은 의식이 외부와 맞닥뜨리는 지점인 '감성'에서 발견된다. 『전체성과 무한』에서 『존재와 다르게』에 이르기까지, 레비나스의 주된 관심사 가운데 하나는 '감성은 어떤 고유한 일을 하는가?'이다. 레비나스는 철학사적으로 잘 밝혀지지 않았던 감성의 독특한 역할을 드러내보려 한다.

철학사적으로 보자면 감성의 역할은 크게 두 종류일텐데, 각각 칸트의 『순수이성비판』과 『판단력비판』에서 그 예를 발견할 수 있다. 『순수이성비판』에서 감성은 개방 영역으로서 외부의 자료가 중립적으로 소여되는 곳이다.『판단력비판』이 기술하는 숭고 체험에서 감성은 외부의 기형적인 것이나 형태 없는 것에 의해 자극받고(충격받고) 숭고의 정서 속에서 상상력이 이념을 감지할 수 있게 해준다. 전자의 감성은 외부를 향해 무심히 열린 곳이며, 후자의 감성은 외부로부터 충격을 받을 수 있는 곳이다.

『전체성과 무한』에서 감성은 칸트에서처럼 소여를 지성 개념에 제공하여 표상(재현)을 가능케 하는 계기가 아니라, 향유하는 능력으로 부각된다. "감성의 고유한 작업은 향유에서 성립한다."(『전체성과 무한』, 199쪽) "감성은 재현의 계기가 아니라 향유의 사태로서 묘사된다."(『전체성과 무한』, 197쪽) 우리가 앞에서 살펴본 '향유'는 바로 감성이 수행하는 것이었다.『존재와 다르게』에 와서는『전체성과 무한』에서와는 전혀 다른 의의가 감성에 새롭게 부여된다. 감성은 향유를 통해 즐거움을 만끽하는 능력이기 전에, 보다 중요하게는 타자와의 조우가 일어나는 장이다. 어떻게 그럴 수 있는가? 앞서 말했듯 타자(무한의 흔적)가 타자 자체로서 출현하도록, 즉 주체의 힘이 타자를 변질시키지 못하도록 감성이 주체를 지반 없는 수동성 속에 빠트리기 때문이다. 감성은 언제 주체에게 이런 수동성을 불러일으키는가? 바로 감성이 모면할 수 없는 상처를 입을 때이다.(감성이 받은 상처가 감성을 초과하는 무한에 대한 감지로 이끈다는 점에서 이 상처받음은 얼마간 칸트의 숭고 체험을 닮아 있다.) 이제 트라우마와 상처받을 수 있음(vulnérabilité)이 감성을 특징짓는다.

상처받을 수 있음, 상처에 노출됨, 어떤 인내보다 더 수동적인 수동성

⋯⋯ 모독과 상처에로의 노출인 **자아의 동일성의 결여** 또는 해체인 자기 (soi). 이것은 **극한까지 몰아붙여진 감성**(sensibilité)이다. 또한 그렇게 주체 의 주체성으로서의 감성이다.(『존재와 다르게』, 18쪽)

여기서도 강조되는 것은 '무엇보다도 더 수동적인 것', '자아의 동일 성의 결여', '해체된 자신'이다. 주체의 이 동일성의 해체는 상처받음을 통해 이루어진다. 앞서 우리는 레비나스가 실체(hypostase) 개념을 통 해 주체를 기술하는 모습을 보았다. 구체적으로 이 실체로서의 주체는 '자아(moi)는 곧 자기(soi)이다'라는 구조를 지닌다. 세상의 먹을거리들 을 지배하는 자유를 행사하며 자아는 자기를 부양한다. 자아는 자기 자신이 숨어 있을 수 있는 은신처인 것이다. 독립적인 실체인 이 은신 처를 깨트리는 것이, 감성의 상처받을 수 있음에 호소하는 트라우마이 다. 실체로서의 은신처를 깨트린다는 것은 자아가 자기라는 관계를 깨 트리는 것, 자아의 자유가 자기를 은신처 속에서 보호하지 못하고 수 동적으로 자기가 타자에게 노출되는 일이다. 그리고 자아가 곧 자기(자 아=자기)라는 관계가 깨어진다는 것은 바로 주체의 동일성이 와해되고 그 자리에 익명적 있음이 도래한다는 것이다. 구체적으로 주체의 동일 성의 와해가 어떻게 상처받음을 통해 설명될 수 있는가? 감성은 단지 창문이나 환기창처럼 외부의 것이 들어오는 창이 아니라 피부처럼 외 부로부터 상처받을 수 있는 곳이다.

상처 가운데 내가 통제할 수 없는 트라우마가 있다. 통제할 수 없 다는 것은 내가 그 트라우마에 종속된다는 것이다. 이런 트라우마는 내가 능동적으로 '의미 부여(Sinngebung)'함을 통해 내 이해 안으로 가

타자철학

져올 수 있는 것이 아니라는 점에서 '무의미(non-sens)'라고 일컬을 만하다. 만약 고통의 의미를 말할 수 있다면, 무의미 자체가 고통의 의미를 이룰 것이다. "고통 속에는 '대가가 없다는 것'의 이런 계기는 의미에 대한 무의미의 과잉이며, 이 과잉을 통해 고통이 의미를 지닐 수 있다."(『존재와 다르게』, 150쪽) 상처받을 수 있는 또는 수동적으로 고통을 겪는 감성에 일어나는 일이란, 무의미가 의미 자체를 넘쳐나게 하는 것이라고도 표현할 수 있겠다. "무의미에 의해 의미가 범람한다. 의미가 무의미를 통과하게끔 말이다. …… 상처받을 수 있음의 수동성 또는 인내는 거기까지 가야 한다!"(『존재와 다르게』, 81쪽) 트라우마에 수동적으로 종속되는 일은 영문을 알지 못하는 사건에, 즉 무의미에 휩쓸려드는 일인 것이다. 종속됨이란 나의 존재를 더 이상 나의 자기성 안에서 제어할 수 없음을 뜻한다. 우리는 주체성이 자기 통제, 자기를 자아 안에 잘 가두어두는 일로 발현된다는 것을 안다. 경험적으로 이것은 절제나 인내 같은 주체의 덕으로 표현되기도 한다. 상처와 마주쳤을 때 주체가 그 상처의 고통에 수동적으로 종속되지 않고 상처로부터 주체가 자유롭다는 것을 표현하는 경우는, 자발적인 주체성에 경외심을 일으키기 위한 미담으로 널리 통용되기도 한다. 예를 들어, 나관중의 『삼국지』에는 큰 상처를 입은 관우가 명의 화타에게 수술을 받는 장면이 나온다. 화살을 맞은 팔을 갈라 뼈의 썩은 부분을 낫으로 긁어내는 이 수술을 위해선 큰 기둥에 고리를 매달아 환자를 동여매야 한다. 환자가 고통을 참지 못하는 까닭이다. 그러나 관우는 한쪽 팔을 의사에게 내밀고는 평상시처럼 바둑을 두며 이 고통스러운 수술을 아무렇지도 않게 끝낸다. 인내와 자기 절제에 관한 이 이야기는 물론 관우의 인품을 돋보이게 하고 있다. 어떤 인품인가? 그것은 바로 상처에 종속되지 않고, 스스로 자유롭게 독립해 있는 주체성의 덕이다. 자아가 자기를 통제하는 덕 말이다. 그리고 내가 나 자신을 통제하는 힘의 발휘는 '자아=자기'라는 동일성의 형식 속에서만 가능한 것이다.

이런 신화적인 이야기가 사람들에게 기억되는 까닭은 이 이야기가 가능해서가 아니다. 이런 이야기가 사람들을 감탄하게 한다면 실은 그것이 불가능해서이다. 고통을 겪는 이가 참지 못하고 거기에 종속될 수밖에 없는 상처에 대한 체험이 인간에게는 있다는 것에 대한 반증이 이 이야기의 정체이다. 바로 우리가 철저히 수동적으로 종속되는 상처들이 있다. 가령 모욕을 받아 너무 화가 나거나 흥분해서 숨기려 해도 숨길 수 없이 안면근육이 떨리는 것, 아니면 큰 슬픔과 직면해 참으려 해도 눈물이 흐르는 것, 수치 때문에 자기 뜻과 다르게 얼굴이 붉어지는 것 등을 우리가 수동적으로 상처에 종속되는 예로 들 수 있을 것이다. 내가 자율성을 잃고 수동성에 처하는 국면들, 자아가 숨지 못하고 상처에 노출되는 국면들이 우리 삶에 있는 것이다.

타자는 내가 가진 어떤 인식적 틀이나 실천적 구도 속으로도 다 들어서지 않는다. 그는 내가 가진 개념에 매개되지 않으며, 내가 이용할 수 있는 나의 소유물이 될 수도 없다. 이렇게 인식이나 실천 같은 나의 능력을 초과하는데도 나의 감성 안에 들어선 자는, 바로 내가 그에 대해 수동적이고 종속적일 수밖에 없는 트라우마로 기술된다. 이해의 편의를 돕는 차원에서 우리 경험에서 예를 들어볼 수도 있겠다. 고통받는 이웃의 출현은, '그는 고통받고 있다'라는 그에 대한 나의 인식으로 요약되지 않는다. 그의 출현은 그에 대한 나의 인식을 초과한다. 고통받는 자 앞에서 '그는 고통받고 있다'라고 인식하고 그를 '주제화'하는 것은 오히려 나를 수치스럽게 한다. 그의 고통은 내 나름대로 인식하고 이해할 수 있는 대상이 아니다. 인식 너머에서, 주제화 너머에서 그는 도래하며 나는 그의 호소에서 벗어날 수 없다.

이런 타자의 출현에 대한 나의 '종속'은 주체의 자율성의 형식인 '자아=자기'의 동일성의 관계를 깨트린다. 자기는 자아의 자율적인 통제 속에 있지 않고, 강제로 타자를 향하고 있다. 이 국면은, '자아=자기'의 동일성의 관계가 깨어진다는 점에서 주체가 사라지고 '익명적 존재'가 도래하는 사건이다. 레비나스는 이 '익명적 있음'이 타자와의 모면할 수 없는 관계가 성립하기 위해 필수적이라고 여긴다. 그리고 앞서 말했듯 이것이 레비나스가 그의 후기 철학에서 '익명적 있음'의 의미를 다시 숙고하게 되는 이유였다.

요컨대 감성 안에 들어선 상처로서의 타자는, '타자를 위한(향한) 자(l'un-pour-l'autre)'를 출현시킨다. 타자를 위한 자가 되는 일은 모면할 수 없는 것인데, 상처에 대한 "절대적 수동성은 절대적인 회피할 수 없음(indéclinabilité)으로 변하는"[28] 까닭이다. 이는 자아가 자기를 감싸며 은신처 안에 숨길 수 없게 된다는 것을 뜻한다. 그리고 이는 바로 "가장 근본적이고 가장 용서할 수 없는 관계를 부수는 것, 자아(moi)가 자기 자신(soi-même)이라는 사실을 깨뜨리는 것"[29]이다. 이런 자기성의 파괴는 "자기의 동일성의 취소"[30], "동일성으로부터의 탈출"[31]이라는 말로 바꾸어 불러도 좋을 것이다. 이제 자아는 "자기에 거스르는, 타자를 향한(pour l'autre, malgré soi)" 자, "자기를 위하지 않고 타자를 위하는(pour l'autre et non pas pour soi)" 자(『존재와 다르게』, 100쪽)가

된다. 이렇게 주체성의 구조(동일성)의 파괴로부터 태어나는 '익명적 있음'이 타자와의 관계의 성립에 기여한다.

완벽하게 타자를 향한 자가 되는 것은 자신이 돌봐야 하는 자기를 조금도 남겨두지 않고 타자에 종속되는 것이다. '바로 그래야만 자기 자신을 위하기 위해 타자의 호소로부터 등을 돌리고 돌아설 수 있는 작은 가능성조차 사라져버리게 된다.' 은신처 안에 숨듯 자신 안에 머물지 못하고 수동적으로 타자 앞에 노출된 자기는 비밀이 깨어져 버린 기게스와 같은 처지이다. 타자를 통해 드러나는 "무한의 영광은 기게스의 비밀, 노출되지 않고, 보여지지 않고서 보는 주체의 비밀인 기게스의 비밀, 내적 주체의 비밀을 깨뜨린다."(『존재와 다르게』, 185쪽) 헤로도토스의 『역사』에서 모습을 나타내고, 플라톤이 『국가』에서 그의 흥미로운 신화를 소개하는 기게스는 신비한 반지를 가진 인물이다. 그 반지를 낀 주인은 투명 인간처럼 모습을 감출 수 있는데, 기게스는 이를 이용해 왕을 죽이고 나라를 가졌다. 감성에 끼치는 트라우마를 통해 타자 앞에 수동적으로 노출되는 일은 바로 기게스의 능력과 비밀이 깨어져 나가는 사건이다. 보이지 않은 채 타자를 자신의 대상으로 포착한 기게스와 달리 트라우마의 경험은 타자를 보지 못한 채(인식하지 못한 채) 타자에게 노출되는 일이다. 그것은 무한의 목소리가 들려왔을 때 아담이 더 이상 덤불 속에 숨지 못하고 벌거벗은 채 무한 앞에 노출되게 된 것과 같은 일이다. "이 주체에게 은신처란 없다. …… 이 영광은 주체가, 낙원의 덤불—여기서 아담은 영원의 목소리를 듣는 데서 자신을 숨겼다—을 닮은 은폐의 어두운 구석에서 밖으로 나옴에 의해서 영광스럽게 된다."[32]

타자철학

마지막으로, 상처받을 수 있음과 관련하여 잠시 살피지 않을 수 없는 화두는 바로 '신체'이다. 감성의 상처받을 수 있음은 무엇을 통해 실현되는가? 상처는 어디에 생기는가? 바로 신체이다.

> 주체성은 감성, 타자들에로의 노출, 타자들의 근접성 속에서의 상처받을 수 있음과 책임, 타자를 위하는 자이다. …… 주체는 살과 피로 이루어져 있으며, 배고프면 먹는 인간, 피부 밑에 내장을 가진 인간이다. 그리고 그렇게 자신의 입 속의 빵을 '줄 수 있고' 자신의 살갗을 '내줄 수 있는' 인간이다.(『존재와 다르게』, 97쪽)

내가 다 담아낼 수 없는 타자에게서 겪는 상처들은 관념적인 차원이 아니라 신체적인 차원에 자리를 잡는다. 신체는 타자를 향한 자가 구현되는 장소이며 자기를 초과하는 것, 자기와 이질적인 것을 만나는 자리이다. 이 신체는 메를로퐁티에서 보았던, 자기의식 이전의 상호주관성이 구현되는 나와 타자의 공통 지평이 아니라, 서로 분리된 이질적인 것들이 조우하는 곳이다.

16) 타자의 도래: 연기, 무원리, 흔적

타자의 출현은 시간적 지평과 더불어 다루어져야 한다. 흔히 우리는 공동체를 시간적으로 일치하는 '현재'를 살아가는 사람들의 만남이 이루는 것이라 생각한다. 여기서 '현재를 살아가는 사람들'에는 폭넓게, 지금 기억되고 이야기되며 현재에 영향을 주고 있는 과거의(또는 역사 속의) 인물들, 즉 여전히 현재적이라 할 수 있는 인물들 역시 속한다. 그러나 레비나스에서 타자와 이루는 공동체는 시간적으로 일치하지 않는 자들로 이루어진다고 할 수 있다. 레비나스에게 타자는 나와 시간적으로 일치하지 않고, 통시성 속에서 도래하는 자이다. 여기서 통시성 속에서 도래한다는 것은 '연기(延期)'됨이라는 시간적 지평 속에서 도래한다는 말로 바꾸어 쓸 수 있다.

근대 이래 철학의 사정은 어떠했는가? 주체가 대상을 인식하는 시간적 지평으로서 '현재'라는 시간이 내세워졌다. "재현[représentation]은 현존의 강조이고 현존의 재포획이자 반복인 셈이다. 이런 의미에서 의식은 재현이다."[33] 이 문장에서 재현으로 번역한 représentation은 독일어 Vergegenwärtigung에 해당하는 말로, '다시 현재화함'이라는 뜻을 가지고 있다. 주체의 의식이 대상을 장악하는 방식이 바로 현재화이다. 의식이 대상의 정체성(동일성)을 파악한다는 것은 무엇인가? 그것은 과거에 어떤 대상을 현재에도 동일한 것으로 파악하고 미래에도 동일하게 있을 것으로 생각한다는 뜻이다. 즉 의식이 한 대상에 정체성을 부여하는 방식은 시간적인 차원에서 이루어진다. 지금 현재에 직관하고 있는 대상을 과거에 인지한 대상에 대한 기억과 동일한 것으로 파악하고, 그 대상이 미래에도 지금 현재와 동일한 것으로 있을 것으로 기대한다. 즉 현재 출현한 대상의 정체성이란, 의식이 그 대상의 과거를 기억하고 현재를 직관하며 미래를 예측하는 방식에 달려 있다. 그리고 기억과 예측이란 현재적 의식의 활동이다. 다시 말해 과거와 미래란 현재적 의식의 양태들이다. 곧 현재 시점의 의식이 기억하고 예측하는 바대로 대상은 정체성(동일성)을 얻는다. 요컨대 의식이 '현재화함'에 따라서 대상은 정체성을 얻는다. 그러므로 의식이 수행하는 현재화(재현)란 대상의 정체성이 의식의 활동에 종속되는 방식이다. 이런식으로 의식 주관은 그에게 주어진 대상을 지배한다. 과거를 기억하고미래를 예측하는, 즉 과거를 기억이라는 현재적 의식의 양태로 만들고미래를 예측이라는 현재적 의식의 양태로 만드는 의식의 '현재화'하는능력이 없다면, 대상은 정체성을 상실한 채 주체의 의식으로부터 달아나버리고, 주체는 대상을 장악할 수 없게 된다. 예컨대 단기기억상실증환자가 주인공인 크리스토퍼 놀란의 「메멘토」 같은 영화를 보라. 기억의 힘을 잃어버린 주인공은 대상을 전혀 장악하지 못한다. 주위 사람들의 정체성에 대해 신뢰를 가지지 못한 채 그들의 의심스러운 주장들속에서 방황할 뿐이다. 대상의 과거와 미래를 기억과 예측이라는 현재적 의식의 활동으로 환원하지 못하는 주체는 대상의 정체성을 파악하지 못하는 것이다. 한마디로 그런 주체에게 대상이란 없다. 주체의 의식 활동에 대해 전적으로 이질적인 타자만이 있을 뿐이다.

따라서 어떤 대상이 주체에 대해 이질적인 것으로, 즉 타자로 남으려면 현재화라는 주체의 의식 활동에 매개되지 않아야 한다. 타자는 현재화와는 다른 시간적 지평에서만 타자로서 출현할 수 있다. 그 시간적 지평이 우리가 앞서 말한 '연기'이다. 바로 이런 '연기됨'의 맥락에서 레비나스는 타자의 출현을 **"극복할 수 없는 지각**(retard irrécupérable)"(『존재와 다르게』, 112쪽)이라고 표현하는 것이다. 타자는 현재화하는 의식과 현재라는 시간적 지평에서 만나는 것이 아니라, 현재화하지 않고 늘 현재에 대해 지각(遲刻)한 채로, 연기된 채로이다.

얼굴 속의 과거의 흔적은 아직 드러난 바가 없는 것의 부재가 아니라, **결코 현재였던 적이 없었던 것**의 무원리(아나키, an-archie)이다. 타자의 얼굴 속에서 명령하는 무한의 무원리이다.(『존재와 다르게』, 123~124쪽)

근접성 속에서 이웃함이란 절대적 외재성이다. 즉 그것은 **현재와 어떤 공통의 척도도 갖지 않고 현재 속으로 통합될 수 없는 것**이다. 그것은 늘 **'이미 과거 속'**에 자리하며 이 과거에 대해 현재는 **지각**(retarder)한 채이다.(『존재와 다르게』, 127쪽)

여기서 강조되고 있는 것은 '무원리(아나키)'이다. 무원리는 우리가 이 장의 머리에서 다루었던 것으로, 타자의 출현 방식과 관련을 가진다. 타자는 한 개인적인 주체에 대해 타자이기도 하지만, 모든 개별자들을 하나의 전체로 묶는 원리, 아르케 자체의 타자이다. 아르케의 타자, 즉 아나키를 불러오는 것으로서의 타자는 시간적 차원에서 보면 위 인용에서 강조되듯 현재에 귀속되지 않는 자이다. 그 타자는 결코 현재였던 적이 없던 것으로, '태생적인 과거'이다.

보통 우리가 생각하는 과거란 현재에 있는 의식의 기억이다. 그래서 과거를 현재의 의식 활동, 즉 기억을 통해서 포획할 수 있을 거라고 생각한다. 그러나 타자는 결코 현재일 수 없는 과거, 태생적인 과거이다. 가령 완전 범죄를 예로 들어 생각해보자. 범인이 사라진 자리에는 범행 현장이 남아 있고, 살해 도구가 남아 있으며 시신이 있다. 이런 흔적들에도 불구하고 이것은 완전 범죄이므로, 범인은 수사관으로부터 완전히 방면된 자이다. 수사관은 흔적을 통해서밖에는 범인을 만

타자철학

날 수 없다. 이것은 수사관으로서 완전한 실패인가? 오히려 이 실패만
이 달아난 범인과 만나는 유일무이한 방식이 된다. 즉 범인은 회복되
지 않는 과거, 주체가 결코 소환할 수 없는 과거로서만 주체와 조우한
다. 즉 주체에게 타자는 현재가 아니라 도래가 무한히 연기되는 시간
속에서 찾아온다. 주체와 타자는 시간적 일치가 아닌 불일치 속에 있
는 것이다.

17) 동일성이 취소된 주체, 책임성, 자유

자기성의 구조가 와해된 주체는 더 이상 고전적인 의미의 주체라
불릴 수 없이, 즉 주체의 자율성을 가지지 못하고 타자에게 종속된다.
이때 주체는 바닥없는 수동성에 빠져 있다. 바닥없는 수동성에 빠진
자아는 더는 자기를 돌보는 자가 아니고 타자를 향한 자가 된다.

앞서 우리는 이런 정황을, 자아와 자기의 관계가 끊어지는 "자기
의 동일성의 취소"[34]로 이해했다. 그렇다면 이렇게 동일성이 취소된 자
는 어떻게 불려야 할까? 그는 자아인가? 어떤 명사로 불릴 수 있는 자
인가? 명사로 불린다면 당연히 정체성(동일성)이 없고서는 불가능하
다. 그렇다면 더 이상 '자아=자기'라는 동일성의 관계를 가지지 않는
자는 어떻게 정체성을 가지게 되는가? 레비나스는 그런 자를 "그 자
신과 일치하지 않는 동일성으로 이루어진, 타자를 향하는 자"(『존재와
다르게』, 89쪽)라고 부른다. 그 자신과는 일치하지 않으며, 타자와의 관
계 속에서 정체성(동일성)을 얻는 자를 어떻게 설명해야 할까? 레비나

스는 이런 특이한 정체성에 대해 이렇게 말한다. "동일성은 자기 확인 (confirmation de soi)을 통해 생겨나지 않는다. 그 동일성은 자기의 지위 박탈(déposition)에 의한, 타자를 향하는[위하는] 자라는 의미를 통해 형성된다."(『존재와 다르게』, 100쪽) 자기 확인, 즉 '나는 나다'라는 확인을 통해 생겨나는 것이 아닌 동일성이 등장하고 있다. 타자를 향한 자로서 동일성을 획득할 기회가 생겨나고 있다. 자신과의 관계가 아니라, 타자와의 관계 속에서, 즉 타자를 향한 자로서 동일성은 어떻게 얻어지는가?

> 주체에게 우연히 발생한 사건이 아니라 그 자체 본질[존재사건] (Essence)에 선행하는, 타인에 대한 책임은, 타인을 향한 참여(engagement, 연루, 앙가주망)가 취해졌을 수도 있는 자유를 기다리지 않는다. 나는 어떤 일도 하지 않았지만 언제나 기소(起訴)된다. 즉 박해받는다. 동일성의 아르케가 없는 수동성 속에서 자기성(ipséité)은 인질(otage)이다. 나(Je)라는 단어는 모든 것과 모든 이에 대해 대답하면서[repondre, 책임지면서] 내가 여기에 있다(me voici)는 것을 의미한다.(『존재와 다르게』, 145쪽)

고유명사를 거명하고 있지는 않지만, 여기서 레비나스는 사르트르에 대한 비판을 매개로 설명을 전개하고 있다. 사르트르의 그것이 주체의 자유에 입각한 앙가주망(연루)이라면, 레비나스의 그것은 타자의 강요에 의한 수동적 주체의 앙가주망(연루)이라고 표현할 수 있겠다.

레비나스는 주체의 자유에 선행하는 타자와의 관계를 드러내고자 한다. 만일 타자를 향하는 것 또는 타자를 책임지는 것이 무엇이든

타자철학

할 수 있는 주체의 자유에 달렸다면, 바로 그 자유에 의해 타자에 대한 책임은 취소될 수도 있다. 책임을 지든 책임을 취소하든, 이때 근본의 자리에 있는 것은 타자와의 관계가 아닌 주체의 자유이다. 반면 레비나스가 보이고자 하는 것은 타자와의 관계가 근본적이며 주체의 자유는 이차적이라는 점이다. 내가 자유를 누리기 이전에 이미 나는 타자와의 관계 속에 있다. "'타인'을 맞아들이는 것은 나의 자유를 의문시하는 것이다."(『전체성과 무한』, 116쪽) 마찬가지로 위 인용에서도 레비나스는 이렇게 말한다. "나는 어떤 일도 하지 않았지만 언제나 기소된다." 즉 '나'는 언제나 타자에 대해 책임이 물어지는 처지다. 다르게 표현하면, 나는 타자에게 종속된 '인질'이다. 저 인용의 마지막에 나오는 타자에 대한 대답의 문제는 어쩌면 레비나스의 가장 중요한 주제가 될 텐데, 이제 다음 절에서 그 중요성을 시험해볼 것이다.

18) 자기 촉발 대 이질적 촉발, 레비나스와 카프카의 기소

수동성, 인질 등 우리가 사용한 표현들은 모두 주체성과 양립할 수 없는 것처럼 보인다. 주를 이루는 것, 주인이 되는 것, 주관하는 것 등 주체성이 가지는 의미들은 수동성이나 인질 같은 개념과는 거리가 멀어 보인다. 아울러 이미 우리는 타자와의 마주침 속에서 주체성의 형식(자아=자기) 자체가 와해되는 국면을 보았다. 그럼에도 우리가 주체라는 말을 사용한다면 어떤 의미에서 그럴 수 있을까? 자기성의 은신처가 불타버린 뒤 타자를 향한 '자'(l'un pour l'autre)가 출현한다면, 이 타자를 향한 자는 주체 개념을 통해 이해될 수 있을까? 이해될 수 있다면, 이 주체가 어떤 자인지 정확히 규정해야 한다. 나와의 관계인 자기성이 아니라 타자와의 관계 속에 들어선 주체는 '저 여기에 있습니다(me voici)'라는 타자에 대한 응답에서 성립하는 자아이다. 아브라함이나 모세가 무한자의 부름에 응답하는 방식인 '저 여기 있습니다'(「창세기」, 22:1, 「출애굽기」, 3:4 참조)는 내가 수동적으로 타자와 관계를 맺고 있음을 표현하는 언표이다. 어떤 의미에서 그런가?

우리의 말하기는 결코 기원에서 출발하지 않는다. 기원에서 출발하는 말하기는 가령 '태초에 로고스가 있었다'와 같은 방식이다. 이와 달리 우리는 생각과 말에서 어떤 경우에건 기원(起源)이 아니다. 우리의 모든 말하기는 어떤 말에 대한 응답으로서 출현한다. 우리의 말하기는 늘 어떤 조건 속에서 이루어지는데, 바로 타자와의 마주침, 타자의 말 걸어옴이 그 조건인 것이다. 여러 측면에서 레비나스의 영향을 받고 있는 블랑쇼가 이런 국면을 다음처럼 간단하고 명료하게 표현하고 있다. "모든 것은 최초의 '당신(Vous)'에 의해 결정된다."(『밝힐 수 없는 공동체』)[35] 타자가 말을 걸어왔을 때, 우리는 자유를 행사할 틈도 없이 이미 타자와의 관계 속으로 들어서버린다. 타자가 걸어온 말에 대해 우리는 적극적으로 대답할 수도 있고 반응하지 않을 수도 있다. 심지어 못 들은 척할 수도 있고 타자의 이메일을 아예 열어보지 않을 수도 있다. 그런데 이 모든 것은 타자의 말 걸어옴에 대한 반응(대답)이다. 타자의 말 걸어옴 이전으로는 결코 되돌아갈 수 없으며, 이는 우리가 우리의 자유를 발휘하기 이전에 타자와의 관계 속에 수동적으로 빠져버렸음을 뜻한다. 블랑쇼 역시 레비나스처럼 이런 국면을 발견하고 있

　　　　　　　　　　　　　　　　　　　　　　　　　타자철학

다. "타자는 내가 응답할 능력이 없음에도 불구하고, 나를 응답하도록 내[몬다]."³⁶ 여기서 우리는 어떤 식으로든 대답할 수밖에 없고, 대답이 무엇이었느냐에 따라서 언제든지 비난받을 수 있게 된다. 즉 대답은 타자의 심판의 대상이 되며, 대답한 자는 비난받을 수 있는 가능성에 노출된다. "말함은 말하는 '자'를 폭로한다. 이론이 대상의 베일을 벗기는 식으로가 아니라, 우리가 우리 자신의 방어를 소홀히 함으로써 자신을 노출시킨다는 그런 의미에서 그렇다."(『존재와 다르게』, 63쪽) 즉 타자의 말 걸어옴에 대해 우리는 대답을 피하고 숨을 자유가 없다. 대답한다는 것은 무엇인가? 대답하는 자신을 타자에게 노출시킨다는 것이다. 우리는 왜 대답의 근본 형식이 '저 여기 있습니다'인지 이해할 수 있다. 대답은 대답하는 자인 '저(me)'를 노출시킨다. 노출된다는 것은 무엇인가? 바로 대답에 따라 심판받는 자리에 노출된다는 것이다. 그리고 심판받는다는 것은 '저'가 응답에 대해 책임을 진다는 뜻이다. 그 어원적 의미가 알려주듯 책임(responsibility)이란 대답(respond)할 수 있음(ability), 즉 대답에 따라 비난받을 수 있음을 뜻한다. 주체란 타인의 말 걸어옴에 의해 수동적으로 대답하는 자리에 서게 된 자, '저 여기 있습니다'에서 '저'라는 비난받을 수 있는 자리에 선 자이다. 자기성의 형식(자아=자기)을 은신처 삼아 자기는 자아 안에 숨을 수 있었다. 자기성이 와해되고 출현하는 이 새로운 주체는 심판받을 수 있는 자리에 노출된 자이다. 다르게 말하면, 주체를 '저 여기 있습니다'의 자리에 불러내는 타인에 의해, 주체는 응답해야하는 자로서 정체성(동일성)을 얻게 된다. 자기의식이 '나는 나다'라고 주체의 정체성을 확립하는 것이 아니라, 이질적인 것이, 타자가 주체에게 정체성(동일성)을 부여한다.

여기서 우리는 주체의 동일성 개념 자체의 변모를 목격하는데, 이 변모를 '자기 촉발(auto-affection)'에서 '이질적 촉발(hétéro-affection)'로의 이행으로 표현할 수 있겠다. 데카르트 이래 주체의 동일성, 동일적인 자기의식적 존재는 어떻게 성립했는가? 의식은 의식이 자신을 의식한다는 데서 성립한다. 자신에게 의식되지 않는 의식이란 없으며, 자신을 의식함과 존재함은 동일한 것이다. 그러므로 자신을 의식하는 행위는 자신의 존재를 생산하는 행위이다. 이렇게 자신을 의식함이란 자신을 존재하도록 스스로 촉발하는 활동이다. 나를 의식함 자체가 나를 존재하게 만드는 이 활동을 '자기 촉발'이라 부를 수 있다. 이와 달리 레비나스에게선 이질적인(hétéro) 것, 타자의 개입을 통해서 주체의 동일성이 얻어진다. '저 여기 있습니다(me voici)'라는 응답에서 우리가 살펴보았듯, 주체의 동일성(정체성)이란 바로 이질적인 것(타자)의 촉발에 대해 응답하는 자리에 있는 자의 동일성이다. 그러므로 이제 '자기 촉발'이 아닌 '이질적 촉발'로부터 주체가 출현한다. 주체는 자기의식의 활동에서와 달리 자기 자신으로부터 스스로 만들어질 수 없으며, 타자에 대한 응답자로서만 나타난다. 우리가 보았듯 이 응답은 피할 수 없는 응답이며, 따라서 타자로부터의 이질적 촉발을 이렇게 표현할 수도 있겠다. "이질적 촉발은 새로운 거절불가능성을 수립한다."(『존재와 다르게』, 155쪽)

이렇게 타자에게 수동적으로 노출된 주체는 자유로운 주체보다 더 오래된 주체이다. 고대 이래 유럽 사상에서 "자유의 자발성은 의문시되지 않는다."(『전체성과 무한』, 112쪽) 시대와 사안마다 자유의지로 표현되었건, 의식의 자발성으로 표현되었건, 서구 전통의 사유 속에서 주체는 애초에 자유로운 자다. 레비나스가 시도하는 것은 바로 이 자유보다 심층적인 차원에서, 이 자유에 앞서서 타자에 예속된 자로서의 주체가 있음을 보이는 것이다.

타자를 향하는 일을 결정하는 것은 주체의 자유가 아니다. 자기의식에 기반을 둔 자유가 활동하기 전에 이미 타자와의 관계가 이루어진다. 그리고 근본적으로 타자와 주체가 맺는 이 수동적 관계가 '대답할 수 있음', 즉 '책임'이라는 점에서 타자와의 관계는 윤리적이다.

그런데 다른 관점에서 카프카와 관련해 몇 마디 덧붙일 필요가 있다. 레비나스는 자유 이전에 우리를 심판하는 타자에의 예속이 근본에 자리 잡고 있다고 생각한다. **"나는 어떤 일도 하지 않았지만 언제나 기소(起訴)된다."**(『존재와 다르게』, 145쪽)라는 앞서 읽은 구절이 알려주는 것처럼 말이다. 그런데 이 구절이 묘사하는 것은 정확히 또 다른 유대인 카프카의 『심판』의 세계가 아닌가? 『심판』의 주인공은 어느 날 아침 알 수 없는 타자의 심판을 받기 위해 자신이 기소되었다는 것을 발견한다. 어떤 일도 하지 않고 기소가 먼저 찾아온 것이다. 이 작품을 통해 카프카는 우리가 자유를 행사하기 이전에 이미 기소되고 죄지은 상태로 있는 오늘날의 세계를 폭로하고 있다. 레비나스가 보여주는 바 역시 같은 세계이다. 우리는 자유롭지 않고, 먼저 **"죄 있음에 대한 의식"**(『전체성과 무한』, 111쪽)을 가지고 타자의 심판 앞에 강제로 출석해 있다. 그러나 카프카와 반대로 레비나스에게는 이 죄짓고 수동적으로 타인의 심판 앞에 서게 되는 일이 긍정적으로 기술되고 있다. 먼저 기소되고 나서야 자유는 올바로 행사될 방안을 찾을 수 있다는 것이다. 카프카가 현대 세계의 가장 큰 고통을 발견하는 곳에서 반대로 레비나스는 가장 윤리적인 삶을 발견한다. 반대로 레비나스의 '기소' 개념을 카프카라는 거울에 비추어 본다면, 우리는 참혹한 세계가 일어서는 모습을 목격할 수 있다. 예측할 수 없이 도래하는 타인의 심판 앞에서의 수동성과 죄의식에 입각해 주체를 묘사하려는 철학은, 종이 뒤집듯 자신을 뒤집으면 카프카의 세계가 출현한다는 점을 심각하게 숙고해야 한다.

19) 사로잡힘과 역전 불가능성

'자아가 자기이다'라는 구조의 와해는 곧 '자기의식'의 와해이다. 그렇다면 스스로와의 관계가 파괴되고 출현하는 '타자를 향한 자'에게서 자기의식을 대신하는 것은 무엇인가? 그것이 바로 '사로잡힘(obsession)'이다. 강박, 빙의 등으로도 옮길 수 있는 이 개념이 타자를 향한 자를 규정한다. "의식은 나와 이웃 사이에 끼어들지 못한다. …… 사로잡힘은 의식이 아니다."(『존재와 다르게』, 110쪽) 타자의 개입으로 인해, 의식이 자신에게 회귀하여 자기의식을 이루지 못하는 데서 이 '사로잡힘'이 발생한다. "우리는 의식으로 환원할 수 없는 이 관계를 사로잡힘이라 불러왔다."(『존재와 다르게』, 127쪽) 무엇에 사로잡히는가? 물론 타자와의 관계에 사로잡히고 지배받는다. 타자와의 마주침은 주체가 자신의 의향과 상관없이 자기성을 잃고 수동적으로 비난받을 수 있는 자리에 놓이게 한다. 사로잡힘은 바로 이렇게 자기의식을 통해 제어하지 못하고 자아가 타자와의 관계 속에 들어갈 수 밖에 없는 정황을 표현한다. 데카르트의 코기토로부터 시작한 근대 자기의식의 역사는 여러 곡절을 겪었고, 구조주의 이후 주체의 죽음이라는 주제와 함께 많은 이들이 그 소멸을 선고하고 싶어 했다. 이 자기의식의 역사는 레비나스와 더불어서는 독특하게 모욕적인 종말에 도달하는데, 바로 의식이 아닌, 사로잡힘, 타자라는 귀신이 들리는 사건(obsession)에 자리를 내주게 되는 것이다. obsession의 옛 뜻은 '악마에 홀린 상태'이며 이는 주체가 수동적이 된 국면의 엠블럼 같은 어의이다. 세상 모든 것을 주체가 자신에게 매개할 수 있도록 해준, 근대 전체의 힘의 원천인 명증한 자기의식은 '홀린 상태'라는 최대의 조롱을 맞는다.

내가 타자와의 관계에 수동적으로 사로잡힐 수밖에 없다는 것은, 즉 스스로에게 회귀해 자기성을 지켜낼 수 없다는 것은 타자와의 관계가 '비대칭적'이고, 역전 불가능하다는 것을 의미한다. 여기에는 고대 그리스 이래 익숙한 '자유와 평등에 입각한 상호성'이 없다. 나는 '저 여기 있습니다'라는 대답의 자리에서 수동적으로 타자에게 노출될 뿐이지, 타자가 내게 수동적으로 종속되거나 하는 일은 근본적으로 일어나지 않는다. 즉 타자는 나의 노출을 강요하고 나는 거기에 응답할 수밖에 없는 비대칭적 관계가 여기에 있다. 다르게 표현하면 타자에 대한 나의 종속은 역전되지 않는다. "타자에 대한 관계는 역전시킬 수 없는(irréversible) 관계이다."(『존재에서 존재자로』, 12쪽) 이런 역전 불가능한 관계 속에 있는 것이 레비나스의 주체이다. "역전 불가능성, 되돌릴 수 있는 관계로 갈 수 없는 것은 '보편적인' 주체의 주체성이다."(『존재와 다르게』, 106쪽) 앞서 사르트르를 다루었던 4장에서도 말했듯, 이런 역전 불가능성은 사르트르가 말하는 역전 가능성에 대해 정 반대편에 놓여 있다. 사르트르가 드러내 보인 것은 두 개의 평등한 자유가 만나면 각자의 자유가 상대방에 대해 실현되어야 하므로 투쟁적 관계가 생긴다는 것이다. 이 관계를 특징짓는 것은 한 항은 주체가 되고 다른 한 항은 그 주체에 포착된 대상이 되는 것, 그리고 그런 항들의 관계가 투쟁 속에서 역전되는 것이다. 반면 레비나스에서 자아는 타자에게 늘 수동적이고 종속적일 뿐이다. 요컨대 역전 불가능성이 타자와의 관계의 근본을 이룬다.

이런 대립적 구도는 단지 사르트르와 레비나스 개인에게 국한해서 이해되어서는 안 된다. 그리스의 평등한 자유인의 공동체 이래 주체의 자유의 문제란 일종의 교통 혼잡처럼 다루어졌다. 모든 이들이 한꺼번에 자신의 자유를 실현하려 할 때 발생하는 것은 일종의 병목 현상이다. 따라서 서구가 열망해온 지혜란 "나의 자유와 타자들의 자유를 일치시켜 가장 완벽한 자발성의 실행을 보증하는 일이다."(『전체성과 무한』, 112쪽) 반면 레비나스에게선 자유로운 주체들 간의 평등한 상호성이 근본적인 것이 아니다. 막연히 전제된 것으로 여겨지는 개개인의 자유란 자유라기보다는 그저 임의적으로 행동할 수 있는 가능성일 뿐이다. 근본의 자리에는 타자에 대한 비대칭적이고 역전 불가능한 종속적 관계가 있다. 자유는 애초에 전제된 것이 아니라, 타자에 대한 저런 수동적 관계 속에서 이차적으로 탄생한다. 타자에 대한 수동적 노출 속에서 이렇게 또는 저렇게 대답할 수 있는 가능성이 자유이다. 나는 자유롭게 대답할 수 있지만, 그 대답은 타자라는 시험대 위에, 비난받을 수 있는 가능성 위에 필연적으로 노출되어 있다. 자유는 시험받는 자유인 것이다.

20) 레비나스의 시간: 초월과 무한에 대한 몰두

앞서 보았듯 존재의 일반경제 속에는 아무런 새로운 것도 없고 천편일률적인 순간들의 나열만이 있을 뿐이다. 어떻게 천편일률적인 순간들의 나열을 끊고 시간이 출현할 수 있는가? 하이데거는 현존재가 시간적 존재임을 전제한다. 그러나 레비나스에게 시간은 전제가 아니라 최종적으로 달성되는 귀결점이다. 타자는 존재의 일반경제에 귀속되는 것이 아니라 존재에 대해 이질적인 것으로 존재 바깥에 남는다. 존재의 일반경제를 깨트릴 수 있는 것은 일반경제의 지배를 받지 않는 이 타자이다. 존재의 일반경제에 대한 타자의 출현은 천편일률적인 순간들의 나열에 끼어드는 이질적인 순간으로 나타난다. 이질적인 순간의 출현이 바로 시간의 등장이다.

타자의 등장이 없다면 결코 시간이 출현할 수 없다는 이런 생각은 투르니에의 소설 『방드르디, 태평양의 끝』의 다음 구절을 통해 잘 이해할 수 있을 것이다. 타자 없이 무인도에 홀로 있는 로빈슨 크루소의 말이다. "그들[나날들] 서로가 비슷비슷해져서 내 기억 속에서는 서로 정확하게 포개지고, 또 나는 똑같은 날을 끊임없이 다시 살고 있는 것 같은 인상을 받을 정도가 되었다."[37] 이 천편일률적 나날, 결코 구별되지 않는 똑같은 나날 가운데 이질적인 순간을 집어넣어 변화라는 것, 즉 시간을 가능하게 해줄 수 있는 자는 바로 타자이다. 뒤에 다루겠지만 들뢰즈는 『의미의 논리』에서 투르니에의 『방드르디, 태평양의 끝』을 읽으며 타자 문제를 숙고하고 있는데, 그 역시 레비나스와 같이 시간의 발생이 타자의 출현을 통해 가능하다는 논의를 전개한다.(물론 레비나스와의 이런 일면적 친화성을 과대평가해서는 안되는데, 들뢰즈가 궁극적으로 보이고자 하는 것은 '타인 없는 세계'의 가능성인 까닭이다.)

순간들의 천편일률적 나열 속에 끼어들어 시간의 흐름을 만들어내는 이 새로운 사건, 곧 타자의 개입은 어떻게 초월을 가능하게 하는가? 우리는 타자가 왜 타자인지를 앞서 오래도록 살펴보았다. 타자는 주체의 동일자로서의 형식(자아=자기)에 매개되지 않는다. 인식론적 차원에서 타자는 사물처럼 주체의 범주를 통해 규정되는 것도 아니고 주체의 의미 부여 역시 벗어난다. 실천적 차원에서 역시 타자는 도구로서의 사물처럼 주체에게 완전히 귀속되지 않는다. 요컨대 주체는 타자를 한정 지을 수 없다. 타자는 주체의 한정 바깥의 무한의 표시인 것이다. 이런 타자에게 수동적으로 사로잡히고 몰두하는 것은 무한에 사로잡히고 무한에 몰두하는 것이다. 이때에는 존재의 일반경제 안의 천편일률적인 순간들이 아니라, 무한이 주체의 시간이 된다. 주체가 필연적으로 무한에 귀속된다는 것, 무한을 향한 자가 된다는 것은 당연하게도 무한한 시간을 가지는 자가 된다는 뜻이다. 초월이란 무엇인가? 그것은 현재의 자기와 자기의 세계를 넘어서는 것이다. 주체가 존재의 일반경제의 운영 속에서 관계했던 세계가 동일한 순간들의 나열로서의 세계였다면, 그것을 초월한 곳엔 무한한 시간에 몰두하는(몰두할 수 밖에 없는) 주체가 있다. 그리고 무한한 시간을 가진다는 것은 어떤 종교들의 이해 방식에 따르면 구원이나 영생이라는 말로 불리기도 했다.

주체가 무한한 시간의 주체가 된다는 점에서 레비나스의 초월은 플라톤적 초월과 구분된다. 『파이돈』에서 보듯 이데아를 향하는 플라톤적 초월은 멈추어 있는 영원성으로 가는 것이다. 이와 달리 레비나스적인 초월은 무한한 시간의 역동성에 참여하는 것이지, 멈추어 있는 영원성을 희구하는 것이 아니다. 영원성도 무한한 지속이고 역동적인 무한도 무한한 지속이지만 양자는 극명히 다르다. 무한한 역동성과 무한한 영원성의 차이는 예술에 대한 레비나스의 견해의 핵심을 이루기도 한다. 레비나스가 예술을 비판하는 이유는 예술이 생동하는 것의 시간을 얼어붙게 만들기 때문이다. 이 점에 대해 토마스 만보다 잘 인지한 작가도 없을 것이다. 『요셉과 그 형제들』에서 이집트에 노예로 팔려간 요셉은 거대한 예술 작품, 스핑크스와 처음 대면한다. 그는 스핑크스를 보며 자신의 조상 신, 그리고 레비나스의 조상 신이기도 한 야훼를 떠올린다. "스핑크스는 언약과는 무관했다. 그의 위협적인 수수께끼는 그런 성질의 것이 아니었다. 그것은 저 깊숙한 곳에 잠긴 채 미래를 향해 지속되었지만, 이 미래는 원시적 미래요, 죽은 미래에 불과했다. 단순히 지속성일 뿐, 현실화되지 않는 거짓 영원이었던 것이다."[38] 우상 또는 예술 작품은 영원할지 모르나, 그것은 냉동된 듯 멈추어버린 채 움직이지 못하는 거짓 영원이다. 플라톤의 이데아 역시 멈추어선 채 영원하다. 그러나 타자와의 관계는 무한히 역동적인 시간이지, 고정된 영원성이 아니다. 역동적인 무한한 시간은, 신의 언약을 향하는 것과도 같이, 고정되지 않은 미래에 몰두하는 데서 생겨난다. 반면 멈추어 있는 영원성은 지속하는 돌로 만들어진 우상들과도 같다. "텅빈 눈으로 서로를 응시하는 조각상들, 기게스와는 반대로 노출되지만 보지는 못하는 우상들"(『전체성과 무한』, 331쪽)인 것이다. 그것들은 영원하지만, 죽은 채로 영원하다.

우리가 이제껏 살펴본 것은 타자를 향한 자는 무한을 향한 자라는 점이다. 타자는 한정 지을 수 없기에, 타자를 향한 자는 곧 타자의 한정 지을 수 없는 시간에 몰두하는 자이다. 주체는 자신이 계산하고 계획할 수 없는, 따라서 한정 짓지 못하는(그러므로 무한한) 타자가 누릴 시간에 몰두하는 것이다. 부모가 자식이 누릴 시간에서 자신의 미래를 찾는 것이 그 예가 될 것이다. 가령 아이에 대해서 무엇인가를 기획하고 투자한다면, 이 투자는 결코 주체가 계산한 방식의 결과로 이어지지 않는다. 자식은 부모의 투자에도 불구하고 부모가 원하는 직업이나 배우자를 선택하지 않는다. 그의 시간은 부모가 구상해본 시간과는 전혀 다르게 재단된다. 아이의 시간은 주체인 부모의 계획 안에 들어오지 않는 시간이고 주체의 힘이 미치지 못하는 영역인 것이다. 그러나 부모는 자신의 존재 유지를 위한 일반경제보다 아이가 누릴 시간에 더 몰두한다. 이런 방식으로 주체는 타자가 누릴 시간에 몰두함으로써 타인의 시간을 자신의 시간으로 가지게 되는 것이다. 시간은 고독한 한 주체의 것이 아니라, 타자가 누릴 시간으로서 주체에게 찾아온다. 주체는 타자가 누릴 시간의 책임자가 됨으로써 그 시간을 획득한다. 우리는 앞서 죽음은 초월이 되지 못한다는 것을 보았다. 죽음 이후에 주체의 동일성이 남는지 사라지는지는 개연적인 사안이기 때문에다. 그러나 '저 여기 있습니다'라는 대답함 속에서, 타자에게 연루된 자로서 주체는, 타자가 누릴 무한한 미래의 책임자로서, 즉 고독한 주체의 유한성을 초월한 자로서 정체성을 가진다.

21) 유아론의 극복: 레비나스에게는 감성적 주체가 근본에 있다

우리는 지금까지 레비나스 철학의 핵심적인 면모들을 살펴보았다. 덧붙여야 할 것이 있다면 우리가 후설에서부터 보았듯 현대 타자론의 중요한 계기 가운데 하나였던 유아론의 문제일 것이다. 후설 이후 타자론의 다양한 흐름에서 유아론의 문제가 항상 전면에 제시되었던 것은 아니다. 그러나 그것은 늘 대답을 요구하는 문제였다. 앞 장들에서 보았듯 하이데거와 메를로퐁티의 타자론에서 우리는 자기의식 이전에 이미 선의식적 차원에서 타자와 함께 있는 공동존재이다. 유아론이 있다면, 그것은 이 근본적 층위의 공동존재에 대해 사변적 차원에서 의심을 품을 때 출현한다. 즉 타자와 공동으로 존재함이 전제되고 나서만, 이차적인 사변적 의심의 차원에서 유아론은 등장하는 것이다. 그렇기에 유아론은 근본적 차원에 타격을 주지는 못한다.

레비나스 역시 이성보다 근본적 차원이 있음을 염두에 두고서 유아론을 이성의 층위에, 즉 이차적 층위에 귀속시킨다. 중요한 점은 유아론은 단지 이성이 겪는 문제가 아니라 이성의 구조 자체가 유아론적이라는 점이다. 『시간과 타자』에서 읽어보자.

이성은 모든 것을 자신의 보편성 안에서 포괄하면서 그 자체로 고독 안에 머물러 있다. 유아론(唯我論)은 착오도 아니고 궤변도 아니다. 이성 자체가 유아론적 구조를 갖추고 있다. 그것은, 이성이 결합하는 감각이 '주관적' 특성을 띠고 있기 때문이 아니라 이성의 보편성 때문에 그렇다. 다시 말해 [이성의] 빛에는 한계가 없으며 어떤 사물도 그것을 떠나 존재할 수 있는 가능성이 없기 때문이다. 그 때문에 이성은 말을 건넬 또 다른 이성을 전혀 찾지 않는다. **의식의 지향성은 자아를 사물들과 구별하게 해주지만 유아론을 사라지게 하지는 않는다.** 왜냐하면 그의 요소인 빛은 우리를 외부 세계를 지배하게 해주지만 거기에서 우리에게 짝(un pair)을 발견할 수 있도록 해줄 수는 없기 때문이다.(대괄호는 옮긴이)[39]

이성의 구조 자체가 유아론적이라면 이성의 방식, 가령 지향적 의식의 활동을 규명하는 방식으로는 유아론을 벗어날 수 없다. 위에서 레비나스가 명시하듯 '의식의 지향성은 유아론을 사라지게 하지는 않는다.' 이런 입장을 전제로 레비나스와 후설의 차이를 좀 더 드러내 보여야 할 것인데, 이를 위해선 데리다가 다음과 같이 양자를 비교하는 글이 유용할 것이다. 「폭력과 형이상학」에서의 인용이다.

후설은 있는 그대로의 (나타나는 그대로) 이 무한적 타자에게서 자아 일반의 **지향적 변형**[변양]의 위상을 인정함으로써 있는 그대로의 무한적 타자에 대해 '말할 권리'를 자신이 가지며, 자신의 언어의 근원과 정당성을 설명한다. …… 레비나스는 '실제로' 무한적 타자에 대해 말하기는 하지만, 무한적 타자에게서 자아의 지향적 변형[변양]을 인정하기를—그에게 있어서 그 점을 인정함은 **전체주의적이고 폭력적인 행위**일 것이다—거부함으로써, 그는 그의 고유 언어의 가능성과 기반 자체를 포기한다.[40]

데리다가 말하듯 후설이 의도하는 바는 있는 그대로의 타자가 나타나는 것을 기술하는 것이지만 이 의도는 훼손되는데, 타자와의 관계에서 "지향적 변양(modification intentionnelle)"이 개입하는 까닭이다. 지향적 변양이 개입한다는 것은 타자에 대해 말할 권리를 타자가 아니라 주체가 가진다는 뜻이다. 다시 말해 지식 같은 것의 형태로 타자를 동일자 내재적으로 흡수하는 것이다. 이와 달리 레비나스는 타자에 대한 주체의 지향적 변양을 거부하는데, 데리다는 그 지향적 변양이 "전체주의적이고 폭력적인 행위"이기 때문이라고 말한다. 주체의 자발적인 지향적 활동이 중단된다는 것은, 주체가 더 이상 그 자신의 고유한 언어를 통해 대상에 의미를 부여할 수 없게 된다는 것을 뜻한다. 레비나스에서 주체에게 남는 것은 '저 여기 있습니다'라는, 타자의 부름 또는 출현 자체에 수동적으로 소환됨을 표현하는 말뿐이다. 또한 그것은 '나'가 비난받을 수 있는 자리에 놓이는 일임을 우리는 보았다. 이런 수동적인 위치 지어짐은 주체가 주체로서 서기 위한 기반, '나는 나다'를 포기하는 것이다.

반면 후설은 '나는 나다'라는 형식을 통해 확보되는 '나는 존재한다'에 대해 다음과 같이 중요한 의미 부여를 하고 있다. 그는 『형식논리학과 선험논리학』에서 말한다.

맨 먼저 그리고 생각해낼 수 있는 모든 것에 앞서 나는 존재한다. 이 '나는 존재한다'는 이것을 말하고 올바른 의미에서 말하는 자인 나에게는 '나의 세계에 대한 지향적인 근원적 기초'다. 이 경우 나는 '객관적' 세계도, 즉 이러한 의미로 나에게 타당한 것인 '우리 모두에 대한 세계'도 '나의 세계'라는 사실을 간과하면 안 된다. 어쨌든 '나는 존재한다'는 내가 실제적인 것으로 간주하는 '그' 세계에 대해서뿐만 아니라 나에게 타당한 '이상적 세계' 그리고 대체로 내가 나에 대해 이해할 수 있거나 타당한 그 어떤 의미에서, 나 자신, 나의 삶, 나의 의견 이 모든 것을 의식해 가짐을 포함해, 존재하는 것—때에 따라 정당하거나 부당하게 증명하는 등—으로 의식하는 각각의 모든 것에 대해서도 지향적인 기초다.[41]

후설은 지향적 의식의 기초로 '나는 존재한다'를 제시하고 있다. '나는 존재한다'는 '나는 나'라는 자기성의 구조 속에서 가능하다. 그리고 나는 존재한다는 지향적 의식에 기초해서 나 자신, 세계 안에서 의식하는 모든 것이 타당하게 된다. 후설에게 모든 것은 '나는 존재한다'에 바탕한 지향성 상관적인 것이다. 이와 관련해 데리다는 이렇게 말한다.

'내 세계'는 표본적 경험인, 타자로서의 타자들 쪽으로 향한 초월인 경험을 포함하여 모든 경험이 산출되는 입구이다. **'나는 존재한다'에 있어서 '내 세계'에 소속되지 않는 곳에서는 그 무엇도 나타날 수 없다.**[42]

즉 '나는 존재한다'를 바탕으로 한 지향적 경험 상관적인 것이 아니고서는 타자를 비롯한 그 무엇도 출현할 수 없다. 그러므로 후설에게서 타자는 동일자의 세계에 귀속되어 출현하기 위해 변형된다. 레비나스가 힘 기울여 보여주고자 했던 것은 무엇인가? 바로 타자가 타자로서 출현할 수 있다면, 그것은 자기성(자아는 자기)의 구조가 깨어져 '나는 존재한다(즉 존재의 주인은 나이다)'라는 지반이 사라졌을 때라는 것이다. 이제 후설과 달리 레비나스에서 어떻게 타자의 타자성이 그대로

타자철학

인 채 타자가 출현하는지, 그래서 어떻게 유아론이 와해되는지 살펴보자. 레비나스는 『후설과 하이데거와 더불어 실존을 찾아서』에서 이렇게 말한다.

> 타자는 그 자신을, [나의] 모든 측량 너머에서, 그의 무방비의 눈의 보호되지 않음과 벌거벗음을 가지고, 그의 시선의 올곧음과 절대적 정직성을 가지고, 나에게 맞세울 수 있다. 여기서 그는 나에게 그의 얼굴을 제시한다. 의식이 자신이 겪는 모든 모험 속에서 자신을 자신 안에 갇힌 자로 보는 의식의 유아론적 근심은 여기서 종말을 고한다.[43]

여기서 레비나스는 유아론이 성립할 수 없다고 이야기하고 있다. 어떤 점에서 그러한가?

자발적 의식의 자유를 실현하는 자로서 주체 이전에 타자와의 마주침이 있다는 것이 레비나스의 생각이다. 그것은 우리가 줄곧 보았듯 주체의 자기성을 깨트리는 것, 즉 감성의 상처받을 수 있는 가능성에 호소하는 타자의 얼굴과의 마주침이다. 이것은 유아론이라는 착상의 원천이 되는 자기의식이 부재하는 영역에서의 마주침이다. 만일 유아론이 있다면, 그것은 자기의식 이전의 '사로잡힘'의 차원에서 내가 타자와 수동적으로 관계 맺어지고 난 후의 이차적인 차원에서 이루어지는 것이다. 레비나스가 유아론을 해소하는 이러한 방식은, 앞서 말했듯 얼마간 하이데거와 메를로퐁티와 유사하다. 유아론을 자기의식의 사변적 활동에 귀속시키고, 그런 사변적 의식에 앞서는 보다 심층적인 차원에 타자와의 만남이 있다는 것을 보인다는 점에서 말이다. 물론 하이데거와 메를로퐁티에서 그 심층적인 차원이란 공동존재와 공동 신체였으나, 레비나스에겐 '공동'이란 영역은 없다. 타자와의 근본적 '분리'가 있고, 타자의 호소에 상처받을 수 있는 감성을 통한, 타자에 대한 수동적 노출이 있다.

22) 분열된 주체와 메시아

이 주체, 선의식적 차원에서 수동적으로 타자에게 응답해야만 하는 자로서의 주체를 우리는 자세히 살펴봐왔다. 계속해서 강조했듯 이 주체는 자기 관계성(자아가 곧 자기)의 와해에서 출현하는 주체이다. 이 주체는 앞서 보았듯 '자기(soi)와 일치하는 자아(moi)의 동일성을 갖지 않는 유일성'으로 표현된다. 자아가 자기와 일치하지 않는, 즉 동일성을 갖지 않는 주체가 바로 타자의 부름에 응답한 주체이다. 이러한 레비나스의 주체 개념은 폭넓은 사상사적 배경 속에서 이해되어야 한다. 구체적으로 레비나스의 주체는 현대 사상이 상속하고 있는 메시아주의와의 연관 속에 자리 잡고 있다. 앞서 우리는 메시아적 도래로서 시간의 단절이라는 주제를 살펴보았는데, 레비나스의 주체 개념의 배경에 메시아주의가 구체적으로 어떻게 자리 잡고 있는지에 관해서도 잠시 살펴보아야 할 것이다.

메시아주의에 접근하기 위한 하나의 길로서, 가령 아감벤의 『남겨진 시간』을 보자. 이 책은 그보다 먼저 나온 타우베스의 『바울의 정치 신학』처럼 바울을 기독교적 관점보다는 유대 메시아주의적 관점에서 접근하고 있는데, 이는 (레비나스처럼) 유대인이자 유대교도인 사도 바울의 신분을 생각해보면 필연적인 일이다. 이 책이 그리고 있는 바울의 '소명(크레시스, κλῆσις)' 받은 주체의 모습은 레비나스에서 타인의 호소에 의해 노출되도록 불려 나온 주체의 모습과 닮아 있다. 메시아의 출현에 따라 소명을 받는 일 또는 부름을 받는 일은 주체의 자기동일성을 폐기해버린다. 자기동일성의 철폐(자아는 자기라는 관계의 철폐)는 타자의 출현을 통해 레비나스의 주체에게서 일어나는 근본 사건이기도 하다. 소명받는 사건은 어떤 일을 일으키는가? 바울은 아래와 같이 말한다. 우리는 앞서 하이데거와 관련해서도 이 구절에 대한 해석을 시도했었는데, 다시 새로운 맥락에서 접근해보는 중이다.

> 이제 때가 얼마 남지 않았으니 이제부터는 아내가 있는 사람은 아내가 없는 사람처럼 살고 슬픔이 있는 사람은 슬픔이 없는 사람처럼 지내고 기쁜 일이 있는 사람은 기쁜 일이 없는 사람처럼 살고 물건을 산 사람은 그 물건이 자기 것이 아닌 것처럼 생각하고 세상과 거래를 하는 사람은 거래를 하지 않는 사람처럼 살아야 합니다. 우리가 보는 이 세상은 사라져가고 있기 때문입니다.(「고린도전서」, 7:29~31)

소명받을 때 일어나는 것은 주체가 가지고 있던 기존의 정체성을 와해하는 '~이 아닌 것처럼'의 사건이다. 무한의 명령인 '~이 아닌 것처럼 하라'는 것은 주체가 가지고 있던 정체성(동일성)의 폐기에 대한 요구이다. 타자의 요구와 마주친 레비나스의 주체는 자기동일성을 폐기하고 비난받을 수 있는 자리에 온다. 바울의 소명받은 주체 역시 자기

동일성의 폐기를 요구받는 것이다. 아감벤은 『남겨진 시간』에서 이렇게 쓰고 있다.

> 유대인이나 그리스인의 심층에서, 원리[arche]나 목적[telos]으로서 [동일성을 지니는] 보편적 인간이나 그리스도교인은 발견될 수 없다. 거기에는 어떤 **잔여**가 있을 뿐이고, 유대인이나 그리스인들이 **자기 자신과 일치하는 것의 불가능성이 있을 뿐이다.** 메시아적 소명은 모든 크레시스(소명)를 그 크레시스 자체로부터 분리한다. 또 그것은 모든 크레시스에 **어떤 다른 동일성을 주지 않고, 그 크레시스가 자기 자신과 긴장하게끔 한다.**[44]

소명은 주체의 동일성을 무효로 만든다. 자기동일성의 폐기란 '자기 자신과의 분할'을 말하며, 이제 주체란 이 분할을 통해 스스로와 일치하지 못하고 남게 되는 자, 즉 '잔여'이다. "모든 민족과 그 민족 자신 사이의 잔여, **모든 동일성과 그 동일성 자체 사이의 잔여**"[45] 말이다. 소명받음이란 소명에 따라 무한히 자기 자신과 불일치함으로써 무한히 자기동일성 없는 잔여로 남는 것이다. 이 동일성 없는 잔여가 메시아의 소명을 받은 주체이다. 이는 레비나스의 주체와 매우 근접한 모습을 보여주지 않는가? 레비나스에서 타자의 부름에 노출된 주체란 자신과 불일치(자아≠자기)하는 자, 자기동일성의 바깥에 남은 잔여 외에 다른 것이 아니었다. 현대 메시아주의의 계승 속에서 이렇게 우리는 레비나스와 아감벤의 주체 개념이 한 곳으로 모이는 자리를 발견한다.

별도로 우리는 다음 장에서 아감벤과 레비나스 사이의 매우 큰 차이점 역시 살피게 될 것이다. 레비나스와 아감벤의 주체는 모두 메시아적 소명에 응답하는 주체이나 레비나스의 주체가 데카르트적인 무한의 이념에 이끌려 외재성을 향해 초월하는 주체라면, 아감벤의 주체인 '잔여'는 내재성의 영역에 머문다. 그것은 내재성의 영역에 머무는 들뢰즈의 '소수 인민(peuple mineur)'의 면모 역시 가진다.[46]

23) 레비나스의 정치철학

레비나스의 타자론은 개인적인 차원에 머물지 않고 공동체 전체와 관련된 정치철학적인 의미를 지닌다. "얼굴로서의 얼굴의 에피파니가 인류(humanité)를 연다. …… 얼굴의 현전―'타자'의 무한―은 …… 제삼자(다시 말해, 우리를 응시하는 모든 인류)의 현전이[다]."(『전체성과 무한』, 316~317쪽) 이 타자론은 국가 창건에 관한 고전 이론에 이의를 제기하고 새로운 국가론을 제시하고자 한다. 잘 알려져 있듯이 근대국가의 창건에 관한 홉스의 이론은 '만인 대 만인의 투쟁' 또는 '인간은 인간에게 늑대이다'라는 자연상태에 대한 가설을 전제한다. 자기와 타자 사이의 폭력으로 가득 찬 자연상태는 누구에게나 위협적이므로 사람들은 자연으로부터 받은 권리를 양도하는 계약을 통해 상호이익을 조정하는 국가를 설립한다. 레비나스는 이러한 근대국가의 창건 신화에 대해 의문을 제기한다. 과연 국가가 설립되기 위한 바탕에는 만인 대 만인의 투쟁이 자리 잡고 있는가?

인간이 성취하고자 하는 평등하고 정의로운 국가, 그리고 제도화하고 특히 존속하고자 하는 국가가 만인에 대한 만인의 투쟁으로부터 발생하는지 아니면 만인을 위한 한 사람의 환원 불가능한 책임으로부터 발생하는지에 대해 알고 국가가 우정과 얼굴 없이 영위될 수 있는지에 대해 아는 것이 중요하다.(『존재와 다르게』, 203쪽)

레비나스는 국가 창건의 추동력은 만인 대 만인의 투쟁이 아닌 타자에 대한 환원 불가능한 책임이 아닌지 생각해보아야 한다고 제안하고 있다. 근대국가 창립의 전제 자체를 다르게 생각해보자는 것이다.

타인에 대한 책임이 국가의 바탕에 있는 국가를 현실 속에서 발견할 수 있을까? 레비나스는 『새로운 탈무드 강의』에서 "**이스라엘에게 국가는 아나키와 등가적이다. …… 메시아적 정치.**"[47]라고 말한다. 레비나스에 따르면 국가로서의 이스라엘의 정치가 바로 무원리의 정치이다. 즉 아르케를 통해 전체를 이루는 것과 반대인 타자에 대한 존중을 보존하는 정치 말이다. 그러나 이런 이스라엘이 도대체 어디 있단 말인가? 이런 구절은 이스라엘이 그간 이웃들에게 가해온 폭력과 완전히 동떨어져 있는 묘사이기에 그저 기만적으로 보인다. 레비나스는 『성서의 구절을 넘어서』에서 1948년 창건된 이스라엘, 즉 현대 이스라엘에 대해 다음과 같이 말한다.

이후부터 참여(engagement)가 행해진다. 1948년 이래로. 그러나 모든 것은 시작할 뿐이다. 이스라엘은 놀라운 자신의 과업을 성취하기 위해, 4000년 전 처음 그 과업을 시작했던 아브라함 때 못지않게 고립되어 있다. 그러나 이렇듯 **조상의 땅으로 돌아가는 것**은, 민족이나 가족의 특수한 문제의 해결 너머, [이스라엘] 내부 역사의, 그리고 역사 자체의 가장 위대한 사건들 가운데 하나를 나타낼 것이다.[48]

우리 모두가 아는 것처럼 이스라엘이 "조상의 땅으로 돌아가는 것"은 이스라엘의 타자들에게 엄청난 고통을 주는 불행의 시작이었다. 그런데 여기서 레비나스는 국가를 가지게 된 이스라엘이 민족 또는 가족의 문제 해결 너머, 역사의 가장 위대한 사건들 가운데 하나를 나타낼 것이라고 전망하고 있다. 레비나스가 가장 위대한 사건이라고 부르는 것은 레비나스 자신이 이상적으로 생각하는 것, 즉 타자에 대한 책임을 바탕으로 하는 국가의 탄생일 것이다. 반면 우리가 알고 있는 현실의 국가, 진짜 이스라엘은, 캠핑 의자에 앉아 가자지구로 떨어지는 미사일이 어린이들을 태워버리는 광경을 관람하고 환호하는 이스라엘이다. 하이데거의 철학이 독일 국가사회주의로 귀착했듯 레비나스의 철학은 동일하게 끔찍한 방식으로 현존 이스라엘 국가로 귀착할 수 있는 위험한 가능성을 보여주고 있는 것이다. 야콥 타우베스는 1929년 다보스 논쟁이 끝난 저녁, 하이데거를 편들어 머리에 흰 가루를 뒤집어쓴 채 카시러를 희화하고 조롱하던, 즉 장래 등장할 히틀러 동조자를 편들어 독일 '문화'를 조롱하던 레비나스가 꼭 괴링 같았다고 말한다.[49] 나치즘의 어두운 그림자가 서서히 도래하고 있는 시대의 유럽에서 레비나스는 이런 꼭두각시 놀음을 하고 있었던 것이다. 하이데거와 그의 옛 제자 레비나스는 서로 가장 강력한 척력으로 밀어내는 철학을 가지고 있지만 똑같이 폭력적인 현실 국가에 대한 긍정으로 떨어진다. 한쪽은 독일의 사명을, 다른 한쪽은 이스라엘의 사명을 내세우면서 말이다.

24) 레비나스적인 환대가 유일한가?

계속해서 레비나스에 대한 비판을 진행해보자. 레비나스는 늘 서구 존재론의 대척지에 메시아주의를 세우고서 서구 존재론의 전체주의적 사고에 반하는 환대를 읽어낸다. 레비나스에게 서구 존재론은 오뒷세우스의 여행을 통해 대표된다. 오뒷세우스의 이야기는 서구 존재론적 사유의 생생한 가시화이다. 그러니 서구 정신을 대표하는『오뒷세이아』가 정말 레비나스적인 관점에서 읽힐 수 있는지 잠시 검토해보자.

레비나스는 오뒷세우스의 여행이 자기 바깥으로 떠나서 무한한 곳으로 나아가는 과정이 아니라, 모든 경험을 자신의 자산으로 가지고 고향으로 되돌아오는 것이라고 해석한다. 서구인 오뒷세우스는 경험을 통해 모든 이질적인 것을 자신이라는 동일자로 환원하는 것이다. 아브라함은 무조건적으로 무한자의 목소리를 따라서 소유물을 버리고 떠나지만, 오뒷세우스의 그리스적 여행은 고생을 통해 성숙함을 자기 자산으로 획득하고서 고향, 즉 자기 자신으로 회귀한다. 따라서 유대인의 여행과 달리 그리스적 여행, 즉 서구 정신의 여행은 이질적인 체험을 자기동일성을 강화하는 데 사용하는 과정에 불과하다는 것이 레비나스의 생각이다.[50] 그러나 레비나스의 주장은 마치『오뒷세이아』를 읽어보지 않은 사람의 말 같다. 오뒷세우스는 고향으로 돌아와 완성되는 자가 아니라, 아브라함이 그랬듯 신의 부름(예언)을 따라 끝없이 방황하는 자이다. 귀향한 날 밤 그는 페넬로페를 다시 만나 슬프게 말한다. "당신에게 나는 아무것도 숨기지 않겠소. 그러나 듣고 난 후 당신 마음이 기쁘지만은 않을 것이오. 나도 기쁘지 않으니까요. 왜냐하면 테이레시아스는 나더러 손에 맞는 노 하나를 들고 바다를 전혀 모를 뿐더러 소금이 든 음식을 먹지 않는 사람들에게 이를 때까지 인간들의 수많은 도시로 가라고 명령했기 때문이오."[51] 오뒷세우스의 여정은 자유로운 귀환으로 종결지어지지 않는다. 그는 유대인과 같이 예언의 명령을 따라 다시금 원치 않는 여행을 떠나게 될 운명을 가졌다.

또한 『오뒷세이아』는 레비나스보다 먼저, 아니 그 어떤 문명보다 먼저 나그네에 대한 환대를 깊이 숙고하고 있다. 나그네는 신이 보낸 자, 바로 신의 흔적이다. "나그네여! 그대보다 못한 사람이 온다 해도 나그네를 업신여기는 것은 도리가 아니지요. 모든 나그네와 걸인은 제우스에게서 온다니까요."[52] 그리스인의 이 말은 당연히 레비나스가 다음과 같이 말하기 훨씬 이전에 달성된 통찰이다. 「비지향적 의식」의 한 구절이다. "신의 부름, 그것은 내게 말을 건넨 그분과 나 사이에 어떤 '관계'를 창설하지 않는다. …… 부름 속에서 나는 타인에게 보내지며, 이 타인에 의해서 그 부름은 의미를 가지게 된다."[53] 신의 부름이 있다면, 그것은 타인에 의해서 의미 있는 것이 된다. 신이 있다면, 그는 타인과 나 사이의 관계이다. 이런 생각은 바로 『오뒷세이아』의 저 문장, "모든 나그네와 걸인은 제우스에게서 온다"에서 이미 완성되고 있다.

장차 철학을 창시하게 되는 옛 그리스인들은 이렇게 유대인들의 환대 이상의 환대를 사유하고 있었다. 신의 흔적인 나그네들은 아브라함에게만 환대받은 것이 아니라, 그리스인들에게도 환대받았다. 레비나스가 유대 사상의 근본을 윤리로 드러내기 위해 그리스의 사유를 전체주의로 정형화할 때, 그것은 말 그대로 정형화일 뿐이다.[54]

25) 존재는 죄가 있는가?
에페케이나 테스 우시아스에 대한 레비나스의 해석은 옳은가?

그리스 사유에 대한 레비나스의 생각을 좀 더 비판적으로 접근해보자. 그리스 정신은 철학자들의 등장과 더불어 존재 사유가 되었다. 우리가 보아온 것처럼 레비나스는 존재(아르케) 자체에다 전체주의의 혐의를 두고, 아르케의 부재(아나키) 또는 외재성(존재 저편)이 어떻게 가능한지를 탐색해왔다. 그리고 이런 것들은 타자와의 관계라는 문맥에서 비로소 의미를 획득한다.

역시 우리가 보아온 것처럼, 레비나스의 이런 사상은 '에페케이나 테스 우시아스(우시아들을 넘어서)', '우시아들 저편의 선'이라는 플라톤의 논제를 통해 인도된다. 그런데 정말 레비나스가 생각하듯 '존재'는 존재자를 일반성 속에서 규정하는 전체주의적인 것이며, '존재 저편의 선'을 향한 운동을 통해 이 전체주의는 극복될 수 있는가? 그리고 이런 관점에서 플라톤의 논제 '에페케이나 테스 우시아스'를 해석하는 것은 옳은 일인가? 우리는 다른 관점에서 이 논제에 접근해볼 수 있을 것이다. 하이데거는 『철학에의 기여』에서 다음과 같이 쓰고 있다.

우시아들을 넘어서($\dot{\epsilon}\pi\dot{\epsilon}\kappa\epsilon\iota\nu\alpha$ $\tau\tilde{\eta}\varsigma$ $o\dot{u}\sigma\dot{\iota}\alpha\varsigma$) …… 물음은 단지 존재자와 그것의 존재자성에 관해서만 묻기 때문에, 물음은 결코 존재자를 토대로 '존재' 자체를 향해 부딪칠 수 없다. 따라서 '넘어서($\dot{\epsilon}\pi\dot{\epsilon}\kappa\epsilon\iota\nu\alpha$)'는 존재자성 그 자체를 이제 인간(즉 행복($\epsilon\dot{u}\delta\alpha\iota\mu o\nu\dot{\iota}\alpha$))과의 관련에서 특징짓는 단지 어떤 것으로서만 규정될 수 있다. 즉 '넘어서($\dot{\epsilon}\pi\dot{\epsilon}\kappa\epsilon\iota\nu\alpha$)'는 단지 좋음($\dot{\alpha}\gamma\alpha\theta\dot{o}\nu$)으로서만, 즉 단지 쓸모 있는 것을 근거 제시하는 것으로서만, 즉 단지 모든 쓸모 있음을 근거 제시하는 것으로서만, 그러므로 '생'을 위한, 영혼($\psi\upsilon\chi\dot{\eta}$)을 위한, 또한 이로써 영혼의 본질 자체를 위한 제약조건으로서만 규정될 수 있다. 이로써 '가치'를 향한, '의미'를 향한, '이상(理想)'을 향한 발걸음이 내디뎌진다. 존재자 그 자체에 관한 주도적 물음은 이미 한계에 봉착했고, 또한 동시에, 낙오하여 '존재자성'을 더 이상 보다 근원적으로 파악하지 못하고 오히려 그것을 가치-평가하는 그러한 자리에 이르렀다. 이로써 가치판단 자체가 최고의 것으로 간주되어 버린다.(『기여』, 304~305쪽)

존재자를 규정하는 '공통 개념'으로서의 존재자성(Seiendheit)은 존재(존재사건)와 다른 것이다. 존재자성은 예를 들면 플라톤의 이데아, 아리스토텔레스의 유적 개념 등의 모습으로 사유되어 온 것이다. 하이데거는 플라톤 사상에 대해 "우시아를 이데아로 규정하는 해석"(『기여』, 304쪽)이라고 말하며, 이 이데아를 "$\dot{\iota}\delta\dot{\epsilon}\alpha$($\kappa o\iota\nu\dot{o}\nu$, $\gamma\dot{\epsilon}\nu\eta$)"[55]라고 표기한다. 즉 이데아($\dot{\iota}\delta\dot{\epsilon}\alpha$)와 공통적인($\kappa o\iota\nu\dot{o}\nu$) 것과 유적인 것($\gamma\dot{\epsilon}\nu\eta$)은 다 같은 것이다. 결국 우시아는 공통성을 표현하는 개념에 매개되는 것이며, 이 개념은 존재사건과 상관이 없다. 플라톤의 사유는 존재자를 규정하기 위해 존재자성을 제시하는데 멈추고, 존재자의 존재함 자체에 대한 사색으로 나아가지 못했다. 그 결과 플라톤은 다른 방향으로 나아간다. 가치의 차원에서, 즉 좋음(아가톤)의 차원에서 존재자의 근거를 제시하려고 한 것이다. 이 사유는, 존재자의 근거로 사유되어 왔던 존재자성의 한계에 봉착해, 그 존재자성보다 심층적인 근거, 즉 존재(존재사건)로 진행한 것이 아니라, 존재자성을 가치 평가(좋음)로 바꾸어 제시한 것에 불과하다. '선(善)의 이데아' 말이다.(그리고 이 이데아는 여전히 공통 개념이다.) 말 그대로 "이로써 가치판단 자체가 최고의 것으로 간주되어버린다." 결국 다음과 같이 이야기할 수 있을 것이다. "좋음(ἀγαθόν)으로서의 '우시아들을 넘어서'(ἐπέκεινα τῆς οὐσίας)(**이것이 의미하는 바는 이렇다. 존재자 그 자체에 관한, 즉 존재에 관한 보다 폭넓고 보다 근원적인 물음행위를 원칙적으로 철저히 부인함**)"(『기여』, 306쪽)

또한 좋음이 인간의 행복과 관련된 것이라면, 장래에(가령 하이데거가 비판하는 신칸트주의의 시대에) 좋음이라는 가치는 '인간주의'에 맡겨지게 될 것이다. 인간의 행위는 '문화'이며 따라서 좋음은 이후 '문화 가치'가 될 것이다. 요컨대 "'우시아들을 넘어서'는 …… '문화'의 틀 안에서 존재자에 대한 모든 해석을 위한 원상(原象)"(『기여』, 306쪽)이다.

'우시아들을 넘어서'의 우시아들은 '존재(존재사건)'와 관련되지 않는다. '우시아들을 넘어서'는 근원적인 존재에 대한 사유로 나아가지 못해서, 존재자성에 대한 사유가 가치(좋음)라는 관점을 채택한 것에 불과하다. 우시아들의 근거로서의 존재는 이 사유에 등장하지도 않았다. 따라서 존재자들의 근거로서 존재자성(공통적인 것)에 대해 전체주의의 혐의를 이야기할 수 있을지는 몰라도, 존재자성과 관련이 없는, 그보다 심층적이며 사유조차 되지 않은 존재(아르케)에 대해 레비나스처럼 전체주의의 가면을 씌울 수는 없을 것이다. 공통 개념, 이데아, 존재자성은 존재(근원적인 진리)에 이르는 길을 저지하는 개념들인 것이다. "이데아(ἰδέα)는 알레테이아(ἀλήθεια)[진리]에 관한 하나의 해석이다. 이런 해석은 하나의 방해물이다. 이 해석으로 인해, 존재자성을 대상성으로 파악하는 저 후대의 규정이 예비되며, 또한 알레테이아 그 자체에 관한 물음은 서구 철학의 전(全) 역사를 위해 필연적으로 저지된다."(『기여』, 301쪽)

그럼 우시아가 아닌, 즉 공통성에 매개되는 것이 아닌 존재를 어떻게 이해할 수 있을까? 하이데거처럼 그 존재를 '민족 전체의' 운명(Geschick)으로 만들어버리는 길을 우리가 반드시 피하고자 한다면? 오히려 존재자는 실존 속에서 전체화하는 것이 아니라 '분산'된다고 이해할 수 있을 것이다. 다시 말해 존재는 전체주의적인 것이 아니라, 분산적인 것이다. 이것이 예를 들면 들뢰즈 같은 사람에게서 찾아볼 수 있는 존재 이해이다. 이 점을 우리는 다음 장의 말미에서 보다 자세히 살펴보게 될 것이다.

26) 타자는 오로지 인간인가? 동물은?

우리는 이 책에서 '타자'와 '타인' 두 용어를 크게 구분하지 않고 사용해왔다. 그러나 지금 우리가 다루는 이 맥락에서만큼은 타자와 타인, 이 둘을 엄밀히 구분하여 논의하여야 한다. 'other'나 'autre' 같은 말 자체가 알려주듯 타자는 주체와 다른, 주체에 대해 이질적인 것이다. 이때 타자는 오로지 '다르다'는 사실로만 주체와 구분되어 있다. 이 '다름' 외에 실질적 속성, 예컨대 '인격' 같은 것이 타자를 타자로 만드는 것이 아니다. 타자는 실질적인 내용이 없으므로, '타자는 타자다'라는 동어반복적 형식 속에서만 기술될 수 있다. 타자라는 말 안에 있는 내용을 끌어내어 술어 자리에 놓음으로써, 타자가 무엇인지 인지하게 해줄 길은 없는 것이다. 아예 타자의 내용이 없으니 말이다. 따라서 '타자는 타자'일 뿐이라는 내용 없는 동어반복이 타자에 대한 유일한 기술이 된다.

이렇게 타자 개념의 정체성이란 정체성 자체가 없는 것이라면, 타자(l'autre)는 '인간'으로, 즉 '타인(l'autrui)'으로 규정될 수 없을 것이다. 이런 맥락에서 볼 때 『전체성과 무한』에서 타자와 동일시되며 빈번하게 사용되는 '인간'이라는 용어는 그것이 어떻게 도입될 수 있는지 매우 의심스럽게 여겨진다. 마치 논의할 필요도 없이 당연하다는 듯 레비나스에게선 타자란 곧 타인인 것이다.

타자가 곧 타인이라면, '타자'로부터는 인간이 아닌 모든 동물이 배제된다. 우리가 보았듯 타인은 얼굴로서 현현한다. 레비나스에게서 동물은 다음 구절이 보여주듯 이런 얼굴이 '무뎌진 것', 얼굴이 없는 것이다. "얼굴은 무뎌지고, 그의 **비인격적**이고 비표현적인 중립성 속에서 애매성과 더불어 **동물성**으로 연장된다."(『전체성과 무한』, 399~400쪽) 한마디로 레비나스의 타자는 타인이고, 동물은 여기 속하지 않는다. 레비나스의 주체는 모든 죽어가는 동물에 대해 책임을 가지는 주체가 아니라 타인에게만 책임을 가지는 주체인 것이다. 레비나스는 얼굴의 호소는 "죽이지 말라(tu ne tueras point)"[56]라는 말(이 말의 기원은 「출애굽기」, 20:13이다)임을 강조하는데, 이때 '죽이지 말라'는 타인의 호소이지 동물의 호소가 아니다. 이 점을 데리다는 「'잘 먹어야 한다' 또는 주체의 계산」에서 잘 지적하고 있다.

> 타자에 대한, 타자를 위한 이 책임은, 예컨대 '죽이지 말라'에서 ……
> 주체에게 발생한다. 네 이웃을 죽이지 말라. 이런 '죽이지 말라'는 유대기
> 독교 전통에서도, 십중팔구 레비나스에서도 '살아 있는 것 일반을 죽이
> 지 말라'로 결코 이해되지 않았다. 살아 있는 것 일반은 육식의 희생이
> 본질적인 종교적 문화들에서 고기라는 의미를 가졌다. 윤리적 초월의 명
> 령에 따라 생각되는 타자는, 진정 다른 **사람**[타인]이다. 즉 **타자로서의 사
> 람, 사람으로서의 타자**이다.[57]

레비나스의 타자는 바로 타인, 즉 인간이지 동물이 아니다. 레비나스 자신이 다음과 같이 인간의 얼굴과 동물을 구별하고 있다. 이 유대 종교의 상속자는 「창세기」에서 인간을 죄악의 길로 인도했던 동물, 뱀에게는 얼굴이 있는지 모르겠다고 이렇게 회의를 품는다. "인간의 얼굴은 완전히 다르며, 오로지 그 뒤에만 우리는 동물의 얼굴을 발견한다. 뱀이 얼굴을 가지고 있는지는 모르겠다."[58] 그렇다면 뱀의 머리는 그야말로 신이 태초에 내린 저주대로 뒤꿈치로 밟아도 좋은가? 레비나스는 어떻게 타자가 곧 타인이라는 것을, 타자가 동물이 아니라 인간이라는 것을 확정 짓는가? 그는 확정 지을 수 없을 것이다. 그것은 철

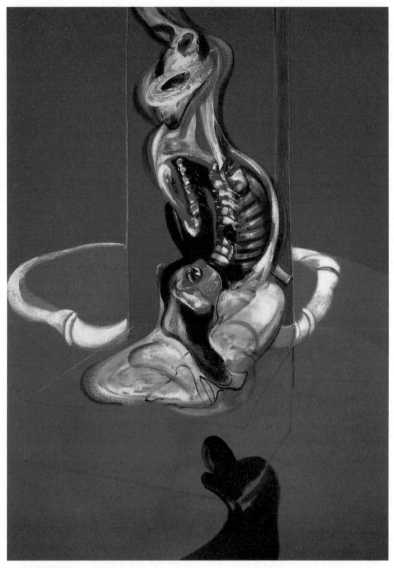

프랜시스 베이컨, 「십자가형을 위한 세 연구」(1962) 중 일부
(62-04) ⓒ The Estate of Francis Bacon. All rights reserved. DACS –
SACK, Seoul, 2022

학이 아니라 편견에 의해서만 가능한 것이다. 존엄한 인간과 그가 지배하는 다른 생명을 구별하는 오래된 편견은 린 화이트가 「생태계 위기의 역사적 기원」(1967)에서 잘 지적하듯 유대·기독교적 사상에 뿌리 내리고 있다. "하느님은 인간을 이롭게 하고 인간이 다른 피조물을 지배하도록 하기 위해 이 모든 것을 계획했다. …… 기독교는 …… 인간이 자신의 목적을 위해 자연을 착취하는 것은 신의 뜻이라고 주장하고 있다."[59] 타자의 얼굴의 호소를 오로지 인간의 얼굴의 호소로 제한하는 레비나스의 편견 대신에 우리는 들뢰즈의 다음과 같은 구절을 읽어볼 수도 있다. 카를 필리프 모리츠의 글과 프랜시스 베이컨의 그림을 다루는 『감각의 논리』의 한 구절이다. 송아지 고기가 십자가의 그리스도처럼 고통스럽게 매달려 있다.

> 고통받는 인간은 한 짐승이고, 고통받는 짐승은 한 인간이다. ……
> 예술, 정치, 종교 그 무엇에서든 혁명적인 사람이라면 …… 죽어가는 송
> 아지들 '앞에서' **책임을 가지게 되는** 하나의 극단적인 순간을 느끼지 않았
> 겠는가? 이 순간에 그 사람은 [역시 송아지들과 같은] 한 마리의 짐승 이외
> 에는 아무것도 아니다.[60]

뒤에 우리는 '타자로서의 동물'에 대해 생각해볼 기회를 가지게 될 것이다.

7장
중세의 임의적 존재가 목적 없는 수단이다: 아감벤

1) 존재 개념은 전체주의적인가?

　다소 짧은 이 장의 목적은 다채로우며 의미 있는 아감벤의 정치사상 일반을 다루려는 게 아니다. 우리의 과제는 아감벤의 핵심 개념이며, '동일자로 환원되지 않는 타자'의 지위를 지니는 '호모 사케르'의 존재론적 기반을 탐색하는 일에 제한될 것이다. 동일자가 하나의 원리 또는 그 원리의 지배를 받는 것이라면, 구체적으로 아감벤에게서 저 동일자는 국가, 주권, 또는 실제로 국가의 그 권력을 행사하는 자 등으로 이해될 수 있다. 물론 이런 정치 단위에 대한 논의는 필연적으로 '목적 없는 수단' 같은 아감벤 정치 철학의 핵심 개념의 존재론적 기원에 대한 탐색 역시 포함한다. 이와 같은 작업을 위해서 아감벤의 대표작 '호모 사케르' 연작이 출현하기 5년 전인 1990년에 출간된 『도래하는 공동체』를 살펴볼 것이다. 이 작품은 짧은 책이고 단상을 기록하는 듯한 간명한 터치로 이루어진 작품이지만, 그의 주저들에서 이루어지는 정치철학적 논의에 가려 자칫 눈에 띠기 쉽지 않은 아감벤의 주요 주제들의 '존재론적 뿌리'를 잘 보여주고 있다.

왜 갑자기 이 자리에서 아감벤에 대해 사유하는가? 레비나스를 다루었던 앞 장에서 살폈던, 레비나스 철학의 근본 전제를 아감벤에 비추어 비판적으로 검토해볼 필요가 있기 때문이다. 외재성의 의의, 즉 내재적 영역 바깥으로의 초월이 가지는 의의를 부각한 레비나스는 내재적 영역을 구성하는 존재 개념 자체가 전체주의적이라는 것을 보이고자 했다. 레비나스는 『우리 사이』에 수록된 「존재론은 근본적인가?」라는, 존재론의 근본적 지위를 의심하는 의미심장한 제목이 붙은 논문에서 이렇게 말한다. "존재자들은 **존재로부터**, 즉 존재자들에게 의미를 주는 **전체성으로부터** 속는다."[1] 여기서 레비나스는 존재자들의 '존재'가 곧 '전체성'임을 명시한다. 존재자는 존재하는 이상 전체에 귀속된다. 이 존재는, 전쟁으로 존재자들을 지배하듯이, 전체성 아래 그들을 둔다.

> 전쟁 가운데서 스스로를 드러내는 존재의 모습은 전체성의 개념 속에 고정되는데, 이 전체성의 개념이 서양 철학을 지배한다. ⋯⋯ 개별자들의 의미는 전체성으로부터 유래한다. 이때 개별자들은 전체성 바깥에서는 보이지 않는다.(『전체성과 무한』, 8쪽; 번역 수정)

과연 존재는 전체주의적인가? 레비나스의 존재 이해는 올바른가? 아감벤의 존재론적 견해를 검토하는 과정에서 우리는 이런 문제들에 대한 답을 얻을 수 있을 것이다. 요컨대 이 장은 아감벤 사상의 근본을 이루는 존재론적 논의를 타자 개념과 더불어 다루며, 또한 레비나스의 타자론 비판이라는 이중의 과제를 수행한다. 물론 그것은 아감벤 자신이 레비나스에 대해 가지고 있을 수 있는 입장을 추적하는 일과는 상관이 없다.

2) 임의적 존재에 대한 사색

『도래하는 공동체』는 다음과 같은 잘 알려진, 그리고 매우 오래된 스콜라 철학의 명제를 새롭게 사유해보고자 한다. "임의적 존재는 하나요, 참되고 선하며 또한 완벽하다(quodlibet ens est unum, verum, bonum seu perfectum)."(『도래』, 9쪽) 여기서 관건이 되는 것은 존재를 꾸며주는 '임의적(quodlibet)'이라는 형용사이다.

저 명제는 중세 철학에서 '초월자'에 대한 기술이다. 초월자는 무엇인가? 초월자는 특정한 영역에 제한되어 존재자에게 적용되는 범주가 아니라, 특정 맥락을 벗어나서 모든 존재자에게 적용될 수 있는 것이다. 예를 들어, '펜은 딱딱하다'라고 말한다면, 펜은 딱딱하다는 맥락에서 규정되었기 때문에 물렁물렁하다는 규정은 펜에 대해 포기될 수밖에 없다. 이처럼 맥락에 따라서 제한적으로 적용되기도 하고 적용되지 않기도 하는 일반범주와 다르게, 초월자, 즉 초월범주는 모든 존재자에게 필연적으로 적용되는 것이다. '존재는 하나이고, 참된 것이고 좋은 것이다'와 같이 모든 존재자에게 적용되는 것이 초월자이다.

근대 이후로 이 초월범주는 존재자에 대한 공허한 기술(記述)로 폄

하된다. 예를 들면, 하나, 참됨, 선함, 완벽 같은 스콜라 철학의 초월범주에 대해 칸트는 『순수이성비판』에서 이렇게 평가한다. "매우 빈약한 것이었고 그래서 사람들은 근래에는 그것을 거의 단지 명예를 위하여 형이상학 내에 배치해 놓곤"[2] 한다라고 말이다. 칸트의 '초월적 연역'과 '초월적 도식작용론'의 근본 정신이 보여주듯, 칸트에게서는 단지 근본 범주들이 있다는 것을 이야기하는 것이 중요한 것이 아니라, 범주들이 경험의 대상과 어떻게 관련을 가지는지를 보이는 것이 중요하다. 그래서 칸트는 기존의 초월자들과 자신의 범주를 구분한다. 칸트에 따르면 중세 철학의 초월범주에서는 "이 개념들의 객관들과의 관계가 완전히 도외시"[3]되었다. 초월범주는 '존재는 일자이다', '모순율을 범하지 않는다' 등과 같은, '인식을 위한 일반 논리적 기준 정도를 충족시킨다.' 아마도 이런 칸트의 평가가 스콜라 철학의 초월범주가 근대 사상사에 상속된 또는 사상사를 통해 단죄된 한 결정적이며 대표적인 방식을 보여주리라.

아감벤은 현대적 상황에서 저 중세의 명제가 가질 수 있는 의의를 다시 사유한다. 그는 "임의적 존재(쿼드리벳 엔스)는 하나요, 참되고 선하며 또한 완벽하다"라는 명제에서, 참되고 선하며 완벽하다는 초월범주 쪽이 아니라, 존재를 꾸미는 형용사 '임의적'에 주목함으로써 저 명제의 의미를 새롭게 이해해보고자 한다. 쿼드리벳 엔스는 각양각색으로 번역된다. 예를 들면 "모든 존재'는 하나이고, 참되고, 선하다' 또는 "각 존재'는 하나이고, 참되고, 선하다' 등. 이제 이 단어 '쿼드리벳'을 문자 그대로 '임의적'이라고 이해해보자.

여기에서 말하는 임의적인 것[il qualunque]은 특이성[la singolarità]과 관련되는데 이는 특이성이 어떤 공통 속성(혹은 붉다, 프랑스인이다, 이슬람교도이다와 같은 개념)에 대해 갖는 무차별성에 근거하는 것이 아니라 그 **존재가 '그것 그대로' 존재함**에 근거한다.(『도래』, 9쪽; 대괄호는 옮긴이)

공통 속성은 임의적인 것들의 배후에 애초에 무차별적으로 자리 잡고 있는 것이 아니다. 즉 임의적인 것들 이전의 심층적인 차원에 필연적으로 공통 속성이라는 배후가 있는 것이 아니다. 임의적인 무엇은 무차별적으로 일반적인 기술에 매개되는 것이 아니다. 임의적인 것은 공통적인 것, 즉 공통 속성이나 공통 형상 아래로 들어가기 전에 '그것 그대로' 이미 존재한다.

임의적인 것이 단지 무차별적으로 공통적인 집합에 귀속되지 않고, '그 자체로, 그것 그대로' 존재한다는 것을 어떻게 이해해야 할까? 경험적인 차원에서 '연인'을 예로 들어보자.

사랑은 결코 연인의 이런저런 속성(금발이다, 작다, 보드랍다, 다리를 절다)을 향하지 않으며 그렇다고 무미건조한 보편성(보편적 사랑)이라는 미명하에 연인의 속성들을 도외시하지도 않[는]다. 사랑은 사랑하는 존재를 '그것의 모든 술어들과 더불어' 원하고, 그 존재가 존재하는 대로 '그렇게' 존재함을 원한다.(『도래』, 10~11쪽)

사랑의 대상은 보편적 속성으로 환원되지 않는 특이성을 지닌 대상, 그리고 보편적 속성을 통해 가리켜 보일 수 없는 임의성을 지닌 대상이다. 내가 사랑하는 한 특이한 대상은 보편적 사랑의 대상이 아니다. 우리는 무차별적인 인류를 사랑하듯이 특이한 한 대상을 사랑하지는 않는다. 그렇다고 이 대상을 금발이라서, 작아서, 보드라워서, 다리를 절어서 사랑하는 것도 아니다. 누군가를 사랑하는 까닭의 일부는 그가 '금발이다'나 '작다'나 '보드랍다'나 '다리를 전다' 같은 술어의 대상이기 때문일 수도 있지만(일상적 표현으로 쓰면, 금발이거나 작거나 보드랍거나 다리를 절어서 사랑할 수 있지만), 무엇보다 그 존재가 그것 그대로 존재하는 한 존재이기 때문에 사랑하는 것이다. 우리는 금발이거나 작거나 보드랍거나 다리를 저는 사람이라면 누구나 사랑하는 것이 아니다. 바로 '그 한 사람'이기 때문에 사랑하는 것이다. 그렇다고 단지 그가 그 사람이라는 이유만으로 사랑하지도 않는다. 이 임의적인 한 사람이 금발이거나 작거나 보드랍거나 다리를 저는, 일반적 술어의 대상이라는 점 역시 사랑의 요소이다. 그러니 사랑의 대상에서 금발, 작음 등과 같은 일반적 범주는 대상을 지배적으로 규정하는 범주로 작용하지 않은 채, 그 자체로 존재함이라는 이 대상의 임의성과 같은 층위에서 구분할 수 없이 뒤섞여 있다. 사정은 프루스트의 『잃어버린 시간을 찾아서』에서, 어떻게 소녀들의 그룹에서 알베르틴이 사랑의 대상(특이성)이 되느냐의 문제와 같은 것이다. 소녀들의 일반 속성을 가지면서도 임의적인 한 사람으로서 알베르틴은 특이성을 지닌 개체가 된다. 이때 일반성은 임의적 존재의 상위에 있지 않다. 즉 임의적 존재의 본질이 되지 못한다. 일반적 본질을 가리켜 보이는 범주와 상관없는 한 존재, 즉 임의적 존재의 가능성을 가늠하는 일은 어떻게 고유한 또는 특이한 개체가 출현할 수 있는지를 탐색하는 '개체화'의 문제이다.

마지막으로 덧붙이면, 이 고유한 존재가 범주에 의해 규정되지 않는다면, "임의적 존재는 하나요, 참되고 선하며 또한 완벽하다"는 명제에 대해 앞서 소개한 역사적 평가, 즉 칸트의 평가는 우리가 이 명제와 더불어 탐구하고 있는 바와는 상관없는 것이 될 것이다. 칸트가 겨냥하고 있는 바는 범주와 그것의 경험적 대상의 관계 문제인 반면, 임의적 존재는 범주를 통해 규정될 수 있는 대상이 아니다. 물론 '임의적'은 대상을 규정하는 범주가 아니다.

3) 개체화 원리: 스코투스에서 스피노자로

개체화는 어떤 원리를 통해 이루어지는가? 아리스토텔레스를 따라 아퀴나스가 개체화의 원리를 질료인으로 제시한 이후 이에 대한 비판적 성찰이 사상사에서 개체화 이론의 역사를 만들어 나갔다.

> 토마스 아퀴나스가 개체화가 일어나는 곳을 질료 속이라 짐작하였다면 둔스 스코투스는 개체화를 어떤 다른 형상이나 본질, 속성이 본성 혹은 공통 형상(예컨대 인류)에 더해지는 것이 아니라 어떤 울티마 레알리타스(ultima realitas), 즉 형상의 궁극성이 더해지는 것이라 보았다.(『도래』, 31쪽)

아퀴나스에게 개체화의 원리는 네 가지 원인 가운데 하나인 질료인이다. 스코투스가 아퀴나스의 주장에 대해 비판적 거리를 유지하며

타자철학

제시하는 것이 '이것성(헥사이타스, Haecceitas)'이다. 아퀴나스가 질료를 개별화의 원인으로 제시했을 때 이는 후험적 방식으로 도달한 해답이다. 즉 결과물로서의 사물들로부터 그 사물들이 개별화된 원인으로 질료를 추정해낸 것이다. 원인으로부터 그 결과를 이해해야 하는데, 거꾸로 결과로부터 원인을 추정하고 있는 것이다. 이는 원인에 의거해서 결과를 설명하는 것이 아니라, 결과에 의거해 원인을 설명한다는 점에서 문제를 지닌다. 결과에 의거해 발견한 원인이란 한낱 '개연적'이다.[4]

아퀴나스와 달리 스코투스는 공통 형상에 다른 것(질료)이 더해져서 개체화가 이루어지는 것이 아니라, 형상이 궁극적으로 실현되는 것을 개체화로 이해한다. 스코투스는 형상에 궁극성이 더해지는 것을 공통 형상에 '이것성(헥사이타스)'이 덧붙여지는 것이라고 말한다. 다르게 표현하면 헥사이타스는 질송이 말하듯 "현실화한 궁극의 형상(ultima actualitas formae)"이다.[5] 이는 다른 원인의 개입 없이 이루어지는 "형상'의' 개체화"(『도래』, 31쪽)이다.[6] 그러나 개체화에 대한 스코투스의 생각 역시 다음과 같은 문제를 안고 있다.

둔스 스코투스의 한계는 공통 본성을 이미 주어진 실재로 간주하려는 듯 보인다는 데 있다. 그 실재는 임의적 특이성에 무차별한 존재의 속성을 갖고 특이성은 그 실재에 오직 이것성만을 덧붙일 뿐이라 생각되었다. 이에 따라 스코투스는 특이성과 불가분의 관계에 있는 저 쿼드리벳(quodlibet)은 사유되지 않은 채로 놓아두고는 은연중에 개체화의 진정한 근원을 무차별성으로 만들어 버린다. 하지만 '쿼드리벳-성[quodlibetaltià]'은 무차별성이 아니다.(『도래』, 31~32쪽; 대괄호는 옮긴이)

스코투스는 공통 본성을 '실재'로 간주하고, 개체화는 이 공통 본성에 단지 '이것성'이 더해져 이루어지는 것으로 보았다. 이 경우 개체화란 위계 없이 동등한 층위에 놓인 공통 본성(공통 형상)과 쿼드리벳성(한 존재자의 임의성) 사이에서 이루어지는 것이 아니라, '공통 형상의 개체화'이다. 형상의 궁극적 현실화로서 개체 말이다. 당연히 이 경우 개체화 과정에서 개별자들에 대해 공통 형상이 무차별적이라는 것이 부각될 뿐, 개별자의 '쿼드리벳성'은 잊혀진다. 즉 쿼드리벳 엔스(임의적 존재자)가 공통 형상에 매개되기 전에, 그 존재자가 다른 존재자와 서로 '다르다'는 사실은 전혀 사유되지 않는다.

그래서 다음과 같은 문제가 출현한다. "그렇다면 대체 임의성과 [공통 형상의] 무차별성 사이의 관계는 무엇인가? 우리는 하나의 특이적 인간에 대한 공통 인간 형상의 무차별성을 어떻게 이해해야 할까?"(『도래』, 32쪽) 개별자에게 부여된 어떤 공통 속성도 고려되지 않을 때 그 개별자는 임의성을 통해서만 구분된다. 예를 들어 무작위 뽑기 기계에서 뽑아져 나오리라 기대되는 것들은 임의성만을 통해서 분산되어 있다. 또 예를 들어, 군대에서 일에 동원될 다섯 명을 선출하라고 했을 때, 여기서 개체성은 임의성뿐이다.(물론 이 예들은 '비유적' 예들이다. 왜냐하면 무작위 뽑기 기계 안의 장난감들은 이미 공통적 형상인 캡슐 토이에 매개되어 있고, 군대의 구성원도 군인이라는 공통적 형상에 이미 매개되어 있는 까닭이다. 이런 사례의 한계를 감안하고서 우리가 사유해보고자 하는 것은 공통 형상에 귀속되지 않고서 애초에 분산되어 있는 다수의 임의적 존재자들이다. 존재는 범주가 아니므로 집합적이지 않고, 따라서 존재 안에 존재자들이 실존한다는 것은 '임의적으로' 분산되어 있다는 것이다.)

타자철학

인간이라는 형상이 개별자로 현실화할 때, 우리 경험이 알려주는 것처럼 개개의 인간은 모두 다르다. 숫자상으로만 다른 것이 아니라 인간들은 그야말로 질적으로 서로 다르다. 그래서 우리는 공통 형상이 개별자에 개입할 때, 개별자는 공통 형상을 본질로 가지는 것이 아니며, 공통 형상으로 환원될 수 없는 다른 요소가 개별자에 개입함을 알 수 있다. 공통 형상의 궁극적 현실화를 개체화로 본 스코투스는 이 요소에 주목하지 않았는데, 다음과 같은 문장과 더불어서 우리는 스코투스가 직면하는 문제에 대해 알 수 있다.

> 우리는 피에르 아벨라르의 스승인 샹포의 기욤이 '낱낱의 개별자에서 이념은 '본질적으로가 아니라 무차별적으로(non essentialiter, sed indifferenter)' 현존한다'고 주장한 것을 알고 있다. 좀 더 정확성을 기하기 위해 둔스 스코투스는 공통 본성과 이것성[헥사이타스] 사이에는 본질상의 차이는 없다고 덧붙인다. **하지만 이 말은 이념과 공통 본성이 특이성의 본질을 이룰 수는 없으며,** 그렇다면 특이성은 전적으로 비본질적이며 그 **특이성을 구분하는 기준은 본질이나 개념이 아니라 다른 곳에서 구해야 한다는 것을 의미한다.**(『도래』, 32쪽)

이념, 공통 형상, 공통 본성, 초월자, 일반 개념 등으로 불리는 것이 개별자들에게 무차별적으로(차이 없이) 현존하는 것은, 그 공통적인 것이 개별자의 본질을 이룬다는 것을 뜻하지 않는다. 기욤의 말처럼 그 공통적인 것은 본질로서 개별자에 개입하는 것이 아니다. 다시 말해 공통적인 것은 개별자의 특이성의 본질을 형성할 수 없다. 따라서 개별자들의 특이성을 구별하는 척도는 공통 형상이 아니라 다른 데서 찾아야 한다. 사정이 이렇다면, 스코투스의 개체화 문제는 "사이비 문제"(『도래』, 33쪽)로 드러날 위험에 처한다. 공통 형상이 개체들 안에서 이것임(헥사이타스)의 모습으로 현실화하더라도 개체들에 대해 '본질로서 현실화하는 것이 아니라면', 즉 공통 형상이 개체의 특이성의 본질을 이루지 않는다면, 스코투스는 결국 개체화 문제를 다룬 것이 아니기 때문이다. 오히려 개별자의 특이성을 규명하기 위해선 스피노자의 논의를 살펴보아야 한다.

> 스피노자가 공통적인 것을 생각하는 방식을 참조해본다면 더없이 유익할 것이다. 스피노자에 따르면 모든 신체는 연장성의 신적 속성을 표현하는 공통점을 갖고 있다.(『에티카』, 제2부, 정리 13, 보조정리 2) 하지만 공통적인 것(the common)은 결코 개별 사물의 본질을 구성할 수 없다.(『에티카』, 제2부, 정리 37). 여기에서 결정적인 것은 '비본질적인 공통성'의 이념, 결코 본질과 관련되지 않는 **연대**의 이념이다. '연장성의 속성에서 자리-**잡음, 특이성들의 소통은 특이성들을 본질 속에서 통합하지 않고 실존 속에서 분산시킨다.**'(『도래』, 33쪽)

여기서 말하는 본질 없이 이루어지는 '연대'를 우리는 뒤에 '공동체'라는 이름 아래 다룰 것이다. 따라서 이 문제를 제쳐두고 개체화와 관련된 이야기부터 해야겠다. 스피노자에서 '속성'은 '실체'와 '양태' 모두에 공통적인 형식이기 때문에 신(실체)은 연장을 통해서 양태들(개별자들)로 변용될 수 있다. 즉 양태들은 신적 속성인 연장을 형식으로 삼아 존재한다. 그런데 연장은 모든 개별자들에 공통적인 것이지만 그 개별 사물들의 본질을 구성하지는 않는다. 물리적으로 공간을 차지하고 있다는 사실은 개별자들이 존재하는 형식이지 개별자들의 본질은 될 수 없다. 따라서 연장 안에 개별자들이 있다는 것은 하나의 본질 아래 개별자들이 통합되어 있다는 것이 아니라, 개별자들이 각각의 특이성을 가지고 실존 속에서 분산되어 있다는 뜻 또는 분산되어 존재한다는 뜻이다. 중요한 내용이므로 여러 표현으로 반복해서 써보는 것도 좋을 것이다. 개별자들이 일반적인 속성 안에 들어간다는 것은 하나의 본질 안에서 개별자들이 통일된다는 뜻이 아니다. 거꾸로 그것은 실존 속에서 개별자들을 떨어뜨려놓는 역할을 한다. 양태들이 연장의 형식 속에 있다는 말은 개별자들이 이런저런 사물들로 떨어져 있다는 말이다. 실존한다는 것은 본질 속에 통합되어 있는 것이 아니라 차이성 속에 분산되어 있음이다.

공통적인 연장의 형식 안에서 존재한다는 것은 존재자들이 연장을 공통적인 본질로 삼는다는 뜻이 아니고, 연장이라는 형식 아래 전체화된다는 것도 아니다. 물리적 사물들이 서로 인과 관계를 비롯한 영향 관계를 가지듯 연장 안에 있는 것들은 서로 "소통"한다. 이 소통은 동일한 본질 안에 있는 개별자들의 소통도 아니고, 전체화도 아니다. 그것은 각자가 실존 속에서 특이하게 있는 일, "실존 속에서 분산"되어 있는 일을 전제한다. 레비나스가 말하는 바와 달리 존재함 자체는 전체화의 원리가 아니다. 한마디로 존재함에는 죄가 없다.

4) 임의적 존재의 구성

이제 개별자, 임의적인 것, 쿼드리벳 엔스의 구성에 대해 살펴보자.

임의적인 것은 특이성에 대한 공통 본성의 무차별성에 의해 구성되는 것이 아니라 **공통적인 것과 고유한 것, 종과 류, 본질적인 것과 우연적인 것 간의 무차별성에 의해서 구성된다.** 어떤 사물이 임의적이라 함은 그것이 자신의 '모든 속성을 전부 갖'지만 그 속성들 중 어느 것도 차이를 구성하지 않는 것을 말한다.(『도래』, 34쪽)

본질로서의 공통 형상이 이미 있고, 이 공통 형상이 개별자들에 무차별적으로 적용된다는 생각, 즉 공통 형상이 개별자의 본질을 이룬다는 생각은 각각의 개별자의 특이성을 설명해주지 못한다. 특이성을 지니는, 분산되어 존재하는 임의적인 것들은 공통적인 것과 고유한 것, 종과 개체, 본질적인 것과 우연적인 것이라는 두 항이 서로 구분되지 않는 영역에서 구성된다. 공통 형상은 본질로서 개별자의 고유성 상위에 있는 것이 아니다. 즉 공통 형상이라는 본질 없이 임의적 존재는 특이한 것으로 성립한다.

예를 들어보자. "인간의 말이 공통적인 것(언어)의 전유도 고유한 것의 소통도 아니듯이 인간의 얼굴 역시 종적 얼굴(facies)의 개체화도 특이한 특징의 보편화도 아니다."(『도래』, 34쪽) 각각의 개별자들의 얼굴이란 무엇인가? 그것은 얼굴의 공통적인 종적 형상과 고유한 것, 얼굴의 일반적인 면모와 우연적인 것이 '무차별적으로 구분할 수 없이 뒤섞

이는 데서' 구성된다. 이런 식의 무차별성만이 개별자를 구성한다. 이 것이 뜻하는 바는 개별자는 주도적인 역할을 하는 공통적인 것을 본 질로 가지지 않는다는 것이다. 또 다른 예로, 말한다는 것은 무엇인 가? 말한다는 것은 공통적인 언어 형식을 실현하는 일인가 아니면 나 만의 독특한 표현을 구사하는 일인가? 두 가지가 구분할 수 없이 뒤섞 이는 데서 비로소 개별자의 말하기는 성립할 수 있다. 우리는 또한 필 체를 예로 들어볼 수도 있을 것이다.

글자를 쓸 때 그리는 선에서 필체(ductus)는 글자의 공통 형상에서 특 이자의 현존을 표시하는 개별 특징으로 끊임없이 이행하지만 그 누구도, 아무리 철두철미한 필적학의 방법을 적용한다 하더라도 이 두 영역이 진 짜로 갈라지는 분기점을 찾아내기란 불가능할 것이다.(『도래』, 35쪽)

모든 사람이 특정한 필체를 가지고 있다. 그러나 동시에 모든 사람 이 보편적인 글자의 획을 긋고 있다. 어떤 필적학을 동원하더라도 개별 필체와 공통적인 문자의 형상을 구분하지는 못한다. 양자는 '무차별적 으로' 섞여 있는 것이다. 폰트 개발자들이 내놓는 문자 형태에서도, 그 새로운 폰트의 개성과 문자의 일반적 형태를 구별하기란 불가능하다.

다른 예로 소설 속의 인물들을 생각해볼 수도 있다. 여느 예술처럼 소설은 보편성을 지닌다. 보편성이 없다면 소설은 사사로운 문서에 불 과할 것이다. 만일 완전히 고립적인 사사로움이란 것이 가능하기만 하 다면 말이다. 그런데 소설이 보편적이라고 해서, 완전히 정형화된 보편 적인 사람을 등장인물로 출현시킨다면 그 소설은 생동감을 잃고 실패

하게 될 것이다. 소설은 한편으로 개성적인 고유한 자이며 다른 한편
으로 모든 사람인 자의 이야기를 만들어낼 때만 성공한 소설이 된다.
여기서 이 개성적인 고유한 자와 보편적인 인간은 서로 뒤섞인 채 구별
되지 않는다. 고유한 필체와 보편적 문자의 형상이 구별되지 않는 것처
럼 말이다. 중요한 것은 이러한 개체화가 어떤 과정을 따라 이루어지는
가 하는 것이다.

> 우리는 잠재성에서 행위로, 공통 형상에서 특이성으로 가는 이행이
> 단 한 번으로 완결되는 사건이 아니라 무한히 연속되는 양태적 왕복이
> 라 주장하는 중세 철학자들의 이론을 어떻게 독해해야 하는지 알게 된
> 다. 특이한 실존의 개체화는 점점의 사실이 아니라 생장과 감퇴, 전유와
> 박탈의 연속적 단계 변화에 따라 방향이 달라지는 실체의 **발생선**(linea
> generationis substantiae)이다.(『도래』, 34~35쪽)

개체화는 보편적인 '공통' 형상과 '임의적' 고유함 사이를 반복해서
오가는 '형성의 문제'이다. 형성의 문제는 가령 '보편적인 글씨를 익혀
서 필체를 형성하는 것', 즉 공통적인 것에서 특이한 것으로 이행하는
한 방향만을 가지지는 않는다. 그 역인 고유한 것에서 공통적인 것으
로 가는 방향 역시 가능하다.

> 이것의 역을 주장한다 하여 과히 틀리지 않을 것이다. 즉 내가 철자 p
> 를 쓰는 법이나 그 철자의 음소를 발음하는 법을 특징짓는 나만의 특이
> 한 방식이 수없이 거듭됨으로써 그 철자의 공통 형상이 산출될 수도 있

기 때문이다.(『도래』, 35쪽)

위의 예는 동양의 서예 문화로 변형해보면 적절히 이해될 것이다. 왕희지 같은 서체의 완성자들은 문자를 쓰는 고유한 방식을 '공통화한' 좋은 예이리라. 우리는 이보다 적합한 예를 얼마든지 찾을 수 있다. 특이한 것에서 보편적인 것으로의 이행의 좋은 예를 어떤 음식의 유래에 관한 설화적 이야기에서 구할 수 있다. 가령 몬테규 백작이 고안한 빵 사이에 채소와 고기를 끼워 먹은 특이한 식사는 보편적인 메뉴 또는 공통 형상으로서 샌드위치가 되었다. 개그맨들의 어떤 말이 유행어가 되는 경우도 생각해보라. 보편적으로 쓰이지 않았던 특이한 말을 유행시킴으로써 그 말을 사람들에게 공통적인 것으로까지 끌어올리는 예이다. 이렇게 특이한 것과 공통적인 것을 오가면서 개체화는 '발생적으로' 이루어진다. 개체화는 결코 본질로서의 공통 형상에 일방적으로 지배받으며 이루어지지 않고, 공통성과 특이한 고유성이 뒤섞이며 발생한다. 이런 맥락에서 개체화는 '경험적으로' 이루어진다고 말해도 좋을 것이다.

이런 공통성과 고유성이 구별할 수 없이 뒤섞인, 즉 공통적 본질 아래 규정되지 않는, 더 분명히 말하면 본질 없는 개별자가 바로 임의적인 것, '쿼드리벳 엔스'이다. "공통성과 고유성, 종과 개체는 임의성의 산마루에서 떨어지는 양 비탈일 뿐이다."(『도래』, 35쪽) 공통성과 고유성은 임의성의 양면을 이룬다. 풀어 쓰면 공통성 또는 공통적 본질은 임의적 존재의 비탈에 흐르는 빗물로서, 그 자체 임의적 존재 상위의 규정자가 아니다. 햄릿을 연기했을 때 어떤 배우는 찬사를 받고 어떤 배우는 비난을 받는다. 같은 베토벤 피아노 소나타를 연주해도 어떤 연주자는 감동을 주고 어떤 연주자는 지루하게 만든다. 바로 임의적 존재로서의 한 명의 배우나 한 곡의 연주는 공통 형상으로서 햄릿이나 베토벤 소나타의 본질이 현실화된 결과물이 아니기에 그렇다. 이 공통 형상은 본질의 자격을 가지고서 규정하는 자를 자처하지 못하고, 그저 고유성과 뒤섞여 특이한 개별자로 현실화할 뿐이다.

5) 벌거벗은 생명, 예외상태, 아나키

한마디로 임의적 존재는 공통 본질 없는 특이성을 구현하는 개체이다. 이런 개체가 현실 속에서 '경험적으로 또는 발생적으로' 겪는 운명은 오늘날의 사회·정치적 맥락에서 이해되어야 한다. 가령 다른 이들에게 선망의 대상이 되는 주도적인 삶에 대한 안내를 광고가 담당하는 사회에서는 다음과 같은 광경도 볼 수 있다.

> 소시민 계급[borghesia, 부르주아]의 모순은 그 광고에서 자신을 기만하는 그 상품을 아직도 찾고 있다는 데 있으며 실제로는 전혀 고유하지도 않고 중요하지도 않은 정체성을 승산이 없어 보이는데도 자기 것으로 만들겠다고 고집한다는 데 있다.(『도래』, 90~91쪽)

여기에서 광고와 상품이라는 보편적 가치에서 배제되는 소시민, 부르주아의 삶은 "벌거벗은 삶[생명]"(『도래』, 91쪽)으로 기술되고 있다.

"그들에게 이 지상에서 살 곳은 없다."(『도래』, 91쪽) 여기서 우리는 아감벤의 핵심 개념, '벌거벗은 생명', 즉 '호모 사케르'를 만나고 있다. "'신성한[sacer]'이란 말은 로마법에서 쓰였던 의미로만 이해될 수 있다."(『도래』, 119쪽) 로마법에 기원을 두는 이 개념은 이렇게 정의된다. "'살해는 가능하되 희생물로 바칠 수는 없는 생명(vita uccidibile e insacrificabile)', 즉 '호모 사케르(homo sacer)'의 생명"[7]이라고 말이다. 이 개념이 현대 정치에서 가지는 실질적 함의는 '배제를 통한 포함'이다. "벌거벗은 생명은 여전히 예외 형태로, 즉 배제를 통해서만 포함되는 어떤 것으로서 정치에 포섭되어 있다."[8] 왜 정치는 이 생명의 '포함'을 요구하는가? 아감벤도 인용하고 있는 바이지만, 들뢰즈가 말하듯 "주권이란 자신이 내부화시킬 수 있는 것만 통치한다."[9] '배제를 통한 포함'은 주권이 통치를 위해 통치 대상을 자신의 내부에 두는 방식이다. 법 바깥으로의 배제를 통해 주권 아래 포함하는 방식으로 통치는 이루어진다. 법적 예외(법의 바깥을 만드는 것)를 통해 대상을 통치 아래 두는 계엄령 같은 것을 예로 들 수 있을 것이다. 위 인용에서의 소시민은 광고와 상품이라는 보편적 가치 안에서 자신의 정체성을 가지지 못하고 그 바깥으로 추방된다. 완전히 벌거벗고 있고 그 어떤 보편적인 속성도 없는 무질의 '특성 없는 남자'처럼 그는 정체성이 없으므로, 아무것도 아니다. 『특성 없는 남자』의 한 구절이다.

> "그는 특성 없는 사람이야."
>
> "그게 뭐지?" 클라리세가 웃으며 물었다.
>
> "아무것도 아니지, 그건 단지 아무것도 아닐 뿐이야."[10]

그런데 추방 내지 소외는 저 보편적 가치 아래 포함돼 지배받는 한 가지 방식이다. 이런 뜻에서 소시민의 운명은 '배제를 통한 포함'이라는 호모 사케르의 운명이다. 그것은 우리 논의 맥락대로 표현하면, 본질 없는 임의적 존재, 임의적 특이성이 현대 사회에서 보편적 본질로 제시되는 광고와 상품의 지배 아래 종속되는 일인 것이다. 선망하는 광고와 상품 바깥으로 배제됨으로써 오히려 그것들의 지배 아래 놓이는 것 말이다. 존재론적 개념인 '임의적 존재'가 이처럼 사회 정치적 맥락에서 변형되어 논의될 수 있는 까닭은, 앞서 말했듯 개체화가 선험적 개념에도 초월자에도 지배받지 않는 발생적이고 경험적인 논제인 까닭이다. 다시 한번 우리는 초월자에 관한 스콜라 철학의 명제에 대해 우리가 칸트와는 다른 차원, 즉 선험적 개념의 경험에 대한 적용과는 다른 차원에 자리하고 있음을 확인한다.

그런데 중요한 것은, 임의적 존재에게 예외상태는 주권 아래 포함되는 방식일 뿐 아니라, '반대로' 주권이 부여하는 정체성을 벗어나 임의적 존재의 모습 그대로인 정체성 없는(공통 형상 없는) 특이성을 실현할 수 있는 자리이기도 하다는 점이다. 예외라는 개념 자체가 "정체성 없는 특이성"(『도래』, 92쪽)이란 말로 풀이될 수 있을 것이다. 배제를 통한 포함과는 다른, 즉 포함이 불가능한 이런 예외를 아감벤은 '유효한 권력이 선포하는 예외상태가 아닌, 메시아가 선포하는 예외상태'[11], '폭력을 늘 법적 맥락 안에 기입하려는 칼 슈미트의 시도에 대립하는, 법 바깥에 놓이는 베냐민의 폭력'[12] 등의 형태로 논의하기도 한다. 이런 예외상태에 놓인, 즉 정체성 없는(공통 형상이라는 본질과 관계없는) "임의자의 특수성"(『도래』, 36쪽)은 이렇게 표현된다.

　　　　　　　　　　　　　　　　　　　　타자철학

만일 인간들이 이미 비고유하고 무의미한 개체성의 형상[가령 위에서 다룬 '광고' 같은 것]에서 고유한 정체성을 계속 찾는 대신 그러한 것으로서 이러한 비고유성에 귀속되는 데 성공한다면, 또한 고유한 이렇게 존재함을 어떤 정체성과 개별 속성이 아니라 **정체성 없는 특이성** …… 이라 가정하는데 성공한다면, 만일 인간들이 이런저런 개별적 생의 기록 속에서 그렇게 존재하는 것이 아니라 유일한 '그' 이렇게로 존재하며, 자신들의 특이한 외부성과 자신들의 **얼굴**로 존재할 수 있다면, 인류는 최초로 주체도 전제도 없는 **공동체**에 들어서게 [된다].(『도래』, 92쪽)

여기서 아감벤은 레비나스처럼 '얼굴'이라는 표현을 쓰고 있다. 그런데 이 얼굴은 레비나스와 달리 존재 바깥이라는 외재성의 표현으로서 얼굴이 아니라, 존재 내재적이지만 어떤 공통성에도 포함되지 않는 특이성을 지닌 개별자를 가리키는 얼굴이다. 그러나 내재적임에도 그 얼굴은 레비나스의 외재적 타자만큼이나 어떤 정체성도 없는, 즉 보편적 원리 아래 포함되지 않는 자의 표시이다. 요컨대 '존재론 내재적으로' 이런 '무(無)아르케적' 개별자 또는 '아르케의 타자'가 가능한 것이다. 그런 개별자들을 위에서는 '공동체'라고 표현하고 있다. 보편적 본질 또는 공통 형상 없는, 따라서 공동체라 불릴 수 없을 것 같은 이 공동체는 어떤 공동체인가?

임의적인 것은 순수한 특이성의 형상이다. 임의적 특이성은 어떤 정체성을 지닌 것도 아니며 개념적으로도 규정되지 않는다. 그렇다고 해서 임의적 특이성이 단순히 무규정 상태라는 것도 아니다. …… 이는 특정한 개념이나 실제 속성(붉다, 이탈리아인이다, 공산주의자이다)에 관여함으로써가 아니[다]. …… 특이성은 **전체**[tutto]에 속하지만 이때 그 귀속성은 어떤 실제 조건으로 대표될 수 있는 것이 아니다. 다시 말해 귀속성, '그렇게 존재함'은 **텅 빈 무규정 상태인 총체성**[전체성, totalità]과의 관계일 뿐이다.(『도래』, 95쪽)[13]

여기서 존재론적 맥락에서 '전체성' 개념이 출현하고 있다. 우리는 『전체성과 무한』의 저자 레비나스의 근본적인 비판 대상이, 그리고 '타자가 표시하는 무한'의 대립 개념이 '존재론적 개념으로서 전체성'이라는 것을 앞 장에서 보았다. 이 인용에서 가장 핵심적인 말을 꼽아야 한다면 바로 '귀속성'일 것이다. 레비나스에서 가능하지 않았던 '전체화하지 않는 전체성'을 가능케 하는 귀속성 말이다. 그런 전체성에 귀속되는 일은 공통 형상이나 보편적 본질이나 일반적 가치에 귀속되지 않는 귀속이므로 '조건 없는 귀속' 또는 '목적 없는 귀속'이라 해야 할 것이다. 존재에 대한 레비나스의 비판을 염두에 두고 표현하면, 그것은 아르케 없는 귀속, 즉 무원리적 귀속이다. 앞서 나온 표현을 기억한다면, 이 귀속의 정체는 공통 본질없는 개별자들이 '실존 속에서 분산'되는 것, "텅 빈 무규정 상태인 총체성[전체성]" 안에 놓이는 것이다. 이것이야말로 '아나키'가 아니면 무엇이겠는가? 레비나스가 생각하는 바와 달리 아나키는 존재론적으로 가능한 것이다.

타자철학

6) 임의적 존재의 정치

이런 임의적 특이성은 마치 레비나스의 타자처럼 **"어떤 정체성을 지닌 것도 아니며 개념적으로도 규정되지 않는다."**(『도래』, 95쪽) 그러나 그것은 외재적인 것이 아니라 존재 안에 귀속되는 것이다. 앞서 말했듯 그것은 "귀속의 조건([예를 들면] 붉다, 이탈리아인이다, 공산주의자다)"(『도래』, 117쪽)이 부재하는 귀속이다. 굳이 말하자면, '오로지 정체성이 없고, 개념적으로 규정되지 않는다는 공통적 사실을 귀속의 조건으로 삼아 임의적 특이성들은 공동체를 이룬다.' 그것은 사실 귀속의 조건이 부재하는 귀속이며, 임의적 특이성은 "귀속성 그 자체로만 매개되는 공동체에 속하는 존재"(『도래』, 117쪽)라 일컬을 수 있다.

> 임의적 특이성들은 아무런 사회(societas)도 형성할 수 없다. 그 이유는 임의적 특이성들이 옹호해야 할 아무런 정체성도, 인정받아야 할 아무런 사회적 귀속도 갖고 있지 않기 때문이다.(『도래』, 118쪽)

본질이 없다는 것은 구현해야 할 목적이 없다는 뜻이다. 저 임의적 특이성이 그렇다. 사회적 귀속을 갖지 않음에도, 공통의 목적이 없음에도, 바로 사회적 귀속과 목적이 없다는 그 사실을 통해 서로 '연대'하는 이 임의적 존재의 공동체는 국가에게 위협이 된다.

국가가 어떤 식으로든 용인할 수 없는 것은 특이성들이 어떤 정체성을 확언하지 않으면서 공동체를 형성하는 것이자 인간들이 어떤 재현/

대표될 수 없는 귀속의 조건(그것이 아무리 가장 단순한 전제의 형식이라 해도) 없이도 함께 귀속된다는 것이다.(『도래』, 118~119쪽)

왜 국가는 저런 공동체를 용인할 수 없을까? 왜냐하면 앞서 들뢰즈로부터 읽었듯, 주권이란 자신이 내부화시킬 수 있는 것만 통치할 수 있는 까닭이다. "대표/재현될 수 있는 아무런 정체성도 갖지 않는 존재가 있다면 그것은 국가와 완전히 무관할 것이다."(『도래』, 119쪽) 임의적 존재들이 공통 형상을 통해 정체성을 형성하지 않고, 또 사회적 정체성을 가지지 않는다면, 정체성이 없다는 바로 이 사실 때문에 주권은 이들을 자기 아래 포함시키지 못한다. 정체성 없는 것을 표적으로 삼을 수는 없는 까닭이다.

알랭 바디우가 보여주었듯 국가는 자신이 곧 그것의 표현인 사회적 결속을 기반으로 세워진 것이 아니라 오히려 자신이 금지하는 것인 해체, 해소를 기반으로 세워진 것이다. 따라서 국가에게 중요한 것은 결코 특이성 그 자체가 아니라 오직 그 특이성을 어떤 정체성 안에, 임의적 정체성(하지만 어떤 정체성으로 확정되지 않은 '임의성' 그 자체의 가능성은 국가가 대응할 수 없는 위협이 된다.) 안에 포함시키는 문제이다.(『도래』, 119쪽)

국가는 통치를 위해, 국가 안에 들어오지 않는 국가의 타자를 자기 안으로 귀속시키고자 한다. 따라서 국가 밖에 있는 집단, 그러면서도 그것의 정체성을 국가가 표적으로 삼을 수 없는 정체성 자체가 없는 집단은 국가에게 가장 위협적인 것이다. "모든 정체성과 모든 귀속의

조건을 거부하는 임의적 특이성은 국가의 주적이 된다.”(『도래』, 120쪽)

임의적인 것들이 일반적 형상을 매개로 하지 않음으로 해서 형성하는 공동체, 정체성 없는 공동체가 어떻게 정치적 의미를 지닐 수 있는가? 톈안먼 사태가 좋은 예를 제공해 줄 것이다.

> 중국의 5월 시위에서 가장 인상적이었던 점은 그들의 요구사항에서 확실한 내용이 상대적으로 거의 없다시피 했다는 점이다.(민주주의와 자유는 실제 투쟁 대상이 되기에 너무 일반적이고 광범위한 개념들이었고 유일하게 구체적인 요구였던 후야오방의 복권은 즉각 수용되었다.) 이런 점에 비추어 보면 국가가 보인 폭력적인 반응은 더욱더 불가해해 보인다. 하지만 이런 반응은 겉보기에만 부적절해 보일 뿐 실상은 중국 지도부가 자신들의 관점에서 보았을 때, 민주주의와 공산주의 간의 대립에 대한 점점 말도 안 되는 새로운 논거들을 제시하는 데에만 정신이 팔려 있던 서구의 관찰자들보다는 도리어 더 분명한 근거를 가지고 행동한 것이었다. ‘도래하는 정치가 새로운 이유는 그것이 더 이상 국가의 정복이나 통제를 쟁취하는 투쟁이 아니라 국가와 비국가(인류) 사이의 투쟁이며 임의적 특이성과 국가 조직 사이의 극복될 수 없는 괴리가 될 것이기 때문이다.’(『도래』, 117~118쪽)

여기서 아감벤은 베냐민이 「폭력비판을 위하여」(1921)에서 프롤레타리아 총파업을 기술한 것과 매우 유사한 방식으로 톈안먼 사태의 의의를 파악하고 있다. 즉 그 의의를 ‘목적이 없다’라는 관점에서, 다시 말해 “행동의 목적에 따라서 판단되어서는 안 되고 오로지 그 행동의 수단"[14]이라는 관점에서 파악하고 있다.

텐안먼 시위대가 아무런 요구사항이 없었는데도 불구하고 국가가 민감한 반응을 보인 까닭은 무엇인가? 요구사항을 가진다면 그것은 공통 형상에 매개되는 집단일 것이다. 요구사항이 없이 모인 자들은 오로지 내용 없는 귀속성 자체로만 매개되어 있다. 일반 개념이라는 내용이 없는, 본질 없는 이러한 공동체가 오늘날 국가에게는 가장 위험한 것으로 간주된다. 만일 한 공동체가 '요구하는 내용'을 가진다면 주권은 그 요구를 법에 비추어 문제 삼고, 법 밖으로의 배제를 통한 포함이라는 방식으로 그 공동체를 주권 아래 둘 수 있을 것이기 때문이다. 목적 없는, 즉 정체 없는 공동체에 대해서는 이렇게 할 수가 없다. 이는 국가 안에서 정체성을 가지는 생명, 즉 비오스(βίος)가 아니라, 사회와 정치 바깥에 있는, 따라서 사회 정치적 맥락에서 정체성을 가지지 않는, 주권 자체에 대한 타자로서의 생명, 즉 조에(ζωή)가 정치 세력으로 출현하는 일이라 해도 좋을 것이다. 폴리스 내부의 생명인 비오스의 정치만을 알았던 그리스인들에게, 조에란 폴리스의 바깥, 폴리스의 한계를 형성하는 것이었다. "아테네 시민들의 '정치적 조에(zoe politike)'라는 말은 성립하지 않는다."[15] 그러나 현대 정치에서 관건이 되는 것은, 정체(政體) 안에서 정체성을 가지지 않는 생명인 조에가 주권을 침입하고 와해시키는 정치적 국면을 포착하는 것이다.

또한 주권이 위협으로 여긴다는 점에서 정치 세력이라는 이름을 가지기에 충분한 저 공동체는 아무런 목적을 가지지 않는데도 정치적 수단이 된다는 점에서 "목적 없는 수단", "순수한 수단"이라 불려 마땅하다.[16] 아감벤이 스승으로 삼고 있는 베냐민의 맥락에서 그것은, 아

타자철학

무런 정체성도 가지지 않는 폭력인 "신적 폭력"이라 불릴 수도 있다.[17] 또한 아무런 목적 없는 이 폭력은, 톈안먼의 시위대처럼 특별한 목표를 내걸지 않은 '프롤레타리아 총파업' 같은 형태로 가시화할 수도 있다.[18] 요컨대 아감벤의 주요 개념, 그리고 아감벤이 영감을 얻고 또 해석하는 베냐민의 주요 개념은 모두 근본적으로 중세의 존재론적 개념인 '쿼드리벳 엔스', 임의적 존재로부터 도출되고 있다.

우리가 알게 된 것은, 레비나스가 생각한 바와 달리 존재론 자체는 전체주의를 불러오지 않는다는 점이다. 레비나스가 비판하는 존재론이 존재론 일반이 아니라 하이데거와 헤겔의 존재론에 국한된다고 생각해서는 안 된다. 레비나스가 많은 경우 언급하는 것은 "하이데거의 존재자의 존재 그리고 헤겔의 비인격적 이성"(『전체성과 무한』, 448쪽)이지만, 그의 존재론 비판은 몇몇 철학자의 생각을 넘어 서양 철학 전체를 표적으로 삼는다. 이 장을 시작하며 인용한 "전체성의 개념이 서양 철학을 지배한다"라는 표현이 알려주는 것처럼 말이다. 파르메니데스에서 스피노자를 거쳐 헤겔에 이르기까지 서양의 모든 존재론이 레비나스의 비판 대상이다.(『전체성과 무한』, 144쪽 참조) 그러나 우리가 알게 된 것은, 존재론 자체는 전체주의적 개념을 포함하지 않는다는 것이다. 이와 달리, 계속 확인했듯 '존재자들은 실존 속에서 분산된다.' 이런 생각은 현대 존재론의 한 대표자인 들뢰즈에게서도 발견된다.

자연은 다양성과 다양성의 생산 원리로서 생각되어야 한다. 그러나 다양한 것들의 생산이라는 원리는 그것이 고유한 요소들을 하나의 **전체 속에 '통합하지 않는 경우에'만** 의미를 지닌다. …… 에피쿠로스의 논제는 특이하다. 즉 다양한 것들의 생산으로서의 자연은 하나의 무한한 합인데, 그것은 **고유한 요소들을 전체화하지 않는 합** 외에 다른 것일 수 없다. 자연의 모든 요소들을 한 번에 담을 수 있는 조합은 없다. 또 유일한 세계나 전체 우주도 없다.(『의미의 논리』, 424쪽; 번역 수정)

여기서 들뢰즈는 개별자들이 내재적으로(즉 자연 안에서) 결코 '전체를 이루지 않는다'는 것을 말하고 있다. 맥락상 '전체화하는 원리로서의 존재'와 명확히 결별하기 위해, '존재'보다는 '자연'이라는 개념을 가지고 사유하고 있지만 말이다. '존재'는 전체를 지배하는 원리가 아니라, 전체화하지 않는 단수적인 것들(곧 다수) 사이 사이를 '가르는' 자, 즉 "사이 존재(inter-être)"[19]이다. 존재가 '사이 존재'이므로 다수는 전체화하지 않는 다수로 남는다.

존재 안의 존재자들이 전체화되지 않는다면, 즉 존재 안에서 존재자들이 서로 이질성을 지닌다면, 타자를 사유하기 위해 레비나스의 외재성 개념, '존재와 다르게'가 필연적이지 않다는 것도 알 수 있다. 조에라 불리건, 목적 없는 수단이나 신적 폭력이나 순수한 폭력이라 불리건, 기존 정치 안에서는 그 정체성이 무엇인지 식별조차 되지 않는 전적으로 이질적인 것, 타자로서 출현하는 것은 존재론적 개념인 쿼드리벳 엔스다. 따라서 레비나스의 생각과 반대로 타자를 사유하기 위해선 바로 존재론이 필요하다. 그렇다면, 레비나스처럼 존재를 아르케와 동일시하고 아르케를 전체주의와 동일시하면서, 존재론을 타자와의 마주침에서 배제하는 것은 존재론에 대한 너무 성급한 판단이 아닌가? 들뢰즈가 말하듯 "존재(l'Être)는 선악을 넘어서 있다."[20] 우리가 임의적 특이성이라 부르기도 한 저것은, 공통 본질 같은 정체성 없음 또는 특이성 등의 말이 알려주듯, 하나의 원리(아르케)의 지배를 받지 않는 존재자다. 즉 존재론은 타자의 이타성을 말살하는 아르케가 실현되는 장이 아니라 근본적으로 타자의 타자성이 구현되는 장이며 무(無)아르케가 실현되는 지평이다. 이 무아르케의 지평으로서 존재의 장은 이미 아감벤 이전에, 아감벤과 상관 없이 철학이 사유하고 있었는데, 가령 들뢰즈의 '내재성의 구도'가 그런 존재의 장이다. 여기서 무아르케는 카오스, 우연 등의 이름으로 출현한다.

8장
문자론에서 환대의 정치로,
그리고 타인에서 동물로:
데리다

1) 해체주의: 왜 해체이며 동시에 구축인가?

철학 자체의 근거에 관한 물음 또는 근거 없음에 관한 물음은 현대 사상의 주요 관심거리 가운데 하나다. 들뢰즈의 경우 그 물음은 서양 철학이 가능하기 위한 공리들, 즉 철학적 사유를 가능하게 하지만 그 자체는 사유되지 않는 밑그림이라 할 수 있는 '사유의 이미지'에 대한 비판적 연구를 가능하게 했다. 푸코의 경우 그 물음은 인식을 가능하게 하는 '에피스테메'를 드러내는 작업으로 귀결됐다.

저 물음을 취급하는 데리다의 작업은 해체주의라는 이름으로 널리 알려져 있다. 데리다의 해체주의적 사고를 잘 드러내는 작품인 『그라마톨로지』는 다양한 주제들 및 인물들, 특히 소쉬르, 레비스트로스, 그리고 그가 인류학자로서 스승으로 삼은 루소를 연구 대상으로 삼아 해체주의 사상을 전개한다. 해체주의가 이런 여러 사상가들에 대한 연구의 형태를 지니는 까닭은, '해체(déconstruction)'가 이미 있는 작품 또는 사상의 구성에 개입해서 그것을 지탱하고 있는 원리를 살피는 작업이기 때문이다. 어떤 원리를 살피는가? 그것이 살피는 것은 하나의 형이상학적 작품이 '스스로 생각하지 못하고서 전제하는' 원리이다. 형이상학 또는 철학은 무전제로부터 출발하는 학문임을 자부하지만, 해체의 작업은 그 학문이 자신 바깥에 있는 원리에 의존하고 있다는 것을 드러낸다. 그러므로 철학을 지탱하는 요소를 철학 바깥에서 찾는 해체는 철학을 가능하게 하는 동시에 철학을 와해시킨다.

우리는 '타자'에 대한 사유로 진입하기에 앞서 먼저 타자론의 필수적인 조건으로서, 『그라마톨로지』를 중심으로 펼쳐진 해체주의 사상이 어떻게 작동하는지 살펴볼 생각이다. 해체는 데리다 이전에 하이데거의 『존재와 시간』에서 등장하는 개념이다. 하이데거의 표현을 빌리자면 '해체'란 어떤 사유의 "근본 개념들의 '출생증명서'를 탐구하여 교부하는 일"(『존재와 시간』, 41쪽)이다. 하나의 사유 또는 근본 개념의 출생증명서를 발급하는 일이란 그 사상 또는 개념을 가능케 한 기원을 탐구하는 것인데, 이때 그 기원은 결코 그 사상 내부에서 찾아지지 않는다. 예를 들어보자. '존재자'를 취급하는 전통 존재론은 존재자의 원천인 '존재'의 의미를 망각하고 있다. 따라서 존재자가 그 원천인 존재로부터 이해되어야 함에도, 전통 존재론은 존재에 대해 사유하지 못한다. 해체는 존재자의 의미가 존재론 외부의, 그리고 존재론보다 심층에 자리한 '존재'로부터 유래한다는 것을 보여주는 작업이다. 하이데거에서 존재의 의미는 바로 '시간성'이다. 따라서 존재가 존재자의 원천이라면 존재자에게는 저 원천의 '흔적', 즉 시간성의 흔적이 남아 있을 것이다. 가령 존재자의 '현전성(Anwesenheit)'이라는 개념의 경우가 그렇다.

"존재자가 그 존재에 있어서 '현전성'으로 파악되었다. 다시 말해서 하나의 특정한 시간양태, 즉 '현재'를 고려에 두고 이해되었다."(『존재와 시간』, 45쪽) 존재자의 현전에는 현재라는, 존재의 한 시간적 흔적이 남아 있는 것이다.

이런 식으로 해체는 근본 개념들의 기원이 무엇인지 그 출생증명서를 교부한다. 그런데 하이데거가 보여준 이런 작업이 왜 해체라 불리는가? 존재자를 기술하는 개념들의 출생증명서를 발급하는 일은 존재론을 가능하게 한 존재론의 조건을 탐색하는 일이다. 그런데 존재론의 가능 조건인 존재(존재의 시간성)는 존재자에게만 몰두하는 이 존재론 안에서는 생각되지 못한다. 존재론은 무전제로부터 출발하는 학문이다. 존재론이 제일철학의 지위를 가지는 까닭은 자기 외부로부터 전제를 빌려오지 않기 때문이다. 그런데 존재론의 가능 조건이 존재론 바깥에 놓여 있다면, 무전제로 이루어져 있다는 존재론의 본성 자체가 와해된다. 이런 점에서 존재론 바깥에서 존재론의 가능 근거를 탐색하는 사유는 '해체(dé-construction)'이다. 동시에 이는 존재론의 근거를 찾아주는 것이기에 '구축(construction)'이기도 하다. 이처럼 해체와 구축은 양날의 칼처럼 늘 동시적이다.

데리다의 해체주의는 다양하게 전개된 서구 사유(존재론이라 불리건 형이상학이라 불리건 철학이라 불리건)의 바탕에서 이러한 해체의 논리를 찾아낸다. 데리다의 해체가 발견하는, 서구 형이상학이 사유하지 못하는 형이상학의 근본 조건이 바로 '문자(gramme)', '에크리튀르(글, écriture)', '원-에크리튀르(archi-écriture)', '흔적(trace)', '원-흔적(archi-trace)' 등으로 불리는 것이다. 이렇게 문자를 형이상학의 근본 조건으로 발견한 것은 데리다 해체론의 가장 독특한 면모를 이룬다. 해체의 작업이 드러내는 이 문자의 논리를 규명한 이후에야 우리는 '타자'에 대한 사유로 나아갈 수 있을 것이다.

우리는 해체론이 가지는 의의를 검토하기 위해 다음과 같은 탐색의 도정을 그려보려 한다. 먼저 당연한 수순으로 『그라마톨로지』가 간직한 문자론이 어떤 것인지를 확인할 것이다. 이후 데리다의 해체적 사유가 직면할 수 있는 비판을 검토하려 한다. 해체적 사유는 서구 형이상학을 근거 짓고 동시에 중지시키는 데 머무는가? 거기엔 사회와 정치를 변화시킬 수 있는 사유의 힘은 잠재되어 있지 않은가? 이러한 질문에 대답하기 위해 우리는 데리다에 대한 현대 정치철학자 아감벤의 비판을 경유할 것이다. 그리고 『그라마톨로지』를 중심으로 하는 데리다 문자론에 잠재된, 정치적 장에서의 실천적 논의의 가능성을 '타자에 관한 사유'를 통해 드러낼 것이다. 이러한 작업은 『마르크스의 유령들』 같은 후기 작품을 디딤돌로 삼고서 이루어진다. 우리는 이런 탐색을 진행하면서 어떻게 타자론이 문자론의 사유를 이어받으면서 해체론을 완결시키는지 확인할 수 있길 기대한다. 이후 마지막으로 '동물의 문제'에 대한 사색으로 나아간다.

2) 초월적 시니피에의 부재와 시니피앙의 연쇄, 현대적 제삼인간 논변?

다음과 같은 문장들과 함께 시작해보자. "직접성은 파생적이다. 모든 것은 매개를 통해서 시작한다."(『그라마톨로지』, 279쪽; 번역 수정) "직접성은 여기서 의식의 신화이다."(『그라마톨로지』, 292쪽) 직접적인 의식은 자신에 대해 매개 없이 출현하는 의식, 곧 데카르트 이래 근대 철학의 바탕에 자리 잡은 '자기의식'이다. 데리다가 보이고자 하는 것은 매개 없이 출현하는 자기의식은 신화일 뿐이며, 매개를 통해서 이차적인 생산물로 출현하는 것이 이른바 직접적 의식이라는 것이다. 여기엔 표현상 모순이 있는데, 직접성이라는 표현을 사용하면서 그 직접성이 매개를 통해서 이차적으로 출현한다고 말하는 점에서 그렇다. 이런 표현이 등장하는 이유는, 해체란 의식의 직접성 바깥에서 직접성이 성립하기 위한 조건 내지 매개를 찾고 명시하는 작업인 까닭이다. 의식은 그 자신에게 직접적이지만, 그 직접성은 의식보다 근본적인 차원의 요소에 근거한다. 따라서 의식의 직접성은 의식이 누리는 신화이다.

여기서 비판적 분석의 대상이 되는 것은, 서양 철학에서 자기의식, 곧 의식이 그 자신에 대해 맺는 관계의 직접성이 '목소리'를 통해 특권적으로 표현되어왔다는 사실이다. 자기의식과 목소리의 특권적 관계가 바로 데리다가 주요한 비판 대상으로 삼는 서양의 '음성중심주의(phonocentrisme)'의 핵심을 이룬다.

아리스토텔레스에게 '목소리가 내는 소리들이 영혼의 상태를 나타내는 상징들이고, 문자로 씌어진 낱말들이 목소리가 내는 낱말들의 상징들인'(『해석론』, 1권, 16 a 3) 까닭은 이 '최초의 상징들'을 산출하는 목소리가 영혼과 본질적이고 즉각적인 인접 관계를 지니고 있기 때문이다. 최초의 기표를 산출하기 때문에 목소리는 많은 기표들 가운데 단순한 하나의 기표가 아닌 것이다. 그것은 '영혼의 상태', 즉 자연적인 유사성을 통해서

사물들을 반영하거나 반사하는 영혼의 상태를 의미한다.(『그라마톨로지』, 28쪽)

목소리는 많은 기표들 가운데 한 가지가 아니다. 목소리는 영혼(의식)의 상태를 직접 의미하기 때문에 영혼에 대해 특권적인 지위를 지닌다. 즉 목소리가 '특권적'으로 영혼과 관계 맺는다는 것은, 목소리가 영혼의 상태에 대해 이질적인 것 또는 매개적인 것의 개입 없이 직접 관여한다는 것을 뜻한다. 의식의 직접성이 목소리를 통해 구현된다는 점에서 '자기의식의 사상'은 곧 '음성중심주의'이다. 이후 자기의식에 관한 성찰에서 한 정점을 표시하는 헤겔에게서도 역시 그렇다. 그는 『정신현상학』에서 말한다. "자기의식이 **직접** 자기의식으로 현존하면서 있는 그대로의 보편적인 모습을 드러내주는 것이 언어이다."[1] 의식은 음성적으로 표현되는 언어 속에서 '직접' 자신과 관계한다. 반면 문자적인 요소는 목소리에 비해 부차적인 것으로 여겨져왔다. 이러한 철학사적 정황에 대해 데리다가 이야기하고자 하는 바는 이렇게 정리할 수 있겠다. 우리가 직접적 의식의 활동이라 여기는 것, 자기의식의 활동은 사실 '의식에 대해 이질적인 것의 매개' 없이는 이루어지지 않는다는 것이다. 그리고 이 이질적인 것이 바로 '문자'라고 불린다.

플라톤의 형이상학을 예로 들어볼 수 있겠다. 플라톤 철학의 목표는 초월적 시니피에, 곧 이데아를 찾는 것이다. 플라톤이 이데아를 발견하기 위해 요구하는 것은 정의(definition)이다. 플라톤의 대화편에서 사람들은 지식이란 무엇인가, 광기란 무엇인가 등을 끊임없이 질문하는 소크라테스의 요구에 답을 주려고 애쓴다. 그 요구가 바로 '정의'를 내리라는 것이다. 지식의 이데아, 광기의 이데아 등은 바로 그 개념의 가장 모범적이고 이상적인 정의를 통해 얻어지는 '의미(시니피에)'인 것이다. 그 '의미'란 경험적 사용에서 발생할 수 있는 오용, 왜곡을 '넘어서' 있는 것이라는 점에서 '초월적'이고 '순수'하다. 그런 맥락에서 이데아란 '초월적 시니피에' 외에 다른 것이 아니다. 모든 내재적인 경험적 용법으로부터 독립해 있는 가장 모범적인 의미 말이다. 그런데 '광기란 무엇인가?'라고 질문을 던지고 정의를 찾는 과정에서, '광기'를 가능하게 해주는 것은 이 기호를 다른 기호와 구별해주는 '분절(articulation)'이다. 소쉬르는『일반언어학 강의』에서 분절에 대해 이렇게 말한다.

> 라틴어로 articulus는 '지체(肢體)[사지], 부분, 일련의 사물 안에서의 세분'을 의미한다. …… **인간에게 자연적인 것은 발화 언어 활동(langage parlé)이 아니라** 언어, 즉 **구별되는 관념들에 해당하는 구별되는 기호들의 체계**를 구성하는 능력이라 할 수 있을 것이다.[2](『그라마톨로지』, 101쪽 참조)

분절은 특정한 기호 형태 또는 시니피앙의 형태가 다른 기호와 변별적으로 성립할 수 있도록 해주는 것이다. 다른 기호와 변별적인 것으로 구별 짓는다는 점에서 분절은 곧 '차이'이다. 소쉬르와 관련해 데리다는 말한다. "차이는 분절이다."(『그라마톨로지』, 123쪽) 차이로 기능하는 이런 분절이 데리다가 말하는 문자의 한 예다. 이 차이로서의 문자(여기서는 '분절')가 우리가 경험하는 음성 언어를 가능하게 한다. "음성적 요소, 말투, 이른바 감각적이라는 충만함은 **그것들에 '형식'을 부여하는 차이**나 대립이 없다면, 그것들이 드러내는 모습처럼 나타나지 않을 것이다."(『그라마톨로지』, 117쪽) 여기서 기호들의 체계 또는 시니피앙의 체계를 가능케 하는 분절은, 가령 '광기'의 관념에 속하는 것도 아니고, 광기라는 말을 취급하는 플라톤의 대화자들의 이성이나 자기의식에 속하는 것도 아니다. '광기'라는 시니피앙의 형태를 결정하는 분절은 이성이나 의식에 대해서도 이질적이고 광기의 시니피에 자체에 대해서도 이질적이다. 요컨대 '광기란 무엇인가?'라고 물으며 의식이 초월적 시니피에를 탐구하고자 할 때 분절 또는 분절을 통해 성립하는 시니피앙의 형태는 의식의 탐구 도정에서 빗겨나 있다. 그런데 의식에도, 정의에 상응하는 대상인 초월적 시니피에에도 속하지 않는 이 분절이 없다면, 의식과 이성이 초월적 시니피에를 탐구하는 일은 불가능해진다. 이런 점에서 자기의식의 형식 속에서 활동하는 이성이 초월적 시니피에를 찾는 작업은, 의식이나 의미(시니피에) 양자 모두에 속하지 않는, 즉 모두에 대해 '외재적인' 분절이 먼저 있고서만 가능하다. 다르게 이야기하면 그 탐구는 분절이 먼저 의미를 '대리'하고, 분절이 의미의 '보충자'로서 개입하는 한에서만 성립한다. 이런 '외재적' 보충을 일컬어 '대리보충(supplément)'이라 한다. 데리다는 로베르 사전에 적혀 있는 뜻을 동원해 이렇게 확인한다. "그것은 '외재적'이다. …… 대리보충은 '보족(補足, complément)'과는 달리 '외부적 첨가'이다."(『그라마톨로지』, 258쪽) 그리고 분절이란 '대리보충'의 기능을 하는 문자의 한 예인 것이다.

대리보충을 수행하는 문자의 기능을 밝히는 작업은 형이상학을 가능하게 하는 조건을 명시하는 것인 동시에, 형이상학은 자신이 알지 못하는 형이상학 바깥의 전제에 의존하고서만 성립한다는 것을 알려준다. 이런 작업을 통해 해체는 형이상학이 가능하기 위한 하나의 울타리를 명시하는 동시에 무전제의 학문이라는 형이상학의 지위가 유지될 수 없다는 것을 알려준다.

해체의 작업에 동원된 주요 용어가 구체적으로 어떤 맥락에서 출현하고 있는지도 설명을 덧붙여야겠다. '대리보충'은 데리다가 루소의 저작에 대한 분석으로부터 가져오는 개념이고, 우리가 본 대로 '분절'에 관한 논의는 소쉬르에 대한 비판적 분석으로부터 오는 것이다. 소쉬르에 접근할 때, 그리고 해체의 대상인 여타 사상가들에게 접근할 때, 데리다가 기본적으로 가지고 있는 태도는 다음과 같은 문장에 집약되어 있다. "단연코 소쉬르를 그 자신에 대립시켜야 하는 것이다."(『그라마톨로지』, 100쪽) 즉 소쉬르가 주도적으로 견지하는 음성중심주의의 배후에서, 그에 대립하는 문자적 요소의 근본적 기능을 드러내는 것이 데리다 해체의 전략이다. 소쉬르가 주요하게 표명하는 의견은 언어는 근본적으로 음성적이고 문자는 이에 대해 부차적이라는 점이다. 이를 데리다는 다음과 같이 정리하고 있다. "소쉬르는 …… 문자는 '그 자체에 있어서' 언어의 '내적 체계와 무관하다'고 설정하는 것으로 시작한다."(『그라마톨로지』, 67쪽) "소쉬르는 문자의 '협소하고 파생적인' 기능만을 인정한다."(『그라마톨로지』, 61쪽) 데리다에 따르면 이러한 소쉬르의 생각은 근본적으로 서구의 음성중심주의에 뿌리를 내리고 있다. 이성의 직접적 표현인 음성을 왜곡시키고 오염시키는 것으로서의 문자를 마치 악처럼 위험시하는 소쉬르의 태도는 도덕적 설교자의 어조마저 갖추고 있는 듯하다. "이 제네바 출신의 언어학자(소쉬르)는 모럴리스트와 설교자의 어조로 문자에 의한 오염, 문자의 현상 또는 위협을 고발하고 있다."(『그라마톨로지』, 69쪽) 여기서 데리다는 '제네바의 설교자'라 칭함으로써 소쉬르에게 칼뱅의 이미지를 덧씌우고 있다. 그가 신학적 단죄와 같은 태도로 문자를 대하고 있다는 것이다.

데리다가 음성중심주의를 내세우는 『일반언어학 강의』에서 찾아내고자 하는 것은 소쉬르의 주도적 사상에 어긋나는 문자의 근본성에 대한 소쉬르 자신의 증언이다. 소쉬르는 말한다. "언어의 본질은 언어 기호의 음성적 특성과는 관계가 없[다.]"[3](『그라마톨로지』, 101쪽 참조) 이 문장은 언어의 본성을 음성중심주의로부터 떼어내고 있다. 또 그는 말한다. "발성[음성] 기관의 문제는 언어 활동 문제에 있어서 부수적인 것이다. 소위 '분절 언어(langage articulé)'라고 하는 것의 어떤 정의가 이러한 생각을 확인해줄 수 있을 것이다."[4](『그라마톨로지』, 123쪽 참조) 언어에서 근본적인 것은 특정한 시니피앙의 형태를 만들어주는 분절일 것이다. 원한다면 우리는 소쉬르의 다음과 같은 문장 역시 이와 함께 읽을 수 있다. "언어가 내포하는 것은 언어 체계에 선행하여 존재하는 개념이나 소리가 아니라, 단지 언어 체계에서 나온 개념적 차이와 음적 차이일 뿐이다."[5]

그렇다면 문자적인 것과 초월적 시니피에의 관계는 무엇일까? 초월적 시니피에는 문자에 대해 '연기(延期, retard)'되는 방식으로 출현한다. 물론 연기는 '출현에 대한 연기'이므로, 초월적 시니피에는 '출현의 지연'이라는 시간적 지평 위에 존립한다고 표현하는 것이 더 좋을지 모르겠다. 정의(definition)를 내리는 작업을 보자. 기표, 즉 시니피앙은 특정한 언어 형태로서 국지적이지만, 정의에 대응하는 대상은 보편적인 것이다. 그런데 실제로 우리가 대상을 정의하고자 할 때, 우리가 하는 작업이란 순수한 시니피에에 도달하는 것이 아니라, 하나의 시니피앙에서 다른 시니피앙으로 옮겨가는 것이다. 얼마간 극단적인, 비유적인 예를 하나 만들어보자. '사과'를 정의한다고 해보자. 그것은 영어권에서는 apple이라 일컬어지는 것이다. apple은 무엇인가? 그것은 프랑스어로는 pomme라고 일컬어지는 것이다. 이와 같은 식으로 정의는, 이런저런 외국어와도 같은 국지적인 언어 형태를 벗어나 보편적인 초월적 시니피에에 이르지 않고, 경험 내재적인 하나의 국지적인 언어 형태에서 다른 국지적인 언어 형태로 옮겨간다. 이것이 알려주는 것은 현상계에서 사용되는 이런저런 국지적인 언어 형태가 표상하는 모범적이고 원본적인 시니피에는 없다는 것이다. 원본적 시니피에를 발견하려는 시도는 기실 그 시니피에를 표상한다고 여겨진 표상체에서 다른 표상체로 옮겨가는 일, 표상체의 연쇄(시니피앙의 연쇄)를 만드는 일일 뿐이다. "'피표상체'는 언제나 이미 일종의 '표상체'이다. …… 의미가 존재하는 그 순간부터 오직 기호만이 존재한다."(『그라마톨로지』, 95쪽; 번역 수정) 요컨대 정의를 내리는 작업은 플라톤이 추구한 바와 달리, 현세적 사물을 초월한 보편적 시니피에에 도달하지 못하고, 현상계 내재적인 시니피앙의 무한한 연쇄를 만든다. 이런 국면은 "기호가 기호를 [한 시니피앙이 또 다른 시니피앙을] 참조하는 것을 종료시킬 초월적 시니피에의 해체"(『그라마톨로지』, 94쪽; 번역 수정) 상황이다. 초월적 시니피에의 부재와 함께, 한 시니피앙이 또다른 시니피앙만을 계속 참조하는 연결고리만이, "대리 보충적인 매개들을 불가피하게 다양화시키는 무한한 연쇄 고리의 필연성"(『그라마톨로지』, 279쪽)만이 남겨진다. 이때 시니피에는 현전(présence)하는 것이 아니라 시니피앙의 배후에서, 늘 도래가 연기된 채로 있다고 할 수 있다.

초월적 시니피에(이데아)에 도달하는 것이 아니라 시니피앙들의 무한한 연쇄만이 계속된다는 사상, 피표상체(이데아)는 언제나 이미 표상체라는 저 사상에서는 멀리서, 플라톤의 이데아론에 대한 비판인 '제삼인간 논변'이 변형되어 들려온다. 플라톤의 『파르메니데스』, 아리스토텔레스의 『형이상학』 등에서 출현하는 이 논변은 이데아와 그것의 모사물인 개별자의 유사 관계는, 양자에 공통적인 제삼자를 통해서만 확보된다는 것이다. 따라서 유사 관계의 두 항보다 근원적인 이 제삼자가 진정한 이데아라면, 처음의 두 항은 이데아의 표상체이다. 또는 이 제삼자가 초월적 시니피에라면 처음의 두 항은 시니피에를 표상하는 시니피앙들이다. 이런 식으로 표상체(시니피앙)와 피표상체(이데아)의 유사 관계를 확보하려 할 때마다 초월적인 이데아 자체는 늘 제삼자의 위치로 달아나 그에 대한 접근은 연기되고, 대신 내재적인 항들(표상체들, 시니피앙들) 간의 무한한 연관 관계만이 생겨난다. 결국 데리다가 말하는 한 기호가 다른 한 기호를 참조하는 무한한 연쇄 고리는 고대의 제삼인간 논변에서 먼저 목격되는 것이다.

3) 문자 없는 기원적 사회에 대한 향수

서구 사상은 많은 경우 문자 또는 시니피앙의 근본적인 작동에 대해 눈감은 채, 그것을 음성을 통해 직접 현시되는 시니피에에 대해 부차적인 것으로 생각해왔다. 모범적인 의미, 즉 초월적 시니피에는 로고스의 직접적 표현인 음성을 통해 직접 다른 사람의 로고스에 전달된 다는 것이다.

초월적 시니피에라는 순수한 기원을 상정하고 문자를 이에 대해 이차적인 것으로 생각하는 예 가운데 하나가 레비스트로스의 인류학 이다. 『그라마톨로지』가 출간된 1960년대 중반은 구조주의가 인문사 회과학 전반에서 새로운 방법론으로서 각광받던 시기였다. 대표적인 구조주의자인 레비스트로스에게서 음성중심주의라는 서구 형이상학 의 사고방식을 발견하는 것은 구조주의에 내재하는 낡은 통념을 고발 하는 작업이다. "서구 사상의 장, 특히 프랑스에서 지배적인 담론(그것 을 '구조주의'라고 부르자)은 오늘날 너무 성급히 자신이 뛰어넘었다고 주 장하는 형이상학(로고스중심주의)에서 그 성층화의 한 단층에 의해, 때 로 가장 풍성한 형이상학의 단층에 의해 사로잡혀 있다."(『그라마톨로 지』, 183쪽; 번역 수정) 레비스트로스의 연구는 야생인들에게서 기원적 순수함을 발견하려 한다는 점에서, 기원 찾기에 몰두하는 서구 형이 상학의 사고방식을 바탕에 두고 있다고 할 수 있다. "비유럽 민족들은 묻혀진 선한 천성, 감추어진 태생적 바탕, '영도(零度, degré zéro)'의 지 표로서 연구되는 것만은 아니다. 이 영도와 비교하여 우리 유럽 사회 와 문화의 구조, 생성 변전 그리고 특히 타락의 윤곽이 그려질 수 있 을 것이다."(『그라마톨로지』, 208쪽) 즉 레비스트로스는 현재 유럽 사회 의 타락 정도를 가늠해볼 수 있는 기원적 순수함의 '영도'를 야생인들 에게서 발견하고자 한다. 그것은 기원으로부터 떨어져 나오면서 잃어 버리고, 노력을 통해 역사의 끝에서 되찾아야 하는 '실낙원'에 대한 '향 수'라는 서구의 전형적 사고방식을 야생적 사회에 투영하는 작업이다.

　　　　　　　　　　　　　　　　　　　　　　　　　　　타자철학

레비스트로스는 서구 문명에 오염되지 않은 원형적인 사회를, 주로 남비콰라족과 같은 남미의 야생인들을 통해 탐색해왔다. 그가 보기에 문명에 의한 오염은 곧 문자에 의한 오염이다. 이 인류학자에 따르면 남비콰라족은 애초에 문자를 가지고 있지 않았다. 문자는 서구인들이 가져왔는데, 문자와 더불어 불평등 같은 사회적 악이 생기게 되었다. 그는 말한다. "문자 자체는 그 기원에서, 인간에 의한 인간의 착취에 토대를 둔 사회들에 항구적인 방식으로 결합되어 있다고 생각된다."(『그라마톨로지』, 215쪽에서 재인용) 가령 인류학자가 글을 쓰는 모습을 보았을 때 남비콰라족의 족장은 글쓰기가 지닌 힘을 간파했다. 글쓰기라는 특별한 행위가 만들어내는 "사회적인 우월성"(『그라마톨로지』, 225쪽) 말이다. 족장은 인류학자가 수첩에 글을 쓰는 모습을 흉내내면서 이 사회적인 우월성을 행사하고자 했다. 어떤 우월성인가? "거래가 자신의 중계에 의해 이루어졌고, 자신은 백인의 결연을 얻어냈고, 백인이 지닌 비밀들을 알게 되었다는 것을 말이다."(『그라마톨로지』, 226쪽)

그러나 문자는 서구에 의해 도입된 불평등이라는 악과 같은 타락의 징표가 아니라, 애초에 야생적 사회 안에 자리 잡고 있는 것이다. 가령 남비콰라족의 '이에카리우케듀투(iekariukedjutu)'는 '문자를 쓴다'에 상응하는 표현으로 볼 수 있다. 그러나 야생적 사회에 고유한 문자를 인정하고 싶지 않았던 레비스트로스는 이 표현을 문자와 상관없는 것으로 받아들이고 단지 '선을 긋는다'라는 뜻으로 해석한다. 그러나 "한 민족이 기록하는 행위로 지칭하기 위해 사용하는 단어는 '선을 긋는다'로 번역될 수 있기 때문에, 그들이 글을 쓸 줄 모른다고 말하는 것은 마치 '음성 언어(parole)'와 등가치인 말을 '소리지르다', '노래하다',

'입을 열다' 나아가 '중얼거리다'로 번역함으로써 그들에게 '음성 언어'
가 없다고 말하는 것과 같은 일이 아닐까?"(『그라마톨로지』, 222쪽)

레비스트로스는 단지 '이에카리우케듀투'라는 말로부터 글쓰기라
는 뜻을 제거하는데 그치는 것이 아니다. 그는 문자를 통해 성립하는
질서(법) 자체와 이 질서에 의해 야기될 수도 있는 악을 혼동했다.

> 이 텍스트에서, 레비스트로스는 계급화와 지배 사이에, 정치적 권위
> 와 착취 사이에 어떠한 차이도 두지 않는다. 이러한 고찰을 지배하는 음
> 조는 법과 억압을 의도적으로 혼동하는 무정부주의의 음조이다. **법과 실
> 정법의 관념은 그것들의 형식성 속에서, 어느 누구도 무시할 수 없게 되어 있
> 는 그 일반성 속에서, 문자의 가능성 이전에 생각하기가 어렵다.** 그런데 레
> 비스트로스는 이 관념을 구속과 예속으로 규정하고 있다. 정치 권력은
> 부당한 힘의 보유자에 불과할 수 있다. …… 다른 주장에 따르면 **법의 일
> 반성은 반대로 국가에서 자유의 조건이다.**(『그라마톨로지』, 236쪽)

실정법은 문자 없이는 성립하지 않는다. 즉 문자는 법의 가능 조건
이다. 법은 부동의 형태를 지녀야 하며, 실제 물리적 매체를 수단으로
해서 글로 쓰였건 그렇지 않건, 누구나 법을 객관적으로 확인할 수 있
어야 한다. 법에 대해 이런 것을 가능하게 해주는 것은 문자밖에 없다.
또한 레비스트로스가 말했듯 법의 어떤 사용은 사회적 악을 초래할
수 있다. 그러나 악이 출현하거나 선이 출현하거나 하는 일은 법이 이
미 성립하고 나서만 가능한 일이지, '법 일반 자체'가 악일 수는 없다.
그러나 레비스트로스는 법을 가능케 하는 문자의 출현 자체를 악으

타자철학

로 보는 것이다.

레비스트로스의 태도는 서구 지성인들이 자신들의 양심을 표현해
온 판에 박힌 방식 가운데 하나이다. 이 인류학자의 사유 구도 안에서
순수한 사회와 서구와 같이 오염된 사회가 대조된다. 그리고 순수한
사회로 대표되는 야생적 사회 또는 야생적 사회의 흔적을 지닌 제3세
계는 서구 문명의 폭력에 의해 오염된 것으로 고발된다. 이러한 레비스
트로스의 사유는 표면적으로는 도덕적 심성 내지 양심에 따라 이루어
지는 문명 비판으로 보이지만, 근본적으로는 서구의 사고방식을 비서
구에 투영하는 것에 불과하다. 이 사고방식이란, 낙원이나 에덴과 같은
이상적 원형으로서의 때 묻지 않은 세계가 문명 속에서 상실되어버렸
다는, 순수한 원형에 대한 향수를 내포한 서사로 표현된다. 실낙원의
신화 말이다.

이러한 실낙원의 이야기가 서구의 두 학문, 인식론(episteme)과 역사
학(historia)을 탄생시켰다. "언제나 역사와 지식, 즉 '이스토리아'와 '에
피스테메'는 현전의 재전유(再專有, réappropriation)를 '위한' 우회로서
규정되어왔다."(『그라마톨로지』, 27쪽) 인식론은 잃어버린 원형적 의미를,
역사학은 역사의 종말(완성)에서 되찾게 될 기원적 낙원을 희구하는
힘으로 지탱돼왔다. 예컨대 플라톤의 신화에 따르면 인간은 망각의 강
인 레테를 건너 현상계로 오면서 모범적인 것(이데아)을 상실해버렸다.
인식론은 현상계의 가상적인 것을 벗어나 원형적인 이데아를 되찾는
것을 과제로 삼는다. 또 시간적 차원에서 저 실낙원의 신화는 낙원을
잃은 세계가 역사의 끝에서 원형적인 완전성을 회복하는 과업으로 나
타난다.

4) 루소의 우물과 대리보충의 논리

레비스트로스는 어둠 속에서 길을 찾게 해주는 나침반처럼 루소의 작품들을 소중히 손에 들고 있다. 루소에 대한 그의 경외심은 끝이 없는데, 『슬픈 열대』에서는 이렇게 쓰고 있다. "루소는 모든 철학자들 가운데서 민족학자에게 가장 가까웠던 사람이다. …… 루소는 우리들의 주인이요, 형제이다. …… 루소의 위대한 추억의 가치를 손상시키지 않는다면, 이 책의 모든 페이지는 루소에게 헌정될 수 있다."[6](『그라마톨로지』, 209쪽 참조) 레비스트로스의 작업의 밑그림은 바로 그의 인류학적 스승이라 할 수 있는 루소에게서 오는 것이다. 즉 인류학자가 열대의 밀림 속에서 발견하려는, 문자에 의한 오염 이전의 공동체, "크리스털 같은' 구조를 가지고 있고, 전적으로 자기 자신에 현전하고, 가까운 이웃 관계 속에 결합된 이 작은 공동체의 모델은 아마 루소적이라 할 것이다."(『그라마톨로지』, 245쪽) 따라서 현전의 신화 및 그 배후에서 작동하는 대리보충의 논리가 사상사 속에 얼마나 깊고 폭넓게 자리 잡고 있는지 보이기 위해서는 루소의 시대로 거슬러 올라가야 한다. 늘 그렇듯 루소에 대한 데리다의 전략은, 어떤 방식으로 루소에게 기원의 신화가 자리 잡았는지 보이고, 이 기원의 신화는 이질적인 것(문자)의 대리보충을 통해 가능함을 드러내는 것이다.

루소에서 대리보충의 논리를 드러내고 있는 예들을 보자. 먼저 간단히 다음과 같은 예를 검토할 수 있겠다. 이상적 공동체란 구성원들 서로가 얼굴을 맞대고 직접 목소리로 의미를 전달하며 토론할 수 있는 공동체이다. 여기선 상호 직접적인 소통을 가능케 하는 목소리가

타자철학

특권적이다. 그런데 목소리를 통해 토론자들의 로고스가 상호 간에 현전하며 소통을 이루는 이 회의는 어떻게 가능한가? "그런데 회의들이 표시되어 열린다는 것이 바로 루소가 읽고 싶지 않은 하나의 문자 표기인 것이다. …… 하나의 표시는 그것이 어디에서 발생하든 문자 언어의 가능성이 아니겠는가?"(『그라마톨로지』, 523쪽) 언제 만나서 직접 대면 회의를 할 것인지는 달력에 표시한 날짜, 즉 문자에 의존할 수밖에 없다. 달력에 표시한 날짜라는 문자의 대리보충이 없고서는 음성적 소통을 하는 이상적 공동체의 회합은 불가능하다. 이렇게 직접적 현전은 이질적인 것의 매개를 통해서 가능하다.

더욱 복잡하고 흥미로운 예는 '우물'에 관한 것이다. 우물은 데리다가 주요하게 취급하는 루소의 『언어 기원에 관한 시론』에서 중요한 성찰의 대상이다. 그러나 우물이 문명 일반 안에서 가지는 다양한 함축은 루소의 성찰 그 이상일 것이다. 농경을 위해 우물을 파야 했던 모든 민족의 설화 시대부터 근대에 이르기까지 우물만큼 인간의 삶과 상상력에 깊이 개입한 것도 없다. 가령 우물은 『성서』에서도 매우 이례적이며 중요한 사건, 야곱과 라헬의 만남을 만든다. 그렇다면 『언어 기원에 관한 시론』에서 우물에 관해 무엇을 읽어낼 수 있는가? 일단 우물은 정열 내지 사랑과 관련되어 있다. 물은 "최초의 정열, 다시 말해 사랑과 더 많은 관계가 있는 것"(『그라마톨로지』, 455쪽)이다. 우물과 관련된 이 '최초의 정열, 사랑'이란 도대체 무엇인가? 여기서 우물에 붙여진 '최초'라는 표현은 우물이 사회와 언어의 '기원'에 자리 잡고 있다는 것을 나타낸다. 이 기원의 문제를 『언어 기원에 관한 시론』으로부터의 다소 긴 인용과 더불어 해명해야 할 것이다.

우물을 통해서만 물이 확보될 수 있었던 메마른 곳에서는 우물을 파기 위해, 아니면 적어도 우물을 사용하는 데 합의하기 위해 모여야만 했다. 이것이 더운 나라들에서 사회와 언어의 기원이었음에 틀림없다. 그곳에서 가정들 간의 최초 관계가 형성되었고, 남녀 사이의 최초 만남들이 있었다. 처녀들은 밥을 짓기 위해 물을 찾으러 왔고, 사내들은 가축에게 물을 먹이러 왔다. 그곳에서 유년기부터 동일한 대상들에 익숙해진 눈은 보다 부드러운 대상들을 보기 시작했다. 마음은 이러한 새로운 대상들에 감동되었고, 경험해 보지 못한 어떤 매혹이 마음을 보다 사교적으로 만들었고, 홀로가 아닌 즐거움을 느끼게 했다. 물은 모르는 사이에 보다 필요하게 되었고, 가축은 보다 빈번하게 갈증을 느꼈다. 사람들은 서둘러 우물에 도착했고, 마지못해 떠났다. 그 어떤 것도 세월을 나타내지 않았던 이 행복한 시대에 어떤 것도 세월을 헤아리지 않을 수 없게 만들지 않았다. 시간은 즐거움과 권태 이외는 척도가 없었다. 시간의 정복자인 오래된 떡갈나무 아래서 열정에 찬 젊은이들은 점차적으로 그들의 잔인성을 망각했다. 사람들은 서로에게 조금씩 길들여졌다. 그들은 자신을 이해시키려고 노력하면서 자신의 생각을 표현하는 법을 배웠다. 그곳에서 최초의 축제들이 벌어졌다. 발은 환희로 껑충껑충 뛰었고, 열성적인 몸짓만으론 더 이상 충분하지 않았다. 목소리가 정열적인 악센트로 몸짓을 동반했다. 즐거움과 욕망은 함께 뒤섞여 동시에 느껴졌다. 마지막으로 그곳은 민족들의 진정한 요람이었다.(『그라마톨로지』, 456~457쪽에서 재인용)

우물은 '최초의 축제'의 자리였다. 우물에서 남녀 사이의 최초의 만남이 이루어졌고, 남녀는 상대방을 감동적인 새로운 대상으로 발견했다. 사람들은 서로 자신을 이해시키기 위해 생각을 표현하는 법, 즉 언어를 활용하는 법을 배웠다. 사교가 이루어지고 사회가 탄생했다. 한마디로 우물은 민족들의 진정한 요람이 되었다. 우물의 지위란 무엇인가? 우물은 바로 '사회'와 '사회 이전' 사이의 경계라는 지위를 가진다. "잊지 말아야 할 것은 루소가 여기서 기술하는 것이 사회가 형성되기 직전도 아니고 형성된 사회도 아니며 탄생의 운동 …… [이]라는 점이다."(『그라마톨로지』, 457쪽) 우물은 사회 이전의 자연에 속한 것도, 이미 형성된 사회에 속한 것도 아니다. 자연 속에서도 사회 속에서도 우물은 식별되지 않는다. 우물가에서 이루어진 축제는 사회도 자연도 아닌 이른바 '비결정적인 것'이다.

우물의 이런 '비결정적 성격'은 인류의 가장 오래된 문헌 가운데 하나 속에서도 잘 나타난다. 「창세기」에서 야곱은 형에게 쫓겨서 외삼촌 라반에게 오게 되고, 우물가에서 라반의 둘째 딸 라헬을 만난다. 야곱이 생면부지의 라헬을 만났을 때 정념의 불꽃부터 타오른다. 토마스 만은 『요셉과 그 형제들』에서, 당혹스러울 만큼 돌발적으로 보이는 이 장면을 이렇게 보여주고 있다. "브엘세바 …… 그녀의 입이 도시 이름을 반복했다. 그 순간 야곱은 벌써 그 입을 사랑하기 시작했다."[7] 야곱이 라헬을 만났을 때 다른 무엇보다도 앞선 것은 정념이다. 야곱은 라헬에게 입을 맞춘다.

"라헬."

야곱이 흐느끼는 소리로 말했다. 그리고 부들부들 떨리는 손을 그녀 앞으로 뻗었다. "그대에게 입을 맞추어도 되겠소?"

"아니, 왜요?"

라헬은 깜짝 놀라 뒤로 물러나며 웃었다.

......

라헬의 양쪽 볼에 번갈아 입을 맞추며 야곱은 자신의 감각에 이런 명령을 내렸다. 소녀의 볼이 안겨 주는 부드러운 촉감 외에 다른 것은 절대로 느끼지 말라고.[8]

우물가에서 라헬을 처음 만났을 때 야곱이 한 일은 무엇이었던가? 바로 그녀를 정념의 대상으로 발견하고 입맞춤을 하는 것이었다. 이 장면은 '순전히 상징적으로' 읽어야 한다. 우물가는 순수한 자연이라고 할 수 없다. 왜냐하면 순수한 자연 속에서라면 야곱이 라헬에게 입맞추고자 했을 때 라헬이 저 행동의 '사회적' 예외성 때문에 깜짝 놀라지 않을 것이기 때문이다. 동시에 우물가는, 거기에서 벌어지는 입맞춤의 정열이, 그 정열에 사회적으로 용인되는 형태를 부여해주는 관계들을 뛰어넘어 '직접' 구현되기에 사회라고도 할 수도 없다.(이후 사회 안에서 야곱이 규칙에 입각해 라헬에게 접근할 때 걸린 그 오랜 과정과 비교해보라.) 따라서 우물은 사회와 자연의 사이에 자리 잡고 있는 것이다.

다시 루소로 돌아가보자. 자연도 사회도 아닌 우물가의 축제를 사이에 두고 하루아침에 '자연'은 '사회'가 된다. 사회가 됨은 곧 규칙을 가지는 것이다. 사회가 됨으로써 정열 또는 '정욕'은 규칙을 매개로 하지 않고는 표현될 수 없다. 야곱의 직접적이고 거침없는 애정 표현에서 보듯 우물가의 축제에서는 정욕과 즐거움 사이에 간격이 없었으나, 사회 안에서 정욕은 법에 의해 제한되고 멀리 달아난 낙원을 바라보듯 즐거움을 응시한다. 우리는 핵심적인 지점에 와 있다. 정욕과 관련된 '근본적인' 규칙 또는 법이 있다면 그것은 무엇이겠는가? 바로 '근친상간 금지'이다. 자연 속에 없는 것은 무엇이겠는가? 역시 근친상간 금지이다. 자연 속에는 아버지나 어머니나 자식 같은 인물들이 없으며, 따라서 이들을 겨냥한 금지도 없는 까닭이다. 우물에서의 축제는 사회와 자연 사이에 놓인 것이었는데, 그 축제의 지위를 가지는 것이 바로 '근친상간 금지'인 것이다. "축제 이전에는 근친상간이 없었다. 왜냐하면 근친상간의 금지도 사회도 없었기 때문이다. 축제 이후에는 더 이상 근친상간이 없다. 왜냐하면 그것은 금지되기 때문이다."(『그라마톨로지』, 458쪽) 그런데 이 근친상간 금지는 매우 특이한 성격을 가진다.

> 그것은 보편화될 수 있어야 하고, 그것이 인위적인 수단들 가운데 인위적 수단이라 할지라도 자연에 일치하는 거의 자연적인 법칙으로 간주될 수 있어야 한다는 것이다. 이 금지가 바로 같은 경우에 해당한다. 그것은 또한 최초의 '유일한' 규약에 속하고, 최초의 만장일치에 속한다. 『사회계약론』은 법의 가능성을 이해하기 위해서는 이 만장일치로 '언제나 거슬러 올라가야 한다'라고 말한다. 하나의 법이 법들의 기원이 되어야 하는 것이다.(『그라마톨로지』, 461쪽)

한편으로 이 금지, 즉 근친상간 금지는 '보편화될 수 있는 법칙'이므로 자연적인 법칙에 가까운 것으로 기술된다. 다른 한편으로 이 금지는 '최초의 유일한 계약'에 속하며, '최초의 만장일치'이므로 사회적 규약에 해당한다. 그런데 사실 근친상간 금지는 사회계약적이지도, 자연적이지도 않다. "모든 것은 [근친상간] 금지를 전제하지만 금지를 설명하지는 못"(『그라마톨로지』, 461쪽)한다. 근친상간은 무엇에 의해(어떤 규칙에 의해) 위반으로 식별되어 금지의 대상이 되는가? 사회 안에서 그 금지의 기원은 설명될 수 없다. 가령 근친상간 금지라는 법을 만들려면 근친상간을 죄악시하는 도덕적 존재가 필요할 것이다. 그리고 이 도덕적 존재는, 도덕적 존재를 가능케 하는 법(도덕법)을 가지고 있어야 할 것이다. 이런 식으로 근원적 법을 찾기 위한 무한 소급만이 있을 뿐이다.

이렇게 데리다는 루소를 배경으로 하여 근친상간 금지라는 법의 기원을 현전하게 할 수 없다는 것을 보여주는데, 이는 이후 프로이트의 『토템과 터부』와 관련해서도 이루어진다. 『토템과 터부』에서도 근친상간 금지의 기원이 추적되지만, 그 기원은 원초적 아버지 살해와 같은 이야기에 의해 대체되고 그 이야기 뒤로 끊임없이 물러날 뿐, 그 자체의 현전은 연기된다.[9]

덧붙이면, 금지의 생물학적, 자연적 근거 역시 제시할 수 없는데, 자연은 금지에, 나아가 사회 자체에 선행하는 것이므로 자연으로부터 금지를 이끌어낼 수는 없는 까닭이다. 프로이트처럼 금지로부터 금지된 것의 자연적 본성을 이끌어내는 것은 '오류추리'이다. 그것은 들뢰즈가 말하듯 억제, 즉 근친상간 금지의 법이 욕망에게 억지로 근친상간이라는 성향의 가면을 만들어 씌워주는 일과도 같다.[10]

근친상간 금지는 이렇듯 모호한 지위를 가지는 것으로, 그 자체 사회에서도 자연에서도 그 발생이 기술될 수 없다. 요컨대 자연에서 사회로 이행하게 해주는 근친상간 금지가 탄생하는 '그 지점'은 기실 존재하지 않는다.

위와 같은 지점은 존재하지 않는다. 그것은 언제나 숨겨져 있거나, 같은 말이지만, 우리의 파괴할 수 없는 치명적 욕망에 따라 벗어나야 하거나 벗어났어야 했을 것 속에 이미 들어가 있다. **이 지점은 축제 속에 반영된다.** 다시 말해 그것은 '즐거움과 욕망이 함께 뒤섞여 동시에 느껴졌을' 때, 주위를 돌며 '발은 환희로 껑충껑충 뛰었던' 물이 있는 곳 속에 반영된다. **축제는 '그 자체'가 근친상간 '자체'일 것이다.**(『그라마톨로지』, 463쪽)

축제는 앞서 야곱과 라헬의 예외적인 입맞춤으로 상징된 자리, 자연적이지도 사회적이지 않은 자리, 즉 자연 안에도 사회 안에도 현전하지 않는 자리이다. 그것은 그야말로 축제에 대한 '이야기'의 모습으로나 엿보이는 자리이다. 이 '현전하지 않는 자리'가 근친상간 금지 또는 금지의 대상인 어머니의 자리이다. "이 금지는 자연과 문화 사이의 틈새이다. 이러한 진술은 루소의 텍스트에서 어머니를 명명하지 않는다. 그러나 그것은 어머니의 자리를 보다 잘 보여줄 뿐이다."(『그라마톨로지』, 461~462쪽) 축제, 우물가, 순수한 정열은 '어머니라고 명시적으로 명명되지 않는' 자리, 기원적 근친상간과 그 금지라는 존재하지 않는 자리를 가리키는 말들이다.

루소는 모든 법을 가능하게 한 기원을 찾고자 했지만, 그 기원의 도래는 축제, 우물가, 순수한 정열 등의 은유 뒤로 무한히 연기될 뿐이다. 기원을 찾고자 하는 형이상학적 욕망은 좌초해버리고 만다. 루소는 직접적으로 근친상간 금지라는 기원적 법을 현전케 할 수 없었기에 '축제가 있었다', '우물가에 모였다' 등의 대리보충물로 근친상간 금지의 자리를 가리켜 보이고 만다. 사회의 기원인 근친상간 금지는 우물의 대리보충 뒤로 연기되는 방식으로 도래한다.(또는 도래가 무한히 연기된다.) 요컨대 사회의 기원은 현전하지 않고 우물에 의해 대체될 뿐이다.

루소가 의도한 바가 자연에서 사회로의 이행의 기원을 현전하게 하는 것이라면, 현전이 아닌 대리보충만을 보여준 그의 시도는 실패이다. 그러나 이 실패는 루소 한 개인의 학문적 기획의 부족함에서 찾아온 실패가 아니라 형이상학적 사유 일반의 본성에서 기인한 실패이다. 다른 측면에서 보자면, 우물 또는 축제가 있기에 자연에서 사회로의 이행을 가능케 한 기원도 설명되는 것이다. 대리보충적인 것, 즉 우물 또는 축제는 그렇게 기원에 관한 형이상학적 사유를 가능하게 해준다. 이렇게 대리보충은 형이상학적 사유의 실패와 완성 모두를 이룩한다. 이런 대리보충의 정황에서 문자의 위치는 어디인가? 근친상간의 대리보충을 수행하는 이 우물이 바로 문자에 해당한다. 들뢰즈가 『안티 오이디푸스』에서 『그라마톨로지』의 이 논의에 대해 다음과 같이 적절히 요약하듯 말이다. "그[데리다]가 신비하게 근친상간에 글을 연결하는 것도 옳은 일이다."[11] 잠깐 덧붙이면, 물론 이런 긍정을 표한다고 해서 들뢰즈가 데리다의 문자론에 전면적으로 찬동하는 것은 아니다. 들뢰즈는 『안티 오이디푸스』에서 데리다의 그것과는 전혀 다른 형태의 문자론을 창조하고 있다.[12] 저 책은 출간 당시 데리다의 극심한 불만을 불러일으킨 작품이기도 하다.[13]

그렇다면 이와 같은 문자의 대리보충에 관한 사상은 어떻게 데리다 후기의 타자론으로 이행하는 것일까? 문자론과 타자론이 전혀 별개의 것이 아니라면 말이다. 문자론 안의 어떤 요소가 타자론을 가능하게 하며 그 의의는 무엇일까? 이에 대한 탐색은 문자론에 제기될 수

타자철학

있는 하나의 비판을 먼저 이해할 것을 요구한다.

5) 아감벤의 해체론 비판: 법(문자)으로부터의 배제를 통한 지배

형이상학을 구축하면서 해체하는 이중적인 작업, 1960년대와 1970
년대를 통과하며 데리다가 몰두했던 문자론의 작업에서 정치적·실천
적 맥락의 타자론으로의 이행은 어떻게 진행되는가? 이 이행의 의의는
데리다의 해체론이 받을 수 있는 비판을 고려할 때 잘 드러날 수 있을
것이다.

혹시 현금의 지배적 질서의 와해 자체가 해체론에 의해 막혀 있다
면? 해체론은 해체를 통해 현금의 질서를 복원하는 데서 멈춘다면?
아감벤의 데리다 비판은 바로 이런 질문들을 통해 동기화되어 있다.
아감벤은『호모 사케르』(1995), 사도 바울에 대한 연구서인『남겨진 시
간』(2000) 등을 통해 해체론에 대한 비판을 진행한다. 해체주의에 대
한 아감벤의 비판을 염두에 두었을 때 우리는 '문자론의 연장선에서
파악된 타자론' 또는 '해체론의 한 표현으로서 타자론'이 가지는 의의
를 명확히 이해할 수 있을 것이다.

데리다에 대한 아감벤의 비판은 오늘날 이미 고전적 지위를 획득
한, 법의 통치 메커니즘에 대한 자신의 분석을 배경으로 한다. 칼 슈미
트 등의 영향 아래 아감벤이 분석하는 법의 작동 메커니즘은 한마디
로 법 바깥으로의 배제를 통한 법 아래로의 포섭 또는 법 바깥에 예외
를 둠으로써 이루어지는 법의 통치라고 표현할 수 있을 것이다. 예외를

통해 통치가 이루어지므로 예외 자체가 법 또는 규칙의 기능을 한다. 단적으로 말해 법에 대한 이런 분석을 통해 "예외가 규칙이 되어버린 지금"[14]을 비판적으로 성찰하는 것이 아감벤의 정치철학이다. 예외란 무엇인가?

예외란 일종의 배제이다. 그것은 일반적인 규범에서 배제된 개별 사례이다. 하지만 예외의 가장 고유한 특징은 배제된 것은 바로 배제되었다는 사실 때문에 규칙과 완전히 무관해지지 않으며, 반대로 규칙의 정지라는 형태로 규칙과의 관계를 유지한다는 점이다. '규칙은 더 이상 적용되지 않고 예외로부터 철수하는 가운데 예외에 적용된다.'[15]

예외는 규칙으로부터 배제되는 것인데, 역설적이게도 배제되었다는 이 사실을 통해서 규칙은 예외에 영향력을 행사한다. 우리는 그 대표적인 고전적 형태를 추방령에서 찾을 수 있다.

예외 관계는 추방령(bando)의 관계이다. 실제로 추방령을 받은 자는 단순히 법의 바깥으로 내쳐지거나 법과는 무관해지는 것이 아니다. 그는 법으로부터 '버림받은(abbandonato)' 것이며, 생명과 법, 외부와 내부의 구분이 불가능한 비식별역에 노출되어 위험에 처해진 것이다. 그가 과연 법질서의 외부에 있는지 아니면 내부에 있는지를 말하는 것은 말 그대로 불가능하다. …… '법이 생명과 연관되는 본래적인 방식은 적용이 아니라 내버림(l'Abbandono)이다.'[16]

법에서 배제되는 것은 법으로부터 해방되는 것이 아니다. 추방령의 작동방식에서 읽을 수 있듯, 배제된 자는 오히려 배제를 통해서 법 아래 놓이게 된다. "'노모스 본래의 '법적 힘'이란 노모스가 생명을 내버림으로써 생명을 자신의 추방령 속에 끌어안는다는 데 있다. …… 추방령이란 관계의 한 형식이다."[17] 이런 맥락에서 우리는 아감벤을 비롯한 여러 논자들이 주석을 붙인 카프카의 「법 앞에서」라는 짧은 우화를 읽어볼 수 있다. 그 자체로 독립된 작품이기도 하지만 『심판』의 뒷부분에 액자처럼 들어가 있는 형태로도 접할 수 있다. 거칠게나마 줄거리를 이야기하자면, 어떤 시골 사람이 법의 문으로 들어가려고 하지만, 법의 문 안으로 들어가지 못하고 죽음에 이르도록 문 앞에서 시간을 보내게 되는 이야기다. 이 이야기에서 중요한 점은 시골 사람이 법 앞에서 들어가지 못하고 기다리지만, 법의 문은 애초에 열려 있었고 따라서 이미 그는 법 안에 있었다는 점이다. 이 점을 염두에 두고 이야기를 진행하자. 다음과 같이 아감벤은 「법 앞에서」에 대한 카치아리의 해석을 제시한다.

> 만약 문이 이미 열려 있다면 어떻게 문이 '열리기를' 바랄 수 있겠는가? 어떻게 열린 곳으로 들어가기(entrare-l'aperto)를 바랄 수 있겠는가? 열린 곳은 우리가 있는 곳이고 사물이 존재하는 곳이며, 우리가 들어갈 수 없는 곳이다. …… 우리는 우리가 열 수 있는 곳에만 들어갈 수 있다. 이미 열려 있음(il già-aperto)이라는 것은 변하지 않는다. …… 시골 사람은 들어갈 수 없는데, 이는 이미 열려 있는 곳으로 들어가는 것은 존재론적으로 불가능하기 때문이다.[18]

열려 있는 공간은 이미 열려 있으므로 들어갈 수 없다. 먼저 닫혀 있어야만 '열고 들어가는 일'이 가능하다. 그러니까 법의 문이 열려 있다는 것은 시골 사람이 아무리 들어가고 싶어도 법 안으로 들어가지 못한다는 뜻이다. 이러한 카치아리의 해석에 대해 아감벤은 다음과 같이 말한다. "이런 관점에서 보자면 앞의 카프카의 우화는 법의 순수한 형태를, 즉 더이상 어떤 것도 명하지 않는 바로 그 지점에서 가장 강력한 모습을 드러내는 법의 형태—즉 순수한 추방령—를 보여주고 있다."[19] 그런데 이러한 법과 같은 방식으로 작동하는 것이 바로 '언어'이다. 언어 역시 배제를 통해 배제된 것을 지배한다.

> 이와 유사한 방식으로 언어 또한 인간을 자신의 추방령 속에 포획하는데, 말하는 존재로서의 인간은 의식하지 못한 채 항상 이미 언어 속에 들어가 있기 때문이다. (비언어적인 것, 말로 표현할 수 없는 것 등등의 형식으로) 언어에 선행하는 모든 것은 바로 언어로부터 배제됨으로써 언어와 관계를 맺게 되는, 언어에 의해 전제되는 것에 다름 아니다. …… 언어란 실상 관계의 순수한 형식으로서 (**주권자의 추방령과 마찬가지로**) 관계 외부(irrelato)라는 형태로 항상 자신을 전제[한다.] …… 비언어적인 것은 오직 언어 자체 속에서만 발견될 수 있[다.][20]

언어 외부적인 것은 언어로부터 배제되었기에 언어와 무관해진 것이 아니다. 오히려 언어로부터의 추방은 언어에 의해 지배되는 방식이다. 예컨대 '그 풍경은 말로 표현할 수 없이 아름다웠다'라는 표현을 보자. 말로 표현하지 못하므로 말로부터 배제되지만, 이 배제를 이용한 말의 지배 속에서 풍경의 아름다움이라는 의미는 모습을 나타낸다. 글을 쓸 때 저 사례와 같은 표현은 묘사를 포기하는 나태한 것으로 비난받기도 하지만, 사실 저 표현은 영악하게 말의 본성을 이용하고 있다. 경험적인 모든 것을 제한적인 표현으로 이루어진 말의 체계를 통해 '직접' 포획할 수 있다고 여기는 것은 사실 순진한 생각이다. 이와 달리 말은 배제를 통한 지배를 구사한다. '어제는 다 기록할 수 없을 정도의 많은 일이 있었습니다'라고 편지에 쓴다면 이 문장은 다 기록하지 못하는 것을 배제함을 통해 글 안에 포섭한다. 고전적인 작품도 좋은 예를 보여주고 있다. 단테는 『신곡』에서 천상의 장면에 대해 이렇게 쓰고 있다. "오, 말이란 얼마나 모자라는 것이며, 생각에 비기면 얼마나 가냘픈가! 내 보았던 것을 생각함은 **너무 대단해서 간단히 말할 수가 없구나.**"[21] 여기서 말할 수 없는 것은, 말할 수 없는 방식으로 말 안으로 들어선다. 언어는 언어 바깥으로 방면하는 방식으로 추방된 것을 지배한다. 법이 그런 것처럼 말이다.

아감벤은 데리다의 문자론에도 언어에 대한 이와 같은 해명을 그대로 적용하고 있다. 해체주의는 어떻게 비판받는가? 아감벤은 다음과 같이 쓰고 있다.

의미 없지만 유효하다는 경험은 현대 사상의 무시 못 할 어떤 흐름의 기저에 깔려 있다. 우리 시대에 해체(déconstruction)가 가진 특권적인 명성은 다름 아니라 전통적인 텍스트 전체를 의미 없지만 유효한 것으로, 유효하지만 그것이 가진 힘은 본질적으로 그것의 [진위의] 결정 불가능성에 있는 것으로 파악하는 데서, 그리고 그러한 효력 자체는 마치 카프카의 우화에 등장하는 법의 문처럼 절대적으로 넘어갈 수 없는 것으로 파악하는 데서 비롯된다. 하지만 바로 이 효력(그리고 그것이 개시하는 예외상태)의 의미를 둘러싸고 해체론과 우리의 입장은 갈라진다.(대괄호는 옮긴이)[22]

전통적으로 초월적 시니피에와 목소리는 특권적 관계를 맺으며, 그 특권이란 양자의 직접적 연결이다. 그러나 해체론이 보여준 것은 초월적 시니피에는 목소리를 통해 현전하지 않고, 문자의 대리보충에 의해서 무한히 연기되는 방식으로 도래한다는 점이다. 문자는 이 초월적 시니피에에 대해 외부적인 것이다. 우리가 앞서 본 대리보충의 사전적 뜻인 '외부적 첨가'가 알려주듯이 말이다. 문자는 초월적 시니피에가 속해 있는 형이상학 외부에 놓인다. 그렇다면 문자, 즉 아감벤이 법과 동일한 지위에 두고 있는 문자는 시니피에의 현전을 '배제'하는 것이다. 그러나 동시에 시니피에는 문자의 대리보충을 통해 연기되는 방식으로 도래한다. 결국 문자는 시니피에를 배제하는 방식으로 다시 포획한다고 할 수 있다. 아감벤의 분석에서 법이 배제를 통해 배제된 것을 지배하듯이 말이다. 그렇다면 해체론은 문자의 지배 아래 기존에 통용되는 의미가 어떻게 가능한지 설명하는 데 그치는 철학이 아닌가? 모든 장광설이 결국 시작 지점으로 돌아오는 철학 말이다.

데리다를 비판하는 가운데 아감벤이 염두에 두고 있는 것은 무엇인가? 그는 법(문자)에 대한 해체주의적 접근에 대립하면서 베냐민이 「역사의 개념에 대하여」 여덟 번째 테제에서 피력하고 있는 '진정한 예외상태', 아감벤 사상이 용기와 영감을 얻는 원천이라 해도 좋을 다음 문장을 내세운다.[23]

억압받는 자들의 전통은 우리가 그 속에서 살고 있는 '비상사태 (Ausnahmezustand, 예외상태)'가 상례[규칙]임을 가르쳐준다. 우리는 이에 상응하는 역사의 개념에 도달하지 않으면 안 된다. 그렇게 되면 진정한 비상사태[예외상태]를 도래시키는 것이 우리의 과제로 떠오를 것이다. 그리고 그로써 파시즘에 대항한 투쟁에서 우리의 입지가 개선될 것이다.[24]

이 테제는 우리가 그 속에서 살고 있으며 이제 규칙이 되어버린 예외상태에 대해 '진정한' 예외상태를 대립시킨다. 아감벤이 비판하는 예외상태는, 예외를 통해 예외된 것을 통치하는 법의 작용을 가능케 하는 것이다. 슈미트의 『정치 신학』이 공들여 몰두하고 옹호하는 이러한 예외상태와 대립하는 것이 베냐민의 '진정한 예외상태', '유효한 권력이 선포하는 예외상태가 아닌, 메시아가 선포하는 예외상태'[25]이다. 『호모 사케르』에서 아감벤은 다음과 같이 쓰고 있다.

예외상태의 여러 가지 역설들 중의 하나는 바로 예외상태에서는 법의 위반과 법의 집행을 구별하는 것이 불가능하며, 따라서 규칙에 부합되는 것과 규칙을 위반하는 것이 전적으로 완전히 일치한다는 점이다. …… 이것이 바로 유대교 전통(실제로는 모든 진정한 메시아주의 전통)에서 메시아가 도래하는 순간 벌어지는 상황이다.[26]

베냐민의 '진정한 예외상태', '바로크적 종말론' 등으로부터 아감벤이 읽어낸 저 메시아적 예외상태에서는 법이 예외를 통해서 통치하는 것이 아니라, 예외상태를 통해 기존의 법은 폐지되고 하나의 공백이 출현한다. 그 공백 속에서만 우리는 '삶과 법의 일치'를 기대할 수 있다. 사는 일이 곧 법의 실현이 되는 것이다. 예컨대 우리는 아감벤의 바울론, 『남겨진 시간』에서 진정한 예외상태가 어떤 것인지 목격할 수 있다. 법의 공백을 만들어내는 메시아적인 진정한 예외상태 속에서 법은 더 이상 율법이라는 성문화된 죽은 문자로 작동하는 것이 아니라, 화용론적 차원의 '믿습니다'라는 신앙고백의 형태로 작동한다. 법 외부로 배제됨으로써 지배되는 일이 일어나는 것이 아니라, 예외상태의 공백 속에 놓인 주체가 주체 자신의 발화, 즉 '믿습니다'라는 맹세를 통해서 자신을 규정한다. 요컨대 '삶과 법이 일치하게 되는 것'이다.(후에 우리는 저러한 '맹세'의 문제와 관련해 아감벤과 데리다 사이의 친화성을 살펴볼 생각이다.) 반면 법이 배제를 통해 배제된 것을 다시 포섭하는 방식을 드러내는 것은 지배의 방식을 보여주는 일에 불과하며, 아감벤이 보기에 데리다 해체주의의 작업은 바로 여기 해당한다. 진정으로 보여주어야 할 것은 법이 와해되고 새로운 것이 도래할 수 있는 공백 상태로서의 예외상태가 창출되는 국면인데 말이다. 따라서 결론은 이렇다. **"해체란 좌절된 메시아주의이고, 메시아적인 것의 정지이다."**[27] 초월적 시니피에가 지연된 채로 도래하도록 놓아두는 것이 아니라, 법을 파괴해서 시니피에가 도래하게끔 하는 기초를 완전히 철거하는 것이 관건인 것이다.

6) 아감벤과 오이코노미아의 대리보충

우리는 데리다가 아감벤의 위와 같은 비판 아래 떨어지기 어렵다는 점을 곧 보게 될 것이다. 그 전에 잠깐 아감벤에게서도 데리다와 같은 대리보충의 논리가 자리 잡고 있다는 점을 보는 것은 흥미로울 것이다. 만일 이 주제에 관심이 없다면, 이 절은 건너뛰어도 될 것이다.

오늘날에는 잊힌, 신학에서의 '오이코노미아(οἰκονομία)' 개념의 중요성을 밝혀내는 일은 아감벤의 가장 탁월한 작품이라 해도 좋을 『왕국과 영광』(2007)에서 수행되며, 이는 그의 철학의 매우 의미 있는 부분을 이룬다. 기본적으로 염두에 두어야 하는 것은 '존재론적 일신론'과 실천적 차원의 "신학적 '오이코노미아'"[28] 사이의 긴장 관계이다. 존재론적으로 하나인 신은 역사 속에서 구원의 사업을 수행할 때는 가족의 형태, 즉 아들 그리스도를 필요로 한다. 이런 까닭에 신의 이 실천적 사업은 오이코노미아라는 개념을 통해 이해된다. 오이코노미아, 즉 가족(오이코스)의 법(노모스) 말이다. 이는 존재론적 원리(아르케)로서의 유일신이, 역사 속에서 실천하는 그리스도라는 자유로운 존재에 의해 대체되는 것이라고 표현해도 좋을 것이다. 유일신이 존재론적인 '아르케(arche)'라면, 자유로운 그리스도는 '아나르키아(anarchia)', 즉 아르케의 부정(an-arche)이라고 일컬을 수 있다.

오이코노미아에서 실천이 그랬듯이 그리스도론에서는 로고스 곧 하느님의 말씀이 존재에서의 근거를 빼앗기고 아르케 없는 것이 된다. …… 그리스도론 본래의 '아나르키아적인' 소명을 이해하지 못한다면 이후의 그리스도교 신학의 역사적 전개도 …… 제대로 이해할 수 없다. 그리스도는 '아르케가 없다'는 것은 결국에는 언어와 실천이 존재 속에 근거를 갖지 않는다는 뜻이다. 존재를 둘러싼 '거인들의 싸움'은 …… **존재론과**

오이코노미아 사이의 투쟁, 곧 그 자체로서는 행동할 수 없는 존재와 존재 없는 행동 사이의 투쟁이다. 그리고 이 양편 사이에서 관건이 되는 것이 바로 **자유**라는 관념이다.[29]

유일신이라는 아르케에 관한 존재론은 그리스도의 아나르키아에 의해 대체되고, 그리스도는 실천이라는 맥락 속에 자리한다. 그 아나르키아에서 관건이 되는 것은 무엇인가? 바로 '자유'이다. 아들의 오이코노미아적 실천이 유일신의 존재론과 긴장 관계를 가진다는 것은 곧 아들의 실천이 아르케에서 벗어난 '자유'에 입각함을 뜻한다. 이것이 셸링이 오이코노미아와 관련하여, 『계시신학』에서 그리스도의 신비를 담은 '계시'의 본질이 '자유'라고 말하는 이유이다.

> 계시는 신화처럼 어떤 필연적 과정으로 이해되어서는 안 되며 온전히 자유로운 방식으로, 가장 자유로운 어떤 의지의 결단과 행동으로 이해되어야 한다. 계시를 통해 새로운 창조, 제2의 창조가 도입되는데, 이는 온전히 자유로운 행위이다.[30]

이 구절과 관련하여 아감벤은 다음과 같이 말한다. "셸링은 절대적이고 아나르키아적인 자유를 존재론에 도입하는바, 스스로 이를 신학적 '오이코노미아' 교리의 재개이자 완성으로 이해하고 있다."[31] 그리스도의 아나르키아의 정체란 '자유'이며, 이 아나르키아가 아르케에 관한 존재론으로부터 독립적인 오이코노미아적 실천을 가능케 한다. 신학이 존재론적 차원에서 아르케로서 하느님을 성찰한다면, 오이코노미아는 신의 아들의 구체적인 실천에 대한 학문을 구성한다. 오이코노미아는 바로 '실천론'인 것이다. "그리스도교 신학에 심대한 흔적을 남기게 될 이 패러다임에 따르면 삼위일체란 하느님의 존재의 분절화가 아니라 실천의 분절화이다."[32] 존재론적으로는 하나이지만 실천의 차원에서 분절되는 것, 이것이 오이코노미아적 관점에서 신에 접근하는 것이라고 할 수 있겠다. 그리고 이런 실천적 오이코노미아를 염두에 두었을 때 우리는 기독교적인 신의 가족이 이교도 신들의 다신론적 가족관계와 어떤 점에서 근본적으로 다른지 역시 이해할 수 있다.

오이코노미아와 섭리를 잇는 바로 이 긴밀한 접속을 이해하지 못하면 이교도의 신화와 '신학'에 비해 그리스도교 신학이 얼마나 새로운 것인지 판단하기란 불가능하다. 그리스도교 신학은 '신들에 대한 이야기'가 아니다. 그것은 '그 자체로 이미(immediately)' 오이코노미아이고 섭리, 곧 세상이 자기를 드러내고 통치하고 감독하는 활동이다. **신은 삼위로 분절화되지만 이것은 '신들의 계보(theogony)'나 '신화'가 아니다. 삼위란 차라리 '오이코노미아', 곧 신의 삶의 분절화이고 경영이고 또 피조물의 통치이고 동시에 이 모두이다.**[33]

이집트 신들이, 다음으로 올림푸스 신들이 보여주듯, 신들은 가족관계와 계보를 가진다. 사람들은 종종 기독교 역시 이런 다신교적 흔적을 가지고 있다고 말한다. 아들, 어머니 등의 표현이 알려주듯 말이다. 그러나 이 다신교적 면모는 그야말로 외면적인 것이며, 삼위, 즉 신이 있고 아들 그리스도가 있는 것을 신화적인 형태로 이해해서는 안

된다. 삼위란 오이코노미아, 즉 존재론적으로 유일한 신이 실천하고 세계를 경영하는 방식이다. 가족적 다원성이란 유일신이 실천하는 방식, 살아나가는 방식이지, 존재론적 분할로 이해되어서는 안 되는 것이다. 이런 점에서 이교도 신화가 가진 신들의 가족 관계와 계시 종교에서 신의 가족 관계는 전혀 다른 맥락을 지닌다고 할 수 있겠다.

그런데 이 실천적 통치란 바로, 그리스도의 아나르키아가 유일신이라는 존재론적 아르케를 '대리'하는 데서 성립한다. 아버지 신을 대리하여 실천하는 "그리스도는 하느님을 최고의 입법자로 하는 '통치(gubernatio)'의 총무로 일한다."[34] 그는 "하느님의 심부름꾼"[35]인 것이다. 중요한 점은, 여기서 대리는 이차적인 것이 아니라는 것이다. 아버지의 원래적인 통치가 있는데, 그것이 이루어지지 않음으로써 아들의 대리가 이차적으로 등장하는 것이 아니다. 오히려 '대리 통치 자체가 근원적인 것'이다. "권력은 '대리로 경영된다(gerera vices)'는 구조를 갖고 있다. **권력은 본질 자체에서 '대리'**[vice, vicarietà]이다. 즉 '대리'라는 용어는 주권 권력이 가진 **원초적 대리성**[originaria vicarietà, original vicariousness]을 가리킨다."[36] 결국은 권력의 실체는 없고 대리하는 통치만 있다는 것이다. "권력의 실체 같은 것은 존재하지 않으며 단지 '오이코노미아', '통치'만 존재할 뿐이다."[37]

근대 역시 이 오이코노미아적 대리성을 계승하는데, 한 가지 유명한 예만 보도록 하자. 애덤 스미스의 경제이론은 '보이지 않는 손'에 의한 통치로 요약된다. 이 '보이지 않는 손'이라는 "비유가 신학적 기원을 갖고 있다는 데는 의문의 여지가 없다."[38] 그런데 이 보이지 않는 손은 직접 통치하지 않으며, 이익을 추구하는 각 개인의 실천이 보이지 않는

타자철학

손을 대리한다. 스미스는 『국부론』에서 말한다. "우리가 식사를 기대하는 것은 정육점 주인, 술집 주인, 빵집 주인의 선의가 아니라 이익에 대한 그들의 관심으로부터이다."[39] 이때 정육점 주인, 술집 주인, 빵집 주인의 경제적 실천에 의해 대리되는 방식으로 보이지 않는 손의 통치는 존재하는 것이지, 보이지 않는 손 그 자체의 통치란 없는 것이다.

우리는 여기서 뜻밖에 데리다의 대리보충 사상을 읽고 있다. 유일신의 왕국은 아들의 통치에 의해 '대리됨으로써만 존재'한다는 것, 즉 통치가 근본적이고 대리 통치가 이차적인 것인 아니라, 통치 자체가 본질적으로 '대리'라는 것, "원초적 대리성"을 지닌다는 논리는 우리가 살펴본 데리다의 '대리보충의 논리'와 다른 것이 아니다. 근원적인 것이 있고 그에 대한 이차적 대리보충이 있는 게 아니라, 대리보충 자체가 근원적인 것이다.

7) 데리다의 후기 철학: 해체 불가능한 것, 타자와의 마주침

다시 본론으로 돌아가 아감벤의 데리다 비판을 그야말로 비판적으로 검토해볼 때이다. 단적으로 데리다의 철학은 아감벤식의 비판, 즉 해체는 기존 질서로부터의 해방의 출구를 닫아버린다는 비판 아래 떨어지지 않는다. 반대로 해체론은 '타자와의 마주침에서 가시화하는 정치적 맥락' 속에 놓였을 때 그간 잘 드러나지 않았던 해방의 전망을 적극적으로 드러낸다. 다시 말해 데리다가 해체의 이름 아래 1960년대 이래 몰두했던 '문자론'은 그의 철학 후기에 와서 '타자론'의 형태 아래서 해방의 잠재력을 현실화한다. 우리는 데리다의 타자이론을 이와 같은 맥락 속에서 다룰 것이다.

만일 해체론이 가능하다면, 해체를 가능케 한 해체 불가능한 요소의 가능성에 대해서도 생각해볼 수 있을 것이다. 『마르크스의 유령들』에서 그는 이 해체 불가능한 것에 대해 이렇게 말한다. "여기서 나에게 중요한 해체적 사고는 항상 긍정과 약속의 환원 불가능성과 더불어 어떤 정의의 관념(여기서는 법과 분리된)의 **해체 불가능성**을 지적해왔다."(『유령들』, 181쪽) 해체 불가능한 것은 바로 '정의'이며, 이제 조명되는 해체주의란 "해체 불가능한 정의에 대한 사상으로서 해체"(『유령들』, 71쪽)이다. 그리고 저 정의는 기존 질서를 유지하는 법과 구별되는 것이다.(이제 보겠지만, '타자와의 관계'가 바로 저 정의이다.) 이 해체 불가능한 것이 해체를 가능케 하는 것, 해체의 가능성을 담지하는 것이다.

일체의 해체로 환원될 수 없는 것, 해체 불가능한 것이면서 또한 해체의 가능성 자체로 남아 있는 것은 아마도 해방의 약속의 어떤 경험일 것이다. 이는 아마도 어떤 구조적인 메시아주의의 형식성, 종교 없는 어떤 메시아주의, 심지어 메시아주의 없는 어떤 메시아적인 것[이다.](『유령들』, 130~131쪽)

해체로 환원될 수 없는 것, 해체 불가능한 것이 있는데, 그것이 바로 '해체의 가능성 자체'를 담지한다. 그리고 데리다는 이 해체 불가능한 것을 "어떤 메시아적인 것"이라고 이야기한다. 그렇다면 데리다에게 메시아적인 것, 해방의 약속의 경험인 것, 해체를 가능하게 해주는 해체 불가능한 것은 무엇인가? 이는 '타자'라는 이름 아래 사유된다.

메시아적인 것에 대한 사유는 "법을 넘어서는 정의에 대한 절박한 요구"(『유령들』, 323쪽)에서 기인한다. 그래서 메시아적인 것이 현행적인 법의 옹호와 상관이 없다면, "메시아적인 것은 항상 혁명적이며, 또 그래야 마땅하다."(『유령들』, 324쪽) 물론 이 메시아적인 것은 그 이름에서 오해할 수 있는 바와 달리 특정한 종교적인 사건과 상관이 없다. "우리는 종교보다는 경험의 구조를 지시하기 위해 '메시아주의'보다는 '메시아적인 것'이라는 단어를 선호한다."(『유령들』, 323쪽) 그러면 메시아적 경험을 주는 것은 무엇인가? 바로 타자와의 마주침이다.

> 기대의 지평 없는 기대, 아직 기다리지 않는 또는 더 이상 기다리지 않는 것에 대한 기다림, 유보 없는 환대, 도착하는 이가 불러일으키는 절대적인 놀라움에 대해 미리 제시된 환영의 인사. 우리는 이러한 도착하는 이에 대해 어떤 반대급부도 요구하지 않고, 영접의 권력과 어떤 길들임의 계약(가족, 국가, 민족, 영토, 지연이나 혈연, 언어, 문화 일반, 인류 자체)을 맺도록 요구하지도 않으며, 모든 소유권, 모든 권리 일반을 포기하는 '정당한' 개방, 도래하는 것에 대한, 곧 기다릴 수도 없는 것 '그 자체'이며 따라서 미리 인지할 수도 없는 사건에 대한, **타자 자체로서 사건**에 대한, 항상 희망에 대한 기억 속에서 빈자리를 남겨두어야 하는 **그녀 또는 그에 대한 메시아적인 개방**만을 제시해야 한다.(『유령들』, 140~141쪽)

타자는 초대할 수 없고 올 때를 예측하거나 기대할 수 없으며 그저 방문할 뿐이다. 메시아 역시 그렇다. "메시아주의적인 것이라고 이름붙인 것(곧 타자의 도래함 …… **예견 불가능한 독특성**)에 대한 기다림."(『유령들』, 71쪽) 메시아가 이성의 자기 전개 과정과 상관없이, 즉 이성의 역사와 상관없이 도래해 이성적 시간의 질서에 '단절'을 만들듯이 그렇게 타자도 도래한다. 메시아라는 말이, 그 말이 속했던 오래된 종교와 함께 죽지 않고 세속 세계가 용어에 대해 베풀어주는 관용을 거쳐, 경험을 가시화하기 위한 개념으로 오늘날 일할 수 있다면, 바로 타자와의 마주침을 일컫기 위한 적임자로서 살아남을 길을 찾을 것이다.

데리다의 전기 철학에서 형이상학을 가능하게 해주는 동시에 해체 가능하게 해주면서, 기원("기원의 기원")으로서 그 자체 해체되지 않는 것은 곧 문자였다.("흔적은 기원의 기원이 된다."(『그라마톨로지』, 116쪽)) 이와 연결지어 이해하자면, 문자가 누렸던 근본 지위를 후기 철학에서는 타자가 지닌다고 해도 좋을 것이다. 타자는 그 자신은 해체되지 않으면서 해체를 가능하게 해주는 자이다. 다시 말해 정의(타자와의 마주침), 곧 "해체 불가능한 정의는 해체의 해체 불가능한 조건"(『유령들』, 71쪽)이다.

문자의 대리보충을 통해, 또는 문자라는 이질적인 것의 개입을 통해 사후적으로 연기됨의 시간 지평 속에서 시니피에가 도래하였(도래 중이었)다. 시니피에, 즉 의미는 더 이상 기원의 자리를 차지하지 못할지언정, '동일성(identité)'을 가지는 것이다.("기원이 비기원에 의해서만 즉 흔적에 의해서만 역으로 형성되었다는"(『그라마톨로지』, 116쪽) 점에서 우리는 기원의 자리가 박탈되었다고 표현할 수 있다.) 데리다에 대한 아감벤의 비판의 핵심도 문자론이 기껏 기존의 의미의 동일성으로 귀착한다는 것이었다. 이질적인 것, 타자와의 마주침 역시 '동일성'의 확립으로 귀결된다. 그런데 이 동일성이 어떤 내용을 지니는지 이해하는 것이 중요하다. **"동일성은 책임 속에서 확립되게 될 것이다.** 다시 말해서 우리는 …… '응답'에 대한 어떤 특정한 체험 속으로 다시 돌아오게 될 것이다."[40] 이질적인 것과의 조우를 통해 도래하는 동일성은 기존의 질서로의 회귀를 의미하는가? 결코 그렇지 않다.

정치적 맥락에서 하나의 예를 통해 이 동일성이 지니는 함축을 살펴보려 한다. 바로 데리다가 중요한 성찰의 대상으로 삼는 정치적 공동체로서 '유럽'이 그것이다. 민족적·문화적 배타성의 지반이 될 수 있는 위험을 가진 한 단위의 동일성(정체성)을 사유하는 것은 중요한 정치적 의의를 지닐 것이다. 아래 인용은 유럽의 동일성이 어떻게 이루어지는지를 말한다.

유럽에 대한 기억의 소환에 대답해야 할 '의무(devoir)', 유럽의 이름하에 약속되었던 모든 것을 상기해야 할 의무, 유럽을 **재동일화**[ré-identifier] 시켜야 할 의무, 이것은 일반적으로 의무라는 이름으로 이해되는 것과는 아무런 공통점 없는 의무이지만, 이러한 명목하에서 전혀 다른 또 하나의 의무가 어쩌면 이 의무를 암묵적으로 전제하고 있음을 보여줄 수도 있을 것이다. 또한 이 의무는 곳에서부터, 그것 역시 하나의 연안이기에 **분열을 일으키는 곳**에서부터 유럽을 열라고 명한다. 즉, 유럽이 아닌 것, 한 번도 유럽이었던 적이 없는 것, 앞으로도 절대 유럽이 되지 않을 것을 향해 유럽을 열라고 명한다.[41]

유럽의 "재동일화" 또는 새로운 동일화가 관건이다. 이미 유럽이라 불리던 것이 있으므로, 동일화가 관건일 때 그것은 재동일화의 형태를 지닌다. 그 동일화는 위에서 "분열을 일으키는 곳"이라고 일컬은 것, 유럽에 대해 이질적인 것(다른 곳)의 개입, 요컨대 타자의 개입을 통해 이루어진다. "곳은 **자기 자신과의 차이**, 그리고 다른 곳, 곳의 **다른 연안과의 차이** 속으로 다시 집결함으로써 뿐만 아니라 더 이상 재집결할 힘을 갖지 못한 채 **스스로 열림으로써 자기 자신과 관계**한다."[42]

유럽은 "자기 자신과의 차이", 타자가 도래하는 "다른 연안과의 차이"를 통해 자기 자신과 관계한다. 문자론이 보여주었던 바는, 시니피에의 동일성 속에 숨겨진 것은 이질적인 것, 곧 문자 또는 시니피앙이라는 점이었다. 즉 시니피에의 동일성은 동일성 안에 차연(차이와 연기)을 만드는 이질적인 것의 개입을 통해 성립한다. 즉 동일성의 정체는 이질적인 것의 개입에 의한 그 자신과의 격차이다. 지금 우리가 살펴보고 있는 유럽의 경우 역시 마찬가지다. 이질적인 것의 개입에 의한 자신과의 격차 자체가 유럽의 정체성(동일성)을 이룬다. 이런 까닭에 데리다는 우리가 기술한 유럽의 동일성 문제가 **"해체주의적 계보"**[43]에 속한다고 말하는 것이다.

이질적인 것의 개입에 의한 유럽의 동일성의 도래는, 기존의 유럽의 동일성으로의 복귀가 아니다. 그것은 타자, 즉 외국인, 이주민 등 여러 이름으로 도래하는 이질적인 것에 의해 '자신과 차이를 가지게 되는' 유럽의 생성이다. 그러므로 그것은 '과거의 유럽과 그 유럽을 지탱해온 통념, 관습, 법, 제도를 와해시키는 사건'이다. 그와 같은 일은 아감벤이 이야기했던, '법 바깥으로 방면함으로써 법의 지배를 실현하는 일'과는 상관이 없다. 이런 식의 비교를 덧붙일 필요도 있겠다. 우리는 레비스트로스와 관련된 논의를 하면서도 법이 문자의 개입을 통해서 성립한다고 했고, 루소에 대해 이야기하면서도 근친상간 금지라는 법이 우물의 대리보충을 통해 도래한다고 하였다. 이러한 법 일반의 가능성을 설명하는 일이 메시아적인 것의 중지를 함축하지는 않는다. 문자와 우물이 법 일반의 형태의 가능성을 설명해준다면, 메시아적인 것은 그 법 일반의 가치를 판정할 수 있는 심급을 구성할 것이다.

8) 이질적 촉발의 계기로서 문자와 타자

목소리가 매개 없이 발화자에게 들리듯 의미는 그 의미를 사유하는 의식에게 매개 없이 현전한다. 의미의 이러한 현전은, 코기토가 이미 보여주었듯 의식의 의식 자신에 대한 직접적 현전을 통해 가능하다. 의식을 존재로서 성립케 하는, 자신에 대한 의식의 직접적 현전을 우리는 '자기 촉발(auto-affection)'이라는 말을 통해 일컫는다. 데리다는 코기토에 대해 다음처럼 쓰고 있다. "관념성과 실체성은 순수 자기 촉발의 운동을 통해서, 생각하는 사물(res cogitans)이라는 요소 속에서 서로 관계 맺는다. 의식은 순수 자기 촉발에 대한 경험이다."(『그라마톨로지』, 180쪽; 번역 수정) 코기토에서 확인되는 의식의 존립 방식으로서 자기 촉발을 다음과 같은 사르트르의 문장보다 명확히 기술할 수는 없을 것이다. 『상상력』의 한 구절이다. "의식에 있어서는 존재한다는 것과 존재함을 의식한다는 것은 매한가지다. …… '하나의 의식에 있어서 존재하는 유일한 방식은 바로 자신이 존재한다는 것을 의식하는 것이다.'"⁴⁴ 의식에 이질적인 것은, 의식의 이와 같은 실존에 대해 무관한 것으로 여겨져왔다. 의식이 의식 자신을 직접 의식하는 것이 의식의 존재함을 구현하는 까닭이다. 근대정신을 대표하는 헤겔『정신현상학』의 다음 문장이 말하는 것 역시 마찬가지다. "의식은 그야말로 자기와 직접 대화하는 가운데 자기 자신을 마음껏 주물러대면서도 마치 어떤 다른 것을 염두에 두고 있는 듯한 모습을 띠지만 실은 오직 자기 자신만을 상대로 하고 있[다.]"⁴⁵ 그 무엇도 끼어들 틈 없이 의식은 자기만을 직접 상대하며 자기 '동일성'의 형식 속에서 존재함을 달성한다.

데리다가 보이고자 한 것은 이 자기 동일적 의식이 문자라는 '이질적인 것'의 대리보충의 결과물이라는 것이다. 요컨대 자기 촉발은 '이질적 촉발(hétéro-affection)'의 소산이다.(우리는 이미 레비나스를 다루는 6장에서 레비나스에게서도 중요하게 고려되는 이 이질적 촉발이라는 개념을 살핀 바 있다.⁴⁶) 같은 구조로 유럽인들의 의식은 유럽인들 스스로에게 현전하지만, 이 현전이 '이질적인 것', 타자의 개입을 통해 가능한 것이라면 유럽 의식의 자기성이란 순수한 것일 수 없고 이질적 촉발의 결과인 것이다. 요컨대 유럽은 타자에 대한 개방 속에서 유럽으로 존재한다. 유럽인의 자기의식은 유럽 아닌 것의 침투를 통해서 자신과 격차를 가지는 방식으로 존립한다. 그리고 우리가 보았듯 이질적인 것은 이렇게 유럽인들의 '순수한' 자기동일성, 이질적인 것이 없는 직접성의 꿈, 어떤 시대에는 추구의 대상이 되었을 그 동일성을 와해시킨다. 그것은 유럽의 순수한 동일성을 견지하려는 모든 정치·제도의 와해이기도 하다. 이 와해 또는 재동일화는 유럽의 운명에 그치지 않는다. 그것은 외부로부터 도래할 뿐 아니라, 내부로부터도 소수자로서 도래하는 타자와 마주치는, 또는 타자에 대해 알레르기를 가지는, 심지어 미리부터 타자로부터 재앙을 읽어내는 모든 민족, 국가, 공동체의 운명이다. 이것이 우리가 '문자론에서 타자론으로' 진행하는 사유의 도정을 만들며 해체론을 이해해보려 하고 있는 이유이다. 씨앗이 틔운 곡식을 보고서 씨앗의 덕을 수긍하는 것처럼, 타자론으로부터 회고적으로 돌아보면 문자론은 씨앗의 속살에 숨겨져 있던 빛깔까지도 보여준다.

9) 레비나스 수용자로서 데리다의 우려

이렇게 우리는 문자론의 연속선상에서 데리다의 타자론에 접근했다. 이런 접근을 통해서만 문자론과 타자론을 포괄하는 해체론의 전모가 드러날 것이고, 그런 전모 아래서 데리다의 타자론은 제대로 이해될 수 있을 것이기 때문이다. 이제 본격적으로 데리다에서 타자의 출현이 어떻게 기술되는지 살펴보자. 여러 가지 길이 있겠지만, 타자에 대한 데리다의 사상을 레비나스와의 관련성 속에서 접근해볼 수 있다. 레비나스를 배경으로 도입하는 이러한 길은 때론 장황하게, 때론 난해하게, 그리고 때론 너무 간명히 제시되기도 하는 데리다의 여러 개념과 진술들을 명확하게, 그리고 더욱 풍성하게 이해할 수 있도록 도울 것이다. 따라서 앞서 6장에서의 레비나스에 관한 논의를 염두에 두고서 우리가 지금 다루는 문제들을 읽어주기 바란다.

데리다는 레비나스의 최초의 중요한 독자 가운데 한 사람으로서, 레비나스의 철학이 널리 알려지기 전인 1963년에 레비나스에 대한 중요한 에세이인 「폭력과 형이상학」(『글쓰기와 차이』(1967)에 수록)을 쓰기도 했고, 레비나스 사후 『아듀 레비나스』(1997)라는 저작을 펴내기도 했다. 레비나스에 대한 그의 태도엔 비판과 감탄이 공존하고 있다. 그렇다면 레비나스와의 관련성 속에서 데리다의 타자 개념을 어떻게 기술할 수 있을까?

우리가 보았듯 데리다는 해체될 수 없는 것으로서 타자가 지니는 지위를 드러낸다. 이는 사회·정치적 차원에서 타자(메시아적인 것)의 도래를 탐구하는 작업 속에서 이루어진다. 이런 작업을 위해 데리다는 레비나스 사상의 보수적으로 해석될 수 있는 면모를 제거하고, 정치적으로 급진화한 형태로 레비나스의 개념들을 수용한다. 다르게 말해 데리다는 레비나스 철학이 보수적 가치에 친화적인 윤리의 모습으로 머무는 것을 우려하면서, 레비나스의 개념들이 진보적인 사회정치적 함의를 가질 수 있는 길을 열어주고자 하는 것이다. 데리다는 타계하기 한 해 전인 2003년의 한 대담에서 당대의 레비나스 수용 풍토를 다음과 같이 비판적으로 정리한다.

타자를 참조하는 것은 쉬워지고 있고, 주술적인 것이 되어가고 있습니다. 그리고 나는 갈수록 타자와의 관계 혹은 타자에 대한 존중을 지루하고 보수적인 것으로 느끼고 있습니다. 권위적 주장으로 철학적 심각함과 담대함의 세관을 통과하기 위해 사람들은 레비나스의 이름을 들먹이며, 나태한 언어적 구원으로서 이 단어들의 묘미를 돋우는데, 이 경우 모든 것은 결판났다고 봐야겠죠. 윤리라는 단어는 역시 가끔 같은 역할을 수행합니다. 사람들은 레비나스의 책을 한 번도 읽어보지 않았기 때문에 레비나스가 이 단어들을 통해 소개하는 사상이 맞닥뜨리게 될 어려움과 위험, 레비나스가 그 과정에서 인정한 궤변, 함정, 그리고 그 안에 갇혀 참고 기다려야 했다고 말했던 논리적 모순점을 자주 망각하고는 합니다.[47]

레비나스를 통해서 타자를 참조하는 것은 주술적인 차원에 지나지 않게 되고, 그저 형식적으로 옳은 말을 늘어놓을 뿐 현실의 어떤 정치적 사안에도 타격을 주지 못하는 보수적인 중얼거림의 세계 속으로 들어가버렸다는 것이다. 그는 이어서 다음과 같이 이야기한다.

> '명철함의 부족' 혹은 '회유'라고 부르는 것의 가장 염려스러운 형태는 '정치적' 책임의 비극적인 분쟁성과 피할 수 없는 긴급함을 중립화하기 위해 오늘날 너무 많이 퍼져 있고, 또 너무도 쉬운 윤리적이라는 가정된 심급을 사용하는 것입니다. 물론 법률이나 정치에 비추어볼 때 윤리와 타자와의 관계를 독립적인 것, 초월적인 것으로 간주하려고 노력할 수 있습니다. 그러나 우리는 윤리를 사법과 정치를 무효화시키는 '알리바이'로 만들어서는 안 됩니다.[48]

데리다는 윤리를 앞세우며 정치를 무력화하고자 하는 시도에 레비나스가 동원되는 것을 우려하는 것이다. "레비나스를 받아들임에 문제가 되는 것은 그의 사상을 비정치적인 것으로 만드는 것입니다. 그는 이 사실과 관련해서 완전히 책임을 져야 하는 것도 아니지만, 그렇다고 완전히 결백한 것으로 보이지도 않습니다."[49] 윤리를 정치에 눈감기 위한 수단으로 내세우는 것의 책임은 레비나스를 사용하는 자뿐 아니라, 레비나스 자신에게도 있다. 우리가 앞서 레비나스를 다루며, 그의 철학이 이스라엘의 소명에 대한 근거 없는 낙관론으로 귀결될 때 목격했던 것처럼 말이다.

10) 유령, 식별 불가능성, 면갑 효과

데리다의 타자에 대한 사상은, 레비나스 철학이 공허한 윤리로 남거나, 정치적으로 무력하게 되는 위험들을 경계하면서 레비나스의 개념들을 검토하고 수용한다. 어떤 점에서 데리다는 레비나스와 동일한 과제를 설정하고 있다. 앞서 읽었던 문장을 보자. "동일성은 책임 속에서 확립되게 될 것이다. 다시 말해 우리는 …… '응답'에 대한 어떤 특정한 체험 속으로 다시 돌아오게 될 것이다."[50] 책임 속에서 확립되는 동일성이란, 레비나스에게선 '저 여기 있습니다(me voici)'라는 '응답' 속에서, 응답 여부에 따라 비난받을 수 있는 자리에서 확보되는 주체의 동일성이다. 이것은 타자 앞에 '노출'되는 것으로서 동일성이며, '자아가 자기(moi=soi)'라는 데서 성립하는 자기동일성과는 전혀 다른 것임을 우리는 레비나스를 다루는 앞선 장에서 보았다. 데리다도 마찬가지로 응답에 대한 체험 속에서 성립하는 주체의 동일성을 이야기하고 있는 것이다.

데리다에게서 타자의 도래를 『마르크스의 유령들』을 통해 보다 구체적으로 살펴보도록 하자. 데리다는 이 작품에서 '타자'의 다른 이름인 '유령'이라는 개념을 통해 마르크스를 현대적으로 상속하려 하는

데, 유령 개념의 풍부한 함의를 이끌어내는 일은 셰익스피어의 『햄릿』에 의존하여 진행된다. 부왕의 유령이 출현하는 장면은 유령에 대해, 그리고 타자에 대해 무엇을 알게 해주는가? "유령이란 …… 이러한 식별 불가능성 자체에 있는 것이 아닌가? 그것을 사로잡는 것은 그것에 사로잡히는 것, 신들리는 것 자체가 아닌가? 포획하는 것은 그것에게 포획되는 게 아닌가?"(『유령들』, 257쪽) 이 구절은 레비나스적인 개념을 통해 이해될 수 있을 것이다. '식별 불가능성'은 타자의 도래와 관련하여 데리다가 늘 강조하는 바이다. 데리다에게서 식별 불가능성과 대립하는 개념은 '계산 가능성'이다. 레비나스적인 맥락에서 식별 불가능성은 타자를 나의 개념적 도구들을 통해서 나의 의식에 포섭할 수 없다는 함축을 지닌다. 식별 불가능성의 반대편에는 우리가 가진 척도를 통해 타자를 계산 가능한 것으로, 우리가 가진 기준에 따라 이해 가능하게 만드는 작업이 자리 잡고 있다.

레비나스의 표현을 가져와 말하자면, 식별 불가능한 타자와의 마주침은 '사로잡힘(obsession)'이다. 타자의 출현을 자기의식에 매개하는 것이 아니라 반대로 타자의 출현에 의식이 종속되는 것이 바로 사로잡힘인 것이다. 데리다가 사용하는 말 possédé(위 구절에서 사로잡힘, 신들림 등의 표현의 원어)나 captivé(위 구절에서 포획됨의 원어)는 저 obsession과 호응하고 있다. 그렇다면 식별 불가능한 유령의 가시성은 어떻게 기술될 수 있는가?

유령은, 그 이름이 가리키듯이 어떤 가시성의 '출몰(fréquence)'이다. 하지만 이 가시성은 비가시적인 것의 가시성이다. 그리고 가시성'은 본질상 보이지 않으며, 이 때문에 그것은 에페케이나 테스 우시아스(epekeina tes ousias)로, 현상 또는 존재자[l'étant] 너머의 것으로 남아 있다.(『유령들』, 201쪽)

앞서 우리는 레비나스를 다루며, 플라톤에게서 유래한 '에페케이나 테스 우시아스'가 레비나스 철학의 방향을 결정하는 중요한 문구임을 보았다. 데리다는 이 말을 레비나스와 달리 문자 그대로 '존재자 너머(au-delà de l'étant)'로 해석하긴 하지만, 이 문구를 주체의 힘에 귀속되지 않는 타자와의 조우를 표현하기 위해 도입한다는 점에서 레비나스와 같다. 데리다가 유령이란 말로 일컫고 있는 이 타자는 우시아들에 대해 외재적인 것이므로 우시아들의 원리의 지배 바깥에 놓이며, 따라서 우시아들의 영역 내재적인 주체의 힘은 이 유령을 가시성 속에서 인식할 수 없다. 유령은 그런 비가시성을 지니는 한에서 주체와 관계한다. 이 관계가 바로 "비가시적인 것의 가시성"이라 표현된 것이다. 이런 유의 가시성을 '에페케이나'라는 말을 풀이하는 다음 구절에 입각해 '초과하는 감각성'이라 일컬을 수도 있겠다. "초월성, '초과하는(en supra)' 운동, 넘어서는 걸음(über, **epekeina**)은 초과 자체 속에서 감각적인 것으로 된다. 이는 비감각적인 것을 감각적인 것으로 만든다."(『유령들』, 292쪽)

그런데 우리는 이미 데리다의 문자론이 플라톤적인 '초월적 시니피에'에 대한 비판을 핵심으로 하고 있다는 점을 보았다. 초월적 시니피에란, 국지적인 또는 내재적인 시니피앙들의 무한한 연쇄에 의해 도래가 무한히 연기된 채 첨부되는 이차적인 기원이다. 이런 반플라톤주의를 염두에 둔다면 당연히 '에페케이나', 즉 '너머' 또는 '초월'이 플라톤적 형이상학의 맥락에서 이해될 수 없다는 것을 알 수 있다. 단적으로 데리다는 '초월'을 '내재적 초월'로 이해하고자 한다. 즉 '타자와의 사회적 관계라는 내재성 안에서의 초월' 말이다.(이런 점에선 레비나스 역시 동일하다.) 그런데 데리다에서 저 사회적 관계란 무엇보다도(아니, 반드시) 정치적 영역에 자리하는 것이다. 데리다는 레비나스를 해석하는 자리에서 '속에서 너머', 즉 '내재적 초월'을 이렇게 제시한다. "'**속에서 너머** (au-delà dans)'—다시 한번, 윤리적 또는 메시아적 초월의 **정치적 내면화**가 등장하는 것이죠."[51] 그는 "**내재성 속의 이 초월**"[52]이란 개념을 제시하기도 한다. 타자와의 관계는 정치 내재적이며, 그러므로 타자를 향한 초월은 정치 내재적으로 이루어지는 초월이다.

데리다는 유령, 타자가 비가시적으로 출현하는 사건을 '면갑 효과 (l'effet de visière)'라는 개념을 통해 기술하기도 한다. 면갑(visière)이란 보호를 위한 투구의 가림막, 모자의 챙 등을 가리키는 말이다. 타자는 면갑 뒤에 있는 자처럼, 보이지 않는 채 주체를 바라본다.

> **우리를 응시하는 이를 우리가 보지 못하는 것**, 우리는 이를 '면갑(面甲) 효과'라고 부를 것이다. 호레이쇼가 말하길, '자네가 자네인 것처럼(As thou art to thy selfe)' 왕은 그의 환영 속에서 그 자신과 닮았지만, 그렇다 해도 그는 보이지 않은 채 응시한다. **왕의 허깨비는 왕의 갑옷 아래 왕이 더욱 비가시적인 것으로 나타나도록** 만든다.(『유령들』, 26쪽)

우리가 어떤 응시, 서로 시선을 마주치는 것이 항상 불가능한 어떤 응시를 받고 있다는 느낌, 바로 이것이 **면갑 효과**이며, 우리는 이러한 면갑 효과를 따라 법을 상속받는다. 우리를 보는, 법을 만들고 명령을 내리는, 더욱이 모순적인 명령을 내리는 이를 우리는 보지 못하기 때문에, 누가 '맹세(swear)'를 지시하는지 우리는 보지 못하기 때문에, 우리는 그를 확실하게 식별할 수 없으며, 그의 목소리에 내맡겨져 있다.(『유령들』, 28쪽)

면갑 효과 아래서, 타자 앞에서 우리는 보지 못하고 보여진다. 레비나스에게서 이런 국면은, 앞서 보았듯 "기게스처럼 남들에게 보이지는 않으면서 보[는 일]"(『전체성과 무한』, 251쪽)의 '전도'로 나타났다. 타자와의 조우란, 마법의 반지의 힘으로 자신을 투명하게 만들고 타자를 자신의 시선 아래 잡아두는 기게스의 힘이 종말을 고하는 사건이다. 무한의 흔적인 타자는 "노출되지 않고, 보여지지 않고서 보는 주체의 비밀인 기게스의 비밀, 내적 주체의 비밀을 깨뜨린다."(『존재와 다르게』, 185쪽) 타자 앞에서 기게스는 아담처럼 더 이상 덤불 속에서 몸을 가리지 못하고 밖으로 노출된다. 주체가 보지 못하고 보여지는 이 정황이 데리다에게선 면갑 효과라는 명칭과 더불어 기술되고 있는 것이다.

유령, 즉 타자의 출현은 명령을 내리고 법을 만드는데, 구체적으로 그 법은 '맹세하라'는 요구를 통해 탄생한다. 유령의 출현을 통해 우리가 무조건적으로 하게 되는 것은, 바로 맹세를 통해 자신을 규정하는 법 아래 있게 되는 일이다. '맹세'의 문제는 뒤에 보다 자세히 다루게 될 것이다.

타자철학

11) 유령론: 메시아적 종말론과 어긋난 시간

데리다가 타자에 접근하기 위해 필요로 하는 개념들을 좀 더 살펴보자. 그는 '유령론(hantologie)'이라는 새로운 분야를 만들어 타자에 의해 사로잡히는 국면을 다루고 있다. 유령론을 가리키는 'hantologie'는 존재론을 뜻하는 'ontologie'와 발음은 같지만, 존재론을 통해서는 사유되지 않는 대상으로서 유령을 다룬다. 데리다는 유령을 앞서 우리가 다루었던 메시아적인 것과의 상관성 속에서 제시한다. "메시아적 개방이야말로 유령성의 장소 그 자체다."(『유령들』, 141쪽) 레비나스에서도 보았지만, 메시아의 도착을 예측할 수 있도록 해주는 법칙이란 없다. 메시아는 주체의 인식 능력(과 그 법칙) 및 의지(와 그 법칙) 모두와 상관없이 그저 방문할 뿐이며, 방문한 뒤에야 사후적으로 인지될 뿐이다. 메시아적으로 도래하는 타자는 주체의 힘을 벗어나 있는 타자, 주체의 힘 밖에서 도래하는 타자이다. 마찬가지로 유령 역시 주체의 힘 바깥에서 도래한다. 주체의 힘이 유령에게 미치지 못한다는 점은 유령을 뜻하는 프랑스어 표현에서도 찾아볼 수 있다. 유령(revenant)은 어원적으로 're-venir(다시 돌아옴)'라는 말과 관련이 있다. 주체는 파괴하거나 살해함을 통해 자신의 힘을 가지고 존재자를 무로 만들 수 있다. 그러나 유령은, 살인처럼 존재자를 무로 만드는 주체의 힘을 무력하게 만들며 끊임없이 되돌아오는(re-venir) 것, 주체의 힘이 행사될 수 없는 것이다. 맥베스에게 살해당한 뒤에도 무화(無化)를 비웃듯 다시 찾아오는 뱅코우의 유령처럼 말이다.

그것은 존재하지 않게 되었지만, 무가 되지 않고 다시 돌아온 것, 존재와 무 사이에 있는 것이다. 유령은 "현존하지 않는 현존하는 [présent sans présent] 것. …… 사라진 이가 거기에 있음[être-là]"(『유령들』, 25쪽)이다. 즉 존재나 무 둘 중 하나로 식별할 수 없는 것이 유령이다. 이런 점에서 유령은 '존재 아니면 무'라는 사고방식에 기반하는 존재론의 대상이 될 수 없으며, 별도의 '유령론'이라는 영역 속에서 사유되어야 한다.

> 이는 존재론, 존재자의 존재에 대한 담론이나 생명 또는 죽음의 본질에 대한 담론에 속하지 않는다. 따라서 이는, 우리가 단어를 하나 만들기보다는 경제적인 편의를 위해 '유령론(hantologie)'이라고 부르고자 하는 것을 요구한다. 우리는 이 범주가 그것이 **가능하게 하는** 모든 것, 곧 존재론, 신학, 부정적이거나 긍정적인 존재 신학으로 환원 불가능하다고 생각한다.(『유령들』, 116쪽)

앞서 말했듯 유령론은 존재론으로 환원될 수 없으며, 최고 존재자로부터 최하위 피조물까지의 인과적인 계열 안에서 존재자를 이해하는 존재 신학으로도 환원 불가능하다. 오히려 유령론은 존재론이나 존재 신학을 "가능하게 하는" 것, 즉 존재론에 선행하는 것이다. 레비나스 철학에서 타자와의 관계가 그간 제1철학의 지위를 가졌던 존재론에 선행하는 것처럼 말이다. 존재를 지배하는 법칙 아래 타자가 있는 것이 아니라, 타자가 존재를 지배하는 법칙을 의문에 부치며 존재론에 개입한다. 다시 말해 존재의 법칙보다 근본적인 메시아가, 그리고 존재의 법칙이 실현되는 장(場)인 역사보다 근본적인 종말론적 시간이 그 존재의 법칙을 와해시키며 개입하는 것이다. 이런 맥락에서 유령론은 곧 메시아적 종말론이다. 이제 데리다가 이 종말론을 기술하는 구절을 읽어보자.

> 어떤 메시아적 극단성이 존재하지 않는가? 곧 그 궁극적 사건(직접적 단절, 미증유의 폭발, 때맞지 않게 일어나는 무한한 놀라움, 완수 없는 이질성)이 **노동과 생산 및 모든 역사의 목적(telos)과 같은 어떤 피지스(physis)의 최종적인 종점을 '매 순간' 초과할 수 있는 어떤 에스카톤(eskhaton)**이 존재하지 않는가?(『유령들』, 88쪽)

종말론이라는 개념만큼 사상의 역사를 통해 다의적인 풍부함을 가지게 된 개념도 드물 것이다. 종말론 개념에 접근하자면 대부분 그럴 수밖에 없겠지만, 데리다는 선별적으로만 종말론의 의미를 긍정적으로 수용한다. 그는 '귀신들림'(이 말의 원어 'hantise' 역시 레비나스의 핵심 개념인 'obsession'으로 바꾸어쓸 수 있는 말이다)의 논리는 자신 안에 '종말론'을 수용하고 있지만, 특수한 효과로서 수용하고 있다고 말한다.(『유령들』, 34쪽 참조) 배제되는 종말론적 논의 역시 있는데, 바로 탈정치화한 종말론적 사유, "나쁜 것보다 훨씬 더한 것으로, 곧 세계의 악에 직면한 일종의 운명론적인 관념론이 아니면 교조적인 종말론으로 되돌아"(『유령들』, 176쪽)가는 것이 그것이다.

위의 인용을 통해 표현되고 있는 데리다의 종말론적 사유는 어떤 것인가? 종말론(eschatologie)은 말 그대로 '에스카톤(eskhaton)'을 다룬다. '에스카톤'은 '끝', '종말'이라는 뜻인데, 이는 역시 끝이라는 뜻을 지닌 'telos'를 다루는 학문인 목적론(téléologie)과는 구별되어야 한다. "내 화두는 정확히 메시아적인 종말론을 목적론과 구별하는 것이다."(『유령들』, 180~181쪽) 목적론은 아리스토텔레스에서 헤겔에 이르기까지 이성 자체의 법칙으로 여겨졌다. 또한 이성은 존재(피시스)의 원리인 까닭에 목적론은 존재의 법칙이기도 하다. 이러한 사정을 헤겔은 『정신현상학』에서 다음과 같이 표현하고 있다.

이성은 또한 합목적적인(목적론적인) 행위라고 할 수도 있다. 자연과 사유 모두를 오해한 나머지 사유보다 자연이 우월하다는 생각에서 먼저 자연의 외적 합목적성을 배제하려는 입장을 취한 탓에 목적이라는 형식이 아예 불신당하기에 이르렀다. 그러나 자연[위 데리다의 인용에서 '피시스'에 해당하는 것]을 합목적적인 행위로 규정했던 아리스토텔레스에게서도 볼 수 있듯이 목적이란 직접 있는 그대로 정지해 있으면서 동시에 스스로 움직이는 다름 아닌 주체이다. 그 움직이는 힘은 추상적으로 파악한다면 스스로를 자각하는 순수한 부정성이다. **결과가 시초와 동일해지는 것은 시초가 목적이기 때문이다. 다시 말해 현실적인 것이 그의 개념과 일치하는 이유는 목적으로서 최초에 있는 것이 결과로 나타나는 현실 존재를 가능성으로서 잉태하고 있기 때문이다. 목적이 전개되어 현실의 존재로 나아가는 것이 운동**이며, 외적으로 발양되는 생성으로서 이렇듯 쉼 없이 움직이는 것이 바로 자기(das Selbst)이다.[53]

시초에 있던 것이 운동의 목적으로서, 결과에서 현실화한다. 그래서 헤겔은 "최초의 것은 아예 자기 자신을 최종 목적으로 삼고 있는 존

타자철학

재"[54]라고 쓰기도 한다. 헤겔에게서 이 운동은 부정의 부정이라는 이성의 법칙에 따라 이루어진다. 이 운동이 이루어지는 터전인 역사는 이성의 법칙에 따라서 시초에 있던 목적이 현실화하는 과정이다. 그런데 종말론의 에스카톤은 바로 이 목적론적 법칙에 종속되지 않는 것, 이 법칙을 초과하는 것, 이 법칙을 파괴하며 개입하는 것이다. 위 인용에서 데리다는 에스카톤을 어떻게 기술했는가? "모든 역사의 목적(telos)과 같은 어떤 피지스(physis)의 최종적인 종점을 **매 순간 초과할 수 있는** 어떤 에스카톤(eskhaton)"이라 일컬었다. 이성의 법칙이자 존재의 법칙 상관적인 목적을 초과하므로, 에스카톤은 이성을 통해 설명하거나 예측할 수 없다. 따라서 에스카톤은 이 이성이 주관할 수 없는 것으로 들이닥치며, 이성이 주관하던 시간의 흐름, 즉 역사의 전개를 끊어버린다. 그야말로 그 전개에 '종말을 주는' 것이다. 이런 에스카톤으로서, 이성적 주체와 그의 운동이 현실화한 모습인 역사에 개입하는 것이 유령이고 메시아이며 타자인 것이다. 당연히 이성·존재·역사의 법칙이 이 개입자, 타자를 지배하는 것이 아니라, 타자의 개입을 통해 저 법칙이 문제에 부쳐지고 와해된다.

그렇다면 유령이 개입하는 시간은 이성의 시간, 즉 역사와 '서로 어긋날 수밖에' 없지 않을까? 바로 그렇다. "신들림의 시간, 신들림의 현재의 비동시대성, 신들림의 **'이음매가 어긋나**(out of joint)' 있음 역시 시작된다."(『유령들』, 311쪽) 이 표현은 『햄릿』에 나오는 "시간이 이음매에서 어긋나 있다(Time is out of joint)"라는 구절에서 온 것이다. 앞서 후설의 타자론을 다룰 때도 잠깐 언급했던 '이음매가 어긋나 있음(out of joint)'은 유령이 출몰하는 시간적 지평을 표현한다. 유령은 시간이 어굿나 있는 방식, 즉 시간 속에 단절이 출현하는 방식으로 도래한다. 이 시간을 데리다는 "현재의 비동시대성"이라고 일컫는다.

후설이 현상학적 환원을 통해서 드러내고자 한 타자는 초월적 주관들의 공동체이다. 그리고 이때 후설의 공동체는 현재라는 하나의 공통적 시간 속에 자리하는 주관들의 공동체이다. 후설을 다루며 읽었던 『데카르트적 성찰』의 구절을 상기해보자.

> 하나의 **공통적 시간의 형식**이 근원적으로 건설된다. …… 우리는 여기서, 구성적으로 서로 관련된 모나드의 **시간적 공동체**(zeitliche Gemeinschaft)가 분리될 수 없다는 점을 알게 된다. 왜냐하면 그 모나드의 시간적 공동체는 하나의 세계와 하나의 세계의 시간의 구성과 본질적으로 연관을 맺기 때문이다.(『성찰』, 221쪽)

이와 반대로 유령은 '현재와 어긋나는 방식으로', 비동시대적으로 출현한다. 우리는 레비나스에게서 타자가 현재화(représentation, Vergegenwärtigung)를 벗어난다는 것을 보았다. 현재화란 기억, 예측 등의 작업으로서 대상을 의식 상관자로 만드는 것이다. 반대로 과거지향이 되었든 미래지향이 되었든 현재화하는 의식이 거머쥐지 못하는 것으로서 출현하는 자, 즉 타자는 주체의 현재적 의식과 비동시대적이다. 주체의 이성의 법칙 상관적인 "역사의 목적론적 질서에 타격을 가"하며, 그것과 불일치하는 이 타자의 시간은 역사적 "시간에 대해 발생하는 것이지, 시간 속에서 발생하는 것이 아니다." 이런 점에서 "시대를 거스르기(contretemps)"(『유령들』, 159쪽)가 타자가 도래하는 방식 또는 메시아적 시간의 양식이다.

12) 정의와 맹세

유령이 도래했을 때 우리에게 일어나는 일은 무엇인가? 부왕의 유령이 햄릿에게 나타나 요구하는 바는 무엇인가? "맹세하라"이다. 이 맹세는 더 정확히 '무조건적인 맹세'이다. 데리다는 블랑쇼의 글 「마르크스의 세 가지 말」에 나오는 '서약이나 약속'의 문제를 다루며 다음과 같이 '맹세'에 대해 말한다.

> 「마르크스의 세 가지 말」에서 또한 공명을 일으키는 것은 호소 내지 정치적 명령, 참여의 서약이나 약속이다.(말하자면 맹세. "맹세하라(swear)!") 이러한 원초적인 수행성은 언어 행위 이론가들이 분석한 모든 수행문처럼 미리 존재하는 규약에 따르지 않으며, 오히려 그것이 지닌 '단절'의 힘이 제도나 헌법(constitution), **법 자체를 생산**한다. …… **법 이전의, 의미 이전의 법의 '폭력'**, 시간을 중지시키고, 탈구시키고, 이음매에서 빠지게 만들고, 자연적인 거처에서 벗어나게 만드는 폭력, 곧 "이음매가 어긋나(out of joint)" 있음.(『유령들』, 76쪽)

> 서약은 지금 여기에 주어지며, 아마도 어떤 결정이 이를 확증하기 이전에 주어진다. 그리하여 이는 기다리지 않고 정의의 요구에 응답한다. 정의의 요구는 정의상 참을성 없고 비타협적이며 **무조건적**이다.(『유령들』, 77쪽)

유령(타자)의 출현은 "비타협적이고 무조건적인" 정의의 요구에 대한 서약, 맹세하라는 명령으로서 기술된다. '정의'란 무엇인가? 그것은 우리가 메시아적 함축을 이끌어내었던 타자의 도래함에 대한 응대 자체이다. 데리다는 "타자의 도래함, 정의로서의 도착하는 이(anivant)의 절대적이고 예견 불가능한 독특성"(『유령들』, 71쪽)이라고 쓴다. 앞서 보았듯 타자는 식별 불가능하며, 이는 타자가 주체의 이론적·실천적 목적에 전혀 매개되지 않는다는 뜻이다. 따라서 타자는 절대적으로 도래할 뿐이지, 주체와 타협하거나 협의하는 자가 아니다. 이런 상호성이 없다는 점에서 타자와의 관계는 '비대칭적(dissymétrie) 관계'이다. 이런 타자의 무조건적 요구에 대한 환대가 바로 정의이다. 그래서 우리는 "타자와의 관계의 무한한 **비대칭성**을 열어놓는 어긋남, 곧 정의를 위한 장소로서의 어긋남"(『유령들』, 59쪽)이라고 쓸 수 있다.

> 단지 제재하고 복원하고 '법을 실행하는' 것에 자신을 한정하는 어떤 '정의 구현'을 위한 것이 아니라, 선물의 계산 불가능성으로서 정의, 타자에 대한 비-경제적인 탈-정립(ex-position)의 독특성으로서 정의를 위한 것이다. 레비나스는 "타인과의 관계, 곧 정의"라고 쓴다.(『유령들』, 61쪽)

한마디로, 레비나스의 말을 빌려 "타인과의 관계, 곧 정의"라고 요약할 수 있을 것이다. 그것은 주체의 계산에 매개되지 않는 자에 대한 환대, 그런 환대 속에서 이루어지는 주체의 '탈-정립(ex-position)'이다. 우리는 (주체의) 장소(position)로부터의 탈(ex)-정립을 레비나스의 표현을 빌려 "장소 없음(non-lieu)"(『존재와 다르게』, 103쪽)이라 부를 수도 있

타자철학

다. 레비나스에서 주체는 동일성의 형식(자아=자기)을 정립해 존재함을 위한 발판을 마련하였다. 타자와의 마주침은 이 동일성의 형식의 와해, 자아가 자기로 회귀하지 못하는 사건, 존재 안의 장소(position)를 버리고 자기성 바깥으로(ex-) 나가는 사건이었다. 데리다에게도 탈-정립은 주체가 계산하고 지배할 수 있는 자신의 영역을 버리고, 바깥으로 나가 타자의 요구에 응답함을 뜻한다. 이런 응답함이 곧 정의이다.

타자와의 관계, 곧 정의의 요구로 수행되는 맹세는 기존 법 체계보다 심층적인 법의 지위, 가장 근본적인 법의 지위를 가진다. 이 맹세는 "법 이전의, 의미 이전의 폭력"으로서 "법 자체를 생산한다." 맹세는 이미 문자로 고착된 법조문에 의거해 이루어지는 행위가 아니다. 맹세는 '맹세한다'라는 수행적 발화를 통해서 하나의 법 자체로서 탄생하고 발화한 자를 구속한다. 일상에서 흔히 하는 '약속한다'라는 수행적 발언이 발화자를 구속하는 법이 되는 것처럼 말이다. 이러한 맹세가 바로 제도나 헌법과 같은 객체적으로 기록된 법 자체를 생산하는 근원적인 법이다. 6장에서 레비나스 역시 이와 유사한 논의를 펼치는 모습을 보았다. 레비나스는 제도화한 국가가 만인 대 만인의 투쟁을 해결하기 위해 고안된 것인지, 아니면 타자에 대한 한 사람의 환원 불가능한 책임으로부터 발생한 것인지를 물었다. 이를 통해 레비나스가 말하고자 했던 것은, 모든 성문화된 법에 앞서는 타자에 대한 책임이 있으며 이것이 바로 법의 기원이라는 것이었다.(『존재와 다르게』, 203쪽 참조) 레비나스의 영향을 받고 있는 블랑쇼 역시 이렇게 쓰고 있다. "[타자에 대한] 책임성 또는 책임의 강제는 법으로부터 유래하지 않는다. ······ 반대로 법이 책임성으로부터 유래한다."(『밝힐 수 없는 공동체』)[55]

맹세의 의미를 보다 명확히 파악하기 위해서, 어떤 면에서 데리다와 유사성을 가지는 아감벤의 논의를 잠시 살펴볼 필요가 있다. 데리다 이후 맹세와 법의 관계를 다룬 주요한 연구를 우리는 아감벤의 『남겨진 시간』(2000), 『언어의 성사』(2008) 등에서 찾아볼 수 있다. 맹세에 대한 기존의 연구들, 가령 벤베니스트 등의 연구들이 맹세의 기원을 종교적 행위에서 발견하거나 맹세를 종교 의례에 귀속시켰던 데 반해, 아감벤의 논의는 법과 종교의 기원에서 맹세의 자리를 찾아주었다는 점에서 의의를 지닌다. 신성한 맹세, 즉 종교적 맹세가 기원의 자리에 있는 것이 아니라, 종교보다 앞서는 자리에 맹세가 있다. 가령 아리스토텔레스는 『형이상학』(983b32)에서 탈레스보다 더 오래전에 '물'에서 근원적 성격을 발견했던 사람들에 대해 말하는데, 이들에 따르면 신들은 가장 오래되고 고귀한 것인 스틱스 강물을 두고 맹세했다. "신들조차도 맹세의 권위를 따르지 않으면 안 되었다."[56] 신들도 맹세의 지배를 받았으며, 이는 곧 맹세가 신들(종교)보다 앞선다는 뜻이다. 또 다른 예를 들자면, 필론의 『비유적 해석』은 하느님과 하느님의 맹세 중 어느 것이 우선하는지 결정 불가능함을 보여준다. "하느님은 그의 말씀이 곧 맹세인 존재라면, 맹세 때문에 하느님을 신뢰할 수 있는지 아니면 하느님 때문에 맹세를 신뢰할 수 있는지를 결정하는 것은 완전히 불가능해지는 것이다."[57] 즉 맹세는 하느님에 귀속되는 것으로 확정할 수 없으며, 하느님이 맹세에 '의존하여' 신뢰받는 자가 될 가능성 역시 열려 있다.

이렇게 맹세는 종교로 환원되지 않는 근본적인 자리를 차지하며, 오히려 법과 종교가 맹세로부터 생성된다. 물론 맹세는 수행적인 언어

타자철학

이다. "우리는 여기서 법과 종교에 앞서 있는 '언어'라는 영역과 관계하고 있으며, 맹세는 바로 법과 'religio'가 되기 위해서 언어가 통과해야만 하는 문턱을 표상한다고 해야 할 것이다."[58] 언어는 맹세라는 행위를 통과해야지만, 법과 종교로 생성될 수 있다. 가령 우리는 형법에 대해서 이렇게 말할 수 있을 것이다. "맹세의 발화에는 구성상 필연적으로 저주가 동반된다."[59] 이 점은 이미 플루타르코스가 『로마의 문제들』에서 이렇게 명시하고 있었다. "모든 맹세는 거짓 맹세에 대한 저주로 끝난다."[60] 이 맹세로서의 저주에 뿌리를 두고 있는 것이 바로 형법이다. "형법이 세워질 터(locus)를 닦은 것은 '정치적' 저주인 셈이다."[61] 데리다가 보여주고자 한 바 역시 앞서 읽은 『마르크스의 유령들』의 구절이 알려주듯 맹세가 "제도나 헌법(constitution), 법 자체를 생산"한다는 점이다.

하나의 예로서 덧붙이자면 『남겨진 시간』에서 확인할 수 있듯, 모든 법의 원천으로서 맹세라는 수행적 발언이 무엇인지 구체적으로 보여준 이로 사도 바울이 있다. 앞서 잠깐 말했듯 성문화된 율법을 대체하기 위해 사도 바울이 내세운 것은 "문서가 아닌 바로 메시아적 공동체의 삶의 형식"[62]으로서의 법이며, 그 법은 맹세에 해당하는 수행적 발언, '믿습니다'라는 신앙 고백이다. '약속한다', '사랑한다', '믿습니다' 등의 수행적 발언에서 "언명은 그 언어를 발화한 당사자들을 구속한다."[63] 수행적 발화가 삶을 규정하는 형식으로서 법이 되는 것이다. 그리고 자신을 구속하는 이 맹세의 법이 모든 객관화할 수 있는 법들의 바탕에 놓인다.

13) 무조건적 환대와 민주정

타자에 대한 응답을 기술하는 주요한 개념이 바로 '환대(hospitalité)' 이다. 환대란 『환대에 대하여』의 아래 구절이 알려주듯 인간과 같은 일반 개념에 매개되는 자가 아닌 단독성을 지닌 자에 직접 관여하며 또 '무조건성'을 근본으로 한다.

> 환대는 이름의 순수한 가능성에서 이름의 부름 또는 상기를 전제하 는가 하면(내가 '오라' '들어오라' '그렇게 하라'고 말하는 것은 바로 당신에게, 당 신 자신에게이다), 또한 동시에 그 이름의 말소를 전제한다('당신이 누구이 든 그리고 당신의 이름이, 당신의 언어가 무엇이든, 당신이 남자든 여자든, 당신 이 어떤 종류의 인간이든, 당신이 인간이든 짐승이든 신이든' '오라' '그래' '들어오 라').[64]

재미있게도 두 가지 상반되는 국면이 하나의 환대를 이루고 있다. 먼저, 고유한 이름을 전제하는 환대이다. '들어오라'고 '그'를 환대할 때, 이름을 가진 특정한 그에게 이야기하는 것이다. 환대는 '인류'와 같 은 추상적인 인간 일반에 대한 것이 아니다. 추상적인 인간 일반은 주 체가 사고하기 위해 가지고 있는 개념이지, 뼈와 살을 가진 타자가 아 니다. 그러므로 추상적인 일반 개념에 대한 환대란, 나 자신이 가진 추 상적인 개념에 대한 나 자신의 관계, 즉 나를 나 자신에 매개하는 것 에 불과하며, 타자와는 상관이 없다. 반면 환대받는 자는 개념이 아니 며, 환원불능의 고유성을 지닌 '단 하나'이다. 그는 인간이라는 개념에 매개되는 한에서 환대받는 것이 아니라, '어떤 조건 없이' 그저 독자적인 자로서 환대받는다. 즉 환대는 무조건적이다. 이와 상반된 국면, 이름의 말소 역시 환대의 무조건성을 표현한다. "'당신이 인간이든 짐승이든 신이든' '오라' '그래' '들어오라.'" 인간, 짐승, 신, 어떤 명칭이든 환대의 조건으로 개입하지 않는다. 환대의 대상은 무조건적이므로, 어떤 이름 아래 제한되지 않으며, 이런 뜻에서 환대에서 이름은 말소된다. 요컨대 고유명사를 가진 타자, 그리고 반대로 이름이 말소된 타자 모두 환대의 무조건성의 표현인 것이다. 그리고 환대는 무조건적이라는 점에서 '관용(tolérance)'과 구별된다. 한 대담에서 데리다는 관용에 대해 이렇게 말한다.

> **관용은 환대와 정반대**입니다. 아니면 적어도 환대의 한계입니다. 내가 관용적이라는 이유로 나 자신을 환대적이라고 생각한다면, 이는 내가 나 자신의 환대를 제한하고 싶어 하기 때문입니다. 나의 '내 집에 있음(친숙함)', 나의 주권성, 나의 '**나는 할 수 있다**(나의 영토, 나의 주택, 나의 언어, 나의 문화, 나의 종교 등등)', 이런 것들에 대한 권력을 계속 보유하고자 하고 이런 것들의 한계를 계속 제어해두고자 하기 때문입니다. …… 프랑스에 '관용의 문턱'이라는 말이 있습니다. 한 국가 공동체에게 더 이상의 외국인이나 이민 노동자 등등을 환영해달라고 하는 것이 예의에서 벗어나게 되는 한계를 그렇게 부르죠. 언젠가 프랑수아 미테랑이 불운하게도 이 '관용의 문턱'이라는 표현을 스스로를 [생물학적으로] 정당화하는 경고로 쓴 적이 있습니다. …… 관용은 **조건적이고** 주의 깊고 신중한 환대입니다.(대괄호는 옮긴이)[65]

"인색한 환대, 자신의 주권에 집착하는 환대"[66]라고 불리기도 하는 관용은 타자를 '참아주지 못하는 한계'로서 문턱을 가진다. 그것은 '나의 영토, 나의 주택, 나의 언어, 나의 문화'를 내주면서까지 타자를 환대하지는 않는다. 관용은 나의 영역과 소유의 양도할 수 없음을 '조건'으로 한 환대인 것이다. 이러한 "조건적 환대"[67]는 법의 타락 가능성을 숨기고 있기에 위험한 것이다.

> 법의(환대에 관한 법이기도 한 이 법의) 도착[倒錯], 타락 가능성이란 다름 아니라 자기 자신의 환대를, 요컨대 자기 자신에 대한 환대를 가능하게 해주는 자기만의 자기-집을 보호하기 위해서, 또는 보호하겠다는 주장에 의해 잠재적으로 이방인 혐오자가 될 수 있다는 점이다. ······ 나는 나의 집에서 주인 ······ 이고 싶고, 나의 집에 내가 원하는 사람을 맞이할 수 있기를 원한다. 나는 나의 '내-집'을, 나의 자기성(ipséité)을, 나의 환대권한을, 주인이라는 나의 지상권을 침해하는 이는 누구나 달갑지 않은 이방인으로, 그리고 잠재적으로 원수처럼 간주하는 것으로 시작한다.[68]

조건적 환대는, 내가 원하는 사람을 맞이하기를 바라며, 나의 지상권을 침해하는 자는 원수로 간주한다. 사정이 이렇다면, 기실 '나의 득과 실을 따지는 계산'만이 남으며, 환대는 사라져버린다. 기껏해야 환대는 나에게 더 이상 필요 없는 것을 남이 가져가도 잠자코 있는 행위 정도가 될 것이다. 아마도 더 우려스러운 것은, 남을 환대하려면 환대에 사용될 자기 집을 보호해야 한다고 믿을 때, 이런 보호가 집주인을 환대하는 자가 아니라 손님을 혐오하는 자로 변하게 만든다는 점이다.

이것이 바로 법의 도착, 법의 타락이 뜻하는 바다. 바로 이렇기에 환대가 있다면 그것은 오로지 무조건적 환대이다.

위에서 데리다가 '나의 영역'을 '나는 할 수 있다'라는 말로 표현하고 있다는 점 역시 눈여겨보아야 한다. 우리는 이미 후설, 하이데거, 메를로퐁티에서 주체의 존재함은 '나는 할 수 있다(je peux)'라는 말로 특징지어졌고, 레비나스에서 타자와 마주한 주체는 '나는 할 수 없다(je ne peux pas)'로 특징지어졌다는 것을 보았다. 데리다에게서 역시 환대의 주체는 '나는 할 수 있다'의 권력을 유지하는 주체의 반대편에 있다. 나의 영역 유지를 조건으로 삼지 않는, 타자에 대한 이 무조건적 환대는 어떻게 객관화된, 그리고 이성을 통해 '계산 가능한' 실정법의 바탕에 놓일 수 있을까?

> 환대의 무조건적 '법'은 본래대로의 법이기 위해서 이처럼 '법들'을 필요로 한다. 자신을 부정하는 그 법들을, (부정까지는 아니더라도) 하여간 자신을 협박하고 때로 부패시키거나 타락시키기도 하는, 게다가 언제나 그렇게 할 수 있어야만 하는 그 '법들'을 필요로 한다.[69]

환대는 공동체 안에서 실천되기 위해 객관화된 법들을 필요로 한다. 그런데 이때 법은 환대와 대립할 수 있는 위험을 가지고 있다. 왜 그러한가? 당연하게도 타자에 대한 무조건적인 환대 자체를 기입할 수 있는 실정법은 없기 때문이다. 법 안에서 타자와의 관계란 늘 특정한 맥락과 조건을 가진다. 예컨대 난민과 외국인의 수용이 제한된 조건과 계산 속에서 이루어지는 데서 보듯, 환대는 실천되기 위해 법을 필요로 하지만 법은 늘 환대를 배신하고 조건적 환대 또는 관용을 지지할 가능성을 가지고 있다.

그런데 환대가 제도와 법에 충분히 의존할 수 없다면, 어떻게 국가와 같은 공동체 차원에서 환대가 가능하겠는가? 데리다는 구체적으로 '민주정'이라는 제도와 법의 정체성이 무조건적 환대와 어떻게 관련을 맺는지 보이고자 한다. 미리 말하자면, 우리는 앞서 유럽의 정체성이 어떻게 이질적인 것인 타자의 도래를 통해 가능하게 되는지를 보았는데, 민주정의 가능성 역시 같은 방식으로 이해된다. 민주정의 특징적인 요소는 무엇인가? 데리다는 그것을 자신에 대한 '반박 가능성'에서 찾는다.

> 민주정이라는 개념적 유산은 스스로를 반박할 가능성, 스스로를 비판할 가능성, 스스로를 무한정 개선할 가능성을 환영하는 유일한 개념입니다.[70]

> 그 어떤 국가도 순수 환대를 제 법률에다 기입할 순 없겠죠. 그러나 이 순수하고 무조건적인 환대를, 환대 '그 자체'를, 최소한 사유해보지도 않는다면, 우리는 환대 일반의 개념을 갖지 못할 것이며 (자신의 의례와 법규, 규범, 국내적 관례나 국제적인 관례로 이루어지는) 조건부 환대의 규준조차 정할 수 없을 겁니다. 이 순수 환대의 사유 (그 나름의 방식으로 그 역시 하나의 경험인 사유) 없이는, 타자에 대한 관념, 타자의 타자성에 대한 관념, 다시 말해, 초대받지 않고도 당신 삶으로 들어오는 그 혹은 그녀에 대한 관념을 갖지도 못할 겁니다.[71]

타자에 대한 무조건적 환대를 통해 가능해지는 민주정은 스스로를 반박할 가능성을 지니는 민주정이며, 스스로를 반박한다는 것은 자신과 불일치한다는 것이다. 무조건적 환대가 없다면 우리는 우리의 국법 자체가 현실 속에서 환대를 얼마나 구현하고 있는지, 또는 더 구현할 수는 없는지 등을 평가할 수 있는 관점조차 가질 수 없다. 무조건적 환대가 없다면 가치의 관점에서 제도와 법을 평가할 수 없다. 타자에 대한 무조건적 환대가 개입하기에 민주정은 스스로와 맞서서, 스스로를 비판하고 교정해나갈 수 있는 것이다. 달리 말해 무조건적 환대는 민주정이 스스로와 지속적인 '불일치'를 만들어내도록 하는 '차이 자체'이다. 이 격차 또는 차이 자체는, '민주정은 스스로에게로의 도래가 무한히 연기된다'라는 문장으로 풀어서 쓸 수 있다.

문자론과 관련해 앞서 우리가 길게 살펴본 것은 '연기됨'이 '문자'의 근본적인 효과라는 것이었다. 지금 민주정과 관련해서는 무엇이 '연기'를 만들어내는가? 바로 타자에 대한 무조건적 '환대'가 그렇게 한다. 민주정은 환대의 대상인 타자라는 '이질적인 것'의 개입을 통해 그 자신과 메울 수 없는 차이를 지니는 것이다. 상황은 앞서 살펴보았던, 유럽의 동일성의 문제와 같다. '다른 곳', 즉 유럽의 타자가 유럽이 그 스스로와 차이를 가지도록 했던 것처럼, 타자는, '민주정의 정체성 자체'로서 '민주정 그 자신과의 격차'를 만든다. 이 민주정의 이름이 '도래할 민주정(Democratie à venir)'이다. "'도래할 민주정'이란 언젠가는 '현재할' 미래의 민주정을 뜻하지 않습니다. 민주정은 결코 현재에 실존하지 않습니다."[72] 우리는 이 도래할 민주정을 『그라마톨로지』에서의 문자론을 염두에 두고, '연기'되는 민주정, 보다 정확히 말해 그 자신과의 일치가 연기되는 민주정이라고 바꾸어 쓸 수 있을 것이다. 그리고 자신과의 불일치란 현실 정치 속에서는, 스스로에 대한 비판과 교정으로 나타난다. 자신과의 불일치, 즉 자신과의 일치가 지속해서 연기됨이 '도래할 민주정'의 핵심을 이룬다. 결국 이 모든 이야기는 타자에 대한 환대가 스스로와의 불일치라는 민주정의 정체성 자체를 가능하게 한다는 것이며, 도래할 민주정은 타자에 대한 환대가 정치적 영역에 기입되는 방식이라는 것이다.

14) 타자로서의 동물

타자의 이름 아래 우리는 마땅히 숙고해야 하는 모든 것에 다가갔는가? 아직 우리는 동물이라는 타자의 가능성에 대해서는 본격적으로 사유해보지 못했다. 동물의 문제는 데리다가 말년에 매달렸던 주요한 주제 가운데 하나다.

인간을 이성적 동물로 규정함으로써 다른 종과 구별되는 인간의 변별성을 보이려는 철학의 노력은 오랜 역사를 지닌다. 그렇다고 동물과 인간 사이의 구별의 정당성에 이의를 제기하고, 동물 역시 인간처럼 고통을 느끼는 존재이며 그 고통은 인간의 것처럼 존중받아야 한다는 철학의 목소리가 없었던 것도 아니고, 새로운 것도 아니다. 볼테르는 데카르트주의자의 기계론에 맞서 동물도 인간처럼 고통을 느낀다는 점을 강조하기도 했다.(볼테르의 『철학 사전』(1756)의 '짐승(bêtes)' 항목) 무엇보다 『도덕과 입법의 원칙에 대한 서론』(1789)에 들어 있는, 동

타자철학

물에 대한 벤담의 다음과 같은 탁월한 텍스트가 있다.

고대 법학자들의 무신경함으로 인하여 동물들의 이익은 무시되어왔고 그것들은 '사물'의 부류로 격하되었다. …… [인간과 동물 사이에] 넘을 수 없는 경계선을 긋는 다른 무엇이 있는가? 그것은 이성의 능력인가, 아니면 말하는 능력인가? 그러나 다 자란 말이나 개는 하루나 일주일이나 한 달이 지난 유아보다 훨씬 더 이성적이고 말을 나눌 수 있는 동물이다. 그러나 상황이 다르다고 가정해도, 무슨 소용이 있겠는가? 문제는 그것들이 '이성적으로 사고할' 수 있는가도 아니고 그것들이 '말을 할' 수 있는가도 아니라, 그것들이 '고통을 느낄' 수 있는가이다.[73]

벤담의 텍스트는 동물과 인간 사이의 넘을 수 없는 경계선이 허약한 것임을 비판하고 있다. 데리다 역시 서양 철학이 전통적으로 고수해왔던 동물과 인간 사이의 구별을 의문에 부치는 작업을 수행한다. 데리다는 육식 문제, 타자 문제 등을 폭넓게 다루고 있는 텍스트 「'잘 먹어야 한다' 또는 주체의 계산」에서 이렇게 말한다.

현존재가 들을 수 있는 호소가 …… 동물로부터 유래하는가? …… 대답은 항상 아니오이다. …… 동물과 인간 사이의 구별은 하이데거에서 가장 근본적이고 엄격하다. 동물은 결코 주체일 수도, 현존재일 수도 없다. 동물의 얼굴이 없는 것과 마찬가지로(레비나스), 동물은 무의식을 갖지도(프로이트), 타자로서의 타자에 대한 관계를 갖지도 않는다. …… 주체(레비나스가 말하는)와 현존재는 희생물이 용인되는 세계의 '인간'이고,

생명 일반을 해치는 것이 금지된 게 아니라 단지 인간의, 다른 이웃의, 현존재로서의 타자의 생명을 해치는 것이 금지된 세계 내의 '인간'이다.[74]

한마디로 인간은 타자라는 개념을 독점해왔다. 타자에 대한 환대는 무조건적 환대가 아니라, 인간으로서의 타자인 한에서 유효한 환대, '조건적 환대'였던 것이다. 그러나 우리가 읽었던 다음 문장이 알려주듯 데리다는 인간이라는 이 제한을 철폐하고자 한다. "당신이 인간이든 짐승이든 신이든 '오라' '그래' '들어오라.'" 환대의 무조건성은 타자의 개념 아래서 인간뿐 아니라 동물을 생각해야 한다는 과제를 제시하고 있다. 타자로서 우리를 바라보는 자에는 인간뿐 아니라 동물이 속하지 않는지 물어야 한다. 동물의 문제를 다루고 있는 데리다의 『동물, 그러므로 나는 존재한다(L'animal que donc je suis)』(2006)[75]는 '나는 생각한다, 고로 존재한다'로 대표되는 데카르트 사상에 대한 의혹을 제목에 표현하고 있다. 생각하는 존재가 나의 고유성이며, 동물은 한낱 영혼이 없는 '동물 기계'일 뿐이라는 사상에 대한 의혹 말이다. 이 책에서 데리다는 말한다. "동물이 우리를 지켜본다고 말할 수 있을까요? 어떤 동물이죠? 타자군요."[76] 여기서 데리다는 벌거벗은 채 고양이의 시선을 받았던 경험을 이야기한다. 그 경험은 '수치'이다.

발가벗은 채 침묵 속에서 어떤 동물의 시선에, 가령 고양이의 눈에 포착된, 곤란해하는, 그래요, 거북함을 이겨내기 곤란해하는 그런 순간에 놓인 나는 누구인가요? …… 나는 수치심이 일어나는 것을 억누르는 데 곤란을 겪습니다. 내 안에서 외설에 대한 저항을 침묵케 하는 데서 겪

타자철학

는 곤란이지요. 발가벗고 성기가 노출된 채, 발가숭이로 고양이 앞에, 미동도 없이 당신을 바라보는, 단지 보고만 있는 고양이 앞에 있다는 걸 깨달아야 할 그런 처지에 있을 수 있다는 부적절함에 대한 저항입니다.[77]

동물의 시선 앞에서 벌거벗은 자가 느끼는 수치는 철학이 다루었던 것들 가운데 매우 예외적이다. 앞서 보았지만, 레비나스에게서도 주체를 바라보는 타자는 타인, 곧 '인간'이었다.

레비나스는 타자의 시선을 바라보면서 사람들이 그 눈 색깔을 잊는다고 말하죠. 달리 말해, 사람들은 그 시선을 본다는 겁니다. 즉, 타자의 가시적인 눈에 앞서, 바라보는 얼굴을 본다는 것이지요. 하지만 레비나스가 "타인을 만나는 최상의 방식, 그것은 타인의 눈 색깔조차 알아차리지 못하는 것이다"라고 환기할 때, **그는 사람에 대해, 사람인 이웃에 대해, 동포와 형제에 대해 말하는 것입니다. 레비나스는 다른 인간을 생각하고 있는 것이죠.**[78]

그리고 앞서 4장의 사르트르의 시선 이론을 비판적으로 다루는 부분에서 인용했던 바이지만, 메를로퐁티는 우리가 동물의 시선 앞에서는 불편함을 느끼지 않는다고 단언한다. **"나를 향한 개의 시선은 결코 나를 거북하게 만들지 않는다."**(『지각』, 541쪽) 즉 '인간의 시선만이' 수치와 같은 불편함을 준다. 이와 정반대로 데리다는 동물의 시선 앞에서 느끼는 거북한 정서, 수치의 '가능성'을 말하는 것이다.

그러나 고양이의 시선이 그 앞에 선 인간의 판관처럼 등장하는 국면에 대한 기록은 데리다에게서 처음 등장하는 것은 아니다. 데리다가 스스로 부버의 논의와 거리를 두고 있긴 하지만,[79] 우리는 부버에게서 그런 의미 있는 기록을 발견한다. 그는『나와 너』에서 말한다.

> 동물의 눈은 하나의 위대한 언어를 말할 수 있는 능력을 가지고 있다. …… 이 고양이는 내 눈초리를 눈치채고 빛을 내뿜기 시작한 눈초리로 틀림없이 나에게 묻기 시작했다. '당신이 나를 생각해준다는 것이 있을 수 있나요? 사실은 당신은 나를 한갓 당신의 심심풀이로 삼으려는 것이 아닌가요? 내가 당신과 상관이 있나요? 나는 당신을 위해 있는 것인가요?'[80]

이 글은 인간을 심판대에 세우는 고양이의 시선에 대한 기록이다. 부버가 직접 인간을 도덕적으로 힐난하는 시선을 부각하고 있다면, 이와 구별해서 데리다는 인간인 자신의 나체를 바라보는 시선에 대한 직접적 반응으로서 수치의 가능성을 다루고 있다. "나는 보여지지요. 게다가 발가벗은 채 보여집니다. …… 내가 나를 제시하기 전에 나는 고양이에게 제시됩니다. 발가벗음이란 오직 이 수동성, 자기의 이 비자발적 노출 속에만 존재합니다."[81] 인간을 심판대에 세웠던 최초의 시선은 무엇이었던가? 그것은 동산의 덤불에 숨은 벌거벗은 아담을 찾는 신의 시선이다. 바로 이 시선을 염두에 둘 때 데리다가 말하는 고양이의 시선 앞에서의 수치 체험이 어떤 의의를 가지는지 제대로 이해할 수 있다. 벌거벗은 최초의 인간이 신의 시선 앞에서 느꼈던 수치는 동물의 시선 앞에서도 가능한 것이다. 이것이 뜻하는 바는 인간의 도덕은 신의 시선으로부터 오는 데 그치는 것이 아니라, 동물로부터도 올 수 있다는 것이다. 이러한 논의를 통해 데리다가 의도하는 바는, 윤리적 명령이 동물의 시선으로부터 온다고 직접적으로 천명하려는 것이 아니다. 인간과 동물 사이에 세워졌던 경계가 근거 없음을 보임으로써, '얼굴', '시선', '수치', '죽이지 말라는 명령' 등이 인간들 사이의 관계에 제한될 수 없다는 의혹을 제기하는 것이다. 동물의 시선은, 시선을 던지는 절대적 타자가 인간끼리의 관계에 한정되는지 의문을 던진다.

> 동물은, 그 자신이 나를 바라볼 수 있습니다. 동물은 나에 대한 자기의 관점을 가지고 있습니다. 절대적 타자의 관점을 말이죠. 그 어떤 것도 고양이의 시선 아래 내가 발가벗은 모습으로 보여지고 있다는 것을 보는 이 순간들보다 이웃의 이 절대적 타자성에 대해 생각할 거리를 더 많이 주지는 못할 겁니다.[82]

동물의 이 시선은, 시선을 받는 인간에게 인간이라는 '한계'를 넘어서서 출현하는 타자성을 체험하게 한다. "바닥없는 전적인 시선으로서, **타자의 눈으로서 '동물'이라는 이 시선은 나로 하여금 인간적인 것의 깊은 한계를 보도록 합니다.**"[83] 이제 '타자(l'autre)=타인(l'autrui)'이라는 등식은 성립하지 않는다. 타자는 '타인이라는 조건'을 지니는 것이 아니라, 말 그대로 '다르다[他]'는 말 아래 동물에게도 개방되어 있다. 이렇게 타자라는 말이 동물과 인간을 구별하는 경계를 와해시킨다면, 이제 동물로서의 타자에 대한 책임의 문제가 사유의 과제로 부과될 수 있을 것이다. 물론 이때 인간에게 시선을 던지는 동물은, 타자로서

타인이 인간 종 일반이 아닌 것처럼, 동물 일반이 아니다. 그것은 하나
의 유일무이한 자이다.

> 인간이 아닌 것들 중에는, 그리고 인간이 아님과는 별개로, 광대한
> 다른 생명체들의 다수성이 있습니다. 이것은 **폭력과 타산적인 오인에 의**
> **하지 않고는**, 어떤 경우건 동물이나 **동물성 일반이라고 불리는 것의 범주로**
> **동질화될 수 없지요.** ······ 인간이 아닌 모든 생물체를 동물이라는 공통적
> 이고 일반적인 범주 아래 뒤섞는 것은 단순히 사유의 요구를 거스르는
> 결함에 그치지 않습니다. ······ **그것은 범죄이기도 합니다.** 정확히 말해,
> 동물성에 대한 범죄가 아니라, 그 동물들(les animaux)에 대한, '여러' 동
> 물들(des animaux)에 대한 일급 범죄입니다. 우리는 모든 살해, 즉 '죽이지
> 말라'에 대한 모든 위반이 오직 인간만을 겨냥할 수 있다고(이건 앞으로 다
> 루어야 할 문제지요) 말해야 할까요? 요컨대 '인류에 반하는' 범죄만이 있
> 다고 말해야 할까요?[84]

데리다 특유의 방식은 이런 문제 제기를 통해 기존의 통념을 난처
하게 하는 것이며, 문제에 대해 답을 적극적으로 제공하는 데 초점을
두지 않는다. 그래서 답변은 가능성으로 열려 있게 된다. 우리가 답하
자면, 동물에 반하는 범죄 역시 가능할 것이다. 동물이 일반성 아래 놓
이지 않고 타인처럼 독자적인 자라면, 동물은 "타산적인 오인에 의하
지 않고는" 실용적인 것으로 분류될 수 없다. 지금껏 동물 사용의 목
적이었던 식량 또는 노동을 위한 도구 같은 실용성은 일반성을 나타내
는 범주이다. 범죄가 발생한다면, 근본적으로 그것은 일반적이지 않은

것을 오로지 일반성으로만 환원하려는 데서 기인한다.

15) 동물에 대해 다르게 접근할 수 있을까?

그런데 우리는 물을 수 있을 것이다. '타자' 개념이 인간주의에 오염되어 '타인' 개념에 흡수되었다는 것을 드러내기 위해, 데리다는 고양이의 시선을 의인화해서 문제 틀을 만들고 있는 것은 아닌가? 태초의 신이 인격화되어, 한 인간이 시선을 가지고 다른 인간을 찾고 단죄하듯, 아담을 찾았던 것처럼 말이다. 주체가 '시선 받음'이라는 상황 속으로 동물을 끌어들여 인간과 동물의 경계를 허무는 것은 아닌가? 단순히 시선 받음이라는 상황이 동물에까지 확대될 가능성을 보이는 것이 관건이 아니라, 아예 시선 자체로부터 인간과 동물 모두를 해방하는 것이 관건일 수 있다. 얼굴이나 시선이나 수치 같은 관념 자체가 인간적인 것이라면 말이다. 가령 들뢰즈는 얼굴의 보편성 자체를 부정한다. 『천 개의 고원』에서의 인용이다. "원시 사회를 고려해본다면, 얼굴을 통과하는 것은 거의 없다. …… 그들은 얼굴이 없고 얼굴을 가질 필요가 없다. 그리고 그 이유는 단순하다. 얼굴은 보편적인 것이 아니다."[85]

얼굴이 자연적인 것도 보편적인 것도 아니라면, 얼굴을 인간의 고유성으로 귀속시키는 것뿐 아니라, 얼굴(과 시선)을 동물에게서 발견하고자 하는 것도 (가령 권력이 이용할 수 있는) 인간주의적 시도일 것이다.

심지어 집, 물품이나 물건, 의복 등 사용대상도 **얼굴화**된다. 우리는

'**그것들이 나를 바라본다**'고 말할 수 있을 것이다. 그것들이 얼굴을 닮았기 때문이 아니라 흰 벽-검은 구멍의 과정 안에 있기 때문이며, 얼굴화의 추상적인 기계와 연결 접속되어 있기 때문이다. …… 얼굴성이라는 추상적인 기계는 언제 작동하기 시작하는가? 그것은 언제 시동이 걸리는가? 간단한 예를 들어보자. 수유를 하는 동안에도 얼굴을 통과하는 모성의 권력, 애무 중에도 연인의 얼굴을 통과하는 열정의 권력, 군중 행동 안에서조차 깃발, 아이콘 사진 등 우두머리의 얼굴을 통과하는 정치의 권력, 스타의 얼굴과 클로즈업을 통과하는 영화의 권력, 텔레비전의 권력 …… '권력의 어떤 배치물들은 얼굴의 생산을 필요로' [한다].[86]

그렇다면 들뢰즈처럼 이렇게 말할 수 있을 것이다. "얼굴은 그것이 파괴되고 부수어진다는 조건에서 위대한 미래를 가지고 있다."[87] 다음 장에서 우리는 들뢰즈가 어떻게 '타인'의 인간주의적인 얼굴을 통해 만들어진 세계 바깥으로 빠져나가는 길을 찾는지 보게 될 것이다.

잠깐 들뢰즈와 관련해 동물을 사유하는 또 다른 길에 대해 덧붙여 보자. 동물에겐 인간의 도덕과 법의 언어로 번역할 수 있거나, 반대로 데리다가 ('동물, 그러므로 나는 존재한다'라는 언명에서) 유지하고 있는 '나는 존재한다'의 '나'라는 인간적 장벽 때문에 결코 번역할 수 없는 표현이 있는 것이 아니다. 그저 '동물에 의한 말의 와해'가 있다. 들뢰즈는 『카프카』에서 카프카의 동물 소설과 관련하여 이렇게 말한다. "그는 원숭이, 또는 곤충, 또는 개 또는 쥐가 되기 위해 인간이기를 그만둔다. 동물이 된다. 비인간이 된다. 진실로 목소리, 음향 때문에 동물이 되는 것이다."[88] "동물 되기에서 모든 형태는 붕괴되고, 시니피앙과 시니피에, 그리고 또한 의미 작용도 비형태적 질료, 탈영토화된 흐름, 무의미한 기호들에 자리를 내주며 와해된다."[89] "동물은 의미 작용 없는 음조의 언어만을 추출해 낸다."[90] 카프카의 동물 소설이 보여준 이런 '소음의 문학'은 해석되어야 할 '의미'가 없으므로, '기능'의 관점에서만 이해되어야 한다. "전제적 시니피앙에 맞서는 혁명적 분열(la schize révolutionnaire)"[91]의 기능 말이다. "풍뎅이처럼 말하고 보는 것이 중요하다. …… [그렇게 해서] 정치 그 자체인, 세계의 탈영토화를 작동시킨다."[92]

　여기에서 우리는 여전히 인간적으로 보이는 관점, 즉 동물에 대한 범죄의 고발이나 책임을 환기하는 관점이 아닌, 자연 자체의 관점에서 동물과 인간을 드러내는 길이 어떻게 가능할지 어렴풋이 가리켜 보이는 텍스트를 읽으며 마무리 짓고자 한다. 그 길은 어려운 미답의 길이라서 텍스트를 해석을 통해 닫아두기보다는, 해석 없이 독자 앞에 열어두고자 한다. 아니, 해석 없이 텍스트가 그 자체로 충족적이라고 말하는 편이 옳겠다. 로빈슨 크루소의 무인도 체험을 서구 문명의 반대편의 시선으로 바라본 투르니에의 소설 『방드르디, 태평양의 끝』의 구절이다. 로빈슨 크루소는 어느 날 그의 야생인 친구 방드르디가 바다거북에게 (인간적 관점에서) 악마 같은 일을 저지르는 것을 본다. 방드르디는 살아 있는 바다거북을 뒤집어 불 위에 올려놓고 태우며 등껍질을 떼어내 방패를 만들고 있었던 것이다. 로빈슨은 방드르디의 끔찍한 행동에 대해 이런 명상에 빠진다. 여기서 우리는 얼굴도 시선도 무효인 자연 속의 인간 또는 동물을 발견할 수 있을지 모른다.

인간에 대해서보다 동물에 대해서 더 동정심이 많은 것이 영국 사람의 특징이다. 이런 마음의 경향에 대해서는 찬반양론이 있을 수 있다. 하여간 내가 본 대로 그가 한 마리의 거북이한테 가한 끔찍한 고문만큼 정 떨어지게 만드는 것이 없는 것은 사실이다. …… 나는 처음에 그가 내 짐승들을 좋아한다고 생각했었다. 그러나 가령 텐[로빈슨의 개]이나 염소 새끼들, 심지어 쥐나 독수리의 경우 그와 짐승들 사이에 생기는 즉각적이고 거의 본능적인 친화력은 내가 나의 열등한 형제들에게 쏟는 감정적 충동과는 아무 관계가 없는 것이다. 사실에 있어서 동물들에 대한 그의 관계는 그 자체가 인간적이라기보다는 동물적인 것이다. 그는 동물들과 동등한 자격이다. 그는 그들에게 좋은 일을 할 생각도 없고, 그들의 사랑을 받으려고 애쓰는 것은 더더욱 아니다. 그는 짐승들을 거침없이, 무심하게 또 잔인하게 대한다. 그런 태도가 나에게는 더없이 역겹게 느껴지지만 그와 짐승들과의 관계에는 전혀 방해가 되는 것 같지도 않다. 그들 사이에 맺어진 일종의 공모 관계는 그가 동물들에게 가하는 최악의 대우보다도 훨씬 뿌리 깊은 것인 듯하다. 필요하다면 그가 텐의 목을 비틀어 잡아먹을 수도 있을 것 같아 보이고, 텐도 그 사실을 어렴풋이 알아차리고 있는데도, 어떤 경우라도 그 개가 자기의 검둥이 주인을 더 좋아하는 것에는 조금도 변함이 없는 것을 보고서 바보 같고 한 가지밖에 모르며 자기 자신의 이해관계에 그토록 고집불통으로 눈이 먼 그 짐승에 대하여 질투심이 섞인 어떤 분노를 품게 되었다. 그리고 나서 나는 비교가 안 될 것은 아예 비교도 하지 말하야 한다는 것을, 또 방드르디와 동물들 사이의 관계는 내가 내 동물들과 맺고 있는 관계와 본질적으로 다른 것임을 깨달았다. 그는 짐승들에게 그들과 같은 무리처럼 받아들여지고 대접받

타자철학

는다. 그가 짐승들에게 보답해줘야 할 것이라고는 아무것도 없으며, 그는 오직 자기의 육체적인 힘과 우월한 꾀 덕분에 가질 수 있었던 모든 권리를 짐승들에게 아주 순진하게 행사할 수 있는 것이다. 나는 그가 이렇게 하여 자기의 동물적인 본성을 나타내는 것임을 믿으려고 애를 쓴다.[93]

일련의 사건 이후 로빈슨은 이런 의혹에 빠진다.

그는 처음으로 자기가 느끼는 예민한 구역질 등 그 모든 백인 특유의 신경 반응이 과연 최종적이며 고귀한 문명의 보증일 것인지 아니면 반대로 새로운 삶에 접어들기 위하여 언젠가는 팽개쳐버리지 않으면 안 될 죽은 찌꺼기일지를 자문해 보았다.[94]

9장
타인 없는 세계:
들뢰즈

1) 들뢰즈 타인론의 배경

사람들은 흔히 타자론으로부터, 어떻게 '타인'과의 긍정적인 관계가 가능할 것인가라는 식의 물음에 대한 답을 기대한다. 그러나 철학은 타인과의 관계에 매달리지 않고서도 타인에 관한 사유를 진행할 수 있을지 모른다.

들뢰즈는 타인 개념에 어떻게 접근하는가? 단적으로 들뢰즈의 목표는 타인과의 관계를 기술하고 정립하는 것이 아니라, 타인 개념 자체를 와해시키는 것이다. 이런 접근은 당혹스럽게 느껴질 수 있다. 그러나 들뢰즈 철학의 주요 배경 가운데 하나인 반(反)인간주의만 생각해 보더라도 이런 접근은 필연적이다. 반휴머니즘은 주체에게서 발견할 수 있는 인간주의적 면모를 부정하는 데 그치고 마는가? 당연히 그럴 수 없으며 타자에게서 발견할 수 있는 인간주의적 면모, 즉 타인이라는 면모 역시 부정해야 한다. 바로 이렇기에 들뢰즈의 타인론은 타인이라는 개념을 비판하기 위한 이론이 되며, 그것은 인간 주체 개념을 비판하는 작업의 한 부분을 이룬다. 인간주의의 흔적으로서 타인 개념을 없애면 무엇이 드러나는가? 이 의문이 들뢰즈의 타인론을 이끄는 추동력이며 우리가 살펴보게 될 바이다.

들뢰즈 철학으로 들어서는 문들은 많다. 우리를 들뢰즈 철학의 핵심으로 직접 인도하는 문들이 스피노자, 니체, 베르그손일 것이다. 우리는 네 번째 문을 선택하려고 하는데, 바로 루크레티우스가 전하는 에피쿠로스주의의 원자론 사상이다. 왜 루크레티우스인가? 들뢰즈의 타인론은 『의미의 논리』의 부록으로 실린 「미셸 투르니에와 타인 없는 세계」(이하 「타인 없는 세계」)에서 집중적으로 다루어진다. 물론 『차이와 반복』, 『철학이란 무엇인가?』 등에서도 타인에 대한 매우 중요한 생각들이 산발적으로 표현되고 있지만 말이다. 우리가 다른 텍스트들에 앞서 집중적으로 보게 될 「타인 없는 세계」는 투르니에가 1967년 발표한 소설 『방드르디 또는 태평양의 연옥』(국역 제목은 『방드르디, 태평양의 끝』, 이하 『방드르디』)에 대한 비평 형식을 지닌 글인데, 그 배후에는 바로 들뢰즈 철학의 한 뿌리를 이루는 루크레티우스의 사상이 진동하고 있다. 이런 까닭에 우리는 루크레티우스라는 출입구를 먼저 선택한다. 참고로 투르니에의 『방드르디』는 다니엘 디포의 『로빈슨 크루소』를 다른 관점에서 다시 쓴 소설이다. 여기서 유럽 문명을 대표하는 로빈슨은 자연을 지배하지 못하고, 거꾸로 야생적 삶 속으로 용해되어 버린다. 방드르디(프라이데이)는 로빈슨의 하인이 아니라, 로빈슨의 친구로서 이 과정을 가속화하는 촉매제처럼 작용한다.

2) 루크레티우스, 타인 없는 세계, 비인격적인 요소적 세계

들뢰즈는 투르니에의 소설을 통해서 어떻게 루크레티우스적인 원
자론적 사고를 표현하는가? 원자론적 사고란 무엇인가? 우리는 이를
루크레티우스의 『사물의 본성에 관하여』에서 직접 읽어볼 수 있다.

> 많은 것들이 무한한 시간으로부터 타격에 동요되어
> 온 세상에 걸쳐 수많은 방식으로 변형되어서 요동하고 있으며,
> 온갖 종류의 운동과 모임을 시험한 끝에
> 마침내 사물들의 이 총체가 자라나서
> 유지되도록 하는 그러한 **배열**에 당도[한다.] [1]

질적으로 동일한 수많은 원자들이 이렇게 저렇게 '배열'되어서 출
현하는 것이 우리가 의식적으로 인지할 수 있는 사물들이다. 미리 이
야기하자면, 사물들의 형태 배후의 근본적인 자리에 있는 이 원자적
세계, 요소적 세계를 '타인의 부재를 통해서' 어떻게 드러낼 것인가가
「타인 없는 세계」에서 관건이 되는 것이다.

먼저 이 인용에 나오는 배열(배치)이라는 낱말에 주목해야 할 것이
다. 저 말에 해당하는 라틴어 단어는 'dispositio'이고, 이 단어는 예컨
대 'arrange'와 같은 현대 서양말로 번역될 수 있다. 또한 이 말은 들뢰
즈가 자신의 주요한 개념으로 채택하고 있는 'agencement(배치)' 또는
'dispositif(배열)'의 뜻을 가지고 있다. 들뢰즈 철학에서 핵심적으로 관
건이 되는 것은 배치를 통해 '요소들 사이의 관계'를 만들어내는 일이

다. 이러한 들뢰즈의 배치 개념의 기원적 면모를 우리는 원자들의 배열이라는 루크레티우스 사상에서 발견하고 있는 것이다. 현대적 사유를 배경으로도 들뢰즈가 원자에 대해 생각하는 바는 잘 드러난다. 베르그손의 텍스트를 다루는 『시네마 I』의 한 부분에서 그는 정체성을 지닌 고정된 사물 배후에 있는 근본적인 원자들 간의 관계에 대해 다음과 같이 설명한다. "원자들은 세계들, 원자 간의 영향들과 구별되지 않을 것이다. …… 그것은 보편적 변주의 세계, 보편적 파장, 보편적 물결침의 세계이다: 거기에는 축도, 중심도, 좌우도, 상하도 없다."[2] 이런 원자들의 배치에서 사물들이 출현한다. 원자들의 배치는 물질 안에서의 상호작용, 에너지의 변화 등으로 나타난다. "물질의 모든 부분들의 상호작용을 나타내는 그 원자들의 운동은 필연적으로 전체 안에서의 에너지의 수정, 간섭, 변화들을 표현한다."[3]

이제 루크레티우스의 저 원자론을 염두에 두고, 들뢰즈가 투르니에로부터 읽어내려는 것이 무엇인지 보도록 하자. 「타인 없는 세계」는 소설의 주인공 방드르디가 거대한 야생 염소를 죽이고 해체하는 장면에서부터 시작한다. 염소는 '원소들(요소들, éléments)'이 되어 해방된다.

"커다란 염소는 죽었다." 그리고 방드르디는 그의 기묘한 계획을 실행한다. 죽은 염소는 날아오르고 노래 부를 것이다. 계획의 첫 번째 부분을 실행하기 위해 방드르디는 염소의 가죽을 벗겨 털을 뽑고 물에 씻어 나뭇가지에 말렸다. 낚싯대에 묶인 염소는 낚싯줄의 매우 작은 움직임을 크게 부풀려주었다. 다음으로 방드르디는 염소의 머리와 창자 그리고 마른 나뭇가지를 사용해서 일종의 악기를 만들었다. 바람은 그 악기로부터 아름다운 소리를 만들어냈다. 그래서 대지에서 발생한 소리는 하늘로 올라 갔으며, 잘 조직된 하늘의 소리, '원초적인 음악'이 되었다. …… 이 두 과 정을 통해, 죽은 거대한 염소는 원소들[물, 불, 공기, 흙]을 방출했다.(『의미 의 논리』, 475쪽; 대괄호는 옮긴이)

의식 상관적인 대상으로서 염소는 우리에게 염소라는 정체성을 지 닌 가시적인 형태로 나타난다. 여기서 일어나는 일은 이 형태가 해체 되어 근원적 요소들로 되돌려지는 일이다. "죽은 염소는 이미 기본 원 소들의 울음소리를 조직한다."(『의미의 논리』, 477쪽) 『방드르디』가 보여 주는 장면을 보자. 인간적인 세계의 정체성에서 벗어나 요소적인 것이 된 음악, "**비인간적**이고 그야말로 **원초적인** 음악"[4]이 해체된 염소로 만 든 악기에서 들려온다. "서로 몸을 부둥켜안은 로빈슨과 방드르디는 곧 **있는 그대로의 원소**(元素)들이 혼연일체가 된 그 신비의 위대함 속 에 빠진 채 무아지경이 되었다."[5] 이 소설은 문자 그대로 정체성을 지 닌 사물들의 심층에 있는 원소들의 세계로의 접근을 시도하고 있다. "그래서 대지의 물, 불, 공기, 흙이 있고 또 하늘의 물, 불, 공기, 흙이 있 게 된다. 대지와 하늘의 투쟁이 있게 되며, 그 싸움은 **모든 원소들의 감 금 또는 해방**을 가져온다."(『의미의 논리』, 475쪽)

이와 같이 「타인 없는 세계」의 첫머리에서부터 들뢰즈는 요소적 세 계로의 회귀라는 주제를 전면에 제시하고 있다. 『방드르디』의 로빈슨 크루소는 디포의 로빈슨 크루소와 달리 무인도 스페란차를 개간하고 원주민을 하인으로 길들여 유럽 문명 아래 귀속시키지 못한다. "스페 란차는 이제 기름진 땅으로 가꾸어야 할 황무지가 아니다. 방드르디

타자철학

는 이제 내가 교육시켜야 할 야만인이 아니다."[6] 오히려 로빈슨은 야생적 삶 속으로 들어선다. 그 야생적 삶이 바로 인격적 실체의 삶이 와해되고 도달하는 요소적 세계인 것이다. 그런데 이제 보겠지만 이 요소적 세계를 발견하는 일은 타인의 부재로부터 유래하는 필연적 결과이다. 들뢰즈는 왜 투르니에의 이 작품을 타인 문제를 다루기 위한 바탕으로 선택한 것일까? "그것은 하나의 주제를 다루는 소설도, 인물들을 다루는 소설도 아니다. 왜냐하면 타인이 존재하지 않기 때문이다."(『의미의 논리』, 478쪽) 이 소설은 무인도에서 하나의 삶이 홀로 어떻게 전개되는지 다루는데, 당연히 무인도에 없는 다른 인물들, 곧 타인들은 다루지 않는다. 그래서 우리는 이 작품을 통해 타인이 사라졌을 때, 타인이 무엇이며 그 부재의 효과는 무엇인지 알 수 있게 된다.

> 타인이 무엇인지 또 타인의 부재는 무엇을 의미하는지에 대해 결론을 내릴 것이다. 그래서 타인의 부재가 가져오는 효과들은 정신의 참된 모험들이다. 이 점에서 『방드르디』는 추론적인 실험 소설이다. 그래서 철학적 반성은 이 소설이 그토록 생생하고 강력하게 보여주는 것을 집약해야 할 것이다.(『의미의 논리』, 478~479쪽)

타인이 부재하는 세계가 어떤 것인지 확인하기 위해서는 무인도에 한 사람을 평생 고립시켜보는 실험이 필요하다. 통상적인 세계 안에서는 결코 이런 고립의 실험을 수행할 수 없다. 결국 고립의 효과를 얻기 위해서는 소설의 무인도를 하나의 실험의 장으로 삼을 때만 가능할 것이고, 그런 맥락에서 실험의 장으로서 『방드르디』가 들뢰즈 타인론의 전개를 위해 선택되었다. 만약 타인이 없다면 어떨 것인가? 이 질문을 간직한 "추론적인 실험 소설"은 타인이 부재한다는 사실로부터 무엇이 도출되는지 추론을 진행한다. "세계 속에 타인이라는 것이 없다면 어떤 일이 벌어질까? 오직 하늘과 땅의, 견디기 힘든 빛과 칠흑빛 심연의 거친 대립이 있을 뿐이다."(『의미의 논리』, 480쪽) 타인 없는 세계는 인격적 존재자 이전에 요소적인 것들만이 있는 세계이다. 철학자들은 종종 시인을 통해서 고대적인 요소적 세계의 회복을 목격하기도 한다. 하이데거는 횔덜린의 시를 통해 그리스적 의미의 피시스, 존재자를 본래적인 모습으로 출현시키는 원천을 회복하고자 한다. 들뢰즈는 투르니에의 소설을 통해 요소적 세계로의 회귀를 추구한다. 그러나 들뢰즈가 찾는 것은, 하이데거가 이해하는 피시스, 즉 존재자를 주관하는 하나의 원리로서 피시스가 아니라, 근본의 층위에 자리하는, 통일적 원리의 지배를 받지 않는 익명적 다수들이다. 루크레티우스의 원자론으로부터 들뢰즈가 받아들이는 것은 바로 이 '다수성'의 사상이다. 존재론적 단위로서 고대인들의 원자 그 자체라기보다는 말이다. 들뢰즈는 「루크레티우스와 시뮬라크르」에서 말한다.

자연은 …… 연접적(conjonctive)이다. 그것은 '이다/있다(est)'가 아닌 '그리고(et)'를 통해 드러난다. 이것 '그리고(et)' 저것. 번갈음 그리고 얽힘, 비슷함 그리고 다름, 당김 그리고 느슨함, 부드러움 그리고 거침. …… 때로는 유사하고 때로는 다른 불가분적인 것들[원자들]이 누적되어 이루어진 **자연은 참으로 하나의 합(une somme)이지만 하나의 전체(un tout)는 아니다.** 에피쿠로스, 루크레티우스와 더불어 다원론(pluralisme)의 고귀함

이 철학에서 참된 활동을 시작한다.(『의미의 논리』, 424~425쪽; 번역 수정)

자연은 전체화하는 일자의 지배를 받지 않는다. "루크레티우스가 이전 철학자들을 비판하는 것은 그들이 존재, 일자, 전체를 믿었기 때문이다."(『의미의 논리』, 425쪽) 들뢰즈가 루크레티우스에게서 확인하고 있는, 통일적인 원리의 지배를 받지 않는 다수들의 개념은 들뢰즈 철학 전체를 지배한다. 다수를 지배하는 하나의 원리가 관건일 경우 다수는 모든 존재자에 공통적인 술어 '존재하다(est)'를 통해 전체화할 수 있을 것이다. 그러나 하나의 통일적인 원리가 없을 때 다수는 전체를 이루지 않고 '그리고(et)'라는 접속사를 통해 서로 '접속'할 뿐이다. 아니, 존재의 정체란 하나의 원리로서 아르케가 아니라, 단지 다수를 긍정하는 접속사인 것이다.

> EST(~있다, ~이다)를 ET(~과)로 대체해야 한다. A 'et' B. ET는 심지어 특정한 관계나 접속사도 아니다. 그것은 모든 관계들의 기초를 이루는 것, 모든 관계들을 열어주는 길이다. 그것은 관계들이 …… 존재, 일자, 전체 바깥에서 짜이도록 만든다. ET는 가외 존재(extra-être)이고 **사이 존재**(inter-être)이다.[7]

그리고 이런 다수적인 것들의 접속이 바로 앞서 말했던 '배치'이다. 들뢰즈 철학은 전체화하지 않는 다수적인 것들에 대한 사유 외에 다른 것이 아니라고 해도 과언이 아닐 것이다. 예컨대 통일적인 코기토의 지배를 받지 않는 분열적 사유들(사유의 이미지 연구), 오이디푸스적 삼각형 속에서 형성된 인격적 통일성으로부터 벗어난 익명의 다수적 욕망들(오이디푸스 비판) 등은 전체화하지 않는 다수성이 출현하는 가장 중요한 모습들이다.

이런 개별적인 다수성은 인격적 통일 같은 원리에 매개되지 않으므로, '비인격적인' 것이다. 따라서 그것은 들뢰즈가 「주체에 관한 물음에 대한 대답」(정확히는 '주체 이후엔 누가 오는가?'라는 《토포이(*Topoï*)》의 물음에 대한 답변)에서 제안하듯, "특정한 것[단수적인 것]이라는 '사'인칭, 비인격[비인칭] 또는 '그것(Il)'"[8]이란 명칭을 가져야 한다. "모든 인격주의(personnalisme)에 반대해서"[9] 말이다.

결국 당연한 이야기겠지만, 다수적인 것은 다수의 인간이 아니다. 다수를 이루는 이 비인격적인 것을 들뢰즈는 특정성(단수성, singularité)이라 부른다. 그것의 비인격성을 강조하여, 이 특정성을 "선(先)개인적 특정성들(pre-individual singularities)과 비인격적 개별화들(non-personal individuations)"[10]이라 풀어 쓸 수 있을 것이다. 인격으로서의 개인에 앞서는 특정성을 발견하는 과정이 바로 「타인 없는 세계」에서 이루어지는 바이다. 특정성 개념만이 다수가 전체로 환원되는 것을 막고 다수성을 지켜준다. "특정성은 보편적인 것에 반대되는 어떤 것을 의미할 뿐 아니라 …… 하나의 다른 요소의 이웃에 연결될 수 있는 어떤 요소도 의미한다."[11] 특정성은 전체를 이루지 못하도록 한다는 점에서 보편적인 것과 반대된다. 그뿐 아니라 특정성은 다수들 간의 연관, 즉 우리가 접속, 배치라는 이름으로 불렀던 것과 불가결하게 연관된다.("특정성들의 방사(放射)와 분배를 나타내는 '배치(agencement)'나 '배열(dispositif)' 같은 개념들"[12]) 다수가 연관되는 방식은 어떤 것인가? 예를 들면 우리는

타자철학

그것을 판례법의 경우에서 찾아볼 수 있다.

> '판례'나 '판결기록' 같은 사법적 개념은 특정성들의 방사들(emissions)
> 과 연장(延長)의 기능들의 이점을 내세우며, 보편적인 것을 몰아내버린
> 다. 판결기록들에 기반하는 법 개념은 어떤 공민권의 '주체'도 요구하지
> 않는다. 역으로, 주체 없는 철학은 판결기록들에 기반하는 법 개념을 가
> 지고 있다.[13]

판례들은 보편성으로 환원되지 않는 각각의 특정성을 지닌다. 판
례법은 이 판례들을 '배치'해서 판결을 이끌어낸다. 여기에서는 보편적
인 권리 또는 그런 권리를 지닌 보편적인 주체 개념이 기능하지 않는
다. 이런 판례법의 예에서 보듯, 관건이 되는 것은 권리의 주체 같은 (공
허한) 보편적인 개념에 의존하는 것이 아니라, 전체화할 수 없는 특정
한 요소들을 배치해서 결과를 얻어내는 것이다.

들뢰즈는 의식의 통일성을 지닌 주체나 인격상의 통일성을 지닌 주
체에 의거하지 않는 선인격적 특정성을 통해 "우리는, **나와 당신(un Je
et un Tu) 사이의 공허한 교류**에서보다 더 잘 우리 자신과 우리 공동체
를 이해할 수 있다"[14]고 말한다. 이 짧은 문장에서 우리는 '타인' 개념
에 대한 들뢰즈의 생각을 읽을 수 있다. 여기서 "당신"이라는 말은 '타
인'으로 바꾸어 쓸 수 있는데, 바로 이러한 '타인' 개념은 공허한 것이
다. 들뢰즈 철학이 노리는 바는 "나와 당신" 또는 "주체와 타인"이라는
개념을 인간 이전의 다수성 및 다수적인 것들의 배치라는 개념으로
대체하는 것이다.(이것이 '주체 이후엔 누가 오는가'라는 물음에 대한 들뢰즈

의 요약적인 답변이다.) 이제 그가 어떻게 타인의 효과 및 타인 부재의 효과를 밝혀내고, 다수성의 영역으로 들어서는 문을 여는지 구체적으로 살펴볼 시간이다.

3) 지각장의 구조로서 타인, 가능 세계의 표현으로서 타인

우리가 평균적으로 살아가고 있는 세계를 무엇이라 부를까? 그것을 통속적 세계, 상식으로 뒤덮인 세계, 인간주의가 지배하는 세계, 클리셰가 만연한 세계 등 어떤 명칭으로 불러도 좋을 것이다. 그런 세계는 인간, 즉 타인과 더불어 사는 세계이다. 들뢰즈는 이런 세계의 타인을 "절대적 구조로서의 '선험적 타인(Autrui-a priori)'"(『의미의 논리』, 481쪽; 번역 수정)이라 정의한다. 또는 "구조로서의 타인은 '가능 세계의 표현'"(『의미의 논리』, 482쪽)이라고 정의한다. 여기에 나오는 '가능 세계(monde possible)' 개념은 들뢰즈 타인론의 핵심을 이루는 것으로, 널리 알려져 있듯 라이프니츠가 고안한 개념이다. 우리는 어떻게 타인론과 라이프니츠의 가능 세계론이 결합될 수 있는지 보게 될 것이다.("물론 모든 개념은 역사를 가진다. 타인 개념은 라이프니츠, 즉 라이프니츠의 가능 세계들과 세계의 표현으로서 단자로부터 비롯하지만, 동일한 문제는 아니다."[15])

또 들뢰즈는 "타인은 무엇보다도 지각장[champ perceptif]의 한 구조"(『의미의 논리』, 481쪽)라고 말하며, 사람들이 지금까지 타인을 잘못 이해해왔음을 지적한다. 어떤 점에서 그런가? "타인의 현존과 부재가 가져오는 효과들을 비교함으로써, 우리는 타인이 무엇인지 말할 수 있게 된다. 철학적 이론의 잘못은 타인을 하나의 특수한 대상으로 환원하거나 아니면 다른 주체로 환원하는 데 있다."(『의미의 논리』, 481쪽) 요점은 타인은 주체도 대상도 아니라는 것이다. 철학자들은 지금껏 그 점을 보지 못하고 있었다. 들뢰즈가 타인은 대상도 아니고 주체도 아니라고 말할 때 비판적으로 염두에 두고 있는 사상가는 사르트르이다. "『존재와 무』에서 이루어진 타인에 대한 사르트르의 개념화조차도 결국 나를 타인의 응시[시선] 아래 떨어진 대상으로 간주하면서까지 타인을 내 응시 아래 떨어진 대상으로 봄으로써, 이 두 규정[대상과 주체]을 결합하는 데 만족하고 있다."(『의미의 논리』, 481쪽) 앞서 4장에서 자세히 보았던 것처럼 사르트르에게서 타인은 주체의 시선에 포획된 '대상'이거나, 반대로 시선을 던져 그 주체를 포획된 대상으로 만드는 '주체'이다.

그러나 들뢰즈에서 타인은 이런 식의 주체나 대상이 아니라, 나의 지각을 가능하게 하는 지각장의 구조이다. "지각 작용을 가능하게 하는 것은 자아가 아니라 구조로서의 타인이다."(『의미의 논리』, 483쪽) 지각 자체를 가능하게 하는 자이지, 지각을 통해 경험되는 자가 아니므로 타인은 경험에 선행하는 자, 즉 '선험적' 타인이다. 그렇다면 구체적으로 어떤 점에서 타인은 지각장의 구조인가? 무서워하는 얼굴을 예로 들어보자.

이 구조란 대체 무엇인가? 그것은 가능적인 것(le possible)의 구조이다. 무서워하는 얼굴은 내가 아직 보지 못한 무서운 가능 세계의 표현, 또는 세계 속에서 무섭게 하는 어떤 것의 표현이다. 여기에서 가능적인 것이 실존(exister)하지 않는 어떤 것을 가리키는 하나의 추상적 범주가 아니라는 것을 이해하자. 표현된 가능 세계는 완전하게 존재한다. 다만 그 세계를 표현하는 것 바깥에서는 (현실적으로(actuellement)) 실존하지 않는다. 공포에 질린 얼굴은 공포스럽게 하는 것[사물]과 유사하지 않다. 공포에 질린 얼굴은 공포스럽게 하는 것을, 어떤 다른 것을 품고 있듯 함축하고(impliquer) 있으며 또 감싸고(envelopper) 있다. 표현하는 것 속에 표현된 것은 뒤틀리며 집어 넣어지는데, 그런 일종의 뒤틀림(torsion) 속에서 그렇게 함축하고 감싼다.(『의미의 논리』, 482쪽; 번역 수정)

이 구절은 지각장의 구조로서 타인이 무엇인지, 그리고 들뢰즈 존재론의 핵심적인 개념인 '잠재성'이 무엇인지 해명할 수 있도록 해주는 중요한 문장이다. 뒤에서 우리는 들뢰즈가 해석한 라이프니츠의 사상과 맞춰나가면서 위 구절을 다시 읽게 될 것이다.

타인의 무서워하는 얼굴은 내가 직접 지각하지 못하는 공포스러운 세계를 표현한다. 이런 식으로 타인은 나의 직접적 지각의 배경에 가능 세계가 자리 잡게 한다. 우리는 우리가 직접 가보지 못하는 세계, 다시 말해 우리의 직접적 지각 속에서 현실화되지 않지만 존재하는 세계에 대한 지식을 타인을 통해 확보하는 것이다. 가령 뉴스 속에 나오는 무서워하는 얼굴, 슬픈 얼굴 등은 직접 보지 못하더라도 가능한 어떤 공포의 세계를 알게 해준다. 또 예를 들자면, 영화 「디 아더스」의 어떤 장면들에서 주인공 부인은 무서운 세계를 직접 지각하는 것이 아니라, 유령(실은 사람)을 보았다는 딸의 얼굴과 말을 통해서 그 세계에 대해 알게 된다. 우리가 직접 경험하는 것은 대단히 일면적임에도 불

타자철학

구하고 우리는 직접 주어지는 경험보다 세계에 대해 더 많은 것을 안다. 타인이 가능 세계를 표현하고 있기 때문이다.

잠재적인 세계가 타인의 얼굴 또는 그의 영혼 속에서 현실화한다는 이런 생각의 바탕에는 라이프니츠가 자리 잡고 있다. 라이프니츠에게서 "세계는 모나드들 또는 영혼들 안에서 **현실화되는** 하나의 잠재태"(『주름』, 190쪽)이다. "영혼은 세계의 표현(l'expression)인데(현실태), 이것은 세계가 영혼의 표현된 것(l'exprimé)이기 때문이다(잠재태)."(『주름』, 53쪽) 세계는 얼굴(또는 영혼)이라는 표현 속에서 비로소 현실적인 것이 된다. 위 인용 역시 같은 맥락에서, 무서운 가능 세계는 무서워하는 얼굴 바깥에서가 아니라 그 얼굴 속에서만 현실화된다고 말하고 있는 것이다. 그 가능 세계가 우리'에 대해' 존재하기 위해선 타인이 있어야만 한다.

잠깐 덧붙이자면, 이러한 들뢰즈의 타인 개념은 비트겐슈타인의 그것과도 얼마간 비교될 수 있다. 들뢰즈가 비트겐슈타인에 대해 일반적으로 표명하는 거리감에도 불구하고 말이다. 비트겐슈타인이『철학적 탐구』에서 치통으로 얼굴을 찡그린 타인을 예로 드는 경우를 생각해 보라.

'사람들이 자신의 아픔을 밖으로 표현하지 않는다면(신음도 내지 않고 얼굴을 찡그리지도 않는다면 등등) 어떻게 될까? 그러면 아이에게 '치통'이라는 낱말의 쓰임을 가르칠 수 없을 것이다.'─자, 그 아이가 천재여서 그 감각에 대한 이름을 스스로 만들어낸다고 가정해보자!─하지만 그렇다면 물론 그 아이는 이 낱말을 사용할 때 다른 사람을 이해시킬 수 없을 것이다. …… 그가 '자신의 아픔에 이름을 부여했다'라는 말은 도대체 무슨 뜻인가?—그가 어떻게 자신의 아픔에 이름을 부여했다는 말인가?! …… 우리가 '그는 자신의 감각에 이름을 부여했다'라고 말할 때, 우리는 이름을 부여한다는 단순한 행위가 의미 있기 위해서는 이미 많은 것이 언어 속에 갖추어져 있어야 한다는 사실을 잊고 있다. 그리고 누군가 아픔에 이름을 부여한다고 우리가 말할 때, 여기서 갖추어져 있는 것은 '아픔'이라는 낱말의 문법이다. 그것이 그 새로운 낱말이 놓이는 자리를 지시한다.[16]

들뢰즈의 '지각장의 구조'와의 비교를 염두에 두고 위 구절에 접근하자면, 여기서 낱말의 사용 또는 명명이라 일컬어지는 것, 즉 '자기 감각에 이름을 부여하는 것'은, '말을 통해' 심적인 감각을 지각하는 일이다. 마음속으로 느껴지는 어떤 감각에 대해 '이가 아프다'라는 말을 사용하는 일은 치통을 앓는 사람 혼자서 사적으로(privately) 해내는 것이 아니다. 이빨로부터 오는 감각을 '고통'이란 낱말 또는 '이가 아프다'라는 말로 지각하려면, 찡그린 얼굴이라는 타인의 표현이 필요하다. 얼굴을 찡그리거나 이가 아프다고 말하는 타인은 궁극적으로 무엇을 표현하는가? 바로 그 표정의 용법과 말의 용법을 표현한다. 어떤 감각에 대해 '이가 아프다'라고 말하려면, 미리 그 낱말의 용법(문법)이라는 구조적 장이 있어야 한다. 이 구조적 장을 주체(아이)에게 존재하게 해주는 것이 바로 이가 아파 얼굴을 찡그린 타인이다. 들뢰즈가 타인 개념을 통해 지각이 가능하기 위한 지각장의 구조를 해명한다면, 비트겐슈타인은 타인 개념을 통해, 어떤 심적 상태가 말을 통해 (가령 '이가 아프다'라는 말을 통해) 지각될 수 있도록 해주는 용법의 장(문법)을 해명한다.

4) 가능성이 아닌 잠재성, 하이데거가 아닌 들뢰즈

이제 '가능성(possibilité)' 및 '잠재성(virtualité)'과 관련된 개념적인 문제를 다루어보자. 무서워하는 타인의 얼굴이라는 표현 속에는 표현되는 것으로서 무서운 세계가 존재한다. 그리고 앞서 그 세계를 '가능 세계'라고 불렀다. 오해하지 말아야 할 것은 들뢰즈 철학에서 이 가능 세계는 가능성 범주와 상관이 없으며, 오히려 잠재성 개념과 연관된다는 점이다. 그러니 들뢰즈가 '가능'이라는 말을 쓸 때도 잠재성을 염두에 두고 쓰는 표현이라는 점을 기억해두어야 한다.(그런데 라이프니츠의 철학 자체에 충실했을 때, '가능 세계'의 '가능'이 오로지 잠재적인 것으로만 이해되어야 하는지에 대해선 들뢰즈 자신이 유보적이다. 그는 『베르그송주의』에서 말한다. "그들[생물학자들]이 잠재성과 가능성의 혼동에 빠져 있다는 점은 명백하다. …… 철학적으로 볼 때, 라이프니츠의 체계와 같은 체계에서 우리는 잠재성과 가능성이라는 두 개념 사이에 있는 비슷한 주저를 발견하게 된다."[17] 후에 들뢰즈는 『주름』(8장)에서 라이프니츠에게서 잠재성과 가능성을 이원적인 것으로 설명한다.)

들뢰즈에게서 가능성과 잠재성은 근본적으로 어떻게 다른가? 들뢰즈는 베르그손에 대한 논의를 바탕으로 철학에서의 '거짓 문제'와 '가능성' 개념을 비판하는데, 사실 이 두 가지 비판 대상은 연결되어 있다. 거짓 문제의 일종으로 '비존재(非存在)'의 문제가 있는데 이 문제는 실은 "없는 문제"[18]에 속한다. 우리는 비존재가 존재보다 덜한 데서, 즉 존재가 빠져나간 데서 성립하는 것으로 여긴다. 그러나 우리가 비존재에 대하여 가지는 통상적인 관념과 달리 실은 비존재는 존재에 무엇인가가 추가로 덧붙여져 만들어지는 개념이다. 그러니 단적으로 비존재는 비존재가 아니며, 존재보다 뭔가 더 많이 가진 것이다. "사실상 비존재의 관념 속에는 존재의 관념이 있을 뿐 아니라 거기에 일반화된 부정(négation)이라는 논리적 작용 및 이 작용에 특유한 심리적 동기가 더해져(plus) 있다(존재가 우리의 기대에 미치지 못해서 우리가 존재를 우리 흥미를 끄는 것의 결핍, 부재로만 파악하기에)."[19] 존재에 '부정'이라는 논리적 작용이 더해지고, 또 존재가 기대에 못 미쳐 존재와 다른 것을 찾는 심리적 작용이 더해진 것이 '비존재' 개념이다. 즉 개념으로서 비존재는 존재가 사라진 것이 아니라, 존재에 두 가지가 더 첨가된 것이다. 따라서 존재가 덜어졌다는 비존재 개념은 성립하지 않는다(거짓 문제).

이런 비존재에 대한 사유는 '가능성' 범주에 의존한다. 즉 '무(無)의 가능성' 말이다. 비존재의 문제는 이렇게 제기된다. "왜 무(無)라기보다는 어떤 것이 존재하는가?"[20] 이 질문은 하이데거가 진지하게 숙고했던 문제이다. 들뢰즈가 베르그손으로부터 온 잠재성 개념을 옹호하기 위해 하이데거의 가능성 개념을 비판한 것은 아니다. 그러나 '비존재'의 '가능성'이라는 주제를 다루기 위해 하이데거를 끌어들인다면, 잠재성의 사유와 가능성의 사유의 차이에 대한 이해뿐 아니라, 양자 사이의 간극이 들뢰즈와 하이데거를 가르는 핵심적인 간극이기도 하다는 중요한 통찰을 얻을 수 있을 것이다. '차이'와 '반복'이라는 두 핵심 개념에서 발견할 수 있는 양자의 놀라운 근접성에도 불구하고 말이

다.[21]

하이데거에게 있어서 '가능성'은 핵심적인 범주이다. '왜 있는 것은 있고 차라리 무(無)가 아닌가'라는 물음은 라이프니츠의 「자연과 은총의 이성적 원리」에서 제기된 질문인데, 『형이상학 입문』과 같은 저작에서 하이데거는 이 질문을 숙고의 중심에 놓는다. 저 질문에서 핵심은 뒷부분, '차라리 무가 아닌가'에 놓여 있다. '무가 아닌가'라는 의혹은 존재하는 것은 없을 수도 있다는 것, 무일 수도 있다는 것을 나타낸다. 우리 존재가 무일 수도 있다는 것, 없을 수도 있다는 것, 우리가 존재하지 않아도 아무런 모순도 아니라는 것은 존재함에는 어떤 '필연성도 없다'라는 것을 뜻한다.(우리 자신을 예로 들어보더라도, 우리는 우리 존재함의 어떤 필연적인 이유도 찾을 수 없다.) 그러니 존재함의 정체는 비존재의 가능성, 존재하지 않을 수도 있는 가능성, 즉 무의 가능성이다. 이런 까닭에, 존재함 자체가 무의 가능성이란 뜻에서 레비나스는 하이데거를 염두에 두고서 존재론의 성격을 이렇게 요약하고 있다. "존재와 무의 변증법은 끊임없이 하이데거의 존재론을 지배한다."(『존재에서 존재자로』, 25쪽) "존재와 비존재는 서로 밝혀준다."(『존재와 다르게』, 3쪽)

이 무의 가능성은 존재자를 (필연적으로 존재하지 못하는) 우연적 존재이게끔 하는 원리의 지위를 가진다. 모든 있는 것은 있음의 이유를 가진다는 충족이유의 자리를 이제 무의 가능성이 대신 차지하는 것이다. 그런데 원리는 그 원리로부터 나오는 결과에, 즉 '존재하지 않을 가능성'은 '존재자'에 선행해야 한다. 이제 들뢰즈가 『베르그송주의』에 쓰고 있는 다음 글을 읽어보자. "사실 가능성을 닮은 것은 실재가 아니며, 실재를 닮은 것이 바로 가능성이다. 그런데 우리는 일단 이루어진 실재로부터 가능성을 추상해냈기 때문에, 이 가능성은 실재로부터 임의적으로 추출해낸 헛된 복제물 같은 것이다."[22] 존재하지 않을 가능성 때문에 존재자가 우연한 존재자로 출현했다고 했을 때, 원리, 원인의 지위를 지니는 이 가능성은 출현한 결과로서의 실재를 모방해 만들어진 것이다. 문제는 순서상 원인은 결과의 모방품일 수 없다는 것이다. 어떤 존재자가 존재할 수도 존재하지 않을 수도 있다고 했을 때, 존재하지 않을 수 있는 이 존재자의 모습은 실존하는 존재자와 똑같다. 즉 한 존재자는 양상(실존성과 비존재성)에 있어서만 두 가지로 나타나는 것이다. 요컨대 무(無)일 수 있는 존재자는 마치 실존하는 존재자의 '탁본'과도 같다.

> 베르그손이 '가능한'이라는 관념에 대해 비판하는 것은, 이 관념이 생산물의 단순한 탁본[모작(模作), décalque]을 우리에게 제시한다는 점, 또 이에 그치지 않고 계속해서 생산의 운동과 발명 위에 오히려 회고적으로 투영된 그런 단순한 탁본을 우리에게 제시한다는 점이다.[23]

다시 말해 "가능성은 실재에다가, 일단 실재가 생산되었을 때 그것의 이미지를 과거로 되투사하는 정신 행위"[24]의 소산이다. 한 존재자가 무일 가능성은, 실존하는 바로 그 존재자를 그대로 두고 양상만 바꾸어서 상상한 것이다. 실존하는 존재자의 우연성을 설명하는 원인이 무의 가능성이라면, 결과를 '회고적으로 투영해' 상상한 것이 이 원인, 즉 무의 가능성이라 할 수 있다. 다르게 이야기하면, 무의 가능성은 실존하는 존재자의 우연성의 상상적 원인이다.

타자철학

그러나 "잠재적인 것은 가능한 것과 다르다."[25] 적어도 두 가지 점에서 그렇다. 첫째, 가능성과 달리 잠재적인 것은 현실화되지 않았을 뿐 실재하는 것이다. "잠재성은 현실적이지 않지만, '그러한 것[잠재성]으로서 실재성을 소유하고 있다.'"(대괄호는 옮긴이)[26] 바로 이런 맥락에서 우리는 앞서 인용했던 「타인 없는 세계」의 다음 문장을 제대로 이해할 수 있다.

> 무서워하는 얼굴은 내가 아직 보지 못한 무서운 가능 세계의 표현, 또는 세계 속에서 무섭게 하는 어떤 것의 표현이다. 여기에서 가능적인 것이 실존(exister)하지 않는 어떤 것을 가리키는 하나의 추상적 범주가 아니라는 것을 이해하자. **표현된 가능 세계는 완전하게 존재한다.** 다만 그 세계를 표현하는 것 바깥에서는 (현실적으로(actuellement)) 실존하지 않는다.(『의미의 논리』, 482쪽; 번역 수정)

둘째, 잠재적인 것은 그로부터 비롯한 현실화된 것과 닮지 않았다. "현실성은 그것이 구체화시키는 잠재성과 유사하지 않다."[27](그러므로 잠재적인 것의 현실화는 '창조'라는 개념에 걸맞다. "현실화의 규칙은 …… 창조이다."[28])

이 두 가지의 예를 들어보자. 하나의 선율은 실재하는 것이지만 그 자체는 잠재적인 것이고, 악보로 기재되거나 악기로 연주되는 방식으로 현실화한다. 그러나 이념으로서의 선율은 피아노 같은 악기 소리나 노래하는 목소리, 음표라는 기표적 표기 등과 동일한 것이 아니다. 말의 의미와 그것의 기표적 표기 사이의 관계가 자의적인 것처럼, 잠재적인 것은 현실적인 것과 동일하지 않다. 덧붙여, 어떤 악기로 선율을 연주해 현실화하는 일은, 연주자에게 감탄하는 청중의 반응에서 목격하듯, 진정한 창조이다.

또 예를 들면, 신체 내에서 지속적으로 이루어지는 영양분의 감소는 '허기'라는 심리적 상태로 현실화한다. 그러나 영양분의 감소라는 과정과 심리적 상태로서 허기는 서로 닮지 않았다. 우리가 읽었던 「타인 없는 세계」의 다음 문장이 의미하는 바도 같은 것이다.

> 공포에 질린 얼굴은 공포스럽게 하는 것[사물]과 유사하지 않다. 공포에 질린 얼굴은 공포스럽게 하는 것을, 어떤 다른 것을 품고 있듯 함축하고(impliquer) 있으며 또 감싸고(envelopper) 있다. 표현하는 것 속에 표현된 것은 뒤틀리며 집어 넣어지는데, 그런 일종의 **뒤틀림**(torsion) 속에서 그렇게 함축하고 감싼다.(『의미의 논리』, 482쪽; 번역 수정)

잠재적인 것이 그와 전혀 닮지 않게 현실화되는 일은, 표현하는 것 속에 표현되는 것(잠재적인 것)이 '뒤틀림' 속에 놓이는(함축되고 감싸여지는) 것이다. '뒤틀림'은 '닮지 않음'과 같은 말이다. 표현과 표현되는 것 사이의 닮지 않음 말이다. 들뢰즈 철학에서 잠재적인 것과 현실적인 것 사이의 뒤틀림에 대한 사유는 라이프니츠에게서 온 것이기에, 우리는 들뢰즈가 라이프니츠를 해설할 때도 뒤틀림에 대해 이와 똑같은 이야기를 하는 것을 당연히 목격할 수 있다. 라이프니츠에 관한 다음 문장은 위 인용과 그대로 포개진다. "세계를 주체 안에 놓아야만 한다. 세계와 영혼의 주름을 구성하는 것은 바로 이러한 **뒤틀림**(torsion)

타자철학

이다. 그리고 표현에 근본적인 특질을 부여하는 것도 바로 이러한 **뒤틀림**이다."(『주름』, 53쪽; 번역 수정) 표현의 특질은 표현과 표현된 것이 닮지 않았다는 것이다. 세계(표현된 것)는 주체(표현)와 닮지 않았다는 것이, 표현이 가진 뒤틀림이라는 특질을 예화한다.

잠재성에 대한 이와 같은 이해를 전제로 이제 들뢰즈의 타인론을 떠받치고 있는 핵심적인 개념인 가능 세계에 본격적으로 접근해보자. 물론 라이프니츠와 함께 말이다.

5) 가능 세계

가능 세계, 정확히는 '가능 세계들'을 어떻게 설명할 수 있을까? 라이프니츠는 피라미드 같은 건축물의 이미지를 통해 무수한 가능 세계를 설명하고자 한다. 최선의 세계가 피라미드의 꼭대기의 방이고, 그 아래 최선의 세계보다 덜 완전한 세계가 하나하나의 방을 이루며 무한히 아래로 펼쳐진다. 가능 세계들로 이루어진 이 흥미로운 건축물을 묘사하는, "모든 현대 문학의 원천처럼 보이는 이 놀라운 텍스트"[29]는 라이프니츠의 『변신론』의 마지막 부분을 이룬다. 들뢰즈는 라이프니츠의 이 텍스트를 다음처럼 요약하고 있다. 아래 글에서 등장하는 섹스투스에 관한 역사적 지식이 얼마간 필요할지 모르겠다. 섹스투스는 로마 공화정의 탄생과 관련된 중요 인물이다. 전설 시대로 거슬러 올라가는 최초의 로마는 로물루스에서부터 시작해 일곱 왕이 다스리고 공화정으로 변모했는데, 마지막 일곱 번째 왕이 '오만 왕 타르퀴니우스'이다. 그의 못된 아들 섹스투스는, 왕자들의 친구의 아내인 루크레티아를 능욕했고, 루크레티아는 스스로 목숨을 버렸다. 이를 계기로 분노한 시민들은 왕과 왕자들을 몰아내고 공화정을 이루었다. 그러나 아래 글이 말하듯 또 다른 가능 세계에선 섹스투스는 전혀 다른 삶을 살 것이다.

이것은 건축의 꿈이다: 꼭대기는 있지만 밑바닥은 없으며, 그리고 그 각각이 하나의 세계인 무한히 많은 나누어진 공간으로 이루어진 거대한 피라미드. 모든 세계 중에서 가장 좋은 세계가 있기 때문에 꼭대기는 있다. 그리고 이 모든 공간은 안개 속으로 사라지기 때문에, 그리고 이 중 가장 나쁘다고 말할 수 있는 마지막 것이 없기 때문에 밑바닥은 없다. 각 공간에는 이마에 숫자를 붙이고 있는 섹스투스가 한 명씩 있는데, 그는 커다란 책 바로 옆에서 '극장 상연과 같이' 자기 삶의 한 토막 또는 전체를 연기(演技)한다. 그 숫자는 섹스투스의 삶을 더욱 세밀한 부분까지 보다 더 작은 스케일로 묘사하는 페이지를 가리키는 것처럼 보이는 반면, 다른 페이지들은 틀림없이 그가 속하는 세계의 다른 사건들을 묘사한다. …… 그리고 다른 공간들에서는, 다른 섹스투스들과 다른 책들이 있다. …… 어떤 섹스투스는 코린트로 가서 거기에서 유명해지고, 어떤 섹스투스는 이전 공간에서처럼 로마로 돌아가 루크레티아를 능욕하는 대신에 트라키아로 가서 왕이 된다. …… 이러한 모든 섹스투스는 가능하지만, 하지만 이것들은 세계들의 부분을 공존 불가능하게 만든다.(『주름』, 114~115쪽)

하나의 세계에서 섹스투스는 우리가 아는 것처럼 루크레티아를 능욕한다. 그러나 다른 세계에선 왕이 된다. 라이프니츠가 만든 이런 식의 이야기는 정말 미래의 문학을 위한 산파 역할을 했는지도 모르겠는데, 우리는 보르헤스의 소설 「끝없이 두 갈래로 갈라지는 길들이 있는 정원」에서 라이프니츠의 피라미드와 유사한 이야기를 읽을 수 있다. "그 책의 3장을 보면 주인공이 죽습니다. 그런데 4장에서는 그가 살아 있습니다."[30] 그리고 섹스투스 인생의 가장 세밀한 부분까지 서로 다른 일이 일어나는 무수한 가능 세계들이 있다. 이 가능 세계들 가운데 신은 가장 완전한 세계를 선택한다. 『변신론』은 말한다. "섹스투스의 범죄는 위대한 일들에 기여합니다. 그의 범죄로부터 위대한 모범이 될 위대한 제국이 생겨날 것입니다."[31] 섹스투스가 죄지은 세계를 신이 선택한 것은 바로, 장래 생겨날 위대한 제국 때문이다.(잠깐 덧붙이면, 라이프니츠의 이론에 따라 리스본의 화산 재해 역시 최선의 세계의 불가결한 요소라고 주장해서 조롱을 받았던 팡글로스(볼테르의 『캉디드』)의 경우를 잘 알 것이다. 지금 여기 나온 것은 더 조롱받을 주장인데, 섹스투스의 성범죄를 위대한 로마의 불가결한 요소로 여기는 것이다. 성범죄가 가장 좋은 세계를 위해 신에게 선택된 행위라는 것이다.) "주피터는 완전성으로 다른 모든 세계를 능가하며 피라미드의 꼭짓점을 이루는 이 세계를 선택하지 않을 수 없었습니다. 그렇지 않다면 주피터는 자신의 지혜를 포기했을 것[입니다.]"[32] 완전성에 입각해 신이 선택한 세계는 또 가능 세계들 가운데 최선의 세계라 일컬어진다. "신은 서로 간에 공존 불가능한 무한히 많은 가능 세계 중 선택하며, 그리고 가장 좋은 것, 즉 가능한 실재성을 가장 많이 지니는 것을 선택한다."(『주름』, 112쪽)

6) 공존 불가능성과 부차모순

우리가 이야기해왔듯 이 가능 세계들은 잠재적 세계이며, 존재하는 것이다. 그것들은 현실화될 수 있다. 『변신론』의 구절이다. "아버지의 지혜는 섹스투스가 포함된 세계에서는 그의 현존을 거부할 수 없었고, 아버지께서는 그 현존을 그에게 부여했을 뿐입니다. 아버지께서는 가능한 것들의 영역에서 현실적 존재들의 영역으로 섹스투스를 이동시킨 것입니다."[33] 또 들뢰즈는 말한다. "신은 무한히 많은 가능 세계들 중 하나의 세계를 선택한다: 다른 세계들도 각 세계를 표현하는 모나드들 안에서 동등하게 자기 나름의 현실성을 지닌다. 죄를 짓지 않은 아담 또는 루크레티아를 능욕하지 않은 섹스투스."(『주름』, 189쪽) 다만 가능 세계들은 동시에 현실화되지는 않는 것이다. 동시 현실화의 불가능성을 '공존 불가능성(incompossibilité)'이라 한다. "죄를 짓지 않은 아담, 루크레티아를 능욕하지 않은 섹스투스가 다른 가능 세계들에는 있다. 시저가 루비콘강을 건너지 않는 것, 이것은 불가능하지 않으며, 단지 선택된 가장 좋은 세계와 공존 불가능할 뿐이다."(『주름』, 128쪽)

라이프니츠는 이 공존 불가능성의 개념을 통해 '미래의 우발적 사건이라는 고대의 문제'에도 해결책을 제시할 수 있게 된다. "공존 불가능성은 라이프니츠가 미래의 우발적[우연적] 사건이라는 고대의 문제를 스토아학파의 아포리아에 빠지지 않으면서 풀 수 있게 허용한다(내일 바다에 전투가 있을 것인가?)."(『주름』, 129쪽) 우연적 미래의 아포리아는 무엇인가? '해전(海戰)이 내일 일어날 수 있다'는 명제가 참일 때, 이 명제는 내일 해전이 일어날 수도, 또 일어나지 않을 수도 있다는 것을 의미한다. 그런데 진짜로 해전이 일어났다면, 이 명제는 거짓이 되어버린 다는 역설이다. 들뢰즈는 『시네마Ⅱ』에서 말한다.

> 라이프니츠에 따르면 해전은 일어날 수도, 일어나지 않을 수도 있 다. 그러나 그것은 동일한 세계 내에서는 아니다. 해전은 어떤 한 세계에 서는 일어나지만, 또 다른 세계에서는 일어나지 않으며, 이 두 세계는 모 두 가능하지만(possible), '함께 가능하지는(compossible)' 않다. 라이프니츠 는 그렇게 진리를 구하면서 역설을 해결하기 위해 '함께 가능하지 않음 (incompossibilité)[공존 불가능성]'(모순의 개념과는 아주 다른)이라는 멋진 개 념을 만들어내야만 했다.[34]

'내일 해전이 일어날 수 있다'는 명제는 참이다. 서로 다른 두 세계 가운데 하나에선 해전이 일어나고 다른 하나에선 일어나지 않기 때문 이다. 두 세계 모두 존재한다. 이 두 세계 모두 존재하지만, 단지 함께 존재할 수 있는 것은 아니다. 즉 함께 현실화되지는 않고 둘 중 하나만 현실화될 뿐이다.

이 공존 불가능성을 야기하는 것을 들뢰즈는 '부차모순(vice-diction)'이라는 개념으로 일컫는다. 가능한 세계들 사이의 관계가 한마 디로 부차모순이다. 들뢰즈는 vice-diction을 헤겔의 contradiction(모 순)을 대체하는 논리로 제시한다. 주의할 것은 헤겔의 모순 개념을 대 체한다는 맥락에서 vice-diction을 부차모순이라고 번역한다고 할지 라도, 이 개념은 '모순(가령 p와 ~p의 대립)'과는 전혀 상관없는 개념이 라는 점이다. vice-diction에서 오히려 강조점은 vice, 즉 '부가적'이라는 데 있다. 이 '부가적'을 우리는 '사소한 차이'라고 풀어서 이해할 수도 있을 것이다. 사실 부차모순은 들뢰즈의 핵심 개념인 '차이'의 다른 이름이다. 들뢰즈는 부차모순을 이렇게 설명한다. "부차모순은 오로지 부수적으로 속성들에만 관계한다. …… '무한히 작은 차이'라는 표현은 직관에 대해 차이가 소멸해버린다는 점을 잘 알고 나타내고 있다. 그러나 **여기서 차이는 자신의 개념을 발견한다.**"(『차이와 반복』, 124쪽) 부차모순은 무한히 미분화되는 차이라고 할 수 있다. 앞서 보았던 피라미드 건축물 속의 각각의 세계에 들어있는 섹스투스를 생각해보자. 루크레티아를 능욕한 섹스투스와 능욕하지 않은 섹스투스 둘만 있는 것이 아니다. 미세하게 다른 무수한 섹스투스가 들어있는 무수한 세계들이 있는 것이다. 이 무수한 세계들을 가르는 미분적인 차이가 바로 부차모순 개념이 함축하는 바다. "차이는 부차모순으로까지 심화되어야 한다."(『차이와 반복』, 555쪽)

7) 스피노자를 피해 이교도가 되지 않으려는 라이프니츠, 프루스트의 가능 세계 펼치기

이렇게 우리는 들뢰즈 타인론의 배경을 이루는 라이프니츠의 가능 세계 이론을 살펴보았다. 라이프니츠에게선 신의 자유로운 선택에 의해 하나의 가능 세계가 현실화한다. 『스피노자와 표현 문제』에서 쓰고 있는 들뢰즈의 표현을 빌려 말하면, "그 방법으로 라이프니츠는 그가 스피노자주의의 위험이라고 비난하는 절대적 필연성에서 빠져나간다."[35] 데카르트주의가 철학에 초래한 사태는 다음과 같다. "자연에서 모든 잠재성(virtualité 혹은 potentialité), 모든 내재성의 능력, 모든 내속하는 존재를 박탈함으로써 자연의 가치를 떨어뜨리는 것이었다."[36] 스피노자와 라이프니츠는 이에 맞서 자연의 권리를 복원한다. 라이프니츠의 방식은 이렇다. "데카르트에 반하여, 자연에 능동력과 수동력을 되돌려주지만, 이교도적 세계관에, 자연에 대한 우상숭배에 다시 빠지지 않으면서 그렇게 하는 것."[37]이 말이 뜻하는 것이 뭘까? 자연에 대한 우상숭배에 빠지지 않는다는 것은 자연은 신이 될 수 없으며, 신은 자연의 상위에 있다는 것이다. 반면 스피노자의 경우 신은 자연 자체이며, 그가 데카르트에 맞서 자연의 권리를 회복할 때, 그것은 "절대적으로 내재적인 순수 인과성의 요구들"[38]에 순응해서 이루어진다. 자연 내재적인 이 절대적 인과성 외에 다른 법칙은 없고, 신의 의지라는 별도의 원인도 없다. 이와 달리 라이프니츠의 경우엔 가능 세계 내재적인 법칙은 필연적이지만, 그 세계 자체의 현실화는 신의 자유로운 의지가 수행하는 선택에 달려 있다. 즉 현실적인 세계는 전능한 자의 의지에 달린 것이다. 라이프니츠에서 "본질들은 신에 의해 선택되고, 이러한 선택에 종속되기도 한다."[39] 이와 같은 방식으로 기독교적 신을 옹호함으로써 그는 이교도가 되는 길을 피하고자 했다.

들뢰즈는 '타인이라는 계기'를 가능 세계의 현실화라는 라이프니츠의 문제에 개입시킨다. 그의 타인론에서는, 한 타인의 등장이 한 가능 세계를 현실화한다.(타인이라는 표현을 통해서 가능 세계는 현실화한다. 무서워하는 얼굴 속에 존재하는 무서운 세계가 현실화의 문턱을 넘어오려고 할 때 알 수 있듯이 말이다.) 라이프니츠를 염두에 두고 비교하자면, 타인의 출현이라는 '계기'가 신의 자유, 신의 선택을 대신하는 요인인 것이다. 가능 세계의 현실화가 신의 자유에 달려 있지, 자연의 필연적 법칙에 따르지 않는 것처럼, 어떤 가능 세계를 표현하는 타인의 출현 역시 필연적 법칙을 따르지 않는다. 따라서 우리는 타인 때문에 세계의 '필연성이 손상'된다고 말할 수도 있겠다.

타인이 가능 세계를 담고 있고 그 가능 세계가 현실화될 수 있는 계기라면, 그 가능 세계가 주체에 '대해' 실존하기 위해서는 또 무엇이 필요한가? 바로 가능 세계를 '펼쳐내는' 주체의 활동이 필요하다. 들뢰즈의 『프루스트와 기호들』은 타인론과 관련하여, 가능 세계를 펼치는 주체의 이 활동을 상세히 예화하고 설명한다. 투르니에의 작품 말고도 타인을 통해 어떻게 가능 세계가 나타나는지 잘 보여주는 것이 바로 프루스트의 『잃어버린 시간을 찾아서』이다. '지각장의 구조'로서 타인을 통해 우리가 어떻게 말 그대로 지각장, 바로 '시간과 공간'을 가지게 되는지 살피기에 앞서, 가능 세계를 펼치는 주체의 이 활동부터 살펴보아야 할 것이다.

프루스트의 작품은, 타인론을 별개로 하더라도, 라이프니츠의 가능 세계론을 통해 들여다볼 수 있는 국면들을 풍부하게 가지고 있다. 예를 들어 『프루스트와 기호들』의 이런 구절을 보자.

스완은 스스로는 의식하지 못하고 있었지만 위대한 선구자이고 계열의 출발점이다. 그러나 어찌 폐기된 테마들, 지워진 본질들이 아깝지 않겠는가? 이 폐기된 테마들과 지워진 본질들은 라이프니츠류의 가능 세계에 비견할 수 있는 것이다. 다시 말해 이것들은 아직 현존성을 띠지 않

은 것이며 다른 상황과 다른 조건에서라면 다른 계열들의 원인이 되었을 그런 것이다.[40]

프루스트의 작품에서 타인의 문제는 알베르틴과 관련해서 주로 나타난다. 알베르틴은 주인공이 사랑하게 되는 여자인데, 주인공은 그녀의 비밀 때문에 고통받는다. 주인공이 원천적으로 함께 할 수 없는 알베르틴의 숨겨진 삶은 그녀의 동성애 세계이다. 알베르틴을 사랑하면 어떤 일이 일어나는가? '사랑에 빠진다'는 것은 상대방의 언어적, 신체적 표현을 통해 나타나는 가능 세계 속에 자리하는 것이다.

> 사랑받는 존재는 하나의 기호, 하나의 '영혼'으로서 나타난다. 그 존재는 우리가 모르는 어떤 가능 세계를 표현한다. 해독해야 할, 다시 말해 해석해야 할 한 세계는 사랑받는 사람 속에 함축되어 있고 감싸여져 있으며 마치 수형자처럼 갇혀 있다.[41]

사랑받는 이는 해독해야 할 하나의 기호, 그 안에 감추어진 것을 꺼내야 하는 하나의 기호이다. 타인은 '무서워하는 얼굴'과 같은 기호로 우리가 모르는 어떤 가능 세계를 표현한다. 다시 말해 타인은 우리에게 가능 세계들이 존재할 수 있도록 해준다. 알베르틴은 주인공을 가능 세계로 인도할 어떤 기호를 내놓는가? 주인공에게 가능 세계를 펼치도록 해주는 그 기호는 언술(parole)로서, 구체적으로 '애인의 거짓말'이다. 이렇게 타인 개념은 근본적으로 세 가지 요소로 이루어진다. "타인이란 불가분의 세 요소로 이루어진 개념이다. 가능 세계, 현존하는 얼굴, 실재 언어 또는 언술."[42] 물론 얼굴은 언술과 무관하지 않고, 언술을 대신하는 언술의 근사치이다.[43]

'애인의 거짓말'은 마음에 의심을 불어넣어 그 안에 들어 있는 가능 세계를 펼쳐 내도록 해준다. "사랑, 질투는 알베르틴이라는 이름의 이 가능 세계를 펼치려는 시도일 것이다."(『의미의 논리』, 482쪽) 더 구체적으로 이렇게 말할 수 있겠다. "사랑, 그것은 사랑하는 사람 속에 감싸여진 채로 있는 우리가 모르는 세계들을 '펼쳐 보이고(expliquer) 전개시키고자(développer)'하는 우리의 노력이다."[44] 인식론적 차원에서 '설명한다(expliquer)'는 것, 설명해서 이해한다는 것은 무엇인가? 그것은 존재론적 차원에서 타인이라는 표현 안에 들어있는 표현되는 것, 차곡차곡 접힌 세계, 곧 접혀 있는 '주름(pli)'을 밖으로(ex) 펼치는 일(ex-pli-quer)이다.

사랑은 언제나 어떤 본연의 가능 세계, 자신을 표현하는 타인 속에 감싸여 있는 그런 가능 세계를 현시하면서 시작된다. 알베르틴의 얼굴은 해변과 파도들의 혼합물을 표현하고 있었다. "그녀는 도대체 어떤 미지의 세계로부터 나를 구별하는 것일까?" 이 모범적인 사랑의 역사 전체는 알베르틴에 의해 표현되는 그 가능 세계들의 기나긴 펼침[설명, ex-pli-cation]이고, 이 펼쳐 내는 일을 통해 그녀는 때로는 매혹적인 주체로, 때로는 환멸의 대상으로 변형된다.(『차이와 반복』, 551~552쪽; 번역 수정)

가능 세계를 펼치는 일은 가능 세계 안에 주체가 자리 잡는 일이다. 주인공은 발벡이라는 지방에 여행 갔을 때 해변에서 한 무리의 소녀들을 만나는데 그 속에 알베르틴이 있었다. 그런 동기로 그녀에게는 해변과 파도가 담겨 있다. "알베르틴은 해변과 파도를 '함축'하거나 혹은 감싸고 있다. 그녀는 '바다에서 떠오르는 일련의 인상들 모두'에 연결되어 있는데, 우리는 밧줄을 풀어내듯이 그 인상들을 펼치고 전개할 수 있어야 한다."[45] 사랑에 빠진 주인공이 그녀에게서 주로 펼쳐내는 가능 세계는 동성애의 세계이다. 이 세계를 펼쳐내며 주인공이 그세계 안에 자리 잡는 일은 다음과 같은 의혹을 통해서 이루어진다. "그녀는 도대체 어떤 미지의 세계로부터 나를 구별하는 것일까?" 알베르틴이 담고 있는 사랑의 세계 안에 주인공이 위치하는 방식은 미지의 영역, 접근할 수 없는 영역, 즉 알베르틴의 동성애 영역으로부터의 구별 내지 배제인 것이다. 이렇게 애인에게 질투를 느끼고 상처를 받고 또 계속 의심하는 것이 펼쳐낸 가능 세계 속에서 주인공이 존재하는 방식, 사는 방식이다.

8) 타인의 출현으로 공간과 시간은 탄생한다

우리는 가능 세계를 담은 타인을 펼쳐 내는 주체의 작업을 통해 가능 세계는 주체가 지각하는 세계에 개입한다는 것을 보았다. "나는 타인을 펼칠[설명할, expliquer] 뿐이며 상응하는 가능 세계를 전개(développer)하고 실재화(réaliser)시킬 뿐이다."(『의미의 논리』, 482쪽; 번역 수정)

그런데 타인을 통해 가능 세계가 개입한 우리의 지각장에서 가장 기본적인 것은 무엇인가? 기본적으로 지각장은 '시간'과 '공간'이라는 좌표 위에 놓여 있다. 그러므로 타인이 지각장의 구조라고 할 때, 가장 기본적으로 설명되어야 하는 것은 어떻게 타인을 통해 시간과 공간의 질서가 마련되는가 하는 것이다.

우선 공간과 관련해 타인이 가져오는 효과는 무엇인가? "내가 지각하는 각각의 사물과 내가 사유하는 각각의 관념의 주위에서, [내 지각의] 주변적 세계, 즉 …… 배경을 조직하는 것"(『의미의 논리』, 479쪽; 번역 수정)이다. 3차원의 공간 안에 놓여 있는 사물에 대한 우리의 지각은 본성상 제한되어 있다. 사물의 비투사성 때문에 보이지 않는 이면, 즉 '지각의 변두리'가 늘 존재하는 것이다. 그 이면의 보증자가 바로 타인이다. 투르니에의 『방드르디』에는 그 이유에 대한 명쾌한 설명이 있다. "타인이 나타날 수 있다는 가능성만으로도 당장은 우리들 주의력의 변두리에 위치하고 있지만 언제든 그 중심이 될 가능성이 있는 사물들의 세계 속에 희미한 빛을 던져주기 때문이다."[46] 들뢰즈의 개념들과 더불어 보다 자세히 이야기해보자.

> 대상의 어떤 부분을 내가 볼 수 없는 경우가 있다. 이때 나는 이 부분이 나에게는 안 보이지만, 동시에 타인에게는 보이는 부분으로 여긴다. 그 결과 내가 대상의 이 숨은 부분에 도달하려고 할 때, 나는 대상 뒤에 있는 타인과 결합하고, 그리하여 이미 예측했던 전체화를 할 수 있게 된다.(『의미의 논리』, 479쪽; 번역 수정)

배경(바탕, fond), 가장자리(frange) 등은 나는 볼 수 없고 타인만 볼

타자철학

수 있는 영역을 일컫는 표현들이다. 어떤 말로 불리건, 우리의 직접적 지각 속에서는 현실화하여 나타나지 않는 이런 잠재적인 부분에 대한 앎을 우리 지각에 포함시킬 수 없다면, 3차원적 공간상의 사물에 대한 경험은 불가능할 것이다.

만일 내가 보지 못하는 가능 세계를 나 대신 보는 타인이 없다면? 투르니에의 다음 문장은 우리가 설명해왔던 타인의 효과와 그가 부재할 경우에 벌어지는 일을 명료하게 요약해주고 있다.

> 그 인물들[타인들]은 한 걸음 더 나아가서 감상자의 실제적인 관점에 다가 **필수 불가결한 잠재성을 추가하는** '가능적인 관점'들을 형성한다. 스페란차에는 오직 하나의 관점, 일체의 잠재성이 배제된 나의 관점이 있을 뿐이다. …… 내 눈으로 보지 못하는 것은 '절대적인 미지의' 세계일 뿐이다. 내가 지금 있지 않은 모든 곳에는 측정할 길 없는 어둠이 덮여 있다. …… 나의 고독은 …… 사물들 존재의 바탕 자체를 파괴한다.[47]

타인의 부재는 사물들에 대한 나의 지각을 조직화해주는 배경이 파괴되도록 만든다. 그리하여 나의 지각은 사물들에 대한 인식에 가닿지 못하고 세계는 암흑으로 덮인다. 타인이 있기에 바로 우리가 볼 수 없는 변두리, 잠재적인 영역이 보증되는 것이다. 그 영역은 타인들에게 보일 것이기 때문이다.

타인의 무서워하는 얼굴은 우리가 직접 그 무서움을 지각하지 못하는 공간의 존재에 대해 알려준다. 타인을 통해 우리의 직접적 지각 너머로 공간이 확장되지 않는다면, 우리의 공간이란 빈약하기 짝이 없을 것이다. 이 빈약함을 이렇게 표현해도 좋겠다. "이러한 타인 개념이 지각장 속에서 제대로 기능하지 않는다면 …… 우리는 가능적인 것이 사라졌기에, 끊임없이 사물들에 부딪히게 될 것이다."[48] 가령 밖에서 타인의 소리, 예컨대 누군가 운전하는 자동차 소리 같은 것이 들리지 않는다면, 내가 머무는 낯선 고장의 호텔 객실 벽은 그 배후에 바깥 공간, 즉 거리가 있음을 알려오지 않고, 내가 부딪친 막다른 골목에 불과할 것이다. 마치 '산 너머'를 나타내는 산수화의 여백을 사물처럼 바라보는 일이 벌어지는 것이다. 타인 없는 세계에 떨어진 로빈슨에게도 비슷한 일이 벌어진다. "가장자리로 밀려난 나머지 당장은 그가 신경도 쓰지 않는 그러한 사물들의 어렴풋한 존재는 이리하여 차츰차츰 로빈슨의 정신으로부터 지워져버렸던 것이다. 이제 그는 이같이 해서 전체 아니면 무(無)라는 식의 초보적 법칙에 따르는 사물들에 에워싸이게 되었다."[49] 타인의 부재와 함께 사물의 잠재적인 영역이 사라져버린 것이다.

보다 흥미로운 것은 타인을 통해 어떻게 시간의 질서가 가능하게 되는지, 그리고 어째서 시간이 공간보다 심층적인지를 설명하는 일이다. 우리는 앞서 6장에서 레비나스에서 어떻게 타인의 출현을 통해 주체에게 시간이 탄생하는지 보았다. 들뢰즈는 레비나스와는 또 다른 방식으로 타인의 출현을 통한 시간의 탄생 문제를 다룬다.

타인 현존의 일차적인 효과는 공간에, 그리고 지각 범주들의 분배와 관련된다. 그러나 아마도 보다 심층적이라 할 수 있는 두 번째의 효과는 시간과 그 차원들의 분배에, 그리고 시간 속에서의 전항과 후항의 분배와 관련된. 타인이 더 이상 기능하지 않을 때 어떻게 과거가 여전히 존재할 수 있겠는가?(『의미의 논리』, 486쪽)

시간적인 질서, 즉 시간적인 전후 관계 또는 과거는 어떻게 타인을 통해서 정립되는가?

타인은 나의 의식이 필연적으로 '나는 ~였다' 속에서, 즉 더 이상 대상과 일치하지 않는 하나의 과거 속에서 흔들리게 만든다. 타인이 나타나기 전에 예컨대 안정시키는 세계가 있었다. 우리는 그것을 우리의 의식과 구분하지 못한다.(『의미의 논리』, 485쪽)

타인의 나타남은 "나는 ~였다"라는 과거에 대한 시간적 의식을 가능하게 한다. 무서워하는 타인의 얼굴을 생각해보자. 타인을 통해 무서운 세계가 출현할 때, 이에 동반하는 것은 '나는 좀 전에 무섭지 않은 세계에 있었다'라는 과거에 대한 의식이다. 타인은 "내가 아직 겁먹지 않았을 때 겁먹게 하는 세계의 가능성"(『의미의 논리』, 485쪽)이라는 것을 출현시킴으로써, 과거(겁먹지 않음)와 현재(겁먹음)라는 시간적 구별이 들어서게 한다.

또한 이것은 의식과 대상의 구별 자체의 출현이기도 하다. 타인 등장의 "근본적인 효과는 나의 의식과 그 대상의 구분이다."(『의미의 논리』, 485쪽) 시간은 의식과 대상의 균열을 증언한다. '내게 지금 닥쳐온 무서운 세계는 이전에 내가 의식하지 못한 것이다'라는 것은 무엇을 의미할까? 그것은 의식(무서운 세계를 모르는 의식)과 대상(무서운 세계)이 서로 분리되었다는 것을 뜻한다. "타인은 나의 의식이 …… 더 이상 대상과 일치하지 않는 하나의 과거 속에서 흔들리게 만든다."(『의미의 논리』, 485쪽) 이러한 사고방식의 새로움은 무엇인가? 기존의 인식론은 많은 경우 인식이 성립하기 위해선 사유와 대상의 동시성이 전제되어야 한다고 생각했다. 가령 헤겔이 『정신현상학』 첫머리에서 인식의 문제를 분석하며 전제하고 있는 것은 인식의 조건으로서 '지금'과 '여기'이다. '지금'은 동시성을 표현한다. 그러나 "여러 인식론들이 범하는 근본적인 오류는 주체와 대상의 동시성을 가정"(『의미의 논리』, 486쪽)하는 것이다. 우리가 보았듯 대상은 주체의 의식과 시간적으로 불일치하는 한에서만 주체에게 주어진다. '나의 의식은 지금 이 대상과 다른 것이었다'라는 전제 위에서만 의식은 그 대상과 대면하는 것이다.

이제 우리는 왜 시간이 공간보다 심층적인지 이해할 수 있다. 시간이 공간보다 심층적이라는 사상을 우리는 칸트나 베르그손에서도 쉽게 찾아볼 수 있다. 칸트에서 범주가 현상에 적용되기 위해선 범주에 대응하는 '시간 규정'이 필요하다. 이 시간 규정이 '도식'이다. 가령 실체 범주는 시간적으로 어떻게 규정되는가? '시간 중의 지속'이라고 규정된다. 속성이 변하더라도 항구성을 유지하는 것이 실체라면, 그 항구성은 시간 속에선 '지속'으로 나타날 것이기 때문이다. 결국 공간상에 연장(延長)으로 나타나는 실체는 시간적인 규정을 전제하고서만 가능하다. 베르그손에서는 공간적인 것은 지속(시간)의 생산물이다. 결국 이러한 철학들은 공간에 대해 시간이 심층적이라는 것을 알려준다.

들뢰즈 철학은 또 다른 방식으로 공간에 대해 시간이 심층적이라는 것을 알려주고 있다. "타인은 시간적 구분으로서, 의식과 그 대상의 구분을 강화한다."(『의미의 논리』, 486쪽) 말했듯 타인의 출현을 통해서 과거의 의식과 현재의 공간적 지각(무서운 세계에 대한 지각)은 구별된다. 이렇게 시간적으로 구별되는 한에서만 공간적 지각의 대상은 대상으로서, 즉 '의식과 분리된 것으로서' 의식에 주어진다. 결국 시간적 질서가 공간적 지각의 심층에 있는 것이다.

9) 타인 부재의 효과

우리가 살펴본 대로 타인의 출현은 우리가 살아가는 평균적 세계가 형성될 수 있도록 해준다. 그것은 '인간들'의 세계이기도 하다. 인간으로서의 타인이 지각하는 방식으로 가능 세계는 출현한다. 즉 세계는 인간에 상응하는 세계가 되는 것이다. 무서워하는 얼굴이 무서운 세계를 출현시킨다고 했을 때, 인간적 지각 방식으로서 무서움에 상응하는 표상이 현실화하는 것이다. 결국 세계는 타인이라는 인간적 구조에 의존하는 세계, 인간주의적 세계 아닌가?

그러나 들뢰즈가 발견하고자 하는 것은 타인이라는 인격에 앞서는 특정성 또는 개체성(individualité)이라는 것을 우리는 보았다. 이 개체성을 다음과 같은 말로 표현할 수 있다. "개체성은 통일된 자아의 특징이 아니라 오히려 거꾸로 분열된 자아의 체계를 형성하고 또 양육한다."(『차이와 반복』, 539쪽) 앞서 우리는 인격보다 심층적인 개체성이란, 코기토의 통일성과 무관한 분열적 사유들, 오이디푸스적 구도 속에서 형성된 인격적 통일성으로부터 벗어난 익명의 다수적 욕망들이라고 이야기했다. 이런 개체성의 영역으로 들어서기 위해선 인격적 세계가, 타인 개념이 와해되어야 한다.

이제 타인이 부재하는 세계로 들어가보자. 다음 문장과 더불어 시작하는 것이 좋겠다. "참된 이원론은 지각장 안에서의 '타인이라는 구조'가 가져오는 효과들과 타인의 부재가 가져오는 효과들 …… 사이에서 성립한다."(『의미의 논리』, 483쪽) 타인의 부재는 어떤 효과를 불러일으킬 것인가? "과연 이 지각장이 다른 범주들에 의해 구조화될 것인가, 아니면 반대로 우리를 일종의 특수한 비정형(informel) 속으로 들어가게 함으로써 매우 특수한 하나의 질료로 열릴 것인가?"(『의미의 논리』, 484쪽) 다시 이렇게 풀어서 물을 수 있을 것이다. '타인의 부재'를 대신하여, 지각장 안의 대상들의 '정체성'을 근거짓는 또 다른 범주적 규정이 있을 것인가? 아니면 "특수한 하나의 질료"의 세계, 즉 에피쿠로스와 루크레티우스의 원자론에서 목격했던 '비본질적인 요소들의 세계'가 열릴 것인가? 물론 타인의 부재를 통해 기대하는 효과는 후자다. "타인의 탈구조화는 …… 마침내 해방된 순수한 원소의 다시 세움, 이끌어냄이다."(『의미의 논리』, 489쪽) 타인의 효과와 타인이 부재할 때의 효과를 대질시켜보자. 계속 봐왔듯 타인의 효과는 원초적인 원소들을 우리의 평균적 지각 상관적인 정체성을 지닌 대상으로 만드는 것이다.

대상들은 타인이 세계 안에 심어주는 가능성들에 의해서만 실존한다. 각자는[각 대상은] 타인에 의해 표현된 가능 세계들에 의해서만 자신 안에 머물 수 있으며, 다른 대상들로 열릴 수 있다. 요컨대 원소들을 물체 안에 담는 것, 그리고 더 나아가 대지 안에 담는 것은 타인이다. 왜냐하면 대지 자체도 원소들을 포함하는 하나의 거대한 물체일 뿐이기 때문이다. 원소들을 가지고 물체를 만들고, 물체들을 가지고 대상들을 만드는 것은 타인이다. 그것은 타인이 그가 표현하는 세계들을 가지고 그의 고유한 얼굴을 만드는 것과도 같다.(『의미의 논리』, 488쪽; 대괄호는 옮긴이)

요컨대 세계는 인간으로서 타인이 조직하는 방식으로, 즉 인간적 방식으로 정체성을 얻고서 출현한다. 타인 부재의 효과에 대한 탐색은 바로 이 인간적으로 조직화된 세계의 이면에 대한 탐색이다. 『방드르디』에서 그런 이면에 대한 탐색은 스페란차 섬의 배후에 있는 또 다른 섬에 다가가는 일로 표현된다. "내가 스페란차 전역에 걸쳐 추진했던 농경 사업장 저 이면에서 '다른 섬'을 엿볼 수 있다는 느낌을 받곤 했다. 나는 이제 바로 그 또 하나의 스페란차로 실려 온 것이다."[50] 타인에 의해 조직된 세계 이면에 있는, 타인의 부재를 통해 드러날 또 다른 세계를 들뢰즈는 '이중체(le double)'라는 말로 부른다. 이제 타인이 부재할 때 무슨 일이 생기는가?

타인이 와해될 때 해방된 이중체는 사물들의 복제물이 아니다. 반대로 이중체는 **원소들이 해방되어 다시 취해지고**, 모든 원소들이 천체가 되고, 그 결과 기묘한 형상(形狀)들을 이룰 때 다시 세워지는 이미지이다. 그리고 우선 인간이기보다는 태양을 닮은 로빈슨의 모습이 나타난다. "태양, 너는 나에 대해 만족하는가? 나를 똑바로 보라. 나의 형태 변이는 너의 불꽃 방향으로 충분히 나아가는가? 향지성(向地性)의 어린 뿌리들처럼 대지를 향해 뻗쳐 있는 내 수염 가닥들은 사라졌다. 반대로 하늘을 향해 올라가는 장작불 같은 내 머리털들은 불꽃처럼 얽히면서 솟아올랐다. 나는 너의 열원(熱源)을 향해 날아가는 화살이다."(『의미의 논리』, 488쪽)

위 인용의 뒤 절반은 『방드르디』로부터의 인용이다. 타인이 사라진 세계에 있는 로빈슨은 자신을 태양의 불꽃 같은 '요소'로 여긴다. 그는 타인이 조직한 세계의 모든 것을 뒤엎는 자로서 (성적 의미를 포함해서) '도착자(倒錯者, pervers)'라 불린다. "도착자는 왜 스스로를 헬륨과 불로 만들어진 빛나는 천사로 상상하는 경향을 가지는 것일까?"(『의미의 논리』, 497쪽; 번역 수정) 자신을 헬륨이나 불로 여기는 것은 요소적 세계를 찾는 방식의 표현들이다. 뒤에 투르니에는 세 번째 소설 『메테오르』, 인간적인 계산에 매개되지 않는 요소로서 '바람'을 주제로 삼는 이 소설에서 들뢰즈의 저 문장에 호응하는, 일종의 오마주 같은 다음 문장을 남기고 있다. "나는 강철과 헬륨으로 만들어진 존재이기 때문에 변질되지 않고 부서지지 않으며 녹슬지 않는다. 아니 오히려 불행하게도 천사로 만들어졌다."[51] 타인의 세계에서 벗어난 도착자는 '정체성을 지닌 인격에서 벗어난 자'이며, 원소적인 것, 요소적인 것의 세계의 일부가 된 자이다.

이러한 점을 성적인 차원에서 다루어보자. 타인이 조직한 세계 안에서 우리의 욕망은, 『잃어버린 시간을 찾아서』의 주인공이 알베르틴의 거짓말과 비밀에 관심을 두듯이, 타인이라는 표현 속의 가능 세계를 향한다. 타인에 대한 욕망이란 그 타인 안에 들어 있는 세계에 대한 욕망, 그 세계를 알고 싶어 하고 그 세계에 속하고 싶어하는 욕망 외에 다른 것이 아니다. "사랑받는 존재는 하나의 기호, 하나의 '영혼'으로서

타자철학

나타난다. 그 존재는 우리가 모르는 어떤 가능 세계를 표현한다. 해독해야 할, 다시 말해 해석해야 할 한 세계는 사랑받는 사람 속에 함축되어 있고 감싸여져 있으며 마치 수형자처럼 간혀 있다."[52] 이와 달리 요소적 세계에서 욕망은 타인이라는 인격을 향하지 않는다. "리비도와 원소들의 결합, 이것이야말로 로빈슨의 도착(倒錯)이다."(『의미의 논리』, 489쪽; 번역 수정) 욕망이 여자나 남자 같은 인격을 거치지 않고 직접 요소적 세계와 결합하는 모습을 우리는 『방드르디』의 다음 구절에서 발견할 수 있다. "여자가 없으므로 나는 '직접적인' 사랑을 할 수밖에 없는 처지다. …… 처음으로 장밋빛 골짜기 속에서 나의 섹스는 그것의 원초적인 요소인 땅을 만난 것이다."[53] 욕망이 인격이 아닌 자연적 요소들과 결합하는 이 사건을 투르니에는 "비인간화 과정의 새로운 발전"[54]이라고 쓰고 있다.

구체적으로 타인이 부재할 때의 효과는 어떤 방식으로 전개되는가? 『방드르디』에서 로빈슨의 점진적인 변화가 보여주듯 그 효과의 전개는 세 단계로 이루어진다. "첫 번째 대응은 **절망**"(『의미의 논리』, 490쪽), "두 번째 순간은 **타인 구조**(structure-autrui)**가 쇠퇴**하기 시작했음을 알린다."(『의미의 논리』, 490쪽) 마지막에 오는 것은 "**위대한 건강함의 정복** 또는 '타인 추락'의 세 번째 의미이다."(『의미의 논리』, 492쪽)

타인 부재에 대한 첫 번째 반응인 절망은, 로빈슨이 과거의 추억에 빠져 있는 상태에서 나타난다. 그는 무기력하게 진흙 바닥을 기어 다니며 기억의 조각들을 쫓는다. 실제 타인이 없으므로 텅 비었음에도 '타인 구조'가 여전히 기능하는 상태이다.

두 번째 단계에선 타인 구조가 쇠퇴한다. 이 쇠퇴의 징후는 타인들의 세계를 되살리려는 로빈슨의 노력에서 찾아볼 수 있다. 그는 자신을 영국령 스페란차의 총독으로 임명하고, 섬의 헌장과 헌법을 만들며, 물시계와 도량형 표준도 마련한다. 이 모든 일은 쇠퇴해가는 타인 현존의 효과를 안간힘을 써서 존속시키려는 노력으로서, 그 자체가 쇠퇴를 증명한다.

세 번째 단계에서 타인 구조는 완전히 와해되어버리고 "순수하고 해방된 원소들이 세워진다."(『의미의 논리』, 492쪽)

그런데 이런 의문이 떠오른다. 사실 로빈슨은 섬에 혼자 고립되어 살지 않았다. 바로 방드르디가 함께 있었기 때문이다. 방드르디는 누구인가? 그는 타인이 아닌가? 방드르디가 타인이라면 어떻게 타인에 의한 조직화가 와해되고 자연의 원소들이 해방되는 세 번째 단계가 등장할 수 있는가?

단적으로 말해 방드르디는 타인으로 기능하지 않는다. "그는 본래부터 원소적인 존재로 태어났던 것이다."[55] 방드르디는 오히려 원소들의 해방을 촉진하는 자이다. "그는 한 사람의 타인이 아니라 타인과 전혀 다른 어떤 사람, 응답이 아니라 이중체, 다시 말해 대상들, 물체들, 대지를 융해시키는 순수한 원소들의 계시자인 것이다."(『의미의 논리』, 494쪽) 같은 맥락에서 "그는 로빈슨에게조차 욕구의 대상이 되지 못한다."(『의미의 논리』, 494쪽) 성적 맥락에서 로빈슨은 방드르디를 타인으로서 욕망하지 않는데, 그 까닭을 이렇게 말하고 있다. "나의 성(性)에 관한 한, 단 한 번도 방드르디가 내게 남색(男色)의 유혹을 불러일으킨 적이 없다는 것을 깨닫는다. 그건 우선 그가 '너무 뒤늦게' 왔기 때문이었다. 그때는 나의 성이 이미 원초적으로 변해 있었던 것이다."[56] 요소적인 세계에서는 인격적인 자를 욕망하는 성적 욕망도 사라져버리고 방드르디도 타인으로 출현하지 않는다. "성적 차이가 정초되고 수립되는 것은 우선 타인에게서, 타인에 의해서"(『의미의 논리』, 494쪽)인 까닭이다. 타인 구조가 와해되면 욕망은 인격을 벗어난 익명적인 것이 되고, 비인격적인 요소들과 결합한다. 즉 요소적 세계 안에는 익명적 요소들 사이의 '배치'만이 있는 것이다. 이것이 비인격적이고 익명적인 개별성의 삶이다.

10) 타인의 부재에 관한 결론적 주장들

이제껏 우리는 들뢰즈 타인론의 전모를 살피려 했다. 『차이와 반복』의 몇몇 구절은 우리가 살펴온 바를 요약적으로 담아내고 있다. 따라서 이 텍스트들을 통해서 들뢰즈가 타인 문제와 관련해 생각하는 바의 핵심이 무엇인지 정리해볼 필요가 있다.

타인은 체계 안에 함축된 개체화 요인들과 혼동되는 것이 아니라 어떤 측면에서는 이 요인들을 '대리(représenter)'하고, 이 요인들에 대해 타당한 의미를 지닌다. 사실 지각의 세계 안에서 전개된[펼쳐진, développer] 질과 연장들 중에서 타인은, 표현 바깥에서는 실존하지 않는 어떤 가능 세계들을 감싸고(envelopper) 있고 또 표현한다. 이를 통해 타인은 함축[주름(pli)을 안으로 접고 있음, im-pli-cation]의 지속적인 가치들을 증언하고, 이 가치들은 지각이라는 재현된 세계 안에서 타인에게 어떤 본질적

인 기능을 부여한다.(『차이와 반복』, 588쪽; 번역 수정)

지각이라는 재현(표상, représentation)된 세계가 있기 위해서는 타인이 필요하다. 타인은 자신 안에 주름처럼 접혀 있는 또는 감싸여 있는 가능 세계를 표현한다. 무서운 세계가 무서워하는 타인의 얼굴을 통해 표현되듯이 말이다. 그리고 타인이 표현하는 이 가능 세계는 우리의 지각이 가능하기 위한 배경을 이룬다. 그러니 지각된 것으로서의 세계 또는 재현으로서의 지각이란 타인을 통해 조직된 것이다. 이것이 우리가 지금까지 지각장의 구조로서의 타인 또는 가능 세계의 표현으로서의 타인이라는 이름 아래 살펴본 것이었다.

타인에 의해 조직된 지각적 세계 또는 재현의 세계 속에서 우리는 하나의 개체로서 정체성을 얻는다. 무서운 세계에서 두려움을 느끼는 주체, 알베르틴에게 속는 연인 등의 모습으로. 그렇다면 우리의 개체화는 타인에게 맡겨진 셈이다. 그렇기에 위 인용에서 들뢰즈는 개체화 요인을 타인이 '대리한다'라고 썼던 것이다. 그렇다면 대리되지 않은 개체화가 있는 것이 아닌가? 타인에 의한 조직화 배후에서 요소적 세계를 탐색하는 작업은 바로 타인에게 빼앗기지 않은 그 개체화의 요인을 찾으려는 노력과 다르지 않다.

요컨대 지각적 세계의 개체화[개인화]를 보장하는 것은 바로 타인 구조이다. 그것은 결코 나도, 자아도 아니다. 오히려 거꾸로 나와 자아는 어떤 개체성[개인]들로 지각될 수 있기 위해 이 구조를 필요로 하는 형편이다. 모든 일은 마치 타인이 대상들과 주체들의 경계 안으로 개체화 요인

타자철학

과 개체 이전적인 특정성들(singularités préindividuelles)을 통합하는 것처럼 진행된다. 이때 이 주체들과 대상들은 지각하는 자 또는 지각되는 것들로서, 재현(représentation)에 대해 주어진다. 그런 까닭에 강도적 계열들 안에 있는 그대로의 개체화 요인들을 재발견하고, 이념 안에 있는 그대로의, 개체 이전적인 특정성들을 재발견하기 위해서는 **이 길을 거꾸로 따라가야 한다.**(『차이와 반복』, 589~590쪽; 대괄호는 옮긴이; 번역 수정)

"이 길을 거꾸로 따라가야 한다." 즉 우리는 타인에 의해 조직된 지각의 세계 배후의 요소적 세계로 나아가야 한다. 타인이 그 구조를 제공한 세계 안에서는 개체 이전적인 것들, 즉『방드르디』에서 계속 원소들(요소들)이라 일컬었던 것들이 '대상들'과 '주체들'이라는 형태들 속에 갇혀버리고, 이 형태들의 경계를 넘어 해방되지 못하기 때문이다. 타인이 조직한 세계 속에서 비인격적인 개별적 특정성들(단수적인 것들, 독특한 것들)은 그야말로 '개인'이라는 인간적 형태 속에 갇혀버린다. 그 형태를 벗어나는, 저 '길을 거꾸로 따라가는 기획'은 보다 구체적으로 이렇게 서술된다.

또 타인 구조의 위치에서 행동하는 주체들로부터 출발하여 그 구조 자체에까지 거슬러 올라가야 하고, 따라서 타인을 '그 누구도 아닌 자'로 받아들여야 한다. 그런 연후 충족이유의 팔꿈치를 따라 더욱 멀리 나아가 마침내 타인 구조가 자신이 스스로 조건 짓는 주체와 대상들에서 멀리 떨어져 더 이상 가능하지 않은 바로 그 지역들에까지 이르러야 한다.(『차이와 반복』, 590쪽)

이 길은 '타인 구조'가 와해 되고 '타인 부재의 효과'가 등장하는 과정으로서, 투르니에의 소설에서 로빈슨이 세 단계로 보여주었던 바다. 타인 구조가 기능을 멈추는 일은 '주체와 대상들'이라는 개념들이 비인격적인 개별적 특정성들로 대체되는 일이다. 우리는 앞서 이러한 결론이 '주체 이후에는 누가 오는가?'라는 물음에 대한 들뢰즈의 답변임을 확인한 바 있다. '인간 주체'를 포함하여 주체 개념을 넘어서는 일은 타인 개념의 제거를 매개로 이루어지는 것이다. 요컨대 만일 주체와 타인이 소멸한다면, 이 소멸은 양자택일적인 것이 아니라 동시적인 것, 곧 주체와 타인이 한꺼번에 와해의 소용돌이 속으로 빨려 들어가는 일이다.

물론 우리는 현대 철학이 몰두하는 자기동일적인 것으로서의 주체의 와해가 타자 개념의 와해와 공속적인 것인지, 아니면 주체의 와해는 타자의 개입을 통해서 이루어지는지를 다른 관점들에서 생각해볼 수 있을 것이다. 그 다른 관점들이란 우리가 앞서 보아왔듯, 예컨대 다음과 같은 것들이다. 하이데거는 근대적인 자기의식적 주체의 배후에 있는 공동현존재를 드러냄으로써 저 주체가 지녔던 근원적 지위를 박탈한다. 메를로퐁티는 주체와 타자의 배후에 있는 신체라는 공통 지평을 드러내는 작업을 통해 그렇게 한다. 레비나스의 경우엔 주체의 동일성(자아=자기)이 어떻게 타자의 개입으로 깨어지는지를 보여준다.

물론 우리가 지금껏 살펴본 들뢰즈의 사유 대상은 '타자'가 아니라 오로지 '타인'에 제한되어 있었다. 그러면 타자 개념은 들뢰즈에게선 타인과는 또 다른 지위를 가지며, 긍정적으로 다르게 사유될 수 있는 것일까?

타자철학

이런 물음을 다루기에 앞서, 이 절을 마무리 지으며 유아론과 관련된 문제를 잠시 다루지 않을 수 없겠다. 유아론은 이 책의 첫머리부터 주요하게 다루어졌으며, 타자에 대한 숙고를 이끌어 나가는 주요한 동력 가운데 하나였다. 우리가 지금껏 보았듯 유아론은 타자의 문제와 관련하여 많은 철학자가 나름의 해법을 제공하려고 했던 주요 쟁점이다. 들뢰즈는 유아론의 문제 자체를 다룬다기보다 '유아적(solipsiste)'이라는 개념에 대해 다음과 같이 짧게 언급한다. "사유하는 자는 확실히 필연적으로 고독하고 유아(唯我)적일 수밖에 없다."(『차이와 반복』, 590쪽) 타인 개념이 와해된다면, 당연히 사유는 타인과의 공통성이란 지평 자체로부터 이탈해버리며, 따라서 유아적일 수밖에 없다. 그러나 이 유아적 국면은 사유의 필연적인 모습이지 두려워할 것이 아니다. 이미 타인이 부재한다면, 근거 지어야 하는 상호주관적 공동체도 없는 것이다. 염두에 둘 타인 없는 사유자에게 유아적이라는 것은 근심스러운 문제가 아닌데, (요소적 세계로 들어선) 그는 이미 자연 전체의 일부로서 사유하고 있기에 근본적으로 고립되어 있지 않은 까닭이다.

(참고로, 유아론에 긍정적인 의미를 부여하는 또 다른 철학자는 하이데거이다. 그 유아론은 인식론과는 거리를 가지는 다소 특수한 유아론으로서 "실존론적 유아론[existenziale Solipsismus]"(『존재와 시간』, 257쪽)이라 불린다. 불안이라는 정서는 현존재를 '개별화'시켜 "유일한 자기[solus ipse]"(『존재와 시간』, 257쪽)로 만든다. 현존재는 홀로 '고독' 속에서 유아적으로 불안을 느끼는 것이다. 이런 불안이 비본래적 일상성 속에 빠져 있던 현존재를 바로 본래적인 자신에게로 데려온다. 이러한 유아론은 유아론에 긍정적 의미를 부여하는 점을 제외하면 들뢰즈의 그것과는 거리를 가진다. 왜냐하면 하이데거의 '유일한 자기'

는 '자기성(Selbstheit)'이 달성된 것이기 때문이다. 반대로 들뢰즈에게 있어선 어떤 정체성을 지니는 자기성으로부터 벗어나는 것이 관건이다. 들뢰즈에게서 "모든 개체화 요인은 이미 차이고 또 차이의 차이다."(『차이와 반복』, 545쪽) 그리고 그것은 "자아를 분열에 빠뜨리는 개체화 요인"(『차이와 반복』, 548쪽)인 것이다.)

11) 타인이 아닌 타자 개념

들뢰즈는 '타인(l'Autrui)'이 아닌 '타자(l'Autre)' 개념에 대해선 어떻게 접근하는가? 들뢰즈에서 '타인'과 구별되는 '타자'는 어떤 의미를 지니는가? 미리 결론부터 말하자면, 일단 '타자' 개념은 들뢰즈 존재론에서 '차이' 개념으로 이해될 수도 있다. 또는 타자 개념은 차이 개념으로 변모될 수도 있다. 그러나 궁극적으로 타자 개념은 들뢰즈의 개념 체계 안에서 근본적인 지위를 가지지 못한다.

『의미의 논리』에 나오는 다음과 같은 문장에서 시작해보자. "**시뮬라크르**가 모델을 가진다면, 그것은 다른 모델, 확고하게 자리 잡은 비유사성의 원천이 되는 **타자(l'Autre)의 모델**이다."(『의미의 논리』, 411쪽) 이 구절은 플라톤의 『소피스테스』를 배경으로 이해되어야 한다. 우선 개념에 대해서부터 말하자면, 여기서 들뢰즈가 쓰는 '타자(l'Autre)'라는 말은 『소피스테스』에 나오는 'θάτερον(thateron)'(255c)과 'ἕτερον(heteron)'(257b)의 번역어이다. 이 말들은 논자와 문맥에 따라 '타자(the other)', '타자성(이타성(異他性), altérité)', '차이(다른 것,

difference)', '또 다른 어떤 것(상이한 것, something different)' 등으로 번역된다.

『소피스테스』는 반플라톤주의적인 현대 철학에게 시뮬라크르(이데아를 분유(分有) 받지 않은 허상으로서의 존재자)라는 핵심적인 개념을 선물해준 작품이라 평가해도 지나치지 않다. 플라톤주의를 전복할 핵심적인 사유, 즉 시뮬라크르의 존재론의 씨앗은 이미 플라톤 안에 있으며, 그것이 바로 들뢰즈의 다음과 같은 문장이 의미하는 바다. "플라톤주의의 전복, 이것이 현대 철학의 과제를 정의한다. 이 전복은 플라톤적 성격들을 많이 보존하고 있다."(『차이와 반복』, 149~150쪽)

'비(非)존재'의 문제를 다루고 있는『소피스테스』의 핵심적인 주장은 비존재는 존재의 '부정'으로서 무(無)가 아니라(존재와 '모순' 관계에 놓여 있는 무가 아니라), 어떤 존재를 표현하고 있다는 것이다.

> 우리가 '있지(……이지) 않은 것'[비존재]을 말할 때, 우리는 '있는(……인) 것'과 대립되는 어떤 것(enantion ti tou ontos)이 아니라 **단지 다른 것(heteron)만을 말하는 것 같네.** …… 부정이 대립되는 것을 지시한다고 언급될 경우 우리는 이 점에 동의하지 않을 것이고, 다만 앞에 놓인 'mê'나 'ou'라는 부정어는 그다음에 오는 이름들과는 다른 어떤 것을, 오히려 부정 다음에 발설된 이름들이 지시하는 사물들과는 다른 어떤 걸 가리킨다는 정도만을 동의할 것이네.[57]

여기서 플라톤은 대립(부정, 모순)과 타자(다른 것, 차이)를 구별하고 있다. "플라톤이 이타성[altérité]을 모순과 혼동하는 일을 피하고자 했다."⁵⁸ 헤겔과 달리 말이다. 타자성(다름)은 '있음'에 대립하는 것 또는 '있음'의 논리적 부정이 아니라, '있음의 실존적 규정방식'이다. '비(非)'는 그 표현이 붙은 것의 부정이 아니라, 그 표현이 붙은 것과 '다르게' 존재하는 어떤 것을 가리키는 것이다. 물론 그 어떤 것이란, '다르다'라는 말을 통해 가리켜질 수만 있는 것이지 실질적 내용이 무엇인지 적극적으로 규정되는 것이 아니다. 즉 실질적 내용을 규정하는 형상은 전혀 가지지 않고, '다르다'만을 나타내는 타자성(thateron)이라는 '형상'을 통해서만 규정되는 존재가 있는 것이다. 그런데 무엇과 다른가?

플라톤의 존재론에서 있지 않은 것(비존재)은 이데아를 분유받지 못한 것을 가리킨다. 참된 존재자를 찾기 위한 플라톤의 방법인 분리기술(διακριτική, art of discrimination) 또는 순수화(καθαρμός, purification)는 이데아와 닮은 모범적인 닮은 꼴은 남겨두고, 이데아를 분유받지 못한 것은 버리는 기술이다. 여기서 이데아와 닮은 것이 모사물(εἰκών, copy)이라 불리는 것이다. 그리고 이데아를 분유 받지 못한 것이 허상(φάντασμα)이다. 유령, 허깨비, 귀신이라는 뜻도 가지는 이 '판타스마'가 바로 현대 유럽어에서 시뮬라크르(simulacre)라 불린다. 이데아를 분유받지 못했기에 허상은 존재하지 않는 것, 비존재이다. 여기서 존재하지 않는다는 말의 뜻은 무엇일까? 그것은 존재의 부정이 아니라, 존재하는 것(이데아를 분유받아 존재하는 모사물)과 '다른' 것이란 뜻이다. 즉 비존재는 하나의 실존 방식이다. 그러나 참된 존재와 '다르다'는 규정을 통해서 외에는 어떻게도 규정될 수 없는 것, 그것의 실재 내용에 대한 어떤 적극적 진술도 할 수 없는 것이다. 그렇기에 오로지 '다르다(타자성)'만이 이 존재를 일컬을 수 있는 유일한 형상이 된다. 이제 들뢰즈의『차이와 반복』의 한 구절을 읽어보자.

'비-존재'라는 표현에서 '비(非)'는 '부정적인 것과는 다른 어떤 것'을 표현한다. …… 비-존재는 있다. 그리고 '동시에' 부정적인 것은 가상적이다. …… 본연의 차이 자체는 부정적인 것이 아니다. 거꾸로 그것은 비-존재이고, 이 **비-존재는 본연의 차이, 곧 반대가 아닌 다름이다.**(『차이와 반복』, 158~159쪽)

앞서 읽은 문장에서 들뢰즈는 시뮬라크르, 즉 비존재를 '타자(l'Autre)'라 일컬었다. 위 인용에선 비존재를 '차이'라 일컫는다. 요컨대 저러한 논의를 바탕으로 할 때 들뢰즈의 타자 개념이란 곧 차이 개념을 가리킨다. 또는 비존재로서 타자 개념에 대한 사유는 우리를 차이 개념의 발견으로 이끈다고 말해도 좋을 것이다. 통일된 공통적 원리의 지배에서 벗어난, 우리가 앞서 살펴본 낱낱의 '특정성'을 만들어내는 차이 말이다. 그리고 일종의 통일적인 원리인 이데아를 분유받지 못한 시뮬라크르가 이 특정성의 다른 이름이다. 플라톤주의의 전복이란, 바로 이 통일적인 원리를 부정함으로써 시뮬라크르를 근본적인 것으로 내세우는 것이라 할 수 있다. "플라톤주의를 전복한다는 것, 그것은 모사에 대한 원본의 우위를 부인한다는 것을 말한다. 그것은 이미지에 대한 원형의 우위를 부인한다는 것이며 허상[시뮬라크르]과 반영들의 지배를 찬양한다는 것이다."(『차이와 반복』, 162쪽) 그리고 비존재에 대한 사유를 통해 이데아의 지배를 받지 않는 존재의 가능성을 사유했던 플라톤이 바로 플라톤 자신을 전복시킬 수 있는 실마리를 제공한

자, 잠재적인 반플라톤주의자였던 것이다. "플라톤은 플라톤주의를 전복하는 최초의 인물, 적어도 그런 전복의 방향이라도 보여주는 최초의 인물이어야 하지 않았을까?"(『차이와 반복』, 165쪽)

들뢰즈는 투르니에론에서 로빈슨이 이중체의 세계 속으로 들어서는 것을 "타인과 다른 타자(l'Autre que l'Autrui)의 발견"(『의미의 논리』, 496쪽; 번역 수정)이라고 말한다. 타인이 조직한 세계 자체와 다른 타자가 요소적 세계이기에 그렇다. 이러한 논의는 지금 우리가 다루고 있는 반플라톤주의와 같은 맥락 속에 있다. 타인과 다른 타자가 요소적 세계인 것처럼, 이데아 및 그 모사물과 다른 '타자' 자체가 바로 시뮬라크르이다.

그러나 이 절을 시작하면서 말했듯, 궁극적으로 타자 개념은 기능하지 못한다. 어떤 의미에서 그런가? 들뢰즈는 1960년대 말 그의 주저들이 출현하기 훨씬 전인 1956년 「베르그손, 1859~1941」과 「베르그손에게 있어서의 차이의 개념」을 발표할 때부터 "플라톤적인 이타성[異他性, altérité]의 개념"[59]과 거리를 두고서 차이 개념을 사유했다. 플라톤의 분리기술, 즉 이데아를 닮은 모사물과 허상을 나누는 나눔의 방법은 일종의 목적론적 원리에 지배되고 있기 때문이다. "플라톤에게 있어서는 초월적인 선의 이데아가 올바른 절반의 선택을 실질적으로 안내할 수가 있[다]."[60] 초월적인 선의 이데아에 비추어 보고서만, 즉 이데아라는 외재적인 "목적성에 의한 도움"[61]에 의존하고서만 모사물과 시뮬라크르를 나눌 수 있는 것이다. 이럴 경우 허상, 시뮬라크르를 규정하는 개념인 타자성, 차이는 외재적인 원리인 이데아로부터 파생하는 것이 되어버린다. 즉 차이는 근본 개념이 되지 못한다. 다르게 말해볼 수도 있을 것이다. 이데아를 닮은 모사물은 그 자체 정체성(동일성)을 지니는 것이다. 시뮬라크르가 원본과 모사물에 대한 타자라면, 이 타자성은 원본과 모사물의 동일성에 대해 파생적일 수밖에 없다. 그런 까닭에 들뢰즈는 타자 개념의 불충분함을 이렇게 확인한다.

> 시뮬라크르는 저급한 모사물(copie dégradée)이 아니다. 그것은 '원본과 모사물, 모델과 재생산[복제]을 동시에' 부정하는 긍정적인 힘을 숨기고 있다. …… 그 어느 것도 원본이 될 수 없으며, 그 어느 것도 모사물이 될 수 없다. **타자의 모델을 내세우는 것만으로는 충분하지 않다.** 왜냐하면 어떤 모델도 시뮬라크르의 혼미함을 견디지 못하기 때문이다. …… 가능한 위계는 존재하지 않는다.(『의미의 논리』, 417쪽; 번역 수정)

시뮬라크르로만 이루어진 세계에는 원본적인 이데아라는 원리, 그 원리에 지배되는 모사물, 그 원리의 타자인 시뮬라크르 사이의 위계가 있을 수 없고, 오로지 시뮬라크르를 출현시키는 차이만이 있다. 따라서 통일적 원리를 가지지 않는 시뮬라크르를 규정하는 개념은 내재적인 차이가 되어야지, 이데아와 모사물이라는 외재적 원리'에 대한 타자성'이어서는 안 된다. "내재적인 차이가 '모순, **이타성**[altérité], 부정'과 구분되어야만 하는 것이다."[62]

들뢰즈에게서 타자 개념은 우리가 보아왔던 많은 경우와 달리 타인을 가리키거나 동물을 가리키는 개념이 아니다. 그것은 모든 존재자를 시뮬라크르로 출현시키는 개념, 즉 차이 개념으로 인도해주는 자이다. 타자 개념은 우리를 차이로 인도해줄 수 있지만, 차이의 개념을 달성하면 사다리를 걷어차야 한다.

　그러나 특정성들의 배치를 완전히 타자 개념 없이 사유할 수 있는 지는 의문이다. 이미 이 장의 첫머리에 읽었듯 들뢰즈는 특정성의 핵심적 면모를, 또 다른 특정한 것과의 연결에서 찾는다. 한마디로 특정성은 "하나의 다른[타자적인] 요소의 이웃(voisinage d'**un autre**)에 연결될 수 있는 어떤 요소"[63]이다. 이 '다른 자(un autre)'는 문자 그대로 '타자'이지만, 전제된 동일자의 상대편에 위치하지 않으면서도 타자라는 이름을 지킬 수 있는 자이다. 이는 타자 개념 안에서 일어나는 발전, 타자 개념이 새롭게 누릴 영광 아닌가? 『시네마Ⅱ』의 한 부분에서 들뢰즈는 이렇게 말한다.

　　그들의 인물들이 타자가 되어야 하는 것과 마찬가지로, 그들 또한 자신의 인물들과 더불어 타자가 되어야만 한다. …… 나=나라는 동일성의 형식(혹은 그것이 퇴화한 형태로서의 그들=그들이라는 형식)은 허구뿐만 아니라 실재에서도, 인물들에게나 시네아스트에게도 마찬가지로, 더 이상 아무런 가치를 갖지 않는다. 더 심층적인 수준에서 간파할 수 있는 것은 오히려 랭보의 '나는 타자이다'라는 공식이다.[64]

　'나는 타자이다(Je est un autre)'라는 언명에서 일어나는 일은 나 자신과의 항구적인 불일치, 차이이다. 자아의 동일성을 타자 개념이 파괴한다. 다음 인용에서 '거짓의 역량(puissances du faux)'은, 진리의 역량을 지닌 이데아와는 다른 '시뮬라크르의 힘'을 가리킨다.(이 거짓의 역량 또는 '비진리'의 힘, 시뮬라크르의 힘은 현대 예술의 바탕을 이루는 것이기도 하다.[65] "거짓의 역량은 환원될 수 없는 다수성과 분리될 수 없[다]. 자아=자아[Moi=Moi]의 동일성을 '나는 타자이다'가 대체해버린 것이다."[66] 요컨대 타자 자체가 자기 동일성을 파괴하고, 동일성이 있던 자리에 차이, 특정성, 시뮬라크르의 다수성을 생산하는 자이다. 그야말로 진리나 이데아로 등장하는 어떤 모범적 모델에 대한 타자, 즉 상대적인 타자가 아니라, '그 자체로서의 타자' 개념이 이제 도래한 것이다.

10장
결론:
우리가 희망하는 공동체

1) 이방인의 자리에서 말하는 소크라테스

철학이 저승에서 누군가를 구해오려는 듯 깊은 사변 속으로 침잠할 때, 철학은 근본 문제들의 중심에서 타자와 마주친다. 한평생 지상의 표면에서 우리가 끌고 가는 하루하루가 타자와의 사이에서 얽힌 문제들을 만들었다. 마치 지상에서의 삶 때문에 벌을 받고서 뭔가 이유를 찾아 저승으로 내려와보지 않을 수 없었던 듯이, 철학은 스틱스강의 물결이 카론의 노에 거칠게 부딪히는 소리가 마음을 편치 못하게하는 곳에서 세상의 가장 어두운 문제들과 마주한다. 거기 있다. 탐욕으로 가득 찬 전쟁, 인종주의, 소수자에 대한 멸시, 성차별, 함부로 다루는 폭력 앞에 항의할 줄 모르고 죽은 동물들의 슬픔, 그런 수많은고통 속에 저승의 한 창백한 식객처럼 타자가 서 있다. 그러나 나는 살아 있다. 내가 살아 있다는 사실은 결코 결백하지 못하며, 철학은 저방황하는 영혼들 앞에서 탄식과 함께 시작한다.

철학(philosophy)은 우정(philos)에 관한 학문이고 지혜(sophia)에 관한 학문이다. 이 학문 안으로 타자가 들어선다. 타자는 우정이 필요하고 지혜가 필요해서 철학을 불러내었는가? 우리를 불러세우는 혼백들이 초대받지 않고 방문하며 대화하지 않고 요구하듯, 타자는 철학에게 지혜의 친구(philos-sophia)이려면 타자의 친구가 되어야 한다고 말하는 것 같다. 그렇게 타자에게 붙들린 사유가 명계(冥界)의 어두움과 두려움을 벗어나 지상으로 오르는 계단 앞에 우리를 서게 해줄 것 같다.

어떤 점에서 타자는 철학의 핵심에 자리 잡아왔는가? 앎의 보편성에 대한 열망과 관련하여 그렇다. 철학은 인식의 보편성에 대해 말한다. 그리고 철학이 요구하는 보편성이란 결국 다른 이와 함께 인식을 공동의 자산으로 소유할 수 있어야 한다는 것이다. 철학이 늘 이야기하는 학문의 보편성, 인식의 보편성은 타자에 대한 인식의 '전달 가능성'을 요구하고 전제한다. 그러나 이런 사변적 차원의 문제만이 타자와 더불어 생겨나는 걸까? 사회적인 맥락 속에서 살을 에는 듯한 절실함과 더불어 다른 종류의 여러 문제들이 출현한다. 이 두 가지 차원을 오래된 글을 통해서 직접 확인해볼 수 있다.

플라톤의 글쓰기 형식이 왜 대화의 모습을 지니는지 생각해볼 필요가 있다. 형식으로서 대화편은 늘 인식이란 대화에 등장하는 인물들의 공동 자산인 한에서 인식이 된다는 것, 즉 대화자들의 논쟁의 시험을 거친 것이 인식이라는 것을 이야기하고 있다. 그러나 여기에 그치지 않는다. 대화편은 공동체로부터 버려지는 자의 이야기 역시 담고 있는데, 우리는 그 이야기를 『소크라테스의 변명』에서 찾아볼 수 있다. 법정에 선 소크라테스는 아테네인들을 향해, 공동체를 향해 다음과 같이 말한다.

저는 나이가 벌써 칠십인데 법정에 출두해보기는 오늘이 처음입니다. 여기서 쓰이는 말은 저에게는 외국말 같습니다. 그런데 만일 제가 외국 사람이라면, 제가 자랄 때에 배운 말로 이야기하고 그 말투로 이야기한다 해도, 여러분은 사정을 아시고 저를 용서해 주실 것입니다. 지금 저는 바로 이와 같은 것을 부탁드리려 하는데 이것은 부당한 일은 아니라고 생각합니다. 아마 제 말버릇은 좋지 못할지도 모르고, 혹은 괜찮을지도 모르겠습니다만, 그런 것은 문제 삼지 마시고, 오직 한 가지 일, 즉 제가 말하는 것이 옳은지 옳지 않은지[정의로운지 그렇지 않은지] 하는 것만을 주의하여 생각해주시기 바랍니다.[1]

철학 또는 진리가 "외국 사람"의 말로 공동체의 보편성과 만나고 있는데, 그 만남은 법을 매개로 하며 그 결과는 죽음이다. 철학은 법 이전에 사는 자들의 마주침, 즉 타자 자체와의 마주침으로부터 어떻게 옳음과 법이 생겨나는지 알려주는데, 정작 굳어버린 객관적 원리인 법이 철학에게 독주(毒酒)를 대접하려고 한다. 모든 것이 읽는 이의 마음을 복잡하게 한다.

이 잊을 수 없는 구절은 타자와 관련된 여러 가지 문제들을 한꺼번에 쏟아낸다. 자신을 변호해야 하는 소크라테스는 일단 '소통 가능성'에 호소하며 보편성의 문을 두드리고 있다. 그러나 동질적인 집단의 일원이라기보다는 외국인, 말을 더듬거리는 자로서 그렇게 하고 있다. 그는 한 집단의 세련된 말로 이야기를 나누지 못하는 자, 외국인의 더듬거림으로 문 두드리는 자, 이질적인 자, 바로 타자이다. 누군가 해석하는 것과 달리, 소크라테스는 공동체 안에서 이미 합당한 절차에 따라 취급되고 있는 외국인이 아니라, 의지할 데 없이 그의 운명이 위태롭다는 것을 호소하는 외국인 같다.

그는 무엇을 호소하는가? 옳은지 그른지, 정의로운지 그렇지 않은지의 관점에서만 봐달라고 이야기하고 있다. 그는 동질적인 문화라는 높은 담장을 넘어오지 못하고 밖에 있는 이민자들, 난민들, 소수자들처럼 담장 안의 사람들이 쓰는 말을 하지 못한다. 산파술사의 즐거운 아이러니로 젊은이들을 화나게, 놀라게, 감탄하게 하던 것과는 다소 결을 달리하며, 변론에 매달린 자는 오로지 '정의'만을 요구한다. 공동체 안에서의 소통 가능성, 이방인이라는 이질적인 자의 출현, 그 출현에 있어서 고려되어야 할 유일한 것으로서의 정의 등 타자를 둘러싸고 우리가 이야기해온 문제들을 우리는 여기서 다시 기억한다. 우리가 체험하고 있는 문제들의 깊은 뿌리를 우리는 이 그리스인, 아니 이 영원한 이방인의 목소리 속에서 듣고 그와 함께 그의 자리에 선다.

2) 공통성의 지반 찾기

타자를 둘러싼 여러 문제들 가운데 현대 철학은 어떤 문제의 문을 먼저 열고 들어갔는가? 후설에게서 보았듯 상호주관성의 문제이다. 우리가 상세히 살폈던 이 문제의 연원은 후설보다 훨씬 이전으로 거슬러 올라간다. 근대 철학은 이미 상호주관성이 불가결하게 요구되는 것이라는 점을 알고 있었고, 또 그것의 근거를 마련하려고 하였다. 대표적인 것이 헤겔의 주인과 노예의 변증법이다. 주인과 노예의 의식은 각자 상대방의 의식을 거치고서만 자기의식이 된다. 이를 통해 헤겔이 보여 주고자 하는 핵심은 자기의식은 곧 사회적 의식이라는 것, 타인과 더불어서만 가능하게 되는 의식이라는 것이다. 구체적인 자기의식은 '나는 생각한다, 고로 존재한다'의 방식으로 홀로 달성되지 못한다. 피히테에게서도 우리는 자기의식이 사회를 경유한다는 것을 발견할 수 있다. 가령 사유 재산은 타인의 재산에 대한 '인정'과 더불어서만 가능한 것이다. 남의 재산이 있으니 그와 구분되는 나의 재산도 있으며, 남의 재산이 없다면 나의 재산의 정체성 자체가 사라져버린다. 이 역시 자기의식은 타자를 경유해서 성립한다는 것을 보여준다.

그러나 이러한 상호주관성을 위해 꾸며진 사상들의 등장 이전에, 철학이 공동체를 해명해야만 한다는 문제의식은 더 멀리 거슬러 올라간다. 데카르트의 『방법서설』 1부는 이렇게 시작한다. "양식(bon sens)은 세상에서 가장 공평하게 분배되어 있는 것이다. 누구나 그것을 충분히 지니고 있다고 생각하므로, 다른 모든 일에 있어서는 만족할 줄 모르는 사람이라도 자기가 가지고 있는 이상으로 양식을 갖고 싶어 하지는 않는다."[2] 여기서 양식은 이성으로 바꾸어 써도 좋은 말이다. 데카르트는 왜 대뜸 이 구절로부터 시작하는가? 여기에는 데카르트가 느끼는 부담감이 그림자처럼 도사리고 있다. 그리고 자기가 느끼는 부담감을 단번에 떨쳐내려는 시도가 저 문장 속에 있다. 우리는 양식이라는 것을 가지고 있으며 그것은 보편적이다. 누구나 그것을 충분히 지니고 있어서 사람들은 그것을 더 가지려고 하지 않는다. 물론 양식

타자철학

이 진가를 발휘하기 위해선 그저 그것을 가지고 있는 것만으로는 충분치 않고 잘 사용해야 하지만 말이다. 데카르트가 이러한 말로부터 책을 시작했던 것은, 이 말에 철학의 가능성이 달려 있기 때문이다. 고대인들의 물음은 '만물의 원천은 무엇인가'였다. 여기엔 인식하는 인간 주체가 등장하지 않는다. 즉 저 질문은 '만물의 원천을 나는 어떻게 인식하는가'라고 변형되지 않으며, 나의 의식에 매개되지 않는다. 그리스인들은 인간 의식의 매개 없이, 마치 피시스를 '대상으로' 취급하며 그에 대해 알아내려는 이들이 아니라 피시스를 '돕는' 이들처럼, 곧바로 물음 속에서 피시스로 진입하였다. 그러나 근대인의 물음, 데카르트의 물음은 인간 의식이 지닌 표상을 향한다. 즉 의식에 주어진 명석 판명한 관념이 대상이 존재하는 모습 자체이다. 그런데 인간의 의식이란 개개인에게 고립되어 있지 않은가? 이 고립으로부터 유아론의 망령이 출몰한다. 따라서 의식의 경험으로부터 출발하는 데카르트는 의식의 고립성으로부터 위협을 느낄 수밖에 없고, 저 문장을 『방법서설』에 가장 먼저 제시하는 간편한 해결책을 내놓는다. 양식은 개인마다 편차가 있는 것이 아니라 보편적이므로, 바로 여기서부터 보편적인 인식을 향한 노정을 시작할 수 있다고 선언하는 것이다. 칸트에게서도 비슷한 국면을 발견할 수 있다. 그는 『순수이성비판』에서 다음과 같이 말한다.

> 여러분은 도대체, 모든 인간에게 관계되는 인식이 **보통의 지성**은 뛰어넘어야 하고, 철학자들에 의해서만 여러분에게 들춰내 보여야 한다고 요구하는가? 여러분이 불평하는 바로 그것이 이제까지의 주장들이 옳다는 최선의 확인서이다. 그것은 사람들이 처음에는 미리 볼 수 없었던 것을

들춰내 보여주니 말이다. 곧, **자연은 인간들에게 차별 없이 부여되어 있는 것에서 그것을 편파적으로 분여했다고 책망받을 일이 없으며, 또 최고의 철학도 인간의 자연 본성의 본질적 목적들과 관련해서는 자연이 가장 보통의 지성에게도 수여했던 지도(指導) 이상으로 더 성취할 수 없다는 것이다.**[3]

자연은 사람들에게 '보통의 지성(gemeinen Verstand)' 또는 '가장 보통의 지성(gemeinsten Verstande)'을 공평하게 분배했다. 그리고 철학은 이 보통의 지성을 뛰어넘는 것이 아니라, 이 보통의 지성이 성취하는 바 이상으로 나가지 않는다. 우리는 여기서 앞서 데카르트가 양식에 대해 이야기했던 것과 같은 이야기를 듣고 있다. 양식이나 보통의 지성이나 모두 공평하게 분배되어 있고, 이 보편적인 것을 지반으로 철학은 사적인 구렁텅이에 고립되지 않고 안전하게 만인의 눈앞에서 제 일을 할 수 있다.

칸트는 저 '보통의 지성'을 『판단력비판』에 와서는 '공통감(sensus communis)'이라는 개념과 더불어 해명하려고 시도한다. 단지 취미와 관련된 미감적 공통감만의 문제가 아니다. "건전한 지성은 논리적 공통감이라고 칭할 수도 있겠다."[4] 그는 말한다.

> 보통의[평범한] 인간 지성, 그것은 한낱 건전한 (아직 교화되지 않은) 지성으로서, 사람들이 인간이라는 명칭을 요구 주장하는 자에게 언제나 기대할 수 있는 최소한의 것으로 간주하는 것이거니와, 그래서 그것은 보통[공통]감[각](共通感)이라는 명칭이 붙여지는 모욕적인 영예 또한 갖는다. …… 그러나 공통감이라는 말로는 공통[공동체]적 감[각]의 이념을 뜻

타자철학

하지 않으면 안 된다.(대괄호는 옮긴이)[5]

칸트는 구성원들이 인식을 서로 보편적인 것으로 전달할 수 있는 공동체의 근거를 발견하려는 것이다. 공통감이라는 이름 아래 말이다. 그것은 "어떤 논리학에서나, 그리고 회의적이지 않은 어떤 인식의 원리에서나 전제될 수밖에 없는 것이다."[6] 그는 구체적으로 이 공통감을 "타자의 위치에 서봄"[7]이라고 설명한다. 이 타자의 위치에 서보는 일이 이후 현대철학이 '감정이입' 등의 개념을 동원하며 이론적 결함이 없도록 수없이 손봐온 것이다. 칸트는 타자의 위치에 서서 생각해보는 것을 "자기의 반성에서 다른 모든 사람의 표상방식을 사유 속에서 (선험적으로) 고려하는, 하나의 판정 능력"[8]이라고 일컫는다. 그러나 결국 이것은 주체가 수행하는 판정 아래 규정되는 대상으로 타자를 귀속시키는 능력이 아닌가? 칸트는 이 판정 능력이 상호주관적이라는 점을 충분히 해명하고 있지 못하다. 상호주관적 보편성을 근거 짓는 '보통의 지성'은 "모호하게 표상된 원리로서이기는 하지만, 항상 개념들에 따라서 판단"[9]한다고 말한다. 그러나 상호주관적 판단을 가능하게 해줄 이 "모호하게 표상된 원리"는 해명되지 않는다. 가다머라면 보편성을 확보해주는 공통감을 이렇게 이성적 주체가 지닌 능력으로부터 해명하려는 시도 자체가 헛되다고 했을 것이다.(가다머에게 공통감은 어떻게 보편타당하게, 그리고 올바르게 행위해야 하는지 알려주는, 전통적으로 전승되어온 사회적 감각으로서만 가능하다.[10])

고대인들은, 근거로서 모든 것을 떠받쳐주는 자를 '휘포케이메논'이라 부르고 한때 '피시스'가 그 근거의 자리를 차지했다. 이후 '휘포케이메논'은 'subjectum(수브옉툼)'이란 말로 번역돼 철학의 사유거리가 되어 왔다. 이 수브옉툼, 현대어로 쓰자면 'subject(주체)'의 자리에 근대 사상 은 인간 의식을 위치시킴으로써 대가를 치르고 있는 것이다. 인간 의 식은 대상들의 존재함과 대상들에 대한 인식의 근거가 되었고, 그래서 철학은 인간 의식으로부터 출발할 수 있게 되었지만, 인간 각각의 고 립성을 떨쳐버리고 자신이 보편적이라는 것을 해명해내는 과제를 떠 안게 되었다. 양식, 공통감 등에 관한 저 이야기들은 그 과제에 매달려 시도해본 답안들이다.

3) 공동체

이 책을 통해 우리는 서로 함께 존재하고, 서로 함께 인식을 공유 하는 상호주관적 공동체가 어떻게 가능한지, 그런 공동체의 뿌리가 무 엇인지 살펴보려 했다. 그 뿌리는 자기의식적 주관보다 심층적이다. 그 것은 하이데거에게서 보았듯 공동존재(Mit-Sein)라는 개념을 통해 표 현되기도 했으며, 또 메를로퐁티에게서 보았듯 의식 이전의 신체의 차 원에서의 상호주관성으로 나타나기도 했다. 근대 철학의 유산을 자신 의 사상 안에 보존하고 있는 사르트르의 경우는 현존재도, 신체도 아 닌 자기의식에서부터 출발한다. 헤겔의 부정성을 상속받은 사르트르 는 타자와의 관계를 자기의식 사이의 투쟁, 즉 시선들끼리의 싸움으로 기술했다. 그러나 이 투쟁은 공동체를 와해하는 싸움이 아니라, 공동 체의 원리이다.

타자철학

어떻게 서로 함께 있는 이들의 공동체가 가능한지를 모색하는 일은 매우 중요하다. 그러나 어쩌면 우리가 '인식'이라는 이름 아래 희구하는 것은 그런 공동체의 평균성 바깥에 있는 것, 인식의 자격을 얻기 위해 어떤 증인이 곁에 있기를 요구하지 않는 것이 아닐까? 사적인 나락에서의 고립을 말하는 것이 아니다. 몰이해와 충돌을 일으켜 소통의 꿈을 저버리더라도 그 파괴의 힘을 가지고 최상의 인식이 되는 것이 있다. 계시받고, 충격 속에 깨닫고, 회한과 더불어 이해하며, 회상 속에서 새롭게 찾아내는 것들이 있다. 누구도 보지 못하는 한밤의 해변에서 혼자서 주운 반지, 그러나 누군가에게 끼워줄 반지 같은 것 말이다.

그리고 무엇보다 경계해야 할 것은 공동체가 전체주의적 집단으로 변질되는 일이다. 우리는 책 전체를 통해 그로부터 생겨나는 폭력을 수시로 고발했다. 하나의 근본 원리의 지배는 획일적인 가치의 강요, 우열에 따라 구성원들을 위계화하는 일 등으로 나타난다.

전체를 지배하는 원리에 대해 이질적인 자가 바로 타자이다. 타자를 타자이게끔 하는 전적인 이질성을 어떻게 사유해야 하는 것일까? 어떻게 이 이질적인 자와의 만남은 '전체가 아닌' 공동체를 가능하게 하는 것일까? '전체로 통합되지 않는 공동체'란 무엇인가? 공동체라는 개념을 다양한 방식으로 썼음에도 우리는 아직 이 말이 진정 무엇을 의미하는지 충분히 해명하지 않았다. 낭시가 『무위의 공동체』에서 쓰고 있는 다음과 같은 구절을 실마리로 삼아보아도 좋을 것이다.

본질적으로 공동체는 블랑쇼가 무위(無爲, désœuvrement)라고 명명한 것에 자리 잡는다. 과제 내에서 또는 과제 너머에서, 과제로부터 빠져나오는 것, 생산과 완성을 위해 할 일이 더 이상 없[다.] …… 공동체는 그들이 이루어야 할 과제가 아니고 그들 자체를 만들어낸 성과들도 소유하지 않으며, 마찬가지로 공동체는 단수적 존재들의 성과도 아니고 그들의 작용 자체도 아니다.[11]

위에서 이야기하고 있는 블랑쇼의 생각은 이런 것이다. "공동체는 어떤 생산적 가치도 목적으로 삼지 않는다. 그렇다면 공동체는 효용성 측면에서 어떤 목적을 갖는가? 어떠한 목적도 가지지 않는다."(『밝힐 수 없는 공동체』)[12] 같은 맥락에서 낭시 역시 말한다. "공동체는 이루어야 할 '과제'의 영역에 속할 수 없다."[13] 이 구절들은 무엇을 이야기하고 있는가? 전체는 특정한 목적의 구현을 추구하며, 이 목적에 구성원을 종속시킨다. 그때 다수를 가능하게 하는 구성원들 각각의 독자성은 사라진다. 결국 다수는 없고 전체만이 있다. 국가, 회사, 학교 등에서 집단의 과제로 표방된 것에 쫓겨봤던 날들의 피로를 떠올려본다면 저 전체를 쉽게 감지할 수 있으리라. 그러나 사람들은 사용되기 위해, 목적을 달성하기 위해 존재하는 자들이 아니다. 전체와 달리 공동체는 어떤 목적도 가지지 않으며, 따라서 다수는 목적을 위해 사용되지 않고 각자의 개별성 속에 남는다. 이런 다수가 이루는 것이 공동체이다. 무엇을 실현하기 위해 다수를 동원하고 필요한 기능에 맞추어 일을 하지 않는 '무위'가 바로 공동체의 근본적인 모습이다.

이런 공동체는 타자와의 만남 그 자체와 동일한 것이다. 왜냐하면 무엇에 대해 기능적으로 종속되지 않는 자가 타자이며, 서로에게 귀속하지 않기에 이질적인 그런 다수들의 마주침이 공동체인 까닭이다. 다수는 서로 공통성이 아니라 이질성의 이름으로 관계한다. 그러므로 이 공동체 자체가 다수를 출현시키는 이질성 또는 차이라고 일컬어도 좋으리라. 공동체는 오로지 타자가 이질성 속에 도래하는 한에서 공동체이다.

이 타자의 도래는 '나는 나다'로 표현되는 주체의 자기성을 와해시킬 것이다. 왜냐하면 주체의 자기성은 타자를 자신에게 매개하면서, 즉 타자의 이질성을 사라지게 하면서 존립하기 때문이다. 이질성은 주체의 자기 관계성 속에서 이론적으로든 실천적으로든 주체가 다룰 수 있는 것, 즉 더 이상 이질적이지 않은 것이 된다. 그러므로 이질적인 자와의 마주침은 '나는 나다'라는 자기성이 깨어지는 한에서 가능하리라. 레비나스는 자아(moi)가 자기 자신(soi-même)이라는 용서할 수 없는 관계가 어떻게 타자의 개입을 통해 와해되는지를 보여주었다.

나 자신과의 관계, 자기성이 깨어졌을 때 개체성은 어디서 성립하는가? 바로 타자와의 관계 속에서 성립한다. 타자는 주관이 파악하거나 부여할 수 있는 정체성을 벗어버린 자이고, 따라서 도착할 수 있는 고정된 최종 목적지 같은 것이 될 수 없다. 타자와의 관계는 무한한 방황 속에서 무한히 짜여나간다. 그리고 타자는 인간이라는 정체성마저 벗어버렸기에 '타인'에 제한되지도 않는다. 그런 자격으로 우리에게는 타자라는 이름 아래 동물들 역시 찾아온다. 오로지 타자를 향함이라는 무한한 운동만이 있고, 고정된 주체와 목적이 아니라 이 무한한 운동 속에 있는 개체만이 있다.

이런 운동은 레비나스에게서 보듯 존재 저편을 향한 운동인가? 우리는 존재를 깎아내려야 하는가? 존재 자체가 전체화하는 원리라서? 타자가 있다면 그것은 원리 자체에 대한 타자여야 하기에? 그러나 우리가 줄곧 보았듯 존재란 '다수성의 분산'이다. 그것은 전체화의 원리가 아니라 다수를 가능케 하는, 다수들의 '사이'를 만드는 것이기에 '사이 존재(inter-être)'이다. 만일 존재가 '전체'라는 이름을 원한다면, 그것은 아감벤의 말대로 '텅 빈 무규정 상태인 전체성'으로만 기술될 것이다. 그렇다면 존재는 타자성을 회복하기 위해 극복해야 할 것이 아니며, 이질적인 것과의 관계, 곧 타자와의 관계는 존재 내재적인 것이 될 것이다. 플라톤적 초월의 표를 손에 쥐고서 외재성이라는 타자를 향하면서 존재를 진정한 삶이 부재하는 곳으로 저버리는 일은 일어나지 않는다. 존재하게 된 것은 죄가 아니다. 존재 안에 타자에 대한 영접이 있다면, 존재함을 수치스러워할 필요가 없는 것이다.

주체의 자기동일성이 파괴되는 국면에 집중하는 일은 레비나스뿐 아니라 들뢰즈에게서도 핵심적이다. 우리가 보았듯 들뢰즈가 타자 개념을 포기하려 해도 그의 철학 안에서는 이 개념이 작동한다. 단 모든 일은 존재 안에서 일어난다. 자기동일성을 지닌 주체는 없고, 대신에 특정성(단수성, singularité)이 있다. '나는 타자이다(Je est un autre)'라는 언명이 주체의 동일성을 깨트려버린다. 특정성은 어떻게 정의되는가? 바로 '하나의 다른(타자적인) 요소의 이웃(voisinage d'un autre)에 연결될 수 있는 어떤 요소'로 정의된다. 즉 특정성은 타자와의 만남 속에서만 가능한 것이다. 또는 타자와의 만남을 만들어나가는 생성의 운동이 특정성을 정의한다고 할 수 있다.

철학이 베푸는 덕이 필요 없는 말들을 덜어내는 일이라면, 이제 우리는 덜어내고 남겨진 것들을 헤아릴 수 있다. 그것은 '타자'와 '만남'이라는 두 말일 터이다. '인간'이라는, 그 안에 무엇이 들어 있는지 내용이 모호한 개념을 주체 쪽에도 타자 쪽에도 남겨둘 필요 역시 없다. 이 질적인 자들의 도래가 만들어내는 만남만이 있다. 이 도래하는 자들을 하나의 원리가 지배하는 전체로 흡수하지 않으려는 노력을 우리는 타자에 대한 존중이라고 부른다. 그렇게 불린 말과 더불어 저승에서 이제 빠져나온 계단들의 표면마다 햇살이 금가루를 도금하며 지상으로 오르는 길을 가리켜 보인다. 어둠의 입구는 빛으로 나가는 출구가 될 때 가장 아름답다. 입구를 탈출구로 만들듯 인간과 역사도 대단한 서커스에 열중한 것처럼 거꾸로 된 머리를 바로 들어 이 계단 위에 두 발로 설 수 있다. 빛이 기울기 전에 나가자. 계단의 끝이 열어놓는 환한 대지에서 삶은 되살아난 친구와 함께 다시 시작한다.

주

1장

1. 호메로스, 천병희 옮김, 『오뒷세이아』, 숲, 2006, 305~306쪽(14권, 57~84행).

2. 플라톤, 강철웅 옮김, 『향연』, 이제이북스, 2010, 94쪽(190a).

3. 같은 곳(190b).

4. 같은 책, 96쪽(191a).

5. 마르틴 하이데거, 신상희 옮김, 「세계상의 시대」, 『숲길』, 나남, 2008, 134쪽 이하 참조.

6. 임마누엘 칸트, 백종현 옮김, 『순수이성비판』, 1권, 아카넷, 2006, 339쪽(A125).

7. 다니엘 켈만, 박계수 옮김, 『세계를 재다』, 민음사, 2008, 41쪽.

8. 같은 책, 131쪽.

9. 임마누엘 칸트, 김광명·김화성 옮김, 「아름다움과 숭고의 감정에 관한 고찰」, 한국칸트학회
기획, 『비판기 이전 저작III(1763~1777)』(칸트 전집 3), 한길사, 2021, 125쪽.

10. 임마누엘 칸트, 백종현 옮김, 『영원한 평화』, 아카넷, 2013, 137쪽.

11. 이 개념에 대해선 J-L. Marion, *Dieu sans l'être*, Paris: PUF, 1991(초판: Fayard, 1982), 20쪽 이하
참조.

12. 질 들뢰즈·펠릭스 가타리, 김재인 옮김, 『천 개의 고원』, 새물결, 2001, 340쪽.

13. 볼테르, 이봉지 옮김, 『캉디드 혹은 낙관주의』, 열린책들, 2009, 107~108쪽.

14. 멀타툴리, 지명숙 옮김, 『막스 하벌라르』, 문학수첩, 1994, 181~183쪽.

15. 같은 책, 185쪽.

16. W. G. 제발트, 이재영 옮김, 『토성의 고리』, 창비, 2019(개정판), 227쪽.

17. 같은 책, 147쪽.

18. 조셉 콘래드, 이상옥 옮김, 『암흑의 핵심』, 민음사, 1998, 45쪽.

19. 같은 책, 38쪽.

20. 아담 호크쉴드, 이종인 옮김, 『레오폴드왕의 유령』, 무우수, 2003, 185쪽.

21. 밀란 쿤데라, 김병욱 옮김, 『불멸』(전집 7권), 민음사, 2011, 428~429쪽.

22. 같은 책, 429쪽.

23. 미셸 투르니에, 황보석 옮김, 『동방박사』, 고려원, 1987, 16쪽.

24. E. Levinas, *En Découvrant l'existence avec Husserl et Heidegger*, Paris: J. Vrin, 1982, 197쪽.

25. 미셸 투르니에, 『동방박사』, 19쪽.

2장

1. 에마뉘엘 레비나스, 김동규 옮김, 『후설 현상학에서의 직관 이론』, 그린비, 2014, 261쪽.

2. 에드문트 후설, 이종훈 옮김, 『순수현상학과 현상학적 철학의 이념들』, 1권, 한길사, 2009,
   173쪽 참조.

3. 같은 책, 191쪽.

4. transzendentale을 이 번역본에서는 '선험적'이라고 번역하고 있으나, 이 책에서는
   일괄적으로 transzendentale을 '초월적'이라 바꾸어 번역한다. 이 용어는 칸트에서
   들뢰즈에 이르는 이 책의 넓은 논의 범위 속의 여러 철학자를 배경으로 하고 있다.
   이 용어의 번역어로는 분명 철학자들의 논의 문맥에 따라 '초월적', '초월론적' 또는
   '선험적' 중 한 가지가 보다 적합한 것으로 채택될 수도 있을 것이다. 그러나 각각의 논의
   맥락만을 고려하여 이 용어를 때로는 초월적으로, 때로는 선험적으로 옮기는 것은
   책 전체의 통일성을 깨트리는 데 그치지 않고, 심각한 이해의 혼란을 초래할 것이다.

5. 르네 데카르트, 이현복 옮김, 『방법서설』, 문예출판사, 1997, 68쪽.

6. 자크 데리다, 최성희·문성원 옮김, 「동물, 그러니까 나인 동물(계속)」, 《문화과학》, 76집, 2013,
   316쪽.

7. 에드문트 후설, 이종훈 옮김, 『상호주관성』, 한길사, 2021, 423쪽.

8. G. Deleuze, "Réponse à une question sur le sujet," *Deux régimes de fous*, Paris: Éd. de Minuit,
   2003, 327쪽.

9. 질 들뢰즈, 이경신 옮김, 『니체와 철학』, 민음사, 1998, 145쪽.

10. 한스 게오르크 가다머, 임홍배 옮김, 『진리와 방법』, 2권, 문학동네, 2012, 115쪽(번역 수정).

11. 장 프랑수아 리오타르, 진태원 옮김, 『쟁론』, 경성대학교출판부, 2015, 202~203쪽.

3장

1. 에마뉘엘 레비나스, 『후설 현상학에서의 직관 이론』, 264쪽.

2. 같은 곳.

3. 마르틴 하이데거, 이선일 옮김, 「진리의 본질에 관하여」, 『이정표』, 2권, 한길사, 2005, 110쪽.

4. 마르틴 하이데거, 「휴머니즘 서간」, 『이정표』, 2권, 141쪽 참조.

5. G. Agamben, P. Dailey(tr.), *The Time That Remains: A Commentary on the Letter to the Romans*, Stanford, California: Stanford Univ. Press, 2005, 33쪽 이하 참조.

6. 마르틴 하이데거, 이기상 옮김, 『진리의 본질에 관하여: 플라톤의 동굴의 비유와 테아이테토스』, 까치, 2004, 94쪽 참조.

7. M. Heidegger, *Prolegomena zur Geschichte des Zeitbegriffs*(Gesamtausgabe, Band. 20), Frankfurt am Main: V. Klostermann, 1979, 439쪽.

8. 김인곤 외 옮김, 『소크라테스 이전 철학자들의 단편 선집』, 아카넷, 2005, 331쪽.(심플리키오스, 『아리스토텔레스의 「자연학」 주석』, 109. 31)

9. 같은 책, 300쪽.(아리스토텔레스, 『자연학』, III. 6. 207a9)

10. 마르틴 하이데거, 「예술작품의 근원」, 『숲길』, 54쪽.

11. 플라톤, 전헌상 옮김, 『파이돈』, 이제이북스, 2013, 163쪽(117d).

12. 에마뉘엘 레비나스, 김도형·문성원·손영창 옮김, 『신, 죽음 그리고 시간』, 그린비, 2013, 32쪽.

13. E. Levinas, "L'autre dans Proust," *Noms propres*, Montpellier: Fata morgana, 1976, 154쪽.

4장

1. 장 폴 사르트르, 김희영 옮김, 『구토』, 학원사, 1983, 39쪽.

2. 마르틴 하이데거, 「예술작품의 근원」, 『숲길』, 103쪽.

3. 윌리엄 셰익스피어, 최종철 옮김, 『맥베스』, 민음사, 1993, 61~62쪽(2막 2장).

4. 호메로스, 『오뒷세이아』, 136쪽(5권, 491~493행).

5. 임마누엘 칸트, 『순수이성비판』, 1권, 339쪽(A125).

6. E. Levinas, *Entre nous*, Paris: Grasset, 1991, 179쪽.

7. 같은 곳.

8. 발터 벤야민, 심철민 옮김, 『독일 낭만주의의 예술비평 개념』, 도서출판b, 2013, 42쪽. 벤야민의 이런 통찰이 지닌 중요성에 대한 평가는, 필립 라쿠-라바르트·장-뤽 낭시, 홍사현 옮김, 『문학적 절대』, 그린비, 2015, 106쪽 참조.

9. 프리드리히 니체, 정동호 옮김, 『차라투스트라는 이렇게 말했다』(니체전집 13권), 책세상, 2000, 52~53쪽.

10. 장 폴 사르트르, 『구토』, 226~227쪽.

11. 임마누엘 칸트, 『순수이성비판』, 1권, 364쪽(B157).

12. G. W. F. 헤겔, 임석진 옮김, 『정신현상학』, 1권, 한길사, 2005, 125쪽.

13. 장 폴 사르트르, 현대유럽사상연구회 옮김, 『자아의 초월성』, 민음사, 2017, 102쪽.

14. 장 폴 사르트르, 박정태 옮김, 『실존주의는 휴머니즘이다』, 이학사, 2008, 39~40쪽.

15. 장 폴 사르트르, 윤정임 옮김, 『사르트르의 상상계』, 기파랑, 2010, 280쪽. 병리적 의식의 자기기만적 성격에 대한 논의는 사르트르의 초기작인 이 책 『상상계』(1940)의 후반에서 부터도 지대한 관심 속에 집중적으로 다루어진다. 이 자기기만의 문제에 대한 자세한 논의는 필자의 글, 「사르트르에서 병리적 의식과 자기기만」, 《현상학과 현대철학》, 57집, 2013 참조.

16. J.-P. Sartre, *Baudelaire*, Paris: Gallimard, 1947, 92쪽.

17. 같은 책, 93쪽.

18. 장 폴 사르트르, 『자아의 초월성』, 111쪽(번역 수정).

19. 장 폴 사르트르, 『구토』, 178~179쪽.

20. 같은 책, 126쪽.

21. 같은 책, 126~127쪽.

22. G. W. F. 헤겔, 『정신현상학』, 1권, 165쪽.

23. 같은 책, 218쪽.

24. 같은 책, 219~220쪽.

25. 같은 책, 224쪽.

26. 같은 책, 225~226쪽.

27. 같은 책, 229쪽.

28. 같은 책, 231쪽.

29. 같은 곳.

30. 같은 책, 232~233쪽.

31. 요한 볼프강 폰 괴테, 권오상·장희창 옮김, 『색채론』, 민음사, 2003, 40쪽.

32. 빌헬름 라이프니츠, 윤선구 옮김, 「단자론」, 『형이상학 논고』, 아카넷, 2010, 263쪽.

33. 얀 아스만, 변학수 옮김, 『이집트인 모세』, 그린비, 2010, 330쪽. 저자는 이 구절과 괴테의 『색채론』 사이의 유사성을 지적하고 있다. 물론 우리가 보았듯 저 구절의 영향력은 괴테에 그치지 않는다.

34. 플라톤, 박종현 옮김, 『국가』, 서광사, 1997, 436쪽(508b).

35. 모리스 메를로퐁티, 김정아 옮김, 『눈과 마음』, 마음산책, 2008, 61쪽.

36. 요한 볼프강 폰 괴테, 『색채론』, 40쪽.

37. 『소크라테스 이전 철학자들의 단편 선집』, 407쪽.

38. 플라톤, 이상인 옮김, 『메논』, 이제이북스, 2009, 57쪽(76d).

39. 필자의 글, 「예언이란 무엇인가」, 『일상의 모험』, 민음사, 2005 참조.

40. E. Levinas, "The Paradox of Morality," R. Bernasconi & D. Wood(ed.), *The Provocation of Levinas*, London: Routledge, 1988, 172쪽.

5장

1. 장 폴 사르트르, 윤정임 옮김, 「길목에서」, 『시대의 초상』, 생각의 나무, 2009, 225쪽.

2. 같은 책, 224쪽.

3. 같은 책, 228~229쪽.

4. 임마누엘 칸트, 백종현 옮김, 『순수이성비판』, 2권, 아카넷, 2006, 586쪽.(A375)

5. 장 폴 사르트르, 『자아의 초월성』, 18쪽.

6. 장 폴 사르트르, 『사르트르의 상상계』, 328~329쪽.

7. 같은 책, 329쪽.

8. 같은 책, 327~328쪽.

9. 윌리엄 셰익스피어, 최종철 옮김, 『햄릿』, 민음사, 1994, 85쪽(2막 2장).

10. 모리스 메를로퐁티, 『눈과 마음』, 85~86쪽.

11. 같은 책, 152쪽.

12. 데이비드 호크니, 마틴 게이퍼드, 민윤정 옮김, 『그림의 역사』, 미진사, 2016, 83쪽.

13. 모리스 메를로퐁티, 김웅권 옮김, 『행동의 구조』, 동문선, 2008, 322쪽.

14. 이에 대한 자세한 논의는 필자의 글, 「데리다의 문자론을 선취한 메를로퐁티의 언어론」, 《현상학과 현대철학》, 제77집, 한국현상학회, 2018, 93~111쪽 참조.

15. 타자론과 관련하여 앞서 보았던 하이데거와 레비나스 사이의 차이(3장 8절 「공동존재 대 존재의 바깥: 하이데거와 레비나스」 참조)와 유사한 차이가 메를로퐁티와 레비나스 사이에도 생기는 것인데, 이는 하이데거 철학과 메를로퐁티 사이의 친화성을 생각하면 당연한 결과일 수 있다.

6장

1. 『소크라테스 이전 철학자들의 단편 선집』, 249쪽.

2. 자크 데리다, 문성원 옮김, 『아듀 레비나스』, 문학과지성사, 2016, 179쪽.

3. 플라톤, 박종현 옮김, 『국가·정체』, 서광사, 1997, 438쪽(VI, 509b).

4. 아우구스티누스, 성염 옮김, 『그리스도교 교양』, 분도출판사, 1989, 101쪽(I, 35).

5. 엠마누엘 레비나스, 강영안 옮김, 『시간과 타자』, 문예출판사, 1996, 39쪽.

6. E. Levinas, *Quelques réflexions sur la philosophie de l'hitlérisme*, Paris: Éd. Payot & Rivages, 1997(초판 1934), 23쪽.

7. E. Levinas, *De l'évasion*, Paris: Fata morgana, 1982(초판: 1935), 73쪽.

8. 블레즈 파스칼, 이환 옮김, 『팡세』, 민음사, 2003, 142~146쪽.

9. 메시아주의에 대한 보다 자세한 논의는 필자의 글, 「행복과 메시아적 몰락— 바울·베냐민·레비나스·아감벤」, 《서강인문논총》, 53호, 2018, 239~270쪽 참조.

10. 엠마누엘 레비나스, 『시간과 타자』, 79쪽.

11. 같은 책, 78쪽.

12. 같은 책, 82쪽.

13. G. W. F. 헤겔, 『정신현상학』, 1권, 36쪽.

14. 같은 곳.

15. 르네 데카르트, 이현복 옮김, 『성찰 외』, 문예출판사, 1997, 69~70쪽.

16. 에마뉘엘 레비나스, 『신, 죽음 그리고 시간』, 259쪽.

17. E. Levinas, *Ethique et infini*, Paris: Fayard, 1982, 54쪽.

18. E. Levinas, *Entre nous*, 179쪽.

19. 자크 데리다, 『아듀 레비나스』, 103~104쪽.

20. 자크 데리다, 남수인 옮김, 『글쓰기와 차이』, 동문선, 2001, 194~195쪽.

21. 자크 데리다, 『아듀 레비나스』, 101~102쪽.

22. 에마뉘엘 레비나스, 『신, 죽음 그리고 시간』, 314쪽.

23. 같은 곳.

24. 같은 책, 315쪽.

25. 같은 책, 325쪽.

26. 같은 책, 326쪽.

27. E. Levinas, *Éthique et Infini*, 43쪽.

28. E. Levinas, *Entre nous*, 76쪽.

29. E. Levinas, *De l'évasion*, 73쪽.

30. E. Levinas, *Entre nous*, 76쪽.

31. 같은 책, 75쪽.

32. 에마뉘엘 레비나스, 『신, 죽음 그리고 시간』, 295쪽(번역 수정).

33. 같은 책, 320쪽.

34. E. Levinas, *Entre nous*, 76쪽.

35. 모리스 블랑쇼·장-뤽 낭시, 박준상 옮김, 『밝힐 수 없는 공동체·마주한 공동체』, 문학과지성사, 2005, 58쪽.

36. 같은 책, 57쪽.

37. 미셸 투르니에, 김화영 옮김, 『방드르디, 태평양의 끝』, 민음사, 1995, 273쪽.

38. 토마스 만, 장지연 옮김, 『요셉과 그 형제들』, 3권, 살림, 2001, 134쪽.

39. 엠마누엘 레비나스, 『시간과 타자』, 68~69쪽.

40. 자크 데리다, 『글쓰기와 차이』, 201쪽.

41. 에드문트 후설, 이종훈 옮김, 『형식논리학과 선험논리학』, 한길사, 2019, 369쪽.

42. 자크 데리다, 『글쓰기와 차이』, 211쪽.

43. E. Levinas, *En découvrant l'existence avec Husserl et Heidegger*, 173쪽.

44. G. Agamben, *The Time That Remains: A Commentary on the Letter to the Romans*, Stanford, California: Stanford Univ. Press, 2005, 52~53쪽.

45. 같은 책, 52쪽.

46. 같은 책, 57쪽 참조.

47. E. Levinas, *Nouvelles lectures talmudiques*, Paris: Éd. de Minuit, 1996, 63쪽.

48. E. Levinas, *L'au-delà du verset*, Paris: Éd. de Minuit, 1982, 220쪽.

49. 야곱 타우베스, 조효원 옮김, 『바울의 정치신학』, 그린비, 2012, 235쪽 참조.

50. E. Levinas, *En Découvrant l'existence avec Husserl et Heidegger*, 191쪽 참조.

51. 호메로스, 『오뒷세이아』, 505쪽(23권, 265~270행).

52. 같은 책, 305쪽(14권, 56~58행).

53. E. Levinas, "La conscience non intentionnelle," C. Chalier & M. Abensour(eds.), *Emmanuel Levinas*, Paris: Herne, 1991, 118~119쪽.

54. 자세한 내용은 필자의 글, 「그리스인의 환대―손님으로서 오뒷세우스」, 《철학논집》, 32집, 2013 참조.

55. M. Heidegger, *Beiträge zur Philosophie(Vom Ereignis)*(Gesamtausgabe, Band. 65), Frankfurt am Main: Vittorio Klostermann, 2003, 209쪽.

56. E. Levinas, *En découvrant l'existence avec Husserl et Heidegger*, 173쪽.

57. J. Derrida, "'Il faut bien manger' ou le calcul du sujet," *Points de suspension*, Paris: Galilée, 1992, 293쪽.

58. E. Levinas, "The Paradox of Morality," *The Provocation of Levinas*, 172쪽.

59. 린 화이트, 이유선 옮김, 「생태계 위기의 역사적 기원」, 《과학사상》, 1992, 봄호, 290쪽.

60. G. Deleuze, *Francis Bacon: Logique de la sensation*, Paris, Éd. de la différence, 1981, Tome. Ⅰ,

20~21쪽.

7장

1. E. Levinas, *Entre nous*, 22~23쪽.
2. 임마누엘 칸트, 『순수이성비판』, 1권, 304쪽(B113).
3. 같은 책, 305쪽(B116).
4. 이는 들뢰즈의 전형적인 비판 방식이다. 필자의 글, 「하이데거와 들뢰즈의 반복 개념」, 《철학논집》, 57호, 서강대철학연구소, 2019, 87쪽 참조.
5. É. Gilson, *Jean Duns Scot: Introduction à ses positions fondamentales*, Paris: J. Vrin, 2005(초판: 1952), 464쪽.
6. 같은 책, 465쪽 참조.
7. 조르조 아감벤, 박진우 옮김, 『호모 사케르』, 새물결, 2008, 45쪽.
8. 같은 책, 50쪽.
9. 같은 책, 60쪽. 질 들뢰즈·펠릭스 가타리, 『천 개의 고원』, 689쪽 참조.
10. 로베르트 무질, 안병률 옮김, 『특성 없는 남자』, 1권, 북인더갭, 2013, 113~114쪽.
11. 조르조 아감벤, 『호모 사케르』, 135쪽 참조.
12. 조르조 아감벤, 김항 옮김, 『예외상태』, 새물결, 2009, 115~116쪽 참조.
13. G. Agamben, *La communità che viene*, Torino: Glulio Einaudi editore, 1990, 45쪽.
14. 발터 벤야민, 최성만 옮김, 「폭력비판을 위하여」, 『발터 벤야민 선집』, 5권, 길, 2008, 104쪽.
15. 조르조 아감벤, 『호모 사케르』, 34쪽.
16. 조르조 아감벤, 『예외상태』, 119, 167쪽 참조.
17. 발터 벤야민, 「폭력비판을 위하여」, 『발터 벤야민 선집』, 5권, 116쪽 참조.
18. 같은 책, 102쪽 이하 참조.
19. G. Deleuze & C. Parnet, *Dialogues*, Paris: Flammarion, 1996(증보판(초판: 1977)), 71쪽.
20. 질 들뢰즈, 박기순 옮김, 『스피노자의 철학』, 민음사, 1999, 50쪽.

8장

1. G. W. F. 헤겔, 임석진 옮김, 『정신현상학』, 2권, 한길사, 2005, 216쪽.
2. 페르디낭 드 소쉬르, 최승언 옮김, 『일반언어학 강의』, 민음사, 1990, 21~22쪽.
3. 같은 책, 18쪽.
4. 같은 책, 21쪽.
5. 같은 책, 143쪽.

6. 클로드 레비-스트로스, 박옥줄 옮김, 『슬픈 열대』, 한길사, 1998, 701쪽.

7. 토마스 만, 『요셉과 그 형제들』, 1권, 385쪽.

8. 같은 책, 385~387쪽.

9. J. Derrida, "Prejuges: devant la loi," *La faculté de juger*, Paris: Éd. de Minuit, 1985 참조.

10. 이에 관한 자세한 논의는 필자의 책, 『들뢰즈의 철학: 사상과 그 원천』, 민음사, 2002, 130~132쪽 참조.

11. 질 들뢰즈·펠릭스 과타리, 김재인 옮김, 『안티 오이디푸스』, 민음사, 2014, 348쪽.

12. 이에 대해선 필자의 글, 「해방의 문자론: 문자는 억압되었는가?—데리다 문자론과 들뢰즈 문자론의 차이」, 《시학과 언어학》, 시학과 언어학회, 제5권, 2003, 87~110쪽 참조.

13. 브누아 페터스, 변광배·김중현 옮김, 『데리다, 해체의 철학자』, 그린비, 2019, 479쪽 참조.

14. 조르조 아감벤, 『호모 사케르』, 51쪽.

15. 같은 책, 60쪽.

16. 같은 책, 79~80쪽.

17. 같은 책, 80쪽.

18. 같은 책, 120쪽에서 재인용.

19. 같은 책, 120쪽.

20. 같은 책, 121~122쪽.

21. 단테 알리기에리, 한형곤 옮김, 『신곡』, 서해문집, 2005, 950쪽.

22. 조르조 아감벤, 『호모 사케르』, 128쪽.

23. 같은 책, 129~130쪽 참조.

24. 발터 벤야민, 「역사의 개념에 대하여」, 『발터 벤야민 선집』, 5권, 336~337쪽.

25. 조르조 아감벤, 『호모 사케르』, 135쪽 참조.

26. 같은 책, 134쪽.

27. G. Agamben, *The Time That Remains: A Commentary on the Letter to the Romans*, 103쪽.

28. 조르조 아감벤, 박진우·정문영 옮김, 『왕국과 영광』, 새물결, 2016, 42쪽.

29. 같은 책, 148쪽.

30. 같은 책, 42쪽에서 재인용.

31. 같은 곳.

32. 같은 책, 115~116쪽.

33. 같은 책, 127쪽.

34. 같은 책, 540쪽.

35. 같은 곳.

36. 같은 책, 298쪽. G. Agamben, *Il regno e la gloria*, Milano: Neri Pozza editore, 2007, 155쪽.

37. 같은 책, 299쪽.

38. 같은 책, 571쪽.

39. 같은 책, 571쪽에서 재인용.

40. 자크 데리다, 김다은·이혜지 옮김, 『다른 곳』, 동문선, 1987, 45~46쪽.

41. 같은 책, 64쪽.

42. 같은 책, 63쪽.

43. 같은 책, 65쪽.

44. 장 폴 사르트르, 지영래 옮김, 『사르트르의 상상력』, 기파랑, 2008, 180쪽.

45. G. W. F. 헤겔, 『정신현상학』, 1권, 202쪽.

46. 자기 촉발과 이질적 촉발에 관한 보다 자세한 논의는 필자의 글, 「자기 촉발에서 이질적 촉발로―주체의 동일성 개념의 변화」, 《현상학과 현대철학》, 56집, 2013, 99~124쪽 참조.

47. 자크 데리다, 최영주 옮김, 「레비나스와 데리다―그와 나는 애정과 믿음을 공유하고 있습니다」, 《세계의 문학》, 2006년 봄호, 119호, 400쪽(*Magazine littéraire*, 2003년 4월호, 419호 '레비나스 특집'에 실린 데리다의 대담).

48. 같은 글, 401쪽.

49. 같은 글, 402쪽.

50. 자크 데리다, 『다른 곳』, 45~46쪽.

51. 자크 데리다, 『아듀 레비나스』, 155쪽.

52. 같은 책, 186쪽.

53. G. W. F. 헤겔, 『정신현상학』, 1권, 58~59쪽.

54. 같은 책, 295쪽.

55. 모리스 블랑쇼·장-뤽 낭시, 『밝힐 수 없는 공동체·마주한 공동체』, 71쪽.

56. 조르조 아감벤, 정문영 옮김, 『언어의 성사』, 새물결, 2012, 44쪽.

57. 같은 책, 51쪽.

58. 같은 책, 65쪽.

59. 같은 책, 69쪽.

60. 같은 곳.

61. 같은 책, 83쪽.

62. G. Agamben, *The Time That Remains: A Commentary on the Letter to the Romans*, 122쪽.

63. 같은 책, 133쪽.

64. 자크 데리다, 남수인 옮김, 『환대에 대하여』, 동문선, 2004, 143쪽.

65. 지오반나 보라도리, 손철성·김은주·김준성 옮김, 『테러 시대의 철학: 하버마스, 데리다와의 대화』, 문학과지성사, 2004, 232~233쪽.

66. 같은 책, 233쪽.

67. 같은 책, 234쪽.

68. 자크 데리다, 『환대에 대하여』, 89쪽.

69. 같은 책, 106쪽.

70. 지오반나 보라도리, 『테러 시대의 철학』, 221쪽.

71. 같은 책, 235쪽.

72. 같은 책, 219쪽.

73. 제러미 벤담, 강준호 옮김, 『도덕과 입법의 원칙에 대한 서론』, 아카넷, 2013, 557~558쪽.

74. J. Derrida, "'Il faut bien manger' ou le calcul du sujet," *Points de suspension*, 292~294쪽.

75. 우리말 번역은 다음과 같다. 자크 데리다, 최성희·문성원 옮김, 「동물, 그러니까 나인 동물(계속)」, 《문화과학》, 76호, 2013, 299~378쪽.

76. 같은 글, 303쪽.

77. 같은 곳.

78. 같은 글, 318~319쪽.

79. 같은 글, 309쪽 참조.

80. 마르틴 부버, 표재명 옮김, 『나와 너』, 문예출판사, 1977, 140~142쪽.

81. 자크 데리다, 「동물, 그러니까 나인 동물(계속)」, 317쪽.

82. 같은 글, 316쪽.

83. 같은 글, 319쪽.

84. 같은 글, 373~374쪽.

85. 질 들뢰즈·펠릭스 가타리, 『천 개의 고원』, 336~337쪽.

86. 같은 책, 335~336쪽.

87. 같은 책, 328쪽.

88. G. Deleuze & F. Guattari, *Kafka: Pour une littérature mineure*, Paris: Éd. de Minuit, 1975, 15쪽.

89. 같은 책, 24쪽.

90. 같은 책, 40~41쪽.

91. G. Deleuze, *Pourparlers*, Paris: Éd. de Minuit, 1990, 38쪽.

92. G. Deleuze & F. Guattari, *Kafka: Pour une littérature mineure*, 85쪽. 이러한 동물로의 변신의 문제에 대한 자세한 논의는 필자의 글, 「동물변신문학」, 『익명의 밤』, 민음사, 2010 참조.

93. 미셸 투르니에, 『방드르디, 태평양의 끝』, 210~211쪽.

94. 같은 책, 213쪽.

9장

1. 루크레티우스, 강대진 옮김, 『사물의 본성에 관하여』, 아카넷, 2011, 100~101쪽(1권, 1024~1028행).

2. 질 들뢰즈, 유진상 옮김, 『시네마 I』, 시각과 언어, 2002, 116쪽.

3. 같은 책, 22쪽.

4. 미셸 투르니에, 『방드르디, 태평양의 끝』, 260~261쪽.

5. 같은 책, 261쪽.

6. 같은 책, 275쪽.

7. G. Deleuze & C. Parnet, *Dialogues*, 71쪽.

8. G. Deleuze, "Réponse à une question sur le sujet," *Deux régimes de fous*, 328쪽.

9. 같은 곳.

10. 같은 곳.

11. 같은 글, 327쪽.

12. 같은 곳.

13. 같은 곳.

14. 같은 글, 328쪽.

15. G. Deleuze & F. Guattari, *Qu'est-ce que la philosophie?*, Paris: Éd. de Minuit, 23쪽.

16. 루트비히 비트겐슈타인, 이승종 옮김, 『철학적 탐구』, 아카넷, 2016, 275~276쪽.

17. 질 들뢰즈, 김재인 옮김, 『베르그송주의』, 문학과지성사, 1996, 112쪽.

18. 같은 책, 15쪽.

19. 같은 책, 16쪽.

20. 같은 곳.

21. '차이'와 '반복'의 사상가로서 하이데거와 들뢰즈에 대해선 필자의 글, 「부정성을 너머 차이로—하이데거와 들뢰즈의 경우」, 《현상학과 현대철학》, 34집, 2007 및 「하이데거와 들뢰즈의 반복 개념」, 《철학논집》, 57집, 2019 참조.

22. 질 들뢰즈, 『베르그송주의』, 137쪽.

23. 질 들뢰즈, 박정태 옮김, 「베르그손, 1859~1941」, 『들뢰즈가 만든 철학사』, 이학사, 2007, 305쪽.

24. 질 들뢰즈, 『베르그송주의』, 16쪽.

25. 질 들뢰즈, 「베르그손, 1859~1941」, 305쪽.

26. 질 들뢰즈, 『베르그송주의』, 135쪽.

27. 같은 책, 136쪽.

28. 같은 곳.

29. 질 들뢰즈, 이정하 옮김, 『시네마Ⅱ』, 시각과 언어, 2005, 304쪽.

30. 호르헤 루이스 보르헤스, 황병하 옮김, 「끝없이 두 갈래로 갈라지는 길들이 있는 정원」,
    『픽션들』(보르헤스 전집 2), 민음사, 1997, 157쪽.

31. 고트프리트 빌헬름 라이프니츠, 이근세 옮김, 『변신론』, 아카넷, 2014, 570쪽.

32. 같은 책, 569쪽.

33. 같은 책, 570쪽.

34. 질 들뢰즈, 『시네마Ⅱ』, 262~263쪽.

35. 질 들뢰즈, 현영종·권순모 옮김, 『스피노자와 표현 문제』, 그린비, 2019, 87~88쪽.

36. 같은 책, 274쪽.

37. 같은 책, 275쪽.

38. 같은 책, 281쪽.

39. 같은 곳.

40. 질 들뢰즈, 서동욱·이충민 옮김, 『프루스트와 기호들』, 민음사, 2004(개정판), 117~118쪽.

41. 같은 책, 27~29쪽.

42. G. Deleuze & F. Guattari, *Qu'est-ce que la philosophie?*, 23쪽.

43. 같은 책, 25쪽.

44. 질 들뢰즈, 『프루스트와 기호들』, 29쪽.

45. 같은 책, 178쪽.

46. 미셸 투르니에, 『방드르디, 태평양의 끝』, 45쪽.

47. 같은 책, 66~67쪽.

48. G. Deleuze & F. Guattari, *Qu'est-ce que la philosophie?*, 24쪽.

49. 미셸 투르니에, 『방드르디, 태평양의 끝』, 45쪽.

50. 같은 책, 274쪽.

51. 미셸 투르니에, 이원복 옮김, 『메테오르』, 1권, 서원, 2001, 305쪽.

52. 질 들뢰즈, 『프루스트와 기호들』, 27~29쪽.

53. 미셸 투르니에, 『방드르디, 태평양의 끝』, 163~164쪽.

54. 같은 책, 164쪽.

55. 같은 책, 282쪽.

56. 같은 책, 285쪽.

57. 플라톤, 김태경 옮김, 『소피스테스』, 한길사, 2000, 198~199쪽(257b-c).

58. 질 들뢰즈, 「베르그손, 1859~1941」, 288쪽.

59. 같은 곳.

60. 질 들뢰즈, 「베르그손에게 있어서의 차이의 개념」, 『들뢰즈가 만든 철학사』, 321쪽.

61. 같은 곳.

62. 같은 책, 326쪽.

63. G. Deleuze, "Réponse à une question sur le sujet," *Deux régimes de fous*, 327쪽.

64. 질 들뢰즈, 『시네마Ⅱ』, 299쪽.

65. 필자의 글, 「시와 정치」, 『익명의 밤』 참조.

66. 질 들뢰즈, 『시네마Ⅱ』, 268쪽.

10장

1. 플라톤, 최명관 옮김, 「소크라테스의 변명」, 『플라톤의 대화』, 종로서적, 1981, 40쪽(17d).

2. 르네 데카르트, 『방법서설』, 68쪽.

3. 임마누엘 칸트, 『순수이성비판』, 2권, 954쪽(A831/B859).

4. 임마누엘 칸트, 백종현 옮김, 『판단력비판』, 아카넷, 2009, 40절, 321쪽.

5. 같은 책, 40절, 318쪽.

6. 같은 책, 21절, 241쪽.

7. 같은 책, 40절, 319쪽.

8. 같은 책, 40절, 318쪽.

9. 같은 책, 20절, 240쪽.

10. 한스 게오르크 가다머, 이길우·이선관·임호일·한동원 옮김, 『진리와 방법』, 1권, 문학동네, 2012, 43~64쪽 참조.

11. 장-뤽 낭시, 박준상 옮김, 『무위의 공동체』, 인간사랑, 2010, 79쪽.

12. 모리스 블랑쇼·장-뤽 낭시, 『밝힐 수 없는 공동체·마주한 공동체』, 26쪽.

13. 장-뤽 낭시, 『무위의 공동체』, 78쪽.

찾아보기

1. 주요 작품

• 아래 목록에는 책 앞 약어표의 문헌들은 수록하지 않는다.

• 저작명과 동명의 등장인물이 본문에 언급될 경우 저작명을 통해 해당 쪽수를 명시한다 (예: 맥베스).

타자철학

타자철학

2. 인명

플루타르코스(Plutarch/Πλούταρχος) 509

피히테, 요한 고틀리프(Fichte, Johann Gottlieb) 195, 225, 588

필론(Philo/Φίλων) 508

3. 주요 개념

타자철학

타자철학

서동욱 벨기에 루뱅대학 철학과에서 들뢰즈 연구로 박사학위를 받았다. 1995년부터 계간《세계의 문학》등에 시와 비평을 발표하면서 시인·문학평론가로 활동해왔다. 저서로『차이와 타자』,『들뢰즈의 철학』,『일상의 모험』,『철학 연습』,『생활의 사상』, 비평집으로『익명의 밤』, 엮은 책으로『싸우는 인문학』,『미술은 철학의 눈이다』,『철학의 욕조를 떠도는 과학의 오리 인형』,『한 평생의 지식』(공편),『스피노자의 귀환』(공편), 시집으로『랭보가 시쓰기를 그만둔 날』,『우주전쟁 중에 첫사랑』,『곡면의 힘』, 엮은 시집으로『거대한 뿌리여, 괴기한 청년들이여』(공편),『별은 시를 찾아온다』(공편),『온몸으로 밀고 나가는 것이다』(공편), 역서로 들뢰즈의『칸트의 비판철학』,『프루스트와 기호들』(공역), 레비나스의『존재에서 존재자로』 등이 있다. 루뱅대학, 어바인 캘리포니아 주립대학 등에서 방문 교수를 지냈으며, 오하이오 주립대학 방문 작가를 지냈다. 서강대 철학과 교수로 재직하고 있으며, 2022년 현재 한국프랑스철학회장을 맡고 있다. 계간《철학과 현실》편집위원으로도 활동하고 있다.

타자철학

현대 사상과 함께 타자를 생각하기

1판 1쇄 펴냄 2022년 6월 24일
1판 2쇄 펴냄 2023년 5월 11일

지은이 서동욱

편집 최예원 조은 최고은
미술 김낙훈 한나은 김혜수
전자책 이미화
마케팅 정대용 허진호 김채훈 홍수현
　　　이지원 이지혜 이호정
홍보 이시윤 윤영우
저작권 남유선 김다정 송지영
제작 임지헌 김한수 임수아 권순택
관리 박경희 김지현 김도희

펴낸이 박상준
펴낸곳 반비

출판등록 1997. 3. 24.(제16-1444호)
(06027) 서울시 강남구 도산대로1길 62 강남출판문화센터
대표전화 515-2000, 팩시밀리 515-2007
편집부 517-4263, 팩시밀리 514-2329

글 ⓒ 서동욱, 2022. Printed in Seoul, Korea.

ISBN 979-11-92107-88-2 (93160)

반비는 민음사출판그룹의 인문·교양 브랜드입니다.

만든 사람들
책임편집 최예원
디자인 김낙훈
조판 강준선